UMA HISTÓRIA DOS POVOS DE LÍNGUA INGLESA

Coleção Nova Fronteira
História Mundial

Minha Mocidade, Winston S. Churchill
Memórias da Segunda Guerra Mundial, Winston S. Churchill
Memórias da Primeira Guerra Mundial, Winston S. Churchill
Memórias de Entre as Guerras, 1919-1939, Winston S. Churchill
Hitler, Joachim C. Fest
Stalin, Dmitri Volkogonov
Churchill, Roy Jenkins
Roosevelt, Roy Jenkins
Roosevelt e Hopkins, Robert Sherwood
Grandes Homens do Meu Tempo, Winston S. Churchill
Don Quixote Americano, Richard Powell
Nápoles, 1944, Norman Lewis
Paz em Paris, 1919, Margaret MacMillan
Eureka! 100 Grandes Descobertas Científicas do Século XX, Rupert Lee
Tempos Muito Estranhos, Doris Kearns Goodwin
História da Guerra Fria, John Lewis Gaddis
O Intérprete de Yalta, Arthur H. Birse
Homens em Armas, Evelyn Waugh
Oficiais e Gentlemen, Evelyn Waugh
Rendição Incondicional, Evelyn Waugh
Franco, Caudillo da Espanha, Paul Preston
A China de Deng Xiaoping, Michael E. Marti
Vidas Históricas: Winston S. Churchill, Stuart Ball
Almirante Canaris, Misterioso Espião de Hitler, Richard Bassett
Paz em Berlim, 1945, Charles L. Mee, Jr.
Os Sete Chefes do Império Soviético, Dmitri Volkogonov
De Gaulle, Éric Roussel
A Estrada para Fornovo, Fernando Lourenço Fernandes
A Paz depois de Napoleão. Congresso de Viena 1812-1822, Harold Nicolson
Diplomacia & Memórias, A Paz de Versalhes 1919, Harold Nicolson
A Vida de Disraeli, André Maurois
Os Três Grandes, Churchill, Roosevelt e Stalin, Jonathan Fenby
Lawrence da Arábia, Malcolm Brown
Churchill, Hitler e a "Guerra Desnecessária," Patrick J. Buchanan
Mussolini, Pierre Milza
Churchill, Paul Johnson Milza
O Livro de Hitler: a História de Mein Kampf, Antoine Vitkine
Uma História dos Povos de Língua Inglesa (condensada), Winston S. Churchill

WINSTON S. CHURCHILL

UMA HISTÓRIA DOS POVOS DE LÍNGUA INGLESA

Condensação dos quatro volumes por
Henry Steele Commager

Tradução
Vera Giambastiani
Antonio Sepulveda
Gleuber Vieira

UNIVER CIDADE
RIO DE JANEIRO

Título original: A History of the English-Speaking Peoples

Texto revisto pelo novo Acordo Ortográfico

Editora Nova Fronteira S.A.
Rua Nova Jerusalém, 345 — Bonsucesso — 21042-235
Rio de Janeiro — RJ — Brasil
Tel.: (21) 3882-8200 — Fax: (21) 3882-8212/8313
http://www.novafronteira.com.br
e-mail: sac@novafronteira.com.br

CIP-BRASIL. CATALOGAÇÃO NA FONTE
SINDICATO NACIONAL DOS EDITORES DE LIVROS, RJ

C488h Churchill, Winston, Sir, 1874-1965
Uma história dos povos de língua inglesa / Winston S. Churchill; condensação dos quatro volumes por Henry Steele Commager ; tradução Vera Giambastiani, Gleuber Vieira, Antonio Sepulveda. - Rio de Janeiro : Nova Fronteira : Univercidade, 2009.
il., mapas - (História mundial)

Tradução de: A History of the English-Speaking Peoples
ISBN 978-85-209-2163-0

1. Grã-Bretanha - História. 2. Países da comunidade britânica - História. 3. Países de língua inglesa - História. I. Commager, Henry Steele, 1902-1998. II. Título. III. Série.

CDD: 942
CDU: 94(42)

Sumário

3. O FIM DA ERA FEUDAL

O NOVO MUNDO

4. RENASCENÇA E REFORMA

5. A GUERRA CIVIL

6. A RESTAURAÇÃO

A ERA DA REVOLUÇÃO

7. A INGLATERRA POTÊNCIA MUNDIAL

8. O PRIMEIRO IMPÉRIO BRITÂNICO

9. NAPOLEÃO

AS GRANDES DEMOCRACIAS

10. RECUPERAÇÃO E REFORMA

11. A GRANDE REPÚBLICA

12. A ERA VICTORIANA

MAPAS

Agradecimento

Desejo registrar meu agradecimento a Mr F.W. Deakin e a Mr G.M. Young pela assistência que, antes da Segunda Guerra Mundial, deram à preparação deste trabalho; ao Dr J.H. Plumb do Christ's College, Cambridge, a Mr Steven Watson da Christ Church, Oxford, ao professor Asa Briggs da Leeds University, a Mr Maldwyn A. Jones da Manchester University e a Mr Maurice Shock do University College, Oxford, que depois da guerra ajudaram a completar o trabalho; a Mr J. Hurstfield do University College, Londres, a D.F.T. Pennington, da Manchester University, e ao Dr A.L. Rowse, do All Souls, a Mr A.R. Myers, da Universidade de Liverpool e a Mr Alan Hodge, Mr Denis Kelly, Mr Anthony Montague Browne e Mr C.C. Wood, que esmiuçaram o texto à luz dos avanços subsequentes do conhecimento histórico. Tirei grato proveito dos escritos de Gardiner, Pollard e Ranke, da *History of England* publicada por Oxford e das obras de outros eruditos, antigos e atuais.

Agradeço também a muitos outros
que bondosamente leram e comentaram estas páginas.

Pela permissão de incluir inúmeras citações no texto,
devo agradecimentos aos editores:
The Clarendon Press, *Roman Britain*
Eyre & Spottiswoode, Ltd., *The Anglo-Saxon Chronicle*
Eyre & Spottiswoode, Ltd., *History of Europe*
William Heinemann, Ltd., *Dio's Roman History*, Loeb Classical
Longmans, Green & Co., Ltd., *History of the Anglo-Saxons*
John Murray, Ltd., *Tacitus' Annals*
Penguin Books, Ltd., *The Conquest of Gaul*
Jonathan Cape, Ltd., *The Rise of American Civilization*
Macmillan & Co., Ltd., A *Short History of British Expansion*
Oxford University Press, *The Oxford History of the United States*

Com a autorização de George G. Harrap & Co. Ltd., segui, em parte, o esquema geral de meu livro *Marlborough: His Life and Times*, de 1933-1938.

Prólogo

Tomei há quase vinte anos as providências que resultaram neste livro. Ao começar a guerra, meio milhão de palavras estavam devidamente entregues. Evidentemente, havia muita revisão de texto a fazer quando fui para o Almirantado, dia 3 de setembro de 1939. Tudo isso foi posto de lado. Pelos quase seis anos da guerra e por um tempo ainda mais longo em que estive ocupado com minhas *Memórias da Segunda Guerra Mundial*, o livro dormiu tranquilamente. Somente agora, quando as coisas se acalmaram, apresento ao público *Uma História dos Povos de Língua Inglesa.*

Se era necessário publicá-lo naquele tempo, certamente a necessidade não desapareceu. Até pelo contrário, o assunto cresceu de importância. Muita gente de ambos os lados do Atlântico e em toda a Comunidade Britânica teve um sentimento de fraternidade. Aumenta a sensação de que os povos de língua inglesa poderão mostrar o caminho se tudo for bem e poderão naturalmente defender-se, até onde tenham forças, se as coisas correrem mal.

Este livro não tenciona concorrer com o trabalho dos historiadores profissionais. Uso a expressão "povos de língua inglesa" porque não há outra que se aplique ao mesmo tempo às Ilhas Britânicas e àquelas nações que derivaram da Inglaterra, de seus princípios, seu idioma e de muitas de suas instituições.

A primeira parte conta sua história desde os primeiros tempos até a véspera da descoberta do Novo Mundo pelos europeus. Nossa história trata de uma ilha não muito distante do continente, cujos sul e leste são muito acessíveis ao invasor, venha em paz ou em guerra, pirata ou mercador, conquistador ou missionário.

Província do Império Romano, abandonada na grande convulsão da Idade Média; reunida à Cristandade e dela quase arrancada pelo pagão dinamarquês; vitoriosa, mas exausta, cedendo ao conquistador normando; nem sua civilização nem seu idioma são completamente latinos ou completamente germânicos. Dona de um direito sendo fundido numa Lei Comum. Esta é a Inglaterra do século XIII, o século da Magna Carta e do primeiro Parlamento.

Nos nevoeiros do tempo, podemos divisar os homens da Idade da Pedra, os construtores dos monumentos megalíticos; os renanos, com suas taças e ferramentas de bronze. Na planície da Dover atual, um deles poderia ter dito ao neto: "O mar já chega até mais longe do que chegava quando eu era menino." E o neto talvez vivesse para ver uma maré trovejante inundando o vale de ponta a ponta e ligando o mar do Norte ao Canal. Não houve mais incursões distraídas de pequenos clãs da França ou da Bélgica à procura de caça ou vegetais alimentícios; não mais frágeis canoas enfiando-se por braços de águas calmas. Quem agora vinha chegava em navios e tinha coragem para enfrentar o nevoeiro do Canal e o que pudesse existir além.

A invasão da Grã-Bretanha por Júlio César foi um episódio que não teve consequências; mostrou, porém, que o poderio de Roma e a civilização do mundo mediterrâneo não estavam limitados pelo Atlântico. A Grã-Bretanha absorveu algo da cultura do Ocidente pelo comércio e o intercâmbio normal. Durante quase quatrocentos anos, a Grã-Bretanha foi uma província romana. No final, Roma deu a ordem e as legiões embarcaram. Da lei romana, das instituições romanas, dificilmente restou um vestígio, mas a ocupação romana deu tempo à fé cristã para instalar-se. Longe no Oeste ficou um minúsculo reino cristão. Esse mundo insular não ficou completamente isolado do continente. Peregrinos ingleses abririam caminho nos Alpes para ver as maravilhas de Roma.

O reino de Kent pode ter perdido sua antiga primazia, Northumbria cedeu lugar a Mercia; mas Canterbury e York permanecem. Impressionante o feito da Igreja inglesa. O maior erudito na Cristandade era um monge da Northumbria. O Apóstolo da Alemanha foi Bonifácio, de Devon. O renascimento do ensino no Império de Carlos Magno foi dirigido por Alcuin, de York.

Mas a esta civilização florescente faltava defesa militar: da Dinamarca pelo Báltico, galeras de piratas vinham em busca de pilhagens. Uma ilha sem esquadra e sem soberano era uma presa que os pagãos consideravam reserva.Quando o furacão amainou, um largo pedaço estava nas mãos dos dinamarqueses; mas Londres fora salva, bem como todo o Sul, e ali estavam a sede e o poder da casa real. O rei Alfred trabalhou para firmar sua ascendência e reunir o país. No entanto, em três curtos meses de inverno de 1066, ocorreu o espantoso. O chefe de uma província francesa atravessou o Canal e tornou-se rei da Inglaterra.

❄

O reino em que os normandos entraram, reconhecido pelos que falavam o inglês do Rei, era governado pelo Rei em Conselho, seus homens sábios, leigos e clérigos, bispos e abades, grandes proprietários de terra e oficiais da Casa Real. De forma geral, a doutrina inglesa era a de que um homem livre podia escolher seu lord, segui-lo na guerra e trabalhar para ele na paz; em troca, o lord devia protegê-lo contra a invasão de vizinhos e apoiá-lo nas necessidades; o homem podia passar de um lord para outro e obter sua terra. E esses lordes eram a classe dominante. Os maiores deles tinham assento no Conselho. Os menores eram os chefes locais, no "*shire.*"

Esse era o estado da Inglaterra quando sobre ela foi imposta a nova ordem normanda. Apesar de sua violenta reanexação ao Continente e de sua fusão no feudalismo comum do Ocidente, conservou uma individualidade. Podemos retratar o governo da Inglaterra no reinado de Henry II. Uma monarquia forte, com seus juízes e xerifes em todos os cantos da terra; uma Igreja poderosa num acordo em que a Coroa é obrigada pelo costume a consultá-la em todas as questões de estado; um corpo de nobres rurais faz a administração local; e a Casa Real de homens hábeis em direito e finanças.

❄

Com o rei John, começa um século de experiência política. Quem desde criança tenha ouvido falar na Carta Magna – e na reverência com que uma cópia dela foi recebida em Nova York – e a examine, talvez se alinhe com o historiador que propôs chamá-la não a Grande Carta das Liberdades, mas a Longa Lista de Privilégios. É que nossa noção de lei é completamente diferente da de nossos antepassados. Pensamos na lei como em algo que muda constantemente para atender às circunstâncias; na Idade Média, as circunstâncias mudavam mui lenta e gradualmente; a sociedade seguia o costume por decreto divino.

A Carta Magna não é um instrumento legislativo ou constitucional. É uma declaração sobre o que é a lei, admitida num acordo entre o rei e seus barões, e muitas das disposições que nos parecem insignificantes e técnicas indicam os pontos nos quais o rei invadira os antigos direitos dos barões. Sua importância não está nos detalhes, mas no princípio de que existe uma lei à qual a própria Coroa está sujeita – *Rex non debet esse sub homine; sed sub Deo et lege.*

Mais ou menos em meados do século XIII, começamos a ter uma nova palavra: Parlamento.

Ela tem um significado muito vago, mas difundiu-se a ideia de que não basta o Rei "conversar sobre as coisas" com seu próprio Conselho, nem é suficiente que os barões insistam em seus direitos no Conselho do Reino.

Por que não chamar a nobreza menor e os burgueses? Venham a Westminster, dois gentlemen de cada *shire*, dois negociantes de cada *borough*. Que devem fazer quando chegarem ninguém sabe bem. Mais ouvir os melhores do que falarem eles mesmos; conhecer as queixas do país; discutir as coisas entre si; saber das intenções do rei com respeito à Escócia e à França; e pagar mais satisfeitos pelo fato de saberem.

Instituição delicada, esse Parlamento. Não era criação inevitável e poderia ter sido abandonado. Mas criou raízes.

De maneira geral, seu consentimento é necessário para legalizar o ato de uma autoridade: modificação séria num costume antigo só por uma lei do Parlamento; um novo imposto só com aprovação dos Comuns.

No século XV, a estrutura baronal desapareceu numa guerra civil, e restou não a Coroa, mas "a Coroa em Parlamento," claramente desenhada: os Lordes, por direito próprio, e os Comuns representantes de *shires* e *boroughs*. A destruição da velha nobreza nas batalhas mudaria o equilíbrio das duas Casas; e os Comuns, cavaleiros e burgueses restaram, representando a sociedade que mais sofria com a anarquia e mais desejava um governo forte. Houve uma aliança natural entre a Coroa e os Comuns.

❄

Pelo fim do século XV tomaram forma as principais características e instituições da raça. Os rudes dialetos alemães dos invasores anglo-saxônicos modificaram-se com a conquista normanda e com a influência do latim eclesiástico. O vocabulário ampliou-se com palavras de raiz britânica e danesa, processo acelerado pela introdução do francês normando nas ilhas. Sobrevivem textos do século XIII que hoje se reconheceriam como uma forma de inglês, embora sem se compreender inteiramente. Mas não só a linguagem tomou um tom distintamente inglês. Numa diferença da Europa Ocidental, que tem a marca e a tradição de direito romano e do sistema de governo romano, os povos de língua inglesa tinham, no fim do período, princípios legais que se poderiam chamar democráticos, os quais sobreviveram a levantes e aos ataques dos impérios francês e espanhol. Parlamento, julgamento pelo júri, governo local por gente do lugar e os começos de uma imprensa livre se identificam, mesmo em forma primitiva, na época em que Cristóvão Colombo singrou em direção ao continente americano.

Toda nação ou todo grupo de nações tem sua história que contar. Conhecer as provações e as lutas é necessário. É com esperança de que o conto das provações e atribulações de nossos antepassados não só fortaleça os povos de língua inglesa de hoje, mas tenha um papel importante na união do mundo inteiro, que apresento este relato.

W.S.C.
Chartwel, Westerham, Kent
15 de janeiro de 1956

LIVRO I

O BERÇO DA INGLATERRA

1
A Raça da Ilha

Britânia

No verão do ano romano de 669, modernamente chamado 55 antes de Cristo, o procônsul da Gália, Gaius Julius Cæsar, volveu o olhar para Britânia. Em meio a guerras na Germânia e na Gália, interessou-se por aquela ilha enevoada que instigara sua ambição e já dificultara seus planos. Para César, a Ilha era parte integrante da sua missão de impor aos bárbaros do Norte as regras e o sistema de Roma. As terras da Ilha, quando não cobertas por florestas e pântanos, eram verdejantes e férteis. O clima, longe de benigno, era uniforme e saudável. Os locais, embora fossem gente tosca, tinham algum valor como escravos para trabalhos pesados na terra, nas minas, e mesmo em volta da casa. Os romanos, porém, odiavam e temiam o mar. Por um supremo esforço de sobrevivência haviam, duzentos anos antes, sobrepujado Cartago em seu próprio elemento no Mediterrâneo; mas uma imagem das legiões romanas desembarcando na remota, desconhecida, fabulosa Ilha do vasto oceano do Norte provocaria novas emoções e muita conversa em todas as classes da sociedade romana.

Assim, nesse verão, cinquenta e cinco anos antes do nascimento de Cristo, ele retirou seu exército da Germânia, destruiu a sólida e engenhosa ponte de madeira sobre o Reno acima de Coblenz, e por todo o mês de julho marchou a passos largos rumo oeste, para as praias gálicas, em algum ponto entre as atuais Calais e Boulogne.

Nos primórdios, Britânia fazia parte do continente. Uma extensa planície ligava a Inglaterra à Holanda, na qual o Tâmisa e o Reno se encontravam para verter suas águas em direção norte. Um leve movimento na superfície da Terra fez essa planície afundar algumas dezenas de metros deixando o oceano entrar no Mar do Norte e no Báltico. Outro tremor, importante para a nossa história, fendeu os rochedos de Dover e do cabo Griz Nez, e as correntes oceânicas e suas marés foram formando os Estreitos de Dover e o Canal da

Mancha. Quando ocorreu esse fenomenal corte? Até bem pouco tempo, os geólogos apontavam para períodos muito além do neolítico. A ciência moderna descobriu outros métodos de contar os séculos, e o estudo de camadas de argila e depósitos nas geleiras norueguesas mostram, camada por camada e ano por ano, quais eram as condições atmosféricas. Montaram-se escalas de tempo e de clima a partir dessas e de outras indicações, que cobrem com razoável precisão muitos milhares de anos da pré-história. A vegetação fossilizada monta a história, e as tabelas permitem determinar a época em que, devido a condições mais amenas, o carvalho sucedeu ao pinho nas florestas britânicas. Barcos de pesca apanham nas malhas fragmentos de árvores do fundo do Mar do Norte que, ao se encaixarem na escala climática, mostram que carvalhos cresciam, há menos de nove mil anos, onde agora se encontram águas revoltas com cem metros de profundidade. A Grã-Bretanha ainda era pouco mais que uma península da Europa ou separava-se dela por uma estreita corrente de maré que gradualmente se alargou até virar o Estreito de Dover, numa época em que se construíam as pirâmides, e doutos egípcios exploravam laboriosamente as antigas ruínas de Sakkara.

A última das sucessivas ondas de invasões celtas – cada uma empurrando a anterior – que marcaram a Idade do Ferro ocorreu no início do século I a.C. "As tribos belgas chegaram a Kent e espalharam-se por Essex, Hertfordshire e parte de Oxfordshire, enquanto outros grupos da mesma família (...) mais tarde (...) se distribuíram por Hampshire, Wiltshire, Dorset e parte de Sussex" [Darby, *Historical Geography of England*]. Não há dúvida de que os belgas foram, de longe, os invasores mais esclarecidos que até então haviam penetrado os recessos da Ilha. Conduziam bigas e montavam cavalos. Cunharam pela primeira vez moedas de prata e de cobre. Na Britânia, organizaram-se à maneira de uma aristocracia tribal, dominando o povo mais antigo. Raça ativa, alerta, de domínio e controle, organizava-se onde quer que fosse com facilidade e presteza, dominando para ficar. Mas o andar pesado das legiões seguia firme atrás deles, que logo seriam obrigados a defender suas conquistas contra homens melhores e um sistema superior de governo e guerra.

Enquanto isso, na cúpula central em Roma, prevaleciam apenas ideias vagas sobre as ilhas ocidentais. "Os mais antigos geógrafos acreditavam que o oceano, o Grande Rio, cercava toda a terra, e não sabiam de ilhas nele." Heródoto, cerca de 445 a.C., ouvira falar do estanho de misteriosas ilhas do longínquo Ocidente, às quais denominou Cassiterides, mas, prudente, tratou do assunto como coisa do reino das fábulas. Mas, em meados do quarto século a.C., Píteas de Marselha – um dos maiores exploradores de toda a história – fez duas viagens em que com certeza circunavegou as Ilhas Britânicas. Anunciou a existência das "Ilhas Pretânicas, Albion e Ierne," como Aristóteles as chamara. Píteas foi tratado como inventor de histórias, e suas descobertas só seriam admiradas quando o mundo em que vivia já se fora havia muito. Mas já no terceiro século a.C., os romanos tinham um conceito definido sobre três grandes ilhas, Albion, Ierne e Thule (Islândia). Nelas, tudo era estranho e monstruoso. Eram a derradeira fímbria do mundo. Ainda assim, havia o comércio do estanho envolvendo fortes interesses, e Políbio, em escritos de cerca de 140 a.C., mostrou que esse aspecto, pelo menos, tinha sido bastante ventilado pelos amanuenses comerciais.

❄

No fim de agosto de 55 a.C. César fez-se ao mar à meia-noite com oitenta barcaças e duas legiões e, pelo amanhecer, divisou as penhas brancas de Dover enxameadas de homens armados. Considerou o lugar "totalmente impróprio para desembarque." Barcos ancorados, aguardou a virada da maré, navegou mais sete milhas e pisou na Albion pela praia baixa e inclinada entre Deal e Walmer. Mas os britânicos, observando o movimento, fizeram o mesmo caminho pela margem, a postos para um encontro. Seguiu-se uma cena que o olhar da história fixou. Os homens da Ilha, com seus carros e cavaleiros, avançaram pela rebentação para atacar o invasor. Os barcos de transporte e de guerra de César estavam em águas mais profundas. Os legionários, indecisos quanto à profundidade, hesitaram diante da chuva de dardos e pedras, mas o porta-bandeira da Décima Legião jogou-se nas ondas com a sagrada insígnia da águia, e César trouxe os vasos de guerra, com as catapultas e flechas de fogo sobre o flanco bretão. Os romanos, encorajados e protegidos, saltaram de suas embarcações e, organizando-se o melhor possível, investiram contra o inimigo. Deu-se uma luta curta e feroz por entre as ondas, mas os romanos chegaram à praia, e uma vez postos em formação, forçaram os britões à fuga.

O desembarque de César, no entanto, foi apenas o primeiro de seus transtornos. A cavalaria, que zarpara três dias mais tarde em dezoito barcaças de transporte, chegou à vista do acampamento mas, sob uma ventania súbita e levada à deriva Canal abaixo, deu-se por muito feliz em poder voltar ao Continente. A maré alta da lua cheia, que César não entendera, causou grandes danos à sua esquadra fundeada. "Muitos barcos foram destroçados," diz ele, "e os outros perderam cabos, âncoras e todo o apetrecho, vendo-se imprestáveis, o que naturalmente deixou o exército inteiro em grande consternação. Não dispunha de outras barcaças em que retornar, nem material para os reparos; como ficara implícito que estariam de volta à Gália pelo inverno, eles não estavam abastecidos de cereais para a estação na Britânia."

Os britânicos haviam pedido paz após a batalha na praia mas, ao verem os apuros do invasor, sua esperança renasceu e eles interromperam as negociações. Em grande número assaltavam os grupos que saíam em cata de suprimentos. Mas a legião responsável não se descuidara das precauções, e a disciplina e a blindagem falaram outra vez. Mostra quanto alimento havia na Ilha o fato de duas legiões poderem subsistir por uma quinzena dos cereais próximos do acampamento.

Os britânicos de novo se renderam. Os vencedores impuseram apenas condições nominais. Desmontando grande parte dos barcos para consertar os restantes, César se satisfez em retornar com alguns reféns e cativos para o Continente. Jamais sequer deu a entender que sua expedição fora bem-sucedida. Para afastar aquela lembrança, ele veio de novo no ano seguinte, desta vez com cinco legiões e alguma cavalaria, transportadas em oitocentas embarcações. César já penetrara doze milhas quando foi chamado de volta pela notícia de que uma grande tempestade havia destruído ou avariado grande parte de sua esquadra. Foi forçado a passar dez dias arrastando todos os barcos para a praia. Isso feito, retomou sua incursão. Mas os britânicos haviam encontrado um líder no chefe Cassivelaunus, mestre em guerrear naquelas condições.

Cassivelaunus, empregando a mobilidade e evitando uma batalha direta, acompanhava as legiões romanas em sua entrada, cortando-as dos grupos de suprimento. Mesmo assim, César tomou a primeira posição forte; as tribos começaram a negociar condições separadamente; um plano bem-imaginado para destruir a base de César na costa de Kent fracassou. Nesse quadro, Cassivelaunus, usando na política a prudência da sua tática, negociou a entrega de reféns e uma promessa de tributos e submissão, em troca do que César contentou-se em deixar a Ilha.

Com mar calmo "ele fez-se à vela quando anoiteceu e chegou em segurança ao Continente com toda a esquadra ao amanhecer." Desta vez anunciou uma vitória. César teve seu triunfo, e, atrás dele, cativos britões amarrados trilharam seu triste caminho em fila pelas ruas de Roma; mas por quase uma centena de anos nenhum outro exército invasor desembarcou nas costas da Ilha.

Pouco se sabe de Cassivelaunus, e só podemos desejar que pósteros defensores da Ilha sejam tão bem-sucedidos, e que as medidas que tomarem estejam de acordo com a necessidade da época. Permanece a impressão de um hábil e prudente chefe, cujas qualidades e façanhas, não fora o fato de terem-se exibido num longínquo teatro, bem poderiam figurar ao lado daquelas de Fabius Maximus Cuntactor.

Dominação

Nos cem anos que se seguiram à invasão de Júlio César, os ilhéus britânicos permaneceram sossegados. As cidades belgas criaram vida própria e as tribos guerreiras desfrutaram, em meio às mútuas rixas destruidoras, da confortável ilusão de que ninguém os atacaria de novo.

No ano 41 d.C. o assassínio do imperador Calígula e uma série de acidentes levaram Claudius, seu estudioso e desajeitado tio, ao trono do mundo. Nesse período triunfante, sempre havia disponível a um novo imperador diversos projetos desejáveis, de antemão já bem-considerados e em harmonia com o que geralmente se entendia como sistema romano, qualquer deles pronto a captar a fantasia do mais recente dono do poder supremo.

As vantagens de conquistar a recalcitrante ilha Britânia foram desfiadas diante do novo monarca, provocando seu interesse. Atraía-lhe a ideia de granjear reputação militar. Deu ordens para que esse dramático e possivelmente lucrativo empreendimento fosse levado adiante.

A situação interna favorecia os invasores. Cunobelinus (o Cymbeline de Shakespeare) estabelecera uma suserania no sudeste da Ilha, mas, na velhice, dissensões começaram a prejudicar sua autoridade. Plautius e as legiões chegaram. O povo de Kent recorreu à tática de Cassivelaunus, e Plautius teve a correspondente dificuldade em descobri-los. Avançando pelo mesmo caminho que as fileiras de César haviam percorrido, chegou a um rio de que nunca ouvira falar, o Medway. Os bretões deram combate no segundo dia, e só foram vencidos por um ataque de flanco, tendo Vespasiano – que viria a ser imperador – descoberto um vau mais acima. Essa vitória estragou a direção de cena da campanha. Plautius vencera a batalha cedo demais e no lugar errado. Algo havia que fazer mostrando que a presença do imperador era necessária à vitória. Então Claudius, que esperava na França pelos resultados, cruzou os mares trazendo substancial reforço, inclusive alguns elefantes. Obtida nova batalha, os romanos venceram. Claudius retornou a Roma para receber do senado o título de "Britannicus" e permissão para celebrar um triunfo.

Mas a guerra britânia continuava.

A conquista não se efetivou sem uma terrível convulsão de revolta. O rei da tribo Iceni na Anglia Oriental havia morrido. Seu reino foi pilhado por centuriões, e suas propriedades tomadas por escravos como se fossem butim de guerra, sua viúva Boadicea (que os doutos se comprazem em chamar Boudicca) foi açoitada e suas filhas ultrajadas.

A tribo de Boadicea, ao mesmo tempo a mais poderosa e, até então, a mais submissa, chegou ao desvario contra os invasores romanos. Lançaram-se às armas. Boadicea viu-se à frente de um imenso exército, praticamente todos os bretões cerrando fileiras sob seu emblema. Brotou um ímpeto de ódio vindo das profundezas, que dá a medida da crueldade da conquista. Foi um grito de fúria contra uma opressão invencível e uma cultura superior que lhe parecia dar força. "Boadicea," disse Rankle, "é determinada, rude e terrível." Seu monumento na beira do Tâmisa do lado oposto ao Big Ben relembra-nos o grito áspero de liberdade ou morte que tem ecoado pelos séculos.

Os bretões tiravam alento de presságios. A estátua da Vitória caíra de rosto para frente como se fugisse do inimigo. O mar ficou vermelho. Gritos estranhos se ouviram na sala do conselho e no teatro. Os funcionários romanos, os homens de negócio, os banqueiros, os usurários, e os bretões que haviam participado e tirado proveito do poder viram-se com um punhado de velhos soldados em meio a uma "turba de bárbaros." Suetonius, o novo governador, estava a um mês de distância. A Nona legião se achava a cento e vinte milhas. Não houve clemência nem esperança. Os vitoriosos bretões avançaram. "Suetonius, destemido," diz Tacitus, "atravessou uma região hostil até Londinium, cidade que, embora não agraciada com o título de colônia, era um movimentado entreposto de comércio." Essa é a primeira menção a Londres na literatura. Embora tenham sido encontrados ali fragmentos de cerâmica gaulesa ou italiana, que podem ou não ter antecedido a conquista romana, é certo que o lugar não teve qualquer destaque até que os invasores claudianos trouxeram um grande número de contratos do exército e funcionários para a mais conveniente cabeça de ponte no Tâmisa.

Os cidadãos de Londres imploraram a Suetonius que os protegesse, mas ao ouvir que Boadicea dera a volta e agora marchava para o sul, ele tomou a difícil mas correta decisão de deixá-los à mercê da sorte.

A matança que se abateu sobre Londres foi geral. Ninguém foi poupado, fosse homem, mulher ou criança. A fúria da rebelião concentrava-se sobre aqueles de sangue britânico que haviam cedido às manhas e seduções do invasor. Esse foi provavelmente o mais horrível episódio que nossa Ilha conheceu. Vê-se o começo rude e corrupto de uma civilização mais elevada sendo encoberto pelo levante feroz das tribos nativas. Ainda assim, é direito fundamental do homem morrer e matar pela terra onde vive, e punir com excepcional severidade todos os membros de sua própria raça que aqueceram as mãos na lareira do inimigo.

"E agora Suetonius, compondo uma força com cerca de dez mil homens plenamente armados (...) decidiu (...) pelo combate." O dia foi sangrento e decisivo. O exército bárbaro de oitenta mil guerreiros, acompanhados, tal como os germanos e os gauleses, por suas mulheres e filhos em volumosos comboios, entraram em ordem de batalha determinados a vencer ou morrer. Não havia qualquer ideia de acomodação. De ambos os lados era ou tudo ou nada. Contra pesadas e adversas probabilidades, a disciplina e a tática dos romanos, no entanto, triunfaram. Não houve clemência, nem mesmo às mulheres. Boadicea matou-se tomando veneno.

Suetonius agora só pensava em vingança, e de fato havia muito o que cobrar. Nero enviou reforços da Germânia, e todas as tribos hostis ou suspeitas de hostilidade foram arrasadas a fogo e espada. Mesmo assim, permaneciam com o espírito inquebrantável, e o extermínio de toda a antiga raça bretã só não aconteceu devido ao protesto de um novo procurador, apoiado por seus superiores do Tesouro em Roma, em vias de possuir um deserto no lugar de uma província. O procurador, Julius Classicianus, cuja lápide se encontra hoje no Museu Britânico, pleiteou veementemente pela pacificação dos bandos guerreiros que ainda lutavam sem pedir trégua ou clemência, morrendo de inanição e perecendo nas florestas e pântanos. Por fim, resolveu-se fazer o melhor possível com os bretões. O imperador Nero enviou novo governador, que estabeleceu a paz com os renhidos membros das tribos, dando ensejo para que o sangue deles se perpetuasse na raça da Ilha.

Em 78 d.C. Agrícola, um governador de talento e energia, foi enviado à

Britânia. Unia a capacidade militar com o humanitarismo de estadista. Ao todo, ele empreendeu seis campanhas de expansão na Britânia. Não haveria segurança nem paz permanente nas províncias britânicas a menos que ele pudesse subjugar as poderosas tribos e os grandes bandos de guerreiros afoitos que tinham sido empurrados para o norte pelo seu avanço.

A batalha decisiva ocorreu no ano 83 em Mons Graupius, lugar não identificado, embora alguns indiquem o Passo de Killiecrankie. Tacitus descreve com detalhes não muito convincentes o curso dessa famosa luta. Toda a Caledônia, tudo o que sobrara da Britânia, uma imensidão de homens batidos e acossados, resolvidos a matar ou morrer, enfrentaram, com uma superioridade de quatro ou cinco por um, as habilmente comandadas legiões romanas e tropa auxiliar, na qual, sem dúvida, muitos renegados britânicos prestavam serviço. É certo que Tacitus exagerou grandemente as dimensões do exército nativo nesses ermos, onde não podiam preparar suprimentos. O efetivo, embora ainda considerável, deve ter sido severamente limitado. Aparentemente, como em tantas outras batalhas na antiguidade, o lado derrotado foi vítima de equívoco e os fados do dia foram contra eles antes de o grosso das tropas perceberem que uma batalha crítica havia começado. Forças de reserva desceram dos montes muito tarde para garantir a vitória, mas em tempo de serem massacradas na debandada. A última resistência organizada dos bretões ao poder romano terminou em Mons Graupius. Ali, de acordo com cálculos romanos, "dez mil inimigos foram mortos, e do nosso lado cerca de trezentos e sessenta homens." A vitória de Clive em Plassey, que assegurou para o império britânico um longo turno de autoridade sobre a Índia, foi ganha contra probabilidades piores, com menores tropas e com menos perdas.

O caminho para a total subjugação da Ilha agora se abria, mas a Caledônia era para Roma apenas uma emoção, e os remanescentes dos guerreiros bretões foram deixados a esvair-se nos nevoeiros do norte.

❄

Nos ermos do norte e do oeste, a liberdade encontrou refúgio entre as montanhas, mas nas outras regiões a conquista e a pacificação com o tempo foram completas e a Britânia tornou-se uma das quarenta e cinco províncias do Império Romano. Em todas, o princípio seguido era o de adaptar a forma de governo às condições locais. Preconceitos de raça, língua ou religião não obstruíam o caráter universal do sistema romano. As únicas divisões eram as de classe, e essas vigoravam incontestáveis pelo mundo organizado. Havia cidadãos romanos, havia uma enorme massa de cidadãos não romanos, e havia escravos – mas a ascensão à cidadania era possível para membros mais afortunados da classe servil. Nessas bases, portanto, a vida na Britânia agora se desenrolou.

A província romana

Por quase trezentos anos acomodada ao sistema romano, a Britânia desfrutou, em muitos aspectos, dos mais felizes, confortáveis e esclarecidos tempos que seus habitantes tiveram.

Em cultura e instrução a Britânia era pálido reflexo do cenário romano, e nem sequer tão ativo quanto o dos gauleses. Mas havia lei; havia ordem; havia paz; havia calor; havia comida, e costumes longamente assentados. A população livrou-se do barbarismo, sem sucumbir à indolência e à luxúria. Um pouco dessa cultura espalhou-se inclusive pelas aldeias. Hábitos romanos se filtravam; o uso de utensílios romanos e até mesmo da fala romana aumentava regularmente. Os britânicos se julgavam tão bons romanos quanto quaisquer outros. Na verdade, pode-se dizer que, de todas as províncias, poucas assimilaram o sistema romano com mais competência que os Ilhéus. Os legionários britânicos e corpos auxiliares eram classificados como as melhores tropas do império, iguais ou atrás apenas dos ilírios. Havia um sentimento de orgulho em partilhar de tão extenso e nobre sistema. Ser cidadão romano era ser cidadão do mundo, erguido num pedestal de inquestionável superioridade sobre bárbaros e escravos. Os movimentos pelo grande Império tinham a mesma rapidez da época em que a rainha Victoria subiu ao trono, sem obstáculos de fronteira, leis, moeda ou nacionalismo a retardarem o viajante.

Uma pesquisa de opinião no quarto século teria mostrado a preferência por uma continuidade indefinida do regime romano. Em nossa própria época, febril, inconstante e incerta, onde tudo é instável e nada é aceito, devemos olhar com respeito um período em que apenas com trezentos mil soldados manteve-se a paz em todo o mundo conhecido, geração após geração, e no qual o límpido impulso inicial de cristandade elevou a alma humana à contemplação de maiores harmonias além do mundo ordenado que a rodeava.

Não há indício de que um grande aumento de população acompanhou o regime romano. Em mais de dois séculos de paz e ordem os habitantes permaneceram em número quase igual ao dos dias de Cassivelaunus. A nova sociedade, com toda a graça de sua estrutura, com seu tempero de elegância e fausto – banhos, banquetes, togas, escolas, literatura e oratória – não tinha base mais suntuosa que uma agricultura de tempos pré-históricos. A fartura grosseira na qual os remotos bretões tinham vivido só era capaz de sustentar em escala moderada a imponente fachada da vida romana.

Devemos Londres a Roma. Os engenheiros militares de Claudius, a burocracia que cuidava do abastecimento dos exércitos, os comerciantes que lhes seguiam o caudal trouxeram-na para uma vida que ainda não se acalmou.

Se um nativo de Chester, na Britânia romana, acordasse hoje [*1939*] constataria a existência de leis com o mesmo teor de muitas das que ele conhecia. Encontraria em qualquer cidadezinha templos e sacerdotes daquele novo credo que no seu tempo triunfava por toda parte. Na verdade, as instalações para o culto cristão lhe pareceriam um tanto excessivas para o número de devotos. Com uma ponta de orgulho ele ia notar que seus filhos seriam compelidos a aprender latim se quisessem ingressar nas mais renomadas universidades. Ele encontraria algumas sérias dificuldades com a pronúncia. Veria nas bibliotecas públicas muitas das obras-primas da antiga literatura, impressas em grande quantidade em papel incrivelmente barato. Encontraria um governo estabelecido e um sentimento de pertencer a um império mundial. Poderia beber e banhar-se nas águas de Bath mas, se estivesse distante, acharia banhos a vapor e banheiros públicos em qualquer cidade. Encontraria todos os seus mesmos problemas de moeda corrente, posse de terra, moral e decoro públicos – com feição de certo modo diferente, mas ainda em plena efervescência. Teria a mesma sensação de pertencer a uma sociedade ameaçada, e a uma ordem imperial que já tivera seu apogeu. Sentiria o mesmo medo coletivo de um súbito ataque dos exércitos bárbaros com armas equivalentes às das legiões locais e tropas auxiliares. Temeroso ainda do povo do outro lado do Mar do Norte, ensinar-lhe-iam que sua fronteira era o Reno. As mudanças mais marcantes com que iria se defrontar seriam a velocidade das comunicações e a quantidade de material impresso e de radiodifusão. Possivelmente acharia ambos uma lástima. Mas teria ao seu dispor clorofórmio, antissépticos e um conhecimento mais científico de higiene. Teria livros de história mais longos para ler, com narrativas piores que as de Tacitus e Dio. Poderia ver "regiões que César nunca imaginou," de onde provavelmente retornaria triste e espantado. Toparia com empecilhos de toda sorte para viagens ao exterior, exceto o da rapidez. Se quisesse ir a Roma, a Constantinopla ou a Jerusalém, de outra maneira que não por mar, uma dúzia de fronteiras inspecionariam sua passagem. Seria chamado a desenvolver grande número de inimizades tribais e raciais, que anteriormente desconhecera. Porém, quanto mais estudasse os acontecimentos ocorridos desde o século III, mais contente ficaria por não ter acordado mais cedo.

❋

Entretanto, o sistema do Império Romano estava velho. Seus tendões e artérias haviam suportado o peso de tudo que o mundo antigo sofrera. O mundo romano, tal como um senhor envelhecido, queria viver em paz e tranquilidade, e gozar em filosófico desapego as dádivas que a vida concede às classes mais afortunadas. Mas novas ideias perturbavam o conservantismo interno, e, do lado de fora das fronteiras cuidadosamente guardadas, uma grande massa de homens famintos e selvagens agitava-se e fazia planos. A essência da paz romana era a tolerância com todas as religiões e a aceitação de um sistema de governo universal. Cada geração pós-meados do século II presenciara o crescente enfraquecimento do sistema e a concentração do movimento por uma religião uniforme. O Cristianismo fez novamente todas as perguntas que o mundo romano julgava ter respondido para sempre, e mais algumas que ele nunca presumira fazer. A alternância entre a devassidão fanática e o puritanismo vingativo, que marcou a sucessão de imperadores, o contraste entre a moral do centro do poder e aquela praticada por extensas comunidades em muitas regiões vassalas causavam problema de agitações sempre crescentes. No momento em que a humanidade parecia ter resolvido boa proporção de suas seculares dificuldades, e que o governo supremo oferecia ilimitada liberdade para as experiências espirituais, forças inexoráveis tanto internas como externas punham-se em marcha. Sem descanso, sem permanência. "Porque aqui não temos uma cidade permanente, mas esperamos uma que venha." Símbolos estranhos de destino se desfraldaram, ruinosos para a paz e a ordem, mas palpitantes para o coração do homem. Diante do sistema romano estendiam-se imensuráveis desgraças – sordidez, massacres, o próprio caos e a longa noite que iria cair sobre o mundo.

Vemos essas forças avolumando-se contra todos os diques do mundo romano, como uma enchente que não só enchia a represa até as bordas, mas infiltrava-se insidiosamente, ora por uma rachadura, ora por um mero exalo, enquanto cada vez mais os homens tomavam consciência da fragilidade da estrutura. Se a superior virtude das legiões falhasse, tudo ruiria. Seguramente, a partir de meados do segundo século todas essas forças desagregadoras eram claramente manifestas. Entretanto, na Britânia romana os homens pensaram, por muitas gerações, ter solucionado o enigma da Esfinge. Não entenderam o significado daquele sorriso.

A ilha perdida

Não podemos duvidar que o segundo e, de certo modo, o terceiro século da era cristã, em contraste com tudo o que houve antes e com muito do que se seguiria, foram uma Era de Ouro para a Britânia. Porém, já na parte inicial do quarto século, sombras se adensavam sobre essa imperfeita, porém tolerável, sociedade. A passos firmes e constantes, o senso de segurança afastava-se da Britânia romana. Seus cidadãos ficavam, nas experiências diárias, com a impressão de que o sistema mundial do qual a Província era parceira achava-se em declínio. Ingressaram na fase de alerta.

A partir do fim do século III, quando a civilização romana na Britânia e o desafio à estrutura preponderante estavam igualmente no auge, começaram as entradas dos povos bárbaros, vindos tanto da Europa como da ilha esquecida a oeste. Os *scots,* a quem hoje em dia chamamos irlandeses, e os *picts* da Escócia começaram a pressionar o Muro de Adriano para contornar-lhe os dois flancos em *raids* pelo mar. Ao mesmo tempo, os saxões remavam em barcos longos, atravessavam o Mar do Norte e desciam em peso na costa leste, de Newcastle até Dover. Dessa época em diante a zona rural britânica viveria sob o mesmo tipo de ameaça de inesperadas, cruéis e sangrentas invasões por mar que agora as nações modernas têm pelo ar.

Sobre aquele mundo fértil, pacato e ordenado espalhava-se o receio constante do perigo. Mas como qualquer outro organismo em decadência, o império romano continuou a funcionar por várias gerações após sua vitalidade estar consumida. Por quase cem anos nossa Ilha foi um dos cenários do conflito entre uma civilização moribunda e um barbarismo luxurioso, esfaimado. Os britão-romanos eram ativos e ousados membros do império. Tinham uma visão voltada para seus interesses, mas lhes agradava participar das maquinações do jogo. Com o tempo, as forças militares romanas da Britânia tornavam-se cada vez mais britânicas, e, no fim do século III, assumiram forte caráter nacional. Embora jactando-se de cidadãos e de romanos, e sem desejar independência, tanto a província quanto o exército tiveram atitudes altamente críticas para com o governo imperial. Imperadores que desconsideravam a opinião britânica, ou que sacrificavam interesses britânicos, principalmente aqueles que podiam ser acusados de incúria das defesas da província, eram alvo de vivo rancor. Uma série de motins e revoltas agravaram os crescentes perigos daqueles tempos.

Não foram simples motins de soldados descontentes. Foram arrojados lances para o controle do Império Romano por legiões de apenas uns poucos milhares de soldados, mas que expressavam o ânimo, o sentimento e as ambições da sociedade em que viviam. Elas deixavam o cenário local pelo grande teatro, como os atores deixam a província pela capital. Infelizmente, levavam para cada palco importantes elementos das exíguas forças militares necessárias para guarnecer os diques.

❄

Constantes esforços foram feitos pela comunidade romano-britânica para repelir entradas e invasões, mas, embora o processo de desgaste se desdobrasse por muitos anos e a miséria se aprofundasse aos centímetros, devemos reconhecer no ano de 367 situações de horror extremo e mortífero. Naquele ano fatal, os *picts*, os *scots*, e por outro lado os saxões pareceram agir de comum acordo. Caíram todos ao mesmo tempo sobre a Britânia. Larga brecha se abriu em suas defesas, e hordas assassinas choveram sobre o belo mundo das casas de campo e das propriedades rurais. Todas foram destruídas. As ruínas contam a história. Supõe-se que o esplêndido serviço de jantar de prata de Mildenhall, em Suffolk, atualmente no Museu Britânico, tenha sido enterrado nessa época pelos donos, quando sua *villa* foi surpreendida por invasores. Evidentemente eles não viveram para poder desenterrá-lo. O mundo campestre da Britânia recuperar-se-ia mui debilmente do desastre. As cidades estavam já em declínio. Mais gente buscou refúgio nelas. Pelo menos eram muradas.

As páginas da história revelam o esforço do governo imperial para proteger a Britânia. Repetidas vezes, a despeito das revoltas e das ingratidões, oficiais e tropas eram enviados para restaurar a ordem e expulsar os bárbaros. Mas, nesses anos fatais, a parte civilizada da Ilha foi despojada de seus defensores não só para ajudar o império como também para feri-lo.

Pelo início do século V, todas as legiões encontravam-se numa missão ou outra, e aos apelos frenéticos por ajuda, o pobre imperador Honorius pôde apenas enviar sua mensagem de despedida de 410: "os cantões tomem medidas para sua própria defesa."

Uma geração passou, e um cronista gaulês registra esta sombria nota em 441 ou 442 d.C.: "Hoje em dia os britânicos por todo tipo de calamidade e desastre estão caindo em poder dos saxões." Que acontecera? Algo mais que as pilhagens do século IV: a migração em massa da Germânia do Norte havia começado. Após o quê, cerram-se as trevas.

❄

Nesse ponto assoma grandiosa, incerta, indistinta mas brilhante, a lenda do Rei Arthur e os Cavaleiros da Távola-Redonda. Em algum lugar da Ilha um grande capitão lutou contra os invasores bárbaros até matá-los. Em torno dele, em torno de seu nome e de seus feitos, reluz tudo que o romance e a poesia podem oferecer. Doze batalhas, todas localizadas em cenários de que não se encontram traços, com inimigos indefiníveis exceto por serem pagãos, são meticulosamente exibidas no latim de Nenius. Outros dizem: "Nenhum Arthur; ou pelo menos nenhuma prova de algum Arthur." Somente quando Geoffrey de Monmouth, seiscentos anos mais tarde, louvou o esplendor do feudalismo e da aristocracia guerreira é que o cavalheirismo, a honra, a fé cristã, os cavaleiros de armaduras e as encantadoras donzelas foram postos num relicário em glorioso círculo iluminado pela vitória. Mais tarde essas histórias seriam recontadas e embelezadas pelo gênio de Mallory, de Spenser e de Tennyson. Verdadeiras ou falsas, elas provocaram um eterno fascínio em nossa imaginação. Difícil acreditar que todas sejam fantasias de um escritor galês. Se forem, que maravilhoso inventor.

Pesquisas modernas não aceitaram a destruição de Arthur. Tímida mas resolutamente, os mais recentes e bem-informados escritores uniram-se para proclamar sua existência real. Não podem dizer quando, nesse período negro, ele viveu; ou onde ele reinou e lutou suas batalhas. Mas estão dispostos a acreditar na existência de um grande guerreiro britânico que manteve a chama da civilização acesa contra o furor das tormentas, e que sob sua espada tomou abrigo um séquito fiel, cujas lembranças não se apagam. Todos os quatro grupos de tribos celtas que habitavam os declives da região montanhosa da Britânia se animaram com a lenda arturiana, cada qual reivindicando para sua região o cenário das aventuras. Da Cornwall a Cumberland continuam as buscas pelo reino ou pela região onde existiu Arthur.

Declaremos então que o Rei Arthur e seus nobres cavaleiros, guardiões da Sagrada Chama da Cristandade e do tema de uma ordem mundial sustentada por meio de valor, força física, bons cavalos e armaduras, aniquilaram incontáveis hostes de infames bárbaros, e deram um exemplo de decência para todas as épocas.

Além do mais, o século IV presenciou a ascensão da cavalaria à posição dominante no campo de batalha. Os dias da infantaria passaram, mas por um tempo; os dias das legiões passaram para sempre. Os invasores saxões eram de infantaria lutando com espada e lança, usando pouca armadura. Contra tal inimigo uma pequena força de cavalaria comum romana seria invencível. Se um chefe como Arthur reunisse um grupo de cavalaria paramentado com cotas de malha, poderia ter-se movido livremente pela Britânia, por toda parte liderado as resistências locais aos invasores, e obtido repetidas vitórias.

❄

Uma dúvida maior é vivamente debatida. Teriam os invasores exterminado a população nativa, ou juntaram-se e, até certo ponto, mesclaram-se com ela? Aqui há que distinguir entre a época das ferozes incursões em busca de butim e a época do assentamento de colônias. Mesmo onde o interesse próprio não preservou os aldeões nativos como trabalhadores nas fazendas saxônicas, podemos acalentar a esperança de que em algum lugar o rogo por piedade de uma donzela, o apelo de uma bela criatura em perigo, as necessidades de uma força invasora, possam ter criado algum vínculo entre vencedores e vencidos. Assim o sangue seria preservado, e assim os rigores do jugo iam enfraquecendo, conforme passavam as gerações. A eliminação completa de toda uma raça em grandes áreas é repulsiva à mente humana. Deve pelo menos ter havido, na falta de piedade, uma atenção às vantagens práticas ou às naturais tentações do sexo. Assim, escritores sérios argumentam que a conquista anglo-saxônica foi, para o grosso da comunidade britânica, principalmente mudança de donos. Os ricos foram chacinados; os bravos e orgulhosos recuaram em grande número para as montanhas ocidentais. Outros numerosos grupos escaparam a tempo para a Bretanha, a do Continente, de onde sua remota posteridade retornaria um dia.

O saxão era um colonizador de vales. A noção que ele tinha de uma propriedade lucrativa era a de uma campina para feno perto de um curso d'água, com a parte mais baixa do declive usada para arar e a parte mais alta mantida para pasto. Mas, em muitos locais, um longo tempo deve ter passado antes que essas terras mais baixas pudessem ser limpas e drenadas; enquanto isso, de que viveria senão do produto das granjas britânicas dos montes? É mais natural supor que ele tivesse mantido os nativos trabalhando como servos na terra que lhes era familiar, até que o vale ficasse pronto para a semeadura. Em seguida, os velhos sítios britânicos seriam usados para pastagem, e sua população, aglomerada em aldeias à beira do córrego ou da fonte. Mas a linguagem dos colonizadores dos vales, que viviam em grupos compactos, predominaria sobre a dos lavradores dos montes espalhados em pequenas propriedades isoladas. O estudo do nome das localidades no inglês moderno tem mostrado que as denominações de colinas, florestas e rios são geralmente de origem celta, mesmo nas regiões onde o topônimo da cidade seja anglo-saxão. Assim, sem admitir a teoria do extermínio geral, o desaparecimento da língua britânica pode ser explicado mesmo nas áreas onde sabemos que a população britânica sobreviveu. Eles tinham que aprender a língua dos seus senhores: não havia necessidade de os senhores aprenderem a deles. Sucedeu então que tanto o latim como a língua britânica renderam-se tão completamente à fala dos recém-chegados que é difícil encontrar qualquer traço dessas línguas nos nossos registros mais antigos.

Não havia barreiras de cor. As duas raças se assemelhavam em tipo físico; e as probabilidades são de que, em muitos distritos, um substancial componente britânico tenha sido incorporado à descendência saxônica. Os próprios invasores também ambicionavam a segurança de uma moradia fixa. Os guerreiros que retornavam de um semestre inteiro de pilhagens gostavam de espreguiçar-se em indolência. No século V, conforme a pressão vinda do leste se tornava mais forte, e os grupos anuais de incursores regressavam da Britânia com despojos e histórias de riquezas, já estava incutida na mente dos governantes uma ideia de dificuldade em se chegar à Ilha e, portanto, da segurança que sua ocupação daria a uma forte e destemida raça. Ali, talvez, nessa Ilha afagada pelas ondas, poderiam aquietar-se e desfrutar das boas coisas da vida sem o onipresente medo de ataque por mão mais forte, e sem os enormes sacrifícios diários inseparáveis da disciplina militar e tribal do continente. Para essas espadas selvagens, Britânia assemelhava-se a um refúgio. No rastro dos incursores germinava firme o plano e o sistema de colonização. Assim, com o desespero para trás e a esperança à frente, a migração para a Britânia e sua ocupação cresciam ano a ano.

A Inglaterra

Um pôr do sol rubro; uma longa noite; um pálido, enevoado amanhecer! Mas à medida que a claridade aumenta torna-se visível para a posteridade remota que tudo mudara. A noite havia descido na até então Britânia. O dia surgiria na, agora, Inglaterra: humilde, pobre, bárbara, degradada e dividida – mas viva. A Britânia havia sido parte ativa de um estado mundial; a Inglaterra era outra vez uma ilha bárbara. Tinha sido cristã, era agora pagã. Seus habitantes haviam-se deliciado em cidades bem-planejadas, com templos, mercados, academias. Haviam patrocinado artífices e comerciantes, professores de literatura e retórica. Por quatrocentos anos existiu lei e ordem, respeito à propriedade e ampliação da cultura. Tudo se fora. As construções de agora eram de madeira e não de pedra como antes. O povo perdera por completo a arte da escrita. Alguns míseros rabiscos rúnicos eram o único meio pelo qual podiam transmitir seus pensamentos ou desejos para alguém distante. O barbarismo reinava em andrajos, e nem sequer restavam os rijos princípios militares que tanto haviam estimulado e preservado as tribos germânicas. Confusões e conflitos entre reles rufiões, algumas vezes chamados reis, atormentavam a região.

Nada ali valia o nome de nativismo, ou mesmo de tribalismo; mas foi uma transição, uma passagem que os estudiosos do século dezenove proclamaram em conjunto ter sido um passo à frente na marcha da humanidade. Acordamos de um terrível e, assim nos parecia, infindo pesadelo, para um cenário desalentador. Nenhum germe de restauração despontara das hordas selvagens que haviam aniquilado a cultura romana. Sem dúvida continuariam a chafurdar indefinidamente na sordidez não fosse a chegada de uma nova influência que se mobilizava além-mar e que se movendo lenta, vacilante, penosamente, entre as ruínas da civilização, alcançava afinal, por vários caminhos, a desditosa Ilha – para a qual, de acordo com Procopius, as almas dos mortos da terra firme eram levadas pelo demoníaco barqueiro Caronte.

Quando os tempos de infortúnio tomaram conta da região e a longa luta com os saxões ficou decidida pelas armas, a igreja britânica retrocedeu junto com os outros sobreviventes para a parte oeste da ilha. O cristianismo britânico enlanguescia no refúgio, e bem podia ter agonizado não fosse o aparecimento de uma notável e encantadora personalidade.

St Patrick foi um britão-romano de boa família que provavelmente habitara o vale do Severn. Seu pai fora diácono cristão, cidadão romano, e membro do conselho municipal. Num certo dia do início do século V, caiu sobre a região um bando de incursores irlandeses, a destruir com fogo e morte. O jovem Patrick foi levado dali e vendido como escravo na Irlanda.

Por seis anos ele cuidou de porcos; a solidão levou-o a procurar o conforto da religião. Após muitas voltas, o vemos numa das ilhas próximas da costa de Marselha. Mais tarde, juntou-se ao bispo Germanus de Auxerre. Tinha consigo um ardente desejo de retribuir o mal com o bem e de levar as novas ideias para seus antigos captores na Irlanda. Após quatorze anos, em 432 Patrick viajou de volta para a árida região que havia deixado. Seu êxito foi rápido e imorredouro. "Ele organizou o cristianismo já existente; converteu reinos ainda pagãos, e pôs a Irlanda em contato com a igreja da Europa Ocidental tornando-a parte indissolúvel da cristandade universal." Num plano menos elevado, embora mantido em constante recordação, foi a expulsão de todas as cobras e répteis do solo irlandês que lhe deu fama e pelo que tem sido festejado século após século. Era, portanto, na Irlanda e não em Gales ou na Inglaterra, que a luz do cristianismo agora ardia através da escuridão.

E foi da Irlanda que o Evangelho conquistou o norte da Britânia, onde pela primeira vez lançou sua palavra mágica sobre os invasores *picts*. Columba, nascido meio século depois da morte de St Patrick, mas um fruto de sua Igreja, imbuído de sua graça e fervor, revelou-se um novo paladino da fé. Procedentes do mosteiro que havia fundado na Ilha de Iona, seus discípulos seguiram para o reino britânico de Strathclyde, para as tribos *pictas* do norte e para o reino anglo da Northumbria. Ele é o fundador da Igreja Cristã Escocesa. Assim, a mensagem que St Patrick levara para a Irlanda refluiu através de águas revoltas e propagou-se por vastas regiões.

❊

Aqueles foram os dias em que a maior preocupação do Bispo de Roma era reunir todas as ovelhas de Cristo em um único redil. Ali no norte, onde tanto zelo e fervor eram evidentes, a fé parecia implantada de forma inepta e, acima de tudo, isolada.

Por várias razões, inclusive a da propagação do evangelho, ficou decidido, na década final do século VI, que um guia e mestre seria enviado à Inglaterra para difundir e estimular a fé, converter os pagãos e realizar um trabalho efetivo de união entre os cristãos britânicos e o corpo principal da Igreja. Para essa importante tarefa, o papa Gregório, mais tarde denominado "o Grande," e os estadistas eclesiásticos reunidos em Roma selecionaram um leal e refinado monge chamado Augustine. Santo Agostinho de Canterbury, como ficou conhecido na história, desembarcou em Kent, e sua chegada despertou um grande desejo de ação. Ele converteu o rei Ethelbert, que por razões políticas refletira muito para dar esse passo. Sobre as ruínas da antiga igreja britânica de St Martin ele restabeleceu a vida cristã de Canterbury, lugar destinado a tornar-se o centro e cúpula da Inglaterra religiosa.

Pelo título concedido incorretamente de "o Evangelizador dos Ingleses," ele desfrutou por muitos séculos do crédito de ter reconvertido a outrora famosa província romana da Britânia à fé cristã; esse halo brilhou sobre ele até tempos relativamente recentes.

❊

Quase uma geração decorreu antes que Redwald, o rei dos anglos do leste, estabelecesse por uma série de vitórias amplo controle sobre a Inglaterra central. Com a ajuda de Redwald, a coroa da Northumbria foi conquistada pelo príncipe exilado Edwin, que habilmente abriu caminho, passo a passo, para a mais importante posição da Inglaterra; não só estabeleceu primazia pessoal, a confederação fundada por ele prefigurou o reino de toda a Inglaterra.

Temos uma descrição agradável e instrutiva de Edwin: "Havia então perfeita paz na Britânia onde quer que chegassem os domínios do rei Edwin e, como proverbialmente se diz, uma mulher com seu bebê recém-nascido podia atravessar a Ilha de mar a mar sem sofrer qualquer dano. Esse Rei tinha tal cuidado com o bem de seu povo que nos lugares onde avistava boas nascentes perto de estradas mandava fixar suportes com vasilhas penduradas, para que os viajantes pudessem beber; e ninguém ousava tocá-las para qualquer outro propósito que não aquele, por grande medo do Rei ou pela afeição que tinham por ele."

Assim era o príncipe no seu apogeu, e o extenso reino da Northumbria, moldado como uma Inglaterra em miniatura, tornou-se cristão. Mas esse abençoado evento trouxe imediatas e terríveis consequências. O drama se desenrolou com inacreditáveis mudanças de sorte. Em 633, Penda, o pagão, promoveu uma aliança artificial com Cadwallon, o rei cristão britânico de Gales do Norte, com o objetivo de derrubar a suserania de Edwin e rachar o poder northumbriano. Aqui, pela primeira vez na história, britânicos e ingleses lutaram lado a lado. Política, ao menos dessa vez, foi mais forte que religião ou raça. Numa batalha selvagem perto de Doncaster, Edwin foi vencido e assassinado; e sua cabeça – ato que não aconteceria pela última vez – foi exibida nos baluartes da York capturada. Esse súbito fim do maior rei que até então governara a Ilha provocou uma igualmente rápida vingança. O momento deu a chance tão longamente esperada da vingança britânica sobre seus inimigos saxões. Ali estava o justo acerto de antigos mas pesados débitos. Quase se podia ver o espírito de Boadicea outra vez.

O fracasso da tentativa de Ethelbert em promover a união cristã entre a Inglaterra e a Britânia deixou o controle do futuro imediato com a corte da Northumbria. Foi para York e não para Canterbury que Roma olhou, e foi nos exércitos da Inglaterra e não nos da Britânia que depositou a esperança de organizar a cristandade.

A Inglaterra anglo-saxônica definitivamente tomou partido da fé cristã. Não havia agora reino algum em que as práticas pagãs prevalecessem. Na verdade, afora algum culto individual a Wotan, de que não se tomava conhecimento, a Ilha era cristã. Mas esse maravilhoso evento, que poderia trazer tantas bênçãos, foi frustrado por novos motivos de cisão que agora surgiram entre os povos ingleses e britânicos. Essas divergências persistiram através dos séculos, muito debatidas pelas partes envolvidas. A celebrada e em boa parte bem-sucedida tentativa de resolvê-las ocorreu no Sínodo de Whitby, em 664. Esse evento é da maior importância. Em lugar de uma religião controlada pelos acanhados pontos de vista de abades que se esforçavam para impor as mais austeras regras de vida nas aldeias e nos lugares afastados, abriu-se para todos os membros da Igreja Inglesa a visão mais ampla de uma grandeza mundial e comunhão universal. Na Britânia, pela primeira vez atingiu-se uma uniformidade de fé, de moralidade e de governo da Igreja que cobria cinco sextos da Ilha. Um passo decisivo se dera na esfera espiritual. A Ilha era agora inteiramente cristã, e sem dúvida sua maior e mais poderosa porção estava diretamente ligada ao Papa.

Roma tinha muito pouco para ficar satisfeita com a missão de Agostinho. Novos emissários foram escolhidos em 668 para conduzir a luz às brumas do norte; um deles, nativo da Ásia Menor, era Theodoro de Tarso. Esses missionários eram de uma espécie mais forte que seus precursores, e o caráter e integridade deles luzia para todos indistintamente. Quando eles chegaram a Canterbury encontraram, de toda a Inglaterra, apenas três bispos para recebê-los. Quando concluíram o trabalho, a Igreja Anglicana erguia majestosa a fronte mitral, que ainda hoje não se ofusca. Esse extraordinário asiático foi o mais antigo estadista da Inglaterra, guiando-lhe os passos com fecunda sabedoria.

❊

Bede, um monge de grande talento, trabalhando discretamente no recesso da Igreja, agora avança à frente como a mais efetiva e quase única voz audível das ilhas britânicas daqueles tempos obscuros. O nome "Venerável Bede" ainda carrega merecida reputação. Somente ele tentou descrever para nós, e tanto quanto possível nos explicar, o espetáculo da Inglaterra anglo-saxônica, dividida por inimizades tribais, territoriais, dinásticas e conflitos pessoais, uma busca de predomínio pela violência ou pelo embuste. Em quase cem anos exatos, de 731 a 829, houve um período de ininterruptas guerras de grande crueldade e rapina sob a égide de um único credo.

A liderança da Inglaterra saxônica passou, por quase oitenta anos, para dois reis mercianos. Ethebald e Offa reinaram cada um quarenta. O senso moral cresceu tão forte em assunto de sexo que os homens da Igreja podiam agora estigmatizar um rei como licencioso. Boniface da Alemanha censurou Ethelbald pelo "duplo pecado" que ele cometia nos conventos usando a vantagem da sua posição real para obter favores de outra maneira impossíveis.

❊

Após a amorfa confusão de séculos mais sombrios – obscuros para a história e sem sentido para quase todos que os viveram – agora vemos um objetivo adquirindo consistência. A Inglaterra com um caráter e uma personalidade independentes ainda pouco podia ser parte de uma civilização mundial como nos tempos de Roma, mas havia uma nova Inglaterra, mais próxima do que nunca da unidade nacional, e com um gênio nativo próprio. Doravante, um espírito imortal avultou aos olhos de todos.

Os vikings

Após a queda da Roma Imperial, os bárbaros vitoriosos foram por sua vez atraídos e cativados pelo evangelho de Cristo. Muito embora sem conseguirem um resultado melhor que os homens e mulheres religiosos do nosso tempo em abandonar sua tendência ao pecado, eles tinham um tema e inspiração em comum. Havia um estreito vínculo entre todas as raças da Europa. Havia, sobranceira em cada país, uma organização internacional que era de longe a mais poderosa, aliás, a única estrutura coerente a sobreviver – e à testa da qual o Bispo de Roma revivia, de forma espiritual ou pelo menos clerical, a desaparecida autoridade dos césares. A igreja cristã tornara-se o único santuário da instrução e do conhecimento. Abrigava em suas galerias e clausuras todo o salvado dos tempos clássicos. Oferecia aos homens em seus conflitos e falhas "o derradeiro alívio para o sofrimento humano, a barreira última ao poder terrestre." Assim sendo, embora as deficiências da civilização pagã não estivessem de modo algum extintas, um novo fulgor vigorava, ofuscante – e dominava as hordas bárbaras, não só em nossa Ilha como em toda a Europa. Elas foram apaziguadas e elevadas pela revelação cristã. Do Eufrates ao Boyne, os velhos deuses foram abjurados; e um sacerdote de Cristo podia viajar grandes distâncias que encontraria, em qualquer cidade, uma irmandade amistosa e uma universal, ainda que austera, hospitalidade.

Em meio à turbulência e à ignorância da época da decadência romana, todos os elementos intelectuais no começo acharam refúgio na Igreja, depois, de dentro dela exerceram seu saber. Ali estava uma escola de políticos. O virtual monopólio do conhecimento e da arte da escrita fez os homens da Igreja indispensáveis aos orgulhosos e violentos chefes da época. Os clérigos tornavam-se funcionários e muitas vezes estadistas nas cortes. Sentiam-se naturalmente – inevitavelmente – sucessores dos magistrados romanos, cujas vestes usavam e usam até hoje. O barbarismo triunfante rendia-se insensivelmente a uma estrutura sob cuja dependência as oportunidades de sucesso na interminável luta pelo poder eram maiores, conforme comprovado em inúmeras ocasiões. Após as convulsões e desordens da Período das Trevas, quando finalmente a luz do dia ressurge na Ilha britânica, ela acorda para um mundo profundamente mudado, mas ao qual não faltavam nem estilo nem majestade. Havia até mesmo uma brisa mais suave no ar.

No entanto, o fervor dos pagãos convertidos trouxe em seu rastro malícias que franquearam novas calamidades. A Igreja era compelida por natureza a apregoar brandura e clemência. Por zelo e por interesse próprio ela foi levada a fortalecer, por todos os meios, a estrutura de seu poder. A humildade e a fé dos descendentes dos invasores logo deixaram-nos expostos, em sua humana fragilidade, à exploração organizada que durante o sexto e o sétimo séculos levou a Igreja, em muitos países, a uma absorção de riqueza e terras em proporção muito acima da sua capacidade de controlar os acontecimentos. Somos apresentados a uma cristandade pia mas insubordinada; espiritualmente unida porém presa de hostilidades mundanas; em estado de graça mas, de forma alguma, livre de ambição.

Sobre essa revivida, convalescente, frouxamente unida sociedade, tombavam agora duas explosivas investidas externas. A primeira, dos árabes, veio do Oriente. Para as Ilhas Britânicas, entretanto, estava reservada a segunda onda invasora, que veio do norte. Na Escandinávia, os vikings prepararam seus longos barcos para o mar. Esse duplo assalto por árabes infiéis e piratas nórdicos desestabilizou a enfraquecida vida da Europa por dez gerações. Não foi senão no século XI que o feudalismo em armaduras de aço da Cristandade medieval, ele próprio formado em grande número por descendentes dos vikings, marcou limites para as vitórias árabes e criou, ao lado da Igreja Cristã, amplo e eficaz poderio militar.

❄

Na mesma proporção, aquilo que os piratas saxões haviam ministrado aos bretões caiu sobre os ingleses, após um intervalo de quatrocentos anos. No século VIII uma impetuosa manifestação de energia conquistadora surgiu na Escandinávia. Noruega, Suécia e Dinamarca expeliram bandos de temíveis guerreiros que, além de outras qualidades marciais, eram ousados vagantes do mar. As causas que levaram a essa ebulição da raça foram o aumento natural de sua potência e população, a sede de aventura, e as complicações de brigas dinásticas. Não se tratava aqui de daneses e noruegueses empurrados para o oeste por novas pressões vindas das estepes da Ásia. Moveram-se por vontade própria. Suas proezas eram espantosas. Um fluxo de energia saqueadora acometeu para o sul, a partir da Suécia, e não só atingiu Constantinopla como deixou atrás de si germes potentes que através dos séculos mostrariam sua marca na Rússia europeia. Outro contingente viajou em seus *longboats* da Noruega ao Mediterrâneo, devastando todo o litoral do mar interior – e só a duras penas seriam repelidos pelos reinos árabes da Espanha e da costa norte da África. Um terceiro ímpeto de grande alcance levou os bucaneiros escandinavos às Ilhas Britânicas, à Normandia, à Islândia – e logo a seguir, através do oceano Atlântico, ao continente americano.

❄

O espírito dos vikings estava em seus navios longos, os quais, em tamanhos vários, levaram os vikings à espoliação do mundo civilizado. A imagem desses barcos surge aos nossos olhos viva e clara: a proa em forma de dragão finamente esculpido; a popa alta e curva, talha-mar; a longa fileira de escudos, alternadamente amarelos e pretos, nos lados; o brilho do aço; o cheiro da morte.

Ainda assim, esse soberbo instrumento de poder marítimo teria sido inútil sem os homens que o manobravam. Todos eram voluntários. Os grupos eram formados sob lideranças de marcante competência. Nas sagas lê-se "tripulação de campeões ou homens alegres:" uma tripulação naval escolhida sem dúvida entre muitos candidatos, "tão bons no leme ou no remo quanto na espada." Havia regras precisas, ou antigas "Cláusulas de Guerra," disciplinando essas tripulações assim que se incorporavam. Os homens tinham entre dezesseis e sessenta anos, e todos antes passavam por provas de força e presteza. Animosidades ou velhas rixas não seriam toleradas quando embarcados ou em serviço. Probidas mulheres a bordo. Notícia era levada apenas ao capitão. Tudo que fosse tomado em guerra devia ser trazido à pilha e ali vendido e dividido de acordo com as regras. Esse butim de guerra era pessoal, quer dizer, segundo a lei escandinava não era parte da propriedade transmissível à família de um homem. Ele tinha direito de enterrá-lo consigo.

Quando refletimos sobre a maldade brutal desses bandidos da água salgada, piratas tão vergonhosos quanto qualquer outro que o mar jamais carregou – ou recolheu ao término de suas destruições ignóbeis e feitos cruéis – devemos também lembrar a disciplina, a fortaleza, a camaradagem e virtudes marciais que durante essa fase fizeram deles, acima de qualquer dúvida, a mais tremenda e arrojada raça do mundo.

❄

Certo dia de verão, provavelmente em 789, enquanto "o inocente povo inglês, espalhado por suas planícies, aproveitava a tranquilidade e jungia seus bois ao arado," notícia chegou ao funcionário do rei, o Bailio de Dorchester, que três navios haviam chegado à costa. O bailio "saltou em seu cavalo e foi com alguns homens até a enseada (provavelmente Portland), pensando tratar-se de mercadores, não de inimigos. Dando as ordens como quem tem autoridade, determinou que fossem levados à cidade do Rei; mas eles o mataram ali mesmo e a todos que estavam com ele." Foi uma antevisão da luta massacrante que, com muitas mudanças de sorte ia assolar e devastar a Inglaterra por duzentos e cinquenta anos. Foi o começo da Era Viking.

Não foi senão em 835 que a tempestade irrompeu com fúria total, e esquadras, algumas vezes com trezentos a quatrocentos barcos, remaram rios acima na Inglaterra, na França e na Rússia em empreendimentos predatórios da maior escala. Por trinta anos o sul da Inglaterra esteve sob constante ataque. Paris foi mais de uma vez sitiada. Constantinopla foi assaltada. Os vilarejos portuários da Irlanda foram tomados e ocupados. Dublin foi fundada pelos vikings, sob o comando de Olaf. Em muitos casos, agora, os invasores se instalavam no território conquistado. Grupos de suecos penetravam o coração da Rússia, dominavam cidades ribeirinhas, sequestrando o comércio. Os vikings noruegueses, vindos de um clima ainda mais severo, acharam as ilhas escocesas boas para fixar moradia. Colonizaram as Shetlands, as Faroes e a Irlanda. Alcançaram a Groenlândia e Stoneland (Labrador). Subiram o rio St Lawrence. Eles descobriram a América; mas pouco aproveitaram dessa façanha.

Por muito tempo, não firmaram pé na Britânia ou na França. Somente em 865, quando a resistência no Continente endureceu por uns tempos, começou a grande invasão dinamarquesa à Northumbria e ao leste da Inglaterra.

A Inglaterra saxônica estava por essa época madura para a ceifa. Os invasores caíram sobre toda a região costeira oriental outrora defendida pelo "Conde do litoral saxão," com seus pontos fortes imperiais em ruínas, já sob séculos de terra. Galera romana nenhuma batia remo em rotas de patrulha. Governo imperial nenhum havia para enviar um grande comandante ou uma legião em socorro. Mas por todo lado abadias, mosteiros, igrejas, e mesmo catedrais possuíam, naquela época de famintos, tesouros em ouro e prata, em joias, e também grande estoque de alimentos, vinhos, e os luxos da época que eram conhecidos. Os pios ingleses haviam aceito de forma muito literal a ideia da absolvição dos pecados por reembolso em dinheiro à Igreja. Os pecados eram muitos, o arrependimento frequente, e a Igreja prosperava. Ali estavam prêmios fáceis para espadas afiadas.

❄

Os incursores dinamarqueses cada ano ficavam mais tempo. No verão, as esquadras vinham para pilhar e destruir, mas com o passar dos anos a tendência passou a ser vadiar numa terra mais amena e verdejante. Por fim a ausência do guerreiro na expedição se tornou longa o suficiente, e as condições de conquista seguras o bastante para ele trazer sua mulher e a família. Assim, novamente, na retaguarda da pirataria e da rapina veio a colonização. Mas esses assentamentos daneses diferenciavam-se daqueles dos saxões. Por trás de suas linhas de fronteira os soldados de uma década viravam os colonos e proprietários da década seguinte. O assentamento dinamarquês na Inglaterra foi essencialmente militar. Eles abriram caminho com a espada, depois plantaram-se fundamente no solo. O tipo guerreiro de agricultor assumiu desde o início um status diferente do lavrador comum. Sem nenhum sistema nacional coerente para rechaçar das terras onde eles mesmos se haviam fixado os inesperados assaltos vindos do mar, os saxões – agora por quatro séculos podendo se considerar donos da terra – estiveram perto de sucumbir completamente às entradas dinamarquesas. O fato de isso não ter acontecido deveu-se – como quase toda mudança histórica de destino sempre deve – ao repentino aparecimento, numa era de confusão e decadência, de uma das grandes figuras da história.

Alfred, o Grande

A história de Alfred foi trazida com algum detalhe até nós pelas páginas de Asser, monge de St David. A despeito da saúde debilitada, Alfred foi afamado caçador, e seu pai levou-o a Roma quando criança para que tivesse uma compreensão mais viva do grande mundo. Alfred iniciou-se como segundo em comando de seu irmão mais velho, o rei. Não havia ciúmes entre eles, mas uma marcante diferença de temperamento. Ethelred tendia para a visão religiosa de que a fé e as preces eram os principais agentes para vencer os pagãos. Alfred, ainda que devoto, dava ênfase à política e às armas.

Os dinamarqueses haviam ocupado Londres, que não era ainda a capital da Inglaterra, e suas tropas, avançando, deram com as forças dos saxões nos campos ondulados das colinas de Berkshire – e ali, em janeiro de 871, deu-se a batalha de Ashdown.

A luta foi longa e dura, mas por fim os dinamarqueses recuaram e, perseguidos sem tréguas, correram até o anoitecer; escaparam noite adentro e o dia seguinte inteiro; e toda extensão de Ashdown – as colinas de Berkshire – ficou coberta com seus corpos, entre os quais foram encontrados os de um dos reis vikings e de cinco de seus nobres.

Essa vitória não destruira o poder do exército dinamarquês; em questão de duas semanas, eles estavam novamente em campo. Mas Ashdown tem de justiça um lugar entre os embates históricos pela importância de suas consequências. Se os saxões ocidentais fossem derrotados, toda a Inglaterra sucumbiria à anarquia pagã. Com a vitória, a esperança de uma existência cristã na Ilha continuava viva. Essa tinha sido a primeira vez que os invasores eram batidos no campo de luta. Alfred deixou os saxões outra vez confiantes em si mesmos. Podiam se sair bem em campo aberto. A história da batalha de Ashdown foi por muitas gerações uma lembrança entesourada dos escritores saxões. Foi a primeira batalha de Alfred.

Logo o rei Ethelred cairia doente e morreria. Aos vinte e quatro anos, Alfred tornou-se rei, recebendo uma herança dificílima. A luta balançou de um para outro lado, alternando a sorte. No verão, cerca de um mês após ter assumido a coroa, Alfred sofreu uma nítida derrota no centro de seu próprio país. Na manhã seguinte a esse infortúnio, achou melhor entrar em acordo enquanto ainda lhe restava um exército. Com um inglório tratado e uma campanha obstinada, Alfred garantiu cinco anos nos quais consolidar seu poder.

As razões que levaram os daneses a uma trégua com Alfred são difíceis de analisar atualmente. Ambos os lados gostavam de guerra e a praticavam com vontade, mas essa resultara num dobrar dos sinos: pouco havia para mostrar a não ser cicatrizes e cadáveres de cada lado.

Mas agora, no último quarto do século, uma sutil, profunda mudança tomou conta do "Grande Exército Pagão." Alfred e os homens de Wessex tinham mostrado ser antagonistas por demais obstinados para ceder em submissão fácil. Alguns dinamarqueses queriam fixar-se nas terras que já ocupavam; o restante era a favor de continuar a guerra nos momentos certos até que todo o território fosse conquistado. Talvez esses dois corpos agissem de comum acordo, o primeiro providenciando uma confiável e sólida retaguarda, o outro agindo como força expedicionária. Desse modo, depois de terem arruinado o reino de Strathclyde, levando o gado e os implementos agrícolas, quase metade dos piratas do mar se fixou na Northumbria e na Anglia Oriental. Desse momento em diante, começaram "a cultivar o solo para sustento próprio." Temos aí grande mudança. Lembremos da disciplina e organização deles. Os homens dos navios, agindo em companhias, tinham até então lutado em terra firme como soldados. Toda a organização nos assentamentos era militar. Os marinheiros haviam-se transformado em soldados, e os soldados em *yeomen,* pequenos proprietários rurais. Preservaram aquele espírito de independência, controlado apenas pela camaradagem e pela disciplina por uma questão de sobrevivência, tal como a vida era nos barcos longos.

Todo o leste da Inglaterra recebeu assim uma classe de agricultores que, exceto no propósito de defesa comum, não deviam obediência a ninguém; que haviam obtido suas terras pela espada, leais apenas à organização militar que lhes possibilitava mantê-las. Do Yorkshire a Norfolk, esse cepo vigoroso deitou raízes. À medida que o tempo passava eles esqueciam o mar; esqueciam a tropa; pensavam só na terra – sua própria terra. Amavam a vida. Apesar de serem agricultores bastante hábeis nada tinham a ensinar aos habitantes mais antigos; não haviam trazido nenhum novo método ou máquina, mas estavam resolvidos a aprender.

Os assentamentos daneses diferiam de muitas maneiras daqueles dos saxões de quatrocentos anos antes. Não havia a intenção de exterminar a população antiga. As duas línguas não eram muito diferentes; o sistema de vida e os métodos de cultivo, bastante iguais. Os colonizadores – que tinham se tornado agora – trouxeram suas famílias da Escandinávia, mas também é certo terem criado naturais relações humanas com os ingleses expropriados. O sangue nas veias desses vigorosos individualistas, orgulhosos e triunfantes homens da espada, mesclar-se-ia daí em diante na raça da Ilha. Uma vivificante, potente, duradoura e ressurgente qualidade foi adicionada à velha raça. Do mesmo modo como o aço moderno endurece com a liga de metais específicos em comparativamente pequenas quantidades, assim essa forte descendência individualista escorada em bens de raiz iria mais tarde desempenhar um papel permanente, não só na progênie como na política da Inglaterra. As tribulações de outros trezentos anos não destruíram a original firmeza de caráter nem o profundo apego ao solo conquistado. Por toda a história inglesa esse traço continua a desempenhar acendrado papel.

Só restava a conversão deles ao cristianismo para entrelaçar com esmero essa raça à alma e ao corpo da nação. Essas considerações podem perfeitamente preencher os cinco anos de desafogo que Alfred ganhara pelas lutas corajosas e por *Danegeld*, tributo político. Nesse intervalo o rei viking Halfdene saiu de cena. A torturada, saqueada Igreja retaliou suas atrocidades declarando que Deus, no fim das contas, o havia punido com a loucura e com um mau cheiro que tornava a presença dele insuportável para os companheiros.

❄

A trégua que Alfred comprara tão caro chegava ao fim. Guthrum, o novo chefe da parte móvel e belicosa do exército pagão, prosseguiu na investida contra o reino de Alfred com ataques e assaltos de todo lado. O Rei, prudente, pediu paz e ofereceu indenização. Os daneses pegaram o ouro e "juraram pelo Anel Sagrado" que partiriam e manteriam lealmente a paz. Num golpe traiçoeiro para o qual os adjetivos são insuficientes, eles repentinamente se lançaram ao ataque e tomaram Exeter. Precatem-se os pagãos de quebrar juramentos! Uma aterradora tempestade caiu sobre as tropas do mar. Cento e vinte naves foram a pique, e mais de cinco mil desses saqueadores perjuros pereceram merecidamente. Assim, todo seu cuidadoso plano fez-se em pedaços, e Alfred encontrou seus inimigos, no verão de 877, dispostos a uma nova paz. Juraram-na com votos de ainda mais dócil solenidade, e cumpriram-nos por cerca de cinco meses.

Então, em janeiro de 878, ocorreu a mais surpreendente reviravolta na sorte de Alfred. Era véspera do Dia de Reis, e os saxões – que nesses tempos de tormento se revigoravam com celebrações das festividades da Igreja – ocupados em práticas piedosas, ou mesmo em bebedeiras, se descuidaram. Caiu sobre eles o inimigo destruidor. A confusão tomou conta de todo o exército de Wessex, garantia única da Inglaterra ao sul do Tâmisa. Muitos foram mortos. A maior parte safou-se às escondidas para as suas casas. Somente um punhado de oficiais e de ordenanças esconderam-se com Alfred nos pântanos e nas florestas. Esse foi o momento mais negro do destino de Alfred.

É também o momento em que aqueles lustrosos quadros de história de brinquedo foram amoldados para crianças de todas as idades. Vemos o rei guerreiro disfarçado em menestrel vagando pelos acampamentos dinamarqueses. Vemo-lo fazendo-se de ajudante de cozinha para uma dona de casa saxônica. "Que vergonha, homem, por que não vira o pão que está queimando, já que gosta tanto de pão quente?" A pobre mulher nem sonhava estar falando com o Rei Alfred, que lutara tanto contra os pagãos e tantas vezes vencera. Baixa andava a sorte dos outrora implacáveis ingleses. Confinados em suas montanhas, os descendentes diretos dos antigos bretões, maltrapilhos, abandonados, mas não vencidos, devem ter sorrido.

Pelo final da quaresma, Alfred, ansioso por entrar em campanha novamente, continuou com emboscadas contra o inimigo enquanto enviava seus mensageiros para convocar o *fyrd*, a milícia local, para o fim de maio. Houve ampla resposta, o rei era amado e admirado. A notícia de que estava vivo e ativo causou alegria geral. Todos os combatentes voltaram. Afinal, o país estava em perigo de ser dominado, o rei era um herói, e sempre eles poderiam voltar ao lar outra vez.

Era preciso arranjar uma batalha antes que perdessem o interesse. Alfred avançou para Ethandun e, nos campos a descoberto da baixada, travou-se a maior batalha, a culminante entre todas as guerras de Alfred. Estava tudo em jogo. Tudo lançado na balança do destino. Os guerreiros de ambos os lados apearam; os cavalos foram levados para a retaguarda. Paredes de escudos foram formadas, as massas chocaram-se umas contra as outras, e assim lutaram a machado e espada durante horas. Mas, ao quebrarem o juramento, os pagãos haviam perdido as boas graças de Deus; por esta ou outras razões, eles fugiram do cruel e ressonante campo de batalha, e por último, desesperados, suplicaram por paz. Propuseram dar sem paga quantos reféns Alfred quisesse escolher, e partir imediatamente.

Mas Alfred tinha objetivos mais duradouros em vista. É estranho que tenha desejado converter esses adversários selvagens. Batismo como castigo pela derrota poderia perder sua qualidade espiritual. Processos espirituais são misteriosos, mas ainda assim gostaríamos de saber como os corações desses endurecidos piratas espadachins poderiam mudar em um só dia. Alfred pretendia construir uma paz permanente com Guthrum. Ele o tinha e todo o exército inimigo em seu poder. Podia deixá-los à míngua até se renderem, para então matá-los um por um. Em vez disso, desejava compartilhar a terra com eles, e que as duas raças, a despeito das terríveis injúrias feitas e recebidas, pudessem viver juntas em harmonia. Recebeu Guthrum e trinta proeminentes bucaneiros em seu acampamento. Foi padrinho de batismo de Guthrum; levantou-o da fonte batismal; celebrou com ele por doze dias; presenteou-o, e a seus guerreiros, com presentes valiosos; chamou-o filho.

Esse poder sublime de elevar-se acima das forças das circunstâncias, de permanecer imparcial entre os extremos da vitória ou da derrota, de perseverar sob o desastre, de saudar o retorno da sorte com olhar distante, de ter fé nos homens após repetidas traições, ergue Alfred muito acima do tumulto das guerras bárbaras, alça-o ao pináculo da glória imortal.

O primeiro resultado dessa nova unidade foi a recuperação de Londres em 886. Por longo tempo, Londres fora o centro comercial da Inglaterra cristã. Roma antiga enxergara nessa cabeça de ponte do Tâmisa e na convergência de todas as estradas e rotas marítimas o maior centro comercial e militar da Ilha. Agora a cidade estava a caminho de se tornar a capital nacional.

O principal trabalho do rei Alfred foi a restauração das defesas, e a modéstia de sua reforma mostra as imensas dificuldades que teve de superar e comprova que mesmo naqueles tempos de perigos mortais era quase impossível manter os ingleses em armas. Ele teve também a visão do potencial marítimo da Inglaterra. Para estar a salvo numa ilha era necessário dominar o mar. Fez grandes modificações no desenho dos navios, contando superar os números dos vikings com menos barcos de maior tamanho.

❄

O Livro das Leis, o *Book of Dooms*, livro de ocorrências do Rei Alfred, procurava mesclar a lei mosaica com princípios cristãos e antigos costumes germânicos. Ele inverteu a Regra de Ouro. Em vez de "Faze aos outros como querias que façam contigo," adotou um princípio menos ambicioso, "Não faze aos outros o que *não* queres que te façam." As Leis de Alfred, continuamente ampliadas por seus sucessores, redundaram no corpo de leis do costume que os reis normandos comprometeram-se a respeitar, e a partir das quais, com muita manipulação de juristas feudais, foram instituídas as leis consuetudinárias, a *Common Law*.

O rei encorajou por todos os meios a religião e o conhecimento. Acima de tudo empenhou-se em propagar a educação. Procurou reformar a vida monástica, que na confusão geral havia degenerado gravemente. Por último, nesta vista geral, vem o interesse de Alfred pela história. Foi ele quem deu início à compilação da *Saxon Chronicle*. A partir da época do rei Alfred, elas são exatas, com frequência abundantes e algumas vezes escritas com alcance histórico e eloquência.

Discernimos através dos séculos uma inteligência imperiosa e versátil, manejando com igual força a espada da guerra e a da justiça; usando na defesa armas e política; valorizando a religião, o saber e a arte, em meio a adversidades e perigos; consolidando uma nação e sempre procurando, dentre as brigas e ódios da época, uma paz que sorrisse ao país.

Este rei, diz-se, foi muito admirado pelos sábios. "Desde o berço tomou-se do amor pela sabedoria acima de tudo," escreveu Asser. A cultura cristã de sua corte contrastava nitidamente com o imprestável barbarismo da vida viking. A raça mais antiga ia domar esses guerreiros, ensinar-lhes a arte da paz e mostrar o valor da vida organizada comum. Estamos assistindo ao nascimento de uma nação.

O resultado do trabalho de Alfred foi a mescla da Inglaterra Saxã e da Inglaterra Danesa numa Inglaterra Cristã comum. Nos tempos sombrios da dominância dos normandos, a figura do grandioso Alfred foi um farol, símbolo brilhante dos feitos saxões, um herói da raça. O soberano que ensinou coragem e autoconfiança durante as infindas guerras dinamarquesas, que os sustentou com sua fé religiosa e nacional, que os proveu de leis e de bom governo e registrou em crônicas seus feitos heroicos foi celebrado nas lendas e canções como Alfred, o Grande.

❄

Uma última guerra ainda esperava Alfred. Guthrum faleceu em 891, e terminava o pacto que ele havia assinado com Alfred e frouxamente cumprira. Inesperadamente, no outono de 892, uma armada hostil de duzentos e cinquenta navios apareceu transportando, para a invasão da Inglaterra, o "Grande Exército Pagão" que havia destruído a França. Houvera uma recomposição de dinheiro e alimentos; havia uma administração organizada e a lealdade que todos dedicavam ao rei Alfred. O rei, com a saúde precária, muitas vezes não era visto à frente das tropas; temos vislumbres dele, mas os grandes episódios da guerra foram centrados, como tinham de ser, nos chefes moços. Ao contrário de Carlos Magno, ele tinha um filho valoroso. Aos vinte e dois anos Edward comandou os exércitos de seu pai no campo de batalha.

Nessa guerra cruel os vikings empregaram três exércitos, mas no final foram completamente batidos pelos cristãos numa luta decisiva.

Alfred defendera bem a Ilha natal. Por meio da política e das armas, preservara a civilização cristã na Inglaterra. Construíra a força deste poderoso sul que a partir de então tem sustentado o muito do peso das Ilhas Britânicas, e posteriormente, do Império. Ele libertou Londres, e felizmente deixou descendentes que por várias gerações, como veremos, continuaram seu trabalho com bravura e êxito.

❄

Alfred morreu em 899, mas a luta com os vikings teria, estranhamente, outras fases. A linhagem de Alfred proporcionou aos ingleses uma série de grandes governantes, e, enquanto prevaleceu sua inspiração, a vitória nunca abandonou as fileiras cristãs. Em seu filho Edward, que foi imediatamente aclamado Rei, as tropas já haviam encontrado um temível chefe. Houve uma desavença entre Edward e seu primo Ethelwald, que fugiu para a Danelaw e incitou os vikings a renovarem as invasões de sua terra nativa. A posterior vitória inglesa foi um marco no longo conflito. O filho de Alfred era agora o inconteste Rei de toda a Inglaterra ao sul do Humber, e os príncipes britânicos de Gales do Norte e do Sul apressaram-se a oferecer-lhe perpétua fidelidade. Pareceu a ponto de haver uma ampla e duradoura unidade. Edward, o Velho, reinou mais cinco anos em triunfante paz, e quando morreu, em 924, sua autoridade e seus dons passaram para um terceiro notável soberano, capaz de conduzir idealmente a obra do pai e do avô.

O crepúsculo saxão

Athelstan, o terceiro dos grandes reis saxões-ocidentais, conforme as tradições de sua família, primeiro tentou relações pacíficas com o lado insubmisso da Danelaw; mas, com as desavenças crescendo, dirigiu-se para o Yorkshire em 926 e ali se estabeleceu. Todo o norte britânico – celtas, dinamarqueses, noruegueses, tanto pagãos como cristãos, juntos – formou uma frente hostil sob Constantine, o rei dos escoceses, e Olaf de Dublin, com reforços vikings da Noruega. A luta que se seguiu ficou registrada numa saga islandesa. De acordo com seu autor, Athelstan desafiou seus antagonistas a enfrentá-lo numa batalha arrumada e, despreocupadamente, todos concordaram. Os exércitos, muito grandes para aqueles tempos empobrecidos, tomaram posição como para os Jogos Olímpicos – com muita parlamentação no processo. Os ânimos se intensificaram enquanto aquelas massas de masculinidade exibiam seus escudos e espadas uns para os outros, e gritavam ofensas a curta distância; depois aconteceu um choque feroz. Neste, os ingleses levaram a pior. Mas o embate decisivo foi encenado no dia seguinte, em Brunanburh. Os rivais desfilaram com toda a pompa de guerra e então, com entusiástica vontade, arremeteram de cada lado com lanças, machados e espadas. O dia todo a batalha rugiu.

A vitória dos ingleses foi esmagadora. Constantine, "o perjuro," como os vitoriosos o chamaram, fugiu de volta para o Norte, e Olaf retirou-se com seus remanescentes para Dublin. Assim, o neto do rei Alfred, o valente Athelstan, tornou-se um dos primeiros soberanos da Europa Ocidental. Em moedas e papéis de cerimônia usou o título *Rex totius Britanniae*.

❄

Os historiadores têm o ano de 954 como o encerramento do primeiro grande episódio da história viking na Inglaterra. Haviam-se passado cento e vinte anos desde que o impacto viking cativara a Ilha. Por quarenta anos a sociedade cristã inglesa lutou pela vida. Em oitenta anos, cinco reis guerreiros – Alfred, Edward, Athelstan, Edmund e Edred – derrotaram os invasores. O domínio inglês, embora de certa forma alterado pela passagem do tempo, achava-se agora restaurado em todo o seu território. Mas profundamente enraizada no solo havia crescido uma colonização danesa que cobria a grande planície oriental, na qual o sangue e os costumes dinamarqueses sobreviveram sob a autoridade do rei inglês.

No brilhante e pacífico reinado de Edgar (957-975), toda essa grande estrutura alcançou a culminância. A reconquista da Inglaterra foi acompanhada passo a passo por uma consciente reconstrução administrativa, que regularia as instituições inglesas desde aqueles dias até hoje. Enfim, a essa renovação política e militar acompanhou um grande renascimento da vida monástica e do saber, e o começo de nossa literatura inglesa nativa. Outro feliz resultado, ainda que incidental, foi a promoção do ensino e a produção de esplêndidas iluminuras de manuscritos, que estavam em alta demanda na Europa da época. Muitos desses, destinados à instrução religiosa leiga, assinalam, dizem-nos, a primeira realização do inglês como língua literária – o primeiro vernáculo a alcançar essa distinção em toda a Europa. Seja por qual for a ótica, considera-se o século X como o decisivo passo em frente no destino inglês. A despeito do catastrófico declínio da monarquia que se seguiu à morte de Edgar, a organização e a cultura da Inglaterra estavam tão bem-enraizadas que sobreviveram a duas conquistas estrangeiras em menos de um século.

Pode ter parecido aos contemporâneos que na magnífica cerimônia de coroação de Edward, filho de Edgar, em Bath, no ano 973, na qual todas as normas de coroamento desde então se baseiam, fora lacrada a unidade do reino. Por toda parte os tribunais reuniam-se em sessões regulares, fosse no condado, no burgo, no distrito; havia uma só cunhagem e um só sistema de pesos e medidas. A arte da construção e da decoração reviveram; outra vez a erudição florescia na Igreja; havia uma linguagem literária, o inglês do Rei, que os instruídos usavam para escrever. A civilização fora restaurada na Ilha. Mas agora o tecido político que a alimentava estava prestes a ser destruído. Até então, vigorosos homens de armas haviam guardado a casa. Mas uma criança – criatura fraca, vacilante, descrente e impotente – sucedeu no trono guerreiro. Vinte e cinco anos de paz perpassaram o país, e o povo inglês, tão magnífico sob tensão e perigo, invencível sob uma brava liderança, relaxou à sombra de influências amenas. Chegamos aos dias de Ethelred, o Despreparado (978-1016). Mas essa expressão, que carrega uma verdade, significa literalmente Ethelred, o Mal-aconselhado ou Ethelred, o "Desavisado," *Redeless*.

Em 980 recomeçaram alarmantes raides. Os ingleses foram derrotados, e seguiu-se o mais vergonhoso período de *danegeld*, tributo para evitar invasões.

Ethelred suspeitava de um complô contra sua vida. Apavorado, planejou matar todos os dinamarqueses do sul da Inglaterra, pouco importando se estivessem a seu soldo ou vivendo pacificamente da terra. Esse abominável intento foi executado em 1002, no dia de St Brice (Bricius de Tours). Entre as vítimas caiu Gunnhild, a mulher de Pallig, um dos chefes vikings, e irmã de Sweyn, rei da Dinamarca. Sweyn jurou implacável vingança, e por dois anos executou-a nos infelizes ilhéus. A fúria do vingador não foi saciada com sangue. Interrompeu-se, mas apenas por um período, pela fome. Por fim, Ethelred, por trinta e seis mil libras-peso de prata, o equivalente a três ou quatro anos da renda nacional, conseguiu outra curta trégua. É inútil relatar toda a lista de sofrimentos. Em épocas antigas tais horrores permaneciam desconhecidos porque não eram registrados. Um mínimo de luz tremulando sobre esse cenário infernal é suficiente para nos dar a ideia de sua total desolação e desesperançada desgraça e crueldade. Mas logo o jovem príncipe dinamarquês Canuto anunciou sua pretensão ao trono inglês. Nesse momento, a chama da linhagem de Alfred ressurge no filho de Ethelred, Edmund – Edmund Ironside, como logo foi chamado. Aos vinte anos ele era famoso. Embora declarado rebelde por seu pai, e agindo em completa desobediência a ele, reuniu tropas, e numa brilhante campanha desfechou uma sucessão de pesados golpes. Ganhou batalhas, socorreu Londres, houve-se com todas as formas de deslealdade; o coração de todos os homens voltou-se para ele. Forças novas surgiam da terra arruinada. Ethelred morreu, e Edmund, derradeira esperança dos ingleses, foi aclamado rei. A despeito de desvantagens e de um sério revés, ele foi forte o suficiente para partilhar o reino e depois reagrupar suas tropas e recomeçar a luta; mas em 1016, aos vinte e dois anos de idade, Edmund Ironside morreu, e o reino inteiro entregou-se ao desespero.

Em Southampton, ainda com Edmund vivo, os chefes laicos e religiosos da Inglaterra concordaram em abandonar para sempre os descendentes de Ethelred e reconhecer Canuto como Rei. Toda a resistência, moral e militar, ruíra diante dos dinamarqueses.

❄

Havia três fundamentos sobre os quais a soberania podia erigir-se: a conquista, que ninguém refutaria; o direito hereditário, que era grandemente respeitado; e a eleição, que era um meio-termo entre os dois. Foi sobre este último que Canuto iniciou seu reinado. Todos conhecem a lição que ele ministrou aos seus bajuladores quando sentou-se à praia e proibiu a maré de subir. Fez questão de mostrar que se submetia às leis sob as quais governava. Mesmo como militar ele se sujeitava às regras de sua tropa. Desde o primeiro momento dispensou seu grande exército dinamarquês e confiou por inteiro na lealdade dos submetidos ingleses. Casou-se com Emma da Normandia, a viúva de Ethelred, e assim preveniu qualquer ação do duque da Normandia em favor dos filhos dela com Ethelred.

Canuto tornou-se o soberano reinante do Norte, e reconheceram-se cinco ou seis reinos sob seu governo. Ele já era rei da Dinamarca quando conquistou a Inglaterra e fez valer seu direito de rei da Noruega. A Escócia prestou-lhe vassalagem. O poder viking, embora já solapado, ainda se alongava pelo mundo, da Noruega à América do Norte, e pelo Báltico até o Leste. Mas entre todos os seus reinos Canuto escolheu a Inglaterra para sua residência e capital. Ele gostava, dizem-nos, do modo de vida anglo-saxão. Queria ser considerado "o sucessor de Edgar," cujos dezessete anos de paz ainda brilhavam em contraste com os tempos que se seguiram. Ele governava de acordo com as leis, deixando claro que deviam ser aplicadas em austera separação de sua autoridade executiva.

Suas notáveis realizações, sob as bênçãos de Deus e o sorriso da sorte, deveram-se em grande parte a suas qualidades pessoais. Aqui novamente vemos o poder de um grande homem em levar ordem a constantes tumultos e fazer da harmonia e da união suas servas, e como a falta de um homem desses causa incalculável sofrimento a muitos.

❄

Entrementes, do outro lado do Canal despontou nova potência militar. A colônia viking criada na Normandia nos primeiros anos do século X tornara-se o estado militar mais vigoroso da França. Em menos de cem anos os piratas do mar haviam-se transformado numa sociedade feudal. É dessa terra viril e bem-organizada que os futuros governantes da Inglaterra procederiam. Entre os anos 1028 e 1035 os instintos vikings do duque Robert da Normandia instigaram-no a sérios planos de invasão. Sua morte e o insucesso em deixar um herdeiro legítimo sustaram o projeto, mas só por algum tempo.

Canuto morreu em1035, e seu império morreu junto. Ele deixou três filhos, vikings ignorantes e rudes, e muitos pensamentos voltaram-se para os representantes da velha linhagem saxônio-ocidental, Alfred e Edward, que então viviam em exílio na Normandia. O mais velho, Alfred, "o príncipe inocente" como o chama o cronista, passou às pressas para a Inglaterra em 1036. Um conde de Wessex, Godwin, era o líder do partido dinamarquês na Inglaterra. Muito capaz, de alta influência política. O temerário Alfred foi preso e sua comitiva trucidada. Cegaram-no, e nessa infeliz condição ele findou seus dias no mosteiro de Ely. A culpa desse crime foi de modo geral atribuída a Godwin. Com a sucessão assim simplificada, os filhos de Canuto dividiram a herança paterna. Sweyn reinou na Noruega por um período, mas seus dois irmãos que governaram a Inglaterra tiveram vida curta, e, em sete anos, o trono da Inglaterra estava novamente vago.

Godwin continuava figura líder da região e era agora senhor dos seus negócios. Edward, o filho remanescente de Ethelred e Emma, irmão mais moço do malfadado Alfred, ainda vivia em exílio na Normandia. A ilustre linhagem de Alfred, o Grande era a mais antiga da Europa. Um sentimento de santidade e respeito ainda rodeava quem pudesse reivindicar descendência do grande Rei. Godwin percebeu que podia consolidar seu poder e reunir o apoio tanto dos ingleses como dos dinamarqueses, fazendo Edward rei. Edward não opôs obstáculos; foi bem-vindo ao lar e coroado; e nos vinte e quatro anos seguintes, com um breve intervalo, a Inglaterra foi governada principalmente por Godwin e os filhos dele.

Segundo a tradição, o rei Edward era um albino cordial, fraco e gorducho. Seu principal interesse na vida era religião, e, conforme ficava mais idoso, mais crescia a semelhança de sua figura com a de um monge. A santidade dele lhe valeu, conforme os anos passavam, a recompensa da veneração de seu povo, que lhe perdoava as fraquezas em vista de suas virtudes.

Enquanto isso, a família Godwin exercia sua ditadura por baixo da Coroa. Nepotismo naqueles dias não era meramente o favorecimento da própria família; era quase o único meio de um governante ter ajudantes confiáveis. O laço familiar, embora frequentemente falhasse, dava ao menos a segurança de uma certa identidade de interesses. Não se têm estatísticas, mas havia uma impressão generalizada nesses tempos primitivos de que um homem podia confiar em seu irmão ou no irmão de sua mulher ou em seu filho mais do que num estranho. Não devemos, portanto, nos apressar na condenação do conde Godwin por ter loteado o reino inglês entre seus parentes.

Uma crise surgiu no ano de 1051, quando o partido normando da corte conseguiu forçar Godwin ao exílio. Na ausência de Godwin, consta que William da Normandia fez uma visita oficial ao Confessor na Inglaterra para conversar sobre a sucessão à Coroa. Provavelmente, o Rei Edward garantiu que William seria seu herdeiro. Mas no ano seguinte Godwin voltou, apoiado por uma tropa formada em Flandres e pela diligente ajuda de seu filho Harold. Juntos, pai e filho forçaram o Rei Edward a repô-los no poder. Muitos dos principais normandos do país foram expulsos, e a autoridade da família Godwin se fez sentir de novo. Os territórios que controlavam diretamente estendiam-se pelo sul numa faixa do Wash ao canal de Bristol.

Sete meses após sua reintegração, Godwin morreu, em 1053. Atuara trinta anos na vida pública, desde que Canuto o elevara à preeminência. Harold, o filho sobrevivente mais velho, sucedeu o pai nos seus vastos territórios. Viveu plenamente seu papel, e, nos aventurosos treze anos seguintes, seria praticamente o governo da Inglaterra. Apesar do antagonismo dos condes anglo-daneses rivais e da oposição dos normandos ainda ligados à corte do Confessor, os Godwins, pai e filho, mantiveram seu regime sob o que agora se poderia chamar uma monarquia constitucional. Um irmão de Harold tornou-se conde da Anglia Ocidental, e o terceiro filho de Godwin, Tostig, que cortejava os normandos e era muito querido do rei Edward, recebeu o condado da Northumbria, destituindo os condes daquelas áreas. Mas agora não existia mais união na casa de Godwin. Harold e Tostig logo se tornaram ferrenhos inimigos. Fez-se necessária toda a competência de Harold, seu vigor e sua astúcia, para preservar a unidade do reino. Mesmo assim, como veremos, a ruptura entre os irmãos tornou o país presa de ambições estrangeiras.

❄

A condição da Inglaterra no fim do reinado de Edward, o Confessor, era de fragilidade geral. Manuscritos com iluminuras, esculturas, trabalhos em metal e arquitetura de grande mérito artístico ainda se produziam, a vida religiosa florescia, e as bases da lei e da administração permaneciam, mas as virtudes e o vigor dos pósteros de Alfred se exauriam e a monarquia saxã declinou. Uma série de príncipes fracos, muitos de vida curta, foi morrendo sem descendência. Mesmo os filhos do prolífico Ethelred morreram com estranha celeridade, e apenas um menino doentio, sua irmã e o idoso soberano representavam a dinastia guerreira que abatera os vikings e retomara a zona da *danelaw*. Nas províncias, os grandes condes tornavam-se independentes.

A Ilha valia pouco no Continente, e ela perdera o fio de seu progresso. As defesas, tanto no litoral como nas cidades, foram desprezadas. Aos próximos conquistadores o sistema todo, social, moral, político e militar, parecia esgotado.

A imagem de Edward, o Confessor, nos chega indistinta, enevoada, fraca. A lenda medieval, cuidadosamente trazida pela Igreja, de quem ele era devotado servo, excede ao personagem. As luzes da Inglaterra saxônia se apagaram, e, na escuridão, um manso profeta de barbas brancas vaticinou o fim. Quando, em seu leito de morte, Edward falou de um tempo de infortúnio que estava para sobrevir à nação, seus inspirados murmúrios aterrorizaram os ouvintes. Apenas o arcebispo Stigand, que fora o braço direito de Godwin, permaneceu impassível, e sussurrou ao ouvido de Harold que a idade e a doença tinham afetado o juízo do monarca.

Desse modo, em 5 de janeiro de 1066, findou a linhagem dos reis saxões. O sentimento nacional inglês, prestes a ser vencido, juntou-se, no período amargo que se estendeu diante deles, à gratidão da Igreja, para circundar a lembrança real de um halo. Conforme deslizaram os anos, sua memória tornou-se objeto de adoração popular. Seu túmulo em Westminster atraiu peregrinação. Canonizado em 1161, ele permaneceu durante séculos no lendário do povo saxão. Aos normandos também interessou essa fama. No seu entender, aquele fora o rei cuja sabedoria confiou a coroa, alegavam, ao seu duque. Assim, pois, ambos os lados louvavam-lhe a memória, e, até a Inglaterra apropriar-se de St George durante a Guerra dos Cem Anos, St Edward, o Confessor, foi o padroeiro do reino. St George mostrou-se, indubitavelmente, mais adequado às necessidades, ao ânimo e ao caráter dos ilhéus.

2
Forma-se a Nação

A invasão normanda

A Inglaterra, desatenta em casa pela rivalidade das facções, ficara exposta longo tempo ao olhar rapace de além-mar. Os escandinavos aspiravam reviver o império de Canuto. Os normandos alegavam que o duque tinha de seu primo Edward a promessa do trono. William da Normandia apresentava uma ascendência vigorosa e uma dura carreira. O prêmio era grande o bastante para a ambição das duas ávidas potências. A ação simultânea nos estágios iniciais era uma vantagem a ser aproveitada em comum.

Certa manhã, o duque Robert da Normandia, quarto descendente de Rollo, cavalgava para sua capital, Falaise, quando viu Arlette, filha de um curtidor de couros, lavando roupa num córrego. Foi paixão instantânea. Ele a levou para o castelo e, apesar de ser casado com uma dama de distinção, viveu com ela pelo resto de seus dias. Dessa romântica embora irregular união nasceu, em 1027, um filho, William, que seria famoso.

O duque Robert morreu quando William tinha apenas sete anos, e, naqueles tempos difíceis, o direito de um menor à sua herança era sempre incerto. Seus grandes nobres guardiões, cada um por seu turno, tiveram fim violento, e ambições rivais agitaram-se por toda a Normandia. Deveriam eles ser chefiados por um bastardo? O neto de um curtidor de couros seria o suserano das famílias de guerreiros? A nódoa da ilegitimidade aferrou profunda na natureza de William, causou-lhe amargura e o endureceu. Em 1047, quando tinha vinte anos, houve uma grande conspiração contra ele, que escapou por pouco da carnificina no começo da rebelião. Mas na batalha de Val-ès-Dunes, um combate só de cavalaria dos dois lados, os rebeldes foram derrotados, e a posição de William como duque ficou assegurada.

Em parte alguma do mundo feudal a qualidade guerreira foi elevada a maior culminância do que entre os normandos. William era um mestre da guerra, e em razão disso deu ao seu pequeno ducado algo do prestígio que a Inglaterra desfrutara trinta anos antes sob o firme e clarividente governo de Canuto. Ele e seus cavaleiros agora encaravam o mundo com olhos destemidos e aventurosos. Boas razões para mirar além-Canal somaram-se às naturais ambições de homens belicosos. William acompanhou cada movimento do partido anglo-danês encabeçado por Godwin e seu filho Harold.

Os fados foram surpreendentes a favor do duque normando. Numa viagem de inspeção, provavelmente em 1064, Harold foi empurrado pelos ventos para a costa francesa e levado para a corte normanda. Foi o início de uma amizade entre William e Harold. Política à parte, davam-se bem. Harold foi homenageado e armado cavaleiro por William. Mas o duque olhava sua futura sucessão à coroa inglesa. Ali estava realmente o prêmio. Harold tinha um leve traço de sangue real por parte da mãe; mas William, pelo seu pai, apresentava mais evidente, no mínimo menos turva, reivindicação ao trono da Ilha, e resolveu trabalhá-la. Propôs a Harold um pacto pelo qual ele seria rei da Inglaterra, e Harold conde de toda a esplêndida província de Wessex, ficando garantido disso e ligado ao Rei pelo casamento com a filha de William.

Toda essa história é contada com irresistível charme na tapeçaria da crônica do reino desenhada por artistas ingleses sob a orientação do seu meio-irmão, Odo, bispo de Bayeux. É, claro, a versão normanda da invasão de William da Inglaterra, apregoada por gerações por seus historiadores como plena justificação – e já naqueles tempos, agressores precisavam de justificação. Os saxões contestaram como mera propaganda normanda, alegando provas conflitantes, como de costume. Mas não se pode dizer que a barganha entre os dois não fosse razoável, e provavelmente Harold enxergou boas perspectivas também para si mesmo. Posteriormente, Harold, libertado, governava a Inglaterra com boa aceitação e crescente sucesso. Quando, em janeiro de 1066, Edward, o Confessor, morreu – absolvido, confiamos nós, dos pecados mundanos que tenha se visto tentado a cometer – Harold foi despreocupadamente coroado Rei com toda solenidade na Abadia de Westminster no começo daquele ano fatídico.

Esse evento abriu de novo os portões da guerra. Todo grão-senhor feudal ambicioso, ao ouvir a notícia da acessão de Harold, considerou-a uma afronta e também as amplas possibilidades acessíveis por habilidade e espada.

❄

Dois planos rivais de invasão foram rapidamente preparados. O primeiro, da Escandinávia. Os sucessores de Canuto na Noruega decidiram reviver suas tradições de soberania na Inglaterra. Uma expedição era organizada quando Tostig, o exilado e vingativo meio-irmão de Harold, expulso de seu condado da Northumbria, chegou trazendo relatos minuciosos da situação de crise na Ilha e do mau estado de suas defesas. O rei Harold Hardrada partiu para a conquista da coroa inglesa. Navegou primeiro para as Orkneys, reunindo recrutas nas ilhas escocesas e na Ilha de Man. Com Tostig, dirigiu para a costa nordeste da Inglaterra seu exército e uma grande esquadra, no fim do verão de 1066.

Harold da Inglaterra enfrentava assim dupla invasão, pelo nordeste e pelo sul. Em setembro de 1066, soube que uma armada norueguesa, com Hardrada e Tostig a bordo, subira pelo estuário do Humber, vencendo as tropas locais dos condes Edwin e Morcar, e acampara perto de York, em Stamford Bridge. Seria posta à prova a qualidade guerreira de Harold. As notícias alcançaram-no em Londres, onde aguardava a informação de qual das invasões o atingiria primeiro, e onde. No comando de sua tropa dinamarquesa da corte, ele subiu a estrada romana rumo ao norte até York, convocando os locais às armas conforme ia passando. Sua rapidez pegou de surpresa os invasores do Norte. Cinco dias após a derrota de Edwin e Morcar, Harold chegou a York e na mesma hora pôs-se em marcha para o confronto com o exército norueguês a cerca de 16 km da cidade.

A batalha começou. Os ingleses arremeteram, e de início os escandinavos, embora sem suas armaduras, mantiveram formação de batalha. Pouco depois, ludibriados pelo que se mostrou ser uma simulação de retirada – ardil muito comum naqueles tempos – eles abriram sua barreira de escudos e arremeteram de vários pontos da frente. Era o momento que Harold esperava. O som metálico do embate se elevou. Hardrada foi atingido por uma flecha na garganta, e Tostig, assumindo o comando, postou-se ao lado do estandarte "Assolador de Terras." Durante essa pausa, Harold ofereceu paz ao irmão e clemência a todos os escandinavos ainda vivos; mas "eles reuniram-se e preferiram tombar uns sobre os outros a aceitar clemência de ingleses" [*Heimskringla Saga*, de Snorri Sturluson]. Os bravos da guarda pessoal de Harold, eles próprios de sangue viking, deram sinal de ataque e, com gritos de guerra, a batalha recomeçou. Nesse momento a tropa deixada a bordo do navio dos invasores chegou para socorrê-los. Ao contrário de seus camaradas, vestiam peças de proteção, mas, exaustos e sem fôlego pela marcha acelerada, desfizeram-se de suas cotas de argolas e compartilharam com os sobrecarregados amigos a sina de quase todos serem mortos. O vitorioso Harold enterrou Hardrada nos sete pés de chão inglês que este, zombando, havia-lhe prometido – mas poupou seu filho Olaf deixando-o ir em paz com os partidários sobreviventes. Tostig pagou com a vida sua perversidade. Embora a batalha de Stamford Bridge tenha sido ofuscada pela de Hastings, deve ser reconhecida como uma das disputas decisivas da história inglesa. Jamais outro exército escandinavo seria capaz de ameaçar seriamente outra vez o poder de um rei inglês, ou a unidade do reino.

No momento da vitória, notícia chegou ao Rei de que no sul "William, o Bastardo" desembarcara em Pevensey.

❄

A invasão da Inglaterra por William, o Conquistador, foi planejada como um empreendimento comercial. Os recursos da Normandia eram obviamente desproporcionais à tarefa; mas o nome do duque tinha peso no mundo feudal, e a ideia de se apossarem e dividirem a Inglaterra recomendava-se por si à nobreza militar de muitas regiões. Os barões da Normandia, no Conselho de Lillebonne, recusaram-se a aprovar o empreendimento oficialmente. Eram coisas do duque e não da Normandia. Mas a maioria apressou-se a subscrever sua quota de cavaleiros e navios. A Bretanha francesa enviou um grande contingente. Convém lembrar que algumas das melhores linhagens da Britânia Romana encontraram refúgio ali, na Bretanha continental, criando um sangue forte que preservava a continuidade da Idade Clássica e da raça britânica. A França inteira estava muito interessada. Mercenários vinham de Flandres e até de além-Alpes; normandos do sul da Itália e da Espanha; nobres e cavaleiros responderam ao anúncio. As quotas do empreendimento eram representadas por efetivos, e havia pleno acordo de que as terras dos ingleses vencidos seriam divididas de forma proporcional à contribuição, sujeitas, é claro, a bônus pelo desempenho em combate. No verão de 1066, esse numeroso grupo de audaciosos bucaneiros famintos por terras, famintos por guerra, reuniu-se em jovial convivência. Perto de St Valery, na foz do Somme, em todos os portos franceses construíam-se navios desde a primavera;

e no início de agosto, quase setecentos navios, transportando cerca de sete mil homens, na maioria gente de distinção e caráter, estavam prontos para seguir o famoso duque e partilhar das terras e riquezas da Inglaterra.

Mas os ventos estavam contrários. Por seis semanas, não houve um dia em que o vento soprasse do sul. Aquele exército heterogêneo, sem quaisquer laços de lealdade feudal, sem patriotismo e unidade moral em comum, começou a agastar-se e rezingar. Somente a reputação de William como diretor de administração e a expectativa de rica pilhagem os mantinham juntos. Finalmente, a esquadra inteira fez-se ao mar com seus mantimentos, armas, cotas de malha, e grande quantidade de cavalos. Arranjos especiais foram feitos para manter a esquadra reunida – o ponto de encontro seria a foz do Somme e, durante a noite, um foco especial de luz estaria no mastro principal do navio do duque. Na manhã seguinte rumaram todos para a costa inglesa. O duque, cuja nave era mais rápida, logo se viu sozinho no meio do Canal. Voltou-se à espera e tomou o desjejum com seus oficiais "como se estivesse na própria sala." Não faltou vinho, e após a refeição ele falou em termos entusiásticos sobre seu grande empreendimento e sobre recompensas e lucros para todos.

Em 28 de setembro a esquadra ancorou a salvo na baía de Pevensey. Não houve resistência ao desembarque. O "fyrd" local, que já fora chamado quatro vezes naquele ano para verificar a costa, concluiu, no bom estilo inglês, que o perigo acabara por não ter ainda acontecido, e foi de volta para casa. William desembarcou e, segundo a história, ao saltar do bote caiu de bruços no chão. "Vejam," disse ele, desviando o presságio para um lado favorável, "agarrei a Inglaterra com as duas mãos."

Enquanto isso, Harold e sua guarda pessoal, tristemente exauridos pela chacina de Stamford Bridge, desciam retinindo os metais pela Watling, estrada construída pelos romanos, marchando dia e noite em seus cavalos. Na manhã de 14 de outubro, aos primeiros raios do alvorecer, William partiu do acampamento em Pevensey para resolver o caso de uma vez por todas, e Harold, a oito milhas de distância, aguardava-o em resoluta formação militar.

Começando a batalha, Ivo Taillefer, o cavaleiro menestrel que pediu o direito de fazer o primeiro ataque, disparou colina acima a cavalo e, diante do atônito exército inglês, jogou a lança e a espada para o alto e agarrou-as de volta. Então, investiu fundo pelas linhas inglesas e foi trucidado. As cargas de cavalaria dos fidalgos de William vestindo cotas de malha e desajeitados nas manobras chocavam-se em vão contra a densa e ordenada massa de ingleses. Nem a chuva de flechas, nem os ataques dos cavaleiros levaram a melhor contra eles. A ala esquerda da cavalaria de William se desorganizou e recuou rapidamente colina abaixo. Com isso, as tropas à direita de Harold, que eram formadas principalmente pelo fyrd local, desfizeram suas fileiras saindo em ávida perseguição. William, no centro, enviou seus disciplinados esquadrões sobre eles, fazendo-os em pedaços. Os normandos então refizeram suas fileiras e deram início a uma segunda série de investidas sobre as massas inglesas, submetendo-as nos intervalos ao implacável arremesso dos arqueiros. Comenta-se muito que essa parte da ação assemelha-se à tarde de Waterloo em que a cavalaria de Ney, exaurida na luta com as divisões inglesas, era atingida nos intervalos pela artilharia. Duramente castigada nos dois episódios, a infantaria permanecera inquebrantável. Diz-se que os cavaleiros normandos jamais haviam se deparado com infantes de tal resistência. Foram absolutamente incapazes de passar pela couraça de escudos, e sofreram sérias perdas com os destros golpes dos machadeiros, e com os dardos e maças das fileiras da retaguarda. Mas a chuva de suas flechas cobrava um cruel tributo. Diz-se que, tão comprimidos pelo cerco, os ingleses feridos não podiam ser removidos, e os mortos quase não tinham onde cair.

A tarde outonal desceu sem que a batalha chegasse a um resultado. Foi então que William usou o velho truque da retirada falsa. Ele havia observado a presteza com que a tropa à direita de Harold saíra em perseguição aos normandos na primeira retraída. Organizou uma falsa retirada em aparente desordem, enquanto mantinha perto de si um poderoso grupo. A guarda pessoal em volta de Harold manteve a disciplina permanecendo no lugar, mas o sentimento de alívio dos soldados menos instruídos, após as horas de combate, foi tanto, que ver o inimigo em fuga tornou-se irresistível. Lançaram-se à frente no impulso da vitória, e quando estavam a meia descida da colina, foram barbaramente trucidados pela cavalaria de William. Lá permanecia, conforme vinha o crepúsculo, apenas a valente guarda que lutava em volta do Rei e do estandarte. Seus irmãos Gyrth e Leofwine já estavam mortos. William mandou seus arqueiros atirarem alto para que as flechas caíssem atrás do muro de escudos, e uma delas atingiu o olho direito de Harold num ferimento mortal. Ele caiu aos pés do estandarte real, invencível até a morte, a qual não inclui a honra.

A dura batalha estava decidida. A última formação inglesa desfez-se, embora de modo algum subjugada. Eles recuaram para as matas atrás da colina, e William, que havia lutado nas primeiras fileiras e teve três cavalos abatidos, pôde cantar vitória. Apesar disso os perseguidores foram pesadamente desfalcados. Havia uma abrupta e profunda vala na contraencosta da colina de Hastings, dentro da qual caiu grande número de cavaleiros normandos, logo chacinados pelos enfurecidos ingleses à espreita, na mata.

O corpo desnudo do Rei Harold morto, envolto apenas num manto púrpura, foi escondido entre as pedras da baía. Em vão sua mãe ofereceu o peso dele em ouro para permitirem enterrá-lo em solo sagrado. O duque normando respondeu que seria mais adequado deixá-lo na praia em defesa da qual ele dera a vida. Posteriormente, seu corpo foi levado para a Abadia de Waltham, que ele havia construído. Embora aqui outra vez os ingleses aceitassem a conquista e se curvassem ao novo destino, para sempre o nome de Harold seria homenageado na Ilha pela qual ele e sua famosa guarda pessoal lutaram indômitos até o fim.

❄

Os normandos introduziram na Inglaterra seu sistema de direito à terra baseado no serviço militar. Uma casta militar foi imposta de cima. Houve uma transformação radical, não só em termos de guerra como de acesso aos níveis superiores da sociedade. A pequena minoria de normandos destruíra a classe governante saxônia e jogara um domínio estrangeiro sobre a Inglaterra. Eram antes de tudo mais administradores e advogados que legisladores. Todo o sistema saxão de administração regional, de imensa utilidade futura – o *county*, o *sheriff*, a *court* – sobrevivera, e através dele que o Rei mantinha contato com os mais distantes pontos do país. Desse modo, no futuro governo da Inglaterra ambas as instituições, normandas e saxônicas, foram-se mesclando inconsciente mas profundamente.

Nos povoados normandos encontrava-se o germe de uma oposição constitucional com o efeito, se não a intenção, de vigiar o governo sem desintegrá-lo. O sustentáculo dessa oposição em potencial encontrava-se nos condados, entre a nobreza menor e seus descendentes, entre juízes de paz e fidalgos dos *shires*. Eles eram, naturalmente, a favor da Coroa e de uma vida tranquila. Por essa razão, alguns séculos à frente, eles se juntaram aos soberanos Tudor; noutra época, ao Parlamento, contra a própria Coroa. O que quer que mudasse, estavam sempre *lá*. E a razão de eles lá estarem foi William ter considerado a antiga organização dos saxões orientais – que só eles podiam administrar – extremamente adequada. Ele não pretendia ser tratado do modo como tratara o Rei da França. Havia visto, e aprendido com o que vira, o dano que causava um país dividido em províncias grandes. As pequenas províncias da Inglaterra, administradas por funcionários do Rei, davam-lhe o exato equilíbrio de poder que ele precisava para todos os seus propósitos financeiros e legais, sendo ao mesmo tempo incapazes de se rebelarem isoladamente. A velha nobreza inglesa desaparecera após a Batalha de Hastings. Mas por todo o Domesday Book, registro de todas as propriedades, a opinião do que mais tarde chamaríamos *gentry* dos condados é citada como decisiva.

A Conquista foi a suprema realização da raça normanda. Uniu a história da Inglaterra com a da Europa de uma forma nova, e evitou para sempre que a Ilha flutuasse para a estreita órbita do império escandinavo. Daí em diante a história inglesa marcharia com a das raças e países ao sul do Canal.

O espírito havia muito desaparecido do Império Romano retornava à nossa Ilha ressuscitado pela Igreja católica, trazendo três ideias dominantes. Primeiro, uma Europa na qual não havia espaço para nacionalismo ou mesmo para a concepção de nacionalidade, mas onde um tema geral de conduta e lei unia as vitoriosas classes marciais num plano muito acima da etnia. Segundo, a ideia de monarquia no sentido de que os reis eram a expressão da classe hierárquica que eles presidiam e arbitravam em seus frequentes conflitos de interesse. Terceiro, acima ficaria a Igreja Católica, triunfante, combinando de maneira singular o imperialismo romano e a ética cristã, permeada pelo sistema social e militar da época, zelosa de seus interesses e autoridade, mas ainda guardiã do que restara do conhecimento e da arte.

Crescimento em tumulto

William morreu em 1087, em Rouen, deixando a Inglaterra para seu filho William, conhecido como Rufus, o Ruivo. Rufus trouxe as marcas galesas e os condados setentrionais para seu controle. Quando foi morto num acidente de caça na New Forest, sucedeu-o seu irmão mais jovem, Henry, que reprimiu uma rebelião em casa, derrotou seu irmão Robert da Normandia e uma vez mais uniu os dois reinos, da Inglaterra e da Normandia, com a capital agora em Londres. O estado anglo-normando era agora poderoso. Henry era senhor da Inglaterra, da Normandia, e do Maine. Então interveio o que se pode julgar sorte maligna. O Rei tinha um filho, príncipe-herdeiro, sucessor incontestável. Sobre esse moço de dezessete anos fundavam-se muitas esperanças e certezas. No inverno de 1120 voltava ele de uma visita à França no iate real, o *White Ship*. Próximo à costa da Normandia o barco bate numa rocha e todos, exceto um, se afogaram. Ninguém ousava dizer ao Rei. Quando por fim soube da notícia "ele nunca mais sorriu." O triste acontecimento iria provocar mais do que uma agonia paterna pela perda do único filho. Pressagiava a destruição de um sistema e de uma possibilidade na consolidação da qual se baseara toda a vida de Henry. O fantasma de uma disputa pela sucessão encarava feroz a Inglaterra. As forças da anarquia cresceram, e cada nobre em seu castelo pesava as chances dos que poderiam conquistar a Coroa.

Havia dois pretendentes, cada qual com boa parcela de razão. O Rei Henry, no apagar cinzento de sua vida, preencheu o vazio aplicando-se a fazer de sua filha Matilda (Maud) a reinante. Contra Maud havia a reivindicação de Stephen, cuja mãe, Adela, era filha do Conquistador.

Após ter proporcionado à Ilha trinta anos de paz e ordem e, em larga medida, conciliado a população saxônica com o regime normando, Henry I expirou em 1º de dezembro de 1135, confiante em que sua filha Maud continuaria seu trabalho. Mas ela estava com seu marido em Anjou e Stephen foi o primeiro a chegar. Stephen rapidamente entrou em acordo com a Igreja e assim sustentado, foi coroado e ungido Rei. Uma sucessão fundada em terreno tão duvidoso só poderia ser mantida incontestada por uma hábil soberania. Quanto mais ponderamos sobre as falhas do governo moderno mais devemos ser indulgentes com as dificuldades daqueles tempos.

A Ilha se desfez numa confusa guerra civil. Durante os seis anos seguintes não houve lei nem paz em vastas regiões do país. Pareceu que uma sucessão dividida havia estragado o trabalho dos reis normandos.

Em grande parte da Inglaterra as lutas foram esporádicas e de caráter local. Foram os condados do centro-sul que sofreram o maior impacto da guerra civil. Mas esses tumultos repercutiram fundo na consciência do povo. Percebeu-se como era vital uma forte instituição como a monarquia para a segurança da vida e da propriedade. Nenhuma razão mais convincente para se ter uma monarquia do que essa, pespegada no raciocínio do povo pelos eventos do reinado de Stephen. As gentes olhavam para o passado saudosas do governo eficiente de Henry I. Mas outro, superior, estava à mão.

❊

Em 1147, a liderança dos partidários de Maud é transferida para seu filho. Henry Plantagenet nasceu para imperar. Aos contemporâneos ele era mais conhecido como Henry Fitz-Empress; mas levou para a história inglesa o emblema de sua Casa, a erva giesta, a *Planta genesta*, que gerações posteriores usariam como nome dessa grande dinastia, os Plantagenetas. Incorporava toda a habilidade e energia, e não pouco da apaixonada, implacável ferocidade que, sussurravam, veio para a Casa de Anjou não de fonte humana, mas de uma união com o próprio Satã.

Com escassos quinze anos de idade, em 1147, Henry havia defendido seu direito ao trono inglês, em solo inglês. O pequeno grupo de seus seguidores foi vencido pelas forças de Stephen, e ele então refugiou-se na Normandia.Por alguns anos de relativa paz, o Rei Stephen foi deixado na sua desassossegada investidura. Nesse meio-tempo, Henry foi empossado pelos pais, em 1150, como duque da Normandia. A morte de seu pai no ano seguinte também fez dele Conde de Anjou, Touraine e Maine. Na qualidade de notável lord feudal, Henry foi a Paris prestar vassalagem a seu senhor, o Rei da França, país do qual ele já possuía, conforme as leis da época, uma vasta parte.

Louis VII era um Edward Confessor francês; praticava com piedosa simplicidade a lei de Cristo. Todos os seus dias eram passados em devoção e suas noites, em vigília ou penitência. Quando saía de sua própria capela ele retardava a corte inteira esperando até que o mais humilde dos presentes o precedesse. Esses piedosos e exemplares hábitos não o valorizavam aos olhos de sua rainha. Eleanor da Aquitânia era por direito próprio uma princesa reinante, com o calor do sul em suas veias. Ela já se queixara que havia "casado com um monge e não um rei," quando aquele bendito jovem de ombros largos e "semblante de fogo," conversa animada e energia transbordante de repente se apresentou diante de seu marido como seu mais esplêndido vassalo. Eleanor não perdeu tempo em querelas para uma decisão. O papado curvou-se ao imperioso desejo dos ilustres chefes feudais, e Eleanor obteve o divórcio de Louis VII em 1152 com o trivial pretexto de consanguinidade. Mas o que admirou a Corte francesa e abriu os olhos de seu piedoso Rei foi o súbito casamento de Eleanor com Henry dois meses mais tarde. Assim, metade da França passou do controle régio para as mãos de Henry. Raramente paixão e política fluíram juntas de modo tão prazenteiro. O casamento foi um dos mais brilhantes lances políticos da época. Mais tarde, Henry admitiu seus desígnios e aceitou a admiração da Europa por sua audácia. Tinha dezenove anos, e ela provavelmente trinta; ao unir seus imensos domínios, firmaram causa comum contra todos os concorrentes.

Guerras por todos quadrantes se alastravam à frente do par real. De todo lado balançavam cabeças diante de tamanha concentração de poder, do espetáculo de tantas raças e estados, separados uns dos outros por longas rixas e interesses divergentes agora repentinamente postos juntos pelo ardor de uma trama amorosa. Por todo lado, potentados confrontavam o recém-chegado. O Rei da França, que certamente tinha todas as razões possíveis para queixa; o Rei Stephen da Inglaterra, que contestava o título de duque normando de Henry, embora sem força para intervir do outro lado do Canal; o Conde de Champagne; o Conde de Perche; e o próprio irmão de Henry, Geoffrey – todos, espontaneamente e cheios de razão, caíram sobre ele.

Um mês após o casamento esses antagonistas convergiram para a Normandia. Mas o juvenil duque Henry os repeliu, dividiu e venceu. Ele se voltou sem detença para a Inglaterra. Foi um personagem valente que ali desembarcou em janeiro de 1153, e por toda a Inglaterra, perturbada por guerras civis, olhos e corações se voltaram para ele. Merlin havia profetizado um salvador; pois por acaso não tinha ele nas veias o sangue que chegava a William, o Conquistador e, além dele, através de sua avó Matilda, mulher de Henry I, chegando a Cedric e à linhagem anglo-saxônica havia muito desaparecida? Uma frenética onda de esperança dos atormentados ilhéus saudou sua vinda e, quando ele se ajoelhou após o desembarque na primeira igreja que encontrou "para rezar por um espaço à maneira dos soldados," o padre manifestou o desejo da nação nas palavras "Vede, aqui está o Lord, o Governante, e o reino está em suas mãos."

Seguiram-se batalhas: Malmesbury, onde o granizo, especialmente dirigido por Deus Todo-poderoso, caiu sobre o rosto dos inimigos; Wallingford, onde o Rei Stephen, por divina intervenção, caiu do seu cavalo três vezes antes de entrar em ação. Glamour, pavor, sucesso escoltavam esse jovem e pujante guerreiro, que não dispunha apenas da espada mas do atestado de seus feitos. O baronato, por outro lado, viu seus interesses num impasse; eles não desejavam nem um Stephen vitorioso, nem um Henry triunfante. Quanto mais fraco o Rei mais fortes os nobres. Um tratado se assinou em Winchester, em 1153, em que Stephen fez de Henry seu filho adotivo e herdeiro presuntivo. "Nos negócios da monarquia," prometeu Stephen, "trabalharei com o aconselhamento do duque; mas na totalidade do reino da Inglaterra, tanto na parte do duque como na minha, exercerei a justiça régia." Depois disso, Henry reverenciou-o e prestou todas as obediências formais, e com a morte de Stephen um ano depois, foi aclamado e coroado Rei da Inglaterra com tal esperança e júbilo como nunca outro monarca antes, desde os tempos de Alfred, o Grande.

Henry Plantagenet

A acessão de Henry II deu início a um dos mais positivos e fecundos reinos da história da Inglaterra. O novo soberano governava um império e, como os súditos blasonavam, sua ordem ia "do oceano Ártico aos Pireneus." Para ele a Inglaterra era apenas mais uma – a mais sólida, embora a menos atraente – de suas províncias. Mas ele deu à Inglaterra aquele eficaz elemento de controle externo que, tal como na época de William de Orange, foi indispensável para o crescimento da unidade nacional. Ingleses e normandos aceitaram-no monarca dos dois povos e de todo o país. As memórias sobre a batalha de Hastings se mesclaram com a pessoa dele, e depois da terrível anarquia da guerra civil entre os barões ladrões, toda a atenção foi dada a suas ordens. Assim, embora sendo francês, falando língua estrangeira e com modos de forasteiro, ele talhou o nosso país com um feitio cujos contornos se conservam até hoje.

Após cem anos como acampamento dos exércitos invasores, a Inglaterra tornava-se por fim e para sempre um reino coerente baseado no cristianismo. Henry Plantagenet primeiro trouxe a Inglaterra, a Escócia e a Irlanda para uma certa ligação comum. Refez as fundações do poder central baseadas nas finanças e no judiciário. O Rei reuniu e cuidou das tradições anglo-saxônicas de autogoverno, sob a autoridade real, dos condados e burgos. É a ele que devemos o fato de os povos de língua inglesa no mundo todo serem governados pela Common Law, o direito consuetudinário inglês, e não pelo direito romano.

Um vívido retrato foi pintado desse talentoso e, durante algum tempo, invejável homem: peito largo, corpulento, pescoço grosso, braços fortes, mãos grossas e ásperas; pernas arqueadas por intermináveis cavalgadas; cabeça grande e redonda, cabelo ruivo cortado rente; sardas no rosto; voz ríspida e estridente; grande amor pelas caçadas; outros amores, que a Igreja deplorava e a Rainha Eleanor detestava; frugalidade no comer e no vestir; dias inteiramente aplicados aos negócios públicos; viagens incessantes; humor variável. Consta que era sempre gentil e calmo em tempos de perigo iminente, mas que se tornava mal-humorado e caprichoso quando a pressão diminuía. Tudo era tocado e adaptado por ele tanto na Inglaterra como nos seus outros mais importantes estados, os quais ele patrulhava com infatigável atenção.

Mas esse monarca do século XII, com todas as suas cobiças e divertimentos, seus ódios e maquinações, não era um materialista qualquer; era o Ungido do Senhor, comandava, juntamente com o arcebispo de Canterbury – "aqueles dois resistentes bois que puxam o arado da Inglaterra" – e exigia a total obediência de seus súditos. As cerimônias religiosas, o medo à danação eterna e a esperança de um reino maior após a morte acompanhavam-no o tempo todo. Às vezes era acometido de remorso e engolfado em arrependimento. Sorvia toda a possível delícia e satisfação deste mundo e do outro. Ele nos é retratado nos arroubos tanto de exaltação como de humilhação espiritual. Não era um monarca recluso: os reis daquela época eram tão acessíveis a todas as classes quanto um moderno presidente dos Estados Unidos. Interrompiam-no a qualquer hora com assuntos de negócios, com informações, com mexericos, com visões, com queixas. As conversas corriam exaltadas nas barbas de Sua Majestade entre os nobres e cortesãos, e o bobo da corte, inestimável monitor, castigava a todos imparcialmente com irrestrita liberdade.

Poucos mortais levaram vida tão plena quanto Henry II, ou beberam tão fundo a taça do triunfo e da tristeza. Passados anos ele rompeu com Eleanor. Quando ela tinha mais de cinquenta anos e ele só quarenta e dois, consta que ele se apaixonou pela "Bela Rosamond," donzela de alta classe e transcendente beleza. Gerações têm se deleitado com a tragédia romântica em que a Rainha Eleanor, penetrando o labirinto protetor em Woodstock pelo indício de um fio de seda, oferece à sua infeliz substituta a difícil escolha entre a adaga e a taça de veneno. Cansativos historiadores estragaram esse primoroso conto, que certamente teria seu lugar em qualquer história digna do nome.

❄

Esse era o homem que sucedeu à atribulada e dividida herança de Stephen. Antes mesmo de sua acessão ao trono inglês, Henry lutou a primeira de muitas batalhas em defesa da sua herança continental. Desde o despontar de um governo normando influente a noroeste da França, uma centena de anos antes, a monarquia francesa lutava incessantemente contra as usurpações realizadas pelos grandes ducados e condados contra o governo central. A Batalha de Hastings tornou Rei da Inglaterra o maior súdito francês, o Duque da Normandia; mas a acessão de Henry II ao trono da Ilha em 1154 ameaçou a França com perigos bem maiores. Até então sempre houvera o desafogo político de jogar superpoderosos súditos uns contra os outros. Mas quando, a um só tempo, Henry II se tornou rei da Inglaterra, duque da Normandia, senhor de Aquitânia, Bretanha, Poitou, Anjou, Maine e Guienne – governante, entre o Somme e os Pireneus, de mais da metade da França – o equilíbrio do poder entre os lords feudais foi destruído. Louis VII deparava-se, em vez de com uma dúzia de principados divididos e ciumentos, com um só poder imperial, cujos recursos ultrapassavam de longe os seus próprios. Dificilmente ele era o homem para fazer frente a tal combinação. Por mais fraco que Louis VII parecesse em sua luta com o ousado e ativo Henry, a corrente dos eventos fluiu com a compacta monarquia francesa, o próprio Louis deixando-a mais solidamente estabelecida do que a havia encontrado.

De que modo, perguntemos, tudo isso afetava o dia a dia da Inglaterra, sua história e a gente comum? Por várias gerações seus mais bravos e melhores teriam de lutar e morrer nos brejos do Loire ou nos montes escaldantes da França meridional, em busca do sonho inglês de domínio do solo francês. Para isso, dois séculos mais tarde, ingleses triunfaram em Crecy, Poitiers e Agincourt, ou morreram de fome na terrível marcha de Limoges do Príncipe Negro. Para isso, eles transformaram a França fértil num deserto onde até os mais úteis animais morriam de fome e sede. Através da história medieval da Inglaterra, a guerra com a França é o interminável, e muitas vezes dominante tema. Ela atingia e se infiltrava nos recônditos da vida inglesa, moldando e cinzelando os contornos da sua sociedade e suas instituições.

Nenhum outro episódio nos abre maior janela para a política do século XII na Inglaterra do que a disputa entre Henry II e seu poderoso vassalo e ex-amigo Thomas Becket, Arcebispo de Canterbury. Temos que compreender a gravidade desse conflito. O estado marcial na cristandade feudalista curvava-se ante a Igreja em assuntos espirituais; mas nunca aceitara a ideia de transferir seu poder secular para a autoridade clerical. Porém agora, no cume da hierarquia religiosa, estava uma notável personalidade, Thomas

Becket, que fora amigo do rei, um fidedigno camarada e colega com metas em comum. Foi por direta influência e esforço pessoal do Rei que Becket recebeu o arcebispado. A partir desse momento todos seus dons e impulsos circulariam por outro canal. Algo como a futura transformação de Henry V, do dia para a noite, do príncipe folgazão ao augusto rei-herói, era agora o caso de Becket. Ele procurava por meio de extrema austeridade atrair a fama e a honra de santo. Becket adotou na esfera eclesiástica os mesmos métodos e ambições que antes usara na política; e em ambas destacou-se. Agora era o paladino da Igreja contra a Coroa em cada aspecto de suas funções.

O confronto entre Henry II e Becket é confuso quanto aos detalhes técnicos que o provocaram. Mas há boas razões para crer que a rixa foi causada por incidentes administrativos mais do que por princípios essenciais em jogo. Devido às suas dificuldades, Stephen fizera amplas concessões à Igreja, que estava no zênite de sua influência política. Henry achou que essas concessões comprometiam seus direitos régios. Tentou retroceder trinta anos e anular os efeitos da rendição de Stephen. Mas Becket resistiu.

Desse modo ele rompeu a unidade até então considerada vital no reino inglês, e na verdade declarou guerra ao Rei lançando mão de armas espirituais. Rígido no desafio, Becket refugiou-se no Continente.

Na ausência de Becket, Henry resolveu assegurar uma sucessão pacífica para seu filho, o jovem Henry, passando-lhe a coroa enquanto ainda vivia. A cerimônia foi realizada pelo arcebispo de York com a participação de seis outros bispos. Becket levou amargamente a mal esse procedimento como uma transgressão a um dos mais prezados direitos de sua sé.

Sua recepção de boas-vindas após os anos de exílio foi impressionante. Fez uma caminhada triunfal por Londres e, sem mais esperar, procedeu à excomunhão do clero que tomara parte na coroação do jovem Henry. Os desgraçados padres e prelados viajaram até o Rei, que estava na Normandia. Contaram uma história não só de desafio eclesiástico mas de verdadeira revolta e usurpação. Disseram que o Arcebispo se preparava para "arrancar a coroa da cabeça do jovem Rei."

Henry Plantagenet I, com o ardor de sua natureza, recebeu aquelas informações no momento em que tinha ao seu redor seus cavaleiros e nobres. Foi tomado pela cólera. "Que bando de bufões e covardes," exclamou, "abriguei em minha casa, que nenhum deles me vinga desse padre turbulento!" Outra versão diz "desse sacristão que subiu demais."

Quatro fidalgos haviam ouvido as ácidas palavras do Rei ditas alto e bom som. Rocaram-se para a costa. Atravessaram o Canal. Requisitaram cavalos e saíram em direção a Canterbury. Lá, em 29 de dezembro de 1170, encontram o arcebispo na Catedral. A cena e a tragédia são famosas. Ele os confronta com a cruz e a mitra, destemido e resoluto, em conduta guerreira, um mestre das artes cênicas. Depois de ensandecida discussão, os cavaleiros caíram sobre ele, cravaram-lhe as espadas e deixaram-no sangrando como Júlio César, com as feridas a clamar por vingança.

Essa tragédia foi fatal para o Rei. O assassinato de um dos mais eminentes servos de Deus, tal como a quebra de um juramento feudal, atingiu fundo o coração da época. A Inglaterra toda encheu-se de terror. Proclamaram o arcebispo mártir; e logo se ficou sabendo que suas relíquias sanavam doenças incuráveis; e que os mantos que ele usara a um simples toque aliviavam sofrimentos mais comuns. Estava exposto, sem dúvida, um crime imenso e sem expiação. Mas prova a qualidade da época essas violentas disputas que agitaram as almas terem sido tão rigorosa e tão tranquilamente decididas. Nas revoluções e conflitos modernos, em alguns dos mais importantes países, bispos e arcebispos têm sido mandados como rebanho para campos de concentração, ou alvejados na nuca dentro de bem-aquecidos e iluminados corredores de uma prisão. Que direito temos de nos vangloriarmos de civilização superior àquela dos tempos de Henry II? Estamos afundados num barbarismo ainda mais profundo porque tolerado em razão de letargia moral, e coberto por um verniz de conveniências científicas. [Escrito em 1939]

❋

Houve dezoito anos de vida diante do Rei após a morte de Becket. De certo modo, foram anos de glória. A toda a Europa maravilhava a extensão dos domínios de Henry, aos quais ele acrescentara o senhorio da Irlanda. Pelo casamento das filhas, ligou-se ao rei normando da Sicília, ao rei de Castela e a Henry, Leão da Saxônia, o mais forte príncipe da Alemanha. Diplomatas expandiam sua influência nas cidades lombardas. O Imperador e o Papa o convidaram em nome de Cristo para chefiar uma Cruzada e tornar-se Rei de Jerusalém. Na verdade, depois do Sacro Imperador Romano Frederick Barbarossa, Henry era o segundo da cristandade. Suspeitava-se que sua meta fosse conquistar um reino na Itália e mesmo cingir a coroa Imperial.

Mas Henry sabia que seu esplendor era pessoal na origem e tênue e transiente na qualidade; e tinha também profundas mágoas familiares. Durante esses anos enfrentou nada menos que quatro rebeliões comandadas por seus filhos. Aos três mais velhos ele havia provido títulos cintilantes: Henry detinha Normandia, Maine e Anjou; a Richard dera a Aquitânia, e a Geoffrey tocou a Bretanha. Os rapazes eram típicos rebentos do tronco angevino. Queriam poder tanto quanto títulos, e não respeitavam o pai. Instigados pela mãe, a Rainha Eleanor – que agora vivia em Poitiers, separada do marido – entre 1173 e 1186 insurgiram-se em variadas combinações. Em cada vez puderam contar com o ativo apoio do atento Rei da França. Henry tratava seus filhos ingratos com generosidade, mas não tinha ilusões. O aposento real em Westminster nessa época era adornado com pinturas encomendadas pelo rei. Uma delas representava quatro filhotes vitimando a águia paterna, o quarto deles pousado no pescoço do pai pronto para bicar seus olhos. "Os quatro filhotes," consta que o Rei comentou, "são meus quatro filhos que não cessam de me atormentar, até a morte. O mais moço, aquele a quem agora eu abraço com tanta afeição, irá no final ultrajar-me mais penosamente do que os outros."

E assim seria. John, para quem ele se esforçara em estipular uma herança igual à dos seus irmãos, entrou numa última conspiração contra ele. Em 1118, Richard, o filho mais velho sobrevivente após a morte do jovem Henry, estava em guerra contra o pai em parceria com o Rei Philippe da França. Já com uma doença fatal, Henry, derrotado em Le Mans, recuou para Touraine. Quando viu na lista dos que conspiraram contra ele o nome de seu filho John, por quem ele singularmente ainda tinha afeição, abandonou qualquer luta pela vida. "Deixemos as coisas acontecerem," ofegou. "Vergonha, vergonha sobre um rei vencido." E assim dizendo, esse enérgico, violento, brilhante e solitário homem expirou em Chinon a 6 de julho de 1189. Os devotos foram levados a considerar esse melancólico fim como outro castigo de Deus pela morte de Thomas Becket. Assim é o gosto amargo do poder mundano. Assim são os corretivos da glória.

Coração de Leão

Quando, em meio a esses levantes, Henry II morreu, em tristeza e desastre, não fizera qualquer tentativa para definir sua sucessão, que passou naturalmente para Richard. O novo rei não fingiu muita dor diante da morte do pai contra quem estava em armas. Ajoelhou-se diante do esquife o tempo necessário para recitar o Padre-Nosso e voltou-se de imediato para os deveres de seu reino. A despeito de muitas qualidades desagradáveis, viam nele uma magnanimidade que deu lustre ao seu renome militar.

❄

Richard I, com todas as suas virtudes e falhas características fundidas num molde heroico, é uma das mais fascinantes figuras medievais. Foi descrito como filho e encarnação da era da cavalaria. Naquela época, o leão era admiradíssimo na heráldica. Quando os contemporâneos de Richard o chamaram *Coeur de Lion* fizeram um cumprimento duradouro ao rei dos animais. O povo inglês pouco lhe ficou a dever por seus serviços, mas muito pagou por suas aventuras. Ele esteve na Inglaterra apenas duas vezes, por poucos meses, nos dez anos de reinado; mas sua memória sempre levantou os corações ingleses, e parece expressar através dos séculos o protótipo do guerreiro. Em ações de bravura como em grandes esquemas de guerra Richard brilhava. Ele era alto e bem-proporcionado; vigor muscular, extrema destreza com as armas. Exultava com os embates corpo a corpo e encarava seus oponentes sem raiva, como necessários promotores de seu renome. Amava a guerra, nem tanto pela glória ou para fins políticos, mas como outros amam a ciência ou a poesia, pela excitação da luta e o brilho da vitória.

Embora fosse homem acostumado ao sangue e à violência, Richard era por demais impetuoso para ser traiçoeiro ou habitualmente cruel. Tão depressa perdoava como ofendia; era mão-aberta e liberal à profusão; na guerra, circunspeto em desígnio e hábil na execução; na política, uma criança a quem faltava sutileza e experiência. Suas alianças políticas eram baseadas em simpatias ou antipatias; seus esquemas políticos não tinham unidade nem clareza de propósito. As vantagens que conquistava com seu gênio militar desperdiçava por inépcia diplomática. Sua vida foi um magnífico desfile que, ao terminar, deixou apenas uma planície vazia.

O coração do rei se voltou para a nova Cruzada. A tarefa parecia feita para ele, falava a cada necessidade de sua natureza. Resgatar a Terra Santa da poluição dos infiéis, investir como um rei à frente de esquadrões de cavaleiros fidalgos numa causa ao mesmo tempo gloriosa para o homem e especialmente aceitável para Deus era uma inspiração totalmente satisfatória.

O glamour da cavalaria dá brilho às histórias da Terceira Cruzada. Todos os maiores príncipes da Europa estavam agora em linha cercando a condenada fortificação de Saladino, competindo em coragem e ciúmes. A santidade da causa não era empecilho para as brigas e as intrigas. O rei Richard dominava a cena. Lutando sempre nos lugares mais perigosos, atacando os inimigos mais fortes, negociava todo o tempo com Saladino. Um acordo estava na iminência de ser alcançado. Para salvar sua guarnição Saladino propôs libertar os prisioneiros cristãos, pagar uma grande indenização e entregar a cruz capturada por ele em Jerusalém e na qual Cristo havia sofrido – embora disso, depois de mil e duzentos anos, não se tivesse certeza. Mas as negociações goraram e Richard, em fúria, massacrou a sangue-frio os dois mil sarracenos reféns que haviam sido entregues em garantia. Cinco semanas depois de sua chegada, concluiu com êxito os dois anos de sítio.

No ano seguinte, 1192, o rei achou imperativo voltar para casa. O maior perigo estava na excessiva força do príncipe John. A tolerância de Richard permitira a seu irmão criar um estado dentro de um estado.

No começo de 1193, o rei partiu. Naufragando no Adriático, tentou passar disfarçado pela Alemanha, mas seu inimigo, o duque da Áustria, logo estava ao seu encalço. Ele foi preso e levado para um castelo. Por muitos meses sua prisão foi um segredo da Corte Imperial, mas, como nos conta uma encantadora lenda, Blondel, o leal menestrel de Richard, foi de castelo em castelo dedilhando os acordes de que Richard mais gostava, até que, finalmente, foi recompensado por uma resposta da harpa de Richard.

❄

No início de 1193, num momento já cheio de perigo, a grave notícia de que o Rei se encontrava prisioneiro "em algum lugar da Alemanha" alcançou a Inglaterra. Houve geral e bem-fundada consternação na totalidade de seus vassalos. John declarou que Richard estava morto, apareceu em armas e reclamou a coroa. Que a Inglaterra tenha permanecido firme com Richard durante sua longa ausência contra todas aquelas forças potentes e sutis é uma prova do senso de lealdade da época feudal. Um profundo reconhecimento do caráter heroico e sagrado de sua missão granjeou o devotamento de muita gente resoluta e independente cujos nomes são desconhecidos pela história.

As tropas de John se dissolveram. Em abril, a tensão foi aliviada pela notícia confiável de que Richard estava vivo. O príncipe John se recompôs da melhor maneira que pôde e partiu às escondidas para a França.

❄

O Sacro Imperador Romano exigiu o resgate da prodigiosa soma de 150 mil marcos, duas vezes a renda anual da Coroa inglesa. Desses, 100 mil deviam estar disponíveis em Londres antes de o rei ser libertado. Richard confirmou e o Conselho inglês referendou. Enquanto isso, Philippe e John agiram pelo lado oposto. Ofereceram ao Imperador 80 mil marcos para manter o rei inglês a sete chaves até a *Michaelmas* [festa de São Miguel Arcanjo] de 1194, ou 150 mil marcos para que ele lhes fosse entregue. Mas o Imperador sentia que sua honra de chantagista estava comprometida com Richard, com quem tinha, talvez precipitadamente, fixado a quantia. Assim que Philippe soube que o Imperador não voltaria atrás em sua barganha, enviou para John sua conhecida mensagem: "Cuide-se – o Diabo está solto."

A cobrança abalou o reino. No entanto, nada era mais sagrado que a obrigação feudal de resgatar o lord soberano, principalmente quando ele desfrutava da santidade de cruzado. No fim de 1193 o primeiro pagamento estipulado foi pago, e no começo de fevereiro de 1194 Richard Coeur de Lion foi libertado do cativeiro. Ele escolheu seu caminho pela Europa, podemos ter certeza, com muito cuidado e chegou novamente a Londres em meio a cidadãos empobrecidos mas ainda exultantes por vê-lo e orgulhosos de sua fama.

Só a chegada na França, em si, do poderoso guerreiro foi suficiente para restaurar as fronteiras e reduzir as tropas do rei Philippe a uma quase abjeta defensiva. John pediu perdão a seu irmão e soberano, a quem ele fizera tanto mal. Não pediu em vão. Bem sabendo que, fosse por John, ele ainda seria prisioneiro num castelo alemão, destronado, ou até morto – tendo bem na memória a longa sucessão de perfídia e maldade desnaturada – o Coração de Leão perdoou John, abraçou-o com amor fraternal, e o reintegrou na posse de algumas de suas propriedades, exceto algumas fortalezas que um mínimo de prudência o fez reter. Esse gesto foi admirado pela grandeza, embora, talvez, não pela sabedoria, por toda a coletividade laica e espiritual da Cristandade.

Os cinco anos restantes do reinado de Richard foram gastos em defender seus domínios franceses e em angariar dinheiro para esse fim na Inglaterra. Em 1199, quando a dificuldade em levantar fundos para as intermináveis guerras estava no auge, boa notícia foi trazida ao rei Richard. Disseram que se encontrara perto do castelo de Chaluz, na terra de um de seus vassalos, um tesouro de grande valor; fora desenterrado um conjunto de imagens de ouro de um imperador, sua mulher, filhos e filhas sentados em volta de uma mesa, também de ouro. Como soberano supremo, o Rei reivindicou esse tesouro. O lord de Chaluz resistiu à ordem e o Rei sitiou seu pequeno e vulnerável castelo. No terceiro dia, quando ele cavalgava ousado perto dos muros, confiante em sua sorte proverbial, uma seta de besta o atingiu no ombro esquerdo perto do pescoço. O ferimento, já profundo, piorou com a necessária retirada da ponta da flecha. A gangrena se instalou, e Coração de Leão soube que devia pagar sua dívida de soldado. Preparou-se para morrer com coragem e calma, de acordo com os princípios que seguia. Organizou seus negócios; dividiu seus pertences entre amigos ou destinou-os à caridade. Mandou chamar sua mãe, a temível Eleanor, que estava por perto. Proclamou John seu herdeiro, e fez com que todos os presentes lhe jurassem vassalagem. Ordenou que trouxessem à sua presença o arqueiro que lançara a flecha mortal e que agora estava prisioneiro. Perdoou-o e deu-lhe um presente em dinheiro. Por sete anos ele não se confessara, mas agora recebeu os sacramentos da Igreja com sincera e exemplar piedade, e morreu com quarenta e dois anos de idade, em 6 de abril de 1199, digno, com a aprovação de todos, de sentar-se ao lado do Rei Arthur, de Roland, e de outros heróis dos romances de cavalaria, em alguma Távola-Redonda eterna que, confiamos, o Criador do Universo em Sua grandeza não terá esquecido de criar.

O arqueiro foi esfolado vivo.

A Carta Magna

O caráter do príncipe que subiu ao trono era já conhecido. Richard personificara as virtudes que os homens admiram no leão, mas não há um animal que combine com as contraditórias qualidades de John. Ele associava a impiedade de um guerreiro empedernido com o engenho e a sutileza de um Maquiavel. Suas crueldades eram concebidas e perpetradas com uma inteligência fria e desumana. Cronistas monacais destacaram-lhe a violência, a ganância, a maldade, a deslealdade e a luxúria. Mas outros registros mostram que ele foi muitas vezes judicioso, sempre extremamente capaz, e ocasionalmente até generoso. Possuía uma mente original e inquiridora, e até o fim da vida valorizou sua biblioteca. Nele, a irrequieta energia da estirpe Plantageneta atingiu um furioso nível de instabilidade. Entretanto, no cômputo geral, verifica-se que a nação britânica e o mundo de língua inglesa muito mais devem aos vícios de John do que às azáfamas de soberanos virtuosos; pois foi devido à união de muitas forças contra ele que o mais famoso marco de nossos direitos e liberdades de fato se erigiu.

Embora Richard tenha proclamado John como rei, houve dois pontos de vista sobre a sucessão. Geoffrey, o irmão mais velho, deixara um filho, Arthur, príncipe da Bretanha. Já foi possível afirmar que esse neto de Henry II de um ramo mais antigo tinha um direito anterior a John, que agora chamamos direito de primogenitura. Aqueles que apoiaram Richard contra seu pai e John contra Richard acharam lógico apoiar Arthur contra John. Desde o princípio John temeu Arthur e se viu compelido a lutar contra piores probabilidades do que seus predecessores por suas possessões no Continente.

Arthur, ao saber que sua avó Eleanor estava no castelo de Mirabeau, em Poitou, com uma escolta diminuta, cercou o castelo, atacou suas fortificações externas, e estava prestes a ter a custódia da importante, hostil e idosa rainha. John surpreendeu Arthur e os sitiadores e, "com a ajuda de Deus," conforme disse, pegou o grupo todo, Arthur e os que estavam com dele.

Arthur, apanhado em luta aberta sitiando a própria avó, era um prisioneiro de guerra. O horrendo crime de morte se tem cometido por razões de estado sob estímulos bem menores dos que agora assaltaram esse rei excepcionalmente violento. Ninguém sabe o que aconteceu com Arthur. Um véu impenetrável desce sobre a tragédia de Rouen. O oficial que comandava a fortaleza revelou que, na Páscoa de 1203, por ordem do Rei, entregara o prisioneiro para as mãos de agentes reais enviados para castrá-lo, e que Arthur morrera do choque. O que quer que tenha acontecido, Arthur nunca mais foi visto.

Embora naqueles tempos nobres de alto nível e gente comum, em grande número, fossem frequentemente mortos sem julgamento, por motivo de ódio ou política, o assassinato por um rei de um seu igual confirmou a má impressão que o mundo inteiro tinha de John. Além disso, o odioso crime não evitou, antes precipitou, a perda da Normandia.

Três meses depois, a capital foi tomada, e a Normandia finalmente se tornou francesa.

Lágrimas inglesas não precisavam correr sobre essa perda. O Império Angevino mesmo em seu auge não teve unidade. Tempo e geografia estavam do lado dos franceses. A separação provou ser tanto do interesse da Inglaterra como da França. Livrou a Ilha de uma distração perigosa e um envolvimento dispendioso, volveu sua atenção e energia para os próprios assuntos e, acima de tudo, deixou uma classe governante de origem estrangeira daí em diante sem interesse pelo que não fosse inglês ou pelo menos insular. Esse consolo, porém, não se evidenciou aos contemporâneos de John, que enxergaram apenas uma desastrosa e humilhante derrota e culparam um rei já sem crédito com o povo e em divergência com a nobreza.

A sociedade inglesa se desenvolvia a passos firmes. Todas as classes eram necessárias ao novo governo centralizado; mas John preferiu acentuar os aspectos mais duros do poder régio. Pelo abuso sistemático das suas prerrogativas feudais John levou o baronato a uma resistência violenta.

O trono papal por essa época estava com Inocêncio III, um dos maiores papas medievais, renomado por sua arte de governar, sua diplomacia, e seu intento de elevar ao ápice o poder temporal da Igreja. Por meio de um artifício, ele fez Stephen Langton, cardeal inglês da mais alta reputação, ser escolhido para o cargo de arcebispo de Canterbury. Dominado pela cólera, sem avaliar a força de seus oponentes, o Rei promoveu uma guerra incruenta contra a Igreja. Quando John começou a perseguir o clero e a tomar as terras da Igreja, o Papa revidou pondo a Inglaterra inteira sob interdito. Por mais de seis anos os sinos permaneceram em silêncio, as portas das igrejas fechadas para os devotos; os mortos tiveram que ser enterrados em solo não consagrado e sem a última comunhão. Muitos dos súditos de John estavam, devido a isso, convencidos da danação para eles próprios e seus entes queridos.

O Papa, em 1209, tomou a suprema medida da excomunhão. A insegurança do Rei em sua terra forçou-o a se curvar, e Inocêncio celebrou a vitória conseguida em seus próprios termos. Mas John não esgotara seus métodos, e num lance astucioso o bastante para ser chamado de politicamente genial, transformou a derrota em algo semelhante a um triunfo. Propôs fazer da Inglaterra um feudo do Papado e prestar vassalagem ao Papa como seu lord feudal. Inocêncio agarrou o ensejo de aumentar sua dignidade terrena. Perdoou o rei penitente; recebeu-o e ao reino da Inglaterra sob sua proteção especial. Aceitou a soberania da Inglaterra das mãos de John e a restituiu com suas bênçãos para ele como vassalo.

Isso virou o jogo contra os inimigos seculares de John. Os barões encontraram insuficiente consolo nessa transformação. As queixas continuaram irredimíveis, e a execração, irreconciliável. O rei John, que se recolhera a Dover, trêmulo mas calculista, é possível que tenha rido enquanto puxava os cordões e jogava seus inimigos em confusão.

Os descontentes barões se uniram sob a liderança de Stephen Langton. Formularam planos para restringir o governo de um rei despótico e derrotado, e abertamente ameaçaram com uma revolta se seus termos não fossem aceitos. Em lugar do despotismo arbitrário do rei, propuseram não a paralisante anarquia do separatismo feudal, mas um sistema de controle mútuo que conferisse à monarquia sua necessária força mas que evitasse sua deturpação por um tirano ou um idiota. Os líderes dos barões em 1215 tatearam sob fraca luz na busca de um princípio fundamental. Governar deveria, dali em diante, significar algo mais do que o mando arbitrário de um indivíduo, e o costume e a lei deveriam pairar acima até mesmo do rei. Foi essa ideia, talvez apenas parcialmente compreendida, que deu unidade e força à oposição dos barões e que fez da Carta que eles agora exigiam algo imperecível.

Certa manhã de segunda-feira, em junho, entre Staines e Windsor, os barões e os clérigos começaram a se reunir na campina de Runnymede. De tempos em tempos, um apreensivo silêncio caía sobre eles. Muitos haviam faltado ao encontro; e os poucos corajosos que compareceram sabiam que o rei nunca perdoaria aquela humilhação. Ele os perseguiria quando pudesse, e os laicos, pelo menos, estavam arriscando a vida pela causa a que serviam. Tinham preparado para o Rei um pequeno trono e uma tenda. Aquele punhado de homens resolutos havia redigido, parece, um curto documento em pergaminho. Seus serventes e os grupos e esquadrões de cavaleiros revestidos de sombrio aço mantinham-se à distância, em segundo plano. Pois rebelião armada contra a Coroa não era o crime feudal maior? Os eventos se desenrolaram rapidamente. Uma reduzida cavalgada apareceu vinda do lado de Windsor. Aos poucos distinguiram-se as figuras do rei, do legado papal, do arcebispo de Canterbury e de vários bispos. Eles apearam sem cerimônia. Alguém, provavelmente o arcebispo, expôs brevemente os termos que eram propostos. O Rei declarou imediatamente que concordava.

Disse que os detalhes deviam ser tratados logo em sua chancelaria. O original dos "Artigos dos Barões," nos quais a Magna Carta é baseada, existe ainda hoje no Museu Britânico. Foram selados numa cena comedida e breve, que se tornou uma das mais famosas de nossa história, em 15 de junho de 1215. Depois disso o Rei retornou para Windsor. Quatro dias depois, provavelmente, a Carta propriamente dita foi lavrada. Em eras futuras ela seria usada como alicerce de princípios e sistemas de governo de um modo que nem o rei John nem seus nobres sonharam.

❄

Mesmo que se ponham de lado os louvores retóricos à Carta, tão largamente prodigalizados, e se estude o documento em si, podemos descobrir nela um texto surpreendente. Não tem qualquer manifestação copiosa de princípios de governos democráticos ou de direitos do homem. Implica da parte do Rei a promessa de bom governo no futuro, mas os termos da promessa eram restritos à observância dos privilégios costumeiros e interesses da classe baronial.

O século XIII viria a ser uma grande época de desenvolvimento e experimentação parlamentar, contudo não há na Carta Magna qualquer menção a Parlamento ou a outra representação que não da classe baronial. Nela não tiveram espaço os grandes lemas do futuro. A verdadeira Carta é uma reparação às queixas feudais extorquida de um rei relutante por uma classe governante insatisfeita que insistia em seus privilégios.

Não se deve, no entanto, desprezar levianamente a Carta Magna. Mesmo nos seus dias, todas as categorias acima da posição dos vilões tinham interesse em assegurar que a posse da terra fosse defendida de usurpações arbitrárias. Portanto, ao defenderem-se, os barões do Runnymede, na verdade, estabeleceram também os direitos de toda a classe rural, grandes ou pequenos – o simples cavaleiro com duzentos acres, e o granjeiro ou pequeno proprietário com sessenta. E há sinais de que sua ação foi assim entendida por todo o país. Em 1218, um funcionário empenhou-se em impedir com um mandado uma sentença dada pelo tribunal do condado de Lincolnshire. A vítima era um grande proprietário de terras, mas o condado inteiro se juntou à sua causa e à "liberdade jurada e concedida," declarando em seus protestos que eles agiam "com ele e por ele, e por nós mesmos, e pela comunidade de todo o reino."

Se os magnatas do século XIII pouco entendiam e muito menos se importavam com as liberdades do povo ou com democracia parlamentar, eles tinham, mesmo assim, lançado mão de um princípio de primordial importância para o futuro desenvolvimento da sociedade e das instituições inglesas. Permeando o documento está implícito que se trata de uma lei acima do rei e que mesmo ele não a pode infringir. Essa reafirmação de uma lei suprema e sua expressão num contrato geral é a grande obra da Carta Magna; e por si só justificaria o respeito que se lhe dedica. O reinado de Henry II, de acordo com as mais consideradas autoridades, introduziu o governo da lei. Mas a obra como tal estava incompleta: a Coroa ficava ainda acima da lei; o sistema legal que Henry criara podia se transformar, como bem mostrou John, num instrumento de opressão.

Agora, pela primeira vez, o próprio rei estava cerceado pela lei. O princípio fundamental estava destinado a sobreviver através das gerações e a elevar-se supremo muito tempo depois do cenário de 1215 ter-se desvanecido no passado. A Carta tornou-se, no decorrer do tempo, testemunha permanente de que o poder da Coroa não era absoluto.

E quando, em épocas subsequentes, o estado, inchado pela própria autoridade, tem tentado atropelar os direitos ou a liberdade dos súditos, é para essa doutrina que os apelos são repetidamente feitos e nunca, até agora, sem sucesso.

Edward I e Edward II

Durante o longo reinado de Henry III (1216-1272), a Inglaterra foi dilacerada pela discórdia e a guerra civil. Seu filho Edward I, que reinou por 35 anos, iniciou uma era de paz e de administração metódica. Poucos príncipes haviam recebido uma educação tão completa na arte de governar como Edward I, quando, na idade de 33 anos, a morte de seu pai conduziu-o ao trono.

Sua figura era elegante, estatura imponente, cabeça e ombros acima da altura do homem comum, o cabelo, sempre abundante, mudou do alourado da infância para o preto na maturidade e o branco-neve na velhice, marcando os avanços de sua vida. Sua fronte altiva e as feições regulares eram perturbadas apenas pela pálpebra esquerda caída, que era característica de seu pai. Mesmo gaguejando era eloquente. Suas pernas e os braços eram assunto de conversa. Os braços musculosos de tendões rijos eram os de um espadachim; as pernas compridas deram-lhe domínio na sela e o apelido de "*Longshanks*,"

Pernalonga. O Rei se comprazia em guerras e torneios, e em especial na falcoaria e na caça. Quando caçava o gamo, não deixava a caça para a matilha, nem mesmo para os batedores; mas galopava vertiginosamente para derrubar ele mesmo o infeliz animal.

Tudo isso foi típico de seu reinado. Ele se mostra para nós com qualidades que são um misto da capacidade administrativa de Henry II com as façanhas pessoais e a magnanimidade de Coração de Leão. Nenhum outro rei inglês fez mais jus à máxima escolhida por ele próprio: "Cada qual com seu quinhão." Agia com zelo apaixonado pela justiça e pela lei – tal como as interpretava – e pelo direito de todos os grupos da comunidade. Ofensas e hostilidade provocariam até seu último alento uma apaixonada resistência. Mas obediência ou ação generosa tinham dele rápida resposta e formavam a base de uma futura amizade.

Foi um tempo de arrumação da casa. O reinado é memorável não por ter deixado obras novas e grandiosas mas pelo fato de as tendências mais proveitosas dos três reinados anteriores terem sido expurgadas de erros e de falta de clareza, e organizadas e consolidadas em base permanente. A estrutura e a orientação política da nação, que vimos tomando forma em meio a muitas oscilações, eram agora postas e enrijecidas num molde que permaneceria através das tragédias da Peste Negra, da Guerra dos Cem Anos com a França, e das Guerras das Rosas, suportadas pelo restante da Idade Média ou por mais tempo ainda, em alguns casos. Nesse período assistimos ao estágio cavaleiro e burguês da sociedade tomando, cada vez mais, o lugar do puro feudalismo. Os órgãos de governo, a posse das terras, os sistemas militar e financeiro, as relações entre Igreja e Estado – todos alcançaram definições que duraram até a época dos Tudors.

❄

Os primeiros dezoito anos do reinado assistiram a uma explosão de atividade legislativa que não teria paralelo por séculos. Edward percebeu a possibilidade de reconciliar grupos poderosos e de escapar de constrangedoras dívidas pelo caminho simples e muito palmilhado do antissemitismo. A propaganda sobre assassínios rituais e outras histórias negras – lugares-comuns em nossa era esclarecida – foram em seguida invocadas sob aclamação geral. Os judeus, sujeitos ao ódio universal, foram saqueados, maltratados e finalmente expulsos do reino. Exceção se fez para alguns médicos cujos conhecimentos fariam falta a pessoas de importância. Uma vez mais o infeliz povo errante, sugado até os ossos, precisou procurar asilo e começar de novo. Para a Espanha ou a África do Norte, a melancólica caravana hoje tão conhecida seguiu em frente. Só depois de quatro séculos foi que Oliver Cromwell, por meio de furtivos contratos com um israelita rico, abriu a costa da Inglaterra para o empreendimento da raça judaica. Coube a um ditador calvinista suspender o banimento que um rei católico havia feito. Os banqueiros de Florença e de Siena, que tomaram o lugar dos hebreus, viriam por sua vez a sentir o gosto, no reinado do neto de Edward I, da equidade do Cristianismo.

❄

Edward se destacou entre os reis medievais pela seriedade com que encarava o trabalho da administração e do bom governo. Embora fosse ele um dos mais ortodoxos devotos, Edward I não escapou do conflito com a Igreja. Embora aflito por dar a Deus o que é de Deus, ele tinha um senso muito maior que seu pai sobre o que era de César.

❄

No começo do reinado, as relações entre Inglaterra e França eram regidas pelo Tratado de Paris. Por mais de trinta anos reinou a paz entre os dois países, embora muitas vezes acompanhada por correntes subterrâneas de hostilidade. Mas a presença inglesa no sul da França era uma permanente ameaça ao orgulho dos franceses e um empecilho a sua integridade nacional. Por fim, o parlamento de Paris declarou o confisco, por abandono, do Ducado da Gasconha. Edward então percebeu que era lutar ou perder suas possessões francesas.

Por volta de 1294 o grande rei mudara muito em relação à antiga e alegre coragem. Sozinho, sem rumo e envelhecendo, o Rei teve de fazer face a uma infindável sequência de dificuldades. Em junho de 1294, ele explicou para o que agora se chamava "um Parlamento" de ilustres, em Londres, as causas da disputa com os franceses. Sua decisão de empreender guerra foi recebida com aprovação – como em geral tem acontecido em assembleias mais regularmente constituídas.

A guerra francesa degenerou em uma série de tréguas, que duraram até 1303. Essa condição acarretou despesas apenas um pouco menores do que as de combate real. Foram anos de esforço extenuante, tanto no front interno como no de fora, em especial com a Escócia. Embora o Rei não hesitasse em convocar para Westminster sucessivos parlamentos a fim de explicar-lhes a situação, ele não conseguiu o apoio de que muito precisava. O Parlamento relutava em conceder os novos impostos pretendidos.

Edward, mais do qualquer dos seus predecessores, mostrara-se disposto a governar pelo interesse público e com algum respeito pela forma constitucional. Portanto foi irônico e, para o Rei, exasperante, ter os preceitos a que dera tanta ênfase aplicados contra si mesmo. Assim, a Coroa viu-se uma vez mais comprometida solene e publicamente com os princípios da Carta Magna, e essa aderência mostrou-se ainda mais preciosa porque reparos a recentes abusos do poder régio tinham sido acrescentados às cláusulas originais. Eis aqui um verdadeiro avanço constitucional.

❄

Em sua funesta preocupação com as suas possessões na França, os reis ingleses descuraram o trabalho de estender seu governo dentro da Ilha da Grã-Bretanha. As guerras de Edward em Gales nos revelam o processo pelo qual o sistema militar da Inglaterra se transformou da duradoura base saxônica e feudal de serviços ocasionais para o de soldados regulares pagos. Ao mesmo tempo, uma contrarrevolução no equilíbrio da guerra estava em curso. A cavalaria de cota de malha encouraçada, que desde o século XV vinha superando as fileiras organizadas das legiões, estava com seus dias contados. Um novo tipo de infantaria surgida da gente comum começou a mostrar qualidade superior. Essa infantaria combatia não com maça, espada ou lança, ou mesmo atirando coisas, e sim com um corpo de arqueiros que, após uma evolução gradual escondida da Europa, dentro em pouco faria espantosa estreia na cena militar, alcançando espetacular ascendência nos campos de batalha do Continente. Foi um bônus que os vencedores ganharam de suas vítimas. Em Gales do Sul, a prática do arco e flecha já atingira uma eficácia impressionante, sobre a qual um dos Lordes da Marca, os margraves das fronteiras, deixou registro. Um dos seus cavaleiros fora atingido por uma flecha que furou não só a borda de sua cota de malha, mas o calção de malha, a coxa, a madeira de sua sela e finalmente penetrou fundo no costado de seu cavalo. Isso foi um fato novo na história da guerra, a qual é também parte da história da civilização, que merece ser mencionado com o triunfo do bronze sobre a pedra ou do ferro sobre o bronze. Pela primeira vez, a infantaria possuía uma arma que penetrava a armadura na era do tinir dos metais, cujo alcance e cadência de arremesso era superior a qualquer método jamais usado, ou mesmo usado depois, até o advento do fuzil moderno. O Ministério da Guerra tem em seus arquivos um memorando escrito durante a paz depois de Waterloo por um general de grande experiência nas guerras napoleônicas, recomendando que os mosquetes fossem descartados em favor do arco longo devido à sua precisão superior, ao disparo rápido e alcance efetivo. Desse modo, a guerra em Gales, de dois diferentes pontos de partida, destruiu a base física do feudalismo.

❄

A grande briga do reinado de Edward foi com a Escócia. Em 1286, Alexander III da Escócia despencou com seu cavalo num despenhadeiro no escuro, deixando como herdeira Margaret, sua neta, conhecida como a Donzela da Noruega. Eis que surgiu o brilhante projeto de fazer a Donzela da Noruega ao mesmo tempo suceder no trono escocês e casar com Edward, o filho do Rei. Assim ter-se-ia a união das famílias reais pela qual o antagonismo entre a Inglaterra e a Escócia teria um descanso. Praticamente todas as forças governantes na Inglaterra e na Escócia concordaram com ele. Era um sonho e como sonho transcorreu. A Donzela da Noruega embarcou em 1290 em mar tempestuoso para morrer antes de alcançar terra, e a Escócia recebeu como herança o problema de uma sucessão disputada, em que o interesse da Inglaterra por uma solução era um fator de peso. Dois homens claramente se destacaram, Robert Bruce e John Balliol. Bruce apresentou a seu favor o parentesco próximo de seu idoso pai com o antepassado real comum; Balliol, descendente mais distante, o direito de progenitura. Mas o partidarismo ficou equilibrado.

O rei inglês desincumbiu-se da função de árbitro com extrema retidão. Pronunciou-se em 1292 a favor de John Balliol, que inevitavelmente se tornou não só sua escolha mas seu fantoche. Assim pensou o rei Edward I e vibrou de prazer com sua justa e ao mesmo tempo altamente vantajosa decisão.

Com pesar, o baronato escocês aceitou a sentença de Edward, mas também dotou o novo rei John de um conselho impositivo de doze importantes lordes para intimidá-lo e olhar pelos direitos da Escócia. Assim sendo, o rei Edward viu com desgosto que todo seu aparentemente honesto êxito deixava-o ainda em confronto com o nacionalismo escocês, com um governo independente e não sujeito, e com uma nação mais hostil que submissa.

Nesse exato ponto, o mesmo argumento de direito senhorial foi reclamado dele pelo temível rei francês Philippe IV. O restante do reinado de Edward decorreu num duplo afã ao norte e ao sul, para o qual ele teve de taxar seus súditos além de qualquer tolerância. Nada mais importava; e o sistema parlamentar embrionário aproveitou-se enormemente das repetidas concessões que ele fez na esperança de ter opiniões favoráveis. E assim vemos o judicioso legislador, o econômico inspetor das finanças inglesas, o reformador administrativo, forçado a arrastar seu povo além dos limites, e com isso provocar antagonismos que entristeceram sua vida e turvaram sua fama.

Para resistir a Edward, os escoceses aliaram-se aos franceses. Estando em guerra com a França, Edward considerou isso um ato hostil e agiu com dureza. Avançou contra Berwick. A cidade, então grande empório no comércio do Norte, estava despreparada, após cem anos de paz, para resistir ao ataque. O exército inglês, praticamente sem qualquer perda, esmagou aquelas defesas improvisadas, e Berwick foi entregue à pilhagem e a um morticínio que horrorizou até mesmo aqueles tempos bárbaros.

Esse ato de terror extinguiu qualquer resistência das classes governantes na Escócia, e Edward pôde vangloriar-se de que tudo terminara. Estava apenas começando. Diz-se muito que Joana d'Arc foi quem ergueu pela primeira vez a bandeira do nacionalismo no mundo ocidental. Mas um século antes dela apareceu um cavaleiro fora da lei, William Wallace, vindo dos confins do sudoeste da Escócia que fora seu refúgio, e que corporificou, comandou e levou à vitória a nação escocesa. Wallace tinha atrás de si o espírito de uma raça tão inflexível e resoluta quanto qualquer outra criada entre os homens. Mostrou um talento militar de alto nível. A partir de uma massa desorganizada de valentes guerreiros, forjou, apesar da pobreza aflitiva e da administração rudimentar, um exército obstinado e indomável, pronto para lutar contra as probabilidades, sem ligar para derrotas. A estrutura desse exército é curiosa. Cada quatro homens tinham um quinto como chefe; cada grupo de nove, um décimo; cada dezenove, um vigésimo e assim por diante até chegar a cada mil; de comum acordo, e a regra era que a desobediência ao chefe de qualquer unidade era punida com a morte. E assim, brotando da terra, a liberdade se ergue invencível.

Warenne, Conde de Surrey, comandante no Norte designado por Edward, avançou sobre Stirling à frente de poderosa força. Na ponte de Stirling, perto da Abadia de Cambuskenneth, em setembro de 1297, viu-se frente a frente com Wallace e seu exército. Wallace sondou com olhar calculador o acúmulo de soldados ingleses já do outro lado da ponte, e, no momento certo, arremeteu sobre eles com toda sua tropa, tomou a cabeça de ponte e aniquilou a vanguarda de cinco mil homens. Warenne evacuou a maior parte da Escócia. Suas fortalezas foram reduzidas uma após outra. Os ingleses mal puderam manter o limite do rio Tweed.

Estava além do alcance dos recursos de Edward guerrear na França e ao mesmo tempo enfrentar a horrenda refrega com a Escócia. Então ele procurou, a qualquer custo, concentrar-se no perigo mais próximo de casa. Entrou numa longa série de negociações com o rei francês cobertas por tréguas repetidamente renovadas, e chegou ao definitivo Tratado de Paris em 1303. Embora a paz formal tenha sido protelada por vários anos, foi de fato selada em 1294 pelo contrato de casamento entre Edward e a irmã de Philippe, a jovem princesa Margaret, e também pelo noivado do filho de Edward e seu herdeiro, Edward de Carnarvon, com Isabelle, filha de Philippe. Essa doble aliança de sangue trouxe um fim definitivo à guerra com a França em 1297, embora, devido a complicações pontifícias, nem a paz nem o casamento do rei fossem confirmados de forma segura e formal até 1299. Com esses acertos diplomáticos, Edward pôde concentrar suas forças contra os escoceses do fim de 1297 em diante.

Wallace era agora o governante da Escócia, e a guerra seguia sem tréguas ou clemência. Edward correu para a cena do desastre, e com todo o recrutamento feudal da Inglaterra, avançou contra os escoceses. A Batalha de Falkirk, em 1298, que ele comandou pessoalmente, mostra forte contraste com a de Stirling Bridge. Wallace, agora à frente de maiores forças, aceitou a batalha numa posição defensiva recuada. Dispunha de pouca cavalaria e poucos arqueiros; mas sua confiança estava nos compactos *schiltrons* (círculos, cinturões) de lanceiros, que eram invencíveis a não ser pela efetiva destruição física. A vanguarda inglesa de cavaleiros em armaduras foi rechaçada com sérias baixas pelas pontas das lanças. Mas Edward, pondo seus arqueiros galeses nos intervalos entre os cavalarianos da segunda linha, concentrou uma salva de flechas sobre certos pontos nos *schiltrons* escoceses, deixando mais mortos e feridos do que homens vivos. Pelas brechas e por cima dos corpos, a cavalaria inglesa forçou caminho. Tão logo quebrada a formação escocesa, os lanceiros foram rapidamente massacrados. A chacina só terminou nas profundezas das matas, e Wallace com o exército escocês eram mais uma vez fugitivos, caçados como rebeldes, esfomeados, sofrendo as piores privações humanas, mas ainda em armas.

Os escoceses foram adversários invencíveis. Somente em 1305 Wallace foi capturado, julgado com todo cerimonial no Westminster Hall. Condenado, foi enforcado, rasgado por cavalos e esquartejado em Tyburn. Mas a guerra escocesa foi do tipo em que, como disse um cronista, "cada inverno desfazia o trabalho do verão." Wallace passaria a tocha para Robert Bruce.

❄

Nos anos finais de sua vida, Edward nos aparece como um velho solitário e colérico. Poucos se atreviam a se opor ao velho rei, mas ele não recebia nem amor, nem respeito.

Um novo paladino da formidável raça do Norte agora pegou em armas. O Rei Edward estava velho, mas sua força de vontade não quebrava. Quando chegou a notícia de que Bruce fora coroado em Scone, sua fúria foi horrível de ver. Ele lançou uma campanha no verão de 1306, na qual Bruce foi derrotado e obrigado a se refugiar na ilha de Rathlin, ao largo da costa irlandesa de Antrim. Ali, de acordo com as narrativas, Bruce foi encorajado pelo esforço persistente da mais celebrada aranha conhecida da história.

Edward estava então doente demais para marchar ou cavalgar. Seu último pedido foi para o filho: que ele levasse seus ossos na vanguarda do exército que iria finalmente trazer a Escócia à obediência, e enviasse seu coração para a Palestina com uma centena de cavaleiros para ajudarem a resgatar a Cidade Santa. Nenhum dos desejos foi atendido por seu inútil e indigno rebento.

❄

Edward I foi a última grande figura do período de formação da legislação inglesa. Por suas leis foram fixados necessários limites à autonomia da Common Law, os quais, sem entrar em conflito com seus princípios fundamentais ou romper com o passado, deram-lhe sua forma final. Na esfera constitucional, o trabalho de Edward não foi menos duradouro. No fim, estava razoavelmente firmado nos costumes e tradições da Inglaterra que a "soberania," para usar um termo que Edward dificilmente teria entendido, dali em diante estaria não apenas na Coroa, tampouco na Coroa e no Conselho dos Barões, mas na Coroa em Parlamento.

As fundações de uma monarquia nacional forte estavam lançadas. Seu contínuo crescimento e sucesso dependiam do próximo sucessor do rei. Fracotes indolentes, rapazes sonhadores e aventureiros desfizeram a nascente unidade da Ilha. Longos anos de guerra civil e despotismo em reação à anarquia frustraram e atrasaram o desenvolvimento de suas instituições. Mas quando o viajante olha o mármore simples da tumba de Westminster em que está inscrito *Aqui jaz Edward I, Malho dos Escoceses. Cumpriu o que jurou*, encontra-se diante do lugar de descanso do mestre-artesão da vida, da fama, e do caráter inglês.

O reinado de Edward II pode ser imparcialmente olhado como um melancólico apêndice do reinado do pai e um prelúdio para o do filho. Um rei forte e capaz carregara com dificuldade o peso. Foi sucedido por um fraco pervertido, de quem alguns traços agradáveis ficaram registrados. Mas esse foi um reinado em que a fraqueza contribuiu a longo prazo para o vigor inglês. O governante se fora, o porrete se quebrara, e as forças da nacionalidade inglesa, já vivas e conscientes sob o velho rei, retomaram a marcha em passo mais rápido e firme.

Edward, embora tolhido, estava ainda no controle do governo. Enfrentava transtornos na França e guerra na Escócia. Resolveu pela conquista do reino do Norte. Para derrotar os escoceses, foi acionada uma mobilização geral do poder total da Inglaterra. Um grande exército cruzou o rio Tweed no verão de 1314. O Rei Robert, o Bruce, novo paladino da Escócia, enfrentava agora a vingança da Inglaterra.

Na manhã de 24 de junho, os ingleses avançaram, e uma densa onda de cavaleiros revestidos de aço desceu o declive, chapinhou esparramando a água do Burn (arroio) Bannock, e fez uma carga morro acima sobre os *schiltrons*. A refrega foi demorada e se estendeu por todo o front. Por fim, o aparecimento nas colinas à direita dos ingleses de vivandeiras e ajudantes do exército de Bruce aos gritos agitando bandeiras foi tomado por reforço e suficiente para induzir uma retirada geral, que o próprio Rei com sua numerosa guarda pessoal não titubeou em liderar. A retirada logo se transformou em fuga desordenada. Os escoceses precipitaram-se pela encosta morro abaixo infligindo imensas perdas aos ingleses. Jamais tamanha matança atingiria, num mesmo dia, a cavalaria inglesa. Os escoceses alegaram a morte ou captura de trinta mil homens, mais do que o total do exército inglês; porém a proeza de praticamente destruir um exército de cavalarianos e arqueiros pela principal tática de lanceiros deve ser considerada um prodígio de guerra.

Na extensa história de uma nação frequentemente vemos governantes competentes semearem, com suas genuínas virtudes, um porvir danoso, e fracos e degenerados príncipes abrirem caminho ao progresso.

O arco longo

É provável que o sangue vigoroso de Edward I estivesse apenas adormecido em seu filho degenerado, porque em Edward III a Inglaterra, uma vez mais, encontrou uma liderança à altura de seu crescente poder. Sob a superfície esquálida do reinado de Edward II ocorrera na Inglaterra, apesar de tudo, um marcante aumento da potência e prosperidade nacional. As brigas e vinditas da nobreza, os vícios afetados de um rei débil ficaram restritos a um círculo limitado. O povo inglês estava de posse nessa época de uma poderosa arma de guerra totalmente insuspeita fora do país. O arco longo, manejado por uma categoria bem-treinada de arqueiros, trouxe para o campo de batalha um tipo de soldado oriundo do campo, sem comparativo no Continente. Agora, o exército inglês se apoiava igualmente nos cavaleiros de armadura e nos arqueiros.

O poder do arco longo e a destreza dos arqueiros chegaram a tal ponto que nem a melhor das cotas de malha garantia proteção. A 250 jardas, a salva de flechas produzia um efeito que não seria alcançado novamente por projéteis de infantaria a essa distância, até a Guerra de Secessão americana. O perito arqueiro era um soldado profissional, ganhando e merecendo alta remuneração. Muitas vezes ia para a guerra num pônei, mas sempre com bom transporte para seu conforto e suas flechas. Levava uma pesada estaca com ponta de ferro que, cravada no chão, era um obstáculo mortal à carga de cavalaria. Por trás dessa proteção, uma companhia de arqueiros em ordem aberta podia efetuar uma descarga de flechas tão rápida, contínua e penetrante capaz de aniquilar o ataque de cavalaria. Além disso, nas escaramuças e patrulhas, o arqueiro experiente derrubava seu homem-alvo a distâncias até então consideradas sem perigo em toda a história da guerra. Tudo isso o Continente, em particular a França, nossa vizinha mais próxima, ignorava. Na França, o cavaleiro em armadura e seus escudeiros havia muito exploravam sua ascendência na guerra. Os soldados a pé que os acompanhavam eram considerados o tipo mais inferior de auxiliar. Uma casta militar havia se imposto à sociedade em virtude de qualificações técnicas e físicas que o advento do arco longo ia contrariar. As demoradas guerras dos dois Edwards nas montanhas de Gales e da Escócia deram aos ingleses árduas lições, e embora guerreiros europeus tivessem de quando em vez participado delas, não perceberam nem divulgaram o tranquilizante segredo do novo exército. Era com uma sensação de desmedida superioridade que os ingleses olhavam para a Europa em meados do século XIV.

❊

O espírito que guiava o novo rei era reviver a política, confirmar as reivindicações e restaurar as glórias de seu avô. A disputa com a Escócia foi retomada. Edward III destroçou os escoceses em Halidon Hill. Foi uma batalha muito diferente de Bannockburn. O poderio dos arqueiros pôde ser aplicado, os *schiltrons* foram rompidos, mas houve um preço a pagar. Os descendentes e seguidores de Robert Bruce refugiaram-se na França. Os contatos entre a Escócia e a França e a constante ajuda prestada pela corte francesa aos inimigos da Inglaterra causaram fundo antagonismo. Assim, a guerra na Escócia apontou o caminho de Flandres.

As guerras de John e Henry III no Continente geraram uma luta permanente entre o Rei de um lado, e seus nobres e súditos do outro, sobre o provimento de soldados e dinheiro. A aventura europeia era vista como assunto mais do interesse de um príncipe preocupado com suas possessões ou reivindicações estrangeiras. Agora, tínhamos um quadro com os Estamentos do Reino, eles próprios ardentemente desejosos de conquistas externas. Edward III não teve de extorquir apoio do Parlamento para uma expedição à França. Ao contrário, nobres, mercadores e cidadãos competiam entre si na pressão para que a Coroa agisse.

Em 1336 Edward decretou um embargo de todas as exportações da lã inglesa, produzindo assim uma violenta crise nos Países Baixos. Todas as torrentes de lucro e de ambição fluíram por um canal comum no momento em que a maré de um poderio militar consciente se avolumava, e, em 1337, quando Edward renegou sua relutante vassalagem a Philippe VI, a Guerra dos Cem Anos começou. Nunca seria concluída.

❄

Lentamente Edward montou a força expedicionária da Inglaterra. Não foi um recrutamento feudal e sim uma tropa remunerada de soldados escolhidos. Sua espinha dorsal consistia de guerreiros contratados, buscados onde e como a seus capitães aprouvesse. Em consequência, bem menos do que a quota legal daquela milícia feudal inconfiável precisou sair de cada condado. Cavaleiros e arqueiros constituíam a fina flor da nação, e os homens reunidos nos Cinque Ports formaram um dos mais formidáveis e eficientes exércitos invasores que a história já vira. Esses preparativos eram do conhecimento da França, e a força completa de sua monarquia estava disposta a resistir.

Philippe VI olhou primeiro para o mar. Por muitos anos ali acontecia um combate de corsários, e um ódio amargo pervadia as populações marítimas de ambos os lados do Canal. Todos os recursos marítimos franceses foram concentrados em criar uma esquadra; até galeras genovesas arrendadas apareceram nos portos franceses. Na Normandia discutiram-se planos para uma contrainvasão que deveria repetir a façanha de William, o Conquistador. Mas Edward não descuidara do seu poder marítimo. Já no início de seu reinado, o interesse pela marinha lhe rendera no Parlamento o título de "Rei do Mar." Ele teve condições de reunir uma esquadra igual em vasos de guerra e superior em homens. Uma grande batalha naval seria necessária antes de o exército inglês ser transportado para a França e de sua manutenção ser exequível. No verão de 1340, as esquadras hostis se encontraram ao largo de Sluys, seguindo-se uma luta de nove horas. "Essa batalha," diz Froissart, "foi extremamente violenta e horrível, pois as batalhas no mar eram mais perigosas e encarniçadas do que as batalhas em terra, porquanto no mar não existe nem retirada nem fuga; não há alternativa a não ser lutar e aceitar o que os fados nos reservam." Os almirantes franceses haviam sido instruídos a evitar a invasão sob pena de morte, e ambos os lados lutaram bem; mas a esquadra francesa foi decisivamente vencida, e o comando do Canal passou para as mãos do poder invasor. Aberta a rota marítima, o exército foi levado para a França. Em Cadzand, o desembarque sofreu resistência. Grandes formações de besteiros e soldados genoveses aguardavam. Mas os arqueiros ingleses, atirando dos navios, desimpediram a praia e deram cobertura à tropa.

Reforçado pelos flamengos em rebelião, o efetivo de Edward aumentou consideravelmente, e essa força combinada, que pode ter passado de vinte mil homens, empreendeu o primeiro sítio anglo-flamengo de Tournai. A cidade foi obstinadamente defendida, e quando a garra da fome apertou a guarnição, aconteceu o horrível espetáculo das "bocas inúteis" empurradas para a Terra de Ninguém para morrerem aos poucos sem piedade ou socorro. Mas tomar essa fortaleza estava muito além dos recursos de Edward em dinheiro e suprimentos. O poder dos arqueiros não se estendia a muralhas de pedra; a primeira campanha do que seria uma grande guerra europeia não produziu resultados, e sobreveio uma prolongada trégua.

Essa trégua foi imposta aos combatentes pela falta de fundos, mas não implicava reconciliação. Pelo contrário, ambos os lados continuaram sua querela por vias secundárias. Os franceses descarregaram sua vingança sobre os burgueses dos Países Baixos, esmagando-os totalmente. Os ingleses retaliaram como podiam. Estava em curso uma disputada sucessão na Bretanha, que eles fomentaram com ajudas substanciais. As lutas crônicas nas fronteiras da Gasconha continuavam. Ambos os lados aguardavam um novo teste de força. Não faltavam homens treinados e ansiosos por lutar – mas mantê-los em campo requeria um dinheiro que para nós parece desprezível, mas sem o qual tudo parou. Como obter esses recursos? Os judeus haviam sido explorados, saqueados e expulsos em 1290. Os banqueiros florentinos que forneceram dinheiro para a primeira invasão estavam arruinados pela inadimplência real. O esforço principal, não só da Corte mas também do Parlamento, era o de assegurar modestas somas de dinheiro vivo sem o qual os cavaleiros não cavalgavam e os arqueiros não sacavam suas flechas. Mas eis que uma fértil fonte de recursos estava à mão. O mais rico e organizado empreendimento mercantil da Inglaterra era o comércio de lã, ansioso por lucrar com a guerra. Criou-se um monopólio comercial de lã com o compromisso de só exportar através de uma cidade escolhida pelo Rei de tempos em tempos, de acordo com sua necessidade e critério. Esse sistema, que foi chamado *Staple* [*locus indicado*], dava ao Rei um controle oportuno e flexível. Taxando a exportação de lã que passava por suas mãos no porto "Staple," ele garantia uma alta receita não dependente do Parlamento. Além do mais, os comerciantes de lã que tinham esse monopólio constituíam uma corporação interessada na guerra, dependente do Rei e capaz de emprestar-lhe dinheiro em retorno à consideração. Esse desdobramento não foi bem-visto no Parlamento, onde os comerciantes de lã menores cada vez ampliavam sua representação, queixavam-se do favorecimento aos monopolistas do Staple e apontavam a ameaça que os recursos independentes do rei representavam para o poder parlamentar.

Na primavera de 1346, o Parlamento finalmente conseguiu resolver a taxação necessária a financiar uma nova invasão. O exército se reconstituiu com mais eficiência que antes, os antigos componentes reforçados com recrutamento seletivo. De uma assentada, 2.400 cavalarianos, 12 mil arqueiros e mais infantaria atravessaram e desembarcaram sem oposição em Saint Vaast, na Normandia, em 12 de julho de 1346. O objetivo dessa vez era nada menos que tomar Paris num avanço de surpresa. O segredo foi mantido; o próprio exército inglês acreditava estar a caminho da Gasconha. Os franceses não puderam, por certo tempo, reunir tropa suficiente para conter a entrada. Caen capitulou, e Edward prosseguiu, queimando e assolando a região até chegar aos muros de Paris. Mas agora, todo o poder da monarquia francesa se juntara contra ele. Uma imensa força que incluía toda a cavalaria fidalga da França e que era provavelmente três vezes maior que o exército de Edward concentrou-se nas imediações de Saint Denis. Contra tamanha oposição acrescentada às muralhas de uma cidade fortificada, os meios de Edward não podiam preponderar. Severamente, o Rei Philippe o convidou a escolher em que margem do Sena queria marcar uma batalha.

A investida falhara, impunha-se uma retirada. O desafiante foi obrigado a abandonar a liça a uma velocidade que cobriu cem quilômetros em quatro dias. O exército francês moveu-se em linha paralela ao sul, interditando o vale do Sena para os ingleses em retirada. Estes precisavam dirigir-se para o Somme e tentar a travessia entre Amiens e o mar. Nossa geração conhece bem esse trecho do rio, que corre em meio a extensos pântanos, sem drenagem naquela época, e com passagem apenas por meio de longos caminhos elevados e pontes. Todos interrompidos ou defendidos pelas levas da Picardie. Quatro separadas tentativas de achar uma passagem falharam. A vanguarda do principal exército francês já estava em Amiens. Edward e as hostes inglesas, que haviam tentado tão audacioso – até mesmo estouvado – lance, pareciam estar encurralados num triângulo formado pelo Somme, a praia e a massa francesa. Nenhum meio se encontrou para trazer a esquadra com seus navios de transporte a um porto adequado. Cruzar o Somme perto da foz era um lance desesperado. O vau era muito longo, e as marés violentas e traiçoeiras permitiam apenas umas poucas e incertas horas por dia.

Além disso, o vau em si era defendido por imensa força cuja estimativa popular era acima de doze mil homens. "O Rei da Inglaterra," disse Froissart, "não dormiu muito naquela noite e, levantando-se à meia-noite, mandou tocar o clarim. Logo tudo estava pronto; e com a impedimenta arrumada partiram antes do alvorecer e marcharam até chegar ao vau raiando o dia; mas a maré naquela hora estava tão cheia que não puderam atravessar." À tarde, na maré baixa, a força inimiga já estava clara. Mas deter-se era morrer, e o Rei ordenou a seus comandantes lançarem-se n'água e abrir caminho até o outro lado. A resistência francesa era corajosa. Os cavaleiros da Picardie avançaram ao encontro dos ingleses sobre as areias traiçoeiras nas águas montantes. "Pareciam gostar de justas à lança tanto na água como em terra." Numa luta dura, em condições mortais para homens revestidos de malhas, uma passagem foi forçada. Na outra margem, os besteiros genoveses causaram perdas e atrasaram a organização do combate, até o momento em que os arqueiros puderam atestar sua maestria. Desse modo, o exército do Rei Edward safou-se.

Philippe, à frente de um exército de trinta a quarenta mil, vinha firme no rasto. Tinha esperanças de apertar os insolentes ilhéus de costas para o rio, ou de pegá-los na travessia. Ao saber que já estavam do outro lado do rio, convocou um conselho de guerra. Com a maré agora alta, sem outra escolha, os generais lhe recomendaram subir para Abbeville e atravessar a ponte em poder dos franceses. Por esse plano, foram para Abbeville e ali passaram a noite.

Edward e seu exército estavam bem conscientes de ter escapado por pouco. Aquela noite foi de festa; a região tinha comida em abundância; o Rei convidou seus chefes para jantar e depois para rezar. Mas ficara claro que não podiam alcançar o litoral sem uma batalha. Não havia outra solução a não ser lutar contra enormes probabilidades. O Rei e o Príncipe de Gales, mais tarde famoso com o nome de Príncipe Negro, receberam todos os sacramentos religiosos, e Edward rezou para que a iminente batalha pelo menos não o deixasse desprovido da honra. À luz do dia, posicionou para o combate cerca de onze mil homens em três divisões. Montado em um pequeno palafrém, com um cetro branco na mão, vestindo um esplêndido manto carmesim e dourado por cima da armadura, cavalgou ao longo das fileiras "encorajando as tropas e insistindo para que preservassem sua honra e defendessem seu direito." "Disse isso tão cordialmente e com um ar tão alegre que todos que estavam desanimados, ao vê-lo e ouvi-lo, sentiram-se confortados (...) Comeram e beberam à vontade (...) e sentaram-se no chão pondo à frente seus elmos e flechas para estarem mais bem-dispostos quando o inimigo chegasse." A posição estratégica deles em terreno ondulado e aberto tinha poucas vantagens, mas a floresta de Crecy, pelos flancos, dava proteção e os meios para uma resistência final.

O Rei Philippe, ao nascer do sol desse mesmo sábado, 26 de agosto de 1346, assistiu à missa no mosteiro de Abbeville, e todo seu exército, colossal para aqueles tempos, manobrou à frente em longa procura. Quatro cavaleiros foram despachados em reconhecimento. Por volta do meio-dia, o Rei, chegando com grande massa à margem do Somme, ouviu os relatórios. Os ingleses estavam em ordem de combate e iam lutar. Ele recomendou sabiamente descanso por um dia, esperar que cerrasse a retaguarda, formar a linha de batalha e atacar de manhã. Essas ordens foram levadas por famosos comandantes a cada parte do exército. Mas a ideia de deixar, mesmo por um dia, aquele odiado inimigo que lhes fugira tantas vezes pela marcha – e que agora seria obrigado a enfrentá-los – era intolerável para o exército francês. Que certeza havia de que pela manhã seus inimigos já não tivessem escapado e o acampamento fosse encontrado vazio? Tornou-se impossível deter o movimento de avanço. Todas as estradas e caminhos de Abbeville até Crecy ficaram pretos e reluzentes das colunas em marcha. As ordens do rei Philippe foram obedecidas por alguns e ignoradas por muitos. Enquanto grandes formações detinham-se obedientemente, massas ainda maiores precipitavam-se à frente forçando o caminho através das tropas estacionadas ou em retraimento – e por volta das cinco da tarde viram-se face a face com o exército inglês à plena vista, nas largas ondulações de Crecy. Ali eles pararam.

O Rei Philippe, chegando à cena, contagiou-se com o ardor da multidão à volta dele. O sol já estava baixo; mesmo assim, todos estavam decididos a combater. Havia um corpo de seis mil besteiros genoveses na vanguarda do exército. Tiveram ordem de passar à frente da massa de cavalarianos e com seus projéteis desadensar as tropas inimigas que se preparavam para o ataque de cavalaria. Os genoveses haviam marchado vinte quilômetros em cerrada ordem de batalha, carregando as pesadas armas e o estoque de setas. Exaustos, deixaram claro que não estavam em condições de dar um bom resultado naquele dia. Mas o conde de Alençon, que havia feito a marcha a cavalo, não aceitou essa objeção com tranquilidade. "Isso é o que se ganha," exclamou, "por empregar esses patifes, que caem fora quando têm algo para fazer. À frente os genoveses!" Nesse momento, enquanto os besteiros abriam com dificuldade o caminho para a linha de frente sob olhares desdenhosos, nuvens pesadas passaram em frente ao sol e uma curta mas torrencial chuva desabou sobre as hostes. Uma grande revoada de corvos passou crocitando por cima dos franceses num mau presságio. A tempestade, após encharcar as cordas dos arcos genoveses, passou tão depressa quanto chegara, e o sol poente brilhou radiante direto em seus olhos, por trás dos ingleses. Isso, tal como os corvos, era adverso, mas era tangível. Os genoveses, entrando em ordem de batalha, soltaram um forte grito, avançaram alguns passos, gritaram novamente, avançaram outra vez, "apuparam" o inimigo, e descarregaram seus dardos. Total silêncio envolvera as fileiras inglesas mas, diante disso, os arqueiros, seis ou sete mil deles, agruparam-se em ambos os flancos em formação de grade de "portcullis," que até então permanecia parada, avançaram um passo, esticaram seus arcos ao máximo e entraram em ação. "Lançavam suas flechas com tal força e rapidez," diz Froissart, "que parecia estar nevando."

O efeito sobre os genoveses foi devastador; àquela distância, que suas próprias armas não podiam atingir, em poucos minutos eles foram mortos aos milhares. O chão ficou coberto de cadáveres emplumados. Vacilantes diante dessas rajadas de projéteis tão destrutivos, como jamais se havia visto na guerra, os sobreviventes recuaram em debandada alcançando as impacientes fileiras de cavalarianos e soldados que estavam fora do alcance das flechas. "Matem esses salafrários," gritou o Rei Philippe em fúria, "estão bloqueando nosso caminho sem necessidade." Ao que a linha de frente da cavalaria francesa arremeteu pelo meio dos genoveses que recuavam retalhando-os mortalmente a espada. Com o que penetrou no alcance mortal; a nevasca de flechas agora caía sobre ela furando as cotas de malha, prostrando cavalos e cavaleiros. Valentes esquadrões das fileiras imediatas avançaram para o rebuliço, e sobre todos desceram rajadas de flechas, fazendo corcovear a cavalhada, espalhando pelo campo guerreiros ricamente trajados. Reinava terrível desordem. E agora, a infantaria ligeira de soldados de Gales e de Cornwall, movendo-se por entre as posições quadriculadas dos arqueiros, avançou com seus punhais e, "caindo sobre condes, barões, cavaleiros e nobres rurais, mataram muitos, o que exasperou o Rei da Inglaterra mais tarde." Ótimos resgates foram desperdiçados naqueles improvidentes momentos.

Nesse morticínio caiu um aliado do Rei Philippe, o Rei da Bohemia, que era cego. Ele ordenara a seus cavaleiros prenderem suas rédeas às deles a fim de deixá-lo dar golpes com sua própria mão. Assim entrelaçado, tomou parte na carga. Cavalo e cavaleiro como dupla tombaram, e no dia seguinte seus corpos seriam encontrados ainda ligados. Seu filho, o príncipe Charles de Luxemburgo, que era o imperador-eleito e já assinava o nome como Rei dos Romanos, foi mais prudente e, ao ver os acontecimentos, partiu com sua comitiva por um caminho despercebido. Agora o ataque principal dos franceses se desenrolava. Os condes d'Alençon e de Flandres comandaram pesadas cargas de cavalaria contra as linhas inglesas. Esquivando-se o mais longe possível dos arqueiros eles procuraram os soldados de armas pesadas – e os esquadrões franceses, alemães e da Savoya chegaram até a divisão do príncipe de Gales. O número de inimigos era tão grande que os que lutavam ao lado do Príncipe enviaram mensagem ao moinho de onde o Rei Edward dirigia a batalha, pedindo reforços. Mas o Rei não ia dividir suas forças de reserva, e disse: "Deixem que o menino mereça suas esporas" – o que de fato ele fez.

Outro incidente foi muito lembrado. Um dos cavaleiros de Jean de Hainault, montado num cavalo negro, presente do Rei Philippe, escapando das flechas, entrou pelas linhas inglesas. De tal forma eram disciplinadas que nenhum homem se mexeu para enfrentá-lo e ele, cavalgando pela retaguarda, dentro em pouco voltava para as fileiras francesas. Contínuas cargas de cavalaria foram lançadas sobre a frente inglesa até que a total escuridão da noite caiu sobre o campo de batalha. E por toda a noite tropas descansadas de homens valentes que resolveram não deixar o campo sem desferir seus golpes adiantavam-se com esforço andando às apalpadelas. Todos foram mortos porque "Não dar quartel" era a disposição dos ingleses, embora não fosse absolutamente o desejo do Rei.

Quando a noite caiu, restavam com Philippe não mais de sessenta cavaleiros. Ele fora superficialmente ferido por uma flecha, e o cavalo sob ele, atingido por outra. Jean de Hainault, pondo-o outra vez numa montaria, pegou suas rédeas e o forçou a sair do campo, devido ao conhecido princípio – que, segundo Froissart, ele escrupulosamente explicou – de viver para lutar num outro dia. O Rei não tinha senão cinco barões com ele ao alcançar Amiens no dia seguinte.

"Quando, nesse sábado à noite, os ingleses não ouviram mais gritos ou vaias, ninguém chamando por algum lord, ou por seus porta-bandeiras, viram o campo como deles, e os inimigos vencidos. Fizeram grandes fogueiras e acenderam tochas devido à escuridão da noite. O Rei Edward, que durante todo o tempo não havia posto seu elmo, desceu então do seu posto e, com todo o seu batalhão, foi até o príncipe de Gales, a quem tomou nos braços e beijou e disse: 'Caro filho, Deus te concedeu perseverança. Tu és meu filho, pois da forma mais leal cumpriste tua obrigação neste dia. Mereces o reino.' O príncipe curvou-se profundamente, e humildemente prestou toda homenagem ao Rei seu pai."

Na manhã de domingo, um nevoeiro encobria o campo de batalha, e o Rei enviou uma forte tropa de quinhentos lanceiros e dois mil arqueiros para verificar o que havia no front. Eles encontraram colunas da retaguarda francesa ainda avançando de Rouen para Beauvais sem saber da derrota, e caíram sobre eles. Após a luta foram contados 1.542 corpos de cavaleiros e escudeiros no campo. Mais tarde, essa tropa deparou-se com unidades da cavalaria do arcebispo de Rouen e do Grande Prior da França, que igualmente ignoravam os acontecimentos, e que igualmente foram desbaratados com grande morticínio. Também deram com grande número de cavaleiros errantes e desgarrados, e "passaram pela espada todos os que encontraram." "Foi-me assegurado como fato verdadeiro," diz Froissart, "que nessa manhã de domingo morreu, entre os soldados a pé enviados das vilas, cidades e municípios, um número quatro vezes maior do que na batalha de sábado." Essa impressionante vitória de Crecy iguala-se a Blenheim, a Waterloo, e ao avanço final no último verão da Grande Guerra, como uma das quatro supremas realizações do Exército Inglês. [Escrito em 1939]

❄

Edward III pôs-se em marcha por Montreuil e Etaples até Boulogne, passou pela floresta de Hardelot e iniciou o sítio a Calais. Calais representava aos olhos ingleses a colmeia dos enxames da infindável praga de piratas no

Canal. Ali, no ponto mais próximo ao Continente, a Inglaterra sofria havia muito de uma chaga supurada. Calais era o que Dunquerque se tornou três séculos mais tarde. O sítio durou quase um ano. Todo novo artifício de guerra foi usado em terra; as bombardas enviavam seus projéteis contra os baluartes com estrondo assustador. Por mar, barreiras de estacas obstruíam a passagem das leves embarcações francesas, que procuravam fugir do bloqueio marítimo serpeando ao longo do litoral. Toda tentativa de ajuda vinda por mar ou por terra falhava. Mas o esforço em manter o cerco extenuou os recursos do Rei a um grau que mal podemos imaginar. Quando o inverno chegou, seus soldados exigiram ir para casa, e a esquadra estava à beira de um motim. Na Inglaterra todos se queixavam, e o Parlamento se mostrava insatisfeito com a conduta e relutante no provimento de recursos. O Rei e seu exército viviam num acampamento de cabanas, e todo esse tempo ele não transpôs o Canal. Maquiavel sagazmente disse que toda fortaleza devia ter alimentos para um ano, e essa precaução cobre praticamente todos os casos na história.

O cerco mal começara quando o rei David da Escócia, cumprindo acordos com a França, cruzou a fronteira com seu exército. Mas o perigo era previsto e, em Neville's Cross, a oeste de Durham, os ingleses venceram uma dura batalha. O Rei escocês foi capturado e preso na Torre. Lá ficou até ser libertado onze anos depois pelo Tratado de Berwick por um resgate enorme. Essa vitória decisiva afastou o perigo escocês por uma geração, porém, mais de uma vez, antes e depois da grande batalha de Flodden, o pacto com a França traria desastres para essa pequena e audaciosa nação.

Calais resistiu por onze meses, mas não foi o bastante. Por fim, a fome não deixou escolha aos sitiados. Eles apelaram por um acordo. O Rei estava tão exasperado que, quando exigiu a presença de seis dos mais nobres cidadãos em camisa e descalços, quis mandar decapitá-los. A advertência de seus conselheiros de que sua fama na história sofreria com uma ação tão cruel não o comoveu. Mas a Rainha Philippa, grávida, que o havia seguido na guerra, prostrou-se ante ele num edificante e talvez pré-arranjado quadro da Piedade, e pediu por eles. Assim, os burgueses de Calais que tentavam salvar seu povo foram poupados e mesmo tratados com bondade. Calais foi o fruto, único fruto territorial até ali, do empenho, prodigioso em qualidade, do poder total da Inglaterra na guerra com a França. Mas Crecy era uma história maior que contar.

A Peste Negra

Enquanto façanhas militares e outras vigorosas atividades ocupavam a mente dos ingleses, um inimigo muito mais mortífero percorria os continentes levando destruição. A Cristandade não teve catástrofe igual à Peste Negra. Há histórias vagas sobre acontecimentos na China, sobre montes de cadáveres a espalhar sua maldição para longas distâncias. A peste entrou na Europa pela Crimeia, e no decurso de vinte anos matou provavelmente um terço de toda sua população. As privações do povo, em razão das incessantes guerras baroniais e dinásticas, ofereciam fáceis presas à doença. Os dados na Inglaterra são mais eloquentes pelo silêncio do que pelos números espantosos que nos afrontam onde quer que os registros tenham sido protegidos. Neles lemos sobre processos jurídicos onde todas as partes morreram antes que os casos fossem julgados; de mosteiros onde metade dos ocupantes pereceu; de dioceses onde o clero sobrevivente mal podia prover os últimos sacramentos ao seu rebanho e a confrades. Uma geração inteira foi anulada por um terrível rompimento.

O caráter da peste era aterrorizante. A doença em si, com seus pavorosos sintomas – ataque rápido, pústulas, endurecimento dos gânglios nas axilas ou na virilha, inchaços que cataplasma nenhuma resolvia, tumores que lancetados não atenuavam a dor, a quantidade de virulentas infecções que se seguiam aos temidos prenúncios da morte, os delírios, a insanidade que acompanhava o seu triunfo, os espaços vazios abertos por todos os lados na sociedade humana que atordoaram e, durante um tempo, destruíram a vida e a fé do mundo. Essa aflição, que se acresceu a todos os rigores da Idade Média, foi além do que o espírito humano podia suportar. A Igreja, atingida na carne como os demais, foi também ferida dolorosamente em seu poder espiritual. Se um Deus de misericórdia governava o mundo, que tipo de governo era esse? Pareceu o estertor da espécie.

Mas aos poucos a epidemia perdeu as forças. Os tumores cederam a fomentações. As curas foram mais frequentes; a capacidade de resistência da vida se restaurava. O desejo de viver triunfou. O flagelo passou e a população europeia, que encolhera tanto, herdeira do muito que fora preparado por mais numerosas mãos, aliviando seu luto em seu universalismo, voltou-se com indomável esperança para a vida e para o dia de amanhã.

Filósofos diriam ser desnecessário o uso de mecanismos destrutivos como a peste para conseguir as mudanças consideradas necessárias entre os homens. Um reagente mais científico estava à mão. A pólvora, que, segundo algumas autoridades, Edward fez detonar em Crecy e também em Calais, estava prestes a se estabelecer decisivamente como fator substantivo na guerra e nos assuntos humanos relacionados com a guerra.

❄

A desgraça que se abateu sobre a humanidade reduziu a população e entristeceu sua existência, sem reduzir suas rixas. A guerra entre a Inglaterra e a França continuava de forma fragmentada, e o Príncipe Negro, o mais renomado guerreiro da Europa, tornou-se um flibusteiro. Em 1355, adotou-se uma estratégia ambiciosa. O Príncipe Negro avançaria dos territórios ingleses da Gasconha e da Aquitânia para o norte, em direção ao Loire. Seu irmão mais moço, John de Gaunt, Duque de Lancaster, atacaria a partir da Bretanha. As duas forças se reuniriam para a decisão maior. Mas tudo isso fracassou, e o Príncipe Negro viu-se em apuros, sem saída em Poitiers. Na própria manhã de sua vitória, sua vanguarda já começara a marchar para o sul em retirada.

O grande mérito do Príncipe Negro foi não se ter baseado nas lições do passado ou preparado para repetir os triunfos de batalhas anteriores. Fez o oposto do que o convencional militar, baseado nos fatos conhecidos, teria declarado o certo.

A nobreza francesa deixou seus cavalos na retaguarda. O Príncipe Negro tinha todos os seus cavaleiros montados. Um pedágio mortal era cobrado pelos arqueiros em toda a linha de frente. Os cavaleiros franceses, sobrecarregados por suas malhas metálicas, mourejavam avançando pesadamente entre os vinhedos e os arbustos. Muitos caíram diante das flechas, mas as flechas não seriam, por si só, suficientes naquela crise. Foram os homens com espadas e machados que avançaram, no velho estilo, sobre as fileiras desordenadas pela redução da capacidade de movimento e pelos acidentes do solo. Ao mesmo tempo, em admirável concerto, um forte destacamento de cavaleiros montados, contornando o flanco esquerdo dos franceses, caiu sobre os acossados e já desordenados atacantes. O resultado foi um morticínio tão grande e uma vitória tão completa como a de Crecy, mas com ganhos até maiores. O exército francês inteiro foi à ruína. O Rei Jean e a flor de sua aristocracia foram capturados ou mortos. O butim do campo de batalha não pôde ser levado pelos vitoriosos; eles já estavam sobrecarregados com a pilhagem de quatro províncias. O Príncipe Negro, cuja reputação é manchada por muitos atos cruéis de guerra, mostrou-se um paladino da era quando, apesar do cansaço e das tensões da batalha desesperada, tratou o monarca aprisionado com toda a etiqueta e formalidade de sua posição, cedeu-lhe sua própria cadeira de campo e serviu-lhe em pessoa a melhor refeição possível. Desse modo, pelo gênio, valor e cavalheirismo ele se apresentou numa postura que a história não descuida em saudar.

Em Crecy, a França foi derrotada a cavalo; em Poitiers, foi vencida a pé. Essas duas terríveis experiências com os ingleses foram fundo no pensamento francês. Mas, como já foi sabiamente observado, as árvores não crescem até o céu. Por um longo período os franceses evitaram batalhas. O triunfo e a exaustão da Inglaterra foram simultâneos e completos. Ficou provado que o exército francês não podia derrotar os ingleses, e, ao mesmo tempo, que a Inglaterra não podia conquistar a França. O principal esforço de Edward III, embora coroado de todos os louros militares, falhara.

❄

A renovação, em 1369, de severas lutas na Aquitânia encontrou a Inglaterra exausta e desiludida. O clero exigia isenção de impostos embora nem sempre com sucesso – e podia ostentar opulência nas faces da penúria e da desarticulação econômica. Homens da Igreja desalojavam a aristocracia dos cargos públicos, e o sentimento anticlerical crescia no Parlamento. O Rei estava velho e enfraquecido, e estava na hora de novas manifestações do poder baronial. John de Gaunt se propôs a restabelecer o equilíbrio a favor dos lords por meio de uma bem-planejada campanha política contra a Igreja. Disponível ao seu alcance apareceu uma arma inesperada, um eminente erudito de Oxford chamado Wyclif, que, indignado com a corrupção da Igreja, via na sua orgulhosa hierarquia e em suas ilimitadas reivindicações uma distorção dos verdadeiros princípios da cristandade. Declarava que a soberania sobre as almas dos homens jamais fora da alçada de mortais. Embora o Papa e o Rei fossem cada qual autoridades máximas em suas esferas, o apelo final era feito ao Céu e não a Roma.

A doutrina Wyclif abriu profundas rachaduras. Acarretava reduzir o poder da Igreja temporal a fim de purificar a Igreja espiritual. John de Gaunt estava interessado na primeira, Wyclif na segunda. A Igreja se opunha a ambos. Wyclif resolveu apelar para o povo. Os abusos da Igreja, mais sua própria doutrina reformista, atraíram para seu lado muitos jovens estudantes. Finalmente, em parceria com seus alunos, ele deu o extraordinário passo de fazer traduzir a Bíblia para o idioma inglês. O espírito do Cristianismo primitivo agora revivia o interior da Inglaterra como uma fina, refrescante brisa após extenuantes dias mormacentos. Mas a nova visão se abria tanto para os ricos como para os pobres da sociedade profundamente perturbada e decadente a que se dirigia. Os poderes da igreja e do estado logo iriam perceber seu perigo.

❄

O longo reinado de Edward III atingira seu crepúsculo. As glórias de Crecy e Poitiers desvaneciam-se. O Rei guerreiro, cujas principais paixões foram o poder e a fama, que esteve sempre pronto para negociar muitas das prerrogativas pelas quais seus ancestrais lutaram, a fim de obter fundos para aventuras estrangeiras, se achava agora, na idade avançada, em débito com o tempo e com a sorte. Duras foram as cobranças. Ele viu as grandes conquistas que sua espada e a do seu filho alcançaram na França derreterem-se como neve na Páscoa. Algumas poucas cidades costeiras ainda atestavam o esplendor das vitórias que durante muito tempo seriam conservadas na memória da gente da Ilha. A Rainha Philippa, sua bem-amada esposa, morrera na epidemia da peste negra, em 1369. Mesmo antes de sua morte o velho Rei havia sucumbido à consoladora escravidão de Alice Perrers, senhora de linhagem inexpressiva mas de notável esperteza e capacidade, livre de escrúpulos ou prudência. O espetáculo do famoso Rei em seus sessenta anos apaixonado com um amor ilícito irritava o temperamento selvagem porém melindroso da época. Ali se apresentava algo menos romântico do que o amor cortês simbolizado, em 1348, pela criação da Ordem da Jarreteira. Nobres e seus semelhantes não estenderiam à amante do Rei em sua velhice os benefícios do sobranceiro lema da Ordem, *Honi soit qui mal y pense*.

O Rei, enfim desgastado por guerras, negócios e prazeres, afundou na senilidade. Havia percorrido plenamente sua cota de tempo. Celebrou o jubileu de seu reinado. A última década aviltou sua reputação. Afora Alice, ele concentrava suas remanescentes esperanças no Príncipe Negro; mas esse grande soldado, renomado em toda a Europa, também foi afetado pela fadiga das guerras, e sua saúde declinou rapidamente. Em 1376, o Príncipe Negro expirou, deixando como herdeiro legítimo do trono um filho com dez anos incompletos. A grande função que o Rei Edward III tivera na vida estreitou-se bruscamente à aproximação do fim. Mortalmente abatido, retirou-se para a Sheen Lodge, no Richmond Park, onde Alice, num estilo bem moderno, encorajava-o a interessar-se por torneios, caçadas e por grandes planos para quando se recuperasse. Mas cronistas hostis entendem que quando o estupor que precede a morte engolfou o Rei, ela retirou-lhe os anéis dos dedos e outros pertences móveis da casa e partiu para uma extrema privacidade por algum tempo. Não se ouviu o seu lado da história, mas seu reaparecimento em situações de certo modo alegres no novo reinado parece mostrar que ela tinha uma para contar. Todas as histórias, ai de nós!, confirmam que o Rei Edward morreu abandonado por todos, e que somente a caridade de um cura local propiciou-lhe a proteção e a garantia da Igreja em sua expedição final.

O filho do Príncipe Negro foi reconhecido Rei com aprovação geral no mesmo dia em que seu avô morreu, e sem que dúvidas sobre primazias viessem à baila, a Coroa da Inglaterra passou para um menor de idade.

3
O Fim da Era Feudal

O rei Richard II e a rebelião social

John de Gaunt, Duque de Lancaster, irmão mais moço do Príncipe Negro e tio do jovem Rei Richard II, era o principal do Conselho de Regência e governava o país. O impacto e o fantasma da Peste Negra dominavam a cena. Uma nova fluidez corria pela sociedade inglesa. Latejava ainda a dor do ataque quase mortal, mas com ela infiltrou-se a sensação de no momento haver mais espaço no país. Uma profusão de postos desocupados fora preenchida, e muitos homens de todas as classes tiveram a sensação de uma inesperada promoção e crescimento. Uma comunidade fora profundamente perturbada, reduzida em potência coletiva, mas muitas vezes individualmente erguida.

Na esfera econômica e social houve enorme tumulto. A Peste Negra atingira um mundo já em movimento. Desde que a Coroa introduzira o costume de soldados pagos em vez de recrutas feudais, os laços fundiários foram se afrouxando. Por que não poderiam o nobre ou o fidalgo seguir o exemplo de seu lord Soberano? Pactos em que um pequeno proprietário passava a servir um vizinho poderoso, "exceto contra o Rei," tornaram-se comuns. A restrição nem sempre seria observada. Os velhos vínculos de mútua lealdade desapareciam, surgindo em seu lugar exércitos particulares, defensores de propriedades contratados, precursores infalíveis de anarquia.

Na Inglaterra medieval, os lords dos solares quase sempre baseavam sua prosperidade no servo da gleba, cuja condição e cujos deveres vinham de um longo costume, e eram compelidos pelas cortes senhoriais. À volta de cada morada nobre orbitava, em estreito vínculo, uma autossuficiente comunidade. Embora no século XIII e no início do século seguinte tivesse havido maior movimento de mão de obra e troca de mercadorias do que antes se supunha, isso fora relativamente vagaroso, e a dissolução da comunidade aldeã se dera gradualmente. Chegou agora o tempo em que a compartimentação entre sociedade e trabalho pesado não se podia manter. A convulsão da Peste Negra acelerou violentamente esse profundo e lacerante processo. Tendo morrido repentinamente quase um terço da população, grande parte da terra ficou sem cultivo. Os sobreviventes levaram seus arados para solos mais ricos e acomodaram seus rebanhos e manadas em pastagens melhores. Muitos donos de terras largaram os arados para cercar, geralmente por invasão, o melhor pasto. Nessa época, quando enriquecimento pareceu mais fácil e tanto os preços como os lucros eram altos, a mão de obra estava reduzida quase pela metade. Pequenas propriedades ficaram desertas e muitas casas senhoriais viram-se despojadas dos camponeses que as serviam desde tempos imemoriais. Lavradores e trabalhadores estavam em grande demanda, disputados de todos os lados. Eles, por seu turno, procuravam se valorizar, ou pelo menos manter seu nível de vida acompanhando os preços em alta. O poeta Langland nos apresenta um retrato impiedoso mas interessante em "Piers Plowman"–

Labourers that have no land to live on but their hands
Deigned not to dine a day on night-old wortes.
May no penny ale him pay, nor a piece of bacon,
But it be fresh flesh or fish, fried or baked,
And that chaud and plus-chaud, for chilling of their maw,
But he be highly-hired, else will he chide.

Mas seus senhores viam o assunto de modo diferente. Rejeitaram violentamente a exigência de aumentar os pagamentos; restauraram antigos direitos para forçar ou reter trabalhadores. Os registros da estirpe dos aldeões foram examinados com um cuidado até então somente dispensado a pessoas de qualidade. Os vilões declarados servos estavam ao menos livres de novas reivindicações. Alegações de autoridade há muito prescritas, por válidas que fossem na lei, foram veementemente repelidas pela gente do campo, que formou associações de trabalhadores para cuidar de seus interesses. Havia fugas de servos feudais das propriedades, tal qual as de escravos dos estados sulistas americanos em 1850.

Muitos agitadores veementes, entre os quais John Ball é o mais conhecido, divulgaram um caudal de doutrina subversiva. O país estava cheio de soldados inativos dispensados da guerra, e todos conheciam o arco longo e seu poder de matar aristocratas por mais engrandecidos e bem-armados que fossem. A pregação de ideias revolucionárias se disseminava, e um refrão popular expressou a reação das massas:

> Quando Adão caçava e Eva fiava
> Quem era então um gentleman?

Era pergunta nova para o século XIV e desconcertante para qualquer época. Enraizada em tempos imemoriais, a rígida estrutura da Inglaterra medieval tremia nos alicerces.

Essas condições não se limitavam à Ilha. Do outro lado do Canal, um movimento radical e democrático, com palavreado muito semelhante ao do nosso tempo, estava em voga. Na Inglaterra tudo se encaminhou para chegar à terrível rebelião de 1381. Foi um levante social espontâneo e amplo, que explodiu em várias regiões do país pelas mesmas causas e com os mesmos sentimentos. Que todo esse movimento foi consequência direta da Peste Negra está provado pelo fato de a revolta ter sido mais violenta nos mesmos distritos de Kent e das Midlands Orientais em que a taxa de mortalidade fora mais alta e a degradação nos costumes mais extrema. Foi um grito de dor e raiva de uma geração extraída bruscamente de sua submissão por mudanças de sua sorte que deram em novas esperanças e em novas injustiças.

❄

No verão de 1381, o levante foi geral. Em maio, a violência eclodiu em Essex. Começou com a tentativa de uma segunda e mais rigorosa coleta do imposto direto lançado no ano anterior. A turba de Londres pegou fogo e um bando, sob a orientação de certo Thomas Faringdon, pôs-se em marcha para juntar-se aos amotinados. Em Kent, após um ataque à abadia de Lesnes, os camponeses atravessaram Rochester e Maidstone, queimando registros de impostos e de terras senhoriais. Em Maidstone, libertaram o agitador John Ball da prisão episcopal e receberam a adesão de um aventureiro militar com dons e experiência de liderança, Wat Tyler.

O Conselho real estava atordoado e inerte. No começo de junho, a massa principal dos rebeldes de Essex e Kent marchou para os portões de Londres. Aqui, encontraram apoio. John Horn, um peixeiro, convidou-os a entrarem;

o *alderman* assistente do prefeito encarregado da Ponte de Londres nada fez para defendê-la, e Aldgate foi aberta traiçoeiramente para um bando de desordeiros de Essex. Por três dias, a confusão reinou na cidade. Estrangeiros foram assassinados; o palácio Savoy, de John de Gaunt, foi incendiado; Lambeth e Southwark foram saqueadas. Foi a hora de acertar velhas contas. Mas um corpo de cidadãos leais uniu-se em torno do prefeito, e, em Smithfield, o Rei confrontou-se com os líderes rebeldes. Entre os insurgentes parece ter havido uma geral lealdade para com o soberano. Suas exigências eram razoáveis mas embaraçosas. Eles queriam a revogação de estatutos opressivos, a abolição da *villeinage* e a partilha das propriedades da Igreja. Em especial exigiam que ninguém fosse servo ou obrigado a prestar trabalho braçal a um *seigneur*, mas pagar quatro pence ao ano por acre de terra e não ter que servir a um *seigneur* contra a vontade, somente por meio de acordo. Enquanto a negociação ia em curso,Tyler foi ferido pelo prefeito Walworth, depois golpeado até a morte por um dos fidalgos do rei. O chefe rebelde caiu de seu cavalo, morrendo à vista da multidão, e o jovem Rei cavalgou sozinho à frente exclamando: "Serei eu o vosso líder. Tereis de mim tudo que procuram. Apenas segui-me para fora do campo daqui." Mas a morte de Tyler foi o sinal para uma onda de reação. Os bandos sem liderança tomaram o caminho de casa espalhando uma ilegalidade vulgar por seus condados. Foram perseguidos pelas autoridades restabelecidas. Deu-se largas à vingança.

O levante espalhara-se pelo sudoeste. Houve desordens em Bridgewater, Winchester e Salisbury. No Hertfordshire, os camponeses se insurgiram contra a poderosa e odiada abadia de St Albans, e marcharam para Londres sob a liderança de Jack Straw. Houve revolta generalizada no Cambridgeshire, acompanhada de queima de documentos e de assaltos às mansões episcopais. A abadia de Ramsey, no Huntingdonshire, foi atacada, embora os burgueses de Huntingdon fechassem os portões contra os desordeiros. Em Norfolk e Suffolk, onde os camponeses eram mais ricos e mais independentes, a irritação contra a *villeinage* ao senhor feudal era mais forte. A abadia de Bury St Edmunds era um notório objeto de ódio, e os artesãos flamengos de tecidos foram assassinados em Lynn. Ondas da revolta chegaram a regiões distantes do norte, como o Yorkshire e Cheshire, e do oeste, no Wiltshire e Somerset.

Depois da morte de Tyler, a resistência das classes governantes se organizou. Expediram-se cartas da Chancelaria aos funcionários da Coroa determinando a restauração da ordem, e juízes sob a orientação do Chief Justice Tresilian deram rápido andamento aos julgamentos de insurretos. O Rei, que acompanhava Tresilian no circuito punitivo, pressionou pela observância das formas legais na punição dos rebeldes. O belicoso bispo Despenser, de Norwich, usou de força armada nas comarcas do leste em defesa das propriedades da Igreja, e uma verdadeira batalha teve lugar em North Walsham. Apesar disso, a reação foi, em comparação com exemplos modernos, muito restrita. Nada além de cento e cinquenta execuções são registradas nas atas. Nada igual à selvageria que vimos em muitas partes da Europa em nossos tempos.

A lei se restabeleceu e regeu. Mesmo nessa furiosa reação de classe, homem algum foi enforcado sem julgamento por júri. Em janeiro de 1382, proclamou-se uma anistia geral proposta pelo parlamento. Mas a vitória da propriedade fora alcançada, e a ela seguiu-se a anulação unânime de todas as concessões, e uma arrojada tentativa de recriar intacto o sistema senhorial da primeira parte do século. Mas, por gerações, a classe alta viveu temerosa de um levante popular, e os trabalhadores continuaram a se associar. A mão de obra servil deixou de ser a base do sistema. O aspecto legal da servidão tornou-se pouco importante, e o pagamento por meio de troca, comumente falando, cresceu a passo acelerado após 1349. Foram esses os mais duradouros legados da Peste Negra.

Na atmosfera carregada e taciturna da Inglaterra dos anos 1380, as doutrinas de Wyclif ganharam *momentum*. Mas, confrontada pela revolução social, a sociedade inglesa não teve ânimo para reformas na Igreja. Todas as doutrinas subversivas achavam-se sob censura e, conquanto Wyclif não fosse diretamente responsabilizado ou acusado de pregação sediciosa, o efeito foi desastroso para sua causa. As classes proprietárias deram silencioso consentimento para a completa supressão do pregador pela Igreja.

Wyclif havia apelado para a consciência de sua época. Frustrada na Inglaterra, embora não silenciada, sua inspiração animou um distante e pouco conhecido território, e dali transtornou a Europa. Estudantes de Praga tinham vindo a Oxford e levado sua doutrina, na verdade os manuscritos de seus textos, para a Bohemia. A partir disso surgiu o movimento pelo qual a fama de John Huss eclipsou a do seu mestre inglês, e despertou a permanente consciência nacional do povo tcheco.

Por seu ataque frontal à autoridade absoluta da Igreja sobre os homens deste mundo, por implicar a supremacia da consciência individual e por seu desafio ao dogma eclesiástico, Wyclif atraiu para si os raios e trovões da repressão. Mas suas objeções ensejaram o primeiro dos "Movimentos de Oxford." A causa, perdida na sua época, impeliu a maré da Reforma. O Lollardismo, como o movimento de Wyclif veio a ser chamado, movia-se por baixo da superfície. A igreja, fortalecendo sua posição temporal por meio de uma aliança com o estado, impudente, repeliu o primeiro assalto; mas sua autoridade espiritual sofreria dali em diante as cicatrizes e a debilitação resultantes do conflito.

Tempos cruéis estavam por vir. A tradição política seria extinta na indigência da rebelião de Sir John Oldcastle no reinado de Henry V. Mas um elemento vital de resistência à formação de uma Igreja triunfante e militante sobreviveu no povo inglês. Um fundamento se plantara nos corações ingleses que moldaria o destino da raça.

❄

O Rei tornava-se adulto. Seus instintos aguçados e talentos precoces foram estimulados por tudo que havia visto e feito. Na crise da Revolta dos Camponeses, o impacto de muita coisa caiu-lhe em cima, e, por sua ação pessoal, ele salvara a situação numa ocasião memorável. Foram o Tribunal do Rei e os juízes do Rei que restauraram a ordem quando a classe feudal havia perdido o ânimo. No entanto, o Rei acedeu a uma prolongada tutela. John de Gaunt ausentou-se do reino para cuidar de interesses no exterior. Confiou a seu filho Henry Bolingbroke, um jovem vigoroso e competente, a tarefa de assumir seu patrimônio e interesses na Inglaterra.

Somente ao completar vinte anos Richard II decidiu-se a controlar totalmente seu Conselho, e principalmente a escapar do controle de seus tios. A acumulação dos encargos domésticos da Casa Real com os cargos de governo pelo grupo à sua volta, e seu efeminado favorito, afrontavam o partido feudal e, de certo modo, o espírito nacional. Instituiu-se um expurgo no serviço público, considerado a origem tanto dos erros como da força do Rei; e interessante é observar que Geoffrey Chaucer, seu palafreneiro, mas famoso por outras razões, perdeu seus dois cargos na alfândega.

Os Lordes Apelantes, divididos como estavam, recuaram da ideia de depor e matar o Rei; mas esse seria o limite de seus recuos. Forçaram-no a ceder em tudo. A vitória da velha aristocracia foi completa. Somente a pessoa do Rei foi respeitada, assim mesmo por estreitíssima margem. Richard, forçado não apenas a se submeter como também a concordar com o massacre dos seus amigos, retraiu-se o quanto pôde em isolamento.

Podemos deduzir que esse tipo de tratamento produziu marcante impressão em sua mente. É sina de poucos mortais suportar tais provações. Ele repesou os agravos e também seus erros passados. Via nos lords vencedores indivíduos tirânicos não somente em relação ao rei, mas também ao povo. Preparou seus planos de vingança e de recuperação de seus direitos com muito mais astúcia do que antes. Por um ano houve ameaçadora calmaria.

❄

Em 3 de maio de 1389, Richard tomou uma atitude que nenhum deles havia previsto. Tomando lugar no Conselho, ele pediu brandamente que lhe dissessem a sua idade. Ao lhe ser respondido que tinha "três e vinte" anos, declarou ter chegado certamente à maioridade e que não se submeteria mais a restrições de seus direitos que súdito nenhum seu toleraria. Ele próprio administraria o reino; escolheria seus próprios conselheiros; seria um Rei de verdade. Esse golpe sem dúvida fora preparado com a estranha esperteza que marcava muitas maquinações de Richard. Teve imediato sucesso.

Richard usou sua vitória com cautela e discrição. Em outubro de 1389, John de Gaunt retornou da Espanha, e seu filho Henry, agora um importante personagem, reconciliou-se com o Rei. O terrível cartel de 1388 se dissolvera. A máquina do governo real, triunfante sobre a outra facção, reassumiu sua influência, e pelos oito anos seguintes Richard governou a Inglaterra à moda de Rei constitucional e popular.

Foi um período em que as massas eram totalmente excluídas do poder, e em que as classes governantes, inclusive a nova classe média, mesmo em suas rixas mais mortais, sempre se uniam para mantê-las subjugadas. Richard havia prometido solenemente o fim da servidão. Fez a proposta ao Parlamento. A proposta foi rejeitada. Ele tinha boa memória para agravos. Talvez ela se estendesse aos seus compromissos também.

A paciência e a destreza com que Richard executou sua vingança são impressionantes. Tão duramente os estamentos pressionaram o poder real, ora instigando, ora reclamando dos resultados, que temos o espetáculo ímpar de um rei Plantagenet sentar-se no chão recusando-se a empurrar mais a carroça em estrada tão dura. Não por falta de coragem mental ou por estreita perspectiva. Era necessário a seus projetos de longo alcance. Desejava, fora de qualquer dúvida, chegar ao poder absoluto sobre a aristocracia e o parlamento. Que também tencionasse usar essa ditadura no interesse das massas humildes de súditos é um dos mistérios, mas é também lenda, ligados ao seu nome. Sua índole, os altos e baixos do seu estado de espírito, as explosões súbitas, o quase inumano refinamento de seus cálculos, foram abundantemente apresentados como causa de sua ruína. Mas o povo o considerava amigo. Detivesse o poder, imaginavam, ele os teria livrado da opressão de seus senhores – e por isso, por longo tempo, cultuaram-lhe a memória.

❄

Enquanto os lordes divergiam, o Rei empenhava-se no próprio fortalecimento. Em 1388, foi com aturdimento que eles o viram atacá-los com um ódio frio raramente excedido entre os homens. Arundel e alguns outros dos seus aliados foram declarados traidores e merecedores apenas da cortesia da decapitação. Warwick foi exilado na Ilha de Man. Gloucester, preso e levado para Calais, lá foi morto por agentes de Richard. Dali em diante, caiu sobre o Rei estigma similar ao que marcou John após a morte de Arthur. Mas no momento, era sua uma supremacia que nenhum Rei da Inglaterra desfrutara antes – e mesmo assim sua ira não se aplacou.

O Parlamento só foi chamado para legitimar os eventos. Constatou-se estar tão favorável e obediente que nada recusaria ao Rei. Nunca houve um parlamento assim. Com ardor suicida, suspendeu quase todos os direitos e privilégios constitucionais adquiridos no século precedente. Erigiu a monarquia sobre um fundamento tão absoluto que nem mesmo William, o Conquistador, líder guerreiro de tenentes flibusteiros, havia reivindicado. Tudo quanto fora conquistado pela nação em consequência dos crimes de John e da degeneração de Edward II, tudo o que fora concedido ou criado pelos dois grandes Edwards foi abandonado.

As relações entre o filho de Gaunt, Henry, primo e contemporâneo do Rei, passaram do drama à tragédia. Henry acreditava ter salvo o Rei de ser deposto e morto por Gloucester, Arundel e Warwick na crise de 1388. Mui provavelmente era verdade. Desde então, vivera íntima e amigavelmente com Richard. Os dois moços passaram a vida em bela camaradagem.

Uma desavença surgiu entre Henry e Thomas Mowbray, agora Duque de Norfolk. O "julgamento pelo combate" afigurou-se a correta solução, mas o Rei, exasperando os espectadores de todas as classes que tinham se aglomerado em grande expectativa para assistir ao duelo de honra, baixou sua decisão, proibiu o combate, exilou Mowbay para o resto da vida, e Henry por uma década. Ambos os lords obedeceram o comando do Rei. Mowbray logo morreu; mas Henry, estupefato com o que ele considerava ingratidão e injustiça, viveu e conspirou na França.

❄

O ano que se seguiu foi de claro despotismo, e Richard, tão paciente até a consecução de sua vingança, mostrou, na prática de seu ofício, desassossego e confusão, esbanjamento e inconsequência. Durante o ano de 1398 houve muita gente no país que despertou para o fato de um parlamento servil em poucas semanas ter sustado muito dos direitos e das liberdades fundamentais do reino. Por um tempo não houve desavenças com o Rei. Agora ele se revelava um déspota.

Em fevereiro de 1399, morreu o velho John de Gaunt, "o venerando Lancaster." Henry, no exílio, sucedeu-o nos vastos domínios, não só no Lancashire e no norte, mas por toda a Inglaterra. Richard, pressionado pela falta de dinheiro, não pôde abster-se de um confisco tecnicamente legal do espólio Lancaster, a despeito de suas promessas; e declarou seu primo deserdado. Em maio, numa avaliação desastrosa do que se passava no país, o Rei partiu numa expedição punitiva na Irlanda. Era o momento azado; a costa estava livre, não havia tempo a perder. Em julho, Henry de Lancaster, como agora se chamava, desembarcou no Yorkshire. A partir de York, Henry avançou pela Inglaterra, em meio à aclamação geral.

Levou algum tempo para que a notícia do aparecimento de Henry – e de tudo que de modo tão rápido se seguira – alcançasse o Rei Richard nos recônditos da Irlanda. Deu-se pressa em voltar, embora arrostando um mar tempestuoso. O que viu convenceu-o de que tudo acabara. Toda a estrutura de seu poder, construída tão sutil e pacientemente, desaparecera como por encanto. No castelo de Flint ele se rendeu a Henry, em cujas mãos toda a administração estava agora. Passou por Londres na caravana como cativo. Alojaram-no na Torre. Forçou-se sua abdicação; sua morte era inevitável. O último dos reis ingleses cujo direito hereditário fora indiscutível desaparecia para sempre por trás do *portcullis* do castelo Pontefract. Henry, por intermédio e com o consentimento dos *estates* do reino e dos lordes espirituais e temporais, subiu ao trono como Henry IV – com isso abrindo um capítulo da história destinado a ser fatal para o baronato medieval. Embora a linhagem de Henry desse fundamentos à escolha para a Coroa, e suas próprias qualidades e mais ainda as de seu filho confirmassem a decisão, um maior direito de sangue derivaria da casa de Mortimer para a casa de York, a partir do qual e após um longo intervalo, eclodiram as Guerras das Rosas na Inglaterra.

❄

O caráter de Richard II e seu lugar aos olhos da história permanecem um enigma. Que possuía qualidades de alto nível, tanto em planejamento como em ação, é inegável. Que praticamente desde a infância enfrentou desmesuradas dificuldades e opressões iníquas, às quais repetidamente se contrapôs, é também óbvio. As injúrias e crueldades que sofreu nas mãos de seu tio Gloucester e da alta aristocracia talvez sejam a chave para compreendê-lo. O povo desamparado, já somando o milhão, olhou para Richard com esperanças destinadas à frustração ainda por séculos. Através de todo o reinado de Henry IV, o conceito que formaram de Richard foi idealizado. Consideravam-no, certo ou erradamente, mártir da causa dos fracos e pobres. Proclamações se emitiram declarando alta traição até mesmo espalhar rumor de que ele ainda fosse vivo.

Não temos o direito nesta era moderna de privá-lo desse lampejo de sol que paira sobre sua atormentada, acossada vida. Não há divergências, entretanto, de que em sua natureza erros fantásticos e instintos certeiros se sucediam com desconcertante rapidez. Era capaz de astúcia e paciência mais que humanas, e também de fazer tolices que um simplório teria evitado. Arrostou quatro duelos mortais com a sociedade aristocrática feudal. Em 1389 ele foi superado; em 1389, foi vitorioso; em 1397-1398 foi supremo; em 1399, foi destruído.

❄

Total poder e autoridade chegaram às mãos do rei Henry IV, e todos os que correram riscos para levá-lo ao trono uniram-se para defender-lhe os direitos e suas próprias vidas. Mas o tema oposto resistia com estranhável persistência. A corte da França considerava Henry usurpador. Mas muitas boas qualidades surgem a seu favor. Todos os historiadores concordam que ele era viril, capaz, e inerentemente misericordioso. No momento de sua acessão ele ainda era o corajoso cavaleiro, surpreendentemente moderado na vitória, avesso a matanças, comprometido com ideias de aperfeiçoamento constitucional, sonhando terminar a vida como Cruzado. Mas a marcha sombria e turbulenta dos acontecimentos frustraria sua inclinação tolerante, acabando por azedar-lhe a natureza generosa.

❄

A morte de Richard foi anunciada em fevereiro de 1400. Não se sabe se morreu à mingua ou, como o governo deu a entender, por greve de fome – ou se métodos mais diretos foram usados. Os muros de Pontefract guardaram seu segredo. Mas por todos os cantos da Inglaterra espalhou-se a história de que ele escapara e que aguardava no esconderijo a hora de levar o povo ao bem-estar.

Tudo isso pesava contra Henry Bolingbroke. Ele enfrentou contínuas tramas para assassiná-lo. O transtorno com os galeses evoluiu para uma insurreição nacional. O conflito mais sério foi com os Percys. Esses lordes das Marcas do Norte, o velho conde de Northumberland e seu impetuoso filho Hotspur, haviam mantido por quase três anos, sozinhos e quase totalmente às próprias custas, a defesa da Inglaterra contra os escoceses. Os Percys tinham desempenhado um papel importante na investidura de Henry ao trono. Mas Edmund Mortimer, cunhado de Hotspur, juntara-se a Glendower na rebelião, e a família estava agora sob suspeição. Eles detinham um notável poder independente, o que talvez tornasse o antagonismo inevitável. Hotspur alçou a bandeira da rebelião. Mas em Shrewsbury, em 21 de julho de 1403, Henry o vence e mata em uma pequena e violenta batalha.

Enquanto isso, a saúde do Rei declinou. Dizia-se que fora atingido pela lepra, castigo atribuído à ira de Deus. Era um homem alquebrado fisicamente. Daí em diante, seu reinado foi uma luta contra a morte e também contra a vida.Com essas transigências, Henry tornou-se o menor dos reis. Mas com isso também transferiu para outros uma tarefa intolerável. Eles tornaram-se cada vez menos merecedores de confiança.

A vida e o reinado de Henry IV nos dão outro exemplo da inutilidade da ambição e dos galardões cruéis que acompanham seu êxito. Ele tivera tortos que reparar e uma causa a defender. Mal se atrevera no início a almejar a coroa, mas fizera a jogada final cingi-la. Constatou depois que ela era bem menos prazenteira depois da posse. Não só física como também moralmente ele desabou sob seu peso. Seus anos de triunfo foram anos de inquietude e tristeza. Mas ninguém nega que ele teve a razão e a justiça a respaldar suas ações, nem que teve a aceitação de todo o país. Com sua morte, uma nova personalidade, construída em grandiosa escala histórica, havia muito faminta de poder, ascende sem disputas ao trono, não só da Inglaterra mas logo de quase toda a Cristandade Ocidental.

O império de Henry V

Um lampejo de glória incide sobre a escura e agitada história da Inglaterra medieval. Em 1413, Henry V foi rei com 25 anos. As românticas histórias de uma mocidade turbulenta, e uma súbita conversão à seriedade e à virtude quando incumbido da suprema responsabilidade, não devem ser levadas ao pé da letra. Se ele cedera às mais intensas ebulições de sua natureza isso nada mais foi que um passatempo, visto que desde a meninice ele se viu no aperto de graves assuntos.

Naquele reinado oscilante de um rei doente, com partidarismos implacáveis e profundo desassossego moral e social, todos os olhos estavam, já havia algum tempo, voltados para ele; e nas gerações que se seguiram pouca dúvida ficou de que, pelos padrões da época, foi tudo o que um rei devia ser. Seu rosto – dizem-nos – era oval, nariz longo e reto, pele rosada, cabelos pretos e lisos e olhos claros, meigos como os de uma pomba quando não provocado, com chispas de leão quando em fúria; era forte e ativo, de compleição delgada porém sólida. Sua propensão era ortodoxa, cavalheiresca e justa. Chegou ao trono num momento em que a Inglaterra se cansara de animosidades e rixas e ansiava por união e renome. Apartou a nação da discórdia interna para conquista externa; e tinha um sonho, talvez a perspectiva, de liderar toda a Europa Ocidental na grande honra de uma Cruzada. Tanto o Conselho como o Parlamento mostraram-se repentinamente inclinados à guerra com a França. Como de hábito na Inglaterra, mesmo então, encobriram a informação com frases de significado oposto. O bispo Beaufort abriu a sessão de 1414 com a exortação "Enquanto tivermos tempo, façamos o bem a toda gente." Isso foi entendido como invadir imediatamente a França.

Durante todo ano de 1414, Henry V esteve ocupado com aprestamentos militares de terra e mar. Reorganizou a esquadra. Em vez de encampar e armar embarcações particulares como era o costume, construiu, tal como Alfred, muitos navios para a Royal Navy. Ele tinha no mínimo seis "navios grandes," com cerca de cento e cinquenta acompanhantes menores. O exército expedicionário foi selecionado e treinado com especial atenção. A despeito do recurso mais generalizado de lutar a pé, consequência dos *long-bows*, seis mil arqueiros, dos quais metade era infantaria montada, constituíam o grosso do exército, ao lado de dois mil e quinhentos cavaleiros, ou nobres ou abastados, envergando armadura, cada qual com seus dois ou três atendentes e criados.

O exército inglês de uns dez mil combatentes cruzou para a França, em 11 de agosto de 1415, numa esquadra de navios pequenos e desembarcou sem oposição na foz do Sena. Harfleur foi sitiada e tomada em meados de setembro. O Rei foi o mais notável em façanhas:

> *Once more unto the breach, dear friends, once more;*
> *Or close the wall up with our English dead*
>
> [Shakespeare, Henry V]

Com esse ânimo, convidou o Delfim a um duelo para decidir a guerra. O desafio foi declinado. O desgaste do cerco e das doenças, cobrando constante tributo naqueles acampamentos medievais, já havia esmerilhado a expedição inglesa. O total do poder militar da França estava agora em campo. O Conselho de Guerra, em 5 de outubro, aconselhou voltar para casa por mar.

Mas Henry V, deixando uma guarnição em Harfleur e mandando de volta alguns milhares de doentes e feridos, resolveu, com cerca de mil cavaleiros e soldados e quatro mil arqueiros, subir o litoral francês numa marcha de 160 quilômetros para sua fortaleza em Calais, onde os seus navios deviam aguardá-lo. Todas as circunstâncias dessa decisão mostram que seu desígnio era o de atrair o inimigo para a luta. O que não lhe seria negado. Passando por Fécamp e Dieppe, planejava atravessar o Somme no vau de maré em Blanchetaque por onde seu bisavô passara antes de Crecy. Informado erroneamente de que a passagem teria oposição, dirigiu-se para Abbeville; mas ali a ponte havia caído. Teve de subir o Somme para além de Amiens por Boves e Corbie, e só pôde cruzar o vau de Béthencourt. Todos esses nomes são conhecidos de nossa geração. Em 20 de outubro, acampou perto de Péronne. Estava agora embrenhado em território francês. Era a vez de o Delfim fazer as sinistras cortesias da guerra entre cavalheiros. Os mensageiros franceses foram ao acampamento inglês e perguntaram, para mútua conveniência, por qual rota Sua Majestade desejaria prosseguir. "Nosso caminho é direto para Calais," foi a resposta de Henry. Isso não revelou muito, ele não tinha opção. O exército francês, que já se interpunha, fez um movimento para a direita e recuou, diante da vanguarda de Henry, para trás do rio Canche. Henry, passando por Albert, Frévent e Blangy, soube que o inimigo estava à frente, aparentemente em número esmagador. Agora, era abrir caminho, perecer ou render-se. Quando um dos seus oficiais, Sir Walter Hungerford, lamentou "não terem pelo menos dez mil dos arqueiros que não trabalham hoje na Inglaterra," o Rei retrucou reavivando seu ânimo com palavras a que Shakespeare deu forma imortal:

If we are marked to die, we are enough
To do our country loss; and if to live
The fewer men, the greater share of honour

"Não sabeis" – disse ele, na realidade – "que o Senhor, com estes poucos, pode derrubar o orgulho dos franceses?" [B.Williams, *Gesta Henrici V*, English History Society] Ele e os *happy few* passaram a noite na aldeia de Maisoncelles em total silêncio e na mais estrita disciplina. O quartel-general francês era em Agincourt e diz-se que eles celebraram com uma festança, jogando nos dados os futuros prisioneiros.

A vitória inglesa em Crecy fora contra as probabilidades, na defensiva. Poitiers foi um contra-ataque. Agincourt foi a mais heroica batalha terrestre que a Inglaterra jamais travou: uma impetuosa investida. Os franceses, cujo número foi estimado em cerca de 20 mil, organizaram-se em três linhas de combate, das quais uma parte permaneceu montada. Com justificável confiança aguardaram o ataque de menos de um terço do efetivo deles, que, longe de casa e a muitas marchas do mar, tinha de vencer ou morrer. Montado a cavalo, com uma coroa ricamente adornada sobre o elmo, usando a túnica estampada com o leopardo inglês e a flor de lis francesa, o Rei dispôs suas tropas em posição. Os arqueiros foram dispostos em seis formações em cunha, cada qual apoiada por um grupo de soldados. No último instante Henry procurou evitar luta tão desvantajosa. Mensageiros iam e vinham. Ele ofereceu devolver Harfleur e todos os seus prisioneiros em troca de caminho livre para Calais. O príncipe francês contrapôs com a exigência de que ele renunciasse à coroa da França. Diante disso, ele decidiu ousar o extremo. Todo o exército inglês, o Rei inclusive, desmontou e mandou os cavalos para a retaguarda; e, pouco depois das onze horas do Dia de St Crispin, 25 de outubro de 1415, deu a ordem: "Em nome de Deus Todo-Poderoso e de St George, avante os estandartes nesta propícia data, e que St George neste dia vos ajude." Os arqueiros beijaram o solo em reconciliação com Deus e – exclamando "Hurra! Hurra! St George e a boa Inglaterra!" – avançaram até quase 300 metros da massa compacta à frente deles. Fincaram no chão as estacas e dispararam suas flechas.

Os franceses estavam outra vez indevidamente aglomerados em três densas linhas de combate, e nem seus besteiros nem sua bateria de canhões podiam atirar eficazmente. Acossados pela chuva de flechas, eles avançaram por sua vez por um declive, lenta e penosamente sobre terra lavrada, pisoteada, já em charco. Ainda assim, com trinta filas de profundidade, estavam certos de romper a linha. Mas, uma vez mais, o arco longo destruiu tudo à frente. Soldados a pé ou a cavalo eram igualmente abatidos; um longo amontoado de mortos e feridos em armadura jazia pelo chão, e por cima deles os reforços lutaram bravamente mas em vão. Nesse grande momento, os arqueiros puseram seus arcos a boldrié e, espada na mão, caíram sobre os esquadrões cambaleantes e as massas em desordem. O Duque de Alençon avançou com a segunda linha, e seguiu-se uma entrelaçada luta, corpo a corpo, mano a mano, na qual o príncipe francês derrubou com sua própria espada Humphrey de Gloucester. O Rei correu para salvar o irmão e foi derrubado ao chão por um tremendo golpe; mas a despeito dessa vantagem, Alençon foi morto, e a segunda frente francesa batida no corpo a corpo pelos cavaleiros e *yeomen* ingleses. Ela recuou como a primeira, deixando nas mãos dos atacantes grande número de prisioneiros ilesos e número ainda maior de prisioneiros feridos.

Ocorreu então um terrível episódio. A terceira linha francesa, ainda intacta, cobria todo o front, e os ingleses não mantinham mais a formação ordenada. Nesse momento, fornecedores e camponeses franceses que vagueavam pelas proximidades da retaguarda inglesa penetraram no acampamento pilhando e roubaram do Rei a coroa, as roupas e o Sinete. O Rei acreditando-se atacado pela retaguarda enquanto uma força superior permanecia intacta à sua frente, dá a espantosa ordem de matar os prisioneiros. Ali pereceu a flor da nobreza francesa, que em grande parte se entregara com a tranquilizante ideia de um resgate. Só os mais ilustres foram poupados. O caráter desesperado do ato e do momento é a justificativa que se pode encontrar para sua crueza. Não foi de fato um recurso necessário. O alarme na retaguarda foi prontamente contido; mas não antes do massacre quase acabado. A terceira linha francesa abandonou o campo sem tentar retomar a batalha em ação de maior perigo. Henry, que havia declarado ao amanhecer "Por mim, neste dia, a Inglaterra nunca pagará resgate," vencera decisivamente em campo aberto, com a desvantagem de mais de três para um, a cavalaria armada da França. Em duas, no máximo três horas, ele havia pisoteado ao mesmo tempo os corpos da matança e a força de vontade da monarquia francesa.

Depois de perguntar o nome do castelo vizinho e ordenar que a batalha se denominasse Agincourt em homenagem, Henry tomou o caminho de Calais, com poucos mantimentos, mas sem ser molestado pelas forças ainda superiores que os franceses haviam posto em campo. Cinco meses depois de deixar a Inglaterra ele voltava para Londres tendo conseguido, diante de toda a Europa, a aniquilação do poder francês numa proeza militar que, examinada por qualquer ângulo, se mantém insuperável. Cavalgou em triunfo pelas ruas de Londres exibindo despojos e prisioneiros a uma multidão encantada. Ele próprio em roupa simples, recusou permissão para que "seu elmo e sua espada" amassados fossem exibidos, "não fosse aquela gente esquecer que a glória se devia apenas a Deus." A vitória de Agincourt fez dele a maior figura da Europa.

Esse foi o mais arrojado lance que a Ilha jamais fez na Europa. Henry estava, e com ele seu país, no topo do mundo. Ele próprio se mostrava com os mais elevados atributos humanos. Implacável podia ser às vezes, mas os cronistas preferem falar de sua generosidade e de como ele tinha por norma tratar a todos com consideração. Foi mais profundamente amado pelos súditos de todas as classes sociais do que qualquer outro rei na Inglaterra. Em seu reinado as armas inglesas ganharam uma ascendência que por séculos não se veria de novo.

Mas a glória, como sempre, custou caro. O impressionante império de Henry V era oco e falso. Onde Henry II falhara, seu sucessor não pôde vencer. Ao retomar as pretensões inglesas à França, Henry V deu início à maior tragédia da nossa história medieval. Agincourt foi uma vitória resplandecente, mas as subsequentes campanhas esbanjadoras e inúteis mais do que anularam aquele valor militar e moral, e o século deplorável, arrasador que se seguiu, tisnou o triunfo heroico de Henry.

E há também um lado triste na vida brilhante da Inglaterra desses anos. Se Henry V uniu a nação contra a França, também a uniu contra o *lollardismo*. Vimos que os *lollards* eram considerados não só heréticos mas também o que agora chamaríamos de comunistas cristãos. Ameaçavam nada menos que uma revolução na fé e na propriedade. Ainda em 1410 temos a estranha, horrível cena da execução de John Badby, um alfaiate do Worcestershire, na qual Henry, então Príncipe de Gales, esteve presente. Ofereceu-lhe perdão total caso ele se retratasse. Badby recusou e os feixes da fogueira foram acesos, mas seus comoventes gemidos deram esperanças ao príncipe de que ele pudesse ainda ser convencido. Mandou que apagassem o fogo e novamente ofereceu à torturada vítima a vida, a liberdade e uma pensão, se apenas se retratasse. Mas o alfaiate, com invencível pertinácia, disse-lhes que fizessem o pior possível e foi consumido pelo fogo até as cinzas, enquanto os espectadores se admiravam igualmente da bondade do príncipe e da firme convicção religiosa do alfaiate. Essas temíveis obsessões exerceram pesada carga naqueles tempos, e Henry, rei do mundo, não foi senão um dos seus escravos. Essa degradação caiu sobre ele e sobre sua época, e nossa relação com sua nobreza pessoal e bravura, embora imperecível, fica abalada.

A sorte, que conferira ao Rei o que de melhor se possa sonhar, não se arriscou a gastar toda a sua produção numa vida muito longa. Em plena maré montante de poder e sucesso, morreu no fim de agosto de 1422 de uma doença contraída no campo de batalha. Morreu com seu trabalho inacabado. Comprometera uma vez mais seu país na mortífera guerra dinástica com a França. Fora instrumento da perseguição religiosa e social aos *lollards*. Talvez, tivesse ele um tempo normal de vida, seu poder podia ter se tornado servo de suas virtudes e produzido a harmonia e a tolerância que a humanidade tanto procura em vão. Mas a Morte passou sua foice por essas expectativas. O fulgurante rei, desaparecido precocemente, desceu à sepultura em meio às lamentações de seu povo – e a coroa passou para seu filho, um bebê de nove meses.

Joana d'Arc

Um recém-nascido era Rei da Inglaterra e, dois meses depois, com a morte de Charles VI, foi proclamado, sem contestação, Rei da França. Seus tios Bedford e Gloucester tornaram-se Protetores, e, com um Conselho que incluía os chefes das mais poderosas famílias, procuraram conservar o trabalho de Henry V. Uma santidade peculiar envolvia o filho do herói, e a glória de Agincourt cercava o berço de Henry VI. As amas, os professores, e logo os nobres tutores cuidadosamente escolhidos para a educação e o bem-estar do menino, estavam autorizados a usar de "castigos moderados" quando preciso. Coisa quase desnecessária, pois a criança era de natureza meiga, bondosa, sincera e compassiva. Sua devoção religiosa não tinha limite e foi, com a caça e um gosto por literatura, o esteio e o conforto de sua longa, ignominiosa e aterrorizante peregrinação terrestre. Do lado paterno herdou a fraqueza física da casa de Lancaster, e pela mãe, as enfermidades mentais de Charles VI.

Era débil de corpo e de intelecto, de critério insensato e instável, profuso além de seus recursos com os amigos, imprevidente com os inimigos e, dizem, terno a ponto de perdoar ladrões e assassinos comuns, embora sob o peso de inúmeras execuções políticas. Jogado como peteca entre facções rivais; vendo, como marionete, a progressiva decadência da sociedade e do poder inglês; adejando desnorteado na periferia das grandes batalhas; três vezes aprisionado no campo de luta; ora desfilando com pompa real diante de parlamentos, exércitos e multidões; ora levado em zombaria pelas ruas; aqui, prisioneiro; acolá fugitivo, escondido, caçado, esfomeado. Atingido de tempos em tempos por fases de total ou parcial idiotismo, ele passou no mais alto grau, por quase cinquenta anos, pelas extremas misérias da existência humana, até que a mão assassina o despachou para um mundo que certamente ele esperava ser melhor e que dificilmente seria pior do que havia conhecido. No entanto, com toda a vergonha de suas falhas e incompetência e os desastres que isso ajudou a causar sobre seu país, o povo inglês reconheceu sua bondade de coração e honestamente atribuiu-lhe a qualidade de santo. Nunca deixou de amá-lo; e em muitas regiões do país, onde quer que a casa de Lancaster fosse obstinadamente defendida, ele era venerado como santo e mártir.

❄

Ao tempo da morte do grande Rei, a superioridade das armas inglesas na França estava estabelecida. Não havia como oferecer resistência aos arqueiros ingleses. A tentativa inglesa de conquistar toda a vastidão da França com uns poucos milhares de arqueiros comandados por nobres guerreiros atingiu seu ponto alto no triunfo de Verneil. Parecia aos franceses não haver meio possível de se contrapor àqueles grosseiros, luxuriosos e violentos ilhéus com seus arqueiros, sua tática flexível e sua audácia nascida de grandes e pequenas vitórias sob variadas condições e contra quaisquer cálculos de probabilidade. No entanto, o Delfim, que logo seria Rei Charles VII, ficou firme pela França, e, em todas as regiões, mesmo nas províncias subjugadas, centrou-se nele um senso de nacionalidade taciturno, profundo, que agitava não só a alta classe, mas todos os que podiam se elevar acima das classes submersas.

❄

Eis que surge nessa cena devastada um Anjo da Libertação, a mais nobre patriota da França, a mais esplêndida das heroínas, a mais amada de suas santas, a mais inspiradora de todas as suas lembranças: a Donzela camponesa, por todos os tempos resplandecente, a sempre gloriosa Joana d'Arc. Na pobre e remota aldeia de Domrémy, na orla da floresta dos Vosges, ela trabalhava na estalagem. Montava em pelo os cavalos dos viajantes para levá-los à água. Aos domingos, vagueava pela mata onde havia santuários e a lenda de que um dia daqueles carvalhos surgiria o salvador da França. Nos campos em que apascentava as ovelhas, os santos de Deus, aflitos com a França, apareciam em visões. São Miguel em pessoa a designou, por direito divino, para o comando dos exércitos de libertação. No começo, Joana se esquivou de tão excessivo dever, mas quando ele voltou acompanhado de Santa Margaret e Santa Catarina, padroeiras da igreja da aldeia, ela obedeceu ao chamado. Do coração da Donzela jorrava piedade pelo reino da França, um sentimento sublime, talvez milagroso, certamente invencível.

Tal qual Maomé, foi na própria família que ela encontrou os maiores obstáculos. Mas, sem dúvida, os santos se sentiram no dever de facilitar-lhe o caminho. Ela atravessou a França numa perigosa jornada. Foi conduzida à presença do Rei na pilha de pedra de Chinon. Ali, entre os nobres e os cortesãos no grandioso salão, sob a luz de tochas, ela logo distinguiu o rei, que havia se misturado de propósito na aglomeração. "Nobilíssimo Senhor Delfim," disse ela, "eu sou Joana, a Donzela, enviada por Deus para dar ajuda a vós e ao reino, e por Sua ordem anuncio que sereis coroado na cidade de Reims." Ela fascinou o círculo real. Quando a montaram a cavalo no estilo militar eles viram que ela sabia cavalgar. Quando ela segurou a lança em posição de ataque os espectadores ficaram encantados.

A política, se não o fizera antes, chegou agora para seu papel. A notícia do caráter sobrenatural da missão da Donzela espalhara-se no exterior. Para terem certeza de que era enviada do Céu e não de qualquer outra parte, ela foi examinada por um comitê de teólogos, pelo Parlamento de Poitiers e por todo o Conselho Real. Foi declarada uma virgem de boas intenções, inspirada por Deus. Na verdade, suas respostas foram de tamanha qualidade que surgiu a teoria de que ela teria sido, durante um bom tempo, cuidadosamente instruída e treinada para sua missão. Seria, pelo menos, uma explicação razoável para os fatos conhecidos.

Orleans, em 1429, se achava no limiar da exaustão de um cerco. A Donzela quis comandar um comboio de socorro. Usando uma armadura simples e sem enfeites, cavalgou à frente da tropa. Reanimou seu ânimo; ela quebrava a magia da dominância inglesa. Cativou não só os rudes soldados como seus intratáveis comandantes. O plano era simples: ela iria diretamente para Orleans entre os maiores fortes inimigos. Mas o experiente capitão, Dunois, conduziu-a quase sozinha por outros caminhos até dentro da cidade sitiada. Ela foi recebida com arrebatamento e o comboio marchou durante um dia inteiro por entre os redutos ingleses enquanto estes olhavam estonteados.

A notícia de uma visitante sobrenatural enviada por Deus para salvar a França, que inspirava os franceses, aturdiu a mente e congelou as energias dos ingleses. O sentimento de assombro e mesmo de medo tirou-lhes a segurança. Dunois voltou a Paris deixando a Donzela em Orleans. Sob sua invocação o espírito da vitória mudou de lado e os franceses iniciaram uma ofensiva que não se deteve até os invasores ingleses serem expulsos da França.

Ela então disse a Charles que ele devia marchar para Rheims e ser coroado no trono de seus ancestrais. A ideia pareceu fantástica: Rheims estava bem dentro do território inimigo. Mas, sob seu fascínio, ele obedeceu – e em toda parte as cidades abriam seus portões para eles e o povo se juntava para ajudá-los. Com toda a pompa da vitória e da fé, com as mais sagradas cerimônias antigas, Charles foi coroado em Rheims. Ao seu lado a Donzela, resplendente, com sua bandeira proclamando a Vontade de Deus. Se isso não foi um milagre, deveria ser.

Joana agora tomou consciência de que sua missão acabara; suas "vozes" silenciaram; ela pediu permissão para voltar para casa, para suas ovelhas e os cavalos da estalagem. Imploraram que ficasse.

Mas a atitude tanto da Corte como da Igreja ia mudando em relação a Joana. Até então, ela advogara a causa orleanista. Após suas "vinte vitórias" o verdadeiro caráter de sua missão se evidenciou. Ficou claro que ela servia a Deus mais do que à Igreja, e à França mais do que à casa de Orleans.

Aliás, todo o conceito de França parece ter brotado e se irradiado dela. Assim, os poderosos interesses particularistas que até então a haviam apoiado foram alienados. Enquanto isso, ela planejou reconquistar Paris para a França. Quando, em maio de 1430, a vila de Compiègne se revoltou contra a decisão do Rei de que devia se submeter aos ingleses, Joana com apenas seiscentos soldados tentou socorrê-la. Bem sabia que a tentativa era desesperada. Tomou a forma de uma surtida de cavalaria pela comprida passagem elevada sobre o rio. O inimigo, de início surpreso, se refez, e seguiu-se o pânico entre os franceses. Joana, intrépida, foi puxada do campo por seus amigos. Sobre a *causeway* ela ainda lutava com a retaguarda. Os dois lados se entreveraram. A própria fortaleza viu-se em perigo. Seus canhões não podiam atirar sobre a *mêlée*. Flavy, o governador, cujo dever era salvar a vila, se sentiu obrigado a içar a ponte levadiça diante dela, deixando-a à mercê dos borgonheses.

Ela foi vendida aos exultantes ingleses por uma soma moderada. Para Bedford, o comandante em chefe, e seu exército ela era uma feiticeira, uma bruxa, uma meretriz, um duende de magia negra – a ser destruída a qualquer custo. Mas não foi fácil armar uma acusação; ela era prisioneira de guerra, e muitas convenções entre os aristocratas antagônicos a protegiam. O braço espiritual foi então convocado. O bispo de Beauvais, os sábios doutores de Paris, foram sobre ela por heresia. Foi submetida a uma prolongada inquisição. O ponto principal da acusação era sua afronta à opinião e à autoridade da Igreja ao recusar-se a renegar as suas "vozes." Por um ano seu destino pendeu na balança, enquanto o indiferente Charles, ingrato, não levantou um dedo para salvá-la. Não há registro de qualquer oferta de resgate. Sob incessante coação Joana retratou-se, sendo-lhe então concedida a clemência da prisão perpétua a pão e água. Mas na sua cela os inexoráveis santos apareceram para ela de novo. Ardilosos padres puseram na cela sua armadura e roupas de homem; em nova exaltação ela as vestiu. A partir daquele momento foi considerada herege relapsa e condenada à fogueira. Em meio a grande multidão ela foi arrastada e amarrada à estaca na praça do mercado de Rouen. Até o alto da pirâmide de feixes as chamas subiram, e a fumaça do fim a envolveu em espiral. Ela ergueu uma cruz feita de lenha, e sua última palavra foi "Jesus!" A história registrou o comentário de um soldado inglês que testemunhou a cena. "Estamos perdidos," disse ele. "Queimamos uma santa." Tudo isso se mostrou verdade.

Joana foi um ser tão elevado acima do percurso comum da humanidade que não teve par num milhar de anos. Hoje em dia, as atas de seu julgamento nos apresentam fatos vivos através de toda a bruma do tempo. Com palavras de sua própria boca ela pode ser julgada a cada geração. Corporificou a bondade natural e o valor da raça humana em perfeição sem paralelo. Insuperável coragem, infinita compaixão, a virtude dos simples e a sabedoria dos justos resplandecem nela. Glorificou-se ao libertar o solo em que nascera. Todos os soldados deveriam ler a sua história e refletir sobre as palavras e ações dessa guerreira de verdade, que em um só ano, apesar de ignorar as artes técnicas, mostrou em cada situação a chave da vitória.

Joana d'Arc pereceu em 30 de maio de 1431, e, dali em diante, as marés da guerra fluíram impiedosamente contra os ingleses. O menino Henry foi coroado em Paris, em dezembro, diante de uma fria multidão. O autêntico espírito do país era contra a pretensão inglesa. A Borgonha tornou-se definitivamente hostil em 1435. Bedford morreu e foi substituído por capitães inferiores. O comandante oposto, Dunois, em vez de jogar a cavalaria francesa em investidas frontais sobre as forças inglesas de arqueiros, agia por manobras e ataques de surpresa. Os franceses venceram uma série de batalhas. Ora, atacavam os soldados ingleses de um lado do rio enquanto os arqueiros ainda estavam do outro lado; ora, com canhoneio forçavam a desarticulação do ataque inglês.

A artilharia francesa tornara-se então a melhor do mundo. Setecentos sapadores sob as ordens dos irmãos Bureau usaram uma bateria de pesados canhões 600mm de calibre, atirando enormes balas de pedra contra os incontáveis castelos que os ingleses ainda mantinham. Locais que na época de Henry V só podiam ser subjugados pela fome agora sucumbiam em poucos dias sob o bombardeio demolidor. Todo o norte da França, exceto Calais, foi reconquistado. Até mesmo Guienne, dote de Eleanor da Aquitânia, por trezentos anos um leal e satisfeito feudo da Coroa inglesa, foi tomada. No fim do ano 1453, mediante força ou por negociações, os ingleses tinham sido expulsos do Continente. De todas as conquistas, apenas manteriam dali em diante a cabeça de ponte de Calais, cuja manutenção custava quase um terço da receita concedida pelo Parlamento à Coroa.

As Guerras das Rosas

À medida que Henry VI crescia, suas virtudes e sua estultícia se tornaram igualmente visíveis. Com o tempo, demonstrou uma fraqueza mental e uma suavidade natural que não se coadunavam com a violenta competitividade daquela era marcial. Opiniões e interesses a seu respeito se dividiam. Narrativas lisonjeiras de sua notável inteligência se chocavam com histórias igualmente tendenciosas que o mostravam como um idiota quase incapaz de distinguir o certo e o errado. Os historiadores modernos confirmam o ponto de vista menos favorável. A perda da França, ano após ano se evidenciando, causou rancor profundo e calado no país. Um forte sentimento de orgulho nacional ferido se espalhava pela população. Onde estavam as glórias de Crecy e Poitiers? Que era dos frutos da famosa Agincourt? Tudo dilapidado, e certamente atraiçoado, por aqueles que tiraram proveito da ruína e morte do bom Rei Richard. Não se sabe como, exatamente, trabalhavam essas forças; mas aos poucos, incessantes e não só entre a aristocracia e os gentlemen do campo, brotaram pelo país grupos fortes que logo assumiriam forma e organização.

Aos vinte e três anos, já era hora de o Rei Henry se casar. O conde de Suffolk foi enviado à França para acertar nova trégua, e estava implícito em sua missão que trataria do casamento entre o Rei da Inglaterra e Margaret de Anjou, sobrinha do Rei da França. Essa notável mulher reunia rara beleza e encanto a um intelecto magistral e corajosa disposição. Tal como Joana, a Donzela, embora sem sua inspiração e finalidade, sabia como fazer os homens lutarem. Mesmo na reclusão da família, suas qualidades tinham se tornado bem-conhecidas. Pois então, não era ela a consorte ideal para aquele rei fraco de espírito? Não lhe daria a força de que carecia? E não garantiriam, aqueles que a colocavam ao lado dele, um seguro e largo futuro para si próprios?

Suffolk ficou encantado com Margaret. Efetuou o acerto de núpcias; e, em sua ânsia, sem autoridade formal, por uma cláusula secreta, anuiu em que o Maine fosse a recompensa da França. O casamento foi celebrado solenemente em 1445 com todo o esplendor que a época podia produzir. Suffolk foi feito marquês, e vários de seus parentes tornaram-se nobres. O Rei estava radiante, a Rainha fielmente grata. Porém o segredo dormia em desassossego.

Ficou logo evidente que formidáveis forças de desforra estavam em curso. Quando, em 1448, a cláusula secreta da cessão do Maine se tornou pública com a sua ocupação pelos franceses, a indignação se fez sentir por todos os lados. A Inglaterra dera em troca uma província – dizia-se – por uma princesa sem dote; os traidores haviam desperdiçado muito no campo de batalha, e entregue o restante em intrigas. Na raiz da terrível guerra civil que estava para dilacerar a Ilha, jazia esse pesar nacional e o rancor pela ruína do império. Todos os descontentes se misturaram no mesmo movimento. A casa de Lancaster havia usurpado o trono, arruinado as finanças, posto à venda as conquistas. O povo isentava o Rei dessas acusações tanto por seu bom coração como por sua cabeça tonta. Mas, daí em diante, a casa de York se tornaria cada vez mais um partido rival dentro do estado.

Conforme continuava o processo de expulsão dos ingleses da França, com as fortalezas caindo e as cidades e distritos sendo abandonados, a maior parte de seus contingentes voltava para casa. A rapidez desse desastre contribuiu de forma considerável para abalar o conceito inglês e estremecer as próprias fundações da dinastia de Lancaster. O Rei era uma criatura desamparada, respeitada e até mesmo amada, mas não servia de apoio para ninguém. O Parlamento pouco mais era que uma câmara de compensação das disputas entre os nobres. A Inglaterra, extraordinariamente avançada em compreensão, caráter e civilização, recaía da paz e da segurança para a confusão bárbara.

❄

Era sobre essa comunidade que a agonia das Guerras das Rosas ia desabar. A necessidade e mais vivo desejo de todos os cidadãos era por um governo forte e capaz. Alguns julgavam que isso só seria possível ajudando-se o regime legítimo, estabelecido. Outros havia longo tempo sustentavam secretamente que uma usurpação lhes fora imposta, a qual agora se tornara incompetente. As reivindicações e esperanças dos opositores à casa de Lancaster estavam corporificadas em Richard, Duque de York e Primeiro Príncipe do Sangue. Em torno de York, e à sombra dele, reuniu-se um imenso partido de descontentes que o impeliram, hesitante, a exigir um lugar no governo e, eventualmente, pela crescente hostilidade da Rainha Margaret, o próprio trono.

Nessas circunstâncias, o caráter de Richard de York merece estudo mais acurado. Era um príncipe virtuoso, respeitador das leis, precavido e altamente competente. Todas as missões confiadas a ele pelo regime lancastriano foram cumpridas hábil e fielmente. Assim, vemos de um lado um rei fraco com um título duvidoso, nas mãos de personagens desacreditados pelos desastres nacionais; do outro lado, um correto e sábio administrador apoiado por um partido nacional e com um direito superior à coroa. Quem quer que estude a altercação que fendia o reino verá quão facilmente homens honrados e sinceros podem se convencer por qualquer das causas.

Toda a Inglaterra dividiu-se entre esses dois conceitos. Embora os yorquistas predominassem no Sul rico, e os lancastrianos fossem supremos no Norte guerreiro, havia muitos entrelaçamentos e superposições. Mesmo que os citadinos e a massa popular se abstivessem de uma hostilidade ativa nessa disputa das classes superiores, suas próprias opiniões estavam profundamente divididas. Assim, a Europa presenciou o espantoso espetáculo de quase trinta anos de uma guerra feroz, levada a efeito quase sem qualquer saque de cidades, com o grosso da população pouco afetado e com a administração local mantida plenamente.

❄

York sentia-se o mais fraco. Ele era essencialmente adverso à violência. Todo esforço se fez para evitar derramamento de sangue. As negociações eram intermináveis. Mas York representava uma causa; ele era apoiado pelos Comuns; metade da nação o seguia. Então, em rápida sequência, ocorreu uma série de graves fatos. Os reveses na França culminaram. Nesse meio-tempo o Rei perdeu as faculdades mentais. De repente, sua memória falhou. Não reconhecia ninguém, nem mesmo a Rainha. Podia comer e beber mas sua conversa era infantil ou incoerente. Não podia andar. Por quinze meses, o Rei ficou totalmente sem entendimento.

O piedoso Henry fora afastado das aflições da existência para uma ilha de clemente olvido. Olhava embasbacado e babava sobre seu reino eriçado. Quando esses terríveis fatos se tornaram conhecidos a rainha Margaret postulou ser a Protetora. Mas as forças contrárias eram muito fortes para que o grupo lancastriano lançasse esse desafio. Além do mais, a Rainha tinha outras preocupações. Em 13 de outubro, ela deu à luz um filho.

Até então nenhum dos lados se inclinara a medidas extremas. Se Lancaster governava durante a vida de Henry, York sucederia em sua morte, e ambos os lados podiam se ajustar a esse processo natural e legítimo. Agora se afigurava que haveria para sempre uma linha lancastriana. As surpresas continuavam. Quando se acreditara extinta a linhagem de Henry, ele gerara um herdeiro. Quando pareceu que mergulhara em permanente imbecilidade, ele repentinamente se restabeleceu. No Natal de 1454, ele recuperou todas suas faculdades. Perguntou se havia dormido e o que acontecera naquele meio-tempo. Margaret mostrou-lhe o filho e disse que lhe dera o nome de Edward.

❋

A Rosa Vermelha de Lancaster vicejou de novo. York deixou legalmente de ser Protetor a partir do instante em que a recuperação mental do rei foi reconhecida; e não fez nenhum esforço para reter o poder. Mas os lordes de York concordaram em apelar para as armas e movimentaram-se para Londres, tendo St Albans como ponto de concentração. O exército do Rei chegou primeiro. Foi mais uma colisão que uma batalha; mas apesar disso, decisiva. Ninguém mais que trezentos homens pereceu nesse choque em St Albans, mas entre os mortos foi alta a proporção de nobres partidários do Rei. O triunfo yorquista foi completo. Tinham o Rei em suas mãos. Margaret e seu filho refugiaram-se. Os vitoriosos declararam devoção à pessoa real exultando pelo rei estar livre dos nefastos conselheiros. Com isso, um parlamento foi imediatamente convocado em nome do Rei.

❋

St Albans foi o primeiro sangue derramado nessa contenda. Os yorquistas haviam conseguido se apossar do Rei. A despeito disso, logo vemos o poder inerente da casa de Lancaster. Em poucos meses estavam fortes como antes. Ocorriam contínuos testes de força. Havia levantes no campo e acerbas sessões no Parlamento. Montou-se um espetáculo para os londrinos em que o Rei foi escoltado em procissão para Westminster e no qual o Duque de

York e a Rainha Margaret caminharam lado a lado, seguidos em pares pelos mais antagônicos lordes yorquistas e lancastrianos. Fizeram-se solenes votos recíprocos de amizade; os sacramentos foram recebidos em comum pelos líderes; todos buscavam paz onde não havia paz. Algo como um meio-termo foi então tentado. Henry seria Rei por toda a vida; York conduziria o governo e sucedê-lo-ia após sua morte. Todos que aspiravam por uma vida calma para a nação saudaram esse arranjo. Mas o acordo desprezara o fato de que a Rainha Margaret com seu filho, o Príncipe de Gales, estavam em liberdade no Castelo de Harlech, em Gales. O Rei, em cativeiro, havia deserdado o filho. A Rainha opôs resistência.

Em Wakefield, dia 30 de dezembro de 1460, a primeira considerável batalha da guerra foi travada. Os lancastrianos, com força superior, pegaram de surpresa os yorquistas quando muitos deles estavam em busca de víveres, seguindo-se terrível tumulto e massacre. O duque de York foi morto; seu filho, o conde de Rutland, de dezoito anos, fugia, mas o novo lord Clifford, lembrando de St Albans, abateu-o com alegria exclamando, "pelo sangue de Cristo, teu pai matou o meu; e assim farei eu contigo e com todos os teus." Daí em diante, essa seria a regra da guerra. As cabeças dos três nobres yorkistas foram expostas nos portões e muros de York. A cabeça do grande duque, com uma coroa de papel, a boca aberta para a paisagem, chamando os vingadores.

Até então, a luta fora entre maduros magnatas, no conforto, profundamente envolvidos nos negócios de estado, que tentavam arduamente preservar algum limite. Agora, uma nova geração assumia o comando. Havia um novo lord Clifford, um novo duque de Somerset, e acima de tudo um novo duque de York – todos na casa dos vinte anos, espada na mão, com pais para vingar e a Inglaterra como prêmio.

Os yorquistas vitoriosos, sob o comando do jovem duque, marcharam, mas a Rainha Margaret antecipou-se a eles e, em 17 de fevereiro, na segunda batalha de St Albans, infligiu-lhes uma sangrenta derrota. O rei Henry fora trazido em carroça para o local. Ali, sob uma grande árvore, olhou o que acontecia com legítima e, logo, incontida satisfação. Entre o grande número de capitães importantes que Margaret mandou matar a sangue-frio na manhã seguinte, dois casos merecem consideração especial. O Rei Henry disse que pedira para que ambos permanecessem com ele, e que assim o fizeram por sua causa. A Rainha Margaret apresentou seu filho Edward, agora com sete anos de idade, a quem o Rei consentira pela força em deserdar, e pediu à criança, já precocemente violenta, para se pronunciar. "Querido filho, com que morte esses dois cavaleiros que você vê ali devem morrer?" "Cabeças cortadas" foi a pronta resposta. Quando sir Thomas Kyriel era levado ao seu destino, exclamou: "Que a ira de Deus caia sobre aqueles que ensinaram uma criança a dizer tais palavras." A piedade estava banida de todos os corações, e o brado era por morte e vingança.

❄

Margaret agora tinha o marido salvo de volta às suas mãos, e com ele a plena autoridade da Coroa. A estrada para Londres estava aberta, mas não foi por ali que ela preferiu avançar. Esse foi o ponto decisivo da luta. Nove dias após a segunda batalha de St Albans, Edward de York entrava em Londres. O pretexto de agir em nome do Rei não os ajudava mais. Para ele, seu pai tinha sido destruído e morto devido ao respeito pela majestade de Henry VI. Ele e seus amigos não iriam mais simular tais ideias. Incontinenti, reivindicou a coroa; e tamanho era o sentimento de Londres e o poder de seu exército, que lhe foi possível preparar, agora no lugar certo, uma boa demonstração de autoridade pública para seu ato. Declarou-se rei e, em 4 de março de 1461, foi proclamado em Westminster com as formalidades que foram possíveis. Depois disso, Edward IV declarou o outro lado culpado de traição e que lhe aplicaria a devida punição. Havia agora que cumprir essas asserções, e o Rei Edward IV marchou para o norte para acertar as contas de uma vez por todas com o Rei Henry VI.

Em 29 de março, foi travada uma das mais implacáveis batalhas havidas no solo inglês. Por seis horas, os dois lados lutaram furiosamente, com resultados que se alternavam. Tudo continuava inteiramente equilibrado até o fim da tarde quando a tropa recém-chegada do duque de Norfolk avançou sobre o flanco exposto dos lancastrianos obrigando-os a uma retirada que logo se transformaria em fuga. A perseguição continuou noite adentro. Margaret e filho fugiram para York onde o Rei ficara nos ritos do Domingo de Ramos. Recolhendo-o, a imperiosa Rainha pôs-se a caminho com o filho e um punhado de lanceiros para a fronteira escocesa. A flor da cavalaria e nobreza lancastrianas havia tombado em campo. Para todos os prisioneiros, o destino era a morte. Quando Edward alcançou a cidade de York, sua primeira tarefa foi remover a cabeça de seu pai e demais vítimas de Margaret, substituindo-as pelas dos seus mais nobres cativos. Três meses depois, em 28 de junho, ele foi coroado Rei em Westminster, e o triunfo yorquista parecia completo. Não só o trono, um terço das propriedades na Inglaterra mudou de mãos. Foi dente por dente.

❄

Após isso, a causa lancastriana só pôde ser mantida pela vontade inquebrantável da Rainha Margaret. Jamais tal tenacidade e raramente suas vicissitudes foram ultrapassadas por outra mulher. Margaret, como Rainha da Inglaterra e Princesa da França, era figura de projeção na Europa Ocidental. Suas qualidades de coragem e combatividade, sua imperiosa e persuasiva personalidade, sua fúria contra aqueles que a afastaram, a ela e seu marido, do trono, geraram na força de vontade dessa única mulher uma longa série de desesperadas e solitárias lutas depois de o evento principal ser decidido. O comportamento de Edward nesse momento granjeia um sólido encômio ao seu caráter. Esse Rei jovem e sensual, seguro de sua posição, mostrou então uma clemência antes desconhecida nas Guerras das Rosas. Muitos dos nobres lancastrianos capturados nas fortalezas foram perdoados, e Sir Ralph Percy, ao jurar vassalagem, não só ganhou a liberdade mas foi restaurado em suas propriedades.

A magnanimidade de Edward e sua clemência foram malrecompensadas. Quando Margaret voltou com novos recursos da França e da Escócia, em 1463, Percy abriu os portões. Outra vez o estandarte de Lancaster estava erguido. O experimento de clemência de Edward nessa rixa chegava agora ao fim, e a antiga severidade foi restaurada em grau máximo. Nobres e cavaleiros lancastrianos foram executados às dúzias. Nada havia a fazer senão acalmar aqueles espíritos inquietos. O pobre Rei Henry foi finalmente rastreado perto de Clitheroe, no Lancashire, e transportado para Londres. Dessa vez não houve cerimonial de chegada. Com os pés amarrados aos estribos por tiras de couro, chapéu de palha na cabeça, a inútil mas santa criatura em torno de quem se desencadearam essas tempestades foi exposta três vezes à volta do pelourinho e por último empurrada para a Torre, cujos portões se fecharam – não ainda, dessa vez, para sempre.

As aventuras de Edward IV

O Rei Edward IV confirmara seu direito à Coroa no campo de batalha. Era um soldado, homem de ação; no fragor do perigo essas suas qualidades se evidenciavam ao máximo. Na guerra, nada o intimidava ou exauria. As longas marchas, as decisões arriscadas, a condução de exércitos, a orientação das batalhas pareciam ser seu elemento natural. Quanto piores os problemas, melhor ele respondia. Mas o oposto também era verdadeiro. Ele fora nessa fase um combatente ou pouco mais que isso; e, quando os combates acabaram, não demonstrou nenhum sério interesse pela soberania. O país estava bem; corria em suas veias o ardor da juventude; os compromissos de sangue estavam cumpridos; prontamente e de boa vontade, embainhou a espada voraz. Ela lhe dera a coroa; agora, era hora de aproveitar a vida.

Os bons resultados daqueles anos difíceis foram alcançados para o Rei Edward pela família Neville. Na primeira parte de seu reinado, a Inglaterra foi regida pelos dois irmãos, Warwick e Northumberland. O Rei não se ocupava disso. Em seu reinado, nunca lutaria a não ser compelido; nessa hora mostrava-se magnífico. Que Warwick e Northumberland e outros lordes ansiosos carreguem o peso do estado, que o Rei seja feliz. Por uns tempos isso satisfez a todos os participantes. Os vitoriosos dividiam os despojos; o Rei tinha suas distrações, e seus lordes tinham o poder e a política.

Assim se passaram alguns anos, enquanto o Rei, mesmo tomando de quando em vez as rédeas da autoridade, levava na maior parte do tempo uma vida despreocupada. Certo dia, numa caçada, o Rei distanciou-se em perseguição à presa. À noite, foi descansar num castelo. Ali, uma dama de distinção, sobrinha do dono, havia encontrado abrigo. Elizabeth Woodville, ou Wydvil, era viúva de um cavaleiro lancastriano, "*in Margaret's battle at St Albans slain,*" morto na batalha de Margaret em St Albans. Corria nas veias de Elizabeth tanto o sangue ilustre como o comum; mas ela era uma mulher austera, correta, corajosa, casta e fecunda. Ela e seus dois filhos estavam sob o labéu do confisco de bens dos condenados à morte que atingira os partidários de Lancaster. A oportunidade de obter a clemência real não podia ser desperdiçada. A viúva inclina-se em humilde petição diante do jovem vitorioso e, tal como acontecera com a filha do curtidor de Falaise, ao primeiro olhar fez do soberano seu escravo.

Lady Elizabeth observou o mais estrito autocontrole, o que apenas intensificou a paixão do Rei. Ele lhe deu todo seu amor e, quando percebeu obstinação, implorou-lhe que partilhasse de sua coroa. Rejeitou os conselhos ditados pela prudência e pelo conhecimento do mundo. De que servia vencer batalhas, por que ser um Rei, se não se puder satisfazer um desejo do coração? Mas ele estava bem consciente dos perigos de sua escolha. Seu casamento em 1464 com Elizabeth Woodville foi um segredo guardado com extremo zelo. Os estadistas à testa do governo, sorrindo do que parecia uma travessura amorosa, não imaginavam ter ocorrido uma união solene, que iria abalar profundamente o país.

❄

Os planos de Warwick para o futuro do Rei haviam sido diferentes. Ou Isabella da casa da Espanha ou, preferivelmente, uma princesa francesa, eram as noivas que mais poderiam favorecer os interesses da Inglaterra. Um casamento real naqueles dias podia ser um vínculo de paz entre estados vizinhos ou recurso para o êxito de uma guerra. Warwick usou de graves argumentos e pressionou o Rei a se decidir.

Edward parecia estranhamente hesitante, e estendeu-se em objeções até que o ministro, que era também seu mentor, ficou impaciente. Então, por fim, a verdade foi revelada: ele estava, já por cinco meses, casado com Elizabeth Woodville. Foi nesse momento que teve início o seu afastamento do bravo fazedor de reis. Warwick tinha profundas raízes na Inglaterra, e sua popularidade era ilimitada. Mas ninguém melhor do que ele para saber que latente em Edward existia um formidável guerreiro, hábil, implacável, quando provocado capaz de atacar e fazer qualquer coisa.

Mas a explosão deu-se através da política externa. Nessa lamentável geração, a Inglaterra, tão recentemente uma vencedora, tornara-se a zombaria dos estados vizinhos. Com o instinto que mais tarde regeu a Inglaterra por tantos séculos, Edward procurou basear a política inglesa no segundo mais forte estado na Europa Ocidental. Sem dúvida, ele podia argumentar que ser aliado da França era estar em poder da França, mas ligar-se com a Borgonha era ter os meios de corrigir ou mesmo controlar as ações francesas. Em meio a suas folganças e caçadas ele nutria um espírito de conquistador. Jamais a Inglaterra deveria se tornar um estado vassalo; em vez de ser dividida por seus vizinhos, ela própria, ao dividi-los, controlaria o equilíbrio entre eles. Naquele tempo, essas opiniões políticas eram novas; mas a tensão que causaram no pequeno mas fervoroso mundo do governo inglês pode ser prontamente entendida nos dias de hoje.

Os injuriados chefes trocaram, secretamente, ideias entre si. Edward continuava a desfrutar a vida com sua rainha, e ocasionalmente com outras. Warwick havia atraído para seu lado o irmão do Rei, Clarence, sussurrando ao seu ouvido que, não fora a prole dos arrivistas Woodvilles, ele sucederia Edward no trono. Tudo pronto, Warwick atacou. Um levante ocorreu no norte. Assim que o rei foi atraído para lá pela rebelião, Warwick e Clarence derrotaram-no com uma carnificina impiedosa.

Edward, tentando reunir suas tropas dispersas, achou-se em poder de seus grandes lordes. Seu irmão, Richard de Gloucester, conhecido pela lenda como "Corcunda" devido a uma suposta deformidade, parecia ser seu único amigo. Foi levado para o castelo de Middleham, de propriedade de Warwick, e ali mantido em honrosa mas total reclusão. Warwick, o fazedor de reis, tinha portanto nessa ocasião dois reis rivais, Henry VI e Edward IV, ambos seus prisioneiros. Isso era uma façanha extraordinária para qualquer súdito.

Mas as relações entre Warwick e o Rei não comportavam soluções tão simples. O Rei achou conveniente dissimular. Declarou-se convencido de que Warwick e Clarence estavam corretos. Comprometeu-se a melhorar seu feitio, e após ter assinado perdões para todos os que pegaram em armas contra ele, foi libertado.

Em março de 1470, a pretexto de uma rebelião lancastriana no Lincolnshire, o Rei convocou às armas. Em Losecoat Field derrotou os insurgentes, que fugiram; e na série de execuções que então eram de hábito após cada combate, ele obteve uma confissão de Sir Robert Welles que acusava tanto Warwick como Clarence de traição. Marchou contra eles, que fugiram surpresos do revide com seus próprios métodos. O fazedor de reis achou-se, por uma brusca guinada do destino, desprovido de quase todos os recursos que dava como certos. Era sua vez de apresentar-se à corte francesa como suplicante.

Mas esse foi o maior rasgo de sorte que Louis XI jamais teve. Agora, na França, estavam os líderes de ambos os partidos que haviam disputado a Inglaterra por tanto tempo. Margaret residia na Anjou de seu pai. Warwick, amigo da França, vencido em seu próprio país, havia chegado a Honfleur. Saboreando o momento, o inflexível, cínico, enérgico Louis se propôs à tarefa de reconciliar e associar aquelas forças opostas.

O Rei Edward estava agora alerta e cauteloso, mas não podia saber quantos de seus partidários iriam traí-lo. Fitzhugh, seu primo, começou uma nova insurreição no Yorkshire. Warwick e Clarence aportaram em Dartmouth em setembro de 1470. Kent e outros condados sulistas rebelaram-se a seu favor. Warwick seguiu então para Londres. Retirou o mísero Henry VI de sua prisão da Torre, pôs uma coroa em sua cabeça, exibiu-o por toda a cidade, e o assentou no trono.

A maior parte do reino de Edward parecia ter-se virado contra ele; concluiu que sua única esperança era fugir para além-mar. Tinha apenas um refúgio – a corte da Borgonha; e, com um punhado de seguidores, atirou-se até o cunhado.

❄

Enquanto isso, o fazedor de reis governava a Inglaterra, parecendo que assim continuaria por muito tempo ainda. Tinha o Rei Henry VI nas mãos como fantoche. A infeliz criatura, uma ruína ambulante, no trono como uma trouxa de coroa e cetro, recebia as inconstantes carícias da Sorte com a mesma branda indulgência que mostrava com as suas maldades. Os dois lados haviam concentrado todas as suas forças, e novamente viam-se grandes exércitos na Inglaterra. No país ninguém podia distinguir claramente o que estava acontecendo, e a Batalha de Barnet, que resolveu as dúvidas, ela própria foi travada em meio a um nevoeiro. O grito de traição percorreu as hostes de Warwick. Superado em número, suas fileiras abatidas, procurou alcançar seu cavalo. Teria feito melhor se, a despeito das zombarias, continuasse com seu modo usual de montar novamente após a caminhada a pé pelas linhas, no momento da batalha; pois tivesse ele escapado, essa história sinuosa finalizaria de modo diferente. Mas o fazedor de reis, no momento em que ia alcançar a indispensável montaria, foi surpreendido pelos yorquistas e submerso em espadas até a morte. Fora o mais notável paladino da causa yorquista. Havia servido o Rei Edward satisfatoriamente. Fora tratado com menoscabo pelo jovem que ele pusera e sustentara no trono. Pela desmoralizante negação a todas as causas pelas quais enviara tantos homens à condenação, mereceu a morte; e por suas virtudes, que eram notáveis, foi adequado a morte lhe sobrevir de forma honrosa.

❋

No mesmo dia da Batalha de Barnet, Margaret, por fim, desembarcou na Inglaterra. Ao saber que Warwick estava morto e que o exército fora vencido e dispersado, a até então indomável rainha passou por sua hora de desespero. A anomalia do fazedor de reis como parceiro fora sanada. A luta era uma vez mais entre Lancaster e York. Edward procurou cortar a passagem de Margaret para Gales. Ambos os exércitos marchavam incessantemente. Em 3 de maio forçou-os à batalha em Tewkesbury.

Os lancastrianos foram dispersos ou aniquilados. O Príncipe de Gales, lutando bravamente, foi morto no campo de batalha – segundo um cronista, gritando em vão pelo socorro de seu cunhado, o traiçoeiro Clarence. Margaret foi mantida para exibição, e também porque mulheres, especialmente quando rainhas, não eram chacinadas nessa época selvagem.

Richard de Gloucester apressou-se em chegar a Londres. Tinha tarefa para cumprir na Torre. Enquanto o Príncipe de Gales vivia, a vida do Rei Henry estivera a salvo, mas com a morte da última esperança dos Lancasters sua sorte foi selada. Na noite de 21 de maio, o Duque de Gloucester visitou a Torre com plena autorização do Rei, onde provavelmente ele supervisionou o assassínio de Henry VI, o melancólico espectador que havia sido o centro de cinquenta anos de cruel contenda.

❋

O restante do reinado de Edward IV pode ser narrado sumariamente. O Rei tinha agora a supremacia. Tanto seus inimigos como seus patronos estavam mortos. Era agora um maduro e desiludido estadista. Teve os meios de permanecer no completo domínio do reino enquanto levava uma vida alegre. Fez sua administração subsistir muito frugalmente e, ao morrer, foi o primeiro Rei desde Henry II a deixar uma fortuna em vez de dívidas.

O irmão do Rei, Clarence, já estava na Torre. Muito se discute como ele morreu. Alguns dizem que o Rei deixou com ele a escolha da forma de morrer. Certamente Edward não tinha a intenção de transformar o evento num horrível espetáculo público. Segundo Shakespeare, o duque foi afogado numa pipa de vinho Malmsey. Essa foi, sem dúvida, uma lenda popular aceita pelo século XVI. Por que não seria verdade? De qualquer forma, ninguém tentou comprovar uma versão diferente. O "falso, esquivo, perjuro Clarence" deixou o mundo atônito por seu irmão ter guardado por tanto tempo a lembrança e levar as coisas tão a sério.

A Rainha Elizabeth, no correr dos anos, havia dado à luz não somente cinco filhas como também dois belos meninos, que se desenvolviam bem. Em 1483, um tinha doze, e o outro nove anos de idade. A sucessão da Coroa parecia clara e segura. O próprio Rei tinha apenas quarenta anos. Com mais dez anos o triunfo yorquista teria se tornado permanente. Mas o Destino interveio e com um gesto solene fez saber ao amante de prazeres Edward que fechava sua conta. A principal preocupação do Rei era assegurar a coroa para seu filho, o implume Edward V; mas em abril de 1483 a morte lhe sobreveio tão repentinamente que não teve tempo de tomar as necessárias precauções. Embora sempre devotado à Rainha Elizabeth, ele viveu promiscuamente toda a sua vida. Ela estava nas Midlands quando, com dez dias de doença, a vida daquele vigoroso Rei foi interrompida em seu apogeu. Os historiadores nos asseveram ter sido punição por libertinagem. É possível que fosse apendicite, a explicação até hoje é obscura. Morreu despreparado, exceto pela Igreja, e seu fidedigno irmão Richard se viu de repente defrontado com uma perspectiva inteiramente nova de seu futuro.

Richard III

O rei morreu tão subitamente que todos foram apanhados de surpresa. Logo se desencadeou uma tensa crise. Seu filho mais velho, Edward, permanecia na fronteira galesa, sob os cuidados do tio, o segundo lord Rivers. Um Protetorado era inevitável. Não havia dúvidas quanto ao Protetor. Richard de Gloucester, o fiel irmão do Rei, renomado na guerra, sério e competente na função de administrador, que retinha todos os principais cargos militares, que sobressaía sem comparação, e que fora designado pelo próprio Rei. Ao seu redor agrupava-se a maioria da nobreza antiga. Eles viam com desprazer generalizado a ideia de terem um Rei cujo avô, embora cavaleiro, fora simples administrador de alguém da classe deles. Deploravam a menoridade e consequentemente o governo de um rei-menino inexperiente, ainda não submetido a provas. No entanto, estavam presos por juramento e pela sucessão da linhagem yorquista que suas próprias espadas haviam criado.

Por três semanas ambos os partidos vigiaram-se mutuamente e parlamentaram. Em abril concordaram em que o Rei deveria ser coroado o mais breve possível, mas devia ir para Londres escoltado apenas por dois mil cavalarianos.

Richard, partindo com suas tropas para Stony Stratford, prendeu os comandantes dos dois mil cavalarianos, abriu caminho até o jovem Rei, e disse-lhe ter descoberto um plano de tomada do governo e de oprimir a velha nobreza. Ao ouvir tais declarações, Edward IV tomou a única ação positiva registrada de seu reinado. Chorou. E bem que devia.

Na manhã seguinte, o duque Richard apresentou-se novamente a Edward. Abraçou-o como um tio; inclinou-se como súdito. Anunciou-se como Protetor. Ordenou aos dois mil cavalarianos voltarem para casa, seus serviços não eram mais necessários. Para Londres, então! À coroação! Assim, a melancólica procissão pôs-se em marcha.

A Rainha, que já estava em Londres, não teve ilusões. Refugiou-se imediatamente com os outros filhos em Westminster, abrindo um buraco na parede entre a igreja e o palácio para levar os pertences pessoais que pudesse.

A notícia de que o Rei estava sob ameaça causou um abalo na capital. "Seria levado sabe-se lá para onde, para acontecer com ele sabe Deus lá o quê" [*Sir Thomas More*]. Mas lord Hastings assegurou ao Conselho que tudo estava bem e que qualquer perturbação só retardaria a coroação da qual a paz do reino dependia. O arcebispo de York, que era também Chanceler, tentou tranquilizar a Rainha. "Anime-se, minha senhora," disse ele, "porque se coroarem algum outro que não vosso filho que agora está nas mãos deles, nós iremos no dia seguinte coroar seu irmão, de quem vós tendes posse aqui." Deu a ela o Sinete Real como espécie de garantia. Ele não era parte de nenhum conluio, era apenas um velho tolo agindo principalmente em favor de segurança e paz a qualquer preço. Mas a seguir, amedrontado pelo que havia feito, ele manobrou para ter o Sinete Real de volta.

O Rei só chegou a Londres em 4 de maio, e a coroação, marcada para aquela data, teve obrigatoriamente de ser adiada. Ele ficou hospedado no palácio do Bispo de Londres, onde recebeu a vassalagem de todos os lordes, tanto os religiosos como os seculares. Mas o Protetor e seus amigos acharam pouco apropriado ele hospedar-se com um eclesiástico, e quando os amigos da Rainha sugeriram que ele poderia residir na Casa da Ordem Hospitalária dos Cavaleiros de St John, em Clerkenwell, Richard argumentou que estaria mais de acordo com a dignidade real ele ficar num dos seus próprios castelos, em seu próprio ambiente. A Torre era uma residência não apenas espaçosa, mas segura contra qualquer desordem popular. Os lordes do Conselho deram aval unânime a essa decisão, não sendo fácil nem isento de perigo para a minoria discordar. Com toda cerimônia e protestos de devoção, o menino de doze anos foi conduzido à Torre, e os portões fechados atrás dele.

Londres fervilhava, e os magnatas lá reunidos olhavam-se com desconfiança e medo. O passo seguinte da tragédia diz respeito a lord Hastings. Ele tivera um papel relevante nos anos finais de Edward IV. Após a morte do Rei, postara-se fortemente contra os Woodvilles; mas foi o primeiro a distanciar-se das atitudes de Richard. Não lhe convinha, nem a alguns outros magnatas, que todo o poder se acumulasse tão depressa nas mãos de Richard. Ele passou a ligar-se amistosamente com o grupo da Rainha, ainda refugiada na Abadia de Westminster. Dos acontecimentos seguintes tudo que realmente sabemos é que Hastings foi abruptamente preso durante uma reunião na Torre, em 13 de junho, e decapitado sem julgamento, no mesmo dia. Sir Thomas More, mais tarde, no fim do reinado seguinte, escreveu sua celebrada história. Nessa obra, Richard é o demônio encarnado, e Henry Tudor, o salvador do reino, todo doçura e luz. Uma visão oposta teria sido traição. More não só atribuiu a Richard todos os crimes possíveis e outros impossíveis, como também o apresentou fisicamente monstruoso, corcunda e com um braço mirrado. Ninguém durante a vida dele parece ter observado essas deformidades, mas elas nos são agora muito familiares devido à peça de Shakespeare.

A narrativa de More, no entanto, tem precedência. Mostra-nos a famosa cena do Conselho na Torre. Era sexta-feira, 13 de junho. Richard chegara à câmara da reunião por volta das nove horas, aparentando bom humor. "*My lord,*" disse ao bispo Morton, "tem morangos ótimos no seu horto em Holborn. Mande-nos uma porção deles." O conselho começou os trabalhos. Richard escusou-se e saiu por algum tempo; ao voltar, entre dez e onze horas, seus modos estavam mudados. Encarava encolerizado o Conselho ao mesmo tempo que grupos de homens armados apareciam à porta. "Que punição merecem," interpelou o Protetor, "aqueles que conspiram contra a vida de alguém tão próximo do Rei como eu estou, e que é incumbido do governo do reino?" A consternação foi geral. Hastings, por fim, disse que mereciam a punição dada aos traidores. "Aquela feiticeira, esposa de meu irmão," exclamou Richard, "e outros com ela – vejam como estragaram meu corpo com magias e bruxarias." E assim dizendo, imagina-se que ele tenha desnudado o braço, mostrando ao Conselho um braço encolhido e murcho como reza a lenda que era. Em termos irados, depois se referiu a Jane Shore, com quem Hastings ficara íntimo depois do falecimento do Rei. Hastings, perplexo, respondeu, "E certamente, se eles agissem de modo tão abominável mereceriam uma igualmente abominável punição." "O quê?" – exclamou o Corcunda. "Tu me vens com 'ses' e 'es'? Digo-te que eles o fizeram, e que isso eu me compensarei com teu corpo, traidor!" Ele bateu na mesa do Conselho com o punho e a esse sinal os homens armados irromperam na sala gritando "Traição!" e Hastings, o bispo Morton e o arcebispo de York com mais alguns outros foram agarrados. Richard mandou que Hastings se preparasse para morte imediata. "Não jantarei até receber tua cabeça." Mal houve tempo para encontrar um padre. Sobre um tronco de árvore caído por acaso no terreno da Torre, Hastings foi decapitado. Reinava o terror.

Enquanto isso, a Rainha e seu filho restante ainda se protegiam pelo direito de imunidade. Richard achou mais natural os dois irmãos ficarem juntos sob seus cuidados e acionou o Conselho para requerer da Rainha a entrega do outro menino. Sem escolha, a Rainha submeteu-se, e o pequeno príncipe de nove anos passou ao Protetor que, em Westminster Hall, abraçou-o afetuosamente e o conduziu à Torre de onde nem ele nem seu irmão jamais sairiam.

Em 25 de junho de 1483, o Parlamento se reuniu e pediu a Richard que assumisse a coroa. A coroação foi marcada para o dia seis de julho. Pompa e cortejos distraíram o público apreensivo. O Rei agora tinha seu título reconhecido e confirmado pelo Parlamento e, segundo a teoria da ilegitimidade dos filhos de Edward, era também um sucessor consanguíneo em descendência direta. Desse modo, todo o processo parecia concluso à perfeição. Mas foi a partir desse exato momento que teve início uma forte desconfiança e hostilidade em todas as classes contra o Rei Richard III, que toda a arte e competência dele não puderam atenuar. Richard detinha a autoridade do governo. Divulgou sua versão da história com todos os recursos disponíveis – a qual foi espontânea e quase universalmente posta em dúvida. Entrementes, ele se esforçava para causar a melhor das impressões, corrigindo erros, acertando disputas, concedendo favores, cortejando a popularidade. Ainda assim, não podia livrar-se da sensação de que por trás das demonstrações de gratidão e lealdade, que naturalmente o cercavam, havia um silencioso desafio à sua condição de rei. Os sentimentos contra ele já corriam soltos, e em todos os lábios estava a exigência de que os príncipes fossem libertados.

Assim, chegamos ao crime principal ligado para sempre ao nome de Richard. Seu proveito é claro. Seu caráter era sem escrúpulos. Indiscutivelmente as desamparadas crianças não foram mais vistas na Torre após o mês de julho de 1483. De acordo com a história de Thomas More, Richard resolveu, em julho, extirpar a ameaça à sua paz e soberania representada pelos príncipes. Enquanto eles dormiam, dois assassinos pressionaram os travesseiros contra os rostos dos príncipes adormecidos até sufocá-los, e depois emparedaram os corpos em algum canto secreto da Torre.

Em 1674, no reinado de Charles II, quando foi alterada a escadaria que leva à capela na White Tower, encontraram-se, enterrados sob um amontoado de cascalho, os esqueletos de duas pessoas jovens, cujas idades se equiparavam às dos dois príncipes. Eles foram examinados pelo cirurgião real e os antiquários informaram serem, fora de dúvida, os restos mortais de Edward V e do duque de York. Charles acatou essa opinião, e os esqueletos foram reenterrados na capela de Henry VII em Westminster, com uma inscrição latina atribuindo toda a culpa ao pérfido tio, "o usurpador do reino."

À exigência popular pela liberdade dos príncipes seguiu-se a notificação da morte deles. Quando, como e pela mão de quem, não se sabia. À medida que a notícia se espalhava rapidamente um estado de fúria apoderou-se das gentes. Conquanto acostumados à brutalidade das longas guerras civis, o povo inglês daqueles dias ainda conservava a faculdade de sentir horror; e essa, uma vez desperta, não era facilmente esquecida. Um ditador moderno, com os recursos da ciência ao seu dispor, pode facilmente influenciar o público dia após dia, destruindo qualquer permanência de pensamento e objetivo, com a multiplicidade de notícias diárias e sua deturpação, de maneira a deixar a memória toldada e o julgamento confuso. Mas no século XV, o assassinato de dois jovens príncipes pela própria pessoa que prometera protegê-los foi considerado um crime atroz, impossível de esquecer ou perdoar. Em setembro, Richard, em sua jornada, chegou a York e ali formalizou seu filho como Príncipe de Gales, confirmando assim, aos olhos de seus inimigos, os piores boatos.

Ele continuou no novo ano a inaugurar uma série de reformas esclarecidas em todos os setores do Governo. Tudo isso de nada adiantava. O ódio que o crime de Richard atraiu sobre si em todo o país permanecia irredutível e insaciado, e nenhum dos favores, nenhuma resolução inteligente, nenhum sucesso administrativo pôde beneficiar o monarca incriminado.

A própria alma de Richard revoltou-se. Ele era acossado por temores e sonhos. Via a desforra a esperá-lo em cada esquina. "Ouvi relato digno de crédito," diz Sir Thomas More, "como segredo entre seus camaristas, que após consumada a abominável ação, o Rei nunca mais teve tranquilidade em seus pensamentos, nunca mais se sentiu a salvo. Quando saía, seu olhar girava em volta; cercava-se de segurança, a mão todo o tempo sobre a adaga, semblante e maneiras de alguém sempre pronto a atacar. Sofria noites maldormidas, passava longas horas andando e cismando; esgotado pelas preocupações e pela vigilância, dormitava em vez de dormir. Perturbado por sonhos assustadores, acordava de repente, pulava da cama e corria pelo quarto. Assim estava seu coração: desassossegado, abalado e aos saltos, pelo efeito fatigante e a lembrança tempestuosa de sua mais abominável obra."

❄

Um terrível golpe desabou então sobre o Rei. Em abril de 1484, seu único filho, o Príncipe de Gales, morreu, e sua esposa, Anne, filha do fazedor de reis, cuja saúde estava arruinada, não podia mais ter filhos. Henry Tudor, conde de Richmond, tornava-se agora o rival pretendente a sucessor do trono. Richmond traçava sua linhagem a partir de Edward III por parte de mãe, e pelo lado do pai um vago direito de descendência de lendários veneráveis reis da Britânia, inclusive o Rei Arthur.

Na Inglaterra, todas as esperanças voltavam-se agora para Richmond, e era evidente que o casamento projetado para ele e a filha mais velha de Edward IV, Elizabeth, oferecia a perspectiva de acabar para sempre com a cruel luta dinástica que esgotara indizivelmente a nação. Conforme os meses se passavam, muitos proeminentes cidadãos ingleses, yorquistas como lancastrianos, afastaram-se da perniciosa presença de Richard e se voltaram para Richmond, que a partir de então ficou à frente de uma combinação que possibilitaria unir toda a Inglaterra.

No verão, a expedição de Richmond se aprestou na foz do Sena. Infindável êxodo de gente importante da Inglaterra vinha juntar-se a ele. O suspense foi desgastante para Richard. Parecia-lhe que somente o serviam por medo ou com vistas a algum benefício; sentia-se cercado por ódio e desconfiança. Sua natureza obstinada e indomável o induziu a fazer pela coroa a maior de todas as suas batalhas.

Richmond embarcou em Harfleur com seus cidadãos ingleses yorquistas e lancastrianos, e, em 7 de agosto, desembarcou em Milford Haven. Ajoelhado, recitou o salmo *Judica me, Deus, et decerne causam meam.* Beijou o chão, fez o sinal da cruz, e deu ordem de avançar em nome de Deus e de St George. Tantas foram as suas garantias de apoio que logo acusou Richard de usurpador e de rebelar-se contra ele.

❄

Apesar de tantos postos de troca de cavalos, passaram-se cinco dias antes de o Rei saber do desembarque. Então ele agrupou seu exército e marchou ao encontro do inimigo. Nesse momento a atitude dos Stanleys foi de importância decisiva. Haviam sido incumbidos pelo Rei de interceptar os rebeldes caso desembarcassem no oeste. Sir William Stanley, com alguns milhares de soldados, não fez o menor movimento. Por esse motivo, Richard convocou à corte Lord Stanley, o poderoso chefe da família, e quando ele se declarou "com o mal de *sweating sickness*" – exsudação e febre – o Rei prendeu Lord Strange, seu filho mais velho, fazendo a lealdade do pai responsável por sua vida. Isso não impediu Sir William Stanley, juntamente com tropas do Cheshire, de contatar amistosamente Richmond. Mas Lord Stanley, tentando salvar o filho, manteria até o último minuto uma postura indefinida.

A cidade de York, nessa ocasião, ficou do lado da causa yorquista. O duque de Norfolk, e Percy, conde de Northumberland, eram os principais partidários de Richard. *The Catte and the Ratte* [o gato e o rato] não tinham esperança de continuarem vivos a não ser com a vitória do dono. Em 17 de agosto, assim acompanhado, o Rei se pôs a caminho de Leicester à frente de seu exército. A massa organizada, em coluna por quatro, com a cavalaria em ambos os flancos e o Rei no centro, montado em seu preferido cavalo branco de batalha, causavam uma formidável impressão nos espectadores. No dia 21, domingo, quando toda essa exibição de força partiu de Leicester para confrontar-se com Richmond perto do vilarejo de Market Bosworth, tornou-se evidente que uma batalha decisiva ia acontecer no dia seguinte.

As aparências favoreciam o Rei. Ele tinha dez mil homens disciplinados sob sua autoridade real, contra os cinco mil rebeldes de Richmond reunidos às pressas. Mas, a alguma distância dos flancos do exército principal, em cumes de morros opostos, postavam-se as respectivas forças, principalmente as que vieram de Lancashire e Cheshire, de Sir William Stanley e de Lord Stanley – a situação toda parecendo, como já se disse, a de quatro jogadores numa partida de cartas. Richard, de acordo com os historiadores Tudors, embora admitindo uma noite de sonhos assustadores assombrados por espíritos malignos, discursou para seus capitães em magnífico estilo. "Repudiando qualquer sentimento de medo (...) que cada um dê apenas um golpe certeiro e o dia será nosso. Que vantagem tem um punhado de homens diante de todo um reino? Quanto a mim asseguro-vos que neste dia triunfarei com uma gloriosa vitória ou morrerei para a fama imortal." Deu então o sinal de batalha, e mandou uma mensagem para Lord Stanley que avançasse imediatamente ou seu filho seria decapitado. Stanley, forçado a essa amarga escolha, respondeu orgulhosamente que tinha outros filhos. O Rei deu ordens para a execução de Strange. Mas os oficiais encarregados acharam mais prudente suspender o golpe até que o panorama se aclarasse. "*My lord*, o inimigo passou o brejo. Que o jovem Stanley morra após a batalha."

Mesmo nessa hora Richmond não sabia ao certo de que lado Lord Stanley e suas forças ficariam. Quando, após a ação dos arqueiros e dos canhões, as linhas se entrelaçaram em combate, todas as dúvidas foram removidas. O conde de Northumberland, no comando da formação à esquerda de Richard, permaneceu inativo, à distância. As tropas de Lord Stanley se juntaram a Richmond. O Rei viu tudo perdido, e – aos gritos de "Traição! Traição!" – lançou-se em meio à refrega com o desesperado propósito de abater Richmond com suas próprias mãos. Ele realmente matou Sir William Brandon, o porta-bandeira de Richmond, e jogou por terra Sir John Cheney, um guerreiro renomado por sua força física. Diz-se inclusive que alcançou Richmond e cruzou espadas com ele. Mas nesse momento, os três mil homens de Sir William Stanley, "em casacos vermelhos como sangue," caíram sobre os contendores yorquistas. As ondas da batalha separaram os principais. Richmond foi preservado, e o Rei, recusando-se a fugir, foi derrubado e morto como merecia.

> Um passo não darei em fuga, enquanto meu peito respirar.
> Ele assim disse, assim fez – se perdeu a vida, morreu rei.

A coroa que Richard usou até o fim foi encontrada num arbusto e posta sobre a cabeça do vencedor; e Henry Tudor tornou-se Rei da Inglaterra. O cadáver de Richard, despido e dilacerado em ferimentos, foi atravessado sobre um cavalo, com a cabeça e os compridos cabelos pendentes, sangrentos e medonhos, e nessa condição levado a Leicester para que todos o vissem.

❄

A batalha de Bosworth Field pode ser vista como o encerramento de um longo capítulo na história inglesa. Embora levantes e conspirações continuassem pelo reinado seguinte, a contenda entre a Rosa Vermelha e a Rosa Branca, no que importa, chegou ao fim. Nenhuma venceu. Achou-se uma solução que pôde satisfazer os sobreviventes de ambas as causas. O casamento de Richmond com a adaptável Princesa Elizabeth produziu a linhagem Tudor, na qual tanto yorquistas como lancastrianos tiveram participação. Os fantasmas vingadores de duas gerações destroçadas foram exorcizados para sempre. A morte de Richard também trouxe a extinção da linhagem Plantageneta. Por mais de trezentos anos essa raça forte de reis estadistas e guerreiros, cujos dons e defeitos alcançaram o mais alto grau, cujo senso de autoridade e Império foi persistentemente mantido, agora sumiu do destino da Ilha. Os Plantagenetas e a aristocracia orgulhosa e excludente que seu sistema gerou se fizeram em pedaços. As cabeças da maioria das casas nobres foram cortadas, e seus ramos extirpados até a segunda e a terceira gerações. Uma oligarquia cujas paixões, lealdades e crimes por longo tempo escreveram a História da Inglaterra foi subjugada. Rebentos de linhagens femininas ou bastardas criaram questionáveis conexões com tempos idos. Como Coeur de Lion disse de sua Casa: "Do Diabo viemos e para o Diabo iremos."

Em Bosworth, a história das Guerras das Rosas teve seu marco final. No século seguinte, os súditos dos Tudors se compraziam em considerar que a Idade Média também chegara ao fim em 1485, e que uma nova era raiara com a acessão de Henry Tudor. Os historiadores modernos preferem salientar que não houve qualquer linha divisória nítida nesse período da nossa história, e que Henry VII continuou e consolidou muito do trabalho dos reis da Casa de York. Sem dúvida, a prolongada disputa, o desperdício e a insegurança no século XV deixaram em todas as classes profundo anseio por um governo forte e organizado. O conceito parlamentar que predominara sob a casa de Lancaster havia conquistado muitas fronteiras de direitos constitucionais. Estes teriam agora um longo período estacionário. Somente no século XVII é que as antigas máximas – "Descontentamento antes do suprimento," "Responsabilidade ministerial perante a vontade pública," "Coroa serva e não senhora do estado" – vieram de novo à luz, na verdade, ao clarão da nova era. A agitação da Renascença, a tempestade da Reforma jogaram novos problemas sobre os perplexos mas também mais inspirados mortais dos novos tempos nos quais a Inglaterra ingressou sob a orientação do judicioso, melancólico, cuidadoso monarca que inaugurou a ditadura Tudor como Rei Henry VII.

LIVRO II

O NOVO MUNDO

Entreato

Eventos de longo alcance tiveram lugar nos dois séculos seguintes, que são o assunto desta segunda parte da história.

O Novo Mundo foi descoberto e colonizado numa aventura europeia. Nos reinos da pesquisa, da crença, da poesia e da arte, outros novos mundos abriram-se ao espírito humano.

Entre 1485 e 1688, os povos ingleses começaram a derramar-se pelo globo. Confrontaram-se com o poder da Espanha e o venceram. Uma vez conseguida a liberdade dos mares, as colônias americanas ganharam existência. Criaram-se na margem ocidental do Oceano Atlântico comunidades vibrantes e criativas que, com o correr do tempo, viriam a tornar-se os Estados Unidos.

A Inglaterra e a Escócia adotaram a fé protestante. A Ilha se uniu sob uma dinastia escocesa. Houve uma grande guerra civil em torno de princípios. O país passou por uma experiência republicana sob a personalidade dominadora de Oliver Cromwell. Por exigência da nação, porém, a tradição real voltou.

No fim desta parte teremos a fé protestante firmada sob um monarca holandês; o parlamento rumo à preponderância no estado; a América em rápido desenvolvimento; e a aproximação de uma luta com a França, longa guerra de âmbito mundial.

W.S.C.
Chartwell, Westerham, Kent, 4 de setembro de 1956

4

Renascença e Reforma

O mundo redondo

CHEGAMOS AGORA AO ALVORECER DO QUE se chama século XVI, o que quer dizer os cem anos que começam com 15. O nome é inevitável em inglês, mas é confuso. Cobre um período em que grandes mudanças afetaram toda a Europa. Algumas já se prenunciavam havia muito tempo, mas só se manifestaram a pleno naquele momento. Por duzentos anos ou mais, a Renascença vinha agitando o pensamento e o espírito da Itália, e agora surgia no reflorescimento das antigas tradições da Grécia e de Roma, até onde não atingissem os fundamentos da fé cristã. Literatura, filosofia e arte floresciam sob inspiração clássica, e a mente dos homens que tinham acesso ao estudo reviveu e cresceu. Eram os humanistas, que buscavam a reconciliação de ensinamentos clássicos e cristãos, dentre os quais sobressaía Erasmo de Rotterdam. Deve-se a ele parte considerável do crédito por ter trazido o pensamento renascentista para a Inglaterra.

A imprensa abriu o fluxo do conhecimento e da lógica pelas muitas sociedades religiosas que montaram a estrutura da Europa medieval; de 1450 em diante, os prelos formaram o cerne de um campo de influência cada vez maior. Já existiam sessenta universidades no mundo ocidental, de Lisboa a Praga, e, no limiar do novo século, elas voluntariamente abriram caminhos mais amplos para estudos e comunicações que lhes tornaram a existência mais fecunda e informal. Na Idade Média, a educação ficara muito confinada a instruir o clero; agora se estendeu, e seu propósito passava a ser não apenas produzir padres, mas formar eruditos e cavalheiros bem-informados. O homem culto de muitas facetas tornou-se o ideal da Renascença.

A agilidade do espírito humano veio acompanhada do questionamento de antigas teorias. Pela primeira vez, no decorrer do século XV, o homem começou a se referir ao milênio anterior como Idade Média. Embora muito do que era medieval sobrevivesse em sua cabeça, sentia estar vivendo no limiar de uma era nova e moderna. Foi uma era marcada não só por obras esplêndidas em arte e arquitetura, mas também pelo começo, na ciência, de uma revolução ligada ao nome de Copérnico. O fato de a Terra mover-se em torno do Sol, como ele provou conclusivamente, corroborado mais tarde por Galileu em ocasião memorável, foi uma noção nova que teria efeitos profundos na visão humana. Até então, se imaginava a Terra como o centro de um universo inteiramente projetado para servir às necessidades do homem. Abriam-se agora vastas e novas perspectivas.

A ânsia de investigar, debater e buscar explicações diferentes expandiu-se do campo do conhecimento clássico para o dos estudos religiosos. Textos em grego e até em hebraico, como também em latim, foram novamente esmiuçados. Inevitavelmente, isso levou a questionar crenças religiosas consagradas. A Renascença gerou a Reforma. Em 1517, aos 34 anos de idade, Martinho Lutero, um padre alemão, denunciou a venda de indulgências, afixou suas teses sobre esse e outros assuntos na porta da igreja do castelo de Wittenberg e embarcou em sua aventurosa investida intelectual contra o Papa. O que começou como um protesto contra práticas da Igreja logo se tornou um desafio à doutrina da Igreja. Nessa refrega, sob a ameaça da fogueira, Lutero revelou qualidades de determinação e convicção que lhe deram nome e fama. Iniciou ou deu impulso a um movimento que em uma década inundou o Continente e, orgulhosamente, leva o nome de Reforma. Ela tomou formas diferentes em diferentes países, especialmente na Suíça com Zwingli e Calvino. A influência deste último espalhou-se, a partir de Genebra, para a França, os Países Baixos e a Grã-Bretanha, onde foi sentida mais fortemente na Escócia.

❄

A Reforma afetou todos os países da Europa, mas nenhum tanto quanto a Alemanha. O movimento luterano apeteceu ao nacionalismo do povo germânico que era refratário às exigências de Roma. Deu-lhe uma tradução da Bíblia da qual permaneceu merecidamente orgulhoso. Deu também aos príncipes alemães a oportunidade de se apoderarem dos bens da Igreja.

Enquanto as forças da Renascença e da Reforma ganhavam impulso na Europa, o mundo além andava a contar os seus segredos a exploradores, comerciantes e missionários europeus. Desde os tempos dos antigos gregos, alguns homens sabiam, em teoria, que a Terra era redonda. Agora, no século XVI, as navegações provariam essa tese. Os geógrafos e navegadores italianos vinham, desde algum tempo, tentando encontrar uma nova rota marítima para o Oriente, mas, embora tivessem muita experiência em construção naval e navegação, adquirida no intenso comércio do Mediterrâneo oriental, faltavam-lhes recursos capitais para os azares da exploração oceânica. Portugal foi o primeiro a descobrir um novo caminho. Ajudado por cruzados ingleses, conseguiu sua independência no século XII, expulsou, aos poucos, os mouros de seu território e agora procurava alcançar o litoral africano. O Infante Dom Henry, o Navegador, neto de John of Gaunt, dera início a numerosos empreendimentos. A exploração começou a partir de Lisboa. Ao longo de todo o final do século XV, nautas portugueses desciam a costa ocidental da África, em busca de ouro e escravos, estendendo, pouco a pouco, os limites do mundo conhecido, até que, em 1487, Bartolomeu Dias contornou o grande promontório que marcava a extremidade do continente africano. Chamou-o "Cabo das Tormentas," mas o Rei de Portugal, com real perspicácia, mudou-lhe o nome para Cabo da Boa Esperança. Justificou-se a esperança; em 1498, Vasco da Gama fundeou no porto de Calicut; estava aberta a rota marítima para as riquezas da Índia e do Extremo Oriente.

❄

Evento de ainda maior impacto para o futuro do mundo, enquanto isso, tomava forma na mente de um genovês chamado Cristóvão Colombo. Cismando, debruçado sobre os mapas oníricos dos seus conterrâneos, ele concebeu um plano de velejar para oeste Atlântico adentro, além das ilhas conhecidas, em busca de mais uma rota para o Oriente. Casou-se com a filha de um marinheiro português que servira com o Infante e, dos documentos do sogro, estudou as grandes aventuras oceânicas. Em 1486, enviou o irmão, Bartolomeu, à procura de apoio inglês para a empreitada. Bartolomeu caiu prisioneiro de piratas ao largo da costa francesa e, quando, finalmente, chegou à Inglaterra e despertou a atenção de Henry Tudor, o novo rei, já era tarde. Mas Cristóvão, entrementes, recebera o respaldo dos duplos soberanos da Espanha, Fernão de Aragão e Isabel de Castela, e, sob o patrocínio do casal, em 1492, suspendeu do porto de Palos, na Andaluzia, rumo ao desconhecido. Após uma singradura de três meses, deu com uma das ilhas Bahamas. Sem saber, havia descoberto não um novo caminho para o Oriente, mas um continente novo, no Ocidente, que se chamaria América.

Passariam quase cem anos antes que a Inglaterra começasse a exercer o seu potencial poder marítimo. Suas realizações, nesse período, foram comparativamente pequenas. Os comerciantes de Bristol tentaram encontrar uma passagem noroeste, além do Atlântico, para o Oriente, mas tiveram pouco êxito ou estímulo. Seus colegas de Londres e do leste inglês estavam mais ocupados com os sólidos lucros que conseguiam do comércio com os Países Baixos. Henry Tudor, porém, apreciava empreendimentos privados, desde que não o envolvessem em atritos com a Espanha. Ele financiou uma expedição comandada por Giovanni Caboto, genovês como Colombo, que desembarcou perto da ilha de Cape Breton. Mas era pequena a perspectiva de comércio, e um continente imenso e intimidante parecia barrar o avanço além. Numa segunda viagem, Caboto navegou ao longo do litoral da América no sentido da Florida, mas isso o aproximou demais da região de interesse espanhol. Com a morte de Caboto, o cauteloso Henry desistiu da empreitada atlântica.

❈

A chegada dos espanhóis ao Novo Mundo e a descoberta que fizeram de metais preciosos levaram-nos a um conflito de notas e palavras com os portugueses. Já que uma das motivações de ambos os países era difundir a fé cristã em terras pagãs desconhecidas, eles apelaram ao Papa, em cujas mãos naquela época se pensava estar a dádiva de novas terras. Por meio de uma sucessão de bulas, na década de 1490, o Papa Alexandre VI, um Bórgia, traçou uma linha divisória sobre o mundo, separando a esfera espanhola da portuguesa. Essa notável dispensa papal estimulou a conclusão de um tratado entre a Espanha e Portugal. Houve acordo sobre um meridiano que passava 370 léguas a oeste dos Açores, e os portugueses sentiram-se no direito de ocupar o Brasil.

Embora os portugueses fossem os primeiros na aventura oceânica, o seu país era muito pequeno para sustentar tamanhos esforços. Diz-se que metade da população de Portugal pereceu na tentativa de reter as suas possessões ultramarinas. A Espanha logo os alcançou. No ano da primeira viagem de

Colombo, Granada, a única cidade moura que sobrevivera em solo espanhol, caiu diante do último grande exército cruzado da Idade Média. Daí por diante, os espanhóis ficaram livres para concentrar suas energias no Novo Mundo.

Menos de uma geração depois, Magalhães, um comandante português a serviço da Espanha, partiu numa viagem no rumo da América do Sul e através do Pacífico, que lhe levaria o navio a circundar o globo. Magalhães foi morto nas Filipinas, mas o seu imediato conduziu a embarcação de volta para casa, contornando o Cabo da Boa Esperança. As civilizações espalhadas pelo mundo estavam se aproximando, e as recentes descobertas dariam ao pequeno reino do Mar do Norte uma nova importância. Ali estava o sucessor de Portugal e Espanha, embora a época para se apossar da herança ainda não fosse chegada. Entrementes, as especiarias do Oriente já singravam os mares rumo ao mercado europeu via Antuérpia. Alterou-se e revolucionou-se todo o desenvolvimento do comércio. A rota terrestre ficou enfraquecida; a primazia das cidades italianas foi eclipsada pelo noroeste da Europa; e o futuro não mais estava no Mediterrâneo, mas nas beira-mares do Atlântico, onde as novas potências, Inglaterra, França e Holanda, tinham portos e fundeadouros de fácil acesso aos oceanos.

❋

A riqueza do Novo Mundo logo afetou a velha ordem europeia. Na primeira metade do século XVI, Hernán Cortés dominou o império asteca no México, e Francisco Pizarro venceu os incas do Peru. Os imensos tesouros minerais daquelas terras começavam agora a fluir através do Atlântico. Por vias que se multiplicavam, ouro e prata chegavam à Europa. E outras mercadorias: fumo, batata e açúcar. O velho continente para onde iam essas novas riquezas passava ele mesmo por uma transformação. Depois de longa parada, o número de seus habitantes novamente crescia, e a produção agrícola e manufaturada expandia-se. Havia demanda generalizada por mais dinheiro para pagar novas expedições, novas construções, novas empresas e novos métodos de governo. A manipulação das finanças era pouco conhecida tanto por governantes como pela massa do povo, e a primeira linha de ação dos empobrecidos príncipes foi depreciar a moeda. Daí, os preços subiram bruscamente, e, quando Lutero afixou suas teses em Wittenberg, o valor do dinheiro já caía rapidamente.

Como sempre, em tempos de inflação, houve grande privação e muitas dificuldades de ajuste. Mas era forte a sensação de novo progresso e bem-estar, e, enfim, todas as classes sociais tiraram proveito da melhora geral. Para um mundo que, um século antes, perdera um terço de seus habitantes na Peste Negra, houve um maravilhoso estímulo de corpo e alma. A humanidade tateava o caminho para uma era mais pródiga, com um intercâmbio mais livre, com uma quantidade maior de bens e serviços, com mais gente participando. O Novo Mundo abrira os seus espaçosos portões, não só no sentido geográfico com a adição das Américas do Sul e do Norte aos lugares onde a Europa pudesse viver, mas alargando todo o seu estilo de vida e suas perspectivas e o uso que poderia dar a tudo que possuía.

A dinastia Tudor

Por mais de uma geração, a monarquia inglesa debatera-se nas águas revoltas de uma sucessão litigiosa. Em 22 de agosto de 1485, Henry Tudor, Conde de Richmond, tivera uma vitória decisiva nas proximidades do vilarejo de Market Bosworth, e o seu rival, o usurpador Richard III, foi morto na batalha. Na pessoa de Henry VII, nova dinastia subia agora ao trono, e, nos vinte e quatro anos de zelosa administração que se estendiam diante dele, uma nova era começou para a história inglesa.

A primeira tarefa de Henry, para se consolidar no trono, foi convencer os magnatas, a Igreja e a nobreza a aceitarem a decisão de Bosworth. Tomou o cuidado de coroar-se antes de enfrentar os representantes da nação, assim criando o seu título, primeiro, por direito de conquista e, só depois, pela aprovação do Parlamento. De qualquer forma, o parlamento ficou comprometido com a experiência dessa sua norma. Então ele se casou, conforme havia sido planejado com muita antecedência, com a herdeira da casa rival, Elizabeth de York.

Aprovou-se uma lei que dava garantia de vida e posses àqueles que, por ora, jurassem lealdade ao Rei – ao rei que estivesse no trono. A ideia de um rei de fato distinto de um rei de direito era característica do novo governante. Seguro de si, Henry não hesitou ante a ideia de impor o próprio poder em bases práticas. Coibiu a desordem na zona rural, e cooperou com o parlamento. A cuidadosa atenção de Henry com esse órgão adveio da comunidade de interesses, da necessidade de um governo estável. Se isso foi despotismo, o despotismo era consentido. No século XV, era impossível governar a Inglaterra de Londres. As engrenagens de administração eram demasiadamente primitivas.

Henry tinha muitas razões para sentir seu trono balançar um pouco sob ele. As Guerras das Rosas enfraqueceram a autoridade inglesa no País de Gales, mas era na Irlanda que os seus efeitos mais se faziam sentir. Mas um poderoso aliado estava disponível. A artilharia, que auxiliara na expulsão dos ingleses da França, agora ajudava sua incursão na Irlanda. Os canhões falaram aos castelos irlandeses numa linguagem prontamente entendida. Mas os canhões vinham da Inglaterra. Os irlandeses sabiam usá-los, mas não sabiam fabricá-los. Agora, no avanço da cultura, a precedência era regulada pela pólvora dos canhões.

❄

As negociações de Henry com a Escócia são típicas de sua sagacidade. Ele deu os primeiros passos para a união da Inglaterra com a Escócia, em 1502, ao casar sua filha Margaret com o Rei James IV, e houve paz no Norte até depois de sua morte.

Com a França, a sua política foi muito bem-sucedida. Ele viu que dava mais resultado a ameaça de guerra do que a guerra propriamente dita. Henry lucrou pelos dois lados. Tal como Edward IV, ele embolsou não apenas um subsídio considerável da França, pago pontualmente, mas também os impostos coletados na Inglaterra para fazer a guerra.

Henry VII como estadista, imbuiu-se das novas ideias políticas sem escrúpulos da Europa renascentista. Lutou por fixar uma monarquia sólida na Inglaterra, moldada em instituições nativas. Como seu contemporâneo Lorenzo de Médici, em Florença, Henry sempre agia por adaptações com leves mudanças, em vez de inovações cruas. E no centro sempre o Rei, personificação do governo pessoal direto, frequentemente autorizando ou conferindo despesas, mesmo as mais comuns, com enormes iniciais floreadas que ainda se podem ver nos arquivos de Londres. Henry VII foi, provavelmente, o melhor empresário que sentou no trono inglês.

Foi também um notável avaliador de homens. Diariamente, com todo o cuidado, fazia anotações sobre questões políticas em assuntos que exigiam a atenção, "especialmente sobre pessoas" a empregar, recompensar, prender, proscrever, exilar ou executar. Como os demais príncipes de sua época, seu interesse principal, além do absorvente devotamento à administração, era a política externa. A diplomacia, entendia ele, não era má substituta para a violência empregada por seus antecessores, e informações regulares, acuradas e oportunas eram essenciais à sua condução. Um sistema de espionagem e de inteligência estrangeira foi montado. Embora pessoalmente frugal, ele mantinha uma ostentação calculada; usava trajes luxuosos, joias soberbas, colares ricos e resplandecentes e, em público, deslocava-se sob um dossel cerimonial, era servido por nobres com uma corte onde cerca de setecentas pessoas jantavam diariamente na Torre às custas dele, entretidas por truões, menestréis, caçadores e os famosos leopardos do Rei.

Suas realizações foram de fato densas e duradouras. Construiu o poder das ruínas e cinzas de seus predecessores. Cuidadosa e parcimoniosamente, juntou o que parecia, naqueles dias, uma vasta reserva de riqueza líquida. Adestrou um eficiente grupo de vassalos. Engrandeceu a Coroa sem perder a cooperação dos comuns. Identificou a prosperidade com a monarquia. Entre os príncipes da Renascença europeia, ele não foi superado em fama e feitos.

Do quadro na National Portrait Gallery, seus vivazes olhos cinza espreitam da moldura em arco. Mãos delicadas, bem-cuidadas, descansam suavemente sobre a parte de baixo da armação. Os lábios cerrados, com um leve sorriso a quebrar os cantos. Há um certo ar de desilusão, de cansaço, de vigilância contínua e, sobretudo, de tristeza e preocupação. Assim era o arquiteto da monarquia Tudor, que tiraria a Inglaterra da desordem medieval e a levaria a tempos mais liberais e de maior poder.

Henry VIII

O tempo em que cresceu o jovem Rei Henry VIII, visto com a perspectiva dos séculos mais recentes, foi o fim de uma velha ordem. Mas dificilmente assim pareceu aos olhos dos que a viveram. A alteração mais visível a um governante foi a criação do moderno sistema europeu de estados. Em seu mundo de poder crescente, o Rei da Inglaterra teve de mover-se e agir com muito menos recursos do que os vizinhos. Os seus súditos não somavam muito mais que três milhões. Contava com menos receita, não tinha exército permanente nem aparato estatal subordinado apenas à vontade real. Ainda assim, pela simples proximidade da França e do Império dos Países Baixos, a Inglaterra era forçada a representar um papel na política europeia. O seu Rei envolvia-se em guerras e negociações, mudanças em coalizões e alterações no equilíbrio de poder, no que tinha ele pouca experiência; e podia interferir tão somente num grau secundário.

❄

Henry, na sua idade madura, era um homem de alta estatura, de cabelos ruivos, que preservava o vigor e a energia dos ancestrais habituados, por séculos, às guerras nos confins galeses. Sua estrutura maciça elevava-se acima das pessoas, e aqueles que dele se aproximavam eram tomados por um sentimento de íntimo desespero ante tanta força e paixão latentes. Um embaixador francês, depois de meses de residência na corte, confessou que ele não conseguia se aproximar do Rei sem medo de uma agressão física. Embora Henry aparentasse a estranhos ser acessível, jovial e fidedigno, dono de um senso de humor rude que agradava instantaneamente às massas, mesmo aqueles que o conheciam na intimidade raramente lhe penetravam os segredos recônditos e o retraimento, que não o deixavam confiar livremente em ninguém. Àqueles que o viam com frequência dava a impressão de ser duas pessoas; uma, o alegre monarca das caçadas, dos banquetes e cortejos, amigo das crianças, patrono de todos os esportes; outra, o observador atento da sala de audiências ou do Conselho, vigilante, pesando argumentos, recusando-se a emitir opinião, exceto quando submetido à tensão dos grandes acontecimentos. Nas longas expedições de caça, se o estafeta chegava com a correspondência oficial, ele prontamente se afastava dos companheiros de caçada e convocava os "conselheiros acompanhantes" para o que costumava chamar "negócios de Londres."

Rompantes de emoções reprimidas e explosões de fúria alternavam-se com extraordinárias demonstrações de aplicação e paciência. Intensamente religioso, Henry ouvia sermões, regularmente, e redigiu mais de uma tese teológica de alto padrão. Acostumou-se a assistir a cinco missas em dias santos e a três nos outros dias. Trabalhador infatigável, dava conta, diariamente, de pilhas de despachos, memorandos e planos sem a ajuda do secretário. Escrevia versos e compunha música. Profundamente discreto sobre assuntos de estado, escolhia os conselheiros entre homens que, na maioria dos casos, procediam das origens mais humildes: Thomas Wolsey, filho de um açougueiro de Ipswich, sem recursos e de má reputação, cujo nome aparece nos arquivos do município por haver vendido carne imprópria para o consumo humano; Thomas Cromwell, um modesto advogado; Thomas Crammer, obscuro conferencista religioso. Como o pai, desconfiava da nobreza hereditária, preferindo a assessoria ponderada de homens que não tivessem um grande círculo de amizade.

Esse homem enorme era o pesadelo de seus assessores. Uma vez que alguma ideia se fixasse em sua mente, raramente era possível mudar-lhe a opinião; e a insistência só fazia torná-lo ainda mais inflexível; e, depois que ele tomasse alguma direção, tendia sempre a ir muito além da conta, a não ser que fosse muito refreado. O único segredo para conseguir lidar com ele, Wolsey e Cranmer revelaram após as respectivas quedas, era impedir que noções perigosas o impressionassem. Mas cuidados desse tipo não adiantavam. Tinha o hábito de conversar com todas as classes – barbeiros, caçadores, com o seu "*yeoman* despenseiro da boca do Rei" – e, principalmente, com qualquer um ligado ao mar, por mais humilde que fosse, para conhecer opiniões; e o de sair para caçar, em cavalgadas que às vezes duravam várias semanas. A cada verão, percorria o país em comitiva, misturando-se aos súditos que tão bem compreendia.

Praticamente, o seu primeiro ato, seis semanas depois da morte do pai em 1509, foi casar-se com a viúva do irmão Arthur, a Princesa Catarina de Aragão. Ele tinha dezoito anos, e a esposa era cinco anos e cinco meses mais velha do que ele. Catarina esteve ao lado de Henry durante os primeiros vinte e dois anos do seu reinado, enquanto a Inglaterra se tornava uma potência no cenário europeu, demasiadamente perigosa para ser ignorada pelos governantes estrangeiros. Até completar a idade de trinta e oito anos, salvo por três ou quatro breves lapsos, ela permaneceu dona da afeição do Rei, coibiu-lhe os desatinos e, dentro de suas limitações, ajudou a conduzir os assuntos oficiais nos intervalos entre os seus numerosos períodos de confinamento. Henry adaptou-se rapidamente à vida de casado, apesar de uma série de infortúnios que teriam desencorajado um caráter menos vigoroso. O primeiro bebê da Rainha nasceu morto, logo depois do décimo nono aniversário de Henry; outro morreu um ano depois de nascer. No total, foram cinco decepções semelhantes.

O cardeal Wolsey

Henry cuidou das defesas do reino e tomou providências para fortalecer a sua marinha. Em seguida, tentou e obteve um tratado de paz favorável com a França, conseguindo, assim, exatamente o dobro do valor do tributo anual que era pago ao seu pai. O coroamento dessa paz foi o casamento entre a jovem irmã de Henry, Mary, e o próprio Louis XII. Ela estava com dezessete anos; ele, com cinquenta e dois. Esse matrimônio, ao fim e ao cabo, gerou um fruto trágico: uma das netas tornou-se Lady Jane Grey que, por dez dias, seria Rainha da Inglaterra.

Entre os que foram com a comitiva matrimonial a caminho da França estava uma moça chamada Mary Boleyn. Era uma das três sobrinhas do Duque de Norfolk que, sucessivamente, atraíram o perigoso e mortífero amor de Henry VIII. Mary e sua irmã Anne haviam sido educadas na França, em uma dispendiosa academia anexa à corte francesa. Ao regressar à Inglaterra, Mary tornou-se amante do Rei. Anne prosseguiu os estudos na França.

Wolsey foi ricamente recompensado pelos êxitos internacionais, particularmente na França. Durante quatorze anos, em nome do Rei, foi, de fato, o efetivo governante do reino. Devia essa posição não apenas à sua imensa habilidade com os negócios, mas também ao seu considerável poder de sedução. Tinha "a sagacidade de um anjo," escreveu um dos seus contemporâneos, para lisonjear e iludir aqueles que desejava persuadir. Na companhia do Rei, era brilhante, festeiro e "um alegre descobridor de novos passatempos." Tudo isso o recomendava ao seu jovem senhor. Outros presumíveis conselheiros de Henry enxergavam um lado diferente no caráter de Wolsey. No auge de sua influência, Wolsey usufruía uma renda equivalente a cerca de 500 mil libras anuais, em termos de moeda inglesa nos valores do início do século XX. Sustentava mil empregados, e os seus palácios superavam os do Rei em esplendor. Essas considerações contra ele foram crescendo gradativamente no decurso dos anos. Mas por um tempo – e foi um período longo, em termos de gestão de ministro-principal – ele teve nas mãos um acúmulo de poder que, provavelmente, jamais foi igualado na Inglaterra.

A popularidade do Rei aumentou com as realizações do seu reinado. Os êxitos externos possibilitaram a Wolsey desenvolver os princípios de Henry VII sobre administração centralizada. Foi assim que esse sistema de governo arbitrário, embora despótico em teoria e contrário aos princípios que supostamente embasavam a Magna Carta, passou a se apoiar tacitamente na verdadeira vontade do povo. Os Tudors foram de fato os arquitetos de um sistema inglês de governo local que permaneceu inalterado até a era victoriana.

Alguns anos depois de sua acessão, Henry iniciou um programa de expansão naval, enquanto Wolsey se ocupava das manobras diplomáticas. Henry já construíra o maior navio de guerra da época, o *Great Harry*, de 1.500 toneladas. A esquadra foi construída sob a supervisão pessoal do soberano, que não se deu por satisfeito enquanto a Inglaterra não assumiu o controle dos Narrow Seas, os canais entre a Grã-Bretanha e o Continente e a Irlanda. As conquistas de Wolsey nas relações exteriores não foram menos relevantes. Os despachos desse período, no auge da Renascença, são tão cuidadosamente elaborados e expressivos como os melhores da história; todos os acontecimentos, tamanhos dos exércitos, revoltas em cidades italianas, movimentos no Colégio de Cardeais, impostos franceses, lá estão minuciosamente analisados e registrados. Pelo menos por alguns anos, Wolsey foi um fator de força e de equilíbrio na Europa.

O apogeu desse brilhante período foi alcançado em junho de 1520, quando Henry, pela primeira vez, atravessou o Canal para um encontro com o seu rival François I da França, no Campo do Manto de Ouro, em Guisnes, perto de Calais. A principal hesitação de Henry, segundo consta, era em relação à própria aparência. Ele não conseguia decidir como causaria a melhor impressão: se com a barba usual ou completamente raspada. A princípio, se rendeu aos apelos de Catarina e se barbeou. Mas logo arrependeu-se do passo tomado e deixou crescer a barba de novo, que atingiu total exuberância, a tempo de causar grande impressão nos franceses.

No Campo do Manto de Ouro, o torneio de justas e os festejos, as tendas e os adornos deslumbraram toda a Europa. Foi a última exibição de cavalaria medieval. Muitos nobres, dizia-se, carregavam nos ombros os seus moinhos, as suas florestas e os seus prados. Mas Henry e François não conseguiram se tornar amigos pessoais. Em Guisnes, ele tentou superar François tanto no esplendor de seus apetrechos como na astúcia da diplomacia. Confiando em sua grande força física, ele, de repente, desafiou François para uma luta romana. François, num golpe relâmpago, jogou-o ao chão. Henry ficou lívido de fúria, mas foi contido. Embora as solenidades prosseguissem, Henry não conseguiu perdoar tamanha humilhação pessoal. Em um mês, concluiu uma aliança com o Imperador Charles V, do Sacro Império Romano. Apenas seis semanas depois, os exércitos imperiais lograram uma acachapante vitória sobre os franceses em Pavia, no norte da Itália. Depois da batalha, a península inteira passou às mãos do Imperador. A Itália estava destinada a permanecer amplamente sob o domínio de Habsburg até as invasões de Napoleão. Mas embora o próprio François tenha caído prisioneiro, e termos humilhantes de paz fossem impostos à França, a Inglaterra não se beneficiou da vitória. Henry não mais podia influir na balança de poder da Europa. A culpa era, claramente, de Wolsey, e o Rei avaliou que talvez tivesse dado ao Cardeal demasiada liberdade de ação. Insistiu numa visita à nova faculdade que Wolsey estava construindo em Oxford, o Cardinal College, destinado a se tornar o Christ Church, o maior e mais ricamente dotado na universidade. Quando lá chegou, ficou assombrado com as vastas somas que estavam sendo empregadas na construção. "É estranho," observou ele ao cardeal, "que você tenha achado tanto dinheiro para gastar com a sua faculdade, mas não conseguiu o suficiente para a conclusão de minha guerra."

Concluiu que Wolsey deveria ser sacrificado para preservar a popularidade do monarca. Wolsey cruzou o Canal da Mancha para demoradas negociações de um acordo matrimonial com a França. Durante a ausência de Wolsey, Henry enamorou-se de Anne Boleyn. Desde que ela regressara da escola na França, Anne crescera e se transformara numa mulher de vinte e quatro anos, espirituosa e vivaz, esbelta e delicada, de lindos olhos escuros e cabelos negros e espessos, tão compridos que ela podia sentar-se sobre eles, e os usava soltos e escorridos sobre os ombros. Temperamento irascível, era sem rodeios e prepotente; embora não muito geralmente apreciada, logo angariou um pequeno séquito de admiradores.

A primeira notícia que temos de Anne Boleyn na corte é um despacho do embaixador espanhol, datado de 16 de agosto de 1527, quatro meses depois de Henry haver iniciado os procedimentos para a anulação do seu casamento. Planejou o divórcio e depois encontrou Anne? Ou planejara, desde o início, a união com Anne? Jamais saberemos, porque Henry era muito reservado em seus assuntos privados. "Três conseguem guardar um segredo se dois estiverem ausentes," comentou um ou dois anos depois, "e se eu desconfiasse que meu chapéu sabia o meu segredo, eu o atiraria ao fogo e o queimaria."

Henry fora cuidadosamente vigiado por Wolsey e Catarina. O aparecimento de uma dama na corte, com a qual, certa ocasião, ele passou horas a fio, criou um extraordinário alvoroço. Juntos, Henry e Anne trataram de enviar um embaixador real especial à presença do Papa Clemente VII, independente do embaixador residente escolhido por Wolsey, a fim de obter não apenas a anulação do casamento do Rei, mas uma autorização para ele se casar de novo, imediatamente. O Papa tornara-se praticamente prisioneiro de Charles V que, por sua vez, estava determinado a impedir Henry de se divorciar de sua tia. A recusa seguiu-se.

Simultaneamente, o Rei providenciou para que os devidos projetos fossem encaminhados ao parlamento, pela primeira vez em seis anos, a fim de lhe ampliar a competência para implantar as alterações que estava planejando. Norfolk e Gardiner, não Wolsey, concluíram os arranjos. Wolsey retirou-se em desgraça para a sua diocese em York. Numa ocasião, foi a Grafton para se encontrar com o Rei; mas quando entrou, descobriu que Anne também estava lá. Norfolk o insultou cara a cara, e ele foi dispensado sem uma audiência.

Em 9 de outubro de 1529, o infortúnio de Wolsey tomou maiores proporções. Anne estava disposta a arruiná-lo. Cismara com a York Place, como era chamada a residência londrina dos Arcebispos de York. Achava que o lugar tinha o tamanho suficiente para ela e Henry, bastante amplo para as diversões e os amigos, porém pequeno em demasia para permitir que a Rainha Catarina também morasse com eles. Anne e sua mãe levaram Henry para inspecionar os bens do Cardeal na Mansão York, e Henry ficou furioso com a opulência que lá encontrou. Os magistrados e conselheiros especiais foram chamados, e o Rei lhes perguntou como poderia, legalmente, obter a posse da Mansão York, que era considerada uma propriedade perpétua dos Arcebispos de York. Os magistrados recomendaram que Wolsey deveria assinar uma declaração pela qual transferisse a Mansão York para o Rei e seus sucessores. Um dos juízes do Tribunal do Rei foi, consequentemente, enviado para um encontro com Wolsey. George Cavendish, que fazia parte da comunidade doméstica privada do Cardeal, deixou-nos um relato dos últimos dias do Cardeal. Segundo ele, Wolsey disse: "Eu sei que o Rei, por natureza, tem um apetite real. O que me diz, *Master* Shelley? Posso eu fazer isso com justiça e consciência, abrindo mão, em meu nome e de meus sucessores, de algo que não me pertence?" O magistrado explicou como os juristas viam a questão. Ao que o Cardeal respondeu: "Prudentemente, não vou desobedecer e sim respeitar e cumprir, com satisfação, a principesca vontade e o prazer do Rei em todas as coisas; especialmente, neste assunto, uma vez que vós, os guardiões da lei, dizeis que eu posso, legalmente, fazê-lo. Seja como for, suplico-vos que transmitais a Sua Majestade, de minha parte, que eu mui humildemente desejo que Sua Alteza verifique, em sua graciosa memória, que *existem Céu e Inferno*."

Henry não ligou às fulminações do Cardeal. Ameaças simplesmente o faziam tomar medidas mais radicais. Wolsey adoeceu durante a jornada de regresso a Londres, onde uma cela na Torre estava sendo preparada e, quando a comitiva aproximou-se da Abadia de Leicester, a fim de passar a noite, ele disse aos monges que vieram recepcioná-lo: "Vim para deixar os meus ossos entre vós." Pouco depois, morreu. Encontraram um cilício de lã áspera ajustado ao seu corpo, sob a camisa, confeccionado em fino linho de holanda. Esse cilício era desconhecido por todos os criados, exceto o seu capelão.

Com a morte do Cardeal, interesses políticos até então submersos deram seus lances pelo poder. A ambição da nobreza rural em tomar parte nos assuntos públicos de Londres, a aspiração por uma Inglaterra renascentista rica e instruída, liberta da tutela dos padres, a pura cobiça e a sede de poder das facções rivais começaram a agitar a nação. Henry estava então com trinta e oito anos de idade.

Rompimento com Roma

Tendo falhado o apelo ao Papa por um divórcio, o Dr Cranmer, um jovem professor de teologia em Cambridge amigo dos Boleyns, apresentou uma nova e útil sugestão, que a questão se o Rei estivera legalmente casado deveria sair do âmbito dos advogados e ser submetida às universidades europeias. A ideia de Cranmer foi um grande sucesso, e o jovem professor foi recompensado com o cargo de embaixador junto ao Sacro Império Romano. O Rei resolveu expressar o seu desagrado com o Papa por meio de uma medida impactante contra o poder da Igreja na Inglaterra. Rumores antigos em defesa da Reforma foram silenciados pelo então imbatível poder de Wolsey. Agora, a Câmara dos Comuns avidamente reassumia a sua tarefa interrompida. Desde o início, a Câmara dos Comuns que votou os dispositivos referentes à Reforma adquiriu um espírito corporativo e, durante a sua longa existência, mais longa do que a de qualquer outro parlamento anterior, tomou avidamente todas as medidas que prometiam vingança. Cresceram aos poucos as hostilidades contra o episcopado, uma característica que marcaria os Comuns por mais de cem anos.

O Parlamento ia agora ouvir e disseminar o ponto de vista real sobre o divórcio. O Lord Chanceler More veio à Casa e proclamou: "Há alguns que dizem estar o Rei buscando um divórcio, por causa do amor por outra mulher, e não por escrúpulo ou consciência; mas isso não é verdade," e passou a ler as opiniões de doze universidades estrangeiras e a mostrar uma centena de "livros" redigidos por doutores de estranhas regiões, todos concordando que o casamento do Rei era ilegítimo.

Durante esses procedimentos, a Rainha Catarina permaneceu na corte. O Rei, embora cavalgasse e conversasse abertamente com Anne, deixou Catarina encarregada do seu guarda-roupa particular, inclusive a supervisão da lavagem e confecção da roupa de cama e mesa. Quando precisava de roupas, ele continuava a solicitá-las de Catarina, não de Anne. Anne ficou furiosamente ciumenta, mas, durante meses, o Rei recusou-se a abandonar a sua antiga rotina. Finalmente, pelo meio de julho, Anne levou o Rei a uma grande caçada, a mais longa de todas em que haviam ido juntos anteriormente. Catarina esperou dia por dia, um mês. Então chegou um mensageiro. Ela e a filha Mary estavam banidas da Corte.

O inverno de 1531-32 foi marcado pela crise mais tensa do reinado de Henry. Uma forma de excomunhão, ou mesmo de interdição, fora minutada em Roma mandando o Rei abandonar sua concubina Anne dentro de quinze dias. A sombra da ira papal pairava sobre a Inglaterra. Mas, como nos dias sombrios da primeira parte do reinado, o Rei manteve o seu rumo inflexível até o fim. A oposição só conseguia fazer com que insistisse em seus planos. A Lei da Anata (a renda no primeiro ano após a consagração que os bispos pagavam a Roma) foi preparada como uma medida agressiva, na eventualidade de que viesse a acontecer o pior. Armava-se o Rei para um confronto mais acirrado com o Papa do que o ocorrido antes da Carta Magna.

Foi o projeto de lei mais difícil que Henry teve de fazer passar pelo Parlamento. Afinal, imaginou um expediente inteiramente novo: a primeira votação pública da Casa. "Imaginou um plano pelo qual os membros do parlamento que desejavam o bem-estar do Rei e a prosperidade do reino (conforme se dizia) deveriam ocupar um dos lados da Casa, e aqueles que se opunham à medida, do outro. Por medo da indignação do Rei, alguns deles mudaram de posição, e a lei foi aprovada.

Sir Thomas More renunciou como Lord Chanceler em protesto contra a supremacia real em assuntos espirituais. Ele havia procurado servir lealmente seu soberano em tudo; agora, percebia que os rumos de Henry tendiam, inevitavelmente, a conflitar com a sua própria fé. Assim foi que a Reforma na Inglaterra passou por um processo lento. Um rei oportunista, com passos medidos, caminhou na direção de uma Inglaterra totalmente independente da administração de Roma. Wolsey muito fizera na preparação do caminho. Apoiara o Papado durante alguns de seus anos mais críticos e, em paga, tivera autorização para exercer poderes amplos e extensos, os quais eram usualmente privativos do próprio Papa ou de um dos seus legados visitantes. A Inglaterra, portanto, mais do que qualquer outra província da cristandade, estava acostumada à jurisdição papal investida em um de seus próprios padres; e isso tornou mais fácil a transferência desse poder à Coroa.

Seguro de que poderia levar a cabo até a mais surpreendente nomeação para Canterbury, o Rei chamou Cranmer de sua embaixada. Cranmer fora casado duas vezes. Como o casamento de padres ainda era ilegal na Inglaterra, a esposa de Cranmer viajou antes dele, disfarçada. Uma semana mais tarde, foi-lhe oferecido o Arcebispado de Canterbury. Ele aceitou. Daí por diante, até a morte de Henry, a esposa de Cranmer ficou sempre escondida, e, quando ela o acompanhava nas viagens, era obrigada, segundo afirmação popular, a seguir como bagagem, dentro de um enorme baú especialmente construído para ocultá-la.

Um mês depois, Henry casou-se secretamente com Anne Boleyn. A ruptura entre a Inglaterra e Roma estava completa.

Dez dias mais tarde os comissários reais fizeram uma visita à Rainha Catarina. Todos os tipos de motivos foram desfiados para que ela renunciasse voluntariamente ao título. Ela recusou-se a renunciar. Mas os comissários ainda tinham mais uma participação a lhe fazer. Catarina, de qualquer forma, não era mais Rainha, pois o Rei já estava casado com Anne Boleyn.

Assim, o casamento secreto de Henry foi revelado. O casamento de Catarina com Henry existira de fato, mas não de direito; era nulo desde o início; e, cinco dias depois, o casamento com Anne foi declarado válido. A Rainha Anne Boleyn foi coroada em 1º de junho na Abadia de Westminster.

No mês seguinte, ficou patente que a nova Rainha estava grávida. Uma cama valiosa e magnífica, que estivera guardada no Tesouro desde que fora parte do resgate de um nobre francês, foi trazida, e, em 7 de setembro de 1533, nasceu a futura Rainha Elizabeth.

Embora se acendessem fogueiras, não havia felicidade no peito de Henry. "Desejais ver a sua filhinha?," perguntou a velha babá, conforme uma narrativa. "Minha filha, minha filha!" respondeu o Rei num acesso de fúria. "Sua diaba velha, bruxa, não se atreva a me dirigir a palavra!" Disparou a galope para longe de Greenwich, para longe de Anne e, em três dias, chegou a Wolf Hall, no Wiltshire, a residência de um velho e digno cortesão, Sir John Seymour, que tinha um filho talentoso na carreira diplomática e uma filha bonita, ex-dama de honra da Rainha Catarina. Jane Seymour tinha cerca de vinte e cinco anos e, embora fosse uma mulher atraente, ninguém via nela muita beleza. Mas ela era alegre e, de um modo geral, agradável, e Henry se apaixonou por ela.

Sir Thomas More estava confinado na Torre havia muitos meses. Em seu julgamento, More apresentou uma defesa brilhante, mas a antiga confiança que o Rei nele depositara agora se transformava em aversão vingativa. Sob pressão real, os juízes o pronunciaram culpado de traição. More foi executado em julho. Por esse fato o Rei foi o único responsável; é uma mancha negra em sua biografia. Logo em seguida, Henry foi excomungado e, teoricamente, destituído do trono pelo Papa. More representava a defesa de tudo o que havia de melhor do ponto de vista medieval. Para a história, neste aspecto, ele representa a universalidade, a crença em valores espirituais e o sentido instintivo de uma outra vida. O machado cruento de Henry VIII decapitou não só um conselheiro sábio e talentoso, mas um sistema que, embora houvesse falhado em alcançar seus ideais na prática, vinha, de muito tempo, provendo o gênero humano com os sonhos mais gloriosos.

❄

Jane Seymour foi instalada em Greenwich. Graças ao criado dela, que havia sido subornado pelo embaixador imperial, temos um relato das galantarias reais. Um dia, o Rei enviou um pajem a Londres com uma bolsa cheia de ouro e uma carta, escrita de próprio punho. Jane beijou a carta, mas devolveu-a ao pajem sem abri-la. Em seguida, caindo de joelhos, ela disse: "Rogo-lhe que suplique ao Rei que entenda a minha discrição como a de uma dama proveniente de família boa e honrada, sem opróbrios, que não possui tesouro maior no mundo do que a própria virtude, a qual não posso manchar nem por mil mortes. Se o Rei quiser me presentear com dinheiro, eu lhe imploro que o faça quando Deus me enviar um marido para casar." O Rei ficou imensamente satisfeito. Ela havia, disse ele, mostrado muita virtude, e, para provar que as intenções dele eram inteiramente dignas, prometeu não lhe dirigir a palavra no futuro, exceto na presença de parentes dela.

Em janeiro de 1536, a Rainha Catarina faleceu. Se o Rei desejasse se casar de novo, agora poderia repudiar a Rainha Anne sem suscitar constrangimentos acerca do seu primeiro casamento. Já corriam rumores espalhados pelo partido dos Seymours de que, em seu intenso desejo por um herdeiro, a Rainha Anne fora infiel ao Rei, com diversos amantes, logo depois do nascimento de Elizabeth. Se comprovada, tal ofensa seria fatal. Consequentemente, a Rainha passou a ser vigiada, e, num domingo, dois jovens cortesãos, Henry Norris e Sir Francis Weston, foram vistos entrando nos aposentos da Rainha, e foram ouvidos em relações amorosas com ela. No domingo seguinte, um certo Smeaton, camareiro do Rei, que tocava o alaúde com muita habilidade, foi preso e acusado de ser amante da Rainha.

Anne foi feita prisioneira e mantida sob guarda, até que a maré mudasse e ela pudesse ser conduzida rio acima para a Torre. A notícia se propagou tão rapidamente que grandes ajuntamentos de gente postaram-se ao longo da margem a tempo de verem a barcaça da Rainha remando com rapidez contra a corrente.

Os comissários especiais para assuntos de traição, nomeados na semana anterior, inclusive o pai de Anne Boleyn, e toda a bancada de juízes exceto um, constituíram um tribunal para julgar os amantes de Anne. Um júri especial composto por doze cavaleiros nobres fora convocado, e considerou os réus culpados. Foram condenados a ser enforcados, eviscerados e esquartejados, mas as execuções foram adiadas até depois do julgamento da Rainha. Este teve início na segunda-feira seguinte, no Grande Vestíbulo da Torre. Ela foi acusada de ter sido infiel ao Rei; de ter prometido casar com Norris depois da morte do Rei; de ter entregue a Norris medalhões que continham veneno para matar Catarina e Mary, e de outros crimes, inclusive o de incesto com o irmão. A Rainha negou as acusações vigorosamente e contestou cada uma em detalhe. Os pares do reino se retiraram e logo regressaram com o veredicto de culpada. A Rainha deveria ser queimada ou decapitada a critério do Rei.

Anne recebeu a sentença com coragem e serenidade. Declarou que, se o Rei autorizasse, ela preferia ser decapitada, como a nobreza da França, com uma espada, e não, como a nobreza da Inglaterra, com um machado. Seu desejo foi atendido; não existia, porém, nos domínios do Rei, nenhum carrasco capaz de executar a sentença com uma espada. Foi necessário postergar-lhe a execução enquanto um especialista vinha emprestado de St Omer. Durante a noite de quinta-feira, ela dormiu pouco. Podiam ouvir-se as marteladas distantes, vindas do pátio da Torre, onde se construía um cadafalso com cerca de um metro e meio de altura para a execução. De manhã, o público foi admitido no pátio. Em 19 de maio de 1536, o carrasco já estava esperando, encostado em sua pesada espada para duas mãos, quando surgiu o comandante da Torre, seguido de Anne, coberta por uma bela capa de noite cinza-adamascada, adornada com peles, deixando entrever, por baixo, uma túnica carmim. Ela escolhera esse traje, de modo a deixar o pescoço nu. Uma grande soma lhe fora entregue para que ela a distribuísse em óbolos ao povo presente. "Não estou aqui," disse simplesmente, "para lhes fazer pregações, mas para morrer. Orem pelo Rei, pois ele é um homem bom e me tratou o melhor que pôde." Então, ela removeu o toucado coberto de pérolas, revelando que o seu cabelo havia sido cuidadosamente preso para não impedir a ação do carrasco.

"Rezem por mim," disse ela, e se ajoelhou, enquanto uma das damas de companhia lhe tapava os olhos com uma bandagem. Antes que houvesse tempo para dizer um padre-nosso, ela abaixou a cabeça, murmurando em voz baixa: "Deus tenha piedade de minha alma." "Deus tenha misericórdia de minha alma," ela repetiu, enquanto o carrasco avançou e, com vagar, preparou o golpe. Então a enorme lâmina sibilou no ar e, com um único movimento, o trabalho dele estava feito.

Logo que a execução lhe chegou ao conhecimento, Henry apareceu todo vestido de amarelo, com um penacho no chapéu, e, dez dias depois, casou-se com Jane Seymour numa cerimônia privada. Jane mostrou-se a esposa submissa que Henry sempre sonhara, e Henry desfrutou dezoito alegres meses ao seu lado. Ela foi a única rainha que Henry lamentou haver perdido e por quem vestiu luto. E, quando ela morreu, com apenas vinte e oito anos de idade, logo após ter dado à luz o primeiro filho, o futuro Edward VI, Henry homenageou-a com honras fúnebres de realeza, sepultando-a na Capela de St George, em Windsor. Ele próprio jaz ao lado dela.

O fim dos mosteiros

Embora tudo fosse alegria na corte enquanto Jane foi rainha, a Inglaterra rural estava cheia de gente insatisfeita. Henry se encontrava cada vez mais desprovido de recursos financeiros, e as propriedades da Igreja pareciam uma presa convidativa. A ideia da extinção dos mosteiros não era de todo nova: Wolsey dera fim a diversas pequenas casas para financiar a sua faculdade em Oxford, e o Rei fechara mais de vinte em benefício próprio. O Parlamento pusera poucos obstáculos à liquidação das casas menores, sabendo que os respectivos ocupantes seriam transferidos para casas maiores ou aposentados.

O Rei tinha agora um novo conselheiro-chefe, Thomas Cromwell, que antes fora, sucessivamente, mercenário na Itália, comerciante de tecidos e agiota. Recebera de Wolsey os ensinamentos sobre estadística, mas também aprendera com o mestre as lições de sua queda. Impiedoso, cínico, maquiavélico, Cromwell era homem do seu tempo.

Talvez a sua maior proeza tenha sido dar início ao serviço civil do governo da Inglaterra moderna. Cromwell é o arquiteto, sem o devido reconhecimento, dos nossos grandes departamentos ministeriais. Primeiro-ministro, Cromwell perpetrou a extinção dos mosteiros com notável eficiência e sangue-frio. O resultado principal teve o efeito, se não a intenção, de alcançar um compromisso da classe mercantil com a instituição da Reforma e com a dinastia dos Tudors.

A Reforma leva, de vez em quando, a culpa por todos os males atribuídos ao sistema econômico da atualidade. Acontece que esses males, se eram realmente males, existiam muito antes de Henry VIII começar a duvidar da validade do seu casamento com Catarina de Aragão. Thomas More, que não viveu para ver os acontecimentos seguirem seu curso, já delineara para os contemporâneos, em sua "Utopia," os distintos traços da nova economia.

Bíblias completas impressas, traduzidas para o inglês por Tyndal e Coverdale, apareceram pela primeira vez no final do outono de 1535, e já agora rodavam em várias edições. O governo ordenou ao clero que estimulasse a leitura da Bíblia. Cromwell determinou que o padre-nosso e os mandamentos fossem ensinados na língua materna, em vez do latim. No ano seguinte, *A Instituição de Um Cristão*, preparada por Cranmer para edificação popular, mostrava nítida tendência para a Nova Opinião. Foi, de fato, uma mudança e uma revelação. Henry determinou que todas as paróquias do país deveriam adquirir uma Bíblia em inglês, no maior tamanho disponível, para ser posta em cada igreja, em lugar onde os paroquianos pudessem, com toda a comodidade, ter acesso para leitura. Seis cópias foram expostas na Catedral de St Paul, localizada no centro comercial de Londres, onde multidões se aglomeravam o dia inteiro para ler; especialmente, dizem, quando conseguiam alguém com entonação audível para leitura em voz alta. Essa versão da Bíblia permaneceu a base de todas as edições posteriores, inclusive a Versão Autorizada que foi preparada no reinado de James I.

❄

Até então, Thomas Cromwell havia sempre caminhado com sucesso. Agora, começava a esbarrar no conservadorismo da nobreza tradicional, oposta às mudanças doutrinárias de Cranmer e seus seguidores. A França e o Imperador poderiam invadir a Inglaterra e executar a sentença de deposição que o Papa pronunciara. O próprio Rei ansiava por evitar um rompimento religioso total com as potências europeias. Esses temas de grande envergadura foram resolvidos da mesma forma que quase tudo mais naquele reinado memorável, como resultado dos assuntos conjugais do Rei.

Uma aliança com os príncipes do norte da Alemanha contra os dois monarcas católicos parecia agora uma injunção, e foram aceleradas as negociações para um casamento entre Henry e Anne, a mais velha das princesas de Cleves. Os encantos de Anne, segundo o relatório de Cromwell, estavam na boca do povo. "Todos," anunciou ele, "lhe enaltecem a beleza do rosto e do corpo. Dizem que ela é mais bonita do que a Duquesa de Milão, assim como o sol de ouro excede a lua de prata." Anne só falava alemão, passava a maior parte do tempo em bordados e não sabia cantar ou tocar nenhum instrumento. Tinha trinta anos, era muito alta e esguia, com uma expressão resoluta e autoconfiante, ligeiramente marcada pela varíola; mas era sagaz e animada e não exagerava na cerveja.

No dia do Ano-Novo de 1540, Henry apressou-se em visitá-la. Mas, ao vê-la, ficou atônito e desconcertado. Abraços, presentes, cumprimentos e tudo mais que havia sido cuidadosamente planejado para a viagem foram esquecidos. Resmungou algumas palavras e regressou para sua barcaça. Em particular, apelidou-a "Égua de Flandres."

Mas a ameaça de fora compeliu o Rei a cumprir o contrato. Uma vez que agora ele conhecia o direito canônico a respeito do matrimônio tanto quanto qualquer um na Europa, adotou o comportamento de perfeito exemplo legal de homem, cujo casamento poderia ser anulado. O casamento nunca foi consumado.

Norfolk e Gardiner, os competidores pelo poder, viram a chance de derrubar Cromwell, como Wolsey fora derrubado, com a ajuda de uma nova dama. Outra sobrinha de Norfolk, Catherine Howard, foi apresentada a Henry na residência de Gardiner, cativando-lhe as afeições à primeira vista.

Em junho de 1540, o Rei foi convencido a se livrar de Anne e de Cromwell ao mesmo tempo. Anne concordou com a anulação do casamento, e o Sínodo declarou-o inválido. Ela continuou a viver na Inglaterra, em completo retiro, sustentada por uma pensão, por mais dezessete anos. Alguns dias depois de Cromwell, condenado por heresia e traição, ter sido executado, em 28 de julho, Henry casou-se, em cerimônia particular, com a sua quinta esposa, Catherine Howard.

Catherine, com cerca de vinte e dois anos de idade, cabelos ruivos e olhos castanho-claros, foi a mais bonita das esposas de Henry. Sua Majestade ganhou novo ânimo, recuperou a saúde e desceu até Windsor para perder peso. Mas a rebelde e tempestuosa Catherine não permaneceu feliz por muito tempo ao lado de um homem quase trinta anos mais velho que ela. O amor imprudente que sentia pelo primo, Thomas Culpeper, foi descoberto, e ela foi executada na Torre, em fevereiro de 1542, no mesmo local onde morrera Anne Boleyn. Na noite anterior à execução, ela pediu que lhe trouxessem o cepo, para que pudesse praticar a melhor posição de pôr a cabeça sobre ele; e, ao subir ao cadafalso, declarou: "Morro rainha, mas preferia morrer como a mulher de Culpeper. Que Deus tenha piedade de minha alma! Bom povo, rogo-lhes que rezem por mim."

A sexta esposa de Henry, Catherine Parr, foi uma circunspecta viúva de baixa estatura, do Lake District, trinta e um anos, culta e interessada em questões teológicas, que tivera dois maridos antes do Rei. Casou-se com Henry em Hampton Court, em 12 de julho de 1543 e, até a morte dele, três anos mais tarde, foi uma esposa admirável, cuidando-lhe da perna ulcerada, que foi piorando, provocando-lhe, finalmente, a morte. Deu um jeito de reconciliar Henry com a futura Rainha Elizabeth; tanto Mary quanto Elizabeth se afeiçoaram a ela, e ela teve a boa sorte de sobreviver ao marido.

❋

Aquele brilhante jovem príncipe da Renascença envelhecera e se tornara iracundo. A dor na perna transformara Henry num mal-humorado; irritavam-no gente estúpida e importunos. As suspeitas dominavam-lhe a mente, e a crueldade lhe marcava as atitudes. Na época do seu casamento com Catherine Parr, ele estava se preparando para a última de suas guerras. As raízes do conflito estavam na Escócia. No outono de 1542, uma força chefiada por Norfolk teve de recuar em Kelso, por erro, principalmente, do serviço de intendência que, além de outras falhas, deixou o exército inglês sem cerveja, e os escoceses levaram a guerra para dentro do território inimigo. Essa decisão foi desastrosa. Malcomandados e mal-organizados, os escoceses perderam mais da metade de seus mais de dez mil soldados em Solway Moss, e foram destroçados. A notícia causou a morte de James V, que, ao falecer, deixou o reino para uma criança com uma semana de nascida: Mary Stuart, a célebre Rainha dos Escoceses. Imediatamente, a criança virou o centro da luta pela Escócia.

Mais uma vez, a Inglaterra e o Império tinham uma causa comum contra os franceses; e, em maio de 1543, um acordo sigiloso foi celebrado entre Carlos V e Henry VIII. Durante todo aquele ano e até a primavera de 1544, os preparativos prosseguiram. Enquanto a Escócia era deixada a cargo de Edward Seymour, irmão da Rainha Jane, e agora Conde de Hertford, o próprio Rei deveria cruzar o Canal da Mancha à testa de um exército contra François, em cooperação com uma força imperial vinda do nordeste.

O plano foi excelente, mas a execução fracassou. Henry VIII e Carlos V desconfiavam um do outro; cada um suspeitava que o outro procuraria uma paz em separado. Receoso de ser envolvido em demasia nas maquinações do Imperador, Henry parou para sitiar Boulogne. A cidade caiu em 14 de setembro, e Henry pôde, pelo menos, congratular-se por um resultado tangível na campanha. Cinco dias mais tarde, o Imperador celebrou a paz com François e recusou-se a ouvir as queixas e os apelos de Henry. Enquanto isso, na Escócia, os ingleses, depois de atearem fogo a Edinburgh e devastarem muitas terras, interromperam o avanço e, em fevereiro de 1545, foram derrotados em Ancrum Moor.

A posição de Henry era extremamente delicada. Sem um único aliado, a nação encarou a possibilidade de ser invadida pela França e pela Escócia. A crise estava a exigir sacrifícios sem precedentes do povo inglês; jamais dele se exigira o pagamento de tantos empréstimos, subsídios e contribuições. Para dar o exemplo, Henry mandou derreter sua baixela de prata e hipotecou suas propriedades. Henry fracassou completamente na Escócia. Ele não fazia acordos generosos com seus vizinhos, embora não tivesse força para coagi-los. Ao longo dos cinquenta anos seguintes, os escoceses haveriam de provocar e perturbar a mente dos seus sucessores.

Na quinta-feira, dia 27, o Rei estava morrendo. Os médicos não tinham coragem de lhe dizer isso, porque profetizar a morte do Rei era traição, por força de um ato do Parlamento. Pouco antes da meia-noite, o Rei despertou. Mandou que chamassem Cranmer. Quando este chegou, Henry estava muito fraco para falar; só conseguiu estender a mão para Cranmer. Em alguns minutos, o Chefe Supremo parou de respirar.

❄

O governo de Henry viu muitos avanços no desenvolvimento e no caráter do estado inglês, mas é uma nódoa hedionda o registro de que seu reinado deva ser amplamente lembrado pelas execuções. Duas rainhas, dois dos ministros principais do Rei, um bispo santificado, inúmeros abades, monges e muita gente comum, que se atreveram a desafiar a vontade real, foram mortos. Quase todos os membros da nobreza, em cujas veias corria sangue real, pereceram no cadafalso por ordem de Henry. Católicos romanos e calvinistas arderam em fogueiras por heresia e traição religiosa. Essas perseguições, efetuadas de forma solene por agentes da lei, talvez na presença do Conselho ou mesmo do próprio Rei, constituem uma sequela brutal da luminosa promessa da Renascença. O sofrimento de homens e mulheres devotos em meio a feixes de lenha, o emprego da tortura e as penas selvagens impostas até por infrações insignificantes são um repelente contraste com os princípios iluminados do humanismo. Ainda assim, os súditos não se voltaram contra Henry com ódio. Ele foi bem-sucedido em manter a ordem em meio ao tumulto da Europa, sem exército nem polícia, e impôs à Inglaterra uma disciplina que não se via em nenhum outro lugar. Ao longo de um século, guerras religiosas foram travadas sem que os ingleses pegassem em armas para combater compatriotas em nome da fé. Devemos creditar ao reinado de Henry o assentamento das bases do poder marítimo, o reflorescer da instituição do Parlamento, a distribuição da Bíblia ao povo e, acima de tudo, o fortalecimento da monarquia popular, sob a qual as gerações subsequentes trabalharam unidas para a grandeza da Inglaterra, enquanto França e Alemanha abalavam-se em rivalidades internas.

A luta protestante

A Reforma na Inglaterra, sob Henry VIII, recebera o impulso dirigente das paixões do Rei e do seu desejo de poder. Ele ainda se considerava um bom católico. No entanto, nenhuma de suas esposas católicas lhe gerara um filho. Catarina de Aragão dera à luz a futura Rainha Mary; Anne Boleyn, a futura Rainha Elizabeth; foi Jane, porém, filha da casa protestante dos Seymours, que lhe produzira o futuro Edward VI. Receios de uma sucessão disputada ficaram profundamente gravados em Henry VIII e em todo o seu povo. Henry queria liberdade de ação para governar e escolher as consortes, mas não via necessidade de mudar a fé ou sequer o ritual sob os quais seus súditos haviam nascido. Com o novo reinado, uma maré mais funda e mais forte começou a fluir. O guardião e conselheiro-chefe do rei-menino era o tio, Edward Tudor, agora Duque de Somerset. Ele e Cranmer passaram a transformar a politizada Reforma de Henry VIII numa revolução religiosa. O Livro Comum de Orações, em resplandecente prosa inglesa, foi redigido por Cranmer e aceito pelo Parlamento em 1549. Seguiram-se, depois da queda de Somerset, os quarenta e dois artigos religiosos e um segundo Livro de Orações, até que, pelo menos no papel, a Inglaterra se tornou um estado protestante.

Somerset não era mais que um dos regentes nomeados, de acordo com o testamento de Henry, e a posição dele como Protetor, ao mesmo tempo deslumbrante e perigosa, tinha pouco fundamento legal ou precedente. Rivais ciumentos o assediavam. O pálido menino Edward VI, de constituição frágil, podia não viver muito tempo. A herdeira protestante que se seguia era Elizabeth.

Muito mais sérias do que essas ameaças pessoais eram as dificuldades e o descontentamento na zona rural. A vida e a economia da Inglaterra medieval estavam se dissolvendo. Os proprietários de terras perceberam que vastas fortunas podiam ser feitas com a lã, e as áreas comunais em torno das aldeias lhes impediam os lucros. A guerra entre proprietários de terras e camponeses prosseguia por décadas. Lenta e seguramente, os direitos e privilégios das comunidades foram infringidos e suprimidos. Terras das comunidades eram confiscadas, cercadas e transformadas em pastagens para os rebanhos. A extinção dos mosteiros pôs fim ao elemento mais poderoso e conservador do antigo sistema e, por algum tempo, deu novo ânimo ao processo já em andamento. A multiplicação das terras cercadas causou problemas em todo o reino. Em alguns condados, um terço das terras cultiváveis virou capinzal, e o povo se enfureceu com a nova nobreza, empanturrada com pilhagens sacrílegas, mas ainda querendo mais.

Eclodiram duas rebeliões. Os campônios católicos do sudoeste se insurgiram contra o Livro de Orações, e os roceiros dos condados do leste, contra os proprietários que haviam cercado as terras. John Dudley, Conde de Warwick, aproveitou-se da oportunidade. Era um homem interesseiro e vigoroso, defensor das grandes riquezas e dos latifúndios. Recebia agora o comando das tropas encarregadas de sufocar a revolta. A melhor tropa de Warwick pôs em desordem a formação camponesa. Três mil e quinhentos foram mortos. Warwick, acidentalmente, fizera nome como homem forte.

Os inimigos de Somerset reclamaram o crédito pela restauração da ordem. Atribuíram a insurgência no leste às suas comissões de investigação das cercaduras e à sua simpatia pelos camponeses; a rebelião no oeste, às suas reformas religiosas. Sua política externa levara os escoceses a uma aliança com a França, e ele havia perdido a única conquista de Henry: Boulogne. Warwick tornou-se o líder da oposição. "Os Lordes de Londres," como eram chamados os partidários de Warwick, reuniram-se para tomar providências contra o Lord Protetor. Ninguém se mexeu para apoiá-lo. Calmamente, tomaram conta do governo. Depois de um breve período de confinamento na Torre, Somerset, esplendidamente trajado como se fosse a um banquete oficial, foi executado em Tower Hill. Aquele homem de boa aparência, bem-intencionado, fracassou completamente em corrigir a desordem no reino de Henry e caiu vítima dos ferozes interesses que afrontara. Apesar de tudo, o povo da Inglaterra lembrou-se dele por muitos anos como "o Bom Duque." O Rei nominal da Inglaterra, Edward VI, era um inválido frio e pedante com quinze anos de idade. No seu diário, ele fez o registro da morte do tio sem comentário.

❋

O governo de Warwick, agora feito Duque de Northumberland, conseguia se manter firme por meio da resistência de classe às inquietações sociais. Os seus três anos no poder revelaram o auge da voracidade das classes governantes. A definição de governo dada por Thomas More, "uma conspiração dos ricos para conseguirem bens sob a égide do que intitulam comunidade," adaptava-se perfeitamente à Inglaterra durante aqueles anos.

Um lampejo de iniciativa distingue esse período. Nele ocorreu a abertura das relações entre a Inglaterra e uma nova potência emergente na Europa Oriental, até então conhecida como Muscovy, mas que logo se denominaria Rússia. Um pequeno grupo de ingleses concebeu a ideia de descobrir uma passagem nordeste para a Ásia através das águas do Ártico. No litoral norte da Ásia, poderia haver povos dispostos a comprar tecido e outros produtos ingleses. Antes, em 1527, surgira um pequeno livro que profetizava tal descoberta. Destaca-se uma frase: "Não há terra inabitável nem mar inavegável." Em 1553, uma expedição foi financiada pela Companhia de Mercadores Aventureiros de Muscovy com apoio do governo. Sebastian Caboto, um experiente velho marinheiro que, cerca de cinquenta anos antes, acompanhara o pai em sua viagem à Terra Nova, foi nomeado presidente da companhia. Em maio, três navios suspenderam sob o comando de Hugh Willoughby e Richard Chancellor. Willoughby pereceu com toda a sua tripulação ao largo da Lapônia, mas Chancellor invernou em Archangel e, na primavera, seguiu por terra até a corte de Ivan, o Terrível, em Moscou. O monopólio das cidades alemãs componentes da liga hanseática, que por muito tempo bloqueara o acesso dos comerciantes ingleses a todo o norte europeu, estava contornado, e tiveram início as relações comerciais com a Rússia.

De acordo com a Lei de Sucessões de 1543, o próximo ocupante do trono seria a Princesa Mary, filha católica de Catarina de Aragão. Northumberland bem podia temer pelo futuro.

Só restava recorrer a um *coup* militar, quando o jovem Rei morresse. Uma conspiração desesperada desenrolou-se. Em 6 de julho de 1553, Edward VI expirou, e Lady Jane Grey, designada em testamento por Henry VIII a próxima na linha sucessória depois de seus próprios filhos, foi aclamada como Rainha em Londres. A única resposta a essa proclamação foi o crescimento da resistência. Northumberland era muito odiado em toda parte. O povo comum uniu-se em apoio a Mary. Em agosto, Mary entrou em Londres com

Elizabeth ao seu lado. Lady Jane e o marido foram mandados para a Torre. Em vão, Northumberland humilhou-se. Nada poderia salvá-lo de uma morte ignominiosa.

Mary Tudor que agora se tornava Rainha foi, provavelmente, a mais infeliz e malsucedida de todos os soberanos da Inglaterra. Qual Catarina, mãe dela, a religião lhe dominava a existência, de forma que o divórcio de Catarina e o rompimento com Roma causaram-lhe trágicas e catastróficas transformações. Durante todo o reinado de Edward VI, ela se apegara aos seus confessores e se confinara à sua capela, e era naturalmente temida pelo grupo regente de políticos protestantes em Londres.

Segura no trono, Mary começou a realizar o desejo de sua vida: a restauração da comunhão com Roma. A questão mais urgente era quem seria o marido de Mary. Os olhos de Mary estavam voltados para além-mar, o enviado do Imperador trabalhou com rapidez, e ela prometeu casar-se com o filho do Imperador, o futuro Felipe II de Espanha.

Quando a notícia do noivado espanhol se espalhou pela corte e chegou ao povo, horripilantes histórias sobre a Inquisição e a chegada de tropas espanholas passaram de boca em boca. Representantes da Câmara dos Comuns foram em comitiva implorar à Rainha que não ferisse os sentimentos da nação. Mary, porém, tinha a obstinação dos Tudors e nada do seu tino político. Ela estava agora no limiar da realização do seu sonho: uma Inglaterra católica, unida, em íntima aliança com o Império católico dos Habsburgos.

Todos os olhares se voltaram para a Princesa Elizabeth, no seu vigilante retiro em Hatfield. Os acontecimentos sucederam-se com rapidez. A oeste, Courtenay precipitou uma revolta e logo que a união matrimonial com a Espanha foi anunciada, Wyatt abriu outra rebelião no sul da Inglaterra. A capital estava alarmada. Mary, amarga e desapontada com o seu povo, sabedora de que falhara em lhes conquistar o coração, mostrou que não tinha medo. Num discurso arrebatador no Guildhall, conclamou os londrinos a saírem em sua defesa. Ocorreram lutas esparsas nas ruas, e os homens da Rainha dominaram os intrusos. Isso selou o destino de Lady Jane Grey e do marido. Em fevereiro de 1554, os dois caminharam calmamente para a morte na Tower Hill.

A vida de Elizabeth corria agora grande perigo. Mas, destemida e apaixonadamente, ela negou todas as acusações de ligações desleais com Courtenay ou Wyatt. É possível que Mary acreditasse nela. De qualquer forma, depois de alguns meses, foi libertada e mandada para Woodstock, onde, em pacato e piedoso isolamento, ela esperou a reviravolta do destino. Em julho de 1554, Mary e Felipe casaram-se pelo ritual da Igreja Católica.

Mary tornou-se para sempre odiosa aos olhos dos protestantes, conhecida como a Rainha Sanguinária que martirizou os seus súditos mais ilustres. Gerações de ingleses aprenderam, na infância, a história do seu sacrifício, narrada no *Book of Martyrs*, de Foxe, com ilustrações horripilantes. Essas histórias tornaram-se parte da memória comum do povo – as famosas cenas de Oxford, em 1555, quando feixes de lenha consumiram em chamas os bispos protestantes Latimer e Ridley; a vergonhosa abjuração e o final heroico, em março de 1556, do débil, envelhecido Arcebispo Cranmer. O martírio desses homens atraiu para a fé protestante muitos dos que, até então, haviam se mostrado indiferentes.

Esses mártires tiveram visões de que as suas mortes não seriam em vão e, presos à estaca da fogueira, pronunciaram palavras imortais. "Não desespere, *Master* Ridley," gritou Latimer em meio ao estalar das labaredas. "Seja homem. Acenderemos hoje uma vela tamanha na Inglaterra que, pela graça de Deus, confio, jamais será apagada."

Inutilmente, a Rainha empenhou-se em unir os interesses ingleses aos da nação espanhola. Ela se casara, a fim de tornar a Inglaterra segura para o catolicismo e sacrificara o pouco de felicidade pessoal que poderia esperar da consecução dos seus sonhos. Mulher de Felipe de Espanha, contrariando os interesses do próprio reino e os conselhos de assessores prudentes, entre os quais o Cardeal Pole, ela permitiu que o país fosse arrastado à guerra contra a França, e Calais, última possessão inglesa no continente, caiu sem resistência. Essa desgraça nacional, essa perda do símbolo do poder e da glória da Inglaterra medieval, calou fundo no coração do povo e na consciência da Rainha. A esperança de um filho que garantisse a sucessão católica foi perdida. Mesmo assim, longe das crônicas e sem citações meritórias, o reino de Mary deixou uma modesta conquista, a qual, raramente, recebe a atenção dos historiadores. Os ministros de Mary, durante o seu curto reinado, embarcaram numa grandiosa empreitada de poupança e reformas; na ocasião de sua morte, eles já haviam realizado muito com o intento de purgar o governo da corrompida extravagância do regime de Northumberland.

Felipe retirou-se para os Países Baixos e, em seguida, para a Espanha, arredio e desapontado ante a esterilidade de todo aquele esquema político.

Cercada de deslealdade e descontentamento, Mary teve a saúde abalada. Em novembro de 1558, ela morreu, e, algumas horas depois, no Palácio Lambeth, seu coadjutor, o Cardeal Pole, a seguiu. O trágico interlúdio que foi o seu reinado chegou ao fim. Estava selada a conversão do povo inglês à fé reformista.

❄

No começo, a Reforma Protestante na Europa foi uma rebelião local contra os abusos de uma organização. Isso, porém, perdeu a razão de ser, quando, depois de alguns anos, a Igreja Católica pôs a casa em ordem. O que ficou foi a insurgência das raças setentrionais contra todo o aparato da Igreja de Roma, na medida em que isso parecia em conflito com o avanço da mente humana. A revelação cristã podia agora ser levada adiante para os novos tempos que não mais comportavam os moldes nos quais os conquistadores bárbaros da antiguidade haviam sido, necessária e feudalmente, contidos após o colapso do Império Romano. Até o reinado de Henry VIII, havia um certo grau mais amplo de tolerância nas brigas da nobreza, nos conflitos entre o Rei e a Igreja e nas disputas entre as classes governantes e o povo. Os males e as tristezas da Idade Média haviam durado tanto tempo que essas pareciam condições inseparáveis da existência em um mundo de sofrimento. Ninguém dispunha de novos remédios ou sequer de lenitivos a propor.

Com a Reforma, veio uma nova influência que cortou as próprias raízes da vida inglesa, instigando as almas de todas as classes à ação ou à resistência, e criando padrões pelos quais poderosos e humildes seriam igualmente preparados para sofrer ou infligir as piores aflições. A velha estrutura que, apesar das muitas contradições, permanecera firme durante séculos, estava agora rompida por uma clivagem na qual todos os outros antagonismos de classes e interesses estavam, dali em diante, para ser ordenados e regulamentados. Até então, entre as contendas e as atribulações, houvera tão somente um povo e um sistema. Dali em diante, por muitas gerações futuras, não apenas a Inglaterra, mas todos os países da Europa se postariam a favor ou contra a Reforma Protestante.

Mal podemos medir nos dias de hoje a violência dessa convulsão que seguiu, na Inglaterra, um rumo menos destrutivo do que na Alemanha ou na França. Isso aconteceu porque o caso atingiu o clímax num estágio relativamente prematuro e sob o governo dos Tudors. Apesar disso, a revolução doutrinária levada a efeito por Crammer no reinado de Edward VI, e a contrarrevolução de Gardiner, Pole e seus seguidores no reinado de Mary expuseram os nossos perturbados ilhéus, numa única década, a uma terrível oscilação. Aqui estavam os cidadãos, os camponeses, toda a massa de seres viventes que compunham a nação, com a ordem, em nome de Edward VI, de marchar por um determinado caminho para a salvação e, em nome da Rainha Mary, a marchar no sentido contrário; e todos aqueles que não se movessem, ao receber a primeira ordem, ou que não dessem meia-volta, ao ouvir a segunda, teriam de comprovar as próprias convicções, se necessário, na forca ou na fogueira. Foi assim que a Inglaterra nova se impôs à Inglaterra antiga; foi assim que a velha Inglaterra, num terrível contragolpe, conseguiu reassumir um controle precário; e de toda essa angústia haveria de surgir, sob a Rainha Elizabeth, um compromisso entre o velho e o novo que, embora não lhes minorasse o conflito, confinou-lhe de tal forma a fúria que esta não foi letal à unidade e à continuidade da sociedade nacional.

A Boa Rainha Bess

Elizabeth tinha vinte e cinco anos quando, inexperiente em assuntos de estado, sucedeu à meia-irmã, em 17 de novembro de 1558. A Inglaterra teve muita sorte pelo fato de a nova Rainha ser dotada, por criação, educação e hereditariedade, de um combinado de qualidades extraordinárias. Não podia haver dúvidas sobre quem fora seu pai. Postura altiva, cabelos ruivos, eloquência e dignidade espontâneas denunciavam-na filha do Rei Henry VIII. Outras semelhanças foram logo notadas: extrema coragem em momentos de crise, audácia abrasadora e imperativa, quando desafiada, e uma fonte inesgotável de energia física. Ela prezava muitos dos passatempos e talentos preferidos pelo Rei: paixão pela caça, destreza com arco e flecha, habilidade em falcoaria e gosto pela dança e pela música. Falava seis línguas e era versada em latim e grego. Da mesma forma que o pai e o avô, uma inquieta vitalidade a levava aqui e ali, de mansão a mansão, de modo que ninguém seria capaz de dizer onde ela passaria a noite no intervalo de uma semana.

Elizabeth teve uma infância difícil e uma adolescência arriscada. Em certa fase da vida do pai, ela foi declarada ilegítima e banida da corte. Durante o reinado de Mary, quando poderia perder a vida por qualquer passo em falso, ela comprovou os valores da prudência e da dissimulação. Quando calar, como esperar o momento propício e administrar os recursos disponíveis foram as lições que aprendeu na juventude.

Muitos historiadores acusaram-na de vacilação e sovinice. Certo que estes elementos de caráter desesperavam, justificadamente, os conselheiros. Mas o tesouro real nunca dispunha de dinheiro suficiente para financiar todos os arriscados projetos que lhe apresentavam. Tampouco era sempre uma imprudência, em meio aos turbulentos ares da época, adiar decisões irrevogáveis. Os tempos exigiam dos chefes de estado um espírito político, calculista e tortuoso; isso Elizabeth tinha de sobra. Tinha também o grande dom de escolher homens capazes que sabiam exercer o ofício de estadista. Com naturalidade, ela assumia o crédito pelos sucessos, ao mesmo tempo que os culpava pelo que não dava certo.

Em rapidez de raciocínio, poucos dos seus contemporâneos a superavam, e, em sua corte, muitos diplomatas tiveram boas razões para lhe reconhecer a agilidade mental em suas prontas respostas. Quanto ao temperamento, ela era sujeita a talhes de melancolia, alternados com exultação vibrante e fúria convulsiva. De intelecto sempre sutil, era normalmente desaforada e, às vezes, grosseira em suas maneiras e expressões. Zangada, era capaz de estapear as orelhas do Tesoureiro e de atirar os chinelos na cara do Secretário. Externamente, era muito desinibida nas relações mais ternas com o sexo oposto, de um modo tal que, nas palavras de um ilustre conselheiro, "um dia ela era mais do que um homem, e no dia seguinte, menos que uma mulher." Apesar disso tudo, tinha uma capacidade de inspirar devoção que talvez seja sem paralelo entre os soberanos ingleses. Aos olhos modernos pode ser que parecesse grotesca a bajulação com que era tratada na corte, mas, com relação ao seu povo, ela jamais cometeu um erro. Instintivamente, sabia como granjear a aclamação popular. De certa forma, a relação dela com os súditos era um grande flerte. Deu ao seu país o amor que jamais conferiu a qualquer homem, e o povo respondeu com uma lealdade que beirava a idolatria. Não foi sem motivo que ela entrou para a história como a Boa Rainha Bess.

Elizabeth foi criada na religião protestante. Ela era um modelo do novo conhecimento. Reuniu ao seu redor algumas das mentes mais poderosas do protestantismo: o mais importante de todos, William Cecil. Dos estadistas do século XVI, Cecil foi, indubitavelmente, o maior de todos. Ele tinha uma sede insaciável por informações sobre o reino e um empenho enérgico nos assuntos do seu cargo. Bons e prudentes critérios marcavam-lhe as atitudes. A jovem Rainha impôs um tremendo fardo ao seu primeiro-ministro, que estava, na ocasião, com trinta e oito anos de idade. Essa convivência íntima e diária, apesar das desavenças e dos choques, duraria até a morte de Cecil quarenta anos depois.

Reconciliação religiosa interna e defesa em relação à Escócia eram as necessidades primordiais do reino. Estado e Igreja estavam tão intimamente interligados que a desobediência a um era um insulto ao outro. A ideia de que um homem pudesse escolher sozinho a doutrina a que devia aderir era quase tão extravagante à mentalidade da época como a noção de que ele poderia selecionar as leis a que deveria obedecer e os magistrados que deveria respeitar. O máximo que lhe poderia ser permitido era o direito de crer e pensar o que quisesse, se o fizesse silenciosamente.

Mas na grande agitação da Europa, o silêncio era impossível. Os homens falavam: em segredo uns aos outros, abertamente em seus escritos que agora eram impressos em milhares de cópias, causando agitação e curiosidade onde chegavam. Ainda que se considerassem os assuntos de estado só legalmente discutíveis por aqueles que fossem convocados para tal, a gente comum tinha acesso às Sagradas Escrituras e podia confrontar os cânones da Igreja, as doutrinas governamentais e seus respectivos rituais e cerimônias com as palavras dos evangelistas e apóstolos.

É nesse ponto que entra pela primeira vez na História da Inglaterra o partido chamado puritano, que teria papel ponderável nos cem anos subsequentes. Democráticos em teoria e organização, intolerantes na prática diante de tudo e de todos que discordassem de suas opiniões, os puritanos desafiaram a autoridade da Rainha na Igreja e no Estado e, embora ela quisesse a liberdade de consciência e fosse capaz de afirmar, com sinceridade, que não desejava "pôr janelas na alma dos homens," Elizabeth não se atreveu a permitir que os puritanos se organizassem em células no organismo do estado ou na estrutura da igreja. Uma vigorosa minoria discordante poderia romper a delicada harmonia que ela tecia pacientemente. O protestantismo precisava ser salvo de seus amigos.

A Reforma na Europa tomou um novo aspecto quando chegou à Inglaterra. Os parlamentares dividiram-se em dois grandes grupos: os que achavam terem as coisas ido já longe demais e os que entendiam ser necessário um passo adiante. Essa seria a futura distinção entre Cavaleiro e Puritano, Clerical e

Dissidentee, *Tory* e *Whig*. Por um longo período, porém, essa distinção foi reprimida pelo pavor comum de uma sucessão disputada e de uma guerra civil, e pela regra de caber só à Coroa a iniciativa de políticas e de legislação pública.

❄

A ameaça imediata estava ao norte da fronteira. Tropas da França apoiavam a Rainha-Mãe da Escócia que era francesa. Um forte partido puritano, surgido entre a nobreza escocesa, incitado por pregadores perseguidos, estava em armas contra essas tropas, enquanto John Knox, do seu exílio em Genebra, erguia a voz contra o domínio estrangeiro e acusava "o monstruoso regimento de mulheres." Ele queria dizer que governos de mulheres lhe pareciam antinaturais. Elizabeth observava com interesse e ansiedade. Se o partido francês ganhasse o controle da Escócia, a jogada seguinte seria contra o seu trono. Permitiu-se que Knox voltasse à sua terra natal, atravessando a Inglaterra, e as pregações dele tiveram um poderoso efeito. Um pequeno exército inglês interveio do lado protestante escocês. Nesse ínterim, morreu a Rainha-Mãe Mary de Guise. O empenho de Elizabeth fora modesto, mas deu certo. A causa protestante se garantiu na Escócia para sempre.

A delicada questão do casamento da Rainha começou a lançar sua sombra sobre o cenário político, mas Elizabeth soube esperar a oportunidade. Em vão, ambas as casas do parlamento imploraram à sua Rainha Virgem que se casasse e produzisse um herdeiro. Elizabeth se irritou. Não admitia discutir o assunto. Sua política era dedicar a vida a salvar o seu povo de tal compromisso, e a usar o próprio valor potencial como um bom partido de casamento para cindir uma aliança europeia contra ela.

❄

Na segunda metade do século XVI, por um certo tempo as mulheres controlaram três países – França, Inglaterra e Escócia. Mas dos três, somente o pulso de Elizabeth aguentou firme. Mary Stuart era uma personalidade muito diferente de Elizabeth, embora, em alguns aspectos, as situações das duas fossem semelhantes. Descendia de Henry VII; era rainha num trono; vivia numa época em que era insólito uma mulher ser chefe de estado. Sua presença na Escócia perturbou o tênue equilíbrio que Elizabeth conseguira. Ela sabia que Mary era incapaz de separar a política de suas próprias emoções. Mary casou-se com o primo, Henry Stuart, Lord Darnley, um rapaz fraco e presunçoso que trazia nas veias sangue tanto dos Tudors como dos Stuarts. O resultado foi um desastre. As velhas facções feudais, agora aguçadas por conflitos religiosos, envolveram a Escócia. O poder de Mary se desintegrou vagarosa e inexoravelmente. O marido tornou-se um joguete nas mãos de seus opositores. Desesperada, ela foi conivente em seu assassinato e, em 1567, casou-se com o assassino do marido, um belicoso nobre das Marcas de Fronteira, Bothwell, cuja espada rebelde ainda poderia salvar-lhe o trono e a felicidade. Mas sobrevieram a derrota e a prisão. Em 1568, ela escapou e fugiu para a Inglaterra, entregando-se à mercê de Elizabeth, que a esperava.

Mary na Inglaterra mostrou-se ainda mais perigosa do que Mary na Escócia. Ela se tornou o foco de tramas e conspirações contra a vida de Elizabeth. A sobrevivência da Inglaterra protestante viu-se ameaçada pela existência de Mary. Havia sempre o perigo, enquanto Mary vivesse, de o descontentamento popular ou a ambição de alguém se aproveitar da pretensão de Mary ao trono para destruir Elizabeth. Em 1569, a ameaça virou realidade.

Naquele ano os condes de Northumberland e Westmoreland chefiaram um levante no Norte. Os rebeldes planejavam dominar o Norte e esperar serem atacados. Um não confiava no outro. No Sul, os lords católicos não se mexeram. Parece que não havia um plano comum de ação, e a tropa rebelde dividiu-se em pequenos grupos pelas montanhas do Norte. Ignominiosamente, esgueiraram-se através da fronteira em busca de segurança, e assim terminou o primeiro ato da difundida conspiração católica contra Elizabeth. Após doze anos de um governo paciente, ela era a Rainha incontestável de toda a Inglaterra.

Mas Roma estava pronta para revidar. Em fevereiro de 1570, o Papa Pio V promulgou uma bula de excomunhão de Elizabeth. A partir daquele momento, a Espanha, na condição de líder católica da Europa, recebeu uma arma espiritual, caso surgisse qualquer necessidade de atacar os ingleses. Algo terrível ocorreu então em Paris. Com a repentina chacina dos huguenotes, na véspera do Dia de São Bartolomeu, dia 23 de agosto de 1572, os Guises, pró-Espanha e ultracatólicos, reconquistaram o poder político. Elizabeth viu-se forçada a dar subsídios e informações sigilosas em apoio aos huguenotes franceses e aos holandeses. O protestantismo só sobreviveria na Europa se a

Inglaterra desse ajuda à causa. No longo prazo, era impossível haver acordo com os católicos. Devido ao massacre de São Bartolomeu, a Rainha viu-se aspirada por uma guerra fria dos Países Baixos e uma guerra não declarada no mar até se confrontar com a ingente investida de uma Armada.

A maioria dos puritanos desejava, a princípio, seguir o instituto da Igreja de Elizabeth, na esperança de alterá-lo de dentro para fora; mas agora estavam empenhados em levar o governo a uma política externa agressiva de cunho protestante e, ao mesmo tempo, garantir sua própria liberdade de organização religiosa. A posição deles era forte no interior. Tinham aliados na Corte e no Conselho, como Walsingham, com quem o favorito da Rainha, Leicester, estava estreitamente ligado. Nas vilas e condados do sudeste da Inglaterra, eram vociferantes. Em desafio ao Estatuto da Igreja, começaram a formar as próprias comunidades religiosas, com os próprios clérigos e rituais de adoração. O propósito era nada menos que estabelecer um despotismo teocrático. Tal qual os católicos, defendiam a noção de que Igreja e Estado eram entidades distintas e independentes. Ao contrário dos católicos, acreditavam que o cerne da autoridade religiosa estava no conselho dos presbíteros, o Presbitério livremente eleito pelo rebanho; uma vez escolhido, porém, esse conselho governaria com total liberdade de ação e suplantaria o poder secular em ampla área da vida humana.

Para os puritanos, o Estatuto Elisabetano, a Igreja Anglicana, com sua liturgia e cerimonial históricos, com seus cânones de imenso alcance e chefia episcopal, era abominável por não estar de acordo com as sagradas escrituras, à luz da maneira como Calvino as interpretava. Tinha, de fato, algumas das fraquezas de um meio-termo. Além do mais, fora de Londres, das universidades e de algumas grandes cidades, os pastores comuns, durante os primeiros anos do reinado de Elizabeth, não eram figuras que impressionassem. Em alguns casos, eles mantiveram os seus privilégios, amoldando-se aos preceitos de Edward VI, mudando de crença sob o tacão de Mary e, finalmente, aceitando o que um magistrado rural certa vez chamou de "a religião disposta por Sua Majestade" como o único meio de ganharem a vida. Com quase nenhum latim para ler nos velhos ofícios e parcamente alfabetizados para pregarem um sermão que se aproveitasse, não eram páreo para os controversistas e disputantes plenos de entusiasmo e de ideias novas, para os pregadores eloquentes, para os panfletários obscenos, que lhes estavam roubando o rebanho e nele implantando noções revolucionárias e alarmantes sobre os direitos das congregações de se organizarem, a fim de realizarem as respectivas adorações como as entendessem, e de estabelecerem as suas próprias ordens. E por que não, algum dia, os seus próprios ordenamentos políticos? Se não na Inglaterra, quem sabe em alguma outra terra?

Abria-se uma fratura na superfície da sociedade inglesa; uma brecha que se transformaria num abismo. A igreja luterana se ajustava bem com a monarquia, até mesmo com o absolutismo, mas o calvinismo, à medida que se espalhou pela Europa, tornou-se um instrumento de dissolução e interrupção violenta da continuidade histórica. Com o retorno e ressurgimento dos exilados que haviam fugido de Mary Tudor, um elemento explosivo alojou-se na igreja e no estado ingleses que, ao fim e ao cabo, haveria de estilhaçar ambos. Elizabeth sabia que os puritanos talvez fossem os seus súditos mais leais, mas temia que o impetuoso impulso deles pudesse não apenas provocar o conflito europeu que ela tanto temia, mas também pôr em perigo a própria unidade do reino. Nem ela nem o seu governo arriscariam ceder uma fração de autoridade. Aquele não era o momento para uma guerra religiosa ou para uma sublevação interna.

❄

A investida católica ganhou força. Por volta de 1579, missionários de um tipo novo e formidável começaram a entrar sorrateiramente no país. Eram os jesuítas, dedicados ao restabelecimento da fé católica por toda a Cristandade. Eram fanáticos, indiferentes aos riscos pessoais e cuidadosamente selecionados para esse tipo de missão. Eram acusados por seus inimigos de lançar mão do homicídio para a consecução de seus propósitos e inúmeras tramas contra a vida de Elizabeth foram descobertas.

As conspirações, naturalmente, centravam-se em torno de Mary, Rainha dos Escoceses, prisioneira havia muito tempo. Ela era a herdeira do trono inglês, na eventualidade de Elizabeth deixar este mundo. A própria Elizabeth relutava em admitir que corria perigo de vida; ainda assim, as conspirações acentuaram a questão sobre quem lhe sucederia no trono inglês. A morte de Mary faria do seu filho, James, o herdeiro da coroa da Inglaterra, e ele se encontrava aos bons cuidados de mãos calvinistas na Escócia. A fim de evitar a acessão de outra rainha católica, bastava se livrar de Mary antes que os jesuítas ou seus aliados se livrassem de Elizabeth. O Conselho concentrava agora seu esforço em persuadir a Rainha de que Mary devia morrer. Cumulando-a de provas sobre a cumplicidade de Mary nas inúmeras conspirações, pressionaram-lhe a consciência insistentemente, mas ela se esquivava do derramamento premeditado de sangue real.

Formou-se, em 1585, uma união voluntária de nobres protestantes para a defesa da vida de Elizabeth. No ano seguinte, provas de uma conspiração engendrada por um certo Anthony Babington, um católico inglês, foram expostas ao Conselho por Walsingham. Um dos seus agentes se infiltrara entre os conspiradores por mais de um ano. A conivência de Mary era inegável. Elizabeth foi mais tarde persuadida de que a morte dela era uma necessidade política. Depois de um julgamento formal, Mary foi pronunciada culpada de traição. O parlamento requereu a sua execução, e Elizabeth, finalmente, assinou a sentença de morte. Vinte e quatro horas depois, ela se arrependeu e tentou, tarde demais, suspender a execução. Foi acometida pela natural aversão a ser responsável pelo assassinato judicial de uma colega soberana. Embora soubesse que aquilo era essencial à segurança do seu país, estava ansiosa para que a decisão final e suprema não recaísse sobre ela.

A cena da morte de Mary arraigou-se na imaginação da história. Na manhã de 8 de fevereiro de 1587, ela foi convocada ao grande átrio do Castelo de Fotheringay. Com seis de suas damas de companhia, Mary chegou na hora aprazada, sobriamente vestida em cetim preto. Na quietude do átrio, ela caminhou majestosamente na direção do cadafalso erguido próximo à lareira. Cumpriram-se serenamente as solenes formalidades. O zeloso Deão de Peterborough tentou forçar a Rainha a uma conversão de última hora. Com esplêndida dignidade, ela recusou-lhe as enfáticas exortações: "Senhor Deão," disse, "sou católica e devo morrer católica."

Mary preparou-se soberbamente para a cena final. À medida que ela, para permitir a ação do carrasco, removia, com a ajuda das damas de companhia, a vestimenta de cetim negro, deixou à mostra um corpete e uma anágua de veludo carmim. Uma das damas entregou-lhe um par de luvas vermelhas que ela calçou. Então a infeliz rainha estacou, por um último instante, toda vestida de escarlate, da cabeça aos pés, contrastando com o fundo negro do cadafalso. Houve um silêncio de morte em todo o átrio. Ela ajoelhou-se, e, no segundo impacto do machado, o golpe final foi dado. A plateia estupefata cumprira a sua missão. Na morte, toda a ilusão majestática ficou abalada. A cabeça de uma mulher de meia idade, ornada por uma cabeleira postiça, foi erguida pelo carrasco. Um cãozinho de estimação surgiu por entre a roupa que cobria o tronco ensanguentado.

Quando a notícia chegou a Londres, fogueiras arderam nas ruas. Elizabeth sentou-se sozinha em seus aposentos, chorando mais pelo destino de uma rainha do que de uma mulher. A responsabilidade por esse ato ela passou, com algum esforço, para os ombros dos seus conselheiros masculinos.

A armada espanhola

A guerra agora era inevitável. A vantagem pesava muito a favor da Espanha. Das minas do México e do Peru veio uma torrente de ouro e prata que reforçou o poder material do Império Espanhol a tal ponto que o Rei Felipe II pôde equipar suas forças além de todas as escalas de então. A situação era bem conhecida pelo círculo governante da Inglaterra. Como a Espanha controlava a riqueza do Novo Mundo, tinha condições de construir e equipar muitas esquadras; sendo assim, aqueles tesouros deveriam ser apreendidos na fonte ou capturados dos navios que os transportavam nos oceanos. Na esperança de reforçar as próprias finanças e dificultar os preparativos do inimigo para a guerra contra os Países Baixos e, portanto, contra ela mesma, Elizabeth coerentemente sancionou o envio de expedições oficiosas às costas da Espanha e das colônias na América do Sul. Essas expedições foram aos poucos assumindo caráter oficial, e a Marinha Real remanescente do tempo de Henry VIII foi reconstruída e reorganizada por John Hawkins, filho de um comerciante de Plymouth, que antes fazia transações com as possessões portuguesas no Brasil. Em 1573, ele foi nomeado Tesoureiro e Inspetor da Marinha. E foi ainda o responsável pela formação de um discípulo competente, um jovem aventureiro de Devon, chamado Francis Drake.

Esse "Rei dos Ladrões do Mundo Ignoto," como seus contemporâneos espanhóis chamavam Drake, virou o terror dos portos e das tripulações da Espanha. Com os navios construídos por Hawkins, os ingleses podiam combater e pôr a pique qualquer coisa que os espanhóis mandassem contra eles.

Enquanto isso, os marinheiros de Elizabeth adquiriam experiência em águas inexploradas.Um cavalheiro de Devon, Humphrey Gilbert, foi o primeiro a despertar o interesse da Rainha em encontrar uma passagem noroeste para as Índias, ou Cathai, como era chamada. Suas ideias inspiraram as viagens de Martin Frobisher, a quem a Rainha concedeu licença para a exploração.

A Corte e a *City* de Londres financiaram a expedição, e dois pequenos navios de vinte e cinco toneladas saíram à procura de ouro. Tendo cartografado as costas desertas em torno do Estreito de Hudson, Frobisher regressou. Houve uma grande expectativa de que as amostras de minério negro que ele trouxera contivessem ouro. O desapontamento veio, quando o minério foi avaliado e mostrou-se sem nenhum valor. Ninguém iria fazer fortuna rapidamente em aventuras a noroeste.

Gilbert, contudo, não se abalou. Foi o primeiro inglês a compreender que o valor dessas viagens não estava somente em achar metais preciosos. Havia muita gente na Inglaterra. Talvez muitos devessem se mudar para as novas terras. A ideia de estabelecer colônias na América começava agora a dominar a imaginação dos homens. Alguns poucos espíritos ousados já sonhavam com Novas Inglaterras que nasceriam do outro lado do oceano. A princípio, os objetivos em mente eram estritamente práticos. Na esperança de levar os desempregados indigentes para o Novo Mundo e de descobrir novos mercados entre os nativos para os tecidos ingleses, o próprio Gilbert obteve uma carta régia de Elizabeth, em 1578, que o autorizava a "habitar e possuir, à sua escolha, todas as terras pagãs que não estivessem efetivamente em poder de qualquer povo cristão." Com onze navios guarnecidos por muitos gentlemen em busca de aventuras, inclusive seu meio-irmão Walter Raleigh, de quem ouviremos mais, fez diversas viagens esperançosas, mas nenhuma delas teve êxito.

Em 1583, Gilbert tomou posse da Terra Nova em nome da Rainha, mas nenhum povoamento permanente foi criado. Resolvido a tentar novamente no ano seguinte, ele voltou para casa. O pequeno comboio enfrentou mares revoltos, "quebrando curto e alto em forma de pirâmide." O navio de Gilbert, o *Squirrel*, desapareceu de repente. Walter Raleigh tentou prosseguir o trabalho de Gilbert. Em 1585, estabeleceu-se uma pequena colônia na Ilha de Roanoke, ao largo do continente norte-americano, chamada Virginia em homenagem à Rainha. Mas agora, a ameaça espanhola cresceu muito, e, para enfrentá-la, concentraram-se todos os esforços na defesa do solo inglês. A guerra com a Espanha adiou a preocupação colonial por mais vinte anos. Em termos de recursos nacionais, o conflito que se desencadeou era desesperadamente desigual, mas os marinheiros da Rainha receberam um adestramento inigualável, o qual viria a ser a salvação da Inglaterra.

❄

Os espanhóis vinham estudando uma campanha contra a Inglaterra. Os preparativos atrasaram-se devido à famosa incursão de Drake em Cadiz, em 1587. Nessa "chamuscada na barba do Rei de Espanha," armazéns e navios em grande quantidade foram destruídos. Apesar disso, em maio de 1588, a Armada estava pronta: 130 navios foram reunidos, transportando 2.500 canhões e mais de 30 mil homens, dois terços dos quais eram soldados. A intenção era velejar canal adentro, embarcar o corpo expedicionário de 16 mil veteranos dos Países Baixos, sob o comando de Alejandro de Parma, e desembarcá-los na costa sul da Inglaterra.

O comando da Armada foi confiado ao Duque de Medina-Sidonia que tinha muitas apreensões sobre aquela travessia. Sua esquadra estava admiravelmente preparada para o transporte de um grande número de homens; era poderosa em termos de canhões pesados de curto alcance; fraca, porém, nas salvas de longa distância, razão pela qual os ingleses se mantiveram fora do alcance do fogo espanhol até o fim da última batalha. Havia poucos marinheiros, em proporção aos soldados. Esses marinheiros eram recrutados entre a ralé da população espanhola e comandados por oficiais do exército oriundos de famílias nobres sem qualquer experiência em guerra naval. Muitas embarcações estavam em mau estado de conservação; as provisões, fornecidas por um sistema corrupto de contratos privados, eram insuficientes e impróprias para o consumo; a aguada vazava de barricas feitas com madeira ainda verde. O comandante não tinha experiência em guerra no mar e implorou ao Rei que o dispensasse daquela inédita aventura.

O plano dos ingleses era juntar uma força naval em um dos portos do sudoeste, interceptar o inimigo na entrada oeste do Canal e concentrar tropas a sudeste, a fim de enfrentar o exército de Parma proveniente do litoral flamengo. Não se podia ter certeza sobre a área da costa inglesa que o ataque visaria, mas os predominantes ventos de oeste indicavam ser mais provável que a Armada subiria o Canal, juntar-se-ia ao Duque de Parma e forçaria um desembarque no litoral do Condado de Essex.

A nação estava unida face os preparativos espanhóis. Líderes católicos foram internados na Ilha de Ely, mas, como grupo, a lealdade deles à Coroa não sofreu. Reuniu-se um exército em Tilbury, que somava 20 mil homens, sob o comando de Lord Leicester. Esse exército, com a convocação feita nos condados vizinhos, constituía uma força a não se subestimar. Enquanto a Armada ainda se encontrava longe das costas inglesas, a Rainha Elizabeth passou em revista a tropa estacionada em Tilbury, dirigindo-lhe estas palavras arrebatadoras:

> Meu afetuoso povo, fomos alertados por alguns que se preocupam com a nossa segurança para que tomássemos cuidado com o risco de nos metermos em meio a multidões armadas, por receio de uma perfídia. Eu vos garanto, porém, que não desejo viver para desconfiar do meu povo afetuoso e fiel. Cabe ao tirano sentir medo.
>
> Sempre me portei de forma tal que, sob a proteção de Deus, depositei minha principal força e salvaguarda no coração leal e na boa vontade dos meus súditos; por isso aqui estou entre vós, como podeis ver, decidida, em meio ao calor da batalha, a viver ou morrer convosco, a derramar, mesmo na poeira, o meu sangue e a minha honra pelo meu Deus, pelo meu reino e pelo meu povo.
>
> Sei que tenho o corpo de mulher frágil e delicada, mas possuo o coração e a vontade de um rei, e de um Rei da Inglaterra também, e desdenho o fato de Parma ou a Espanha ou qualquer outro príncipe europeu se atrever a invadir os domínios do meu reino, pelo qual, antes que qualquer desonra me atinja, eu mesma pegarei em armas, eu mesma serei o vosso general, o vosso juiz e o recompensador de cada virtude demonstrada no campo de batalha. Já sei que, por vossa prontidão, fazeis por merecer prêmios e galardões, e nós vos asseguramos, palavra de soberana, que vos serão devidamente pagos.

❄

O trabalho de Hawkins para a Marinha seria agora posto à prova. Ao longo dos anos, ele se dedicara a rever os projetos dos navios ingleses, com base em sua experiência em pirataria nas águas que banhavam as colônias. Hawkins, cujos navios foram construídos para suportar qualquer estado do mar, era contrário à luta corpo a corpo e advogava o bombardeio do inimigo à distância com o novo armamento. Os comandantes dos navios ingleses estavam ansiosos para experimentar essa tática nunca vista contra os imensos galeões inimigos de muitos mastros. Apesar dos esforços de Hawkins, em 1588, somente 34 dos navios da Rainha, com um total de seis mil homens a bordo, estavam em condições operativas de suspender. Um vendaval soprando do sul impediu a execução do ataque à costa espanhola, e eles foram impelidos na direção de Plymouth com os suprimentos esgotados e o escorbuto a grassar pelos navios.

Essa ocorrência deu aos ingleses tempo de sobra para reconsiderar a sua estratégia. A Armada suspendeu do Tejo em 20 de maio de 1588, mas foi atingida pelas tempestades. Dois dos seus navios de mil toneladas perderam os mastros. Arribaram a Coruña para reparos, e só suspenderam novamente em 12 de julho. A notícia sobre a aproximação dos navios espanhóis que montavam a península de Lizard chegou a Plymouth ao entardecer de 19 de julho. A esquadra inglesa teve de sair do golfo naquela mesma noite.

Depois de difíceis, precárias e pacientes manobras veleiras de mudanças de rumo, a esquadra inglesa posicionou-se a barlavento e, durante nove dias, assediou a Armada, alvejando com canhões de longo alcance os pesados galeões que se arrastavam pelo Canal com ventos de oeste. Os ingleses haviam conquistado a vantagem do fator meteorológico. Os espanhóis tentaram um contra-ataque com galeras napolitanas, movidas pelas remadas de centenas de escravos, mas Drake, seguido por Howard, arremeteu contra o corpo principal, e, de acordo com o relato de Howard, "os espanhóis foram obrigados a dar passagem e se juntaram como ovelhas em um rebanho." A passagem pelo Canal foi um tormento para os espanhóis. Os canhões ingleses varreram os conveses dos galeões, matando as tripulações e desmoralizando a soldadesca. Os ingleses quase não sofreram perda.

Foi então que o almirante espanhol cometeu um erro fatal: fundeou os seus navios no Passo de Calais, e todo o poder naval da Inglaterra estava agora concentrado. Um conselho de guerra realizado a bordo do capitânia inglês, na noite de 28 de julho, tomou a decisão de atacar. Teve início o combate decisivo. Depois do crepúsculo vespertino, aproveitando-se da escuridão, oito embarcações inglesas do esquadrão de leste tinham sido atopetadas com explosivos e, quais torpedos flutuantes incendiários, foram arremetidas contra a apinhada esquadra espanhola fundeada no Passo de Calais. De repente, uma série de explosões sacudiu o ar, e pedaços de casco em chamas espalharam-se em meio aos navios fundeados da Armada. Os comandantes dos navios espanhóis picaram as amarras e demandaram o mar aberto. Houve muitas colisões.

Medina agora enviou mensagens a Parma, anunciando a sua chegada, e, na madrugada de 29 de julho, encontrava-se ao largo dos bancos de areia de Gravelines, na expectativa de encontrar as tropas de Parma prontas e embarcadas em seus transportes. Mas não avistou um navio sequer. A maré em Dunquerque estava em baixa-mar de quadratura. Só era possível sair de lá com ventos favoráveis e maré de sizígia. Nenhuma dessas condições prevalecia. O exército e os navios-transporte não se encontravam no ponto de encontro preestabelecido.

Os espanhóis tiveram de guinar a fim de enfrentar seus perseguidores. Seguiu-se um confronto longo e desesperado que durou oito horas num combate confuso entre navios que se batiam a curta distância. O relatório oficial encaminhado ao governador inglês foi sucinto: "No combate, Howard avariou um grande número de navios espanhóis, pôs a pique três e provocou o encalhe de quatro ou cinco nos bancos de areia." Os ingleses haviam gastado toda a sua munição, e, não fora isso, dificilmente qualquer navio espanhol teria escapado. Ainda assim, o próprio Howard não viu a magnitude de sua vitória. "A força naval deles é maravilhosa, grande e poderosa," escreveu ele na noite seguinte à batalha, "mas, apesar de tudo, aos poucos, nós lhes arrancamos as penas."

A sofrida Armada singrou no rumo norte para longe da refrega. O novo objetivo era voltar para casa. Começavam os horrores da longa viagem ao redor do norte da Escócia. Nem uma única vez os espanhóis guinaram para enfrentar os pequenos e silenciosos navios que lhes seguiam a esteira. Nenhum dos lados tinha mais munição. Seus navios tinham sido avariados pelo bombardeio inglês e agora eram castigados pelas ventanias do outono. Sessenta e cinco navios, mais ou menos a metade da esquadra que largara do Tejo, alcançaram os portos espanhóis durante o mês de outubro.

Os ingleses não haviam perdido um único navio, e uns cem homens pereceram. Mas os comandantes dos navios ficaram desapontados. Metade da esquadra inimiga se lhes escapara. Contudo, para o povo inglês, de maneira geral, a derrota da Armada Espanhola valeu como um milagre. Por trinta anos, a sombra do poderio espanhol obscurecera o cenário político. Uma onda de comoção religiosa encheu a mente dos homens. Uma das medalhas cunhadas para comemorar a vitória traz a inscrição: "*Afflavit Deus et dissipantur*" – "Deus soprou, e eles se foram."

Elizabeth e seus marinheiros sabiam o quanto isso foi verdade. A Armada fora realmente ferida em combate, mas foi desmoralizada e posta a correr pelo mau tempo. Não obstante, o evento foi decisivo. A nova tática de Hawkins tivera êxito. A nação extasiou-se com o alívio e o orgulho. Shakespeare escreveria "Vida e Morte do Rei John" alguns anos depois. Suas palavras calaram no coração das plateias:

> Armem-se contra nós os três cantos do mundo,
> E se hão de espantar. Nada nos fará lástima,
> Se a Inglaterra for fiel a si mesma.

Gloriana

Com 1588, a crise do reino passou. A Inglaterra emergiu do ano da Armada, como potência de primeira classe. Resistira à pressão do mais poderoso império já visto desde os tempos dos romanos. O povo tomou consciência de sua grandeza, e os últimos anos do reinado de Elizabeth assistiram ao crescimento do entusiasmo e da energia da nação concentrados na pessoa da Rainha. No ano subsequente ao episódio da Armada, publicaram-se os três primeiros livros do poema de Spenser *Faerie Queene,* a Fada Rainha, no qual Elizabeth é decantada com o nome de Gloriana. Poetas e cortesãos prestavam, igualmente, homenagens à soberana que simbolizava a grande façanha. Elizabeth moldara uma geração de ingleses.

O êxito dos homens do mar apontava o caminho de amplas oportunidades para a conquista de fama e riqueza em ousadas expedições. Antes do fim do reinado, outro significativo empreendimento teve seu início. Nos anos anteriores, os ingleses haviam tentado encontrar o caminho para o Oriente, contornando o Cabo da Boa Esperança e atravessando extenso território do Oriente Médio. Suas aventuras resultaram na fundação da Companhia da Índia Oriental. A princípio, um investimento de pequeno porte, com um capital de apenas £72,000. Esse investimento daria dividendos fantásticos. O Império Britânico na Índia, que seria formado a duras penas nos três séculos seguintes, deve as suas origens à carta régia concedida pela Rainha Elizabeth a um grupo de comerciantes e financistas ingleses no ano de 1600.

Os jovens senhores que agora ganhavam prestígio na corte da envelhecida Rainha atormentavam a sua soberana para que lhes desse permissão de tentar inúmeras empresas. Os anos subsequentes ressoam com os ataques efetuados contra as forças e os aliados da Espanha no mundo inteiro: expedições a Cadiz, aos Açores, ao Mar das Caraíbas, aos Países Baixos, e, em apoio aos huguenotes, ao litoral norte da França. É uma história de contínuas lutas confusas, com parcos recursos e raramente culminando em eventos de importância. A estratégia do governo inglês era manter o inimigo em xeque em todos os quadrantes do mundo. A Ilha de Elizabeth agora estava segura.

À medida que o conflito com a Espanha prosseguia sem definição, e ambos os lados se golpeavam mutuamente, exaurindo-se cada vez mais, a época heroica das batalhas navais ficava para trás. Um momento épico sobreviveu nos anais da raça inglesa: o último combate do *Revenge* em Flores, no Arquipélago dos Açores.

"No ano de 1591," conta Bacon, "houve aquele memorável combate de um navio inglês chamado *Revenge*, sob o comando de Sir Richard Grenville, memorável (repito) além mesmo do que seria credível, raiando pelas alturas de uma fábula heroica; e embora redundasse em derrota, ainda assim excedeu a consistência de uma vitória, tal e qual o feito de Sansão, que matou mais inimigos na hora da morte do que matara no decurso de toda a sua vida. Esse navio, por um período de quinze horas, postou-se como um cervo entre cães de caça, a lutar, mesmo cercado, contra quinze grandes navios espanhóis, que faziam parte de uma força de cinquenta e cinco navios, cujo restante pairava ao largo, observando a refrega. Entre os quinze navios que efetivamente estavam combatendo, destacava-se o grandioso *San Felipe*, um navio de mil e quinhentas toneladas, príncipe dos doze Apóstolos do Mar, que ficou aliviado ao receber ordem de se afastar do *Revenge*. O bravio *Revenge*, guarnecido por apenas duzentos soldados e fuzileiros, dos quais oitenta enfermos, ainda assim, após ter sustentado o combate (conforme foi dito) durante quinze horas e ter posto a pique dois navios inimigos, além de ter avariado e castigado muitos mais e causado muitas baixas, jamais foi abordado; foi vencido pela superioridade numérica; sendo que os próprios inimigos reconheceram, com admiração, o talento do comandante e toda a tragédia daquele navio."

É justo lembrar os marinheiros comuns que embarcavam em navios que, às vezes, deslocavam apenas vinte toneladas e enfrentavam as imensidões do Atlântico Norte e do Atlântico Sul, malnutridos e recebendo um salário vil, em aventuras arriscadas, patrocinados por insuficiente capital. Aqueles homens encaravam a morte de muitas formas: doença, afogamento, canhões ou piques espanhóis, inanição ou frio em praias desertas ou nos cárceres da Espanha. O almirante Lord Howard de Effingham, comandante da esquadra inglesa, deu-lhes um epitáfio: "Que Deus nos leve ao mar outra vez com essa gente, quando for preciso."

A vitória sobre a Espanha foi a mais brilhante conquista do reinado de Elizabeth, mas não foi absolutamente a única. O rechaço da Armada Espanhola acabou com a dissensão religiosa na Inglaterra. Os acontecimentos que tinham levado a Inglaterra para o lado do puritanismo enquanto persistiu a ameaça do catolicismo puxaram-na de volta para o anglicanismo instituído, depois de passado o perigo da Armada que se perdeu nas chamas de Gravelines. Mas aquele fogo ainda crepitava perigosamente quando Elizabeth morreu.

❄

Durante o reinado de Elizabeth, a autoridade e o peso do Parlamento cresceram regularmente. Agora a questão voltou-se para os monopólios. Por algum tempo, a Coroa havia, laboriosamente, suprido sua receita por meio de diversos artifícios, inclusive a concessão de patentes de monopólios a cortesãos e outros, em troca de uma taxa. Algumas dessas concessões podiam se justificar com a proteção e o encorajamento de invenções, mas, frequentemente, não passavam de meros privilégios sem motivo, envolvendo altos preços que pesavam sobre cada cidadão. Em 1601, os rancores tomaram vulto e causaram um intenso debate na Câmara dos Comuns. Um enfurecido parlamentar leu uma lista que ia de uma patente para a indústria de ferro a outra para sardinhas secas. "A lista tem pão?" – berrou outro da bancada de trás. O alvoroço na Câmara dos Comuns provocou uma ferina repreensão do Senhor Secretário Cecil. "Que tipo de indignidade então é essa," exclamou ele, "que quando alguém tenta discutir esse tema é interrompido por acessos de tosse e gritos? Mais parece uma escola primária que um Parlamento."

Mas a Rainha preferiu métodos mais sutis. Se os Comuns pressionassem as suas propostas a uma votação, toda a base da autoridade constitucional dela estaria sob fogo cerrado. Ela agiu com presteza. Alguns monopólios foram imediatamente abolidos. Todos, prometeu ela, seriam investigados. Dessa forma, impediu o desafio aberto e, num precioso discurso dirigido a um grande grupo de Comuns convocado à sua presença, ela disse: "Embora Deus tenha me erguido às alturas, ainda assim eu atribuo a glória da minha coroa ao fato de haver governado com o amor de vocês." Foi a sua última aparição entre eles.

A imensa vitalidade mostrada pela Rainha ao longo dos turbulentos anos do seu governo na Inglaterra decaiu lenta e implacavelmente. Ela permanecia deitada dias a fio em seu quarto, sobre almofadas. Durante horas, a silenciosa agonia se prolongava. Nos corredores, fora de seus aposentos, ecoavam passos apressados e agitados. Finalmente, Robert Cecil se atreveu a falar. "Majestade, para contentar o povo, a senhora deve se deitar em sua cama." "Homenzinho," veio a resposta, "a palavra 'deve' é aplicável a soberanos?" O velho Arcebispo de Canterbury, Whitgift, o seu "maridinho negro," como ela o chamara uma vez, ajoelhou-se ao lado dela a rezar. Nas primeiras horas da manhã de 24 de março de 1603, a Rainha Elizabeth expirou.

❄

Assim terminou a dinastia Tudor. Por mais de cem anos, com um punhado de guarda-costas, eles mantiveram a sua soberania, preservaram a paz, venceram a diplomacia e os ataques da Europa e guiaram o país em meio às mudanças que poderiam tê-lo destruído. O Parlamento começava a se solidificar, com base na harmonia de trabalho entre Soberano, Lordes e Comuns; e as tradições do governo monárquico inglês haviam sido restauradas e gloriosamente ampliadas.

Mas essas conquistas não traziam em si garantia de perpetuação. A monarquia só poderia governar se fosse popular. A Coroa passaria agora para uma linhagem estrangeira escocesa, hostil no instinto político à classe que administrava a Inglaterra. O bom entendimento com o Parlamento, que os Tudors nutriram, chegou a um fim preocupante. Os novos reis logo se chocaram com as forças de uma nação que crescia, e desse conflito vieram a Guerra Civil, o interlúdio republicano, a Restauração e o acerto da Revolução.

5
A Guerra Civil

As coroas unidas

O Rei James da Escócia era o filho único de Mary, Rainha dos Escoceses. Fora submetido, desde a juventude, a uma rígida criação calvinista da qual não gostava muito. Com pouco dinheiro e educadores severos, sempre ambicionara o trono da Inglaterra, mas, até o último instante, esse prêmio parecera fugidio. A luta por poder e favoritismo entre Essex e Robert Cecil trazia o risco de provocar Elizabeth, que ele só conhecia por meio de uma correspondência intermitente, a tomar alguma decisão precipitada que lhe pudesse custar a coroa. Mas agora tudo parecia resolvido. Cecil era seu aliado e um hábil administrador durante os dias tensos que se seguiram ao falecimento da Rainha. James foi proclamado Rei James I da Inglaterra sem oposição e, em abril de 1603, iniciou uma tranquila jornada de Holyrood para Londres.

Era um estranho e um estrangeiro, e suas qualificações para assumir o governo da Inglaterra estavam por ser comprovadas. Ele detestava as noções políticas dos seus mentores calvinistas. Tinha ele mesmo ideias fixas sobre realeza e o direito divino de governar privativo dos monarcas. Era um estudioso com pretensões a filósofo e, no decurso de sua vida, publicou inúmeros pequenos escritos e tratados, que iam das denúncias de bruxaria e de uso do tabaco a teorias políticas abstratas. Chegou à Inglaterra com a mente fechada e uma fraqueza por fazer preleções.

Mas a Inglaterra mudava. O costume da obediência a uma dinastia morrera com o último dos Tudors. A nobreza rural, na qual os Tudors confiavam para manter o equilíbrio contra a nobreza tradicional e à qual haviam delegado toda a administração dos governos locais, estava começando a sentir a própria força. A Inglaterra estava segura; livre para cuidar de seus assuntos, e uma poderosa classe agora ansiava para ter participação nesse gerenciamento. Por outro lado, a titulação de James para a coroa não era impecável, e a doutrina do direito divino, originalmente arquitetada para justificar a existência de soberanias nacionais que se opusessem a uma igreja ou a um império universal, foi invocada a fim de lhe reforçar o ponto de vista. Mas como conciliar um rei que reclamava o direito de governar por direito divino com um parlamento, cuja base não era senão a do antigo costume?

O seu primeiro parlamento levantou imediatamente a questão dos privilégios parlamentares e das prerrogativas reais. Em linguagem respeitosa, mas firme, os Comuns redigiram uma defesa de princípios lembrando ao Rei que os privilégios deles incluíam eleições livres, liberdade de expressão e inimputabilidade durante as sessões parlamentares. "As prerrogativas dos príncipes," protestaram, "tendem a crescer com facilidade diariamente, enquanto os privilégios dos súditos permanecem estacionários. (...) Dizem que a voz do povo (...) nos assuntos do seu conhecimento é a voz de Deus." James, como seu filho depois dele, tratava com desdém essas expressões de agravo nacional, considerando-as insultos pessoais e mera falta de boas maneiras.

Até então, James fora tolhido; agora, ele se achava rico. Os "escoceses indigentes" que tinham vindo com ele para o sul também enriqueceram. As despesas da corte cresceram em ritmo alarmante. Para sua surpresa, James logo ficou sem dinheiro. Isso implicava sessões mais frequentes do Parlamento. Os católicos também estavam esperançosos e ansiosos. Afinal de contas, a mãe do rei havia sido a defensora deles. Sua posição era delicada. Se o Papa os deixasse darem a sua fidelidade secular ao Rei, James poderia autorizá-los a praticar a sua própria religião. Mas o Papa não cedia; proibiu que se concedesse lealdade a um rei herege. Assim sendo, não poderia haver acordo.

Decepção e desespero levaram um pequeno grupo de nobres católicos a conceber o plano diabólico de explodir James e todo o seu parlamento com pólvora, enquanto estivessem reunidos em Westminster. O cabeça do movimento era Robert Catesby, assessorado por Guy Fawkes, um veterano das guerras espanholas contra os holandeses. A trama chegou ao conhecimento de Cecil, e os porões do parlamento foram vasculhados. Fawkes foi preso imediatamente, e houve muita agitação em Londres. James desceu para a abertura do Parlamento e fez um discurso emocionado sobre a honra que ele teria em morrer junto aos seus leais Comuns. Os reis, disse ele, se expunham a perigos maiores que os simples mortais; somente sua própria astúcia os havia salvo a todos da destruição. A Câmara dos Comuns mostrou uma incompreensível indiferença a esse discurso e, passando aos assuntos em pauta para aquele dia, debateu a petição de um dos membros que requeria dispensa de suas obrigações parlamentares por estar acometido de uma crise de gota. O aniversário do acontecimento, que, até hoje, é comemorado com fogueiras e fogos de artifício, foi marcado e estimulado até os tempos modernos por demonstrações antipapistas.

❄

Nessa época, um esplêndido e duradouro monumento foi criado em honra à genialidade dos povos de língua inglesa. O Dr John Reynolds de Oxford perguntou, aparentemente ao sabor do momento, se uma nova versão da Bíblia poderia ser editada. A ideia agradou a James. Ali estava, pensou ele, a oportunidade de se livrar das escrituras de propaganda e produzir uma versão uniforme a ser confiada a todos. Em poucos meses, comitês ou "companhias" foram formados, num total de cerca de cinquenta eruditos e religiosos. Passaram-se três anos em pesquisas preliminares, e o trabalho principal só teve início em 1607, mas foi, a partir de então, feito com presteza surpreendente. Os comitês, embora separados por distâncias consideráveis, concluíram os trabalhos em 1609 e, em 1611, a Versão Autorizada da Bíblia saiu pela Imprensa Real.

Foi um triunfo imediato e duradouro. Exemplares custavam apenas cinco xelins, e, mesmo com os preços inflados de hoje em dia, ainda podem ser comprados por esse preço. Superou todas as demais versões. Nenhuma revisão foi necessária por quase trezentos anos. Nos superlotados navios de emigrantes que navegavam rumo ao Novo Mundo da América, havia pouco espaço para bagagem. Se os aventureiros levavam livros, eram a Bíblia, Shakespeare e, mais tarde, *The Pilgrim's Progress*; e a Bíblia que mais levavam era a Versão Autorizada do Rei James I. Estima-se que cerca de noventa milhões de cópias completas tenham sido impressas somente em língua inglesa. Foi traduzida em mais de setecentos e sessenta idiomas. A Versão Autorizada ainda é a mais popular na Inglaterra e nos Estados Unidos.

Essa pode ser considerada a realização mais importante de James, porque a iniciativa foi muito dele. O escocês pedante fez mais do que sabia. Os eruditos que produziram essa obra-prima são, na maior parte, desconhecidos e esquecidos. Mas forjaram um elo duradouro, tanto literário quanto religioso, entre os povos de língua inglesa do mundo inteiro.

❄

Talvez a política externa de James atendesse às necessidades daquela época, de se manter a paz, mas muitas vezes chocava-se com seu temperamento. Posar de defensor do protestantismo na grande guerra que começava no Continente poderia lhe dar uma fugaz popularidade entre os súditos, mas também o entregaria de bandeja nas mãos da Câmara dos Comuns. Ademais, os caprichos da sorte eram notoriamente imprevisíveis na guerra. James parecia acreditar de verdade em sua missão de pacificador da Europa, e tinha também uma enraizada aversão nervosa à ideia de combater, graças às tumultuadas experiências de sua juventude na Escócia. Ele ignorou os apelos pela intervenção.

Em meio a essa confusão, Sir Walter Raleigh foi executado em Tower Hill para agradar ao governo espanhol. Raleigh fora preso no início do reinado, acusado de conspirar para substituir James pela prima, Arabella Stuart. Acusação provavelmente injusta; e o julgamento, com toda a certeza, o foi. O sonho de Raleigh de encontrar ouro no rio Orenoco, que provocara o seu longo período de confinamento, terminou em desastre em 1617. Essa sua última expedição, para a qual ele foi especialmente libertado da Torre, tinha meramente ofendido os governadores espanhóis na América do Sul. A velha sentença de morte revalidou-se contra ele. Sua morte, em 29 de outubro de 1618, visou demonstrar a nova política de apaziguamento e pavimentar o caminho para as boas relações com a Espanha. Esse ato vergonhoso ergue para sempre uma barreira entre o Rei James e o povo inglês. Há outras.

❄

James e os seus parlamentos, com o passar dos anos, tornaram-se cada vez mais antipáticos, mas James encontrou um brilhante aliado na pessoa de Francis Bacon, defensor da tese de que o absoluto e esclarecido governo do Rei com a ajuda dos seus magistrados justificava-se pela eficiência. Mas suas teorias eram irreais e muito impopulares.

Nesse ponto os jurisconsultos da Common Law, liderados pelo *Chief Justice* [NT: Segundo homem do sistema judiciário, logo abaixo do *Lord Chancellor*] Coke, assumiram a frente da história da Inglaterra. Coke, um dos mais eruditos juízes ingleses, deu uma resposta abrupta a essas controvérsias. Declarou que os conflitos entre prerrogativa e estatuto deviam ser resolvidos não pela Coroa, mas pela magistratura. Foi uma assertiva retumbante, pois, se coubesse aos juízes a decisão sobre quais as leis que seriam válidas ou inválidas, o judiciário seria a última instância legisladora do estado. Eles seriam um Tribunal Supremo, avaliando os atos do Rei e do Parlamento.

As altas alegações de Coke não eram sem fundamento; baseavam-se numa antiga tradição de que a lei exarada nos tribunais era superior àquela baixada pela autoridade central. O próprio Coke relutava em admitir que a lei podia ser feita ou alterada. A lei já existia desde sempre e só precisava de revelação e exposição. Se os atos do parlamento conflitavam com ela, eram inválidos. Assim, no início de sua carreira, Coke não esteve ao lado do parlamento. Na Inglaterra, suas afirmações a favor das leis fundamentais foram desconsideradas. Nos Estados Unidos, seria diferente.

James não gostava dessa agitação. Ele não queria entrar em acordo; porém, mais astuto que o filho, percebia quando uma solução de meio-termo lhe convinha. Nada além da necessidade de dinheiro o forçava a lidar com o parlamento. "A Câmara dos Comuns," disse ele certa vez ao embaixador espanhol, "é um corpo sem cabeça. Os membros dão suas opiniões desordenadamente. Nas sessões, não se ouve coisa alguma além de lamúrias, gritos e confusão. Fico admirado com o fato de meus ancestrais terem algum dia permitido a existência de tal instituição. Sou um forasteiro e encontrei isso aqui assim quando cheguei, de modo que sou obrigado a aturar algo de que não consigo me livrar."

James era dado a ter favoritos, e a atenção que dedicava a rapazes bem-apessoados resultou numa perceptível perda de respeito à monarquia. Um dos seus validos, Robert Carr, feito conde de Somerset por mero capricho do Rei, viu-se implicado num homicídio por envenenamento em que sua esposa era indubitavelmente culpada. Carr foi substituído na estima do Rei por outro rapaz bonito, inteligente e extravagante, chamado George Villiers, logo elevado a duque de Buckingham. Esse moço logo se mostrou todo-poderoso na corte e na afeição de James. Criou uma grande e honrada amizade com Charles, o Príncipe de Gales. Aceitou sem hesitar a política real de um casamento espanhol e, em 1623, acompanhou o príncipe em sua romântica viagem a Madrid para conhecer a noiva. O comportamento heterodoxo de ambos não impressionou bem a cerimoniosa e formal corte espanhola.

Mal o noivado espanhol foi rompido, Buckingham voltou-se para a França em busca de uma noiva para Charles. Quando ele e o Príncipe de Gales passaram por Paris, durante a viagem a Madrid, Charles encantou-se com os atributos da filha de Marie de Médicis, Henriette Marie, então com quatorze anos, irmã de Luís XIII. Buckingham verificou que as negociações agradavam à corte francesa e, em especial, à Rainha Marie. Um casamento com uma princesa protestante teria unido a Coroa e o Parlamento, mas essa nunca fora a intenção do círculo governante. Uma filha da França parecia a única alternativa à opção da Infanta. Como poderia a Inglaterra enfrentar sozinha a Espanha? Se não podíamos nos apoiar na Espanha, teríamos de correr para a França. O velho Rei queria ver o filho casado. Costumava dizer que vivia somente para isso. Ratificou o acordo matrimonial em dezembro de 1624. Três meses depois, o primeiro Rei da Grã-Bretanha estava morto.

O Mayflower

A luta com a Espanha, ao longo do tempo, consumiu a energia dos ingleses, e, nos últimos anos do reinado de Elizabeth, poucos novos empreendimentos haviam-se efetivado além-mar. Por algum tempo, pouco se ouviu falar do Novo Mundo. Hawkins e Drake, em suas primeiras viagens, descortinaram amplas perspectivas para a Inglaterra nas Carábas; Frobisher e outros penetraram nas profundezas árticas do Canadá em busca de uma passagem noroeste para a Ásia. O encanto das descobertas e do comércio cedera lugar às exigências da guerra. A ideia da moda de fundar colônias também sofrera um revés. Gilbert, Raleigh e Grenville foram os pioneiros. Seus planos ousados deram em nada; mas deixaram uma tradição inspiradora. Agora, após um tempo, seu trabalho foi retomado por novos personagens, menos brilhantes, mais práticos e com mais sorte. Aos poucos e por muitos motivos, as comunidades de língua inglesa na América do Norte foram fundadas. A mudança ocorreu em 1604, quando James I firmou o seu tratado de paz com a Espanha. O debate fora estimulado pelo *Discourse on Western Planting*, de Richard Hakluyt. O argumento forte de um grupo de escritores por ele liderados ganhou atenção renovada e maior pertinência. A Inglaterra tinha problemas. Havia muita gente reduzida à mendicância e à vadiagem, e eram necessárias novas saídas para a vazão da energia e dos recursos da nação.

❄

O aumento contínuo dos preços trouxera muitas privações para os assalariados. Embora o padrão de vida, de um modo geral, tivesse melhorado durante o século XVI, um amplo espectro de preços cresceu seis vezes de valor, ao passo que os salários, apenas duas. A indústria via-se oprimida pela excessiva regulamentação governamental. O sistema medieval de associações de artesãos, que ainda se encontrava em vigor, tornava difícil e desestimulante a iniciação dos aprendizes. A nobreza proprietária, fortalecida em sua aliança política com a Coroa, possuía a maior parte das terras e exercia todos os governos regionais. O prosseguimento da política de levantar cercas, defendida pelos nobres rurais, expulsou os lavradores ingleses do campo. Todas as perspectivas de vida pareciam ter se contraído, e a estrutura da organização social tornara-se mais desumana. Naqueles novos tempos, muitos haviam perdido os bens, a esperança ou o meio de vida. Acreditou-se que as colônias pudessem ajudar a resolver esses problemas angustiantes.

O governo não estava desinteressado. O comércio com colônias prósperas prometia o crescimento da receita alfandegária, da qual a Coroa muito dependia. Os comerciantes e a mais rica nobreza rural viam novas oportunidades no outro lado do Atlântico, em termos de investimentos lucrativos, e também uma fuga das sufocantes restrições à indústria e do declínio generalizado do mercado europeu durante as guerras religiosas. Havia capital disponível para experimentos além-mar. As tentativas de Raleigh haviam demonstrado o fracasso do esforço individual, mas um novo método para empreitadas de financiamento comercial em larga escala estava em desenvolvimento em nova forma de sociedade. Em 1606, um grupo de especuladores comprou uma carta régia criando a Virginia Company, uma *joint stocking company* formada de duas outras, em Londres e em Plymouth. Interessante observar como a especulação, no seu sentido mais abrangente, começou tão cedo a fazer seu papel no campo americano.

Um plano foi cuidadosamente delineado após consultas a especialistas como Hakluyt, porém estes tinham pouca experiência prática e subestimaram as dificuldades do extraordinário ineditismo da iniciativa que estavam tomando. Afinal de contas, não se concede a muitos a tarefa de construir uma nação. E eram umas poucas centenas de pessoas que agora davam o primeiro passo. Fundou-se um povoado em Jamestown, na Baía de Chesapeake, no litoral da Virginia, em maio de 1607. Na primavera seguinte, metade da população morrera de malária, frio e fome. Depois de uma luta longa e heroica, os sobreviventes estavam autossustentáveis, mas o lucro dos investidores ingleses foi muito reduzido. O capitão John Smith, um militar aventureiro, veterano das guerras turcas, tornou-se o ditador da pequena colônia e nela implantou um rígido regime disciplinar. O casamento do seu subcomandante, John Rolfe, com Pocahontas, a filha de um chefe indígena, causou sensação na capital inglesa. A sede da companhia em Londres, contudo, não tinha muito controle, e a administração da colônia era primitiva, mas funcionava a contento. Os objetivos dos diretores eram confusos e maldefinidos. Alguns pensavam que a colonização reduziria a pobreza e a criminalidade na Inglaterra. Outros buscavam lucro no comércio da pesca ao longo da costa leste norte-americana ou tinham esperança de receber matéria-prima suficiente para diminuir-lhes a dependência das importações vindas das colônias espanholas. Estavam todos errados, pois a riqueza da Virginia originou-se de uma causa nova e inesperada. Por acaso, fez-se uma plantação de tabaco, e o solo mostrou-se propício. O tabaco fora introduzido na Europa pelos espanhóis, e o hábito de fumar espalhava-se velozmente. A procura por tabaco era grande e crescente, e os lucros advindos das plantações da Virginia foram altos. As ações dos pequenos acionistas foram totalmente compradas, formaram-se grandes propriedades rurais, e a colônia passou a caminhar com as próprias pernas. À medida que prosperava e se desenvolvia, a sociedade colonial começou a se parecer com a Pátria Mãe, com os donos de plantations no lugar dos nobres rurais ingleses. Não demorou muito para que adquirissem independência de ideias e uma vigorosa capacidade de autogoverno. A distância que os separava das autoridades em Londres ajudou muito.

❄

Sob a desgastada roupagem da Inglaterra jacobita, com favoritismo na corte e humilhação na Europa, outras forças mais vitais agiam. Os bispos elisabetanos haviam expulsado da Igreja Oficial os mais elevados e mais resistentes espíritos puritanos. Mas, embora tivessem desmontado a organização do partido, continuaram as pequenas reuniões ilegais de extremistas religiosos. Não houve perseguição sistemática, mas a espionagem e restrições mesquinhas dificultavam a adoração pacífica. Uma congregação de Scrooby, no Nottinghamshire, dirigida por um de seus pastores, John Robinson, e por William Brewster, o aguazil puritano da herdade do Arcebispo de York, resolveu buscar, no exterior, a liberdade de credo. Em 1607, deixou a Inglaterra e se estabeleceu em Leyden, esperando encontrar asilo entre os tolerantes e laboriosos holandeses. Por dez anos, essa paróquia de puritanos pugnou por uma existência decente. Eram pequenos agricultores deslocados numa comunidade marítima industrial, sem capital e sem preparo, barrados, em razão de sua nacionalidade, das associações de artesãos. Só conseguiam trabalho manual bruto. Eram persistentes e perseverantes, mas um futuro sombrio os esperava na Holanda, demasiado orgulhosos que eram de suas origens para se deixarem absorver pela cultura holandesa. As autoridades foram compreensivas, mas, na prática, nada prestativas. Os puritanos começaram a olhar para outras paragens.

A emigração para o Novo Mundo apareceu como a forma de escapar àquela geração de pecadores. Lá poderiam ter um meio de vida livre das corporações holandesas e praticar sua religião sem a perseguição dos clérigos ingleses. Conforme um de seus inúmeros registros, "o local que tinham em mente era uma parte daquelas vastas e desabitadas regiões da América, que são produtivas e adequadas para habitação; destituídas de habitantes civilizados; onde só existem seres rudes e incultos, que pouco se diferenciam das feras selvagens das mesmas áreas."

Durante todo o inverno de 1616-1617, quando a Holanda vivia ameaçada por um reinício da guerra com a Espanha, houve muitas controvérsias naquela inquieta comunidade.

O plano principal era se estabelecerem na Guiana, mas viram que seria impossível se aventurarem por conta própria. Precisavam de ajuda da Inglaterra. Então, enviaram representantes a Londres a fim de negociarem com o único órgão interessado em emigração: a Companhia da Virginia. Um dos membros do conselho da companhia era um influente parlamentar, Sir Edwin Sandys. Apoiado pelos comerciantes acionistas da companhia, ele patrocinou o projeto. Ali estavam os colonos ideais: sóbrios, trabalhadores e qualificados em agricultura. Tendo em vista que eles insistiam em sua liberdade de credo, seria necessário aplacar os bispos anglicanos. Sandys e os emissários da Holanda foram à presença do Rei. James estava descrente. Perguntou como o pequeno grupo se propunha obter o próprio sustento no território da companhia na América? "Pescando," responderam. Isso agradou a James. "Então que Deus leve a minha alma," ele exclamou em uma de suas frases mais simpáticas. "É um negócio honesto! É uma inspiração dos próprios apóstolos."

A comunidade de Leyden recebeu a licença para se radicar na América, e apressaram-se os preparativos para a partida. Trinta e cinco membros da congregação deixaram a Holanda e se juntaram a sessenta e seis aventureiros do West County, em Plymouth. Em setembro de 1620, partiram a bordo do *Mayflower*, uma embarcação de 180 toneladas.

Após dois meses e meio de uma travessia oceânica invernal, chegaram ao litoral de Cape Cod e, dessa forma, por obra do acaso, desembarcaram fora da jurisdição da Companhia da Virginia. Isso invalidava a patente que haviam trazido de Londres. Antes do desembarque, houve desentendimento, no grupo, sobre quem ficaria encarregado de manter a disciplina. Aqueles que embarcaram em Plymouth não eram santos e não tinham intenção de se submeterem à seita de Leyden. Não era possível apelar para a autoridade de Londres. Apesar disso, se não quisessem morrer de fome, teriam de chegar a algum tipo de acordo.

Quarenta e um dos membros mais responsáveis, por esse motivo, redigiram um pacto solene, que se tornou um dos documentos extraordinários da história, um espontâneo compromisso com a organização política: "Em nome de Deus, amém. Nós, signatários deste documento, súditos leais do nosso venerado soberano e senhor, o Rei James, pela graça de Deus, Rei da Grã-Bretanha, França e Irlanda, defensor da fé etc. tendo empreendido, para a glória de Deus e o progresso da fé cristã e a honra de nosso Rei e da nossa pátria, uma viagem com o propósito de implantar a primeira colônia nas áreas ao norte da Virginia, decidimos, em nome dos presentes, solene e conjuntamente, na presença de Deus, e na presença de todos, assumir o compromisso de nos unir para, juntos, formarmos um organismo político civil, para o melhor ordenamento, a preservação e a consecução dos propósitos supracitados; e, em virtude disso, promulgar, constituir e estruturar, de tempos em tempos, leis, práticas, atos, constituições e funções justas e equitativas, conforme forem consideradas adequadas e convenientes ao bem comum da colônia, e aos quais prometemos toda a devida submissão e obediência."

Em dezembro, no Cape Cod, na costa norte-americana, esses homens fundaram a vila de Plymouth. Recomeçava a mesma luta amarga que ocorrera na Virginia contra a natureza. Não havia alimento colhido. Contudo, sobreviveram pelo trabalho duro e pela fé. Os patrocinadores financeiros em

Londres não tiveram lucro. Em 1627, eles fecharam o negócio, e a colônia de Plymouth foi abandonada aos seus próprios recursos. Assim foi a fundação da Nova Inglaterra.

❄

Por dez anos, depois disso, não ocorreram outras emigrações planejadas para a América; a pequena colônia de Plymouth, porém, assinalou um caminho para a liberdade. Em 1629, Charles I dissolveu o parlamento, e teve início o período da chamada gestão pessoal. À medida que crescia o antagonismo entre a Coroa e os súditos, reforçava-se a oposição à Igreja Anglicana no campo. O absolutismo dominava o continente, e a Inglaterra parecia ir na mesma direção. Muita gente, livres-pensadores, passou a considerar o abandono da pátria para buscar liberdade e justiça nos ermos.

Logo que a congregação de Scrooby emigrou em conjunto para a Holanda, da mesma forma, outro grupo de puritanos de Dorset, instigado pelo reverendo John White, também resolveu mudar-se para o Novo Mundo. Após um mau começo, essa aventura ganhou suporte em Londres e nos condados do leste entre os patrocinadores interessados em comércio, indústria pesqueira bem como em emigração. Influentes integrantes da nobreza oposicionista prestaram ajuda. Depois do precedente da Virginia, formou-se uma empresa licenciada que veio a se chamar Companhia da Baía de Massachusetts na Nova Inglaterra. A notícia espalhou-se rapidamente, e não faltaram colonos. Um destacamento avançado fundou o povoado de Salem ao norte de Plymouth. Em 1630, o presidente da companhia, John Winthrop, seguiu para o local com mil colonos. Ele era o líder do empreendimento. A inquietude da época reflete-se em sua correspondência, que revela as razões da ida de sua família. "Estou verdadeiramente convencido," escreveu ele sobre a Inglaterra, "de que Deus mandará algum tipo de pesado tormento a esta terra, e muito brevemente; mas estejais tranquilos. (...) Se aprouver ao Senhor, Ele proverá um abrigo e um esconderijo para nós e para outros. (...) Tempos ruins estão chegando, e eis que a Igreja deve fugir para os ermos." O ermo escolhido por Winthrop ficava no rio Charles, e para aquela terra alagadiça a capital da colônia foi transferida. Ali, desse modesto começo, surgiu a cidade de Boston, que se tornaria, no século seguinte, o coração da resistência ao domínio inglês e seria, por longo tempo, a capital intelectual da América.

A Companhia da Baía de Massachusetts foi constituída como uma *joint stock corporation*, organizada inteiramente para fins comerciais, e o assentamento de Salem foi, durante o primeiro ano de existência, controlado por Londres. Entretanto, por acaso ou intencionalmente, a carta régia que lhe dava a concessão não especificava o local onde a empresa deveria fazer as suas reuniões. Alguns dos acionistas puritanos entenderam que não haveria obstáculos à transferência da companhia, dos diretores e tudo mais para a Nova Inglaterra. Uma assembleia geral da empresa se realizou e tomou essa momentosa decisão. Da *joint stock corporation* nasceu a colônia autônoma de Massachusetts. A chegada daqueles puritanos bem-nascidos, líderes do empreendimento, introduziu na região um sistema representativo semelhante ao que eles haviam conhecido nos dias anteriores à gestão pessoal do Rei Charles. John Winthrop administrou a colônia nessa fase inicial, e ela logo se expandiu. Entre 1629 e 1640, os colonos passaram de trezentos para quatorze mil. Os recursos da companhia davam boas perspectivas aos emigrantes mais modestos. Na Inglaterra, a vida era quase sempre difícil para os lavradores. Aqui no Novo Mundo, havia terra para todos os recém-chegados e liberdade de todas as restrições ao movimento trabalhista e a outras regulamentações medievais que oprimiam e amarguravam os camponeses na Inglaterra.

Os líderes e ministros que governavam Massachusetts, porém, tinham opiniões próprias sobre liberdade. Devia ser o governo pelos devotos. Sua noção de tolerância era tão estreita quanto a dos anglicanos, e surgiram disputas sobre religião. Nem todos eram calvinistas rígidos, de forma alguma, e os grupos recalcitrantes se desligaram da colônia-mãe quando as querelas se tornaram estridentes. Fora dos limites do povoamento, havia imensas áreas agudas. Em 1635 e 1636, alguns se transferiram para o vale do rio Connecticut e fundaram a cidade de Hartford à sua margem. A eles se reuniram muitos imigrantes vindos diretamente da Inglaterra. Formou-se assim o núcleo da povoação de River Towns, que se tornaria, mais tarde, a colônia de Connecticut. Ali, a quatro mil e oitocentos quilômetros da pátria, formularam normas esclarecidas de governo. Um "Ordenamento Fundamental," ou constituição, foi promulgado, similar ao pacto do Mayflower de quinze anos antes. Criou-se um governo popular compartilhado por todos os homens livres da colônia, e se manteve de maneira modesta até sua situação ser formalmente regularizada após a restauração da monarquia Stuart.

Os fundadores de Connecticut haviam saído de Massachusetts a fim de encontrar terras novas e mais amplas onde se estabelecerem. A rivalidade religiosa impeliu outros para fora dos limites da colônia-mãe. Um erudito de Cambridge, Roger Williams, fora obrigado a abandonar a universidade pelo Arcebispo Laud. Tomou a agora conhecida trilha rumo ao Mundo Novo e se fixou em Massachusetts. Os devotos de lá pareceram-lhe quase tão opressores quanto os da Igreja Anglicana da Inglaterra. Williams logo se incompatibilizou com as autoridades locais e virou o líder daquelas pessoas mais humildes e idealistas que buscavam em sua nova pátria de além-mar uma fuga das perseguições. Os magistrados consideraram-no fator de desordem e decidiram mandá-lo de volta para a Inglaterra. Avisado a tempo, ele fugiu para fora do seu alcance e, seguido a intervalos por outros, fundou a vila de Providence, ao sul de Massachusetts. Outros exilados de Massachusetts, alguns dos quais banidos à força, juntaram-se à comunidade de Williams, em 1636, que veio a ser a colônia de Rhode Island. Roger Williams foi o primeiro pensador político da América, e as ideias dele influenciaram não só os seus companheiros colonos mas o partido revolucionário na Inglaterra. De muitas maneiras, ele eclipsou os conceitos políticos de John Milton. Foi o primeiro a praticar uma completa separação entre a Igreja e o governo, e Rhode Island era o único lugar no mundo, na época, onde imperava uma completa tolerância religiosa. Essa nobre causa foi sustentada pela destilação e pelo comércio de bebidas alcoólicas, que eram a base econômica da colônia.

Por 1640, cinco principais povoações inglesas estavam criadas na América do Norte: Virginia, tecnicamente sob governo direto da Coroa e administrada, de maneira um tanto ineficaz, por um comitê permanente do Conselho Privado do Rei desde que a concessão fora revogada em 1624; a povoação original dos peregrinos em Plymouth, que, por falta de recursos, não se expandira; a florescente colônia da Baía de Massachusetts e suas duas ramificações em Connecticut e Rhode Island.

❄

Outros dois empreendimentos, ambos essencialmente comerciais, fixaram os povos de língua inglesa no Novo Mundo. Desde os tempos elisabetanos, eles haviam tentado pôr os pés nas Índias Ocidentais Espanholas. Em 1623, em seu caminho de volta de uma infrutífera expedição à Guiana, um cavalheiro de Suffolk chamado Thomas Warner explorou uma das menos habitadas ilhas das Índias Ocidentais. Assentou alguns poucos colonos em San Cristóbal e correu para a Metrópole, a fim de conseguir uma carta régia que o habilitasse a empreitadas mais extensas. Obtida a concessão, retornou às Caraíbas e, embora muito importunado por incursões espanholas, assentou os ingleses naquele mar tão disputado. Por volta de 1640, Barbados, San Cristóbal, Nevis, Montserrat e Antigua encontravam-se em mãos inglesas, e muitos milhares de colonos haviam chegado. O açúcar lhes garantia a prosperidade, e o controle espanhol das Índias Ocidentais se enfraqueceu. Houve muitos antagonismos e conflitos nos anos subsequentes, mas, por um longo período, aquelas povoações insulares foram economicamente muito mais valiosas para a Inglaterra do que as colônias da América do Norte.

Outro povoamento dessa época foi patrocinado pela monarquia. Teoricamente, todas as terras colonizadas por ingleses pertenciam ao Rei. O soberano tinha o privilégio de conceder partes dessas terras à exploração de empresas registradas ou indivíduos. Da mesma forma que Elizabeth e James haviam concedido monopólios comerciais e industriais a cortesãos, agora Charles I procurava regulamentar o povoamento colonial. Em 1632, George Calvert, Lord Baltimore, um cortesão católico romano que sempre se interessara pela colonização, requereu patente para uma povoação nas cercanias da Virginia. Após a sua morte, esta foi concedida ao filho dele. Os termos da carta régia lembravam as condições sob as quais as terras eram mantidas na Virginia; conferiam direitos integrais de propriedade sobre a nova área e dispunham sobre a transferência da sede para o Novo Mundo; investiam a família de Baltimore no governo da colônia com plenos poderes para nomeações e regulamentação. Cortesãos e comerciantes aderiram à empreitada, e a nova colônia recebeu o nome de Maryland em homenagem à rainha de Charles, Henriette Marie. Embora o proprietário fosse católico romano, havia um ar de tolerância em sua administração desde o princípio, porque Baltimore só conseguira a patente por haver proclamado a Igreja Anglicana a religião oficial da nova povoação. A natureza aristocrática do regime fora bastante alterada na prática, e os poderes da administração local, estabelecidos por Baltimore, cresciam às custas do poder teórico que a família detinha.

Nessas primeiras décadas do grande período migratório, mais de oitenta mil pessoas de língua inglesa atravessaram o Atlântico. Nunca, desde os dias das invasões do arquipélago britânico pelas hordas germânicas, houvera tamanha movimentação nacional. Saxões e vikings colonizaram a Inglaterra. Agora, mil anos depois, seus descendentes tomavam posse da América. Muitas diferentes correntes migratórias fariam a sua confluência no Novo Mundo e contribuiriam para a formação do caráter múltiplo dos futuros Estados Unidos. Mas a corrente inglesa foi a primeira a fluir e permaneceu na dianteira. Desde o início, seus líderes desagradaram o governo da Metrópole. A criação de cidades e povoados numa região inculta, as guerras com os nativos, o isolamento e a singularidade do cenário aumentaram o fosso com o Velho Mundo. Durante os anos críticos da colonização e consolidação da Nova Inglaterra, a pátria estava paralisada por uma guerra civil. Quando o estado inglês readquiriu estabilidade, viu-se ante comunidades autoconfiantes e autossustentáveis que já tinham tradições desenvolvidas e ideias próprias.

Charles I e Buckingham

Das muitas descrições de Charles I feitas no início do reinado, nenhuma nos chama mais a atenção do que o esboço que devemos a Ranke. Pelo relato, ele estava "no viço da existência: completara vinte e cinco anos de idade. Sentia-se à vontade montado a cavalo: era perito nos exercícios dos cavaleiros. Era um desses jovens sobre os quais se costuma dizer que não têm defeitos. Sua estrita propriedade nas maneiras comparava-se à timidez de uma donzela: uma alma séria e sóbria expressava-se através dos seus olhos mansos." Mas tivera paralisia infantil e gaguejava um pouco.

Uma grande crise política e religiosa pairava sobre a Inglaterra. Ainda no reinado do Rei James, o Parlamento já começara a tomar a frente dos acontecimentos, não apenas na arrecadação de impostos, mas, cada vez mais, na condução dos assuntos de governo, principalmente da política externa. O vento furioso das contendas religiosas levava o pensamento humano a grandes distâncias. O povo inglês sentia que sua sobrevivência e salvação estavam comprometidas para sempre com a vitória da fé reformista, e observava com olhar diligente e vigilante cada episódio que lhe assinalasse o progresso ou o infortúnio. Um intenso desejo de que a Inglaterra liderasse e patrocinasse a causa protestante, onde quer que estivesse sendo atacada, fez prosperar o movimento parlamentar com uma força muito maior do que a de questões internas.

As questões temporais, no entanto, tinham, elas próprias, um enorme peso. Os homens olhavam para o passado. Grandes juristas como Coke se voltaram para os direitos que eles julgavam possuídos pelo parlamento sob os reis lancastrianos. Falavam da Carta Magna e até dos direitos ainda mais antigos perdidos na névoa da monarquia anglo-saxã. Parecia-lhes que o passado os dotava quase com uma constituição inteira escrita, que a Coroa ameaçava desrespeitar. Mas a Coroa também lembrava o passado, e nele encontrava muitos precedentes do contrário. Tanto o Rei como o Parlamento dispunham de um corpo de doutrina, no qual se sustentavam com sincera convicção. Isso deu páthos e grandeza à contenda que se aproximava.

Uma sociedade mais complexa do que a Inglaterra dos Tudors entrava em cena. O comércio, exterior e interno, se expandia. A mineração de carvão e outras indústrias se desenvolviam rapidamente. Já havia grande capital investido. Londres estava na vanguarda, a eternamente gloriosa campeã da liberdade e do progresso; Londres, com os seus milhares de vigorosos aprendizes sem papas na língua, e com sua City de ricas associações e empresas. Fora de Londres, grande parte da nobreza do campo, que dava inúmeros membros ao Parlamento, estava criando íntimas conexões com a nova indústria e o novo comércio. Naqueles anos, os Comuns desejavam legislar menos e obter mais aceitação da Coroa dos costumes antigos que impediriam, antes que fosse tarde demais, a submissão de todo aquele progresso recente aos membros da aristocracia.

Os homens à testa desse movimento estrênuo e, até os dias de hoje, inestimável foram figuras notáveis. Coke ensinara aos últimos parlamentos de James I os argumentos nos quais poderiam se basear e os métodos pelos quais prevaleceriam. O conhecimento que detinha sobre a Common Law era incomparável. Dois cavalheiros do interior apoiaram suas ideias: um do oeste, Sir John Eliot, de Cornwall; o outro, Thomas Wentworth, um fidalgo do Yorkshire. Atrás deles, nada devendo em firmeza de caráter, vinham os líderes da nobreza puritana, Denzil Holles, Arthur Hazelrigg e John Pym – este último predestinado a alcançar um papel relevante e a levar a causa ainda mais longe. Era natural de Somerset, advogado, ferrenho opositor da Alta Igreja oficial e interessado nos empreendimentos coloniais. Eis aqui um exemplo de homem que conhecia todas as manobras do jogo político e era capaz de empregá-las sem qualquer pudor.

Os parlamentos de James, e agora os de Charles, eram favoráveis à guerra e à intervenção na Europa. Procuravam usar seu poder de controle do dinheiro para induzir o Rei e seus ministros a trilharem esses caminhos arriscados, pois sabiam que as tensões da guerra forçariam a Coroa a lhes bater à porta. O Rei Charles e Buckingham eram homens de espírito fogoso no ardor da juventude. O Rei sentia-se ofendido com a maneira como fora desfeiteado em Madrid. Era favorável a uma guerra contra a Espanha.

A guerra foi mal. Buckingham liderou uma expedição mas nada conseguiu. Quando ele voltou, o Parlamento decidiu exonerar o brilhante, pródigo e incompetente ministro. Buckingham foi destituído, e, para salvar o amigo, o Rei, rapidamente, dissolveu o Parlamento.

Nova complicação agravou agora a cena. O poderoso ministro francês Cardeal Richelieu estava decidido a reprimir a independência dos huguenotes. A simpatia dos ingleses, naturalmente, estava com os protestantes franceses. Em 1627, uma força considerável, chefiada por Buckingham, foi despachada para dar apoio à sitiada La Rochelle. O desembarque ocorreu ao largo da costa, na Île de Ré, não cumpriu a tarefa de tomar a cidadela de assalto, e a força se retirou em desordem. Assim, mais uma vez, as ações militares de Buckingham foram marcadas pelo desperdício e o fracasso.

O Rei ficou entre a necessidade cruciante de ter dinheiro para a guerra e o perigo de que, mais uma vez, o Parlamento lhe destituísse o amigo. Na aflição, recorreu a métodos dúbios para levantar fundos. Exigiu um empréstimo obrigatório, e quando muitas personalidades importantes se recusaram a pagar, ele as mandou prender. Induzidos por Coke, os Comuns redigiram a Petição de Direito. O propósito era restringir as prerrogativas reais.

Chegamos, neste ponto, em meio a muita confusão, ao principal fundamento da liberdade inglesa. Era negado ao executivo o direito de prender alguém, de qualquer posição social, por razões de estado; essa negativa, fruto de lutas dolorosas, é a carta de alforria de todo ser humano, em qualquer época ou lugar. O julgamento por júri de concidadãos apenas por violações previstas em lei faz a diferença entre escravidão e liberdade. O Rei, porém, entendeu que tal estado de coisas era um estorvo, e, sem dúvida alguma, haveria argumento plausível que concluísse pela necessidade de se confinar gente perigosa em situações de emergência. As expressões "prisão preventiva" e "abatido ao tentar fugir" ainda não haviam surgido na mente da autoridade. Devemo-las à genialidade de épocas mais recentes.

❄

Ambos os lados ainda pressionavam; cada qual em busca dos respectivos objetivos. O Rei, tendo recebido o dinheiro, apoiou-se indevidamente nas garantias que recebera dos magistrados de que as suas prerrogativas permaneciam intactas. Os Comuns queixavam-se do crescimento do catolicismo e do arminianismo (o segmento da Alta Igreja que mais se opunha ao calvinismo). Reclamavam também da má condução da guerra e dos prejuízos aos negócios e ao comércio causados pelo enfraquecimento naval nos Canais. Voltaram a atacar Buckingham, perguntando ao Rei se convinha à segurança do monarca e do seu reino o responsável por tantos desastres continuar no cargo ou próximo à sua sagrada pessoa. Mas o Rei e Buckingham tinham esperança de que uma segunda e bem-sucedida expedição desafogaria os huguenotes em La Rochelle. Charles dispensou ambas as Casas do Parlamento. Acreditava que, antes de tornar a precisar delas novamente, ele e seu estimado ministro teriam resultados militares ou diplomáticos que as fariam exultar. Era muito melhor resgatar protestantes no exterior do que perseguir católicos em casa. Um rei que libertasse La Rochelle poderia, certamente, reivindicar o direito de praticar tolerância até mesmo com papistas em sua própria terra. Não era uma postura desabonadora a adotar, mas o destino teve outro caminho.

O próprio Buckingham estava completamente cônscio do ódio contra ele, e parecia evidente que, ao colocar-se à testa de uma nova expedição a La Rochelle, ele esperava mais uma vez conquistar para si algum apoio nacional, o que, pelo menos, dividiria os seus opositores. Entretanto, no momento em que seus planos estavam no ponto de execução, quando estava prestes a embarcar em Portsmouth na condição de comandante em chefe de uma força militar formidável, equipada com novos engenhos capazes de romper as defesas que Richelieu construíra em volta do porto sitiado, ele foi esfaqueado mortalmente por um tenente fanático da marinha.

A morte de Buckingham foi um golpe arrasador no jovem rei. Ao mesmo tempo, aliviaram-se imensamente os seus problemas políticos, porquanto a maior parte da ira do parlamento desapareceu com o seu favorito, e permitiu, pela primeira vez, a existência de uma unidade conjugal em sua vida de casado. Até então, ele fora moral e mentalmente dominado por "Steenie," o amigo adorado da infância e da juventude, a quem costumava confiar os pensamentos mais íntimos. Por três anos, ele vivera num frio afastamento da Rainha. Dizia-se, até mesmo, que o casamento jamais fora consumado; e ele angustiara a esposa, quando a separou dos criados franceses. A morte de Buckingham marcou o surgimento do seu amor pela mulher. Nada menos do que uma tormenta os espreitava mais adiante, mas, a partir daquele momento, eles enfrentariam tudo juntos.

❊

Ficara evidente para todos que o Rei e os Comuns não conseguiam trabalhar juntos de forma alguma. O Parlamento foi dissolvido, e teve início o período de governo pessoal do Rei Charles.

O governo pessoal

O governo pessoal do Rei não foi implantado gradualmente nem em segredo. Charles anunciou sua intenção abertamente. "Consideraremos impudência," disse ele, "quem quer que seja, doravante, nos sugerir parlamentos, cuja convocação, continuidade ou dissolução está sempre em nosso poder."

A condição menos sentimental do governo pessoal era a dominante: dinheiro. Como conseguir o dinheiro? Em primeiro lugar, o executivo deveria praticar uma frugalidade extrema: nada de guerras, nada de empreendimentos de risco de qualquer natureza, nada de perturbações. Nenhuma grande questão devia ser agitada. O Rei, com sua corte distinta e refinada – cujas figuras estão retratadas pelo lápis de Van Dyck, cortesãos cujas boas maneiras e moral eram exemplos para todos – governava até o mais baixo escalão. Ele era um déspota, mas um déspota desarmado. Seria ridículo representar esse período de gestão pessoal como um tempo de tirania em sua real acepção. Anos mais tarde, sob o jugo dos generais de Cromwell, toda a Inglaterra sentiu saudades dessa década de 1630, porque a consideraram uma época de paz e tranquilidade. Mas os homens jamais buscam apenas tranquilidade. Sua natureza os conduz além, a destinos que, para o bem ou para o mal, são diferentes daqueles em que poderiam desfrutar uma pausa.

Sob um regime modesto e frugal, o Rei Charles conseguiu prescindir de um parlamento. Muitos daqueles que seriam veementes, caso lhes surgisse oportunidade, estavam satisfeitos em desfrutar a vida do dia a dia. A terra era boa; a primavera, o verão e o outono tinham as suas compensações; no inverno, havia no fogo a acha do Natal e outras diversões. Agricultura e caça à raposa eram bálsamos obrigatórios e tranquilizadores para os espíritos inquietos. As colheitas eram agora abundantes, e o aumento de preços quase cessara. Não mais havia problemas com a classe trabalhadora. A Lei dos Pobres era administrada com excepcional benevolência. A elite comum podia não ter participação no governo nacional, mas continuava dona e senhora das próprias terras. Por meio de juntas que se reuniam trimestralmente, governava os condados e, desde que continuassem a respeitar a lei e, mesmo resmungando, a pagar os seus impostos, eram deixadas em paz. Era preciso um ingente esforço dos partidários do Parlamento para, naquelas condições, instigar-lhe algum sentimento de nacionalidade ou preocupação com assuntos de estado. Os descontentes andavam em busca de motivos que inflamassem as forças inertes da nação.

❄

Não demorou muito para que os advogados e sabujos de Charles atraíssem a atenção para uma anomalia que aumentara com a passagem dos anos. De acordo com as imemoriais leis da Inglaterra, talvez ainda dos tempos de Alfred, o Grande, todas as regiões deveriam pagar pelo sustento da Esquadra. No entanto, fazia muito tempo que só os condados litorâneos vinham sustentando a Marinha. Mas não era aquela Marinha o escudo de toda a paz e liberdade que floresciam nas ilhas britânicas? Por que não deveriam todos pagar pelo que a todos trazia benefícios? Jamais houvera exigência mais justa aos súditos de um estado insular do que a de um tributo equitativo em todas as regiões do país para a existência da Esquadra. Normalmente encaminhada a um parlamento leal, a proposta seria aprovada por consenso em razão dos seus próprios méritos, sem necessidade de invocar a tradição. Mas o erro de permitir que os condados do interior não fossem cobrados transformara-se também num costume não violado nem mesmo pela Rainha Elizabeth nos dias da Armada Espanhola. O projeto agradou ao Rei. Em agosto de 1635, ele taxou todo o país com o imposto que foi chamado "Ship Money."

Logo, um gentleman do Buckinghamshire, ex-membro do parlamento, muito ativo na oposição à Coroa, destacou-se entre muitos e se recusou a pagar. O imposto era de apenas vinte xelins, mas, fiel ao princípio de que até mesmo os melhores tributos só poderiam ser cobrados com o consentimento do parlamento, ele enfrentou a penhora e a prisão, que eram as penas para a contumácia. A recusa de John Hampden foi escolhida por ambos os lados como caso para criar jurisprudência. Os parlamentaristas, sem qualquer outro meio de expressão, viram naquele caso o teste decisivo para o qual todas as atenções se voltaram, e acolheram bem um mártir, cujo sacrifício transtornaria a timidez popular. Queriam ouvir o povo rosnar contra a tirania. A Coroa, por seu lado, encorajou-se com a lógica do próprio argumento. O caso Hampden, portanto, ficou célebre de repente e para sempre. Um obelisco em Princes Risborough registra, até hoje, sua corajosa posição de que os condados do interior nada tinham a ver com a Royal Navy, salvo se o parlamento criasse o imposto. A Coroa prevaleceu. Os juízes tinham bastante com que justificar a decisão. Aparentemente, a lei sequer fora arranhada. Mas o agravo teve imenso alcance. Noventa por cento do ship money foram, posteriormente, recolhidos para o ano de 1637, mas só vinte por cento para 1639. Em toda parte, os donos de propriedades cuidaram da boa vida que levavam e começaram a usar de novo a linguagem da Petição de Direito.

❄

Os partidários do Parlamento sabiam que fomentar agitação religiosa era o meio mais seguro para acordar a Inglaterra de sua apatia. Emerge aqui a figura do homem que, mais do que qualquer outro, foi o gênio do mal de Charles – William Laud, Arcebispo de Canterbury. Era um anglicano convicto, entusiástico opositor tanto de Roma como de Genebra, e líder do movimento contrário ao calvinismo. Mas tinha uma queda para a política. Laud encontrou agora nova fonte de renda para a Coroa. Segundo os estatutos de Elizabeth, todos eram obrigados a frequentar a igreja; podiam pensar como quisessem, mas deviam amoldar-se à adoração pública. Essa prática caíra em desuso generalizado. Alguns não se davam ao trabalho de ir à igreja; para outros, a ideia era abominável. E agora, por toda a Inglaterra, homens e mulheres viam-se compelidos a comparecer perante a justiça por não frequentarem a igreja, e multados em um xelim a cada vez. Era coisa que, de fato, homens e mulheres comuns podiam entender. Isso não era assunto para advogados e juízes num tribunal do Tesouro; era algo novo e algo provocativo. Os puritanos, já irritados, encararam como perseguição.

Os processos contra Prynne e outros escritores puritanos, além da exposição pública no pelourinho, da marcação a ferro em brasa e do corte nas orelhas que eles sofreram como castigo, foram nódoas isoladas em um regime brando e benévolo, se comparado aos de outros países no passado recente ou em futuro próximo. Na verdade, não se pode afirmar que haveria uma revolta na Inglaterra se não fosse a interferência externa. Foi na Escócia, pátria dos Stuarts e terra natal de Charles, que ardeu a tocha inicial da vasta conflagração. Laud estava insatisfeito com as condições espirituais do reino do Norte e influenciou o Rei a fazer algo para corrigi-las. Os escoceses deveriam adotar o Livro de Orações inglês e entrar francamente em comunhão com seus irmãos ingleses. Quando, em julho de 1637, os dignitários da Igreja e do Estado escocês reuniram-se na igreja de St Giles, em Edinburgh, para a primeira leitura solene do novo Livro de Orações, uma explosão de fúria e insultos acossou o deão, quando ele tentou ler a nova doutrina. A cerimônia virou tumulto. Varreu a velha capital uma onda de exaltação que fez tremerem de pavor as autoridades reais e episcopais. Edinburgh desafiara a Coroa, e não houve força capaz de repelir a afronta. Soprava uma tempestade que arrastou os homens para a frente. A ventania deu na resolução inabalável de todo um povo de perecer em vez de se submeter ao papismo. Nada daquilo jamais poderia ter sido imaginado ou sonhado pelo Rei, mas foi uma tormenta que ele mesmo provocara. Ele discutia com um tufão. Concordou-se em convocar uma Assembleia Geral.

❄

O Rei confrontou-se com uma assembleia organizada e hostil, reunida para acertar diferenças religiosas, mas cujos objetivos eram decididamente políticos e cujas exigências incluíam a eliminação real e virtual do episcopado. O Rei ordenou a dissolução da Assembleia. Esta se declarou determinada a continuar em sessão permanente. Tomaram essa decisão com plena consciência do que ela implicava. A recusa da Assembleia Geral da Escócia, em novembro de 1638, de se dissolver ante a exigência do comissário do Rei foi comparada àquela da Assembleia Nacional Francesa, em 1789, quando pela primeira vez houve uma resistência à vontade régia. Os fatos e circunstâncias, é claro, foram diferentes; mas ambos os eventos levaram, num encadeamento contínuo de causa e efeito, ao mesmo fim – à solene decapitação de um rei.

Em poucos meses, e muito antes de quaisquer preparações efetivas na Inglaterra, a Escócia já reunira a mais poderosa força armada da Ilha. Tinha conhecimento militar e bons oficiais. E mais: inspirava-se numa paixão religiosa tímida de início, mas agora fanática. Os pregadores, de espada à cinta, carabina nas mãos, ajudavam os sargentos-instrutores com suas exortações. No fim de 1639, Charles viu-se em confronto com o governo de um estado independente ao norte, o qual, embora prestasse homenagens formais à sua condição de Rei, estava decidido a seguir seus próprios caminhos, tanto em casa como no exterior. Não só ameaçava, então, a prerrogativa do Rei, mas a integridade dos seus domínios. Ele viu-se obrigado a lutar, mas como?

❄

Nesse momento decisivo, a monarquia da Inglaterra bem poderia ter ido para o absolutismo que se generalizava em toda a Europa. Os acontecimentos, porém, tomaram outro rumo. O rei concluiu que o Parlamento devia ser convocado. Em seu excesso de confiança, quis crer que os Comuns poderiam ser administráveis. Equivocou-se. Mas foi um passo importante. Depois de quase onze anos de governo pessoal, realizaram-se eleições em toda a Inglaterra. Assim começou a célebre luta do Parlamento contra o Rei. A partir do instante em que o novo Parlamento, depois chamado "o Curto," se reuniu, Pym tornou-se a figura central. Charles e Laud perceberam que a nova assembleia não fora uma boa ideia. Ao contrário, viram-se frente a tamanho furor que, num gesto de extrema imprudência, ela foi dissolvida depois de alguns dias. A convocação servira apenas para despertar e engajar toda a Inglaterra na controvérsia.

Logo os escoceses atravessaram o rio Tweed e não encontraram resistência até chegarem ao rio Tyne. Então, as duas hostes postaram-se frente a frente. Os líderes escoceses tiveram na sua invasão o incentivo dos movimentos puritanos e parlamentaristas de toda Inglaterra, e, no centro desse esquema, estava Pym. Durante alguns dias, pouco aconteceu. Certa manhã, porém, um cavalariano escocês, dando de beber à sua montaria na margem do rio, chegou muito perto das posições avançadas inglesas. Alguém apertou o gatilho; o tiro acertou; o imprudente cavaleiro foi ferido; todos os canhões escoceses abriram fogo, e todo o exército inglês fugiu. Um contemporâneo escreveu: "Nunca tantos correram tanto de tão poucos com tanta pressa."

O Rei não teve como defender sozinho a nação. Só o Parlamento podia salvar a terra do que agora se tornara um ato de agressão escocesa. Nesse momento, a posição moral do Rei Charles era a pior possível. Ele mergulhara nas profundezas do fracasso pessoal.

A revolta do parlamento

Forças inexoráveis compeliram o Rei ao que ele mais temia. Ecoou de todos os lados o grito de que o parlamento devia ser convocado. O Rei, por ele mesmo, chegara a essa conclusão. O ponto de vista dele sofrera uma mudança decisiva. Reconheceu que sua teoria sobre o regime monárquico devia ser modificada. Ao chamar o novo parlamento, ele aceitou os termos de uma relação diferente entre o povo e a Coroa.

Assim, em novembro de 1640, instalou-se o segundo mais longo e mais memorável parlamento da história da Inglaterra. A sua força derivou da combinação de ideias políticas e religiosas. Susteve-o a carência de uma sociedade em crescimento assentar-se em bases mais amplas do que o paternalismo Tudor.

Aos olhos de nossa geração, o principal aspecto da revolução puritana foi o seu comedimento premeditado. As questões foram disputadas com impiedoso antagonismo, não só no Parlamento por homens que se entreolhavam com ferocidade, prontos a mandar uns aos outros ao cadafalso, mas também nas ruas de Londres, onde bandos da ralé rivais se enfrentavam ou misturavam. Mas prevaleceu o respeito à lei e à vida humana. Naquela contenda mortal, a violência física esteve por um longo tempo sob controle; e quando enfim eclodiu numa guerra civil, observaram-se todas as convenções que protegem até mesmo os mais implacáveis impulsos humanos contra a barbárie animalesca comum aos tempos primitivos e contemporâneos.

❄

A acessão de James I acarretara a união das Coroas da Inglaterra e da Escócia; agora, porém, de um modo muito diferente do concebido por James ou seu filho, houve uma aliança dos partidos políticos dominantes de ambos os países, no esforço unido por uma causa comum. Isso era uma carga explosiva, socada num potente canhão apontado para o Rei Charles e para seus ministros de confiança. Entre eles, o primeiro e mais irritante era Strafford, que passara para o lado do Rei e se tornara membro do Conselho Privado. Pym e Hampden, as maiores figuras da Câmara dos Comuns, logo assumiram a liderança de uma ampla e indignada maioria. Strafford tinha provas convincentes da correspondência de Pym e outros com os escoceses invasores. Aquilo era traição pura e simples, se a sentença do Rei assim o dissesse. Acreditava-se que Strafford tencionava abrir esse formidável processo, mas Pym agiu primeiro. Todo o ódio do partido parlamentarista, todo o rancor da antiga camaradagem repudiada e todos os ditames da autopreservação concentraram fogo sobre "o Conde malvado," uma explosão de fúria como jamais se viu na Inglaterra antes ou depois.

Na manhã de 11 de novembro, as portas da Capela de St Stephen foram trancadas; a chave posta sobre a mesa; nenhum estranho podia entrar, nenhum membro podia sair. No final da tarde, Pym e Hampden, acompanhados por trezentos membros do Parlamento, levaram as cláusulas do impeachment de Strafford à Câmara dos Lordes. A pedido do Rei, Strafford estava em Londres. Pela manhã, ele fora saudado com respeito por seus pares. Ao saber do que ocorria, ele voltou ao plenário. Mas tudo havia mudado. Foi recebido com um murmúrio abafado. Ouviram-se gritos de que ele deveria retirar-se enquanto se discutia a questão. Foi forçado a sair. Em menos de uma hora, o poderoso ministro estava transformado em réu acusado. Viu-se, para sua própria surpresa e o espanto de todos, ajoelhado no cancelo ante seus pares para receber ordens. Tiraram-lhe a espada, e o entregaram à custódia do Gentleman Introdutor do Bastão Negro. No trajeto, em meio à multidão, a caminho da casa do Bastão Negro, a hostilidade da populaça foi terrível.

Começara o julgamento de Strafford. Prosseguindo, como estavam, com base em interpretações conflitantes das leis e do direito, conforme eles mesmos admitiam, os Comuns encontraram dificuldades para uma acusação formal contra o odiado ministro. Era manifesto tratar-se do arqui-inimigo de tudo que a maioria da Câmara dos Comuns defendia e, afinal, dos direitos e das liberdades da nação. Mas não foi possível provar a culpa da ofensa capital de traição. Strafford defendeu-se com magnífica destreza. Cada manhã, ele se ajoelhava perante o Lord Camareiro e fazia uma mesura na direção dos Lordes e da plateia. Cada dia, com o uso da lógica e da invocação, ele quebrava a cabeça da acusação.

Foi quando Pym e seus colegas aplicaram um golpe mortal. Sir Henry

Vane, secretário do Conselho Privado, tinha um filho que furtou a anotação que o pai preservara da discussão no Conselho do Rei ocorrida em 5 de maio de 1640. Os sentimentos secretos atribuídos a Strafford eram: "O senhor tem na Irlanda um exército que pode empregar aqui para submeter este reino. Estou certo, como tudo que há sob os céus, de que a Escócia não resistirá cinco meses."

Os Comuns declararam isso a prova condenatória contra Strafford de ter aconselhado o Rei a usar um exército irlandês para sujeitar a Inglaterra. Um Bill of Attainder (condenação sem julgamento e confisco de bens de condenados à morte) foi aprovado na Câmara dos Comuns, por 204 votos a 59. Somente a metade dos Lordes ousou votar o confisco, e esses mandaram Strafford para a sua ruína. Os gritos de "Justiça!" tomaram as ruas de Londres. Uma turba de milhares, com muita gente armada, apareceu em frente ao palácio a rugir, exigindo a cabeça de Strafford.

Foi a maior agonia na vida de Charles, com a qual seus outros sofrimentos nem se comparavam. A questão agora não era a possibilidade de salvar Strafford, mas se a autoridade real pereceria com ele. Por fim, Charles fez a concessão que o atormentaria até o último instante de sua vida: sancionou o Bill of Attainder. Mas a dor de consciência ainda o agitava. Esquecendo a sua autoridade de monarca, no dia seguinte, enviou o jovem Príncipe de Gales à Câmara dos Lordes com a súplica para que a pena fosse comutada de decapitação para prisão perpétua. Os Pares recusaram, e também negaram o pedido de um adiamento, por graça, para que o condenado pusesse em dia seus assuntos particulares.

Strafford morreu com coragem e dignidade. Era, sem dúvida, um homem cônscio dos próprios atributos de liderança, impelido por uma imensa ambição e pelo desejo de governar. Buscara o poder pelo caminho do parlamento. Encontrou-o no favorecimento da Coroa. Adotou um sistema que lhe atendia aos interesses e o acoplou ao seu caráter forte. As circunstâncias do seu julgamento e do Bill of Attainder trouxeram opróbrio para os seus perseguidores. Sacrificaram um homem que não conseguiram condenar. Todavia, se àquele homem fosse dada uma carreira completa, teriam se fechado, talvez por muitas gerações, as janelas da liberdade civil do povo inglês.

❄

Tudo agora, porém, era incerto, e aquela gente inglesa resoluta, resiliente, obstinada, sem preocupação com os seus atos anteriores, procurava algo em que pudesse se amparar com segurança. Desde o dia em que a cabeça de Strafford caiu sob o machado, teve início uma reação conservadora parcial, mas cujo alcance abrangia toda a nação. Charles, que na sessão do Parlamento estivera quase sozinho, exceto pelo grupo de odiados ministros, viu-se crescentemente apoiado por correntes fortes e consistentes da opinião pública. Bastava que ele permitisse que esse sentimento fluísse para chegar a atingir uma situação muito boa. Os excessos e o fanatismo do partido puritano, a guerra que faziam contra a Igreja e a sua união com os invasores escoceses despertavam antagonismos dos quais a Corte impotente era, até então, mera espectadora; a partir desses antagonismos, porém, a Corte poderia emergir, com sabedoria e paciência, com segurança, apesar das inevitáveis limitações. Daí em diante, a briga não foi mais entre o Rei e o povo, mas entre os dois principais temas e estados de espírito que estiveram em disputa pelo domínio da Inglaterra até a confusão deflagrada pela idade moderna. O século XX nasceria antes que homens e mulheres chegassem a reconhecer seus antepassados políticos nesse antigo conflito.

Charles agora sentiu que a sua esperança jazia numa reconciliação com a Escócia. A interação entre o exército escocês no Norte e a facção puritana em Westminster era irresistível. Ele resolveu ir pessoalmente à Escócia e abrir um parlamento em Edinburgh. Pym e seus seguidores não tinham como objetar àquela decisão. Charles concordou com tudo que mais abominava. Empenhou-se em ganhar o coração dos partidários do *Covenant*, o Pacto de Aliança. Ouviu-lhes os sermões e cantou com eles os salmos à moda da Igreja Escocesa. Aceitou o estabelecimento do presbiterianismo total na Escócia. Mas foi tudo em vão, e o Rei, arrasado, retornou à Inglaterra.

Nessa cena melancólica surgiu uma aparição medonha. A execução de Strafford liberou todas as forças reprimidas da Irlanda que o regime por ele lá instituído mantivera sob pressão com êxito. A ira dos habitantes originais e das massas famintas e oprimidas, num estouro fora de controle, foi dirigida contra a nobreza, os proprietários de terras e os protestantes, tanto dentro como fora do Pálio. Uma autêntica *jacquerie*, lembrando os sombrios tempos da França, eclodiu no outono de 1641. As classes proprietárias, suas famílias e dependentes procuraram abrigo nas poucas cidades militarmente defendidas. Atos indescritíveis de crueldade ocorreram por parte de ambos os lados, e o governo, a cargo dos Lordes Magistrados, revidou sem misericórdia. Um massacre geral do sexo masculino e uma política de devastação foram proclamados na maior parte do interior. À medida que o relato dessas atrocidades chegou à Inglaterra, causou espanto no povo que, embora já tivesse suas próprias preocupações, levou a questão a sério por muito tempo. Tudo isso muito ruim para os interesses do Rei. O partido dos puritanos via, ou dizia ver naquele horror irlandês, o destino a que todos estariam condenados se as tendências papistas dos bispos se armassem com a espada de um soberano absoluto. Eles consideravam os irlandeses nativos feras a serem abatidas à simples vista, e as atrocidades que eles, por sua vez, em sua hora triunfal, estavam prestes a pôr em prática tomaram impulso a partir daquele momento.

❄

Nos meses de setembro e outubro, a reação conservadora tornara-se uma onda atuante. Quem poderia acusar a Corte de armar conspirações, quando os exércitos irlandês e inglês haviam sido ambos licenciados? Os ingleses, independentemente de convicções religiosas e constitucionais, não estavam dispostos a pagar imposto para manter tropas escocesas invasoras. O presbiterianismo tinha pouco apelo na maior parte do povo inglês que, na medida de sua insatisfação com as tradições da Igreja Elisabetana, buscava conforto ou estímulo espiritual em seitas mais frenéticas brotadas do tumulto generalizado da Reforma ou do próprio organismo puritano; como por exemplo os anabatistas e brownistas, igualmente contrários ao presbitério e ao episcopado. A Câmara dos Comuns, no fim de 1641, progredira muito. Pym e seus seguidores continuavam a dominar o ambiente com extremismo ainda mais acentuado. Havia, porém, uma oposição igualmente resoluta. Os Lordes agora divergiam dos Comuns, e uma grande maioria, quando presente, ficava do lado do Rei. Por se considerarem servidores da causa nacional, os puritanos tornaram-se uma facção agressiva. Mas o debate, mesmo naquela época de perseverança, ia longo demais e importuno por não ultrapassar o terreno de meras palavras. Os homens sentiam as mãos coçarem para sacar das espadas, pois lhes parecia que só assim promoveriam a vitória de sua causa.

Foi nesse clima perturbado que Pym e Hampden tentaram motivar suas hostes ao produzirem o libelo "A Grande Reprovação." Esse extenso documento tinha o propósito de divulgar tudo que, até então, fora realizado pelo

Parlamento, a fim de remediar antigos ressentimentos e estabelecer a futura política dos seus líderes. Pym apelaria ao povo e ganharia o completo controle do Parlamento em detrimento dos ministros do Rei. Era um desafio total à autoridade real. O Rei, todavia, tinha agora a seu lado conselheiros muito diferentes daqueles de um ano antes, entre eles Edward Hyde, notabilizado como o historiador Clarendon, o qual abriu o debate com a insistência de que, a partir daquele momento, houvesse paz; se a Reprovação de todo fosse aprovada e, principalmente, se fosse publicada, as disputas seriam azedas e demoradas.

As discussões foram longas, graves, calorosas e marcadas pela cólera reprimida. Finalmente, à meia-noite, a Reprovação, com algumas emendas, foi submetida à votação e aprovada por apenas onze votos.

Um membro do parlamento por Cambridge até então pouco conhecido, Oliver Cromwell, de modos muito rudes mas descendente da linhagem de Thomas Cromwell, disse a Falkland, quando os dois saíam juntos da Câmara: "Se a Reprovação fosse rejeitada, eu venderia, na manhã seguinte, tudo o que tenho e nunca mais poria os pés na Inglaterra; e sei que existem muitos homens honestos que pensam da mesma forma." Ele e também Pym voltavam o olhar para novas terras do outro lado do oceano, onde a causa pela qual estavam dispostos a morrer e a matar pudesse brotar, ainda que fosse num deserto. Esse sentimento despertou ecos na América que não seriam silenciados ainda por mais um século, depois de muito derramamento de sangue.

❄

O Rei foi agora levado a cometer vários erros graves contraditórios. Charles resolveu processar cinco dos seus principais opositores entre os Comuns por alta traição. Foi a Rainha Henriette Marie que o incitou a tal medida. Ela escarneceu dele por covardia, e o exortou, se ainda quisesse vê-la de novo, a deitar mão pesada sobre quem passara seus dias e noites a tramar-lhe a deposição e a conspirar contra a vida dela. Ele certamente se convenceu de que Pym tencionava pedir o impeachment da Rainha.

Assim instigado, Charles, acompanhado por trezentos ou quatrocentos espadachins – os "Cavaliers de Charles I," como hoje os chamamos – foi à Câmara dos Comuns. Era o dia 4 de janeiro de 1642. Nunca antes um Rei havia posto os pés no plenário. Quando os Cavaliers bateram à porta, e se soube que o Rei viera em pessoa, os membros de todos os partidos se entreolharam assombrados. Os Cavaliers guarneceram as portas. Todos se levantaram à entrada do Rei. O presidente da Casa, William Lenthall, deixou a cadeira e ajoelhou-se diante dele. Mas uma pérfida mensagem enviada por uma aia dos aposentos da Rainha alertara Pym a tempo. Os parlamentares acusados já haviam embarcado pelos degraus de Westminster. O Rei, consciente do erro que cometera, lançou o olhar para a Assembleia. "Percebo que os pássaros voaram," disse ele sem jeito e, após alguns cumprimentos, retirou-se.

Com esse episódio, a ira dos londrinos tornou-se incontrolável. As turbas enfurecidas que se aglomeravam nas ruas e gritavam em frente ao palácio obrigaram a fuga de Charles e sua Corte da capital para o palácio de Hampton Court. Ele não veria Londres de novo, exceto para julgamento e morte. Por etapas, ele recuou para Newmarket, para Nottingham e para York. Havia agora dois centros de governo. Pym, os puritanos e o que sobrara do Parlamento governavam em Londres, com poder ditatorial, em nome do Rei. O Rei, em torno de quem se reuniram muitos dos melhores elementos da Velha Inglaterra, era outra vez um príncipe com direitos soberanos. Em torno desses dois centros juntaram-se, pouco a pouco, as tropas e os recursos para uma guerra civil.

A grande rebelião

As negociações entre o Rei e o Parlamento, que preencheram os primeiros meses de 1642, serviram apenas para realçar as diferenças, enquanto os dois lados reuniam as respectivas forças. Em 1° de junho de 1642, o Parlamento apresentou dezenove propostas ao Rei. Esse ultimato, em suma, convidava o Rei a abrir mão de toda a efetiva soberania sobre a Igreja e o Estado. Mas nas entrelinhas do que parecia um incontestável ponto constitucional, jazia um conflito religioso e de classe.

Quando se estuda o alinhamento dos partidos do início da Guerra Civil, não se percebem divisões simples. Irmão combatia irmão, e pais lutavam contra os filhos. Em ambos os lados, houve gente que entrou hesitante na luta, mas seguindo ideias elevadas. Em ambos os lados, outros houve – cortesãos dissolutos, políticos ambiciosos ávidos por um conflito, mercenários desempregados dispostos a ganhar com as dissensões nacionais; porém, de um modo geral, a contenda tomava agora a forma de uma trágica luta de lealdades e ideais.

O tom arrogante e as sempre crescentes exigências do partido parlamentar deram a natureza do conflito e ajudaram a recrutar as forças do Rei. A maior parte da nobreza assumiu gradualmente a causa monarquista; comerciantes e mercadores em geral tenderam para o lado do Parlamento; mas uma significativa parcela da aristocracia apoiou Pym, e muitos burgos eram devotadamente monarquistas. A gente bem-nascida e os pequenos proprietários nos condados estavam profundamente divididos. Os que moravam mais perto de Londres geralmente ficaram ao lado do Parlamento, enquanto as regiões Norte e Oeste permaneceram amplamente monarquistas. Ambos os lados lutavam em nome do Rei, e ambos defendiam a instituição do Parlamento. Os *Roundheads* ["cabeças-redondas," os puritanos do tempo de Cromwell] sempre falavam em "Rei e Parlamento." As ordens dadas ao seu primeiro comandante em chefe, o Conde de Essex, determinavam que ele resgatasse o Rei e os príncipes, usando de força caso fosse necessário, das mãos dos perversos conselheiros em que estavam. Charles prometeu solenemente viver como um monarca constitucional e respeitar as leis do reino. Atrás de todas as motivações políticas e classistas, a contenda religiosa era a força motriz. Nas palavras de Cromwell: "A religião não foi, de início, a razão por que lutamos, mas Deus chamou-a finalmente à baila, e no-la deu por redundância; e ela terminou sendo a razão que mais nos caiu no apreço."

Havia mais de setenta anos, pairava paz absoluta sobre a Inglaterra. Com exceção de alguns poucos oficiais que tinham servido no Continente, ninguém sabia coisa alguma de assuntos militares. No começo, os Cavaliers tinham uma certa vantagem militar em relação aos Roundheads porque eram peritos em esgrima, habituados à caça e contavam com a capacidade dos seus guarda-caças e dependentes.

Em toda a furiosa Inglaterra, dividida em todos os condados, em todas as cidades, em todas as aldeias e, frequentemente, no próprio seio das famílias, os olhares voltaram-se para os embates e manobras dos dois principais exércitos. A esperança de ambos os lados era a de que estes chegariam a uma decisão e, em seguida, haveria paz. Quando se percebeu que nada disso aconteceria e que uma luta longa e equilibrada estava pela frente, todos os antagonismos suspensos entraram em ação. Combates e pilhagens tomaram conta do país. A questão constitucional, a contenda religiosa e inúmeros outros tipos de hostilidades locais combinaram-se em nova onda de ódio partidário. As linhas de rivalidade correspondiam, geograficamente, numa visão ampla, àquelas em que os partidos Conservador e Liberal debateriam e votariam no século XIX. As clivagens da grande Guerra Civil dominaram a vida inglesa por dois séculos, e muitos exemplos estranhos de sua persistência ainda sobrevivem nos distritos eleitorais ingleses no sufrágio universal, hoje em dia.

A partir de 1643, a guerra se generalizou. Classes e interesses, assim como credos e partidos políticos, deram o melhor de si, uns contra os outros. Os portos e as cidades, os centros de manufatura, na maior parte, aderiram ao Parlamento; o que se poderia chamar Velha Inglaterra uniu-se a Charles. Nas duas grandes áreas de Norte e Oeste, a causa monarquista prosperou.

Charles fincou seu estandarte em 22 de agosto e conclamou os súditos leais para que lhe viessem em socorro. A qualidade das forças parlamentares era inferior, mas eles compensavam em dedicação o que lhes faltava em disciplina e instrução militar.

O Rei partiu para o sul, no rumo do vale do Tâmisa e de Londres. Em Edgehill, em 23 de outubro, a batalha foi marcada pela abundância de zelo e ignorância de ambas as partes. Após uma refrega sangrenta e confusa, até mesmo a guarda pessoal de Charles estava enfraquecida. Ambos os lados se retiraram para as respectivas posições matutinas, de onde se entreolharam espantados e confusos.

A princípio, a ação decisiva não foi no Norte, mas no Oeste. Em Lansdowne, nos arredores de Bath, na confusa batalha de 1643, os monarquistas infligiram severa derrota, mas não decisiva, ao exército parlamentar, e partiram para Bristol, a segunda maior cidade do reino. Os navios de guerra no porto declararam-se leais ao Rei, e assim nasceu a esperança de que um esquadrão monarquista pudesse controlar o Canal de Bristol. O Rei Charles era dono do Oeste. Sua causa também prevalecera no Yorkshire e nas Midlands.

Charles, que tinha certa compreensão de estratégia, planejou um avanço geral do oeste, do norte e de Oxford sobre Londres. Primeiro, considerou ele, deveria tomar Gloucester, único ponto forte que restava ao Parlamento entre Bristol e York. A cidade foi investida em 5 de agosto.

Enquanto isso, em Londres, Pym, o líder maior do parlamento, coração e alma da guerra dos cabeças-redondas, encontrava-se em má situação. Até então, tudo ia mal, e todas as esperanças se viam frustradas. Como chefe de governo, cabia-lhe obter fundos para uma guerra cada vez mais impopular, por métodos tão pouco ajustados aos princípios que defendia quanto os que Charles usara contra os escoceses em 1640. Empréstimos compulsórios e taxação direta de praticamente todos os cidadãos foram algumas de suas medidas. Fortes correntes reais fluíam agora na capital e se uniram ao movimento pela paz. Até mesmo os Comuns, por uma estreita maioria, numa Casa quase vazia, concordaram com um tratado de paz.

A vida de Pym chegava ao fim. Estava com câncer. Seu maior colega, Hampden, morrera em consequência de ferimentos sofridos no início do ano, depois de um encontro com a cavalaria de Rupert. A ruína de sua causa e a aproximação da morte, em meio a uma sequência de desastres, pareciam ser a única recompensa pelos esforços de Pym. Indômito, ele suportou tudo; e o último impulso de sua vida pode ter sido o que mudou a balança. Todas as forças puritanas em Londres foram instigadas a repudiarem a paz. Os pregadores exortaram suas congregações, e multidões belicosas cercaram Westminster. A Câmara dos Comuns revogou sua resolução conciliatória, e a liberação de Gloucester passou a ser o clamor.

Em Gloucester, o governador Massey faltara ao Rei. Os meios do Rei, na verdade a arte da guerra naquele tempo na Inglaterra, não comportavam métodos eficientes de sítio. O Rei não fizera progresso na conquista da cidade, quando, nos primeiros dias de setembro, Essex e o exército londrino se aproximaram em número superior. Não houve escolha senão levantar o cerco e se retirar para Oxford.

❄

O grande plano do Rei para 1643 fracassara. Apesar disso, a campanha lhe fora muito favorável. Ele ganhara o controle de uma grande parte da Inglaterra. Seus soldados, de modo geral, eram melhores combatentes que os cabeças-redondas. Muito do terreno perdido no começo da guerra fora retomado. Então, em 8 de dezembro, Pym faleceu, sem a ovação do êxito, mas inquebrantável ante os infortúnios. Ele descuidara de seus assuntos particulares em favor da causa pública, e teria ido à falência se o Parlamento, numa expressão de luto e gratidão, não lhe pagasse as dívidas. Pym continua a ser o mais celebrado dos velhos parlamentares e o homem que, mais do que ninguém, salvou a Inglaterra da monarquia absoluta e colocou-a na rota que ela tem seguido.

❄

Durante o inverno, houve uma calmaria. Charles, declarando que o parlamento de Westminster não era mais um parlamento livre, conclamou todos os que dele haviam fugido ou sido expulsos a formarem uma contra-assembleia. A resposta foi impressionante. Oitenta e três pares e cento e setenta e cinco comuns reuniram-se em Oxford, em 22 de janeiro de 1644.

Mas essas vantagens se perderam com a chegada à Inglaterra de um exército escocês que cruzou o Rio Tweed em janeiro. Por esse socorro, o parlamento de Londres pagou 31 mil libras por mês mais o custo do equipamento. Brilhante perspectiva abriu-se às ambições escocesas. Tinham o melhor dos dois mundos; receberam o convite para invadir um país rico às custas desse mesmo país e em defesa da causa de Deus Todo-poderoso e do seu estilo particular de adorá-Lo publicamente. Pagamentos pontuais em dinheiro e garantia da salvação eterna os esperavam do outro lado da fronteira. Pela honra da Escócia, deve ser dito que a assembleia de Edinburgh, que se prestou a essa política, continha uma forte minoria. Foi eficazmente suprimida.

Marston Moor e Naseby

O Rei, no começo de 1644, tinha a maior parte do país a apoiá-lo e um considerável parlamento próprio que se reunia em Oxford. A vitória militar na Inglaterra parecia ao seu alcance. Os escoceses reverteram o quadro. A superioridade escocesa mostrou-se decisiva. Foi nessa ocasião que Oliver Cromwell ganhou proeminência. Membro do Parlamento por Cambridge, ele era considerado o melhor oficial das forças parlamentaristas, embora ainda não tivesse exercido um comando supremo. Triunfara em Gainsborough numa hora difícil. A disciplina de seu regimento, aparentemente, superava a de qualquer tropa de ambos os lados. Não era possível ignorá-lo. Não se podia encobrir seu crescente prestígio. A ascensão de Cromwell à primeira linha do poder, em 1644, adveio tanto das suas vitórias no campo de batalha como de sua resistência aos presbiterianos e aos escoceses em Westminster. Ele defendia a liberdade de consciência, exceto a dos papistas e episcopalianos. Todas as mais obscuras seitas protestantes viam nele o seu paladino. Assim, não pela primeira nem pela última vez, a teologia adiou o emprego da força;

e, com o decurso do tempo, foi a aliança de anglicanos e presbiterianos contra o seu inimigo comum, os independentes, que acabou por restaurar tanto a monarquia como a Igreja Oficial.

No Norte, o Marquês de Newcastle tinha a enfrentar o exército escocês de um lado e os dois Fairfaxes do outro. Logo se viu sitiado em York. A perda de York arruinaria a causa do Rei no Norte. Por isso, Charles enviou o Príncipe Rupert à frente de uma poderosa tropa de cavalarianos, cuja força ele foi aumentando pelo caminho, a fim de acabar com o cerco à cidade. Rupert abriu caminho, até Lancashire, aplicando pesados golpes em todas as direções. Lathom House foi liberada. Stockport foi saqueada; Bolton, invadida. Em 1º de junho, Lord Goring, com cinco mil cavalarianos, juntou-se ao Príncipe. Unidos, tomaram Liverpool. Então Rupert salvou York, já nos últimos estertores da cidade. Os escoceses e cabeças-redondas retiraram-se juntos para oeste, protegendo Leeds e unindo-se às forças de East Anglia sob o comando de Lord Manchester e Cromwell. Os três exércitos puritanos totalizando vinte mil infantes e sete mil cavalarianos acamparam numa colina em Marston Moor. Rupert encontrou-se com o Marquês de Newcastle, e as suas forças agrupadas somavam onze mil infantes e sete mil cavalarianos.

O exército do Rei seguiu o inimigo até Marston Moor e, em 2 de julho, estava próximo dos seus acampamentos. O dia inteiro se passou com uma alternância de sol e chuva e com os exércitos em estreito contato. Rupert presumiu que cabia a ele iniciar a batalha na manhã seguinte, mas ele mesmo foi atacado às 6 da tarde por toda a força dos cabeças-redondas, que o superava em infantaria em quase dois para um. Avistou-se uma coluna de cavalarianos em armaduras que se aproximava em trote rápido. Eram Cromwell e os seus *Ironsides*, os "costados de ferro." O exército real que, apesar de em formação, preparava-se para o jantar, não teve nem a vantagem de uma posição defensiva nem a da impulsão para um ataque. Apesar de tudo, os realistas combateram gloriosamente. A cavalaria de Goring, na ala esquerda, derrotou o flanco direito dos cabeças-redondas e, caindo sobre os escoceses no centro, desbaratou-os e os obrigou a baterem em retirada. O veterano Alexander Leslie, agora Lord Leven, abandonou o campo de batalha declarando tudo perdido; foi preso por um policial a dezesseis quilômetros dali. Mas Cromwell, com a ajuda dos escoceses remanescentes, comandados por David Leslie, salvou o dia. Agora, pela primeira vez, os heroicos e temidos Cavaliers encontravam adversários à altura e o chefe deles. "Expulsamos toda a cavalaria do Príncipe do campo de batalha," escreveu Cromwell. "Deus transformou-os em bonecos de palha para que nós lhes enfiássemos nossas espadas."

Marston Moor foi a maior e mais sangrenta batalha da guerra, uma luta sem tréguas que, no final, fez quatro mil mortos. Um desastre de primeira grandeza liquidara a causa real. O exército do Rei na região norte estava destroçado, e todo o Norte perdido.

❄

Chegava o inverno, mas a guerra não esmoreceu. Os Cavaliers, inquebrantáveis apesar da redução do seu território e da vantagem numérica e dos recursos dos Roundheads, defendiam-se em todos os condados onde tinham redutos. Charles reentrou em Oxford em triunfo. Nas garras da adversidade, ele se aguentara com a inferioridade de um para dois ou três.

Cromwell voltou do exército às suas obrigações de membro do Parlamento. Logo fez uma veemente e abalizada diatribe contra a condução da guerra. Ele próprio estava ávido pelo poder e comando que tinha certeza de ser capaz de exercer; mas avançou com astúcia.

No inverno, o exército foi reformado segundo as ideias de Cromwell. A facção dos cabeças-redondas era agora uma organização militar simétrica, comandada por homens com carreira no campo de batalha e sem outra reputação além do serviço militar e do ardor religioso. Em junho de 1645, Cromwell foi nomeado "general da Cavalaria" e se tornou, assim, o único a combinar um alto comando e uma extraordinária posição no Parlamento. A partir daquele instante, passou a ser a figura dominante em ambas as esferas.

Em meio a toda aquela tensão, o Arcebispo Laud, que, enfermo, minguava na Torre, foi para o cadafalso. Cabeças-redondas, escoceses e puritanos, igualmente, combinaram-se nesse ato de puro ódio. A Câmara dos Comuns, numa votação, rejeitou o seu apelo para ser decapitado em vez de enforcado, eviscerado e esquartejado. Da noite para o dia, contudo, essa decisão bárbara foi atenuada, e, depois de ele proferir um discurso sem recuo, a cabeça do ancião foi decepada de forma digna.

O desejo de todos os ingleses pelo fim daquele conflito anormal afetou os revolucionários mais inflamados. Gente numerosa reunia-se em muitas partes do país em protesto contra as cobranças e pilhagens das forças combatentes. Negociação de paz chegou a começar em Uxbridge, mas nem o Rei Charles nem o executivo dos cabeças-redondas tinha a menor intenção de ceder nos dois pontos principais: o episcopado e o controle da força armada. Uxbridge só serviu para comprovar a feroz obstinação de ambos os lados em sua luta pelo poder supremo.

Ao mesmo tempo, entrou em cena o Marquês de Montrose. Ele fora um dos *Covenanters*, os partidários do Pacto de Aliança, mas, depois de um desentendimento com Argyll, passara para o lado do Rei. Agora, entrou para a história como homem de caráter nobre e general brilhante. Hipotecou lealdade a Charles, e tirou o sossego de toda a Escócia com uma série de vitórias contra forças muito mais numerosas, embora, algumas vezes, seus comandados só tivessem pedras para atirar antes de sacarem os espadões medievais. Dundee, Aberdeen, Glasgow, Perth e Edinburgh estiveram em seu poder, numa ou noutra ocasião. Ele escreveu a Charles dando-lhe garantia de que levaria toda a Escócia em seu socorro, se ele conseguisse resistir. Mas uma batalha decisiva era iminente no Sul.

Em 14 de junho de 1645, houve o último teste de força. Charles teve um embate com Fairfax e Cromwell nos belos campos de caça de Naseby. Os Cavaliers não hesitaram em atacar morro acima o exército dos Roundheads que tinha o dobro do efetivo. O que aconteceu então seguiu o que já vinha se tornando um padrão. Cromwell passou por cima de quantos estavam à sua frente. Houve clemência, e a carnificina foi menor do que em Marston Moor. Cem mulheres irlandesas encontradas no acampamento realista foram passadas a fio de espada pelos Ironsides por princípio moral e preconceito nacional. Naseby foi o último suspiro dos Cavaliers no campo de batalha. Ainda haveria muitos cercos, com desafogos e manobras, mas a decisão militar final da Guerra Civil estava tomada.

Cai o machado

Pela primavera de 1646, toda resistência armada ao exército parlamentar fora vencida. Triunfo dos puritanos. De modo geral, a classe média, a que mais uniformemente apoiara o Parlamento, derrotou a aristocracia e a pequena nobreza que estiveram divididas. O poder econômico novo da City de Londres vencera as velhas lealdades. O povo das cidades vencera o campo. Aquilo que um dia se chamaria "Capela" [local de adoração religiosa de protestantes dissidentes, batistas, metodistas] vencera a Igreja. Havia muitos exemplos ao contrário, mas, de maneira geral, essa era a cena. A Constituição, porém, ainda não era assunto resolvido. Tudo o que Charles defendera e implantara nos tempos de sua gestão pessoal foi abolido, mas muitas questões mais amplas, para as quais a nação e a época não estavam maduras e preparadas, vieram à tona. Todas enfocavam o cargo e a pessoa do Rei. Charles estava agora disposto a entregar o controle das forças armadas, mas, pelo establishment episcopal da Igreja da Inglaterra, estava pronto para continuar lutando sozinho. O Rei pensou em ir desacompanhado a Londres e discutir o que havia perdido na guerra contra seus súditos. Claramente, não temia pela segurança de sua pessoa. Convencera-se de que era um hóspede; logo descobriu, porém, que era prisioneiro. Em difíceis circunstâncias, deu início a quase um ano de obstinadas negociações acerca das questões nacionais em jogo.

O Rei, naturalmente, esperava uma vantagem com as diferenças entre o Parlamento e o Exército, assim como entre os governos inglês e escocês. Quando os escoceses receberam seu pagamento, Charles foi levado, com grande deferência, para o sul. Sua popularidade imediatamente se manifestou. A viagem transformou-se num desfile para multidões jubilosas ao repique dos sinos. Dar as boas-vindas ao Rei, celebrar o fim da guerra cruel, ter de volta a Velha Inglaterra, embora com algumas grandes alterações, eram, indubitavelmente, o desejo nacional. Charles ainda era, sem comparação, a figura mais importante da Inglaterra. Todos estavam com o Rei, desde que ele fizesse o que todos queriam.

Mas um terceiro e novo ator surgiu no cenário inglês. O Exército Ironside, vinte e dois mil homens, ainda não era o patrão mas não era mais o empregado dos que o criaram. No comando, os renomados generais em que confiava: Thomas Fairfax, comandante em chefe; Oliver Cromwell, sua glória solar.

Agora, vencida a guerra, a maioria do Parlamento e seus líderes não precisavam mais de um exército. Mas nesse ponto introduziu-se um fator muito estranho em situações como aquela. O pagamento do exército não fora feito. Teve início assim uma séria disputa entre o Parlamento e o Exército, ambos empolgados com a vitória, pela qual mereciam uma recompensa.

Mesmo depois de Marston Moor e Naseby, nem os vitoriosos Ironsides achavam que algum ato tivesse validade sem a sanção do Rei. Procuravam uma garantia nacional e permanente, e tal garantia só haveria com a chancela do Rei. Este é o fator que diferencia a Revolução Inglesa de todas as outras: quem detinha o poder irresistível da força bruta estava convencido de que tal poder não lhe dava segurança. Nada mais peculiar ao povo inglês que a reverência, mesmo nas rebeliões, à lei e à tradição. No âmago dos homens que destruíram o poder do Rei estava a convicção de que a lei em nome dele era o único alicerce que os poderia sustentar.

Cromwell achou vital tomar a pessoa física do Rei antes que o Parlamento o fizesse. Com a concordância moral do Rei, a causa estaria ganha. No início de junho, por ordem de Cromwell, Cornet Joyce, com cerca de 400 ironsides, partiu para Holmby House, onde o Rei residia confortavelmente. De manhã, Cornet Joyce, com todo respeito, participou que viera para levar o Rei. Charles não protestou. Saiu ao terraço e viu as sólidas couraças e os aprestos de aço com um ar quase de proprietário. "Eu fiz três promessas," proclamou Joyce aos seus comandados, "em vosso nome. Os senhores não farão qualquer mal à pessoa de Sua Majestade; não o forçarão a nada que lhe seja contrário à consciência; permitirão que seus lacaios o acompanhem. Os senhores prometem?" "Todos prometemos," foi o brado geral. "E agora, Mr Joyce," disse o Rei, "mostre-me suas credenciais. O senhor tem em seu poder, por escrito, qualquer coisa da parte de Sir Thomas Fairfax?" Cornet Joyce ficou desconcertado. Olhou para um lado, para o outro, mas finalmente disse, apontando para o seu regimento. "Aqui!" "É mesmo," concordou o Rei, com o sorriso obrigatório e a confiança na soberania e no direito divino. "É um documento que consigo ler sem soletrar: uma garbosa e respeitável companhia de cavalheiros, conforme tenho visto muito ultimamente... E agora, para onde, Mr Joyce?" Assim partiram juntos, uma companhia alegre, tilintante e cônscia de que tinha em mãos a história da Inglaterra. Por trás disso tudo, havia um grande acordo político e pessoal. Naquele instante, o poder do povo inglês estava mais à mão do que desejava seu coração. Mas, é claro, tudo era bom demais para ser verdade. A espécie humana não consegue escapar tão facilmente dos rigores da sua própria peregrinação. A única chance para um acordo entre Charles e Cromwell estava na rapidez da efetivação. Em vez disso, houve demora. A soldadesca tornou-se mal-humorada; e os generais viram o perigo de perderem o controle da tropa. Exército marchou sobre Londres, ocupou Westminster, entrou na City, e tudo, exceto os seus próprios problemas, caiu-lhe aos pés.

❄

No outono de 1647, o Exército teve intenso debate. Em Putney, brigaram uns com os outros e com as suas ideias, acaloradamente, durante semanas. Surgiram então todos os tipos de novos personagens: falavam com fervor e força e, sempre que abriam a boca, acertavam em cheio. Cromwell ouvia sentenças como: "O mais pobre na Inglaterra tem direito a uma vida tão boa quanto a dos mais poderosos" e "um homem não tem qualquer vínculo com um sistema de governo criado sem sua participação." Era "um fervido de evangelho quente com aço frio." Cromwell ouvia essas coisas e pensava. A perspectiva dele era elisabetana. Achou que asserções daquelas levariam à anarquia. Considerou suas próprias terras. Obviamente, aquilo tudo era um disparate perigoso. Afora toda essa conversa política, Cromwell tinha de pensar na disciplina. Ele ainda tinha o poder. Usou-o sem demora. Submetido a tais tensões, o trato entre o Rei derrotado e os generais vitoriosos finalmente voou em pedaços.

Em novembro, o Rei, convencido de que seria morto pela soldadesca que os oficiais não conseguiam mais conter, fugiu a cavalo durante a noite e, em fáceis etapas, chegou ao Castelo de Carisbrooke, na Ilha de Wight. Ali, naquele cenário onde um burrico movia a roda de puxar água do poço, residiu ele quase um ano, indefeso, sacrossanto, um rei espiritual, um joguete cobiçado, uma estranha quantidade, um sacrifício extremo. Ainda nele habitava um princípio que precisava ser explorado ou destruído. Mas na Inglaterra ele não tinha mais poder de barganha. Restavam os escoceses. Com eles o Rei assinou um acordo secreto, pelo qual a monarquia e o presbiterianismo seriam aliados. Esse acordo foi a causa da Segunda Guerra Civil.

❄

A história da Segunda Guerra Civil é curta e simples. Rei, Lordes e Comuns, proprietários de terras e comerciantes, a cidade e o campo, bispos e presbíteros, o exército escocês, o povo galês e a esquadra inglesa, todos agora se voltaram contra o Novo Exército Modelo. O Exército os derrotou a todos. E à frente do Exército, Cromwell. Sua má situação inicial pode ter parecido desesperada; mas esse fato apagou todas as divisões entre eles. Fairfax, Cromwell, Ireton estavam mais uma vez unidos aos seus ferozes guerreiros. O Exército marchou e lutou. Marchou sobre o País de Gales, marchou sobre a Escócia, e ninguém pôde resisti-lo. Um mero destacamento foi suficiente para sufocar uma rebelião geral em Cornwall e no Oeste. Derrotaram as forças realistas em Colchester. Cromwell, tendo subjugado a revolta galesa, deslocou-se rapidamente para o Norte, recompôs suas forças e investiu contra o exército escocês, quando este marchava através do Lancashire. Embora comandado por David Leslie, aquele já não era o velho Exército da Escócia. As adestradas forças escocesas, sob o comando de Lord Leven, não participaram do combate. Os invasores foram interceptados, apanhados e destruídos em Preston. A esquadra, tão poderosa alguns anos antes contra um Rei guerreiro, pouco podia fazer agora contra aquelas hordas furiosas e avassaladoras que pisavam a terra ameaçadoramente, em andrajos, quase descalças, mas com armaduras brilhantes, espadas afiadas e a sublime convicção de sua missão equívoca.

❄

No fim de 1648, tudo acabou. Cromwell era o Ditador. Os realistas estavam esmagados. O Parlamento não passava de um instrumento; a Constituição era uma ficção; os escoceses foram rechaçados, os galeses empurrados para suas montanhas; a Esquadra foi reorganizada, Londres estava de joelhos. Ao Rei Charles, no Castelo de Carisbrooke, tocou pagar a conta. Foi mortal.

❄

Não nos deixemos influenciar pelos escritores vitorianos a imaginar que o triunfo dos Ironsides e de Cromwell foi uma forma de vitória da democracia e do regime parlamentar sobre o Direito Divino e os sonhos do Velho Mundo. Foi o triunfo de cerca de vinte mil fanáticos militares, resolutos, cruéis, disciplinados, sobre tudo quanto a Inglaterra sempre quis ou sempre anelou. Longos anos e maçadas sem fim foram necessários para revertê-lo. Assim, a luta – pela qual, hoje em dia, tem-se tanta simpatia e boa vontade – para levar a uma monarquia constitucional e limitada só trouxera a autocracia da espada. O indivíduo rude, terrível, eletrizado, cujos desígnios erráticos, oportunistas e egocêntricos estão desnudos nos anais da história, era agora o dono e senhor; e os doze anos seguintes são o registro desses bem-intencionados e confusos altos e baixos.

Claro, o galardão da vitória mais facilmente obtível era a cabeça do Rei. Numa noite escura e tempestuosa, com a chuva batendo forte, notou-se na

Ilha de Wight que muitos barcos carregados de soldadesca Ironside fizeram a remo várias travessias do Solent, desembarcando-os em Newport e Cowes. A casa do Rei investigou a movimentação e se manteve em atenta vigília. Amigos de confiança aconselharam-lhe a fuga. Charles teve suficiente confiança na força de sua posição para desprezar aquela oportunidade. Foi a última. Alguns dias mais tarde, ele foi levado para terra firme e preso.

Até então, seu bem-estar e dignidade eram respeitados. Agora, com apenas um criado, viu-se numa pequena torre da prisão sem vela sequer. E, naquela escuridão, o Rei atingiu o auge de sua grandeza. Seu reinado desastroso e perturbado expusera-lhe as muitas atitudes erradas; mas, no fim, o destino lhe daria o magnífico e indisputável papel de paladino dos direitos e das liberdades dos ingleses, digo mais, dos britânicos, pois se tratava de toda a Ilha.

O Exército pretendia derramar-lhe o sangue à maneira que mais efetivamente mostrasse o poder e a fé. Cromwell, que nada mais tinha a oferecer às suas ardentes legiões, podia, ao menos, presentear-lhes uma cena medonha e chocante de expiação. Charles foi tranquilizado quanto ao assassínio. Tudo era respeito e cerimônia. Estranho interlúdio! Mas agora o destino era Londres; muita coisa estava acontecendo por lá. "Será que Vossa Majestade estaria, graciosamente, disposto a seguir viagem?"

O grande julgamento do "Sanguinário" seria apresentado à nação e ao mundo. As leis inglesas e os precedentes foram esquadrinhados desde as épocas mais remotas, mas nenhuma sanção ou sequer uma desculpa para tal procedimento se encontrou. A matança de príncipes tinha muitos exemplos. Edward II, no Castelo de Berkeley, e Richard II, em Pontefract, encontraram destinos terríveis; mas aqueles foram atos envoltos em segredo, repudiados pelas autoridades, cercados, na época, de mistério ou da invenção de causas naturais. Agora, o Exército vitorioso pretendia ensinar ao povo inglês que, dali em diante, todos teriam de se submeter; e Cromwell enxergou agora na execução de Charles a sua única chance de supremacia e sobrevivência. Uma resolução aprovada pelo dócil resto dos Comuns instituiu um tribunal para julgar o Rei. Os carpinteiros prepararam Westminster para a sua cena mais memorável. Não era apenas a execução de um rei, mas a execução de um rei que, simultaneamente, representava a vontade e as tradições de quase toda a nação britânica.

❄

Quanto maiores forem as minúcias com que se descreva o célebre julgamento, maior será o senso de drama. O Rei, baseado na legislação e na Constituição que ele explorara e esgotara nos anos de prosperidade, enfrentou seus inimigos com uma defesa irrefutável. Encarava os juízes, segundo Morley, "com indisfarçável desdém." Recusou-se a reconhecer o tribunal. Para ele, aquilo era uma monstruosa ilegalidade. John Bradshaw, presidente do tribunal, não tinha como refutar logicamente. Cromwell e o Exército podiam, entretanto, decepar a cabeça do Rei, e isso, a qualquer custo, eles pretendiam fazer. A simpatia da avassaladora maioria da grandiosa plateia reunida em Westminster estava com o Rei. Quando, na tarde do dia da sessão final, depois de lhe ter sido negada permissão para falar, ele foi conduzido para fora da sala do tribunal, ouviu-se o murmúrio intenso de "Deus salve o Rei." Mas os soldados, açulados por seus cabos e eles próprios com grande convicção, bradaram: "Justiça! Justiça! Morte! Morte!"

Na manhã de 30 de janeiro de 1649, Charles foi levado de St James's. Caía neve, e ele teve de usar roupas de baixo de inverno. A maioria dos signatários de sua sentença de morte estava horrorizada com o ato cujo peso teriam de suportar, o da suprema vingança. À uma da tarde, Charles foi informado de que era chegada a sua hora. Atravessou a janela da Casa dos Banquetes diretamente para o cadafalso. Massas de soldados, em muitas fileiras de profundidade, mantinham a multidão à distância. O Rei olhou com um sorriso de escárnio as cordas e roldanas preparadas para mantê-lo imóvel sob a fantástica presunção de que ele fosse levar o seu repúdio ao tribunal que o condenara ao extremo da resistência física. Permitiu-se que ele falasse à vontade. Disse que "morria bom cristão, perdoava a todos, sim; principalmente aos que lhe haviam causado a morte" (sem citar nomes). Resignou-se à morte e ajudou o carrasco a lhe arrumar o cabelo sob um pequeno boné de cetim branco. Assumiu a posição sobre o cepo e, a um sinal dele, a sua cabeça foi decepada de um só golpe. A cabeça foi mostrada ao povo, e alguém gritou: "Cabeça de um traidor!"

Estranho destino o desse Rei da Inglaterra. Nenhum outro resistira com mais inoportuna teimosia às tendências do seu tempo. Ele fora, em seu auge, o opositor convicto daquilo que hoje em dia chamamos nossas liberdades parlamentares. No entanto, quando o consumiram as desditas, tornou-se a encarnação das liberdades e tradições da Inglaterra. Seus erros e malfeitos tiveram origem menos em volúpia pessoal pelo poder totalitário e mais em sua concepção de realeza, com a qual ele nascera e que sempre fora o costume estabelecido da terra.

No fim, ele ficou contra um Exército que destruíra o governo parlamentar e que estava prestes a mergulhar a Inglaterra numa tirania ao mesmo tempo mais irresistível e mais mesquinha do que qualquer outra antes ou depois. Não vacilou de forma alguma nas causas em que acreditava. Apesar de, indubitavelmente, no decurso de suas barganhas e artimanhas com os inimigos, ele houvesse trapaceado e agido de má-fé, esses atos tiveram origem no caráter maligno e difuso da própria disputa e não foram diferentes das atitudes tomadas pelo outro lado.

Contudo, ele jamais se desviou do tema central, tanto com respeito à religião quanto ao estado. Aderiu firmemente ao Livro de Orações da Igreja Reformada e ao Episcopado, com os quais, entendia ele, o cristianismo estava interligado. Com perseverança, uma constante durante todas as idas e vindas do rápido sobe e desce dos anos tumultuosos, manteve-se fiel aos princípios que sempre lhe haviam norteado a vida. Não foi um mártir no sentido de alguém que se sacrifica por uma causa espiritual ideal. Seus interesses típicos de rei mesclavam-se, em todas as situações, com os temas mais abrangentes.

Alguns tentam representá-lo como paladino dos fracos e oprimidos contra o crescente poder do dinheiro. É uma visão fantasiosa. Ele não deve ser visto como o defensor das liberdades inglesas nem, totalmente, como o protetor da Igreja da Inglaterra; não obstante, morreu por elas e, com a sua morte, as preservou, não apenas para o filho e herdeiro, mas para os nossos dias.

6
A Restauração

A república inglesa

A República Inglesa começara a existir antes mesmo da execução do Rei. Em 4 de janeiro de 1649, o punhado de membros da Câmara dos Comuns que servia aos propósitos de Cromwell e do Exército resolveu que "o povo é, abaixo de Deus, a fonte de todo o justo poder (...) que os Comuns da Inglaterra, quando reunidos em Parlamento, tendo sido eleitos pelo povo e do povo sendo os representantes, detêm o supremo poder desta nação."

Era fundamental dividir e dispersar o Exército, e Cromwell estava disposto a liderar a maior parte dele numa expedição punitiva em nome do Senhor Jeová contra os papistas idólatras e sangrentos da Irlanda. Ele expulsou do Exército todos os que se recusaram a ser voluntários na guerra contra a Irlanda. Deu à sua missão um aspecto não apenas marcial, mas sacerdotal. Aliou-se aos evangélicos puritanos na pregação de uma guerra santa contra os irlandeses.

A campanha de Cromwell, na Irlanda, em 1649, foi igualmente perversa e igualmente impregnada com aqueles sentimentos do Velho Testamento que dominavam a mente dos puritanos. Decidiu então por uma ação de "terror" extremamente constrangedora para os seus admiradores e apologistas do século XIX. Não tendo êxito no apelo que fez à guarnição da cidade sitiada de Drogheda para se render, ele rompeu as muralhas com salvas de seus canhões e, na terceira investida, que ele mesmo comandou, invadiu a cidade. Seguiu-se um massacre tão totalmente destruidor que chegou a causar sobressalto até mesmo na opinião daqueles tempos brutais. Foram todos passados à espada. Ninguém escapou; todos os padres e frades foram chacinados. Os cadáveres foram minuciosamente revistados na busca de objetos de valor. O governador, Sir Arthur Ashton, tinha uma perna artificial que os Ironsides acreditavam ser de ouro; mas foi somente em seu cinturão que encontraram a fortuna pessoal dele. A busca e matança dos habitantes que se haviam escondido durou até o terceiro dia.

Nos dias seguros e confortáveis da Rainha Victoria, quando liberais e conservadores, Gladstone e Disraeli, debatiam sobre o passado, e quando nacionalistas irlandeses e não conformistas radicais se batiam por velhas causas, cresceu uma escola que se espantava, com furtiva admiração, diante daqueles crimes selvagens. Os homens pensaram que tais cenas haviam desaparecido para sempre, e que, à medida que progrediam para um amplo período de paz, enriquecimento e troca de ideias, poderiam dar-se ao luxo de reverenciar os rudes guerreiros que haviam lançado os fundamentos de uma sociedade liberal. O século XX tem alertado, de forma brusca, seus intelectuais contra essas vãs indulgências. Vimos a aplicação da técnica do "pavor" nos dias de hoje com a mesma brutalidade cromwelliana e em escala muito maior. Sabemos muito sobre déspotas e seus modos e sobre o poder que têm de praticar o desprendimento filosófico dos nossos ancestrais. É necessário recorrer ao princípio mais simples de que o massacre em massa de pessoas sem armas ou que foram desarmadas deixa marca corrosiva e indelével na memória de vencedores, por mais que tenham prosperado.

Na alma confusa de Oliver, havia apreensões evidentes. Ele escreve sobre "remorso e arrependimento," que são inseparáveis de crimes dessa natureza. Por causa de um precedente terrível, ele acreditava ter evitado um derramamento de sangue maior. Mas o futuro mostrou que isso não era verdade. Cromwell na Irlanda, dispondo de uma força avassaladora e usando-a com impiedosa crueldade, degradou os padrões da conduta humana e obscureceu sensivelmente a jornada da saga humana. Os massacres irlandeses de Cromwell encontram inúmeras passagens semelhantes na história de todos os países durante e desde a Idade da Pedra. Basta, portanto, apenas desnudar os homens capazes de tais atos de todos os títulos e honrarias, seja a luz que ilumina um grande líder da guerra ou a imensa reputação que envolve o séquito de um príncipe ou estadista bem-sucedido.

Conhecemos os muitos laços que, numa época ou noutra, uniram os habitantes da ilha ocidental do arquipélago britânico, e que, mesmo na própria Irlanda ofereceram um modo de vida tolerável tanto para católicos como para protestantes. Sobre eles, os atos de Cromwell foram um veneno de efeito duradouro. Por um processo incompleto de terror, por um iníquo acordo agrário, por uma virtual proscrição da religião católica, pelas ações sangrentas, ele abriu novos abismos entre as nações e os credos. As consequências do governo de Cromwell na Irlanda angustiaram e, algumas vezes, perturbaram a política inglesa mesmo em nossos dias. A tentativa de remediá-las frustrou a perícia e a lealdade de sucessivas gerações. Tornaram-se, por um longo tempo, um poderoso obstáculo à harmonia dos povos de língua inglesa no mundo inteiro. A "maldição de Cromwell" ainda paira sobre todos nós.

❄

No instante em que o machado separou a cabeça de Charles I do corpo, seu filho mais velho tornou-se, na opinião da maioria dos seus súditos e dos europeus em geral, o Rei Charles II. Rumos difíceis apresentaram-se ao jovem rei. Se ele abraçasse o Covenant da Aliança, dizia o governo escocês, e se transformasse no paladino da causa presbiteriana, não apenas poriam a Escócia sob sua soberania, como marchariam juntos para a Inglaterra. A bordo do navio holandês, antes de o Rei desembarcar na Escócia, extraíram-se dele as garantias mais formais possíveis. Quando o Rei olhou pelas janelas da casa na qual foi hospedado, sentiu-se praticamente um prisioneiro nas mãos daqueles que lhe haviam implorado para que se tornasse seu soberano. Ouviu sermões intermináveis, admoestações e objurgações. Podemos até admirar como pedras falsas as convicções e os propósitos do governo dos escoceses e de seus sacerdotes, mas devemos ser agradecidos pelo fato de nunca termos entrado em contato com qualquer um deles.

Mais uma vez, havia um exército para lutar pela Coroa, e tanto o Cardeal Mazarin, na França, como o Príncipe William de Orange, na Holanda, deram apoio à Escócia. O infeliz jovem rei, premido pela necessidade de lutar e pelo desejo de vencer, teve de expedir uma declaração na qual expressou sua vontade de ser "profundamente humilde diante de Deus, por causa da oposição de seu pai ao Solene Pacto de Aliança; e por sua mãe ter sido culpada de idolatria," Charles duvidou ter coragem de olhar a mãe de frente outra vez e, de fato, ela lhe disse que jamais voltaria a ser a sua conselheira política. Sobre tais fundamentos, um imenso exército escocês reuniu-se na fronteira.

A ameaça do Norte trouxe Cromwell de volta da Irlanda. O Conselho de Estado, finalmente, nomeou Cromwell comandante em chefe de direito, pois já o era de fato. Com sua tropa de Ironsides recém-chegada dos massacres irlandeses, ele brandiu uma espada grande e afiada mas malcheirosa. O devoto exército escocês desceu de suas alturas fortificadas e acercou-se de Cromwell e seus santos. Ambos os lados apelaram confiantes a Jeová; e o Altíssimo, vendo quão pouco havia para escolher entre eles em fé e em zelo, deve ter deixado prevalecerem apenas os fatores militares. Com a primeira luz do amanhecer, Cromwell, depois de uma finta com seu flanco direito, atacou pesadamente pelo flanco esquerdo. "Agora," exclamou, enquanto o sol surgiu sobre o mar por trás dele, "que Deus se erga e os inimigos se dispersem!" Uma vez iniciada a batalha, o fim foi rápido. Os escoceses fugiram, deixando três mil mortos no campo de batalha. Nove mil caíram prisioneiros no faminto acampamento de Oliver, e o exército dos presbíteros foi derrotado.

❄

O desastre livrou a política escocesa dos grilhões do dogma. Segurança nacional virou a prioridade. O plano de marchar para o sul deixando Cromwell para trás em Edinburgh, que ele havia ocupado, e ativando as forças realistas na Inglaterra, conquistou a maioria do Conselho dos Escoceses.

Um exército escocês invadiu a Inglaterra em 1651 numa iniciativa monarquista que nada tinha de presbiteriana. Cromwell, com sagacidade política e militar, permitiu que passasse. Charles II, como rei, pisou o solo pátrio. Marchava, em carrancudo silêncio, à frente de sua tropa. Mas agora foi fácil para Cromwell seguir-lhe o rastro, e a sua concentração de todas as forças da Commonwealth [o regime republicano inglês] contra os invasores do norte foi magistral. Charles portou-se com distinção. Montou junto aos regimentos no calor da batalha, encorajando-os a cumprirem seu dever. O combate foi um dos mais renhidos das guerras civis, mas não havia esperança, e os escoceses e seus camaradas realistas foram anulados como força militar. Para Charles II, fora a mais fabulosa aventura de sua vida. Ele escapou com dificuldade do campo; a cabeça lhe pesava uma tonelada. A terra foi revirada em sua busca. Escondeu-se um dia inteiro no famoso carvalho de Boscobel.

Após seis semanas de desesperado perigo constante, o Rei achou-se, mais uma vez, no exílio. Esse foi o fim da Guerra Civil ou Grande Rebelião. A Inglaterra foi dominada; a Irlanda, aterrorizada; a Escócia, vencida. Os três reinos estavam unidos sob um governo em Londres que brandia um poder autocrático. O capítulo mais memorável da história da Inglaterra foi encerrado por forças irresistíveis, que governaram com poderes absolutos por algum tempo, mas nada resolveram. Em épocas angustiantes ou melancólicas, os homens livres podem sempre encontrar conforto na grande lição da história de que a tirania não consegue durar, exceto entre as raças servis. Os anos, que parecem intermináveis para aqueles que a suportam, são apenas um sopro de infortúnio na jornada. Esperanças novas e naturais saltam do coração humano, assim como a primavera faz reviver o solo cultivado e recompensa o agricultor fiel e paciente.

O *Lord Protector*

A Monarquia se fora; os Lordes se foram; a Igreja da Inglaterra estava prostrada; dos Comuns nada ficou além de alguns sobreviventes desdenhosamente chamados o Restolho, *the Rump*. Esse parlamento *Rump* só prosperou enquanto o seu Lord-general esteve em guerra. Quando ele regressou triunfante, ficou abismado com a impopularidade daqueles Comuns. Espantou-se também com o seu caráter não representativo. Acima de tudo, constatou que o Exército, que até então se ocupara com assuntos de Deus em outras direções, não via com bons olhos os civis seus chefes e tesoureiros.

Nesse estado de espírito, foi à Câmara em 20 de abril de 1653, acompanhado por trinta mosqueteiros. Ocupou seu lugar e assistiu durante algum tempo ao debate. Então, erguendo-se, fez um discurso, cuja irritação crescia à medida que falava. "Ora, ora," concluiu, "vou pôr um fim nessa conversa fiada. Vocês não são um parlamento." Mandou entrarem os mosqueteiros para expulsar todos da Casa e trancar as portas. Assim afundaram, temporariamente, todas as salvaguardas e procedimentos engendrados e venerados através dos séculos, de Simon de Montfort à Petição de Direitos. Reinava agora a vontade de um homem só. Espírito confuso, autocrítico, mas explosivo, tornou-se, por uma temporada, o guardião do fruto do trabalho vagarosamente acumulado ao longo de eras, e da continuidade da mensagem cultural inglesa.

Cromwell, embora astuto e cruel, dependendo da ocasião, foi sempre um ditador relutante e escusatório. Reconhecia e deplorava o caráter arbitrário de seu próprio governo, mas não teve problema em persuadir-se de que sua autoridade emanava tanto de baixo como de cima. Pois não era ele o novo Moisés, o Protetor escolhido pelo povo de Deus, incumbido de guiá-lo à Terra Prometida, se esta pudesse, realmente, ser encontrada? Não era ele também o único guardião disponível para "as diversas formas de devoção do país" e, especialmente na esfera civil, para proteger a propriedade dos servos de Deus que se mantiveram do lado certo contra os conspiradores realistas ou os loucos e vorazes Igualitários? Não era ele o Lord-general nomeado pelo agora defunto parlamento comandante de todas as forças armadas, o sobrevivente detentor de toda a autoridade do estado e, como ele mesmo disse, "uma pessoa com poder sobre três nações sem restrições ou limites?"

Cromwell só desejava poder pessoal para arranjar as coisas de acordo com a sua visão; não a visão dele mesmo ou de sua fama, mas da Inglaterra dos seus sonhos da juventude. Ele foi um grande retardatário da Era Elisabetana, um "rústico gentleman Tudor, nascido fora do seu tempo," que queria ver Escócia e Irlanda trazidas à devida fidelidade, e a Inglaterra "o assombro do mundo ocidental, adornada e defendida por uma guarda resoluta, magistrados honrados, ministros eruditos, universidades florescentes, esquadras invencíveis." [G.M. Young, *Charles I and Cromwell*] Em política externa, ele ainda estava combatendo a Armada Espanhola, sempre ansioso por liderar seus Ironsides de túnicas vermelhas contra as estacas e fogueiras de algum Gran Inquisidor ou contra as superstições idólatras de um Papa italiano. Não estavam esses inimigos maduros para a ceifa? Sim, com a mesma foice que cortara rente os malignos Cavaliers em Marston Moor e Naseby e exterminara os papistas de Wexford e Drogheda? Afiava sua grande espada para Dom Quixote e os sucessores de Torquemada.

Em setembro de 1654, ele despachou uma força naval às Índias Ocidentais e ocupou a Jamaica. Essa agressão levou, vagarosa mas inevitavelmente, a uma guerra entre Inglaterra e Espanha; e a uma consequente aliança entre França e Inglaterra. Em junho de 1658, seis mil soldados veteranos ingleses em Flandres, sob o comando do marechal Turenne, derrotaram os espanhóis na Batalha das Dunas e ajudaram a tomar o porto de Dunquerque. O bloqueio das costas espanholas revelou a força do poder naval britânico, e um dos comandantes subordinados a Blake destruiu uma "frota de tesouros" ao largo de Tenerife. O olho imperial de Cromwell por muito tempo cobiçara Gibraltar. Ele avaliou os estratagemas possíveis para capturar o rochedo magnífico. Mas essa façanha ficou para os tempos de Marlborough; a Inglaterra, contudo, reteve Dunquerque e a Jamaica como resultado da guerra de Cromwell com a Espanha.

Cromwell não sentiu dificuldade em conciliar os predatórios objetivos da guerra contra a Espanha e seus esforços para a criação de uma Liga Protestante europeia. Estava sempre pronto para combater a perseguição religiosa sofrida pelos protestantes fora da Inglaterra. De modo geral, porém, a política externa de Cromwell foi mais bem-sucedida na ajuda ao comércio e à navegação britânica do que nas investidas para deter ou reverter a Contrarreforma. Os piratas foram varridos do Mediterrâneo e do Canal, o comércio exterior expandiu-se, e o mundo inteiro aprendeu a respeitar o poder marítimo inglês. O poeta Waller pôde escrever:

> O mar é nosso; todas as nações saúdam,
> Com velas vergadas nossa grande esquadra
> Seu poder chega longe, aonde soprar vento
> Ou aonde for, no globo, vela inflada.

❄

Mas como encontrar um parlamento dócil e digno, temente a Deus e com a consciência da raiz do problema, para ajudar e confortar o *Lord Protector* em sua tarefa? Procurava um parlamento cuja autoridade o aliviasse do opróbrio de um despotismo similar ao que ele punira no "Sanguinário," que sustentasse e, dentro de respeitosos limites, corrigisse suas iniciativas sem, naturalmente, divergir dos seus ideais ou estorvar-lhe a espada e o sinete. Porém não há parlamento assim. Parlamentos são instituições muito estranhas. Têm uma tendência a desenvolver opiniões coletivas próprias, que derivam daqueles que os elegem.

Cromwell buscava o tipo certo de parlamento, que lhe limitasse a ditadura sem contrariar-lhe a vontade, e o procurou por todos os quadrantes. Tentou, sucessivamente, uma oligarquia puritana; uma assembleia de alta classe média borrifada com homens de origem humilde ascendidos pela carreira militar; depois, em desespero, uma ditadura militar nua e crua; finalmente, buscou o retorno a um regime que, exceto pelo nome, era uma monarquia constitucional. Ele expulsara o Parlamento do Restolho pela causa de uma eleição popular já passada de época. Substituiu-o não por um corpo eleito, mas por um grupo de puritanos notáveis escolhidos a dedo, que entrou para a história como o "Parlamento Barebone's," nome tirado de um dos seus membros, um senhor Praise-God Barebones.

E lá estava ele, uma vez mais, com o velho problema de sempre. "Sou tão favorável como qualquer pessoa a um governo de consentimento," disse ele a um republicano crítico, fazendo a pergunta resumidora: "Mas onde achar consentimento?"

Seguiu-se uma ditadura militar crua, se não totalmente descarada. Para a massa da nação, o regime de Cromwell manifestou-se sob a forma de inúmeros e mesquinhos atos de tirania, e por isso foi odiado como nenhum outro governo inglês antes ou depois dele. Os dias de jejum da Igreja, considerados tolerância com a superstição, foram substituídos por um dia de jejum por mês. O Natal excitava a mais fervorosa hostilidade daqueles fanáticos. O Parlamento preocupava-se profundamente com a liberdade que o Natal dava aos prazeres carnais e sensuais. Patrulhas de soldados saíam por Londres, no Dia de Natal, antes da hora do jantar para invadir casas particulares sem mandados, apreendendo as carnes em preparo nas cozinhas e nos fornos. Em toda parte, intromissões e espionagem.

No país inteiro, os *Maypoles*, mastros enfeitados que celebram a chegada da primavera, eram derrubados a machadadas para evitar que as danças em torno deles resultassem em imoralidade ou, no mínimo, em frivolidades. Sair de casa no *sabbath*, exceto para ir à igreja, era passível de punição, e um homem foi multado por ter ido ouvir um sermão numa paróquia vizinha. Chegou-se até a propor a proibição de as pessoas sentarem-se em frente às suas portas ou nelas se encostarem no dia do *sabbath*. Soltar cães contra ursos cativos e briga de galos eram eficazmente interrompidas, abatendo-se o urso a tiros e torcendo o pescoço dos galos. Todas as formas de esportes atléticos, corridas de cavalos e lutas corporais foram banidas, e passaram leis sobre comportamento pessoal que proibiam qualquer tipo de enfeite nas roupas femininas ou masculinas.

Nada a estranhar, pois, que, à sombra dos carvalhos em todo o interior do país, o povo sonhasse com saudade dos velhos bons tempos, ansiando pelo dia em que "o Rei retomasse o que era seu de direito."

Os aspectos repulsivos desaparecem de cena e são substituídos por cores e até por simpatia, à medida que o auge do poder é alcançado. Vemos o Lord Protector em sua glória, o defensor do protestantismo, árbitro da Europa, benfeitor do saber e das artes. Sentimos a dignidade de seu comportamento com todos e do seu carinho com os jovens. Sentimos sua paixão pela Inglaterra, tão ardente quanto a de Chatham, e, de certa forma, mais íntima e emocional. Ninguém pode ficar indiferente ao esforço de Cromwell para encontrar uma base moral para o poder que detinha; ou à sua noção de responsabilidade com o seu país e seu Deus, indo muito além do horizonte de sua vida. Embora facilmente se convencesse de que fora escolhido para ser o supremo governante do estado, Cromwell estava sempre pronto a compartilhar seu poder com outros, desde que todos, naturalmente, concordassem com seus pontos de vista. Mostrava-se disposto, na verdade, ansioso por governar por intermédio do Parlamento, desde que o Parlamento aprovasse as leis e os impostos que ele necessitasse. Mas nem seus agrados nem seus expurgos conseguiram induzir os parlamentos a lhe fazerem as vontades. Em diversas ocasiões, viu-se forçado a usar ou a ameaçar com o poder da espada, e o governo, que ele pretendia tornar uma alternativa ao absolutismo ou à anarquia, transformou-se, na prática, numa ditadura militar.

❄

Apesar de tudo, a ditadura de Cromwell diferiu, em muitos aspectos, dos modelos modernos. Embora a imprensa estivesse arrolhada e os monarquistas fossem maltratados, embora os juízes fossem intimidados e os privilégios locais restringidos, houve sempre uma efetiva oposição verbal, liderada por republicanos convictos. Não houve qualquer tentativa de se formar um partido político em torno da personalidade do Ditador; muito menos, de se criar um partido estatal. Respeitava-se a propriedade privada, e o processo usado para multar os Cavaliers e permitir que se capitalizassem por meio da entrega de parte de suas propriedades foi conduzido com formalidade técnica. Poucos foram os condenados à morte por crimes políticos, e ninguém foi enviado indefinidamente para a prisão sem julgamento.

Acreditando que os judeus eram elementos úteis à comunidade civil, Cromwell abriu-lhes, mais uma vez, as portas da Inglaterra, que Edward I fechara quase quatrocentos anos antes. Na prática, em termos comparativos, havia muito pouca perseguição com base puramente na religião, e mesmo os católicos romanos não eram seriamente molestados. Embora fosse homem muito passional quando estimulado, Cromwell era frequentemente afligido por dúvidas e conflitos íntimos. Essa incerteza sobre si mesmo desculpava-lhe o oportunismo e se refletia em sua famosa afirmação: "Nenhum homem sobe tanto na vida quanto o que não sabe aonde está indo." Suas dúvidas sobre objetivos políticos tornaram-se marcantes nos últimos anos de vida.

Em 3 de setembro de 1658, aniversário das Batalhas de Dumbar e Worcester e também do massacre de Drogheda, em meio aos estrondos e uivos de uma violenta tempestade, a morte chegou para o Lord Protector. Ele sempre fora um bom e fiel pai de família, e seu coração se partira com a morte da favorita e menos puritana de suas filhas. Cromwell nomeara como seu sucessor o filho mais velho, Richard, um inofensivo cavalheiro do interior, e, por enquanto, ninguém lhe desafiara a vontade. Embora, num momento de grande crise, a espada de Cromwell tenha salvo a causa do Parlamento, ele deve posar diante da história como representante de um regime ditatorial e governo militar que, apesar de seus atributos de soldado e estadista, permanece em eterno desacordo com a índole da raça inglesa.

Apesar de todos os seus defeitos e fracassos, ele foi, de fato, o Lord Protector dos imorredouros direitos da Velha Inglaterra que ele amava e que protegeu contra a arma terrível que ele mesmo e o Parlamento haviam forjado para se reafirmarem. Entre as ruínas de todas as instituições sociais e políticas, que, até então, orientavam a vida na Ilha, ele sobressaía gigantesco, brilhante, indispensável, o único meio pelo qual se poderia ganhar tempo para a cura e para o renascimento.

A Restauração

O filho mais velho de Cromwell, Richard, "Dick aos pedaços," conforme o apelido que lhe puseram os inimigos, era pessoa respeitável, com boas intenções, mas sem a força e a capacidade exigidas pela rudeza daqueles tempos. Ele foi, de início, aceito pelo Exército e instalou-se devidamente na cadeira do pai; mas quando tentou exercer a autoridade que pensava ter, o desempenho deixou a desejar. Seu irmão, Henry, que era capaz e enérgico, empenhou-se para reforçar o poder civil. Por recomendação de Henry Cromwell, o Parlamento foi convocado.

Os Comuns acharam inaceitável o Exército como um estado separado do Reino. Em seu conflito com o Exército, quiseram confiar o comando principal ao Protetor. Isso transformou a disputa numa crise. Depois de quatro meses no augusto cargo, Richard Cromwell viu-se abandonado até por sua guarda pessoal. O Exército mandava sozinho. O espírito das tropas tornara-se hostil ao Protetorado. Estavam decididas a ter uma república pura.

Porém mesmo naquele momento de triunfo pacífico e absoluto, os militares sentiram necessidade de algum tipo de sanção civil para os seus atos. Mas onde obtê-la? Foi assim que o Restolho do Longo Parlamento foi exumado e exibido a uma nação desnorteada. Cuidaram dos filhos de Oliver Cromwell, porque se queria a concordância de ambos com a extinção do Protetorado. Pagaram-lhes as dívidas, deram-lhes residências e renda. Richard aceitou essas propostas imediatamente, e também Henry, após alguma hesitação. Ambos viveram sem serem importunados até o fim de seus dias. O Grande Sinete do Protetorado foi quebrado. Uma constituição republicana assentada no princípio da representatividade entrou em vigor, e todas as autoridades do país a ela se submeteram.

Enquanto essas tensões tumultuavam a administração republicana em Londres, um amplo movimento monarquista eclodiu no país. A insurreição foi sufocada tão rapidamente que Charles II, felizmente para ele, nem teve tempo de pôr-se à frente do movimento. O estrépito das armas relembrou aos generais o poder que tinham, e logo eles entraram em disputa acirrada com o truncado Parlamento que haviam ressuscitado.

Obviamente, aquilo não poderia durar muito. Alguém teria de dar partida ao movimento que instalasse na Inglaterra um governo voltado para algo velho ou novo. A solução viria de outro quadrante.

❄

O comandante cromwelliano na Escócia era uma figura ilustre. Mais uma vez, a Inglaterra devia ser salva por um homem que não tinha pressa. George Monk, gentleman do Devonshire, era um mercenário que mais se ocupava do seu negócio que de causas em disputa. Soubera percorrer perigosos caminhos e tormentas, apoiando, a cada vez e no momento certo, o Parlamento, a Commonwealth e o Protetorado. Durante o outono de 1659, o general Monk tornou-se a convergência de convites arrebatados de todos os quadrantes. Diziam-lhe que ele tinha o futuro da Inglaterra nas mãos, e todos apelavam à sua boa vontade. Em seu próprio acampamento, o general dava audiências a todos os emissários, independentemente do partido ou da causa. Ouvia pacientemente, como qualquer inglês de boa cepa o faria, a tudo o que lhe pediam com urgência e, com aquela simples honestidade de caráter da nossa raça de que nos orgulhamos, deixava-os, por um longo tempo, a conjeturar sobre a decisão que tomaria.

Finalmente, quando toda a paciência havia se esgotado, Monk agiu. Em York, recebeu o que esperava havia muito tempo: o convite da Câmara dos Comuns, do Restolho desesperado, para ir a Londres. Ao contrário de Cromwell, Monk decidiu domar o Restolho por diluição, em vez de dissolução. Em fevereiro, reconvocou os membros excluídos num expurgo anterior. Esses eram principalmente presbiterianos, e muitos haviam se tornado monarquistas de coração. A restauração da monarquia estava à vista. Monk estava convencido de que um parlamento livre devia ser convocado, e sabia que um parlamento assim chamaria Charles II de volta. Monk teve certeza, depois de sua marcha desde a Escócia, de que a massa do povo inglês cansara de experimentos constitucionais e ansiava pelo retorno da monarquia. Era mais do que claro o desejo do povo de que o Rei voltasse a "dispor do que era dele."

Nesse ponto, a sabedoria latente da Ilha fez o seu papel. No momento da vitória houvera excessos, e os princípios da Grande Rebelião haviam sido indevidamente prolongados. Era necessário recorrer à posição original na teoria, mas não na prática. Monk fez contato com Charles II, aconselhando-o a oferecer um perdão amplo e geral, apenas com certas exceções a serem fixadas pelo Parlamento. Tratava-se de uma Inglaterra em que uma parte substancial da terra, principal fonte de riqueza e distinção, mudara de dono. Essas mudanças foram concretizadas no campo. Não podiam ser inteiramente desfeitas. O Rei poderia dispor do que era dele novamente, mas não todos os seus Cavaliers. Não podia haver represálias. Todos tinham de recomeçar conformados com a nova base.

Mas sangue sagrado jorrara. O ato de 1649 era ilegal, contra a vontade presumível do Parlamento e abominável aos olhos da nação. Quem o cometera que pagasse o preço. Tal solução, tão pouco heroica, foi considerada em harmonia com o espírito de transigência que tem desempenhado um papel tão valioso nos assuntos da Inglaterra.

Os Lordes e os Comuns foram restaurados. Faltava apenas completar os três *estates*, os estamentos do reino, chamando de volta o Rei. O Parlamento apressou-se em enviar ao exilado Charles uma grande soma em dinheiro para a sua comodidade, e logo se preocupou com o estofamento escarlate de veludo das carruagens de estado. A Esquadra, antes tão hostil, foi despachada para conduzir o Rei às suas praias nativas. Multidões esperavam-no em Dover. Ali, em 25 de maio de 1660, o general Monk o recebeu no desembarque com profunda reverência. A viagem para Londres foi triunfal. Todas as classes se juntaram para dar boas-vindas ao Rei, na volta dele ao lar e ao que lhe pertencia. Aplaudiam e choravam numa emoção incontrolável. Sentiam-se libertos de um pesadelo. Sonhavam agora com uma era dourada. Charles olhava tudo com estupefação. Seria aquela a mesma ilha de onde ele mal conseguira escapar alguns anos antes? Charles deve ter se espantado mais ainda, sem saber se estava dormindo ou acordado quando, no Blackheath, avistou as colunas escuras e brilhantes dos Ironsides, em formatura de gala e devida obediência. Apenas oito anos tinham se passado desde que ele se escondera das patrulhas nos ramos do carvalho de Boscobel. A entrada na City foi um fragor de ação de graças. Por toda parte, as massas, ricos e pobres, Cavaliers e Cabeças-redondas, episcopais, presbiterianos e independentes emolduraram uma cena de reconciliação e regozijo sem igual na história. Foi o dia de suprema felicidade da Inglaterra.

❋

A roda, porém, não completara o ciclo, como muitos podem ter achado. Não era só a restauração da monarquia; era a restauração do Parlamento. Com efeito, foi o grande momento da história parlamentar. A Câmara dos Comuns batera a Coroa no campo de batalha; depois, dominara o Exército terrível que havia criado para esse propósito. Purgara seus próprios excessos, e agora pairava sem desafios, até mesmo sem discussão, como a instituição dominante do reino. Todos agora sabiam ao certo que a Coroa era o instrumento do Parlamento, e o Rei, o servo de seu povo. Se, por um lado, a doutrina do Direito Divino foi de novo proclamada, por outro, a do Poder Absoluto fora abandonada. A Restauração conseguiu o que Pym e Hampden tinham tentado originariamente e rejeitou os excessos a que eles dois foram levados, em face da tensão do conflito e dos crimes e desatinos da guerra e da ditadura. A vitória dos Comuns e da Common Law foi permanente.

Nascera um novo conceito de soberania. Os homens do direito consuetudinário haviam carregado a parte mais difícil. Pugnaram para garantir que o Rei se submetesse à lei. No caso, a lei era o que se entendia representar a Carta Magna: a lei tradicional, o tipo de lei que livrara os ingleses da prisão arbitrária e da punição arbitrária; a lei que, por séculos, se aplicara nos tribunais que se apoiavam no direito fundado no costume, a Common Law. O Parlamento não tentara a onipotência, nem aniquilar os poderes tradicionais da Coroa, mas queria, sim, controlar-lhe a atividade a fim de garantir e proteger as liberdades do Parlamento e dos indivíduos. Coke asseverara que os juízes eram os mais altos intérpretes da lei. Durante os anos sem a presença do Rei e sem as prerrogativas reais, emergira a ideia de que uma lei do Parlamento era a palavra final. Isso não tinha raízes no passado. A posição de Coke de que a lei fundamental baseada nos costumes e nas tradições não podia ser preterida, nem mesmo pela Coroa e o Parlamento juntos, e o sonho dele de que juízes de uma Corte Suprema de Direito Consuetudinário decidissem sobre o que era e o que não era legal desapareceram da Inglaterra para sempre. Sobreviveram na Nova Inglaterra, do outro lado do oceano, para rebrotar um dia numa revolução americana dirigida contra o Parlamento e a Coroa.

❊

"Nenhum Exército permanente" seria a divisa de todos os partidos. Todos, com exceção dos militares, concordavam em se ver livres do Exército; e que isso pudesse ser feito, e feito sem derramamento de sangue, parecia um milagre. Mas eles se renderam à maré da opinião. Receberam o que lhes era devido. Regressaram aos seus lares e antigos afazeres, e, depois de alguns poucos meses, aquela máquina onipotente e invencível, que poderia, a qualquer momento, ter devorado o reino inteiro e a sociedade britânica, evaporou-se em meio à população civil, mal deixando alguns vestígios atrás de si.

O Rei lutou por clemência para os assassinos do pai, e o Parlamento, cujos membros, em maioria, haviam apoiado a execução do Rei, clamava agora por desforra. O número de executados foi tão abaixo da expectativa popular que se decidiu fazer uma adição ao cenário de carnificina; adição que, no final das contas, não custou nenhuma outra vida. Os restos mortais de Cromwell, de Ireton, líder e herói do Exército, e de Bradshaw, presidente do tribunal que julgou Charles I, foram arrancados de seus caixões em Westminster Abbey, onde haviam sido sepultados alguns anos antes com solenidade; foram arrastados sobre estrados pelas ruas até Tyburn, onde foram pendurados na forca de três cordas por vinte e quatro horas; as cabeças foram espetadas em locais visíveis, e os restos dos corpos atirados numa estrumeira. Pym e vinte outros parlamentares também foram exumados e reenterrados numa vala. Essa repugnante guerra contra os mortos foi imposta pela ferocidade da opinião pública, à qual o Rei gostou de arremessar carcaças em vez de homens vivos.

O Rei restaurado tivera uma longa luta para minimizar esses atos horrendos. "Estou cansado de enforcamentos," disse ele. Ao todo, graças aos esforços de Charles e um pouco às custas de sua popularidade, menos de uma dúzia de indivíduos foram executados nessa ativa Contrarrevolução.

O alegre monarca

O Parlamento que reinstalou o Rei era uma assembleia equilibrada e representava ambos os lados da nação. Venceu com êxito as graves dificuldades políticas da Restauração. Não possuía, entretanto, validade constitucional, de vez que não fora convocada por édito real. Este foi considerado um defeito fatal. No fim de 1660, viu-se a necessidade de dissolvê-lo.

Tal concessão ao recém-recuperado respeito à lei bloqueou qualquer possibilidade de um acordo religioso que abrangeria toda a nação. Começou assim o mais longo parlamento da história inglesa. Durou dezoito anos. Desde o momento em que se reuniu pela primeira vez, o Parlamento mostrou-se mais realista na teoria do que na prática. Prestava todas as homenagens ao Rei, mas não tinha intenção de ser governado por ele.

Como Clarendon, o Lord Chanceler, era o ministro com preponderância no governo, seu nome está ligado à série de leis que restabeleceram a Igreja Anglicana e levaram as seitas protestantes a uma duradoura oposição. Para o bem ou para o mal, o "Código de Clarendon" foi um divisor de águas. Destruiu todas as possibilidades de uma Igreja Nacional Unida.

Charles não desejava essa grande separação. Ele seguiu pelo fácil caminho da indiferença rumo aos píncaros da tolerância. Não era muito apegado à vida espiritual. Se um cavalheiro quisesse ser religioso, talvez Roma lhe proporcionasse uma satisfação maior. Mas era preciso pensar nos problemas que isso traria. Não era a Igreja Anglicana a viga mestra do Trono? O Rei queria ver abrandado todo aquele fervor religioso. Para que perturbar esta vida em torno da próxima? "Disso os senhores podem estar certos," disse a uma representação de quacres no período do Parlamento da Convenção, "nenhum dos senhores sofrerá em razão de opiniões ou crenças religiosas, desde que vivam em paz, e os senhores têm a minha palavra de rei."

Surgia outra clivagem. Esboçavam-se as linhas políticas conservadoras e radicais que persistem até nossos dias. Entramos na era do conflito entre amplos agrupamentos políticos que logo receberiam os nomes de *Tory* e *Whig* e deram forma aos destinos do Império Britânico até que tudo derretesse nas labaredas da Grande Guerra de 1914. Charles II não teve culpa nessas duradouras fissuras. Os partidários do Parlamento deveriam entender que, naquele período crucial, o Rei era praticamente a única voz moderna e bondosa.

Mas Charles II precisava de uma Lei de Indulgência para ele mesmo. A vida na corte era um escândalo flagrante, contínuo e descarado. Suas duas amantes principais, Barbara Villiers, feita Condessa de Castlemaine, e Louise de Kérouaille, ou "Madame Carwell," como a chamavam os ingleses, encantavam o lazer real e se divertiam com política internacional. Seu casamento com Catarina de Bragança, que trouxera um rico dote de oitocentas mil libras e as bases navais de Tânger e Bombaim, de forma alguma inibiu essa dissipação. O tratamento que ele dispensou à esposa foi cruel ao extremo. Forçou-a a aceitar Barbara como dama de companhia. A refinada e devota princesa portuguesa, certa vez, sentiu-se tão ultrajada que o sangue lhe brotou das narinas, ela desmaiou e foi levada da corte.

Foi com alívio que a população soube que o Rei tomara uma amante do meio do povo: a transcendentemente linda e simpática Nell Gwyn, lascivamente aclamada nas ruas como "a puta protestante." Mas esses eram apenas os aspectos mais notórios da vida de licenciosidade e tolerância que desonrava um trono cristão, e que numa corte asiática estariam encobertos nos mistérios do harém.

O exemplo do Rei propagou sua desmoralização por toda a parte, e o sentimento de alívio em relação à tirania dos puritanos estimulou as aventuras amorosas. Ofendida, a Natureza cobrou com avareza. O parlamento da Commonwealth costumava punir o adultério com a pena de morte; Charles ridicularizou a castidade e a fidelidade. Não pode, entretanto, haver dúvida de que a grande maioria da nação, considerando-se todas as classes sociais, preferia a regra complacente dos pecadores à rígida disciplina dos santos. O povo da Inglaterra não queria ser o povo de Deus, na acepção do Deus dos puritanos. Desceram, com gratidão, dos patamares sobre-humanos aos quais haviam sido dolorosamente alçados.

Era inevitável que, depois de um período de intenso esforço, viesse outro de exaustão e desordem. Mas foi passageiro. A raça resistiu e, na corte de Charles, ao seu lado, já havia um moço, um segundo-tenente de sua guarda pessoal, parceiro em suas partidas de tênis, um intruso, como o Rei veio a saber com algum dissabor, nas afeições de Lady Castlemaine, que, um dia, empunharia uma espada mais longa e mais brilhante que a de Cromwell e a brandiria, em campos de batalha mais extensos, contra os inimigos da grandeza e da liberdade dos britânicos. Um escudeiro do Dorsetshire, Winston Churchill, ao lado do pai, combatera nas fileiras realistas, quando foi ferido, multado e expropriado pelos cabeças-redondas. O Rei pouco podia fazer por esse seu fiel aliado, mas conseguiu uma posição na corte para o filho de Winston como um dos seus próprios pajens, e uma também para a filha, Arabella, no entourage da Duquesa de York. Ambos aproveitaram bem os benefícios recebidos. John Churchill conseguiu um posto na Guarda Real; Arabella tornou-se a amante do Duque de York, e lhe deu um filho, James Fitz James, mais tarde famoso como o aguerrido Duque de Berwick.

Nos primeiros sete anos do reinado, Clarendon continuou o principal ministro. Esse estadista sábio e venerável pugnou resolutamente com a licenciosidade do Rei e da corte, com as intrigas das amantes reais, com a inadequação da receita pública e com a intransigência da Câmara dos Comuns.

A rivalidade marítima entre a Inglaterra e a Holanda em pesca e comércio tornara-se intensa, os holandeses com as forças refeitas desde a guerra de Cromwell. A aquisição de Tânger como parte do dote de Catarina de Bragança voltou os olhos do governo para o comércio mediterrâneo e oriental. Como o governador português de Bombaim recalcitrava em entregar aquela parte do dote de Catarina, os ingleses ainda não tinham uma base garantida na Índia. Enquanto isso, imensas frotas holandesas abarrotadas dobravam o Cabo da Boa Esperança várias vezes por ano. Na costa leste africana também os holandeses prosperavam, suas colônias e postos comerciais cresciam.

Os holandeses possuíam um povoamento no Rio Hudson, incrustado entre as colônias da Nova Inglaterra. Era demais. O Parlamento foi instigado pelos comerciantes; o Rei encheu-se de ardor patriótico, e o Duque de York almejava a glória naval. A guerra no mar começou ao largo da costa leste da África, em 1664 e, no ano seguinte, chegou ao litoral inglês.

Em junho, a esquadra inglesa encontrou a holandesa em igualdade de forças, ao largo de Lowestoft, e travou-se uma longa e feroz batalha. A artilharia inglesa era marcadamente superior em peso e perícia, e os holandeses bateram em retirada, derrotados, porém altivos.

O retorno do almirante De Ruyter das Índias Ocidentais restaurou a sorte da República. Batalha ainda maior que a de Lowestoft travou-se em junho de 1666. Luís XIV prometera ajudar a Holanda, caso ela fosse atacada. Embora Charles protestasse que os holandeses eram os agressores, a França declarou guerra à Inglaterra. Por quatro dias, as esquadras inglesa e holandesa engalfinharam-se ao largo do Promontório do Norte, a Escandinávia. Mas o quarto dia foi adverso; Monk e Rupert, com pesadas baixas, retiraram-se para o Tâmisa. De Ruyter triunfara.

A Inglaterra viu-se agora isolada, até seu poder naval era incerto. Mas outras desgraças drenaram as forças da Ilha. Desde a primavera de 1665, a Grande Peste alastrava-se por Londres. Nunca, desde a Peste Negra de 1348, uma pestilência havia causado tamanha devastação. Em Londres, no auge da epidemia, cerca de sete mil pessoas morreram no intervalo de uma semana. A Corte retirou-se para Salisbury, deixando a capital aos cuidados de Monk, cujos nervos estavam à altura de qualquer tensão. O diário de Daniel Defoe, *Journal of the Plague Year*, faz num estilo vívido e marcante a reconstrução do pânico e do horror. O pior da peste teve fim, quando, em setembro de 1666, o Grande Incêndio tragou a capital atormentada. O fogo começou perto da Torre de Londres, numa ruela de casas de madeira, e, levadas por um forte vento leste, as chamas se espalharam com fúria irresistível por quatro dias inteiros. A forte suspeita de que o incêndio fora obra de anabatistas, católicos ou estrangeiros enfureceu a turba. O Rei, que retornara a Londres, conduziu-se com coragem e humanidade. Quando o fogo foi, finalmente, extinto fora dos muros da City pela explosão de ruas inteiras, mais de treze mil residências, oitenta e nove igrejas e a Catedral de Saint Paul haviam sido devoradas. De qualquer forma, o fogo pôs fim à peste, e, aos olhos das gerações ulteriores, a real calamidade não foi tanto a destruição de uma cidade medieval anti-higiênica, mas a incapacidade de se executar o plano de Wren para reconstruí-la como uma unidade de cais e avenidas centradas em St Paul e na Royal Exchange. A tarefa de reconstrução, apesar de tudo, foi encarada com determinação, e das cinzas da velha catedral ergueu-se o esplêndido domo de St Paul, conforme o vemos hoje.

Embora a guerra se arrastasse até 1667, Charles agora queria paz tanto com a França quanto com a Holanda. Enquanto as negociações se arrastavam, os holandeses, a fim de avivá-las, subiram o rio Medway sob o comando do almirante De Witt, irmão do célebre Johan, romperam as estacas que guardavam a entrada do porto de Chatham, atearam fogo a quatro navios de guerra e levaram a reboque o encouraçado *Royal Charles*, o mesmo que havia destruído o almirante Opdam na Batalha de Lowestoft. O som do canhoneio, dessa vez forte e próximo, ecoou Tâmisa acima. Entre os puritanos, a peste, o incêndio e o desastre naval eram vistos como castigos diretos com que o Todo-poderoso punira a imoralidade reinante na época, especialmente na Corte. A paz, da qual ambos os lados andavam igualmente necessitados, foi selada sob termos marcados pela indiferença. O principal ganho dos ingleses naquela guerra foi Nova Amsterdam, hoje conhecida como Nova York.

A conspiração papista

A sessão do Parlamento, em fevereiro de 1673, inteirou o surpreso Charles da aversão que sentiam seus súditos à guerra contra a República Protestante da Holanda. O crescente antagonismo dos Comuns em relação à França, o temor de uma recaída na onda de papismo, a conversão do Duque de York ao catolicismo romano; tudo isso causou uma profunda e perigosa agitação em todo o país.

Todos os olhares estavam agora fixos em James, Duque de York. Seu casamento, depois da morte de sua primeira esposa, com uma princesa católica, Maria de Modena, tornara-o suspeito. Iria ele dissimular ou desistiria do cargo? Logo todos ficaram sabendo que o herdeiro do trono se demitira de seu posto de Lord Grande Almirante para não repudiar sua crença na doutrina da Transubstanciação. Essa atitude desconcertou a todos. Era improvável que a Rainha desse ao Rei Charles um herdeiro. A Coroa, portanto, passaria para um rei papista que dera provas de, por razões de consciência, sacrificar todas as vantagens materiais.

Um casamento, então, arquitetou-se entre Mary, filha do Duque de York e sua primeira esposa, com o agora célebre herói protestante, William de Orange. Essa união era de suma importância. O pavor de um rei papista já havia feito com que todos os olhares se voltassem para a formidável e brilhante figura do *stadtholder* da Holanda, que era neto de Charles I pela filha deste. O inflexível protestantismo de William, seu comportamento circunspecto, seus altos atributos e sua ilustre linhagem já o haviam alçado a uma posição de proeminência na Europa. Casado com a filha do Duque de York, que era o herdeiro inglês presuntivo, ele parecia ser uma opção alternativa de sucessão para a Coroa. Esse não era, de maneira alguma, o ponto de vista do Rei Charles II e, muito menos, do seu irmão, James. Mas não viam naquilo um perigo sério. Fez-se então o matrimônio, e as duas nações marítimas, que recentemente se haviam enfrentado no Canal, em batalhas ferozes e memoráveis, tornaram-se unidas por esse elo forte. Desde então, os povos holandês e inglês raramente andaram separados no extenso decurso dos acontecimentos europeus.

❄

Rumores sobre um acordo secreto com o rei francês e o fantasma da aparentemente inevitável sucessão pelo Duque de York inflamaram-se então no que passou a ser conhecido por "Conspiração Papista." O secretário particular da Duquesa de York foi acusado de uma conspiração para assassinar o Rei, propiciar uma invasão francesa e efetuar um massacre geral de protestantes. Essa comoção levou a sociedade inglesa à loucura. Anglicanos e puritanos armavam-se com espadas e cassetetes de defesa. Em Londres, todos comentavam o esperado golpe da adaga papista.

❄

A sombra do destino do pai caiu sobre os passos do Rei. E agora predominava a ideia de preservá-lo e à realeza a todo custo. A carga foi em cima de James, Duque de York. O Rei o aconselhou a deixar o país, e o Duque retirou-se para os Países Baixos. Charles, mais aliviado, ficou na Inglaterra e enfrentou a fúria do furacão antipapista. O terror instalou-se contra os católicos ingleses mais destacados. O Rei fez tudo ao seu alcance para protegê-los. Quando todos os esforços foram em vão, resignou-se à rotina sangrenta que prosseguiu. A visão cínica e o conhecimento profundo que tinha dos homens e as vicissitudes dos anos que passou no exílio lhe foram úteis. Não foi por motivos perversos que ele suportou o terrível sofrimento que seus súditos lhe impuseram ao assinar as sentenças de morte de homens que ele sabia inocentes. Mas houve uma grande mudança em sua conduta. Abandonou o jeito dócil, indolente e desligado de fazer política. Viu que a sua vida e a sua dinastia estavam em perigo; com todos os meios disponíveis e com todo o tirocínio que a pesquisa moderna exalta de forma crescente, dedicou-se a recuperar o terreno perdido. Os últimos cinco anos do seu reino foram os que mais lhe honraram a memória.

O problema a seguir girou em torno da Lei de Exclusão. Manter o herdeiro papista afastado do trono era o propósito da maioria da nação. Qualquer coisa menos isso. Mas quem então seria o sucessor? Nada era capaz de convencer o Rei a trair sua sucessão. Sensualista, libertino, agnóstico, diletante, mas com uma lealdade: o sangue real, a sucessão legítima. Conquanto fosse penoso para ele e para o reino, entendia ser um sagrado dever passar a Coroa a um irmão cujas virtudes e cujos vícios faziam dele – e Charles o conhecia bem – o menos indicado a usá-la, entre todos os homens. Charles se esforçou para apresentar uma solução de meio-termo. Ele não podia admitir que o Parlamento alterasse a linhagem sucessória da Coroa. Entretanto, com a disposição de espírito reinante, ninguém acreditava que se pudesse impor quaisquer restrições a um rei papista. A Lei de Exclusão foi aprovada, após a segunda leitura, por maioria esmagadora, e o Rei dissolveu o Parlamento.

Apesar de tudo, essa legislatura de vida curta deixou atrás de si um monumento. Aprovou a Lei do Habeas Corpus, que confirmou e reforçou a liberdade do indivíduo contra prisões arbitrárias pelo governo. Nenhum inglês, desde a mais elevada até a mais humilde condição social, poderia ser preso por mais de alguns poucos dias sem que fossem apresentadas provas contra ele num julgamento público, de acordo com as leis vigentes da terra. Assim, nos lugares onde a língua inglesa é falada, em qualquer parte do mundo, onde quer que a autoridade da Coroa Imperial Inglesa ou a do Governo dos Estados Unidos prevaleça, todos os cidadãos respeitadores das leis respiram liberdade. A degradação do despotismo que engolfou tantas nações importantes nos dias de hoje fez com que a virtude desse dispositivo legal, nascida do gênio político inglês, se tornasse visível até mesmo aos olhos dos mais imprevidentes, dos mais ignorantes, dos mais humildes.

A onda protestante mais uma vez varreu o país, e, em toda parte, os eleitores votaram contra o Duque de York se tornar Rei. As razões predominantes em ambas as partes, que merecem um grande respeito, foram a causa de imensos e duradouros sofrimentos. Nos dias de hoje, quando a Igreja Católica brande sua imemorável autoridade contra a tirania secular, fica difícil compreender como era diferente a face que ela mostrou para a Inglaterra de 1679, tendo vivas na lembrança as chamas de Smithfield, o Massacre de São Bartolomeu, a Armada Espanhola e a Conspiração da Pólvora.

Whig e Tory

Tão logo percebeu que a eleição não lhe trouxera qualquer alívio, o Rei adiou por quase um ano a abertura do parlamento eleito. E é nesse intervalo que detectamos, pela primeira vez, o uso dos termos *Whig* e *Tory*, liberais e conservadores, que dividiriam a Ilha Britânica por quase duzentos anos. Embora a raiz da disputa ainda fosse religiosa, o reinado de Charles II presenciou a separação das ideias liberais de suas bases sectárias. O imaginário coletivo da Inglaterra progredia das ravinas do emaranhamento religioso para terras mais altas, apesar de menos pitorescas. O impulso da controvérsia religiosa, que até então havia sido vital ao desenvolvimento político, passou ao segundo lugar. A sombria guerra de credos e seitas foi substituída pela esquálida, embora menos irracional e menos incontrolável, luta de partidos.

Se, por um lado, petições para a exclusão do Duque de York foram assinadas por muitos milhares nas cidades e povoações, da mesma forma, espalhava-se pelo interior o repúdio a essas exigências contra a Coroa. Mas nenhum partido poderia perdurar com rótulos como peticionários e repudiantes. Em vez de se autointitularem, fizeram-no um ao outro. O termo "whig" descrevera um escocês presbiteriano rabugento, hipócrita, intolerante e sovina. Bandidos papistas irlandeses, que devastavam propriedades rurais e mansões, tinham sido cognominados "tories." A nenhum dos lados faltou poder de ofensa. Pode-se perceber nessas expressões de ódio e escárnio que a Inglaterra escapou por pouco de outro expurgo cruel pelo fio da espada. Mesmo assim, os nomes Whig e Tory não apenas pegaram, mas tornaram-se queridos e motivo de orgulho para aqueles que os ostentavam. Ornaram-se com memoráveis conquistas em prol da qualidade de vida da Inglaterra, e ambos fizeram sua parte na expansão e na grandeza que estavam por vir. Tribunos e escritores famosos, cônscios do apelo desses nomes, citavam-nos com orgulho.

Quando o Parlamento se reuniu em outubro de 1680, Shaftesbury, o líder da oposição, mais uma vez, defendeu aprovar-se a Lei de Exclusão e, naquele momento, ele atingiu o seu auge. Parecia combinar em si o poder de um ministro da Coroa e a popularidade do líder de uma revolta incipiente. A Lei de Exclusão foi aprovada na Câmara dos Comuns, e a luta se desencadeou na Câmara dos Lordes.

O fato de tudo haver terminado sem derramamento de sangue deveu-se, principalmente, ao estadista que deu lustre ao termo *trimmer*, aparador, ajustador, acomodatício, George Saville, Marquês de Halifax, oponente tanto da França como do Papado. Ele foi um daqueles seres raros em quem a moderação fria e a amplitude de julgamento se combinam para ações corajosas.

Halifax derrotou a Lei de Exclusão na Câmara dos Lordes. Os whigs propagavam a ficção de que o bastardo Monmouth era, afinal de contas, legítimo. De qualquer forma, o Rei amava ternamente aquele filho bonito e arrojado. Não poderia ele, à medida que se acumulassem os perigos e as pressões à sua volta, tomar a via fácil e segura de declará-lo legítimo? Mas essa complacente solução, que Charles jamais toleraria, não agradava a uma assembleia, cujos membros eram todos proprietários de terras, tinham dinheiro e possuíam poder, com base nas estritas interpretações do direito hereditário. A Igreja Anglicana recusou-se a resistir ao Papado por meio da coroação da bastardia. Por sessenta e três votos a trinta, os Pares rejeitaram a Lei de Exclusão.

❄

O furor contra a Conspiração Papista abrandou-se gradualmente, mas havia uma pendência a resolver que bem podia tomar uma forma cruenta. A grande maioria dos Comuns ainda queria a Lei de Exclusão.

Aparentemente o Rei deixou aberta a possibilidade de duas linhas de ação, ambas as quais ele mesmo preparara. Conseguiria o Rei "autossustentar-se" fazendo uma austera economia? Com economia, o deficit não seria grande. Em negociações com Luís XIV ele, finalmente, obteve a soma de 100 mil libras anuais, desde que a Inglaterra não interferisse nas ambições francesas no Continente. Com essa ajuda, estimava-se que o Rei pudesse atuar com independência em relação ao Parlamento. A Inglaterra atingira agora um ponto em sua história tão baixo como na ocasião em que o Príncipe John, sob pressões similares, fizera do país um feudo papal. Hoje em dia, à luz do julgamento que se faz das atitudes de Charles do ponto de vista constitucional, o sentimento é de revolta ante o espetáculo de um Príncipe a vender a política externa de seu país por cem mil libras anuais. Mas se tivermos de aplicar os padrões atuais, a intolerância religiosa do Parlamento e a violência do partido de Shaftesbury também devem ser condenadas.

Ademais, o Rei não pretendia adotar aquela política ignominiosa que tinha no bolso do colete, ou quase no bolso do colete, a não ser que perdesse todas as esperanças no Parlamento. Fez uma encenação de que estaria indo às últimas consequências para enfrentar o medo nacional de um rei papista. O sagrado princípio da sucessão hereditária não podia ser destruído, mas, afora isso, todas as garantias deveriam ser dadas. Quando ascendesse ao trono, James só seria Rei no nome. O reino seria governado por um Protetor e pelo Conselho Privado.

Tal como James sacrificaria tudo pela fé religiosa, Charles desafiaria tudo pelo princípio da hereditariedade. Não havia risco que não corresse para evitar que o seu filho amado, Monmouth, usurpasse o trono do Duque de York, que era a principal fonte de todos os seus problemas.

❄

A questão absorvente agora era se haveria guerra civil. Todas as forças cromwellianas estavam atuando. Com efeito, os corações enchiam-se de terror ante a possibilidade de James subir ao trono e a consequente perspectiva de serem forçados a se tornarem papistas ou queimados em fogueiras. O medo cresceu, quando James retornou do exílio em maio de 1682. Um ex-oficial dos Cabeças-Redondas, "Hannibal" Rumbold, residia em Rye House, perto de onde a estrada de Newmarket corria por um corte. Cinquenta bons Ironsides poderiam dominar facilmente a pequena escolta do Rei e do Duque de York que retornassem de uma corrida de cavalos, um passatempo de ambos. Pairando sobre esse obscuro desígnio, e inconsciente disso, havia uma conspiração geral para a ação armada. Grande parte das forças – mas não todas, de forma alguma – que, alguns anos mais tarde, iriam arrancar James do trono, estavam psicologicamente prontas para lutar. Para sorte do Rei, um incêndio acidental em Newmarket, que destruiu grande parte da cidade, fez com que Charles e James regressassem alguns dias antes da data prevista. Passaram por Rye House em segurança, e, algumas semanas depois, o sigilo da conspiração foi traído.

Quando a notícia se espalhou pela terra, pegou a reação realista em seu instante de força. Aquilo mudava tudo. Até então, os whigs haviam explorado a Conspiração Papista e feito o povo acreditar que o Rei estava preste a ser chacinado pelos católicos. Ali estava o antídoto. Ali estava uma trama de Whigs ou Puritanos, do lado oposto, para assassinar o Rei. Toda a veneração que os ingleses tinham pela monarquia, e a grande popularidade pessoal de Charles, com seus modos graciosos e vícios perigosamente atraentes, foram intensificadas pelo temor de que a sua morte levasse ao trono o irmão papista. Daquele momento em diante, o triunfo de Charles foi completo.

Os whigs viram agora o seu poder mutilado. É admirável que tenham sobrevivido como força política e que o decorrer dos acontecimentos lhes fosse, tão rapidamente, restituir a predominância política.

Contra seus próprios desejos, o triunfante monarca, humildemente, prosseguiu a política externa que o seu tesoureiro francês prescrevera. Vivia em crescente frugalidade; suas amantes, preocupadas com o futuro, saíram em busca de pensões solidamente garantidas pelos fundos do Serviço Postal. Somente a Esquadra teve as verbas mantidas na íntegra. Louis continuou com as suas agressões e guerreou a liberdade e a fé protestante. Ele reinava esplêndido e supremo na Europa. A Inglaterra que, sob Elizabeth e Cromwell, tivera um papel relevante no cenário europeu, encolheu-se por algum tempo, salvo nos assuntos internos, à condição de uma comunidade pacata e satisfeita, ocupada com o comércio e as colônias, absorvida por seus próprios problemas e agradecida por eles serem mais fáceis.

Além dos mares, ocorriam impulsos, frequentemente por iniciativa de homens no local, e não por orientação de Londres. O comércio inglês expandia-se na Índia e ao longo da costa ocidental africana. A Companhia da Baía de Hudson, criada em 1669, fundara seus primeiros postos comerciais e aumentava sua influência nos territórios ao norte, no Canadá. No litoral da Terra Nova, pescadores ingleses deram nova vida à primeira colônia da Coroa. No continente norte-americano, a ocupação britânica de toda a costa leste estava quase concluída. A conquista de Nova York e a colonização de Nova Jersey haviam tornado contíguos os dois grupos de colônias que ficavam ao norte e ao sul. No interior, o estado da Pennsylvania, sob a liderança do seu proprietário, o quacre William Penn, começava a assumir o papel de refúgio dos perseguidos de todos os países. Ao sul, as duas Carolinas tinham sido fundadas e nomeadas em homenagem ao Rei. No final do reinado de Charles, as colônias norte-americanas abrigavam cerca de um quarto de milhão de colonos, sem mencionar o número crescente de escravos negros trazidos da África. As assembleias locais de colonos faziam valer, resolutamente, os direitos tradicionais ingleses contra intervenções dos ministros do Rei em Londres. Talvez, naquela época, não fosse grande o número de ingleses, absorvidos pelos prazeres e pelos litígios da Restauração em Londres, que previam as amplas perspectivas que se descortinavam diante daquelas comparativamente diminutas e distantes comunidades americanas. Mas tudo isso estava no futuro.

❄

O Rei tinha apenas cinquenta e seis anos de idade e, na aparência, era jovial e robusto, mas os prazeres exorbitantes haviam minado sua constituição. Descrevê-lo como um mero sibarita seria subestimar-lhe o caráter e o intelecto. Sua vida inteira fora uma luta incessante. A tragédia que ele testemunhou e suportou na juventude, as aventuras e privações por que passou na idade adulta, os vinte e cinco anos de uma vida política desconcertante durante os quais ele se manteve sobre o trono, e as odiosas subjugações que lhe foram impostas pela Conspiração Papista agora, nos seus últimos poucos anos de vida, davam lugar à experiência de uma existência serena. Todas as chamas da Inglaterra andavam tênues, mas havia um brilho cordial nas brasas onde o fatigado Rei aquecia as mãos. Subitamente, em fevereiro de 1685, um ataque apoplético o abateu. Os médicos infligiram-no, em vão, os tormentosos tratamentos da época. Com aquele ar de superioridade em relação à morte pelo qual todos os mortais deveriam ser gratos, ele pediu desculpas por "demorar um tempo tão despropositado para morrer." James estava disponível para lhe salvar a alma. O velho padre Huddleston, que o ajudara nos dias do carvalho de Boscobel, foi trazido pela escada dos fundos para tentar arregimentar o Rei para as hostes de Roma e dar-lhe a extrema unção. Afora a monarquia hereditária, não havia muito em que Charles acreditava neste mundo ou em outro. Ele quis ser Rei, como era de seu direito, e ter uma vida agradável. Era mais cínico que cruel; mais indiferente que tolerante. O seu cuidado com a Royal Navy é a herança deixada por ele que merece a gratidão dos seus compatriotas.

O rei católico

A luta entre a Coroa e o Parlamento, que dominara a vida inglesa desde o reino de James I, voltava ao ponto inicial. Oitenta anos de fatos tenebrosos e os agudos altibaixos do acaso devolveram a monarquia, em aparência e para os propósitos práticos da ocasião, a uma condição muito próxima ao absolutismo da dinastia Tudor. Apesar de Marston Moor e Naseby, depois da execução de um Rei, depois de Oliver Cromwell, depois da anarquia militar, depois do entusiasmo da Restauração, depois da incipiente e selvagem insurgência que grassou em torno da Conspiração Papista, Charles II conseguiu reinar por três anos sem ajuda de um Parlamento e transmitir a coroa de uma nação protestante a um sucessor católico. A instituição da monarquia parecia tão vital aos olhos de quem vivera aquele período estrênuo que nem mesmo a barreira de uma religião hostil pôde impedir que o legítimo herdeiro subisse ao trono com a respeitosa homenagem dos súditos britânicos.

Nos últimos dois anos do reinado do irmão, James representara um papel destacado no reino. Ele explorara a vitória que Charles, por submissão, pelo uso do tempo, por meio de uma política externa ignominiosa, obtivera para a Casa dos Stuarts. Sua acessão ao trono parecia-lhe vindicar as inequívocas concepções que ele sempre defendera. Imaginava que, para se tornar um rei de verdade, tudo o que precisava, segundo o modelo estabelecido na Europa por Louis XIV, era uma esquadra leal e um exército permanente bem-instruídos e equipados. Um comando orientado para a guerra era de extremo agrado para uma personalidade como a sua. Era a chave com a qual todas as portas poderiam ser abertas. Parlamentos tagarelas, uma nobreza orgulhosa politicamente orientada, o triunfante episcopado restaurado, os barulhentos whigs, os taciturnos e meditabundos puritanos, todos teriam de baixar a crista, uma vez que o Rei da Inglaterra brandisse um espadão afiado. Todos andavam abismados ou enfeitiçados ante o esplendor da França sob uma monarquia absoluta. O poder da nação francesa, com suas quizílias silenciadas e sua força unida sob um rei poderoso, era o grande fato da época. Por que não deveriam as ilhas britânicas se alçar a uma grandeza igual com a adoção de métodos similares?

Por trás disso, porém, crescia no peito do Rei a esperança de que ele pudesse reconciliar todo o seu povo com a antiga fé e curar o cisma que havia ocupado a cristandade por tantas gerações. Ele estava decidido a que, pelo menos, deveria existir tolerância entre todos os ingleses cristãos. A história ainda não clareou a dúvida se tolerância era o único propósito que ele almejava. James era católico convertido. Um fanático, não havia sacrifício que não fizesse por sua fé. Por causa disso, perdeu o seu trono, e o seu filho, depois dele, deu prosseguimento à guerra consciente, até a própria exclusão. Tolerância era, naturalmente, o primeiro passo para a restauração do catolicismo. O Rei estava determinado a não permitir que os católicos fossem perseguidos. É possível que ele tenha se fortalecido intimamente pela afirmação de que tudo quanto desejava era a tolerância e, pela sábia aplicação do poder de nomear e destituir, se tornaria o verdadeiro pai de todo o seu povo.

Esses abrangentes planos povoavam a mente resoluta e obstinada de James. Na opinião dos protestantes, não havia dúvida de que ele, caso alcançasse o poder despótico, haveria de aplicá-lo em benefício de sua religião, como fizera Louis XIV. A nação protestante inglesa teria sido muito insensata se confiasse o próprio destino à misericordiosa tolerância de James II, caso ele viesse a obter o poder absoluto que buscava.

Tal não aconteceu. Tinham bastante certeza, baseados em sua personalidade, em suas confessas e inarredáveis convicções, no caráter geral da Igreja Católica daquela época, de que, logo que ele se apossasse da espada, a escolha deles seria entre a missa e a fogueira.

Os eventos seguiram seu curso inquietante. A morte repentina de Charles II foi um golpe penoso para o seu bem-amado bastardo, Monmouth. Este se encontrava na Holanda, um príncipe alegre a dançar e patinar, feliz ao lado de sua bela amante. Assim passava ele o tempo até que o sentimento protestante da Inglaterra e o amor do pai lhe concedessem o que ele acreditava lhe pertencer por direito de nascimento. Subitamente, descobriu que, dali em diante, não poderia mais lidar com um pai que lhe perdoaria qualquer coisa, mas com um tio que lhe não perdoaria coisa alguma, e com quem tinha muitas contas a ajustar. Em Haia, William de Orange era um anfitrião agradável, mas, no dia em que a morte de Charles foi conhecida, as razões de estado se sobrepuseram, e Monmouth foi convidado a sair do país.

James ascendeu ao trono com toda a mesma calma com que Richard Cromwell assumira o poder. Tomou todas as providências recomendadas pela cautela para apegar-se ao poder, e suas primeiras declarações trouxeram tranquilidade a uma nação ansiosa. Entretanto, a partir do momento em que ele se sentiu efetivamente rei, no segundo domingo após a sua ascensão, ele foi à missa em sua capela, num ato público. O Duque de Norfolk, que, à frente de James, portava a espada símbolo do estado, parou diante da porta da capela. "My Lord," disse o Rei, "seu pai teria ido mais longe." "O pai de Vossa Majestade não teria ido tão longe," replicou o Duque.

Em 11 de junho de 1685, Monmouth desembarcou. Estivera no mar dezenove dias, gastando a sorte a escapar dos navios de guerra ingleses. Recebeu, logo ao chegar, as boas-vindas do populacho. Emitiu uma proclamação, na qual afirmava a validade do casamento de sua mãe e denunciava James como um usurpador que assassinara Charles II. O Parlamento jurou viver e morrer com o Rei. Monmouth foi posto em desgraça e estipulou-se um prêmio por sua cabeça. Apesar do entusiasmo por sua causa por parte da gente comum, o infeliz duque estava perdido. Todas as forças do poder público formaram com a Coroa. Monmouth e seus rebeldes, que somavam seis ou sete mil homens arrebatados, executaram uma longa marcha para Bristol, que fechou seus portões para ele. Restava-lhe uma última chance – um ataque noturno de surpresa ao exército do Rei, que acorrera ao Oeste para enfrentá-lo. Foi um fracasso. Seus seguidores foram massacrados na posição, e uma perseguição implacável, com execuções em massa, deu fim ao seu esforço desesperado. Monmouth escapou do campo de batalha apenas para ser caçado alguns dias depois. Ele não tinha como pedir e não teve misericórdia.

O Magistrado-Chefe Jeffreys foi enviado ao Oeste para julgar um grande número de prisioneiros. Esse juiz, cruel, inescrupuloso e competente, tornou seu nome odioso para sempre pelos "Tribunais Sangrentos." Duzentas a trezentas pessoas foram enforcadas, e cerca de oitocentas transportadas para Barbados, onde seus descendentes ainda vivem.

O comportamento de William de Orange demonstrou-lhe o perfil de estadista. Segundo o tratado com o qual se comprometera, ele tinha de enviar três regimentos de infantaria em apoio a James. William cumpriu seu acordo com disposição. Ainda se ofereceu para comandá-los pessoalmente. Por outro lado, não se empenhou muito para impedir que a expedição de Monmouth partisse. Se o Duque saísse vitorioso, haveria um rei protestante na Inglaterra que, certamente, se aliaria a uma coalizão contra Louis XIV. Se fracassasse, o último obstáculo a afastar William e sua esposa Mary da sucessão ao trono inglês estaria removido. Das duas possibilidades, aconteceu a alternativa que William mais desejava.

James estava agora no auge do poder. O fato de ele derrotar os rebeldes e evitar outra guerra civil fez a nação solidarizar-se com a Coroa. Imediatamente, ele tirou vantagem da situação. Logo que a "campanha" de Jeffreys, como James a chamava, se concluiu, ele propôs ao seu Conselho que as leis da Abjuração e do Habeas Corpus fossem revogadas. O Magistrado-Chefe Jeffreys, com as mãos ainda vermelhas do "Tribunal Sangrento," foi nomeado Lord Chanceler.

O Parlamento reuniu-se para a segunda sessão em 9 de novembro, e o

Rei deixou-lhe bem claro o seu propósito imediato. Com seu modo abrupto, declarou, com reconhecida razão, que as milícias eram inúteis. Em duas ocasiões, elas haviam debandado diante dos camponeses parcamente armados de Monmouth. Um poderoso exército permanente era indispensável à paz e à ordem do reino. Fez também questão de frisar que não dispensaria seus oficiais católicos na manhã seguinte ao dia em que prestaram, com lealdade, relevantes serviços. Essas duas exigências fizeram tremer as bases do Parlamento amistoso que estava profunda e predominantemente imbuído do espírito dos Cavaliers. O pesadelo dos parlamentares era o exército permanente; o maior tesouro, a Igreja Oficial. O medo e a perplexidade perturbavam todos os membros, ameaçados em seus sentimentos seculares e religiosos; e sob tamanha agitação, cresceu a ira.

James viu claramente que a Câmara dos Lordes constituiria um obstáculo maciço exatamente para aquele poder de conferir lenimento e promoções a católicos, que era sua intenção. Portanto, ele repetiu a proeza com a qual Charles II dispersara o Parlamento em Oxford, em 1681. Em 20 de novembro, ele apareceu de surpresa na Câmara dos Lordes, convocou os Comuns a ali comparecerem e adiou as sessões do Parlamento, que, enquanto ele foi Rei, não mais se reuniu.

Essas ações inquietaram todo o reino. Métodos absolutistas estavam sendo usados para restaurar a religião católica, mais temida do que o próprio absolutismo. Os juristas perceberam que surgira um conflito direto entre a lei escrita e a prerrogativa real. Além disso, eles agora afirmavam que o Rei deveria não apenas se submeter à legislação, mas à lei promulgada pelo Parlamento, a lei estatutária. Os advogados da Common Law alinharam-se todos em apoio à nova exigência.

No fim do ano, James afastara muitos amigos fiéis, desassossegando a todos. O Parlamento leal que se unira a James contra Monmouth não se poderia reunir sem a certeza de um conflito. Seus lords e cavalheiros, taciturnos e angustiados, viviam junto a seus subordinados. A Igreja, baluarte da legitimidade, campeã da não resistência, ardia em sua aflição reprimida. Estava claro que o Rei, com toda a inequívoca determinação de sua personalidade, estava no propósito de subverter a fé e a lei maior do país.

James agora embarcou em uma manobra política ao mesmo tempo audaciosa, engenhosa e malcalculada. Até então, ele se empenhara apenas em melhorar a situação dos súditos católicos. Apelaria agora para a ajuda dos dissidentes que eram igualmente oprimidos. Se whigs e tories haviam se aliado, ele os enfrentaria com uma coalizão de papistas e não conformistas sob o poder armado da Coroa. Em William Penn, o cortesão quacre, fundador do estado da Pennsylvania do outro lado do oceano, influente tanto neste quanto o fora no reino anterior, ele encontrou um agente poderoso e talentoso. Foi assim que o Rei quebrou as barreiras nacionais de seu trono e tentou sustentá-lo com novas escoras mal-escolhidas e inadequadas.

Enquanto isso, James criava e preparava seu Exército. As forças de Charles II, com cerca de sete mil homens, custaram £280.000 por ano. James estava gastando £600.000 na manutenção de mais de vinte mil homens. Na época de verão, formava-se um grande acampamento em Hounslow, a fim de impressionar os londrinos. Em agosto de 1686, esse acampamento chegou a ter dez mil homens. Um ano mais tarde, Feversham conseguiu reunir quinze mil homens e vinte e oito canhões. O Rei ia, com frequência, ao acampamento, procurando tornar-se popular com os oficiais e todas as praças. Permitia a celebração de missas numa capela de madeira transportada sobre rodas e posta no centro do acampamento entre a cavalaria e a infantaria. James observava o adestramento da tropa e jantava com Feversham, Churchill e outros generais. Prosseguiu na política de inclusão de oficiais católicos e recrutas irlandeses. Mandou que um pároco, Johnson, fosse preso ao pelourinho e chicoteado, de Newgate a Tyburn, por causa de um panfleto sedicioso dirigido a soldados protestantes. O Rei tranquilizava-se ante o aspecto daquele exército formidável, do tipo que não se via desde os tempos de Cromwell e com o qual nada se comparava na Inglaterra. Cada vez mais, o Rei nomeava católicos para os postos-chave. O Duque de Berwick, agora com dezoito anos, foi nomeado governador de Portsmouth, e católicos chefiavam tanto Hull como Dover. Posteriormente, um almirante católico assumiu o comando da Esquadra do Canal.

A revolução de 1688

William de Orange observava os movimentos do Rei com muita atenção. Seu emissário chegou a Londres em parte para representar um William que rogava a James moderação em suas atitudes, e em parte para sondar os líderes da oposição. Ele deixou claro que poderiam contar com William e Mary, se precisassem de ajuda.

As provocações da política real prosseguiram. O Rei havia, em linguagem atual, montado a sua plataforma política. Os defensores da conduta de James cuidam de exagerar o número de católicos ingleses. Chegam a afirmar que um oitavo da população ainda aderia à antiga fé, apesar das inúmeras gerações que sofreram perseguições. As antigas famílias católicas da Inglaterra, entretanto, com exceção de indivíduos favorecidos, estavam profundamente apreensivas com a impetuosa aventura na qual o Rei as estava lançando. O próprio Papa censurava o zelo excessivo de James, e seu núncio na Inglaterra recomendava cautela e prudência. Mas o Rei endureceu o coração e reforçou o Exército.

Todas as classes e todos os partidos sabiam da grande simpatia e cooperação reinantes entre as cortes francesa e inglesa. Viam as ameaças a tudo quanto prezavam neste mundo e no outro. Por esse motivo, entraram, não sem muito escrúpulo e hesitação, mas com inexorável determinação, os caminhos da conspiração e da revolta.

❄

Na Inglaterra, durante o outono de 1688, tudo apontava, como em 1642, para uma guerra civil. Mas agora, o agrupamento de forças era bem diferente daquele do dia em que Charles I desfraldou seu pavilhão em Nottingham. O Rei dispunha de um imenso e bem-equipado exército regular, com uma artilharia poderosa. Ele se acreditava dono da melhor, se não, naquele momento, a maior Marinha. Contava com o auxílio armado da Irlanda e da França. Tinha os principais arsenais e portos marítimos nas mãos de governadores católicos leais. Suas verbas eram substanciais. James presumia que a Igreja da Inglaterra se encontrava paralisada por sua própria doutrina de não resistência, e tivera cautela de não permitir qualquer sessão do Parlamento para uma reação coletiva.

Por outro lado, contra ele, não somente os whigs, mas quase todos os velhos amigos da Coroa. Os homens que tinham feito a Restauração; os filhos dos homens que haviam lutado e morrido por seu pai em Marston Moor e Naseby; a Igreja, cujos bispos e ministros enfrentaram perseguição, por tanto tempo, pelo princípio do direito divino; as universidades, que haviam derretido a prataria para suprir os cofres do Rei Charles I, e enviado os jovens estudantes aos seus exércitos; a nobreza e os proprietários rurais, cujos interesses pareciam tão ligados à monarquia; todos, de cabeça baixa e coração em chamas, tiveram de se preparar para vencer seu Rei em armas. Nunca a aristocracia ou a Igreja Oficial enfrentaram um teste mais duro nem melhor serviram a nação do que em 1688. Jamais vacilaram; jamais tiveram dúvidas.

Nessa confederação ampla e secreta, houve duas divisões políticas principais. Os moderados, liderados por Halifax e Nottingham, recomendavam cautela e protelação. Do outro lado, o partido da ação, liderado por Danby. Foi ele o primeiro homem de grande prestígio que, definitivamente, tomou a si a tarefa de trazer William e um exército estrangeiro para dentro da Inglaterra. Com Danby estavam os líderes whigs: Shrewsbury, Devonshire e alguns outros. Logo no início da primavera de 1688, convidaram William para vir, e William respondeu que, se recebesse no momento certo uma solicitação formal de proeminentes estadistas ingleses, ele iria, e que estaria pronto em setembro. Uma conspiração nacional estava em curso no fim de maio. Fez-se um minucioso planejamento, e a terra fervilhava em meio aos cochichos, às idas e vindas.

Muito dependia agora do Exército. Se a tropa obedecesse às ordens do Rei, a Inglaterra se esfacelaria numa guerra civil cujo resultado ninguém podia prever. Mas se o Exército se recusasse a combater ou fosse impedido de fazê-lo por qualquer meio, as grandes questões em pauta seriam resolvidas sem sangue. Parece certo, embora não existam provas concretas, que, de um modo geral, a conspiração revolucionária teve um miolo militar definido e que teve origem no Exército ou, pelo menos, entre os oficiais de alta patente, passo a passo, com o desígnio dos estadistas. O objetivo principal de todos os conspiradores, civis e militares, era coagir o Rei sem força bruta.

❄

No fim de abril, James emitiu uma segunda Declaração de Indulgência. Mandou que a proclamação fosse lida em todas as igrejas. Em 18 de maio, sete bispos, liderados pelo primaz, o venerável William Sancroft, protestaram contra aquele modo de legislar. O clero obedeceu aos superiores eclesiásticos, e a Declaração não foi lida. James, furioso ante a desobediência e aparentemente escandalizado com o abandono da doutrina de não resistência pela Igreja que ele tentava solapar, exigiu que os bispos fossem julgados por sedição. Seu ministro, Sunderland, muito alarmado, empenhou-se em dissuadi-lo de passo tão extremo. Até mesmo o Lord Chanceler Jeffreys disse a Clarendon que o

Rei ia longe demais. Mas James persistiu, o julgamento foi determinado, e os bispos, que se negaram a pagar fiança, foram encarcerados na Torre.

Até aquele momento, sempre houvera a esperança de que as tensões que afligiam o país morreriam com o Rei. A ascensão de Mary, a herdeira presuntiva, ou de Anne, a seguinte na linha de sucessão, prometia ser o fim da luta entre um rei católico e o povo protestante. Gente pacífica podia, pois, ser paciente até que a tirania pertencesse ao passado. A doutrina de não resistência não parecia ser um princípio baseado em desespero. Mas em 10 de junho, com o julgamento dos bispos ainda pendente, a Rainha deu à luz um filho. Com isso, delineou-se diante do povo inglês a perspectiva de uma linhagem papista indefinidamente no futuro.

Os bispos, antes detestados e nunca populares, eram agora ídolos da nação. Quando puseram o pé na barcaça que os levaria à Torre, foram homenageados por enorme multidão com reverência e simpatia política. Pela primeira vez, o Episcopado viu-se unido à população londrina. As mesmas cenas se repetiram quando eles foram trazidos de volta ao Westminster Hall, em 15 de junho, e no julgamento, em 29 de junho. A sessão durou até tarde da noite, e os jurados ficaram reunidos a noite inteira. Quando, no dia seguinte, os bispos foram declarados "inocentes," o veredicto foi aclamado com euforia generalizada. Ao deixarem o tribunal, a massa popular, inclusive quem fora inimigo do Episcopado a vida inteira, ajoelhou-se e lhes pediu a bênção. Mas a atitude do Exército foi mais significativa. O Rei visitara a tropa em Hounslow e, quando se preparava para partir, ouviu uma grande ovação. "Que alarido foi esse?" – perguntou. "Sire, não é nada; os soldados gostaram de os bispos serem absolvidos." "E você chama isso de nada?" – comentou James.

Naquela noite, enquanto tiros de salva e tumultos anunciavam o júbilo da população, os sete líderes do partido da ação reuniram-se na residência de Shrewsbury na cidade; ali então assinaram e remeteram sua célebre carta a William. O tom era frio e profissional. "Se as circunstâncias permitem a Vossa Alteza," dizia o texto, "acreditar que pode chegar aqui a tempo e em condições de prestar ajuda este ano (...) nós, os signatários, estaremos sem falta à disposição de Vossa Alteza desde a hora do seu desembarque." William começou a aprestar sua expedição. A Europa e a Inglaterra protestantes o viam como seu herói.

Tudo girou em torno da atitude da França. Se os exércitos franceses marchassem contra a Holanda, William e todo o poderio holandês seriam necessários para enfrentá-los, e a Inglaterra ficaria entregue ao próprio destino. Louis concluiu que a sua melhor cartada era uma Inglaterra impotente por causa de uma guerra civil. No fim de setembro, ele avançou seus exércitos para o médio Reno, e, a partir daquele momento, William ficou livre para partir. Os Estados-Gerais autorizaram sua campanha inglesa, e a hora de James chegou.

❄

À medida que as semanas do outono passavam, a tensão e a exaltação cresceram em toda a Ilha. A vasta conspiração, que agora incluía a força principal da nação, palpitava sob os acontecimentos. A tentativa do Rei de trazer alguns dos regimentos católicos romanos irlandeses que Tyrconnel criara para ele apresentou sintomas tão ameaçadores que o projeto foi abandonado. Os ódios e medos de todas as classes encontraram expressão numa parelha de versos de Lord Wharton sobre Tyrconnel:

> Oh, por que ainda tão distante?
> Céus! Por minh'alma, é vento protestante.

O vento protestante aumentou no coração dos homens as fortes rajadas para a fúria de um vendaval. Logo sopraria através do Mar do Norte!

A escala e a realidade dos preparativos de William e o alarmante estado de ânimo em toda a Inglaterra aterrorizaram Sunderland e Jeffreys. Os dois ministros persuadiram o Rei a reverter toda a sua política. O Parlamento devia ser convocado sem demora. Devia-se interromper toda e qualquer providência agressiva em prol do catolicismo, e urgia uma reconciliação com a Igreja Episcopal. Em 3 de outubro, James aceitou extinguir a Comissão Eclesiástica, fechar as escolas católicas romanas, reconduzir os professores protestantes do Magdalen College, revigorar a Lei da Uniformidade contra católicos e não conformistas. Os lord-lieutenants foram convidados a reassumirem seus cargos nos condados. As cartas régias deles foram revalidadas nas recalcitrantes municipalidades. Implorou-se aos bispos que esquecessem tudo que se passara. Os cavalheiros tories foram instados a reocuparem suas antigas funções na magistratura. Nos últimos poucos meses de seu reinado, James viu-se compelido a abandonar o modelo que ele mesmo havia instituído e tentar, em vão, com o sacrifício de seus propósitos, aplacar as fúrias que provocara. Mas era tarde demais.

Em 19 de outubro, William fez-se ao mar. Seu pequeno exército era um microcosmo da Europa protestante – holandeses, suecos, dinamarqueses, prussianos, ingleses e escoceses, mais um bando de desesperados e devotos huguenotes franceses – cujo efetivo chegava a 14 mil, a bordo de umas quinhentas barcaças escoltadas por sessenta navios de guerra. William planejara desembarcar no norte, onde Danby e outros nobres estavam prontos para se unirem a ele. Mas depois de ele ter sido rechaçado por um vendaval, o vento o arrastou para o sul pelo Estreito de Dover, onde ele passou inteiramente à vista dos apinhados litorais da Inglaterra e da França. Em 5 de novembro, William desembarcou em Torbay, na costa de Devon. Lembrado de que era o aniversário da Conspiração da Pólvora, comentou com Burnet: "Que me diz agora sobre predestinação?"

James, a princípio, não se alarmou muito com a notícia. Ele esperava encurralar William no Oeste e cortar suas comunicações pelo mar. A tropa enviada ao Yorkshire foi deslocada para o sul, e Salisbury foi o local de concentração do exército real. Nessa crise, James teve um exército tão numeroso quanto o do auge de Oliver Cromwell. Quase quarenta mil regulares estavam a soldo do Rei. A tropa escocesa, cerca de quatro mil homens, mal chegara a Carlisle; a maior parte dos três mil irlandeses ainda estava além de Chester; e pelo menos sete mil homens deveriam ficar na defesa de Londres. Ainda assim, vinte e cinco mil homens, quase o dobro da expedição de William, encontravam-se nas cercanias de Salisbury quando o Rei lá chegou, em 19 de novembro. Era a maior concentração de tropas permanentes e adestradas que a Inglaterra já vira.

Mas seguidas deserções abateram o ânimo do infeliz príncipe. Lord Cornbury, oficial dos Dragões Reais e filho mais velho do Conde de Clarendon, empenhou-se em levar três regimentos de cavalaria para aliar-se às hostes de William. James, alertado por muitos, pensou em prender Churchill. Na noite de 23 de novembro, tendo fracassado na tentativa de desertar com uma grande parte do Exército, Churchill e o Duque de Grafton, acompanhados por cerca de quatrocentos oficiais e praças, abandonaram o acampamento do Rei. Ao mesmo tempo, a Princesa Anne, aos cuidados de Sarah Churchill e guiada pelo Bispo Compton, fugiu de Whitehall rapidamente para o Norte. E a revolta eclodiu em todo o país. Danby estava em armas no Yorkshire;

Devonshire, no Derbyshire; e Delamere, no Cheshire. Lord Bath entregou Plymouth a William. Byng, que mais tarde seria almirante, representando os comandantes dos navios da Esquadra, apresentou-se ao quartel-general de William para informá-lo de que a Marinha e Portsmouth estavam à sua disposição. Cidade após cidade ergueu-se em sedição. Numa tremenda convulsão espontânea, a nação inglesa repudiou James.

O Rei, vendo que a resistência era impossível, reuniu os Pares e os membros do Conselho Privado que ainda estavam em Londres e, a conselho deles, entrou em negociações com o Príncipe de Orange. Enquanto isso, o exército invasor avançava resolutamente para Londres. James retirou do reino a esposa e o filho e, na noite de 11 de dezembro, fugiu às escondidas do Palácio de Whitehall, atravessou o rio e cavalgou para a costa. Visava lançar o país na anarquia. Atirou o Grande Selo nas águas do Tâmisa e deu ordens a Feversham que licenciasse o Exército e a Dartmouth que seguisse para a Irlanda com os navios que pudesse levar. Os mais terríveis rumores de massacres perpetrados por irlandeses circulavam por todos os lados. A turba londrina saqueou as embaixadas estrangeiras, pânico e terror varreram a capital no que ficou conhecido como "a Noite Irlandesa."

Indubitavelmente, haveria um colapso completo da ordem não fosse a atitude decidida do Conselho ainda reunido em Londres. Com alguma dificuldade, reprimiu a agitação e, reconhecendo a autoridade de William, suplicou-lhe que apressasse a marcha para Londres.

James, em sua fuga, conseguira embarcar em um navio, mas, tendo perdido a maré, foi capturado e arrastado para terra por pescadores e aldeões. Levado de volta a Londres, após alguns dias de doloroso suspense, permitiram que ele escapasse novamente. Dessa vez, ele teve êxito e deixou o solo inglês para sempre.

Embora a queda e a fuga daquele monarca inábil fossem, na época, vistas como ignóbeis, a dignidade lhe foi restituída pela história. O sacrifício dele pela religião angariou-lhe o eterno respeito da Igreja Católica. Levou consigo, no exílio, pelo resto da vida, um porte de honra e realeza.

LIVRO III

A ERA DA REVOLUÇÃO

Entreato

Nesta terceira parte da história – 1688 a 1815 – três revoluções influenciaram profundamente a humanidade. Ocorreram no período de cem anos, e todas levaram a guerras entre ingleses e franceses.

A Revolução Inglesa de 1688 expulsou das Ilhas Britânicas o último rei católico e envolveu os ingleses numa luta com o último grande rei da França, Louis XIV.

A Revolução Americana de 1775 separou os Povos de Língua Inglesa em dois ramos de visão e ação diversa, mas unidos pela língua, por tradições e por leis comuns.

Em 1789, pelas armas e pela violência que permaneceu inigualável até a Revolução Bolchevique de 1917, a França proclamou o princípio da igualdade, da liberdade e dos direitos do homem.

Outras revoluções nas ciências e manufaturas, despercebidas na época, alicerçariam a Era Industrial na qual vivemos. As convulsões religiosas da Reforma apaziguaram-se. Daí em diante, a Inglaterra dividiu-se por Partidos, não mais por Credos; e na Europa, os conflitos deram-se por engrandecimento nacional.

Este conto começa quando o holandês Príncipe de Orange, logo Rei William III, chegou à Inglaterra e entrou imediatamente em luta mortal com a França. A França tentava outra vez levar a Europa para uma estrutura dos tempos romanos. A ruína da Alemanha com a Guerra dos Trinta Anos e a decadência da Espanha favoreciam suas ambições.

A aliança entre a Inglaterra e a Holanda resistiu à França. As espadas de William III, de Marlborough, e do Príncipe Eugene destroçaram o poder de Louis XIV.

Depois, a Inglaterra, sob a Dinastia de Hanover, afez-se às ideias *whigs*, à forma moderna das relações do estado com a religião e à subordinação da Coroa ao Parlamento. Expandiram-se as possessões britânicas ultramarinas. Sob Pitt, o Velho, o primeiro Império Britânico tomou forma.

As colônias americanas, pela Guerra da Independência, fundaram os Estados Unidos. A França e a Europa Ocidental aliaram-se contra a Inglaterra.

Na grande guerra contra Napoleão, a Inglaterra combateria contra quase toda a Europa, e até mesmo contra os Estados Unidos da América. Napoleão não conseguiu criar os Estados Unidos da Europa.

A Batalha de Waterloo e a Revolução Industrial deixaram a Inglaterra, por quase um século, no topo, ou quase no topo do mundo civilizado.

W.S.C.
Chartwell, Westerham, Kent, 24 de dezembro de 1956

7
A Inglaterra Potência Mundial

William de Orange

Desde seus primeiros anos, o príncipe extraordinário que no interesse geral despojou o sogro do trono da Inglaterra vivera sob duras e severas condições. William de Orange foi órfão e não teve filhos. Não teve amores. Casou-se por razões de estado. Foi educado por uma avó ranzinza e, na juventude, controlado por uma fieira de comitês holandeses. Sua infância foi infeliz e sua saúde era ruim. Tinha um pulmão tuberculoso. Era asmático e parcialmente aleijado. Mas, dentro dessa frágil e defeituosa compleição queimava um fogo inexorável avivado pelos vendavais europeus.

William era frio, mas não pessoalmente cruel. Não perdia tempo com vinganças menores. Sua única rixa era com Louis XIV. Apesar de toda a experiência de uma juventude passada no comando de exércitos, e apesar de seu ânimo intrépido, jamais foi um grande comandante. Não tinha sequer um traço daquela visão do campo de batalha que é a marca do gênio militar. Ele nada mais era do que um homem resoluto com bom senso, que por acidente de nascimento fora levado à condução de guerras. Sua inspiração estava na esfera da diplomacia. Raramente foi superado em sagacidade, paciência e discrição no ofício de governar. Os esquemas feitos, as dificuldades vencidas, a habilidade com que usava o tempo ou jogava com a fraqueza alheia, seu infalível senso de proporção e a capacidade de fixar como objetivo suas verdadeiras prioridades, tudo o torna digno do mais alto renome.

Ele jamais prezou a Inglaterra, nem se interessou por seus assuntos internos. Considerava os ingleses, como povo, inferiores aos seus holandeses, em fibra e fidelidade. Assim que se viu garantido no trono inglês, sequer se deu ao trabalho de disfarçar tais sentimentos. Não é de surpreender que essa conduta, e principalmente a disposição da qual ela evidentemente provinha, ofendesse extremamente. Pois os ingleses, embora submissos à nova autoridade da qual sentiam necessidade, eram tão orgulhosos quanto qualquer povo da

Europa. A ninguém apraz ser objeto de aversão e desprezo, especialmente quando essas afrontas são naturais, espontâneas e sinceras. O gênio insociável, a glutoneria à mesa, o silêncio e o mau humor em convívio, a indiferença às mulheres, sua aversão a Londres – tudo o prejudicava diante da sociedade refinada. As damas o taxaram de "baixo urso holandês."

❋

Logo que soube, na tarde de 23 de dezembro de 1688, que com a fuga do Rei James ele se tornara o senhor indiscutível da Inglaterra, o Príncipe de Orange tomou as medidas para as quais havia cruzado o mar. Ao embaixador francês deu vinte e quatro horas para deixar a Ilha; quanto à Inglaterra incluiu-a na coalizão geral contra a França. Seria o preâmbulo de uma guerra que, exceto por um apreensivo interlúdio, dominaria a Europa por vinte e cinco anos, e estava predestinada a soterrar o poder de Louis XIV.

Os whigs, por sua vez, viam a Revolução como a confirmação de sua crença na ideia de um contrato entre a Coroa e o povo. Por recomendação pessoal de John e Sarah Churchill, a princesa Anne, irmã mais jovem de Mary, renunciou ao direito de sucessão ao trono em favor de William caso Mary morresse antes dele. Assim, William obteve sem disputa o poder monárquico vitalício. Ele aceitou a decisão parlamentar com benevolência. Na época da coroação os líderes revolucionários foram recompensados com honrarias e promoções. Churchill, embora sem pertencer ao círculo próximo de William, foi confirmado no posto de tenente-general e feito praticamente comandante em chefe da recomposição do exército inglês. Recebeu o título de Conde de Marlborough. Mas William sabia que jamais teria alcançado o trono da Inglaterra sem a ajuda dos Cavaliers e dos membros do Alto Clero da Alta Igreja Anglicana, principais elementos do partido tory. Além disso, nessa época, como rei, lhe agradava a tendência tory. Tinha-se ali uma Igreja devotada à monarquia hereditária. William percebia que os princípios whigs poderiam, no fim das contas, levar em direção a uma república.

❋

As Ilhas Britânicas entraram numa perigosíssima crise bélica. O exilado James foi recebido por Louis com todos os sinais de consideração e simpatia que o orgulho e a política do Rei Sol podiam imaginar. A Irlanda se apresentou como o óbvio centro próximo de ação e, sustentado por um disciplinado contingente francês, James desembarcou na Irlanda em março; toda a ilha, exceto os setores protestantes do norte, passou rapidamente para o seu controle. Assim, em 1690, William se viu obrigado a ir em pessoa com sua principal força para a Irlanda, e no verão, a entrar em campanha à frente de trinta e seis mil homens. Ao mesmo tempo, a esquadra francesa teve uma vitória sobre as esquadras conjuntas da Inglaterra e da Holanda ao largo de Beachy Head. Disseram em Londres que "os holandeses saíram com a honra, os franceses com a vitória e os ingleses com a vergonha." O domínio do Canal passou temporariamente para os franceses, e pareceu que poderiam desembarcar um exército invasor na Inglaterra.

O Conselho da rainha Mary, do qual Malborough fazia parte, teve de encarar essa possibilidade alarmante. Foram sustentados pela lealdade e pelo espírito da nação. Marlborough manteve-se a postos para enfrentar a invasão. Mas o rei francês tinha os olhos na Alemanha. As inquietantes semanas de julho e agosto se escoaram sem nenhum dano mais sério que o incêndio de Teignmouth por invasores franceses. Durante o inverno a esquadra francesa foi desmantelada, e as armadas inglesa e holandesa foram restauradas e levadas de volta ao mar. Desse modo passou o perigo. O fim do ano de 1690 viu o domínio do mar recuperado. William estava então livre para ir em pessoa ao Continente com um grande efetivo e assumir o comando dos principais exércitos da Aliança. Levou consigo Marlborough à frente das tropas inglesas. Mas nenhuma independência foi dada ao talento militar de Marlborough, e a campanha, embora de grande escala, não se definiu. A partir daí, surgiu uma divergência entre o Rei e Marlborough. Ele era o principal general inglês, e muitos oficiais de várias patentes recorriam a ele e expressavam em voz alta ressentimento com o favoritismo dos holandeses.

Por essa época, quase todos os homens de projeção da Inglaterra haviam retomado as relações com James, agora instalado em Saint-Germain, perto de Paris. O rei William estava a par disso. Aceitava essa dupla conduta como componente necessário numa situação intrincada sem paralelo. Havia rumores sobre a substituição de William e Mary por Anne, e ao mesmo tempo, a influência dos Churchills junto à Princesa Anne continuava preponderante. O mal-estar entre os personagens reais aumentou rapidamente. William tratava o marido de Anne com grande desprezo. Anne, que amava ternamente o marido, ficava enfurecida com essas afrontas.

Como em geral acontece nas rixas entre personagens importantes, o ônus maior do ataque recaiu num subordinado. A Rainha exigiu a dispensa de Sarah Churchill do serviço de Anne. Anne recusou com toda a obstinada intensidade de sua natureza. Na manhã seguinte às nove horas Marlborough, cumprindo suas funções de Gentleman Camarista, entregou a camisa ao Rei, que mantinha sua impassibilidade habitual. Duas horas mais tarde o secretário do estado entregou a Marlborough ordem escrita para demitir-se imediatamente de todos os cargos que ocupava, tanto civis como militares, e considerar-se a partir daquela data afastado do Exército e de qualquer função pública, assim como do acesso à Corte. Não se apresentou oficialmente nenhuma razão para esse grave golpe. A Rainha a seguir proibiu Sarah de frequentar a Corte, e Anne revidou também renunciando à Corte espontaneamente. Pressão alguma induziria Anne a separar-se de sua estimada amiga, e nessas chamas de adversidade e de quase banimento forjaram-se vínculos dos quais o destino da Inglaterra em breve dependeria.

A guerra no Continente

Nem bem o Rei William partiu para a guerra no Continente caiu sobre a Ilha, que ele deixara desprovida de tropas, a ameaça de invasão iminente. Louis XIV planejava agora uma incursão à Inglaterra. Daria ao rei James a chance de recuperar o trono. Houve preparações febris mas eficazes de defesa por mar e terra. Nos dias 19 e 20 de maio as esquadras inglesa e holandesa defrontaram-se com Tourville e a principal força naval francesa no Canal ao largo do Cabo La Hogue. Ambos os lados lutaram com bravura, mas Tourville foi vencido de forma categórica. Sob as próprias vistas do ex-rei foi destruído todo o aparato de invasão que o conduziria à sua terra natal.

A Batalha do Cabo La Hogue, com os resultados conseguidos, apagou as lembranças de Beachy Head. Arruinou decisivamente, para o resto das guerras de William e Anne, qualquer pretensão francesa de supremacia naval. Foi a Trafalgar do século XVII.

Em terra, a campanha de 1692 desenrolou-se entre os Países Baixos Espanhóis, no que agora conhecemos como Bélgica. Iniciou-se com um brilhante êxito francês: Namur caiu ante as tropas francesas. Mas o pior estava por vir. Em agosto, William pôs-se em marcha à noite com todo o seu exército para atacar o marechal Luxembourg. Os franceses foram surpreendidos perto de

Steinkirk ao amanhecer. Mas Luxembourg esteve à altura da emergência. De todos os lados, os franceses avançaram. Os ingleses perderam dois de seus melhores generais, e metade de seus efetivos ficou entre mortos e feridos. William foi incapaz de controlar a batalha, derramou lágrimas amargas enquanto observava o massacre exclamando "Oh, meus pobres ingleses!" Por volta do meio-dia, todo o exército aliado estava em retirada, e os franceses proclamaram sua vitória através da Europa.

Em Julho de 1693 travou-se a grande Batalha de Landen, por duzentos anos sem equivalente na Europa em matança, exceto nas de Malplaquet e Borodino. Após uma heroica resistência, os aliados foram expulsos de suas posições pelos franceses, mas William reagrupou os remanescentes do seu exército e pôde continuar a campanha. A guerra se arrastou por mais dois anos. Por fim, Louis, que havia muito sentia o peso das lides em tantas frentes, inclinava-se agora pela paz. William não resistiu à tendência pacifista, tanto de amigos como de inimigos. Percebia que a disputa ainda não se resolvera; seu desejo era dar-lhe continuidade. Mas não podia lutar sozinho.

❄

Em fins de 1694, a Rainha Mary foi acometida de varíola e, em 28 de dezembro, sem ter se reconciliado com a irmã Anne, ela morreu, pranteada por seus súditos e longamente sentida pelo Rei William. Até então, a expectativa natural era que Mary sobreviveria ao marido, sobre cuja frágil e belicosa vida houvera tantas investidas de doenças, guerras e conspirações. Nesse caso, uma rainha inglesa protestante reinaria por direito próprio. Agora, em vez disso, a coroa era exclusiva de William pelo resto de sua vida, e só depois passaria para Anne. Alterou-se toda a posição da Princesa e, com isso, também a posição dos temíveis Churchills, seus devotados amigos íntimos e defensores. A partir do último suspiro da Rainha, os interesses de Marlborough não mais divergiram dos de William. Ele compartilhou da decisão do Rei de acabar com o poderio da França; concordou por inteiro com o cunho e o propósito de sua política externa. Houve uma reconciliação formal entre William e Anne. Por mais quatro anos, Marlborough permaneceu excluído mas, com seu marcante dom natural de paciência e previsão sobre a direção dos acontecimentos, agora dava apoio firme a William.

❄

O Tratado de Ryswick em 1697 marcou o fim do primeiro período dessa guerra mundial. Na verdade, foi apenas uma trégua. Muitos se consolavam na esperança de que tivesse trazido equilíbrio à luta contra o exorbitante poder da França. Essa possibilidade foi estragada pelos tories. Mas os tories achavam-se em meio a uma das suas veias de violenta reação a interferências no Continente. Os Comuns lançaram-se numa campanha de economia e desarmamento. Quando a pressão da guerra diminuiu, não lhes ocorreu outra ideia que a de largar das armas. A Inglaterra, que fizera todo tipo de sacrifício e realizara portentos de resistência e bravura, agora se desfazia em fraqueza e imprudência, no momento em que um pouco mais de perseverança a tornaria, se não suprema, pelo menos segura.

A confusão das opiniões políticas por todo o reinado de William muito se deveu à forte relutância do rei em pôr-se na dependência de um só dos dois principais grupos partidários. Os whigs eram sensíveis ao perigo da investida francesa na Europa. Compreendiam a profunda natureza da luta e estavam dispostos a formar em muitas ocasiões um gabinete de guerra efetivo e eficiente. Os tories, por outro lado, detestavam o país estar metido em compromissos continentais e expressavam o tradicional isolacionismo do povo. A história política do reinado é, portanto, a de uma gangorra, com os frutos da luta sempre desperdiçados. Em nome da paz, da economia e do isolamento, os tories prepararam o terreno para um recomeço ainda mais terrível da guerra. As mesmas ações têm-se repetido em nossa época. Não há na história paralelo mais exato que entre a conduta tory nos anos de 1696 a 1699 e sua similar de 1932 a 1937. Em ambos os casos, ideias míopes, agradáveis ao espírito partidário e perniciosas aos interesses nacionais, anularam as resoluções tomadas pelo estado, e prepararam o reinício mortal do conflito maior. Esses acessos recorrentes de esqualidez na crônica tory são tristes contrapartidas aos muito bons serviços prestados à nação em seus momentos de ânimo mais nobre e proveitoso.

William estava tão prostrado com a onda de abjeto isolacionismo das classes governantes da Ilha que pensou em abdicar e voltar à Holanda. Abandonaria o odioso e intratável povo cuja religião e instituições ele havia preservado e cuja reputação elevara ao topo da Europa. Revidaria o ódio deles aos estrangeiros com um gesto de indizível desprezo. Foi-lhe difícil controlar essas emoções. No entanto, se refletirmos sobre suas muitas faltas de tato, de conduta, e de imparcialidade durante os primeiros tempos de seu reinado, sobre os inescusáveis favorecimentos que prodigalizou aos seus patrícios holandeses, sobre as injustiças feitas aos comandantes ingleses e sua incompreensiva aversão ao povo de seu novo reino, não podemos concordar que toda a culpa fosse de um só lado. Sua atual angústia pagava a dívida dos anos precedentes. Quanto aos ingleses, logo redimiriam suas loucuras com sangue e suor.

As dificuldades de William levaram-no a aproximar-se outra vez de Marlborough, sobre quem o futuro já parecia, em boa medida, apoiar-se. A vida e a força do Rei se enfraqueciam. Anne certamente o sucederia, e com a acessão de Anne o reinado virtual de Marlborough deveria começar. Marlborough pacientemente aguardou os acontecimentos. Aos poucos, William foi-se despojando de sua hostilidade intensa ao ponto de, certa vez, dizer que se fosse um particular, ele e Marlborough só poderiam acertar suas diferenças em luta corporal. Marlborough foi reintegrado à sua situação hierárquica no Exército e no Conselho Privado. Uma vez quebrado o gelo da prolongada frieza, o Rei sentiu o conforto da personalidade serena, prática e adaptável de Marlborough em meio a suas muitas atribulações. Ele usou na paz o soldado que desprezara na guerra; e Marlborough, embora identificado desde a juventude com a profissão das armas, tornou-se um líder político poderoso nos últimos anos do reinado.

Em 1700 sobreveio a morte prematura do pequeno Duque de Gloucester, único filho sobrevivente de Anne, num ataque fatal da varíola de então. Não havia mais um herdeiro protestante direto para os tronos inglês e escocês. Por uma Lei Declaratória, a Casa de Hanover foi designada sucessora depois de William e Anne. A Lei determinava que no futuro todo soberano deveria ser membro da Igreja da Inglaterra. Também estabeleceu que nenhum monarca nascido em outro país poderia travar guerras no Continente sem aprovação do Parlamento; não poderia viajar para o exterior sem consentimento, e nenhum estrangeiro poderia ter assento no Parlamento ou no Conselho Privado. Desse modo entraram na legislação as queixas inglesas contra William III. O Parlamento circunscreveu a Casa de Hanover mais rigorosamente do que até então. Mas também garantira a Sucessão Protestante.

A sucessão espanhola

Nunca se entrou numa grande guerra com maior relutância de ambos os lados que na Guerra da Sucessão Espanhola. A Europa estava extenuada e desiludida. Mas pairava sobre todos a mui protelada, temida e sempre iminente morte da Coroa espanhola e divisão do Império Espanhol, que abrangia o sul da Holanda, uma porção apreciável da Itália e grande parte do Novo Mundo. Havia três pretendentes. Muita coisa estava em jogo.

Bruxuleava a vela da vida do Rei espanhol sem descendentes. À sua devastadora deformidade e doença acresciam-se as mais atrozes angústias mentais. Todas as nações aguardavam em ânsia sua tênue pulsação e suas obsessões piorarem. Carlos agora chegava ao fim de seus tormentos. Mas dentro do corpo enfermo, da mente anuviada, do espírito supersticioso, a tremer no portal da eternidade, luzia um pensamento imperial – a unidade do Império espanhol. Ele estava determinado a proclamar com o derradeiro alento que seus vastos domínios deveriam passar intactos e íntegros para um príncipe e somente um. No fim, foi persuadido a assinar um testamento legando o trono ao Duque de Anjou. O documento foi concluído em 7 de outubro, e logo mensageiros com a notícia saíram a galope do Escorial para Versalhes. Em 1º de Novembro de 1700 Carlos II expirou.

Louis XIV atingira um dos grandes pontos de inflexão da história da França. Em 16 de novembro uma cena famosa teve lugar em Versalhes; Louis, durante o beija-mão matinal, apresentou o embaixador espanhol ao Duque de Anjou dizendo "Podeis saudá-lo como vosso Rei." O embaixador deu rédeas à sua notória indiscrição: "Os Pireneus não existem mais."

A Câmara dos Comuns continuava na disposição de isolamento da realidade europeia. Recém concluíra o desarmamento da Inglaterra. Aceitou, pois, avidamente, a garantia de Louis XIV de que, "satisfeito com o poderio de sua nação, não pretendia aumentá-lo às custas de seu neto." Um príncipe Bourbon seria Rei da Espanha, porém com total independência da França.

❄

Mas agora, uma série de péssimos incidentes externos desabaram sobre a complacência da opinião política inglesa. Soube-se de um plano de invasão da Inglaterra pela causa jacobita. William apressou-se a mostrá-lo à Câmara como prova de perfídia. Por essa época, o Parlamento já começara a perceber que a linguagem e a atitude do rei francês a respeito da separação das Coroas da França e da Espanha eram no mínimo ambíguas. Mas o evento maior a despertar toda a Inglaterra para a compreensão do que realmente acontecera com a virtual união das Coroas da França e da Espanha foi a realização de uma extraordinária operação militar sob a aparência de impudente legalidade.

Felipe V fora aclamado em Madrid. A Holanda Espanhola rejubilou-se com sua acessão ao trono. Uma linha de fortalezas na Bélgica, a principal barreira da Holanda contra uma invasão francesa, em poucas semanas e sem um único tiro, apenas com o erguer de alguns chapéus de dois bicos e plumas, passou para as mãos de Louis XIV. Tudo que a Grande Aliança de 1689 defendera nos Países Baixos em sete anos de guerra derretia-se como neve na Páscoa.

A reação foi rápida. A Europa despertou e a Inglaterra, finalmente, balançou. Uma vez mais os soldados recuperaram seu lugar. Em meados do ano os partidos de oposição a William em seus dois reinos – a maioria tory na Câmara dos Comuns e os poderosos burgueses de Amsterdam – rogavam-lhe tomar as providências que ele "achasse necessárias para a preservação da paz na Europa" – quer dizer, para a guerra.

Todo esse processo uniu William e Marlborough. Conquanto as oportunidades do reino tivessem sido frustradas ou perdidas devido às quizílias e aos mal-entendidos entre eles, os dois estadistas-guerreiros estavam enfim unidos. A formação da Grande Aliança começara.

❋

Foi então, nessa atmosfera extrema, que ocorreu a fagulha causadora da explosão britânica. Em 16 de setembro de 1701 James II morreu. Louis anunciou que reconhecia o filho de James como Rei da Inglaterra e que apoiaria seus direitos. A Inglaterra inteira se inflamou com a afronta à sua independência. Ultrajada pela arrogância e a perfídia do déspota francês, a nação inteira decidiu-se pela guerra.

A segunda Grande Aliança então formada deve ter parecido uma aventura desesperada para aqueles cuja memória estava na infelicidade dos sete anos das guerras de William. A França ganhara, sem dar um tiro sequer, todas as praças fortes e territórios tão obstinadamente disputados anteriormente. O mais vasto Império do mundo fora retirado da Aliança e somado aos recursos de seus antagonistas. A Espanha mudara de lado; e, com a Espanha, não só as Índias, a América do Sul e grande parte da Itália, mas também a área das rinhas da Europa – Bélgica e Luxemburgo. A Saboia trânsfuga ainda continuou com a França, embora seu maior príncipe fosse um general austríaco. O arcebispado de Cologne era agora também aliado francês. A Baviera, constante até o fim das últimas refregas, se alinharia com a França nessa nova luta. As Potências Marítimas mal tinham algum porto amigo além das próprias costas. O Novo Mundo, exceto no norte, estava por essa época interditado. O Mediterrâneo se tornara um lago francês. Ao sul de Plymouth nenhum porto se abria para navios ingleses e holandeses. Eles tinham esquadras melhores, mas nenhuma base nos mares junto ao Continente.

Em cada componente estratégico por mar ou terra, assim como na extensão de território e população, Louis estava, no começo da Guerra da Sucessão Espanhola, duas vezes mais forte do que estivera na Paz de Ryswick. Numa vista geral, tal era o panorama de esmagadora adversidade que em grande medida se abria para o povo inglês como resultado dos partidarismos e seus humores instáveis. Nesse momento a morte alcançou o Rei William. Interveio a toupeira, "o pequeno gentleman em veludo preto" que por um tempo os jacobitas brindaram entusiasticamente. Em 20 de fevereiro de 1702, William montava Sorrel, seu cavalo favorito, no parque em torno de Hampton Court. Sorrel tropeçou numa toca recente de toupeira e o Rei foi jogado ao chão. A clavícula quebrada poderia se curar muito bem mas, devido à precariedade de sua saúde, o acidente abriu a porta para complicações secundárias, e em duas semanas ficou evidente para ele e para todos os que o cercavam que a morte estava próxima. Ele tratou dos assuntos de estado até o fim. O interesse pelo drama mundial, cuja cortina estava prestes a subir, iluminava-lhe a mente enquanto as sombras se fechavam sobre seu corpo.

Nos últimos anos envolvera Marlborough na textura integral de seus acordos e questões políticas. Nas derradeiras horas ele o recomendou como sucessor e como a pessoa mais apta da nação para guiá-la e conduzir seus exércitos. William morreu com cinquenta e dois anos, desgastado pelas labutas. Com a mesma idade e contra todas as probabilidades, Marlborough seguiu adiante em dez anos de vitórias ininterruptas que elevariam a nação britânica a uma eminência mundial nunca antes atingida.

Marlborough

A era de Anne é considerada a mais notável manifestação de poder que a Inglaterra até então conhecera. O talento de Marlborough no campo de batalha e sua sagacidade como conselheiro possibilitaram que a crescente força da nação produzisse o máximo efeito na Europa. Sarah lidava com a Rainha, Marlborough lidava com a guerra e Godolphin lidava com o Parlamento. A Rainha, por cinco gloriosos anos, entregou-se contente e confiante a essas mãos capazes, e a força total da Inglaterra se aplicou na liderança do mundo então conhecido.

Houve nessa época uma profusão extraordinária de talentos na classe governante inglesa. Todos os cargos do estado, militares ou políticos, podiam ser preenchidos duas, três vezes mais, por personalidades capazes, vigorosas, intrépidas e ambiciosas. Foi também a Idade Clássica da literatura inglesa. Addison, Defoe, Pope, Steele, Swift são nomes que brilham ainda hoje. Houve uma efusão de livros, poemas e folhetos. As artes e as ciências floresceram. As atividades da Royal Society, fundada no reino de Charles II, agora exibiam uma generosidade de frutos. Sir Isaac Newton na matemática, na física e na astronomia completava a revolução das ideias que havia começado com a Renascença. A arquitetura foi conduzida a nobres façanhas por Wren, e a ponderosos monumentos por Vanbrugh.

As paixões religiosas dos anos anteriores fluíam agora pelo canal das facções políticas. Homens e partidos, conscientes de suas mensagens e da grandeza das oportunidades, lutavam furiosamente uns contra os outros pelo controle do estado ou por um quinhão da governança. Levaram as rivalidades ao grau máximo; mas nos primeiros anos do reinado havia o propósito comum de derrotar os franceses. Não era tarefa simples, visto que nessa época a Inglaterra tinha apenas cinco milhões de habitantes, enquanto a sobranceira monarquia francesa era dona de quase vinte milhões, reunidos sob o Rei Sol. Louis XIV alçava-se triunfante e, assim parecia, no limiar de incomensurável dominação. Estava para ser quebrado e humilhado, e os últimos anos do reinado de Anne seriam consumidos principalmente em disputas sobre os termos a lhe serem impostos.

Mas tudo isso tinha feição bem diferente quando, em março de 1702, Anne subiu ao trono. Ela aprovou o impulso dado por Marlborough em toda a política de governo. Nos primeiros dias de reinado, ele não só foi seu chefe mas também seu único guia. Ambos os principais partidos o admiravam por seus dons, e durante algum tempo ele permaneceu acima das mútuas hostilidades partidárias. O novo reinado iniciava-se com arroubos de lealdade. Era o "dia ensolarado" pelo qual a Princesa Anne por muito tempo esperara com serena atenção. Marlborough foi designado Capitão-General de suas tropas na Inglaterra e no exterior. Entrou imediatamente em ação.

Esse foi o grande período da República Holandesa. Mas a morte de William III abalou toda a estrutura da oligarquia. Havia opiniões fortes na Holanda que preferiam um comandante nativo para suas tropas. Mas tudo passou para as mãos de Marlborough. Marlborough e o talentoso Lord Tesoureiro Godolphin, que desempenhava muitos dos deveres de um primeiro-ministro, trabalharam juntos estreita e harmoniosamente. Mas autoridade inquestionável nunca lhes foi concedida; tinham sempre que agir com cautela.

❄

No ano de 1702, Louis decidiu assestar seu mais poderoso exército contra a Holanda. Ele sabia da divisão e das incertezas em que a República havia mergulhado com a morte do Rei William. Acreditava que os vínculos entre a Holanda e a Inglaterra estavam no mínimo bastante enfraquecidos. Ele contava com a fase de hesitação e de perda de contato que, bem-aproveitada por uma ação militar, poderia subjugar os holandeses e amedrontar os ingleses. Tão logo a estação das campanhas começou, o alto comando francês não hesitou em pôr seu principal exército a cerca de trinta quilômetros de Nimwegen, no local onde os vales do Meuse e do Reno se dividem. Em maio, Marlborough deslocou-se para Nimwegen. Embora tenha sido privado da oportunidade de lutar com maior vantagem no que podia ter sido uma batalha decisiva, os franceses logo foram forçados à defensiva. Numa brilhante campanha, o novo capitão-general tomou todas as fortalezas do Meuse. Os corajosos porém infrutíferos esforços do Rei William tinham sido substituídos por avanços concretos; e os até então agressivos franceses foram vistos confusos, hesitantes e em retirada. Já no primeiro ano a maré da guerra fluiu na direção oposta, e toda a aliança, que antes parecia prestes a entrar em colapso, foi recosturada por novos laços de constância e esperança.

❄

O início do reinado da Rainha Anne parecia ter descortinado um período de fortuna tory. A visão tory tradicional era de que a Inglaterra não devia aspirar uma liderança nas lutas continentais. A política definida por eles era a de só intervir com o poder marítimo, e aproveitar-se dos conflitos europeus para obter mais territórios no distante mundo de além-mar. Os tories olhavam com aversão o envio de grandes exércitos para o Continente. Viam com desdém as vitórias na Europa. Eles gemiam ou fingiam gemer sob os custos com o Exército. Os whigs, por outro lado, embora banidos do poder, eram ardentes defensores de maiores esforços militares. Apoiaram Marlborough em todos os movimentos. A questão era fundamental e, muito a contragosto, Marlborough achou necessário usar de toda sua suprema influência junto à Rainha contra os líderes do partido tory.

❄

Para a campanha de 1703, Malborough pôde concentrar o "Grande Exército" ao sul de Nimwegen, o ponto de partida do ano anterior. Fixara-se de corpo e alma em tomar Ostend e Antuérpia. Isso, o "grande plano," como ele chamava, não prosperou porque os holandeses não se dispuseram a concordar com a dura batalha ofensiva que Marlborough desejava travar. Os tories jogaram a culpa na política whig de guerra continental, e os próprios whigs perderam força sob o duplo peso de estarem fora do poder e serem considerados responsáveis. Interna e externamente a sorte dos Grandes Aliados murchou no inverno de 1703. Nesse momento a Rainha Anne elevou-se à mais alta eminência. "Jamais abandonarei," escreveu ela a Sarah, "vosso querido Marlborough, nem Godolphin, e nós quatro não devemos jamais nos separar até que a morte venha nos ceifar com sua mão imparcial." Com esse apoio, Marlborough planejou nos meses de inverno o grande lance estratégico que inverteu a sorte da guerra: uma invasão do coração da Alemanha, onde ele se juntaria ao Príncipe Eugene para atacar a Baviera e socorrer Viena.

O Príncipe Eugene que, embora sem um comando de fato, representava o supremo controle militar do Império. Nesse primeiro encontro teve início a esplêndida camaradagem entre o Duque e Eugene, que persistiria por sete anos sem inveja ou revés.

Os anais do Exército Britânico não contêm episódio mais heroico que a marcha de Marlborough desde o Mar do Norte até o Danúbio. Os grandes capitães-gêmeos, Príncipe Eugene e Marlborough – "uma alma em dois corpos," como foram descritos – caíram sobre o exército francês e bávaro no Danúbio, no início da manhã de 13 de agosto de 1704. A batalha foi de fúria crescente dos dois lados. Eugene comandou a ala direita, e Marlborough a esquerda e o centro. O ataque inglês sobre o vilarejo de Blindheim – ou Blenheim, como a história o chama – foi rechaçado, e o resultado pendeu na balança por várias horas; mas Marlborough, por volta das cinco e meia da tarde, após uma série de intrincadas manobras, cruzou o Nebel e concentrou uma esmagadora força de cavalaria contra o centro francês. À frente de 80 esquadrões, rompeu a linha e desbaratou a cavalaria francesa, empurrando muitos milhares à morte no Danúbio, retalhou os remanescentes quadrados de infantaria, cercou a grande massa das tropas francesas aglomeradas no vilarejo de Blenheim, e quando o crepúsculo baixou sobre esse dia memorável, pôde escrever a famosa carta à sua esposa: "Não tenho tempo de me estender, mas para pedir-te que apresentes meus votos à Rainha e a faças saber que seu exército obteve uma vitória gloriosa." A vitória de Blenheim quase destruiu os exércitos franceses e bávaros no Danúbio.

Mais de quarenta mil homens foram mortos, feridos, capturados ou postos em debandada. O remanescente retirou-se pela Floresta Negra para o Alto Reno. Um terço de ambos os exércitos jazia no campo de batalha. Treze mil prisioneiros ilesos, inclusive dos mais famosos regimentos da França, passaram a noite do dia 13 nas mãos da infantaria inglesa. Ulm rendeu-se após breve cerco, e Marlborough avançou rapidamente para oeste até o ângulo do Reno onde logo pôde reunir perto de cem mil homens. Junto com Eugene e o Margrave, empurrou os franceses pela margem esquerda em direção a Strasbourg e sitiou Landau, que se rendeu em novembro. Finalmente, incansável apesar desses soberbos trabalhos, o duque marchou em outubro do Reno ao Mosele, onde ele encerraria a campanha – para sempre um modelo clássico de guerra – com a captura de Trarbach e Treves.

A Europa inteira silenciou ante esses prodigiosos eventos. Louis XIV não conseguiu entender como seu melhor exército fora não só derrotado mas destruído. A partir desse momento não pensou mais em dominação, apenas em saída honrosa da guerra que ele provocara. Toda a força da Grande Aliança foi restaurada e consolidada. O terror inspirado pelas tropas francesas, que oprimira a Europa por uma geração, chegara ao fim. Marlborough se destacou, inclusive acima de seu camarada, o grande Eugene, como o mais notável soldado do seu tempo. Com Marlborough a Inglaterra se elevou ao ápice, e os ilhéus, que nunca mais haviam visto um tal triunfo desde Crecy e Azincourt, quatro séculos antes, entregaram-se a arrebatamentos de alegria. A Rainha Anne, livre do perigo, encantada com sua glória, cumulou-o de bens e honrarias. No dia de Ano-Novo, grande número de estandartes e troféus da vitória foram ostentados em imponente cavalgada pelas ruas de Londres até Westminster Hall.

❄

Esse mesmo ano presenciara notáveis sucessos no mar. Um recente tratado de aliança com Portugal tornara possível a intervenção inglesa efetiva no Mediterrâneo, visto que o porto de Lisboa estava agora à disposição da Marinha Inglesa. O Rochedo de Gibraltar era então pouco mais que um ancoradouro, mas as possibilidades de sua posição dominante no portal do Mediterrâneo já eram reconhecidas. Após bombardeio, o Rochedo foi tomado em 4 de agosto de 1704, no mesmo mês de Blenheim, e comprovou ser chave certa para o poder marítimo.

❄

Nessa guerra, um curioso ritmo agora se retoma. Quando a sorte dos aliados esteve em baixa, todos obedeciam Marlborough e confiavam nele para divisar caminhos seguros; mas quando ele, infalivelmente, ao que tudo indicava, produzia um cenário de vitória, os laços criados pelo medo e pela necessidade se afrouxavam e novamente ele era tolhido e fiscalizado. Assim como a brilhante campanha de 1702 foi seguida pelas decepções de 1703, também a grande recuperação de 1704 deu lugar à desunião de 1705. A campanha terminou de novo em desapontamento e recriminações entre os aliados. O Duque retornou à casa para uma situação difícil. O triunfo de Blenhein parecia deslustrado. Uma vez mais a sorte da Grande Aliança declinava e o poder central da monarquia francesa readquiria sua força gigantesca.

Cansado com as dificuldades de cooperação com os holandeses e com os príncipes do Reno, Marlborough planejou durante o inverno uma repetição ainda mais ousada de sua marcha para o Danúbio de 1704. Agora fez planos de avançar pela Europa com cerca de 25 mil soldados ingleses e tropas a soldo também dos ingleses – através de Coblenz, Stuttgart e Ulm e pelos passos dos Alpes, para reunir-se a Eugene no norte da Itália. Ali, entre vinhedos e oliveiras, os dois grandes capitães ganhariam outra Blenheim e atacariam a França pelo sul. Tomado de pensamentos melancólicos ele daria início à sua mais brilhante campanha. "Eu cruzo o mar," escreveu ao enviado imperial, "com tristes reflexões." "O desinteresse do Rei da Dinamarca e de quase todos os outros príncipes me causa pensamentos tão sombrios que estou quase perdendo a esperança de sucesso," escreveu ele a Godolphin. Mas eis que a Sorte, a quem Marlborough havia pesarosa mas firmemente descartado, retorna imperturbada, ostentando sua mais deslumbrante dádiva.

Louis XIV havia se convencido de que contra semelhante oponente não era viável uma guerra defensiva. Confiante, autorizou uma batalha já no início da campanha, com o exército mais bem-equipado da França, todos com uniformes novos e em perfeita ordem. Ao amanhecer de 23 de maio de 1706, os dois exércitos apresentaram-se perto do vilarejo de Ramillies, entre Louvain e Liége. Após uma luta feroz, na qual 40 mil cavaleiros se engajaram, Marlborough rompeu a linha francesa e empurrou-lhe a ala direita para fora da liça clareando a formação central. Esquecido de seu dever como comandante em chefe, entrou no combate das cavalarias, espada na mão. Foi derrubado da sela e atropelado pelo inimigo. Seu palafreneiro, coronel Bingfield, enquanto o ajudava a montar um segundo cavalo, teve a cabeça arrancada por uma bala de canhão que raspou a perna de Marlborough quando a passava por cima da sela. Mas ele logo se recuperaria do horrível episódio. Todas as tropas aliadas agora avançavam e o exército francês fugiu da captura completamente destroçado. Nessa guerra modelo sustentada entre exércitos quase equiparados em força e qualidade, o gênio militar do general inglês anulou e derrotou os oponentes com grande morticínio e milhares de prisioneiros. A noite protegeu os fugitivos, porém menos de um quarto escapou, e todos os canhões foram abandonados no campo de batalha.

❄

As consequências de Ramillies foram ainda mais espetaculares do que as de Blenheim. Se, como foi dito, Blenheim salvou Viena, Ramillies conquistou a Bélgica. Fortalezas, das quais a captura de uma só teria compensado o esforço de uma longa campanha, caíram às dúzias. Antuérpia e Bruxelas capitularam, e os atônitos holandeses viram-se outra vez donos de quase toda a linha de defesa que tinham perdido no último ano do reinado de William. Esses formidáveis êxitos foram realçados pelas vitórias do príncipe Eugene no norte da Itália. Avançando pela base larga da península, ele levantou o cerco a Turim numa admirável ação contra poucas probabilidades, depois expulsou completamente os franceses do norte da Itália. O "Ano da Vitória," como foi chamado em Londres, pode encerrar-se nesse ponto.

Oudenarde e Malplaquet

Se Marlborough tivesse apenas vencido a Batalha de Ramillies, tomado Louvain, e talvez entrado em Bruxelas, a campanha de 1706 poderia ter causado a vitória aliada já em 1707. Mas agora ele passou a sentir uma nova série de resistências e recuos da parte dos holandeses, assim como cobiças e impaciências, todas destinadas a lançar a sorte dos aliados noutro período adverso de maré baixa. Essas atitudes dos batavos tinham contrapartida inglesa interna. Enquanto Marlborough e Eugene colhiam êxitos no campo de batalha, na Inglaterra uma sequência de disputas partidárias e pessoais preparavam a inversão completa dos bons fados. Por essa época, as relações de Sarah Churchill com a Rainha entraram em fase perigosa. Sarah teve de aguentar o ímpeto da aversão de sua senhora pela infusão de whigs no Gabinete. Anne detestava os whigs de coração, mas seus ministros não viam forma de continuar a guerra sem eles, com apenas metade do partido tory a apoiá-los. Sarah desgastara sua amizade com a Rainha pelo dever de recomendar-lhe com insistência um governo em harmonia com o Parlamento. Anne exigia muito de suas amizades femininas. Gradualmente Sarah procurou aliviar o peso dessa perpétua relação. Em Abigail Hill, uma parenta pobre, ela encontrou a substituta, para entrar no dia a dia da Rainha como "camarista" ou dama de companhia. Logo a Rainha acostumou-se à nova atendente. Sarah sentiu-se aliviada, e com frequência cada vez maior retirava-se para o campo para conviver com a família. No início de 1707, Abigail havia adquirido influência própria junto à Rainha, influência destinada a mudar o curso da história europeia.

Deu tudo errado em 1707. O plano de Marlborough era Eugene sair da Itália para a França e capturar Toulon. Ele usou de todo o seu poder, então no auge, para impulsionar esse plano de longo alcance. Entrementes, a

Espanha passava por grandes infortúnios. O ano findara com o Rei Felipe uma vez mais escorado em Madrid, mas com os aliados na firme posse do leste espanhol. Agora, em 1707, os generais aliados dividiram fatalmente suas tropas. Sofreram uma sangrenta derrota, e todo o cenário espanhol, tão perto do triunfo em 1706, se inverteu totalmente.

O grande empreendimento contra Toulon, a favor do qual Marlborough subordinara todos os outros interesses, também redundou em fracasso. Eugene era um bicho terrestre. Não lhe agradavam esquemas muito dependentes do mar. Após vários e custosos ataques, o cerco malogrou. O Exército imperial recuou para a Itália. Um último desastre estava por acontecer. Sir Cloudesley Shovell, ao fazer a travessia de inverno para a pátria, naufragou nos recifes cortantes das ilhas Scillys durante uma violenta tempestade. O mais competente almirante inglês, o líder naval de confiança de Marlborough, pereceu perto da costa.

❄

Marlborough retornou desses desgostos para o centro de um furioso temporal partidário na Inglaterra. Os planos de Harley eram agora visíveis, e sua força advinha dos infortúnios militares. Juntos, Marlborough e Godolphin resolveram alijá-lo do Gabinete. Sobreveio intensa crise política. Marlborough exigiu a demissão de Harley de seu ministério. Anne, agora completamente distanciada de Sarah, e com Abigail junto a ela, entrou numa luta obstinada por seu ministro favorito. Marlborough apresentou sua demissão. A notícia de que Marlborough e Godolphin tinham sido demitidos espalhou-se aos quatro cantos. Ambas as casas do Parlamento decidiram não tratar de quaisquer assuntos até melhor informação. A City estava consternada.

Essa refrega deu a Marlborough uma saída final do poder. Perdera em grande parte o prestígio junto à Rainha. Perdera os tories moderados. Agora, precisava jogar-se cada vez mais nas mãos dos whigs – e a cada etapa desse processo mais aumentava o distanciamento da Rainha. Foi nessa situação de fragilidade que ele embarcou para a campanha de 1708. Em princípio, o plano era uma repetição da dupla investida do ano anterior. Dessa vez, porém, o esforço seria no norte. Marlborough contava deslocar o exército de Eugene no Reno para os Países Baixos, e pela superioridade numérica esmagar os franceses no campo e romper a barreira das fortalezas; mas sobreveio uma sequência inesperada de desastres. As condições no Reno obrigaram Eugene a deixar seu exército para trás. O governo holandês das cidades belgas conquistadas se indispusera com seus habitantes. Por uma traição, Ghent e Bruges, que juntas controlavam as principais vias marítimas dos rios Scheldt e Lys, foram entregues aos franceses. O marechal Vendôme – com quem estavam os Príncipes do Sangue, os duques da Borgonha e de Berri, e o pretendente ao trono, o jovem Príncipe de Gales – comandava um exército de campanha que após ter sido suprido por todas as guarnições perfez cerca de oito mil homens.

Na única vez em sua carreira, o duque fraquejou sob a convergência das pressões domésticas e de campanha. Eugene, chegando apenas com uma escolta de cavalarianos, encontrou-o perto de Bruxelas na mais profunda depressão. Estava prostrado pela febre e tão doente que teve de sofrer uma sangria. Foi a vez de Eugene prestar apoio ao companheiro. Marlborough levantou do leito de enfermo, montou seu cavalo, e o exército foi posto em movimento. Numa extraordinária marcha chegaram a Lessines, no Dyle. Ao alvorecer do dia 11 de julho investiram contra a fortificação e cabeça de ponte de Oudenarde, à beira do rio Scheldt.

A Batalha de Oudenarde teve feição moderna em cada um dos seus aspectos. Assemelhou-se mais à de Tannenberg em 1914 do que a um grande combate do século dezoito. O ritmo da batalha e suas variações frustravam qualquer sistema predeterminado. Os franceses lutaram desesperadamente mas sem qualquer planejamento coordenado, e uma grande parte do exército não chegou a ser empregada. As sombras do anoitecer caíam sobre um campo de batalha constituído de sebes, muros, povoações, florestas e rios, nos quais as tropas se entrelaçavam em cerradas e ferozes lutas, quando os holandeses, sob o comando do veterano Overkirk, por fim atravessaram as pontes de Oudenarde e volveram em direção às elevações ao norte. Ao mesmo tempo, com grande coragem, Eugene abriu caminho pela direita. Os flancos opostos dos aliados quase se encontraram. O exército francês achava-se agora em total desordem e dividido em duas partes. Furioso e consternado, o marechal francês Vendôme ordenou a retirada para Ghent. Uma quarta parte de seu exército estava destruída ou em debandada. Sete mil prisioneiros, muitos deles oficiais superiores, e uma fartura de estandartes e troféus estavam em poder de Marlborough quando, na manhã de 12 de julho, ele e seu grande companheiro passearam a cavalo pela antiga e aprazível praça de Oudenarde.

Essa importante vitória alterou o quadro da guerra. Os aliados recuperaram a iniciativa. O cerco de Lille não só foi a maior como também a mais complicada operação do gênero de que se tem notícia, no século dezoito. Eugene comandava o cerco, e Marlborough, com o exército de apoio, mantinha à distância as forças muito superiores que tentavam socorrer a cidade. Uma ação brilhante quebrou a escuridão dos meses outonais e selou o destino da cidade de Lille, que capitulou em outubro. Bruges foi recapturada no final de dezembro e Ghent, nos primeiros dias de janeiro. Terminava assim uma campanha cheia de porfia e riscos, da qual o Príncipe Eugene disse "quem não viu, não viu nada."

Ao mesmo tempo, a tomada de Minorca, com seu excelente porto em Mahon, dava finalmente à Marinha inglesa uma base segura e permanente no Mediterrâneo. Desse modo, aquele ano que se iniciara de forma tão sombria terminava em completa vitória dos aliados. O poder da França foi destruído. O Grande Rei fora humilhado. Um terrível inverno deitou as garras sobre a sofrida Europa. Os grãos congelavam no solo; o gado morria nos campos e os coelhos nas tocas. A miséria do povo francês atingiu o limite da tolerância. Todos buscavam a paz e todos falharam em tê-la.

❄

Enquanto isso, na Inglaterra, os whigs haviam afinal alcançado seu ambicionado objetivo. Tinham Marlborough e Godolphin sob inteira dependência deles. Sobrepuseram-se à Rainha. Marlborough, distanciado da Rainha, era obrigado agora a cumprir as decisões de um governo whig. Seu reinado findara. Daí em diante, seria apenas um servidor. Ainda lhe restavam por cumprir três difíceis campanhas, numa escala de grandeza nunca vista; mas ele não tinha mais controle das ações políticas que poderiam tornar frutíferas as melancólicas fainas do exército.

Quando olhamos para os longos anos de terror e esbulho de Louis XIV, devemos escusá-los pelas desconfianças na hora da vitória. Mas as propostas feitas então pela França eram amplas o suficiente para satisfazer todas as exigências razoáveis dos aliados. Só na Espanha os franceses tiveram sucesso. Mas a disputa espanhola adquirira vida própria. A única coisa que Louis não faria era usar tropas francesas para afastar o neto do reino que ele tornara seu. E esse foi o escolho fatal em que toda a conferência de paz naufragou.

Marlborough havia trabalhado conscienciosamente pela paz. Tinha suas dúvidas mas, de um modo geral, esperava que os franceses cedessem. "Não fizeram uma contraproposta?" – perguntou surpreso, quando chegou a mensagem com a rejeição ao ultimato dos aliados. Junto com Eugene fez um último esforço, mas foi em vão. O desapontamento dos aliados teve uma válvula de escape no clamor inútil e furioso de que tinham sido novamente enganados e escarnecidos por Louis XIV. Os tambores soaram nas frentes aliadas, e os maiores exércitos que aqueles tempos exaustos de guerra já haviam visto avançaram para a campanha de 1709 e a carnificina de Malplaquet.

❄

Desse período em diante o caráter da guerra mudou completamente. O que começara como uma desconectada e tardia resistência de povos, parlamentos e protestantismo ao intolerante e agressivo poderio militar transformara-se gradualmente, e agora flagrantemente, em invasão e subjugação praticadas por uma coalizão vitoriosa. A partir desse momento houve um estranho revigoramento do espírito patriótico entre os franceses e espanhóis.

O exército aliado, nesse ínterim, fora elevado ao seu maior poderio, e Marlborough e Eugene, concentrando-se ao sul de Ghent, deram início ao cerco de Tournai, que rendeu-se no fim de agosto. Nos bastidores, entrementes, as negociações progrediam, mas de repente uma explosão de fúria guerreira, um acesso de raiva mental se apossou dos dois governos e de ambos os exércitos, contagiando até os soldados rasos. Um fervor terrível inspirava todos os escalões. Ansiavam por deitar a mão no inimigo e destruí-lo, arrematando a infindável guerra.

Em rápidos deslocamentos, Marlborough e Eugene investiram sobre Mons e, avançando pelo lado sul, acharam-se frente a frente com Villars, no espaço vazio entre as florestas onde se situa o vilarejo de Malplaquet, quase ao longo da linha da atual fronteira francesa. Em 11 de setembro, cento e dez mil combatentes aliados atacaram as fortificações defendidas por cerca de noventa mil franceses. Lutaram com extrema dureza, e nenhuma indulgência se pediu ou se ofereceu. De modo geral, Marlborough repetiu a tática de Blenheim. Primeiro, atacou ambas as alas francesas. À esquerda os holandeses foram repelidos em terrível carnificina. A ala direita, sob o comando de Eugene, rompeu através da densa floresta e por fim alcançou o campo aberto do outro lado. Com essas pressões, Villars e seu subcomandante, o valoroso Boufflers, foram forçados a reduzir sua linha central. Chegava o momento pelo qual Marlborough havia esperado. Lançou a unidade inglesa comandada por Orkney sobre os pontos descobertos e, após capturá-los, levou em frente a massa imensa de sua cavalaria – mais de trinta mil homens – que estivera ao seu dispor o dia inteiro, à espera. Com os "Grey" Dragões e os Scots Greys na vanguarda, a cavalaria aliada ultrapassou as trincheiras e espalhou-se na planície à frente. Villars fora ferido gravemente, mas a tropa montada francesa prosseguiu com magnífica coragem, dando sequência a uma série de demoradas cargas. Mas por fim, a cavalaria francesa foi dominada. A infantaria francesa já batia em retirada. "Estou tão cansado," escreveu Marlborough a Sarah poucas horas depois, "que só tenho forças para te contar que tivemos neste dia uma batalha muito sangrenta; na primeira parte do dia batemo-los a pé: depois, a cavalo. Que Deus Todo-poderoso seja louvado, está agora em nosso poder a paz que quisermos."

A Europa espantou-se com o morticínio de Malplaquet. Os vitoriosos acamparam na cena da batalha, mas o acontecimento foi visto por todos como péssima previsão sobre a falência das negociações de paz. Na Inglaterra, os whigs anunciaram uma vitória decisiva. Mas os tories acusaram-nos, e a Marlborough, de terem desperdiçado a chance de uma paz justa com uma carnificina inútil como nenhuma outra que a Europa pudesse lembrar. Realmente, Malplaquet, a maior e mais sangrenta batalha do século dezoito, só seria ultrapassada pela estéril vitória de Napoleão em Borodino, cem anos mais tarde.

O Tratado de Utrecht

Todos os olhares voltaram-se agora para a Corte inglesa. Era notório na Europa que a ascendência de Marlborough junto à Rainha chegara ao fim. Os grandes exércitos defrontavam-se para a campanha de 1710. Com um efetivo maior que os anteriores, ainda assim Marlborough e Eugene não puderam ou não tiveram interesse em atrair Villars para um confronto. Na verdade, pode-se imaginar Marlborough tão repugnado pelo massacre de Malplaquet, e tão desanimado pela animosidade que o cercava em sua terra, que passara a ver a guerra como um jogo de xadrez. Ele voltou de sua nona campanha para achar a Inglaterra sob controle de seus inimigos políticos e pessoais. Mas a queda de Marlborough era também a renovação de Louis XIV. De todos os quadrantes, mesmo dos mais inamistosos, Marlborough foi instado, rogado ou invocado solenemente a prestar seus serviços. Embora ele tenha sido posteriormente alvo de zombaria por seu amor ao posto e à guerra, era seu dever aquiescer. Os ministros tories e Marlborough acertaram condições e o capitão-general, pelo décimo ano sucessivo, partiu em campanha.

❄

Marlborough na campanha de 1711 concentrou nada menos que 90 mil homens para fazer frente a Villars, cujo exército ainda era de 120 mil.

Durante o inverno, Villars construíra um imenso sistema de trincheiras que denominou "Ne Plus Ultra," e à frente de suas tropas móveis atraiu o ataque. Os formidáveis exércitos organizaram-se um diante do outro e as linhas da batalha foram traçadas. Todos esperavam uma investida brutal. Em 4 de agosto o duque em pessoa realizou um reconhecimento de todo o front. Permitiu que um grande número de oficiais o acompanhasse e indicou as posições que assaltaria. Só seu imenso prestígio impediu protestos, e muitos observadores desaprovaram a forma aberta com que falou de seus planos. Os soldados de Marlborough tinham uma fé cega no líder que jamais os guiara erradamente. Mas o alto-comando estava cheio de ansiedade e medo. Ninguém notou que o general Cadogan havia-se esgueirado do grande reconhecimento. Não estavam informados dos movimentos por trás da linha de vanguarda de Marlborough.

Finalmente ouviu-se o toque de recolher e a escuridão desceu. Ordens chegaram para levantar acampamento e pegar em armas. Rapidamente chegaram os oficiais para comandar as quatro colunas, e em menos de meia hora o exército inteiro marchou. Apesar de tudo, não seria uma batalha sangrenta. O "Cabo velho" tramava uma das suas. Agora tudo dependia da capacidade de marcha. "Meu Lord Duque quer a infantaria acelerada."

Com a claridade e o raiar do dia, as tropas puderam ver à direita, através dos brejos e córregos do Sensée, que os franceses se deslocavam paralelamente a eles a meio alcance de um tiro de canhão. Mas eles também viram que a vanguarda da cavalaria francesa estava lado a lado com a infantaria aliada. Durante o dia 5 de agosto a parte maior do exército aliado havia cruzado o

Sensée e estava dentro das linhas inimigas. Milhares de soldados exaustos caíram pelo caminho, e grande número morreu pelo esforço excessivo.

Em consequência, Marlborough estabeleceu uma vanguarda além das linhas, mas em vez de entrar em combate, moveu-se rapidamente e postou sua força de cerco sobre a fortaleza de Bouchain. A passagem da linha "Ne Plus Ultra" mais o cerco e a tomada de Bouchain foram considerados pela Europa excepcionais manifestações da arte militar. Fora um sítio dentro de um sítio. Não há exemplo mais refinado da perícia de Marlborough. Bouchain capitulou no início de setembro. Os exércitos foram para os quartéis de inverno e Marlborough voltou para casa. Por dez anos ele comandara os exércitos da Grande Aliança, e durante todo esse período nunca travou batalha que não vencesse, ou sitiou cidade que não tomasse. Nada igual existe nos anais de guerra.

❄

Era agora impossível esconder por mais tempo as negociações secretas de paz que estiveram todo aquele tempo em curso. Os líderes tories estavam certos de conseguir a paz, se Marlborough apoiasse. Mas o Duque, que se achava em cerrada ligação com George de Hanover, o herdeiro do trono, não concordaria com uma paz em separado, sob circunstância alguma.

No inverno de 1711, o Parlamento abriu sob intensa crise. Os dois grandes partidos se enfrentavam em tudo que dizia respeito ao longo conflito. Marlborough foi exonerado de todos os seus cargos e exposto à censura na Câmara dos Comuns. Os vencimentos e gratificações que recebera como Capitão-general da Inglaterra, como Capitão-general representante da Holanda e muitos outros postos e privilégios adicionais haviam permitido que ele, com sua frugalidade e ambição de ganho, amealhasse grande fortuna. Foi agora acusado de reverter para uso próprio durante os dez anos de comando os 2,5% descontados do pagamento de todos os contingentes estrangeiros do exército aliado. Sua defesa foi convincente. Mas não evitou que os tories na Câmara dos Comuns censurassem sua gestão.

A Inglaterra agora cortou-se em duas na questão da paz. Uma paz em separado era agora necessária porque os aliados em bloco repudiavam o direito do governo britânico de abandonar a aliança e tomar o próprio rumo. Num dia sombrio, o exército inglês, até então o mais destacado na causa aliada e admirado por todos, retirou-se do acampamento dos aliados em amarga humilhação, por entre as imprecações de seus velhos camaradas. Muitos dos veteranos de Marlborough jogavam-se ao chão de vergonha e raiva. Os holandeses, ultrajados, fecharam os portões de suas cidades aos aliados desertores. Villars, avançando rapidamente, caiu sobre os paióis de Eugene em Denain infringindo-lhe uma cruel derrota, em que muitos de seus soldados foram empurrados para dentro do Scheldt, morrendo afogados. A partir desse colapso, Villars capturou todas as bases avançadas dos aliados e tomou Douai, Quesnoy e Bouchain. Assim, ele apagou os sucessos dos últimos três anos, e ao fim da terrível guerra emergiu vitorioso.

❄

O que é chamado Tratado de Utrecht foi na verdade uma série de acordos isolados entre cada um dos países aliados com a França e a Espanha. O governo inglês conseguiu seus termos especiais; a Corte francesa reconheceu a sucessão protestante na Inglaterra, e concordou em expulsar da França o Pretendente inglês, em demolir as fortificações de Dunquerque e em ceder vários territórios na América do Norte e nas Índias Ocidentais. Pelos termos acertados com a Espanha, a Inglaterra manteria Minorca e Gibraltar, assegurando-se, enquanto permanecesse a principal potência marítima, a entrada e o controle do Mediterrâneo. Vantagens comerciais, que um dia provocariam outra guerra, foram obtidas na América do Sul espanhola, em particular o *Asiento*, direito exclusivo por trinta anos de importar escravos negros para o Novo Mundo.

Esses foram os acordos alcançados em Utrecht na primavera de 1713, e Chatham, que herdou as consequências, um dia iria declará-los “mácula indelével sobre uma época.” Nessas bases a Europa acalmou-se numa paz inquietante, e apesar de os termos não se compararem com o que os aliados poderiam ter lucrado em 1706, em 1709 ou 1710, mesmo assim interromperam por um tempo o longo tormento ao qual a Cristandade fora submetida.

❄

Marlborough foi tão perseguido pelo partido tory e fustigado por processos governamentais por seu suposto peculato, que no final de 1712 deixou o país para um autoexílio na Holanda e na Alemanha até o fim do reinado. A fase final do triunfo tory foi lastimável. Anne estava alquebrada pela gota e outras enfermidades. Por muitos meses sua vida pendeu por um fio. Ela, que vira tanta glória, agora rumava para um fim ignominioso. Tendo usufruído na mais plena medida o amor de seu povo em muitos anos de esplendor, agora se encontrava no papel de peça manipulável, um instrumento em meio ao que se tornara uma vergonhosa dissensão. Com tamanha carga de hostilidade e exprobrações, a pobre rainha afundou numa tristeza que a acompanharia até a sepultura. Mas seu espírito ardeu inextinguível até o fim. O Eleitor de Hanover, apoiado pelos holandeses e ajudado por Marlborough, reuniu tropas para repetir a incursão de William de Orange.

"Deus meu," exclamou o Duque de Buckingham (após ter sido despachado do cargo), "como esta pobre nação foi governada no meu tempo! No reinado de Charles II fomos regidos por um magote de putas francesas; no tempo de James II, por outro tanto de padres papistas; durante a quadra do rei William, por um lote de criados holandeses; e agora somos governados por uma desprezível camareira, um advogado galês, e um miserável depravado sem honra nem honestidade."

Em 30 de julho, com a rainha evidentemente à beira da morte, o Conselho Privado reuniu-se no palácio. Foram tomadas medidas vigorosas para assegurar a sucessão hanoveriana. Todos os preparativos foram feitos com os arautos e as tropas da Casa Real para aclamar o Rei George. Quando a Rainha Anne deu seu último suspiro às sete e meia do dia 1º de agosto de 1714, tinha-se a certeza de que não haveria papismo, nem disputa sucessória, nem baionetas francesas nem guerra civil.

Assim terminou um dos maiores reinados da história inglesa. Foi glorioso pelas vitórias e orientações de Marlborough. A União e a grandeza da Ilha se assentaram. O poder da França para dominar a Europa foi quebrado e apenas Napoleão pôde revivê-lo. O último soberano da casa de Stuart presidira uma admirável expansão do poder nacional inglês, e a despeito das falhas morais e físicas de seus anos finais ela mereceu da história o título de "a Boa Rainha Anne."

8
O Primeiro Império Britânico

A casa de Hanover

No fim do verão de 1714, toda a Inglaterra esperava pela chegada do Rei George I. No dia 18 de setembro ele desembarcou em Greenwich. Esse afortunado príncipe alemão, que não falava inglês, olhava seus novos domínios sem entusiasmo. Ao aceitar o trono do Reino Unido ele prestava – assim lhe parecia – um favor a seus novos súditos. Estava atendendo às conveniências dos políticos ingleses. Em troca, esperava que o poder e a riqueza ingleses fossem de serventia para seus domínios em Hanover e para seu interesse pessoal de maior influência no cenário europeu. Os deveres reais impunham-lhe o exílio numa ilha que ele havia visitado apenas uma vez, e da qual não gostava. Agora, às margens do Tâmisa, ele examinava os aristocratas e ministros que vieram saudá-lo com suspeita e cautela não de todo sem desprezo. Ali, de pé no solo inglês, estava uma figura pouco atraente, um rigoroso militar alemão, obstinado e enfadonho, de cérebro embotado e gosto vulgar. Em seus comandos, nas últimas guerras, fora preguiçoso e incompetente, e como dirigente de homens não mostrara qualquer capacidade estimulante ou generosidade ou espírito. No entanto, a rigidez de sua mente era atenuada por uma astúcia lenta e um taciturno bom senso. O trono inglês não era herança cômoda, mormente para um príncipe estrangeiro. O Rei George assumiu-o de má vontade, e com pouca elegância desempenhou o papel que lhe coube. Devia a coroa ao capricho das circunstâncias, mas nunca permitiu que ela lhe escorregasse das mãos.

❄

As paixões políticas do século XVII esgotaram-se por si mesmas com o fim da era da Rainha Anne. A luta de whig contra tory levara o país à beira da guerra civil. A questão fora a de quem devia suceder na coroa: o filho católico de James II ou o Eleitor protestante? Agora tudo se resolvera. Não mais havia assunto importante institucional. George I chegara pacificamente ao trono. O partido tory estava em pedaços e a Inglaterra acomodava-se rosnando, mas inofensiva, ao longo regime liberal dos whigs.

Também a monarquia perdera seu brilho. Não havia mais qualquer pretensão de que os reis hanoverianos reinavam por Direito Divino. Tinham a posição por sanção expressa do Parlamento. Até mesmo o simbolismo da realeza se apequenara. A Corte não era mais o centro da beleza, da distinção social e da moda. Um certo desleixo toma conta do cerimonial e dos cortesãos. A vida nos palácios reais foi circunscrita pela panóplia e os limites de um príncipe alemão menor. Os tenebrosos nomes das mulheres alemãs estão para sempre na memória dos tempos, todos a serem logo adornados com títulos e bens ingleses.

Os senhores que lideravam o partido tory na época da rainha Anne rapidamente foram se retirando de cena. O maior personagem de todos, John, Duque de Marlborough, viveu em esplêndido isolamento nas suas casas de Blenheim e de St Albans, atingido por uma prolongada paralisia, até ser enfim libertado pela morte em 1722. Sua mulher Sarah haveria de ainda viver por mais vinte anos, transformada num resíduo resmungão dos soberbos dias da Era Augustana. Mas permaneceu sozinha. Uma nova geração de estadistas – Walpole, Stanhope, Carteret e Townshend – trataria de executar a transição pacífica da era de Anne para a era dos Georges. Os primeiros dois Georges estavam preocupados com os assuntos europeus e mostravam pouco interesse pela política interna de sua pátria de adoção. Com o poder e a influência política embargados exceto para alguns poucos favorecidos, os homens voltaram-se para outras buscas e novas aventuras. A especulação financeira era estimulada. Em 1710, um ministério tory emitira concessão para uma companhia de comércio com os Mares do Sul, dando a essa empresa a responsabilidade de assumir parte do débito nacional. Essa conexão expandiu rapidamente a riqueza da South Sea Company, e, em 1720, um grupo de diretores procurou o governo com um plano para absorver todo o débito nacional, então cerca de 30.000.000 de libras. O esquema logo recendeu a desonestidade, mas os políticos foram gananciosos demais para rejeitá-lo. Havia uma chance de liquidar todo o débito em vinte e cinco anos. Dizem que 1.250.000 libras foram gastas em subornos de ministros, membros do parlamento e cortesãos.

A mania da especulação correu solta. As ações valorizaram-se em três meses de £128 para £300 e pouco tempo depois, para £500. Na retumbante gritaria de operadores e especuladores, empresas em grande número, umas genuínas, outras fictícias, foram criadas. Em junho de 1721, cada ação da South Sea valia 1.050 libras. O próprio Robert Walpole teve a sorte de um belo lucro em seus discretos investimentos. Em cada taverna de Londres homens e mulheres investiam suas economias em qualquer empreendimento que aceitasse seu dinheiro. Não havia limites para a credulidade pública. Um agente lançou uma firma para fabricar um invento chamado Máquina de Puckle, uma metralhadora "que dispararia balas e bolas redondas e quadradas numa completa revolução na arte da guerra," os projéteis redondos para usar contra os cristãos, e os quadrados contra os turcos. Outros agentes abriram subscrições para transformar água salgada em água potável, para a construção de uma roda de moto perpétuo e para uma grande importação de jumentos da Espanha a fim de melhorar a raça das mulas inglesas; o caso mais impudente de todos foi o anúncio de "uma sociedade anônima para um empreendimento de Grande Lucro que ninguém deve saber o que é." Esse amável trapaceiro abriu uma sala em Cornhill para as subscrições. Seu escritório foi assediado por investidores ávidos, e ele, depois de arrecadar £2.000 em dinheiro, prudentemente tratou de sumir.

O governo alarmou-se e começou o processo de suprimir essas empresas menores. A South Sea Company por certo estava mais do que ansiosa para eliminar suas rivais, mas furar as bolhas menores precipitou um estouro geral. Houve uma orgia de venda, e, por volta de outubro, as ações da South Sea valiam £150. Milhares arruinaram-se. Carregadores e empregadinhas que haviam comprado carruagens e trajes elegantes foram reduzidos à sua velha condição. Clérigos, bispos, poetas e pequenos gentlemen rurais viram as economias de toda uma vida evaporarem da noite para o dia. Havia suicídios diários. Grupos de falidos frenéticos se aglomeravam nas antecâmaras parlamentares. Houve um clamor geral contra a cobiça das damas alemãs. "Fomos arruinados pelas prostitutas – pior ainda, velhas e feias – que não encontrariam diversão nos mais hospitaleiros distritos de Old Drury." A breve hora de sonho de riqueza acabou em penúria de olhos bem abertos. Pôr ordem no caos que restou foi a primeira tarefa daquele que foi o primeiro *primeiro-ministro* inglês.

Sir Robert Walpole

O escândalo do estouro da bolha da South Sea deu esperança aos tories. Só um homem, em meio ao *crash* e pânico de 1721, poderia manter o monopólio whig. Robert Walpole, hoje confirmado como o maior dos mestres em cifras de sua geração. Logo ele se tornaria Cavaleiro da Jarreteira, um dos poucos a entrar para a Ordem não sendo nobre, figura de proa do partido whig na Câmara dos Comuns. Walpole, ao tornar-se chefe do governo, voltou-se imediatamente para a reconstrução financeira. Em poucos meses a situação melhorou, e a Inglaterra acomodou-se outra vez sob uma nova edição do regime whig. Com um homem de negócios à frente do governo, a atmosfera da política nacional tornou-se cada vez mais materialista. O objetivo de Walpole era estabilizar em uma geração o regime hanoveriano e o poder do partido whig. Ele foi o enfermeiro zeloso da recuperação da Inglaterra após o esforço nacional feito no reinado da Rainha Anne. Mas o povo relembrava a grandiosa época que findara e zombava dos tempos banais de George I. A política de segurança, paz e prosperidade pouco falava aos corações, e muitos atacaram a decadência da política interna e a pouca importância da Inglaterra no exterior.

Essa tentação das questões políticas europeias foi muito forte para vários dos homens mais próximos a Walpole. Ele queria o mínimo possível: manter a paz, permanecer no cargo, fazer prestidigitação com os homens, deixar os anos passarem. Mas a outros sensibilizavam temas mais vigorosos. Walpole foi obrigado a brigar. Walpole passou a ser chamado por seus inimigos, em tom de mofa, de "ministro-excelso, primus, ministro-principal, *prime minister*," primeiro-ministro – sim, esse honroso título teve origem como termo de chacota. Em 1737, sua fiel aliada, a rainha Caroline, faleceu. Ocorreu então uma reação crescente, no país e na Câmara dos Comuns, ao interminável monopólio de poder político desse gentleman rural de Norfolk, obstinado e imune a sentimentos, com sua cabeça para números e seu horror ao talento, que mantinha o país em sossego e, embora de modo apenas incidental, teve a oportunidade de enriquecer.

Tudo que era ardoroso e aventureiro no caráter inglês contorcia-se sob aquele governo. Para destruir a mecânica do sistema de Walpole só faltava um estardalhaço que agitasse o país e, consequentemente, provocasse uma debandada dos paralisados membros semiconservadores do parlamento para uma votação contra o ministro. A rachadura começou por uma série de incidentes na América espanhola.

❊

Em 1713, o Tratado de Utrecht dera aos ingleses o direito de enviar uma carga de navio por ano de escravos negros às plantações espanholas do Novo Mundo. A ineficiência da administração espanhola era tal que ficou fácil o contrabando de negros, e o comércio ilícito cresceu firme nos anos de paz. Mas quando o governo espanhol começou a se reorganizar, os navios ingleses que negociavam ilegalmente em águas espanholas eram abordados e revistados pelos guardas costeiros espanhóis. Os lucros eram altos, e os negociantes de Londres forçaram Walpole a desafiar o direito de busca. Seguiu-se uma série de negociações com Madrid.

A Espanha, quase falida, ansiava por evitar uma guerra. Fez várias concessões, e Walpole reduziu drasticamente as reclamações dos comerciantes ingleses. Mas, no Parlamento, a oposição iniciou um amplo ataque às negociações espanholas. Muito se ouviu sobre a honra da Inglaterra e as grandes tradições de Elizabeth e Cromwell, e recorreu-se com veemência aos preconceitos e sentimentos nacionais. Um comandante que negociava com as possessões espanholas, um certo Jenkins, foi levado à Câmara dos Comuns para apresentar ao plenário sua orelha dentro de uma garrafa e afiançar que fora cortada por guardas-costeiros quando seu navio foi revistado. "Que fez você?" – perguntaram-lhe. "Confiei a alma a Deus e minha causa ao meu país," foi a resposta ensaiada, posta em sua boca pela oposição. A orelha de Jenkins queimou a imaginação popular e se tornou o símbolo da agitação.

Os espanhóis podiam ignorar a belicosa oposição do parlamento inglês. Walpole não era forte o suficiente para isso. Se o país exigia guerra com a Espanha, os ministros mais tendiam a se alinhar com o país que a renunciar. Começou então uma grande luta, primeiro apenas com a Espanha, mas depois, pela solidez familiar da monarquia Bourbon, envolvendo a França. Assim começou o duelo final entre a Inglaterra e sua vizinha próxima, que em menos de cem anos veria as glórias de Chatham, os desatinos de Lord North, os terrores da Revolução Francesa, e a ascensão e queda de Napoleão.

Passo a passo, na confusão e no desgoverno que se seguiram, o poder de Walpole, tal como ele previra, escorregou-lhe das mãos. O emprego da Esquadra mal de pessoal falhou. Houve distúrbios em Londres. O príncipe de Gales aparecia em toda parte ovacionado pelos adversários do governo. Uma nova melodia estava em todos os lábios com a ressoante letra de Thomson, "Rule, Britannia."

Era fevereiro de 1742. Sir Robert governara a Inglaterra por vinte e um anos. Em Downing Street, nos derradeiros dias antes de sua queda, permanecia sentado horas a fio, sozinho e em silêncio, remoendo o passado. Ele foi o primeiro Primeiro-Ministro a residir no Número 10. Atingira sua meta de vida, a pacífica sucessão protestante na Inglaterra. Acalmara e persuadira um país resmungão e irritado a aceitar o novo regime. Montara uma poderosa organização, nutrida e cevada pelo patrocínio do governo. Havia supervisionado o dia a dia administrativo do país desimpedido da interferência real. Desde 1714 o soberano deixara de presidir em pessoa o Gabinete, salvo em ocasiões excepcionais – evento de muita significação, embora resultasse apenas de um acidente. Uma das acusações a Walpole, após sua queda, foi a de ter querido ser "o único e excelso ministro," o *prime-minister*. Mantivera a Inglaterra em paz por quase vinte anos. Foi o primeiro grande homem da Câmara dos Comuns na história da Inglaterra e, se tivesse renunciado antes da guerra com a Espanha, poderia ser chamado o de maior sucesso.

As colônias americanas

Devemos agora inspecionar o panorama das colônias americanas, que haviam crescido tranquila e constantemente por cento e cinquenta anos. Durante toda a primeira metade do século XVII, ingleses derramaram-se pelo continente americano. Legalmente, as colônias nas quais se instalavam eram concessões da Coroa – mas havia pouca interferência da metrópole e eles logo aprenderam a governar-se. Enquanto esteve com a atenção desviada pela guerra civil, a mãe-pátria os deixara sozinhos, e apesar de a Commonwealth de Cromwell estabelecer que o Parlamento era supremo sobre todo o mundo inglês, esse decreto nunca foi posto em prática e foi varrido pela Restauração. Mas depois de 1660 o governo da metrópole teve novas ideias mais precisas. Pelos cinquenta anos seguintes sucessivas administrações inglesas tentaram impor a supremacia da Coroa às colônias americanas e reforçar a autoridade e o patronato real sobre as possessões ultramarinas. Esperavam obter confiança e vantagens. Formaram-se comitês para lidar com a América.

Novas colônias se criaram na Carolina e na Pennsylvania, e Nova Holanda foi conquistada aos holandeses. Tomaram-se precauções a fim de garantir a autoridade da Coroa sobre todas aquelas aquisições. Houve esforços para rescindir ou modificar as cartas régias das colônias mais antigas. Tudo isso levou a conflitos constantes com as assembleias coloniais, que recebiam mal a ameaça da administração colonial de unificar e conduzir o conjunto pela Coroa. A maioria dessas assembleias eram corpos representativos de proprietários de bens alodiais que exigiam e exercitavam direitos, procedimentos, e privilégios iguais aos do parlamento em Westminster. Muitos dos homens com assento nessas assembleias vinham de uma tradição hostil à Coroa. Seus pais preferiram o exílio à tirania.

Por longo tempo o parlamento inglês não teve parte no conflito. A desavença era entre as colônias e os ministros do rei no Conselho Privado. Esses funcionários estavam determinados a dar um basta ao autogoverno americano. A motivação inglesa não era inteiramente egoísta. Lentamente, a ameaça do imperialismo francês assomava nas fronteiras de suas possessões, e os estadistas e comerciantes ingleses enfrentavam uma competição mortal nos mares e mercados do mundo inteiro. A resposta encontrada foi de natureza prática. O comércio colonial britânico devia ser planejado e coordenado em Londres. Um dos seus principais objetivos devia ser fomentar a marinha mercante britânica e criar uma reserva de navios e marujos para a eventualidade de uma guerra. O comércio colonial devia fluir apenas sobre quilhas britânicas, com guarnição britânica e para portos britânicos. Proibia-se às colônias comércio exterior próprio que pudesse prejudicar o crescimento da navegação inglesa. O ponto de vista comercial preponderante era a autossuficiência e o nacionalismo econômico. As colônias eram vitais. Deviam produzir matérias primas essenciais e propiciar mercados para a mãe-pátria. O Império devia ser uma unidade econômica fechada. Tal era, em poucas palavras, o conceito econômico contido na legislação do século XVII. Nesse esquema, não havia espaço para o desenvolvimento independente das colônias.

O sistema era mais irritante no papel que na prática. Nenhum governo do século XVII conseguiu fazer cumprir esses códigos a uma distância de milhares de milhas. As assembleias americanas rezingavam mas seguiam seu caminho, esquivando-se engenhosamente das restrições de Westminster.

A revolução inglesa de 1688 mudou essa situação. Até então, as colônias consideravam o Parlamento na Inglaterra um aliado contra a Coroa. Mas tempo viria em que o Parlamento, triunfante sobre a Coroa nas pelejas constitucionais internas, tentaria impor sua própria soberania sobre a América.

O espírito de amizade que assim se esperava assegurar não correspondeu à expectativa. Fartas razões houve para isso. Tanto em perspectiva como em tradição, as colônias haviam crescido isoladas da mãe-pátria. Uma geração nascida na colônia a esse tempo vivia nas plantações americanas, treinada nas duras lutas contra a natureza, expandindo-se rapidamente pelas terras sem limites que se estendiam para oeste a partir do litoral e decidida a proteger sua individualidade e seus privilégios. As doutrinas da Revolução Inglesa e as ideias dos whigs do século XVII faziam no Novo Mundo um eco ainda mais forte do que em casa. O vigor jovem dos americanos encontrava a cada passo empecilhos de papel ao desenvolvimento de seus recursos. Tudo isso os indispunha a qualquer grande esforço em favor da Inglaterra.

Por outro lado, embora rápidos em compreender o próprio potencial de força e riqueza, os colonos eram vagarosos em se organizar; e sendo ainda instintivamente leais à raça e conscientes da ameaça francesa em suas próprias fronteiras, estavam tão desejosos quanto os ingleses de evitar uma disputa grave entre si. Tomaram até parte ativa, embora desorganizada, nas tentativas de conquista do Canadá francês, culminadas na infrutífera expedição de 1711. Porém, ciumentos que eram, não só do governo imperial central, mas em relação uns aos outros, logo resvalaram para um isolamento litigioso.

❄

Essas condições perduraram por toda a administração de Walpole, que via a necessidade de evitar fricções a qualquer custo. Porém, com o decorrer do tempo, os colonos se mostraram cada vez mais determinados a pressionar por vantagens, e os anos centrais do século XVIII testemunharam uma violenta investida das assembleias coloniais sobre a autoridade do governo imperial. Inclinavam-se a se constituir em parlamentos soberanos, supremos na administração interna das diversas colônias e livres de toda restrição ou interferência de Londres. Houve rixas entre governadores e assembleias coloniais. Sucediam-se acusações de ambos os lados. A Coroa considerava os cargos de além-mar vagas para seus servidores, e o governo, para seus partidários. Daí, a administração colonial inteira se viu enodoada pela corrupção vigente na vida pública inglesa. Governadores, conselheiros, juízes e muitos outros funcionários eram nomeados pela Coroa e raramente escolhidos com a devida consideração pelo interesse dos colonos. "A América," disse um dos seus historiadores, "é o albergue da Inglaterra para MPs decadentes e cortesãos abandonados."

Por trás do barulho administrativo iam se firmando progressos de importância vital. Embora as assembleias coloniais tentassem persistentemente copiar o modelo inglês, eram refreadas cada vez. A América era tida apenas como fonte de benefícios econômicos para a Inglaterra. Com os anos, a pressão econômica da Inglaterra ficou mais forte. A balança comercial pendia sempre contra as colônias. Os comerciantes das colônias só podiam juntar dinheiro usando de meios ilegais. Esse fluxo de dinheiro vindo da América ajudaria a manter a Inglaterra em estado de solvência durante a primeira guerra mundial que ia acontecer.

No início do século XVIII fundou-se a última das Treze Colônias. O filântropo James Oglethorpe comovera-se profundamente com as horríveis condições dos pequenos devedores nas prisões inglesas. Após muita reflexão, ele teve a ideia de possibilitar a essas pessoas emigrarem para uma nova colônia. Em 1733 foi criado o primeiro assentamento em Savannah. Pequenas propriedades se formaram, e proclamou-se tolerância religiosa para todos, exceto para os católicos. Os primeiros colonizadores foram ingleses endividados, mas o local prometia vida nova aos oprimidos de várias partes da Europa. Grupos de judeus logo chegaram, seguidos por protestantes de Salzburg, morávios da Alemanha, e escoceses da ilha de Skye. A comunidade poliglota, que se chamou Georgia, logo atraiu ardentes missionários, e foi ali que John Wesley começou seu trabalho catequisador.

Essa colônia seria a última criada pela mãe-pátria nos territórios que mais tarde seriam os Estados Unidos. A imigração da Inglaterra agora apenas pingava, mas novos colonos chegavam de outras partes. Em fins do século XVII houve uma afluência de refugiados escoceses e irlandeses cujas empresas industriais e comerciais em casa haviam sido sufocadas pela legislação do parlamento inglês. Formaram um forte componente anti-Inglaterra em seu novo lar. A Pennsylvania teve um fluxo de imigrantes da Alemanha que logo perfez mais de 200 mil almas. Huguenotes trabalhadores e prósperos chegaram da França fugindo da perseguição religiosa. Também se mudava gente de uma colônia para outra. Os oásis de vida provincial se conectaram. A população duplicava rapidamente. Terras sem limite para oeste proporcionavam lares para os filhos da primeira geração. A abundância de terra habitável a ocupar encorajou a formação de grandes famílias. O meio primitivo criava uma perspectiva nova e ousada. Uma sociedade resoluta e independente gerava seu próprio modo de vida e sua própria cultura, influenciados e coloridos pelas condições ambientais. A marcha para oeste começava, encabeçada pelos alemães e ulster-irlandeses da Pennsylvania. Foi-se abrindo pelas montanhas a lenta trilha em busca de novas terras. Havia uma fervilhante diversidade de tipos humanos. Nas fazendas mais a oeste, que faziam fronteira com o território indígena, encontravam-se pioneiros rudes e rijos agricultores; nas colônias da Nova Inglaterra, eficientes empresários, advogados, nobres rurais e filhos de negociantes. Essa variada sociedade era ajudada, no Norte, pelo trabalho forçado de serviçais contratados e de homens trazidos clandestinamente pelo *impressment*, o costumeiro recrutamento naval forçado dos litorais ingleses; e no Sul, pela massa de escravos multiplicada anualmente por carregamentos da África. Eventos europeus que, provavelmente, a maioria dos americanos ignorava viriam agora a influir no destino das Treze Colônias.

A primeira "guerra mundial"

Quando Pitt entrou pela primeira vez para o Gabinete como ministro, em novembro de 1756, Frederick, o Grande, declarou: "A Inglaterra há muito estava em trabalho de parto, mas finalmente deu à luz um homem."

O inverno de 1755-1756 assistiu a uma grande revolução diplomática que as quatro maiores potências europeias estiveram apalpando algum tempo. Assinou-se uma convenção entre a Inglaterra e a Prússia, logo seguida por um tratado entre a França e a Áustria. Houve assim uma completa inversão de alianças. Uma terceira guerra com a França começou com um novo e forte aliado no lado inglês, a Prússia de Frederick, o Grande, porém com um desajeitado governo em Westminster. A má administração dos primeiros anos da luta deu a William Pitt sua chance. A perda da ilha de Minorca gerou clamor nacional. A hora de Pitt havia chegado.

Nada igual se vira desde Marlborough. De sua sala na Cleveland Row, Pitt delineou e venceu uma campanha que abarcou do leste da Índia, no Oriente, ao oeste da América, no Ocidente. A luta toda dependeu da energia desse único homem. Ele reteve em suas mãos todo o poder, financeiro, administrativo e militar. Ninguém teve condição de trabalhar com ele de igual para igual. Sua posição dependia inteiramente do êxito no campo. Não procurou consultar ou conciliar, mas para a execução de seus planos militares, Pitt teve o olho infalível para escolher o homem certo. Acabou com generais e almirantes incompetentes substituindo-os por homens mais jovens nos quais pudesse confiar: Wolfe, Amherst, Conway, Howe, Keppel, e Rodney. E assim, venceu.

Pitt não se limitou a um só campo de operações. Tomando a iniciativa em todos os quadrantes do globo, a Inglaterra evitou que os franceses concentrassem tropas, embaralhou seus planos de campanha e obrigou-os a dispersarem suas forças. A menos que fosse derrotada na Europa e também no Novo Mundo e no Oriente, a França se reergueria. Na América do Norte e na Europa, ela estava em alta. No mar, era temível inimiga. Na Índia, parecia que se um dia uma potência europeia se estabelecesse sobre as ruínas do Império Mogul, o estandarte erguido seria a flor de lis e não o da cruz de St George. A guerra com a França seria uma guerra mundial – a primeira da história; e a vitória daria mais que rearrumação de fronteiras e redistribuição de fortalezas e ilhas canavieiras.

Das garras do desfavor e da obstrução, Pitt chegara ao lugar mais importante do Parlamento, e agora, finalmente, o sucesso, a coragem e a confiança de seus compatriotas elevavam-no ao patamar em que podia ter seus dons ostentados e seus defeitos perdoados; despertar o espírito depressivo e lânguido da Inglaterra para a vida e para a ação; soldar seus recursos materiais e humanos num só instrumento de guerra a ser sentido do Danúbio ao Mississippi; rebaixar a casa de Bourbon; tornar a Union Jack bandeira suprema em todos os oceanos; vencer, dominar sem contar o preço em ouro ou sangue foi o espírito de Pitt, e esse espírito ele infundiu em seus compatriotas de todos os graus – almirantes e municiadores de canhão, grandes negociantes e pequenos lojistas; na convicção do mais jovem oficial em linha de que, com Pitt no comando, insucesso se perdoava, mas hesitação não. A vida pulsou no quadro entorpecido da administração inglesa, e os bons anos começaram, anos de uma glória quase inebriante para Pitt e seu país.

Os franceses foram varridos para fora de Hanover; os holandeses, pescando nas águas turvas da intriga oriental, foram contidos por Clive e obrigados a entregar os navios em Chinsura; o Cabo Breton foi tomado de novo, e o nome do "Great Commoner" impresso no mapa em *Pittsburg*, Pennsylvania. As duas principais esquadras francesas, no Mediterrâneo e no Canal, foram derrotadas separadamente. O almirante Boscawen, tendo recém-tomado Louisburg, foi destacado para vigiar o esquadrão de Toulon. Surpreendeu-o esgueirando-se pelo estreito de Gibraltar, destruiu cinco navios e forçou o resto a correr para a baía de Cadiz, bloqueado e fora de combate. Três meses depois, na curta luminosidade de um dia de novembro, com vento forte e entre rochas e bancos de areia não mapeados, o almirante Hawke aniquilou a esquadra de Brest. Em meio a essas vitórias, Wolfe morreu em Quebec, deixando para Amherst completar a conquista do Canadá, enquanto Clive e Eyre Coote erradicaram o que sobrou do poder francês na Índia.

É preciso ver esses triunfos e desastres mais de perto. Na América, Pitt fez frente a uma tarefa complexa e difícil. Os franceses se deslocavam ao longo dos cursos d'água detrás da barreira dos montes Alleghanies e ampliavam as alianças com os peles-vermelhas na tentativa de ligar sua colônia de Louisiana, no sul, com o Canadá, no norte. Assim confinariam os assentamentos ingleses à região costeira, detendo a expansão para oeste. A guerra irrompera em 1754. O general Braddock foi da Inglaterra a fim de restabelecer a autoridade inglesa a oeste dos Alleghanies, mas suas tropas foram destroçadas por franceses e índios, na Pennsylvania. Nessa campanha, um jovem oficial da Virginia chamado George Washington teve suas primeiras lições militares. Embora houvesse então mais de um milhão de americanos de origem inglesa, ultrapassando em muito o número de franceses, as brigas e a desunião anulavam essa vantagem. Só o tato diplomático de Pitt conseguiu a cooperação entre eles, pois ele agora voltara a atenção para a guerra americana.

Durante o inverno, estudou mapas e expediu mensagens aos oficiais e governadores. Montou um plano estratégico em três frentes para 1758. Loudon foi chamado de volta. Seu sucessor, Amherst, e o general Wolfe, com apoio naval enviado de Halifax, deviam subir o rio St Lawrence e atacar Quebec. Outro exército, sob o comando de Abercromby, devia tomar o lago George nas cabeceiras do Hudson e juntar-se a Amherst e Wolfe frente a Quebec. Uma terceira força, sob o general Forbes, avançaria da Pennsylvania pelo vale do Ohio e tomaria o forte Duquesne, um dos postos da linha francesa no Mississippi. A Esquadra dispôs-se para impedir reforços saídos da França.

Um cérebro capaz de conceber e dirigir tal empenho estava agora no poder em Whitehall; mas comandar ações a uma distância de cinco mil quilômetros era quase impossível, naqueles tempos de navegação a vela. Amherst e Wolfe martelaram insistentemente as fronteiras do Canadá. Em julho, o forte de

Louisburg foi tomado. Mas Abercromby, avançando de Ticonderoga, se emaranhou na floresta; seu exército foi duramente batido e o avanço sustado. A aventura na Pennsylvania correu melhor. O forte Duquesne foi tomado e arrasado, e o local rebatizado com o nome de Pittsburg; mas a falta de efetivos e de organização forçou as tropas inglesas a se retirarem no fim da campanha. Pitt não desanimou. Percebeu a necessidade de uma ofensiva combinada ao longo de toda a fronteira, de Nova Scotia até o Ohio.

Pelo novo plano, no ano seguinte a marinha atacaria as Índias Ocidentais francesas, e a invasão do Canadá subindo o St Lawrence seria executada com mais empenho, apesar da amarga experiência no passado.

❄

O ano de 1759 trouxe prestígio para as armas inglesas no mundo inteiro. Em maio, a marinha tomou Guadalupe, a ilha açucareira mais rica das Índias Ocidentais. Em julho, Amherst tomou Ticonderoga e o forte Niagara, criando para as colônias americanas uma fronteira nos Grandes Lagos. Em setembro, a expedição que subia o St Lawrence atacou Quebec. Wolfe fez, ele próprio, um reconhecimento do rio à noite e divertiu os oficiais recitando a "Elegia" de Gray: "Os caminhos da glória só nos levam ao túmulo." Numa brilhante colaboração entre exército e marinha, Wolfe desembarcou seus homens e levou-os por um caminho insuspeitado, protegidos pela escuridão, galgando os íngremes rochedos dos Altos de Abraham. Na batalha que se seguiu Montcalm foi derrotado e morto, e a fortaleza-chave do Canadá tomada. Wolfe, ferido mortalmente, viveu até a certeza da vitória, e morreu murmurando: "Agora, Deus seja louvado, morrerei em paz."

Mas foi preciso outro ano de luta para trazer o Canadá para o mundo da língua inglesa. Em maio de 1760 a guarnição britânica em Quebec foi resgatada após um cerco de inverno. Com cautela e obstinação, Amherst convergiu para Montreal. Em setembro a cidade capitulou e a gigantesca província do Canadá francês mudou de mãos. Foram, sem dúvida, anos de triunfo. Assim, a América do Norte foi garantida para mundo de língua inglesa. Pitt não só ganhou o Canadá, com sua pesca e seu comércio índio: baniu para sempre o sonho e perigo do império colonial francês estendido de Montreal a Nova Orleans. Era impossível a ele prever que o fim da ameaça francesa levaria à definitiva secessão das colônias inglesas do Império Britânico.

❄

O sucesso de Pitt contribuiu para sua queda. Como Marlborough e Godolphin, que esbarraram num crescente fastio de guerra após Malplaquet, Pitt, figura isolada em seu próprio governo, viu-se ante uma crescente aversão à guerra após as grandes vitórias. Entre seus colegas houve quem honesta e patrioticamente duvidava da sensatez de continuar a guerra, da qual a Inglaterra ganhara mais do que talvez pudesse manter; uma guerra que a elevou, uma vez mais, às alturas alcançadas após Ramillies. Foi em vão a tentativa de Pitt mostrar que nenhuma paz duradoura ou satisfatória haveria enquanto a França não fosse derrotada na Europa. Entrar em acordo antes da exaustão da França seria conseguir uma pausa para o fôlego até o conflito seguinte.

Em outubro de 1760 morreu George II. A disposição do novo soberano era adversa. George III tinha ideias bem claras do que queria e para onde ir. Dispunha a ser rei, um rei a quem seus compatriotas iam seguir e venerar. Mas nessa monarquia, que lugar teria um homem como Pitt, que nada devia à corrupção, nada à Coroa, tudo ao povo e a seu domínio pessoal da Câmara dos Comuns? Enquanto estivesse no poder, dividiria o reino com César. Não podia evitá-lo. Sua profunda reverência pela pessoa e a posição de George III não escondia de ambos o fato de que Pitt era um grande homem, e o Rei, homem muito limitado. Em outubro de 1761, foi obrigado a renunciar e, como Conde de Chatham, retirou-se para a vida privada.

William Pitt alinha-se com Marlborough como o maior inglês do século entre 1689 e 1789. "É um fato a considerar na história do mundo," escreveu Carlyle, "que ele foi por quatro anos Rei da Inglaterra." Pitt é a primeira grande figura do imperialismo inglês.

❄

Passados três meses da saída de Pitt, o governo foi obrigado a declarar guerra à Espanha. Isso levou a novos êxitos nas Índias Ocidentais e noutras paragens. A esquadra inglesa tomou o porto de Havana, que controlava as rotas comerciais da "Área Mestra Espanhola," a parte sul do mar das Caraíbas, e o movimento das Frotas do Tesouro. No Oceano Pacífico, uma expedição de Madras atacou as Filipinas e tomou Manila. Por terra e mar, a Inglaterra era senhora do mundo exterior. Tudo foi, em grande parte, desperdiçado.

Cinquenta anos após o Tratado de Utrecht, a Inglaterra fez nova paz com a França. Os ganhos da Inglaterra nessa Paz de Paris de 1763 foram consideráveis. Na América, garantiu o Canadá, Nova Scotia, o cabo Breton, as ilhas adjacentes, e o direito de navegar pelo Mississippi, importante para o comércio com os peles-vermelhas. Nas Índias Ocidentais ganhou Grenada, St Vincent, Dominica e Tobago. Da Espanha, recebeu a Florida. Na África, manteve o Senegal. Na Índia, a Companhia da Índia Oriental preservou suas extensas conquistas.

Historiadores adotam uma visão lisonjeira do tratado que estabeleceu a Grã-Bretanha como Potência Imperial, omitindo, maneirosos, sua fraqueza estratégica. Na realidade, apaziguamento e conciliação venceram. E o sombrio veredicto do homem que suportou a desfiguração intencional de sua obra disse a verdade histórica. Ele viu no tratado a semente de uma futura guerra. "A paz foi insegura, pois restaurou o inimigo em sua grandeza antiga. Foi inadequada, pois o que se ganhou não valeu o que se entregou."

A rixa com a América

A acessão de George III causou uma profunda mudança na política inglesa. Em teoria e por lei, a monarquia conservava influência e poder decisivos. A ação pessoal do rei fora, por séculos, ampla e comumente aceita, e só a partir da dinastia hanoveriana a influência real passou a ser, em grande medida, exercida pelos ministros whigs no parlamento. Walpole e Newcastle foram mais que ministros; foram, a bem dizer, quase regentes. Tanto George I como George II eram forasteiros, e o círculo palaciano de ambos, praticamente alemão. Agora tudo mudou. George III era, ou pensava ser, inglês nascido e criado. Decerto tentou ser. Reza a tradição que sua mãe disse "George, sê Rei," e ele deu o melhor de si para obedecer. Que tenha falhado quanto aos problemas centrais de seu reinado pode ter sido, ao fim e ao cabo, bom para a liberdade fundamental da Inglaterra. Dos desastres brotou o regime parlamentar como hoje temos; mas os infortúnios foram também terríveis e grandes. Quando George III morreu, a América se separara do Reino Unido, o primeiro império britânico desmoronara, e o próprio Rei enlouquecera.

❄

A disputa com a América começou a dominar a cena política inglesa. Vastos territórios sucumbiram à Coroa no remate da Guerra dos Sete Anos. Da fronteira canadense até o golfo do México, todo o hinterland das colônias americanas era solo inglês, e o loteamento desse novo território resultou em maiores problemas com os colonos. Muitos deles, como George Washington, criaram empresas para comprar dos índios essas glebas fronteiriças, mas um édito real impediu qualquer aquisição e proibiu assentamentos. Washington, entre outros, ignorou a interdição.

George III resolvera outrossim que as colônias deveriam pagar sua parte nos custos do Império e no provimento das tropas no Novo Mundo. A favor disso houve fortes argumentos. A Inglaterra entrara com a maior parte dos homens e do dinheiro na luta contra a França para a proteção delas – a bem da verdade, para a sobrevivência delas; mas os métodos do governo inglês foram ineficazes e imprudentes.

Resolveu-se taxar as colônias com um imposto de importação, e, em 1764 o Parlamento reforçou a Lei do Melaço de 1733. Essa medida, uma pesada tributação às importações estrangeiras, havia muito era burlada pelos colonos. As novas regras foram, pois, um sério golpe. Como disse um comerciante: "As restrições a que fomos submetidos pelo parlamento nos inibem de usar nossas embarcações de modo lucrativo, já que não temos perspectivas de mercado em nossas próprias ilhas e não podemos enviá-las a outros lugares para obter algum retorno."

Os resultados foram ruins em ambos os lados do Atlântico. O governo inglês verificou que os impostos redundavam em pouco dinheiro; e os mercadores ingleses, já preocupados com a situação de seus devedores americanos, não queriam tornar as finanças coloniais ainda mais instáveis. Sendo os impostos indiretos infrutíferos, Grenville e seu vice Charles Townshend propuseram que todos os documentos legais das colônias fossem selados, por uma taxa. Houve poucos protestos, embora os colonos sempre tivessem objetado à taxação direta, e, em 1765, o Parlamento votou a Lei do Selo.

A lei não impunha grande ônus, mas incluía taxas sobre jornais e os jornalistas, em grande parte, eram partidários veementes do grupo extremista americano. A controvérsia revelou e robusteceu os elementos mais violentos da América, propiciando que experimentassem formar uma resistência organizada. Os futuros líderes revolucionários emergiram da obscuridade – Patrick Henry na Virginia, Samuel Adams em Massachusetts e Christopher Gadsen na Carolina do Sul. Um pequeno grupo de radicais bem-organizado começou a emergir. Mas embora houvesse protestos, e delegados queixosos convocassem uma reunião sobre a Lei do Selo em Nova York, não havia unidade de opinião na América. Os cobradores de selos eram atacados, seus escritórios e casas danificados. Mas a oposição mais efetiva veio dos negociantes ingleses, que denunciaram a lei como contrária aos verdadeiros interesses comerciais do Império e um perigo para os recursos coloniais.

❄

A personalidade de George III exercia agora uma influência preponderante nos acontecimentos. Ele foi um dos soberanos mais conscienciosos que ocuparam o trono inglês. De gostos simples e maneiras despretensiosas, ele tinha a aparência de um típico *yeoman*, um pequeno proprietário rural. Mas sua cabeça era hanoveriana, com infinita capacidade para assenhorear-se de detalhes e limitado sucesso em questões amplas e princípios fundamentais. Tinha grande coragem moral e entranhada obstinação, uma teimosia que dava peso à atitude inflexível de seu governo. Sua responsabilidade pela ruptura final é grande.

O Rei buscou uma reconciliação política. Em julho de 1765, o marquês de Rockingham encarregou-se de formar um governo, e trouxe como secretário particular um rapaz irlandês chamado Edmund Burke, já conhecido nos círculos literários como escritor talentoso e orador brilhante. Era muito mais que isso. Grande pensador político. Ao observar a política inglesa e o caráter inglês com um quê da imparcialidade de um forasteiro, capacitou-se a diagnosticar com um discernimento bem além do alcance de quem ficava imerso nos assuntos do dia e acorrentado em hábitos mentais tradicionais. O objetivo de Burke era recriar do grupo de Rockingham um efetivo partido político.

Teve de superar a noção largamente predominante de que um partido era em si coisa um tanto desonrosa, noção reforçada pelo arrogante desdém de Pitt por organizações e assuntos partidários. A respeito da Irlanda, da América, da Índia, a atitude de Burke era peremptória. Ele defendia, e levou seu partido a defender, a conciliação com as colônias, o afrouxamento das restrições ao comércio irlandês, e um governo da Índia com as mesmas bases morais do governo da Inglaterra.

Durante anos Burke foi a voz no deserto, muitas vezes em tom exaltado. Orador a fulgurar entre os clássicos, de incomparável raciocínio político, faltavam-lhe bom senso e autocontrole. Foi talvez a maior personalidade que a Irlanda produziu. Esses dons, com uma pitada de indolência e ironia inglesa, poderiam tê-lo feito o maior estadista da Inglaterra.

Em 1767, Charles Townshend apresentou um projeto de lei tributando as importações americanas de papel, vidro, chumbo e chá. A América enraiveceu. A assembleia de Massachusetts propôs uma petição conjunta com outros grupos coloniais contra os novos tributos. A resistência colonial se organizava agora em escala continental, ao mesmo tempo que e as barreiras do provincianismo e das ciumeiras diminuíam. Pactos de não importação foram feitos, e houve um sistemático e muito bem-sucedido boicote de mercadorias inglesas. Mas rebelião estava ainda longe de suas mentes; nesse estágio, pouca gente desejava uma separação.

Mas os ânimos começaram a se exaltar. Em maio de 1768 a chalupa *Liberty*, pertencente a John Hancock, o maior comerciante de Boston, foi detida e revistada perto da costa por funcionários da Alfândega Real. Os colonos a resgataram à força. O Gabinete ainda não se mostrou seriamente apreensivo, apenas perturbado. Concordou em suspender as taxas alfandegárias, exceto sobre o chá. O Parlamento manifestou sua soberania sobre as colônias mantendo a taxa de três pence por libra de chá.

De repente, por algum misterioso desígnio da natureza, as nuvens que haviam se acumulado em torno do intelecto de Pitt, conde de Chatham, dissiparam-se. A cena em que reabriu os olhos era lúgubre o suficiente para consternar qualquer um. Na Inglaterra, uma insensata ânsia por vingança levara o Rei a atacar os direitos dos eleitores de todo o país. Na América ainda não correra sangue, mas todos os sinais de dissolução do Império estavam à vista de quem quisesse ver. Mas George III, após doze anos de maquinações, finalmente achara um primeiro-ministro submisso e obediente. Lord North, homem charmoso, muito hábil e de temperamento impecável, presidiu a perda das colônias americanas.

Em setembro de 1774, as assembleias coloniais reuniram-se em congresso na Filadélfia. Os extremistas ainda estavam sob controle, e os delegados ainda se concentravam nos boicotes comerciais. Formou-se uma associação para suspender todo o comércio com a Inglaterra até que as Leis Coercitivas fossem anuladas, e encarregaram-se Comitês de Correspondência de levar o plano em frente. Uma Declaração de Direitos exigiu a rescisão de cerca de treze leis de comércio aprovadas pelo Parlamento britânico desde 1763. O tom desse documento, que foi despachado para Londres, era de moderação respeitosa. Mas em Londres toda a moderação foi descartada. O "interesse açucareiro" dentro da Câmara dos Comuns, invejoso da competição colonial nas Índias Ocidentais; os oficiais do exército que desprezavam as tropas coloniais; o governo, pressionado por dinheiro e ofuscado pela doutrina da existência das colônias apenas para benefício da mãe-pátria: tudo se combinou para aniquilar as últimas esperanças de paz. A petição foi rejeitada com desdém.

Inicialmente, tudo pareceu ter se acalmado. Os comerciantes americanos estavam encantados com a revogação dos impostos às importações, e em meados de 1770 a reconciliação parecia completa, exceto em Boston. Ali Samuel Adams, criativo organizador da resistência e defensor da separação, viu que a luta atingia um ponto crucial. Até então a rixa era, no fundo, uma disputa comercial, e nem os comerciantes americanos nem os ministros ingleses nutriam simpatia pelas ideias dele. Adams temeu que a resistência das colônias pudesse se desagregar e que os ingleses reafirmassem sua autoridade, a menos que novas perturbações fossem criadas. Ele e outros líderes radicais meteram mãos à obra.

A notícia da revogação dos impostos mal havia alcançado a América quando correu o primeiro sangue. A maior parte da guarnição britânica estava em Boston. A tropa era malquista pelos habitantes da cidade, e Adams espalhou rumores maldosos sobre a conduta dos soldados. Os "lagostas" em suas túnicas vermelhas eram insultados e escarnecidos onde quer que aparecessem.

Em março de 1770, a pertinácia da criançada de Boston em jogar bolas de neve num sentinela inglês provocou um tumulto. Na confusão e gritaria, alguns soldados abriram fogo e houve vítimas. Esse "massacre" era justamente a espécie de incidente que Adams esperara. "Comitês de Correspondência" foram criados em todo Massachusetts, e no fim do ano espalhavam-se por setenta e cinco vilarejos. Os agitadores da Virginia, liderados pelo jovem Patrick Henry, formaram um comitê permanente na assembleia da cidade para manter contato com as outras colônias, e uma corrente desses grupos apareceu rapidamente. A despeito do "massacre" de Boston, da violência em alto-mar, e das desavenças comerciais, as agitações de Adams e seus amigos começavam a dar indícios de esgotamento quando Lord North cometeu um erro fatal. A Companhia da Índia Oriental estava quase falida. Uma lei passou no Parlamento autorizando a companhia a embarcar o chá do qual havia grande excesso diretamente para as colônias sem pagar taxas de importação aduanas. Assim, na verdade, dava-se monopólio à companhia. A grita do outro lado do atlântico foi instantânea. A lei teve sucesso onde Adams falhara: uniu a opinião colonial contra os ingleses.

Os radicais, que começaram a se cognominar "Patriotas," aproveitaram a oportunidade para forçar uma crise. Em dezembro de 1773 os primeiros carregamentos chegaram a Boston. Agitadores disfarçados de peles-vermelhas subiram a bordo dos navios e destruíram as caixas. Quando a notícia chegou a Londres, subiu o clamor por repressão. Em vão Burke e Chatham pleitearam conciliação. O Parlamento aprovou uma série de "Leis Coercitivas" que suspendiam a assembleia de Massachusetts, declaravam a colônia sob controle da Coroa, fechavam o porto de Boston e decretavam que todos os juízes da colônia seriam dali em diante nomeados pela Coroa. Essas medidas restringiam-se a Massachusetts. Esperou-se, desse modo, isolar a resistência. O efeito foi oposto.

Os eventos avançaram céleres. Os Patriotas começaram a armazenar provisões bélicas em Concord, uma povoação a pouco mais de 30km de Boston. O governador militar de Massachusetts, general Thomas Gage, decidiu confiscar a munição e prender Samuel Adams e seu colega John Hancock. Mas os colonos estavam alertas. Todas as noites patrulhavam as ruas de Boston atentos a qualquer movimento das tropas inglesas. Em 18 de abril de 1775, oitocentos soldados ingleses puseram-se em marcha durante a noite pela estrada de Concord. Mas o segredo tinha vazado. Do campanário da Igreja do Norte mensageiros foram avisados por sinais de lanternas. Um dos patrulheiros, Paul Revere, montou seu cavalo e partiu a todo galope para Lexington, tirando Adams e Hancock da cama e instando-os a fugirem.

Às cinco horas da manhã a milícia local de Lexington, setenta homens, entrou em forma na pracinha da aldeia. Quando o sol despontou, avistou-se a vanguarda da coluna britânica, com três oficiais cavalgando à frente. O comandante, brandindo a espada, gritou: "Rebeldes, dispersar imediatamente!" O comandante da milícia mandou seus homens dispersarem. Os comitês coloniais preocupavam-se em não dar o primeiro tiro, e havia ordens estritas de não se provocar um embate aberto com as tropas regulares inglesas. Mas na confusão alguém atirou. Uma saraivada respondeu. Eram tênues as fileiras da milícia, e houve uma *mêlée* geral. Empurrando para o lado os sobreviventes, a coluna inglesa avançou para Concord. Mas agora a região se revoltara e o grosso dos suprimentos fora removido para local seguro. Com dificuldade os ingleses voltaram para Boston, com o inimigo nos calcanhares. A cidade foi cercada e isolada. A notícia de Lexington e Concord espalhou-se pelas outras colônias; governadores e funcionários britânicos foram expulsos. Com boa percepção estratégica, os fortes situados à entrada do vale do Hudson foram tomados por uma unidade de Patriotas sob o comando de Ethan Allen, chefe dos "Green Mountain Boys" da região que se tornou Vermont, e de Benedict Arnold, um comerciante de Connecticut. Os ingleses viram-se sem qualquer ajuda que lhes viesse do Canadá, e a guerra da Independência começou.

A Guerra da Independência

Em maio de 1775, um congresso de representantes das colônias americanas reuniu-se no Carpenters' Hall da tranquila cidade de Filadélfia, na Pennsylvania. Eram respeitáveis advogados, médicos, comerciantes e proprietários rurais, nervosos diante do avanço dos acontecimentos e aparentemente inadequados para um comitê revolucionário. Os primeiros tiros haviam sido disparados e se derramara sangue, mas a esperança de uma solução conciliatória ainda não se esgotara, e eles temiam a criação de uma força militar que poderia, tal como os Ironsides de Cromwell, ultrapassar seus criadores. Não tinham tradição nacional comum – exceto aquela contra a qual estavam se revoltando – nenhuma organização, nem indústria, nem tesouro, nem suprimentos, nem exército. Muitos ainda nutriam esperança de paz com a Inglaterra. Entrementes, soldados ingleses sob o comando do general Sir William Howe aproximavam-se pelo Atlântico, e um conflito fratricida armado e violento os encarava.

O centro da resistência e a cena de ação era Boston. Em 25 de maio, Howe entrou no porto trazendo reforços e elevou o total de tropa inglesa para 6 mil homens. Os montes Breed e Bunker Hill dominavam a cidade. Se os colonos conseguissem ocupar aquelas elevações e manter-se nelas, poderiam expulsar os ingleses de Boston a tiros de canhão. Na noite de 16 de junho, o general Gage decidiu antecipar-se a eles, porém na manhã seguinte uma linha de defesa já se fazia visível no topo dos morros. Os combatentes patriotas, informados por mensagens de Boston, tinham cavado trincheiras durante a noite. Gage estava resolvido a uma demonstração de força. Tinha sob seu comando alguns dos melhores regimentos do exército inglês, e tanto ele quanto seus homens tomaram-se de um forte desprezo pelos colonos em lutas anteriores. Ele decidiu executar um ataque frontal pela colina, a fim de que toda Boston, das janelas e dos telhados, pudesse ver o espetáculo dos soldados ingleses marchando firmes em linha para arrasar as trincheiras rebeldes.

Na calorenta tarde do dia 17, em três fileiras os túnicas-vermelhas moveram-se vagarosamente em direção ao topo do Monte Breed. O silêncio reinava. Boston inteira era espectadora. A cem metros das trincheiras ainda não se ouvia um único som nas linhas. Mas a cerca de cinquenta metros, uma saraivada de chumbo grosso e balas, disparados de velhas armas de caça, atingiu os atacantes. Howe, com os calções de seda branca manchados de sangue, reagrupou seus homens, mas outra saraivada os dispersou e afugentou de volta aos navios. A reputação de Howe estava em jogo. Na terceira investida, dessa vez em coluna, os regulares expulsaram os granjeiros de suas posições.

Essa impetuosa e sangrenta ação provocou exaltação em todas as colônias, e tem sido comparada em seus efeitos com Bull Run, da Guerra de Secessão, oitenta e seis anos mais tarde. Os rebeldes viraram heróis. Haviam enfrentado tropas treinadas, destruíram um terço de seus oponentes e apagaram com sangue a lenda da covardia ianque. Os ingleses tomaram a colina, mas os americanos ficaram com a glória. Gage não fez novos ataques e em outubro foi chamado de volta à Inglaterra, desacreditado. Howe substituiu-o no comando. Em ambos os lados do Atlântico viu-se que uma luta mortal era iminente.

Fazia-se agora imperativo que os Patriotas organizassem um exército. Massachusetts já havia apelado ao congresso em Filadélfia para indicar um comandante em chefe. Houve muitos debates sobre a escolha. Havia inveja e antipatia contra o povo da Nova Inglaterra que arcava com o peso da luta, então, em boa parte por razões políticas, decidiu-se indicar um sulista. A atenção de Adams centrou-se num personagem fardado em meio à roupa marrom-escura dos demais delegados. Era o coronel George Washington, de Mount Vernon, na Virginia. Esse próspero plantador sulista havia lutado nas campanhas de 1750 e ajudara a livrar o resto da tropa de Braddock de seu avanço desastroso. Era o único senhor no congresso com experiência militar, a qual se limitara a umas campanhas menores na fronteira. Recebia agora o comando de todas as tropas que a América pudesse recrutar. Grande exigência cairia sobre o espírito determinado que era o seu por natureza.

As colônias tinham cerca de 280 mil homens capazes de pegar em armas, mas em nenhum momento da guerra Washington conseguiu reunir ao mesmo tempo mais de 25 mil deles. Ciumeira entre as colônias e falta de equipamento e organização prejudicaram seu trabalho. Sua mais urgente tarefa foi prover o bando esfarrapado de Boston de disciplina e munição, e para esse fim ele dedicou os meses de outono e inverno de 1775. Enviou-se uma expedição ao Canadá, sob o comando de Benedict Arnold, personagem que seria para sempre infame na história americana, e de Richard Montgomery, que em outra ocasião servira sob as ordens de Wolfe. Eles avançaram pela mesma rota que as tropas inglesas haviam percorrido na campanha de 1759, e eram apenas 11 mil homens ao todo. Montgomery tomou e ocupou Montreal, que estava sem guarnição militar. Juntou-se então a Arnold que, após desesperadoras dificuldades, havia chegado às fortificações de Quebec com a sombra do que fora um exército.

No auge do inverno, em meio a forte nevasca, eles se lançaram contra Morro de Abraham defendido por Sir Guy Carleton com algumas centenas de soldados. Montgomery foi morto e a perna de Arnold estraçalhada. Os sobreviventes, mesmo após essa derrota, acamparam castigados pelo vento do outro lado do rio. Mas na primavera, quando o gelo derreteu no St Lawrence, os primeiros reforços da Inglaterra chegaram. Tendo perdido mais da metade do efetivo, os Patriotas empreenderam uma lenta marcha de volta ao Maine e ao Forte Ticonderoga. Desse modo, o Canadá escapou do ímpeto revolucionário. Os franco-canadenses estavam, de modo geral, satisfeitos com a vida sob a Coroa britânica. Logo o Canadá seria o porto seguro de muitos refugiados dos Estados Unidos que se sentiam incapazes de negar lealdade a George III.

Enquanto isso, Howe permanecia confinado em Boston. Evitava adotar represálias, e pelo menos nos primeiros dois anos de guerra teve esperanças de reconciliação. Ele e seus generais eram whigs membros do parlamento, comungando do ponto de vista do partido de que uma guerra vitoriosa contra os colonos era impossível. Howe era um comandante cavalheiresco e competente no campo de batalha, mas sempre lento em tomar a iniciativa. Agora se propôs a tarefa de intimidar os americanos. Mas para isso precisava de muita ajuda da Inglaterra; como nenhuma chegou, e Boston em si não tinha importância estratégica, retirou-se da cidade na primavera de 1776 e seguiu para a única base inglesa da costa atlântica, Halifax, na Nova Scotia. Ao mesmo tempo, uma pequena expedição sob o comando do general Clinton foi em direção ao sul para a Charleston legalista, com o fito de reunir as colônias centrais e sulistas. Mas a resistência dos Patriotas se adensava, e muito embora os moderados do congresso se opusessem até então a qualquer declaração formal de independência, a desocupação de Boston instigou-os a uma ação mais decisiva. Até chegarem ao que hoje se chamaria estado de beligerância eles não podiam obter provisões militares do exterior, exceto por contrabando, e o suprimento era indispensável. Os políticos conservadores gradualmente cediam aos radicais. O panfleto *Common Sense*, escrito por Tom Payne, um extremista inglês recentemente chegado à América, apresentou a causa da revolução com enorme sucesso e com muito maior efeito do que os textos de intelectuais como Adams.

Mas foi o governo inglês que deu o passo seguinte rumo à dissolução dos laços de fidelidade entre a Inglaterra e a América. No início de 1776, pôs em execução uma Lei Proibitória vetando qualquer contato com as colônias rebeldes e declarando o bloqueio da costa americana. Ao mesmo tempo, na impossibilidade de alistar suficiente tropa inglesa, hessianos da Alemanha foram recrutados e despachados para o outro lado do Atlântico. O resultante clamor na América fortaleceu os extremistas. Na Filadélfia, em 7 de junho, Richard Henry Lee, da Virginia, propôs a seguinte moção: "Que estas colônias unidas são, e de direito têm de ser, estados livres e independentes; que estão desobrigadas de qualquer vassalagem à Coroa Britânica; e que todo o vínculo político entre elas e a Grã-Bretanha está, e deve ficar, totalmente dissolvido." Mas seis das treze colônias ainda se opunham a uma imediata Declaração. Temia-se uma invasão em larga escala. Não se concluíra ainda qualquer aliança externa. Muitos consideravam que um desafio formal pudesse arruinar a causa e alhear apoios. Mas por fim um comitê foi criado, um documento foi redigido por Thomas Jefferson e, no dia 4 de julho de 1776, a Declaração de Independência foi aceita por unanimidade pelo Congresso das colônias americanas.

Esse documento histórico proclamou as causas da revolta, e enumerou vinte e oito "repetidas injúrias e usurpações" pelo Rei da Grã-Bretanha. A introdução é conhecida e imortal: "Quando, no curso dos acontecimentos humanos, se torna necessário um povo dissolver laços políticos que o ligavam a outro e assumir, entre os poderes da Terra, posição igual e separada, a que lhe dão direito as leis da natureza e as do Deus da natureza, o respeito digno às opiniões da humanidade exige que se declarem as causas que o levam a essa separação.

"Consideramos verdades evidentes por si mesmas que todos os homens foram criados iguais, foram dotados pelo Criador de certos direitos inalienáveis, que entre estes estão a vida, a liberdade e a busca da felicidade. Que a fim de assegurar esses direitos, governos são instituídos entre os homens, derivando seus justos poderes do consentimento dos governados; que, sempre que qualquer forma de governo se torne destrutiva de tais fins, cabe ao povo o direito de alterá-la ou aboli-la e de instituir novo governo, baseando-o em tais princípios e organizando-lhe os poderes da forma que lhe pareça mais conveniente para realizar-lhe a segurança e a felicidade."

A Declaração foi, em grande parte, uma reafirmação dos princípios que tinham animado a luta dos whigs contra os últimos Stuarts e a Revolução Inglesa de 1688, e agora se tornava o símbolo e o ponto de união da causa dos Patriotas. Seu efeito imediato foi o de aumentar o número de Legalistas, assustados por esse extraordinário desafio. Expusera-se o objetivo das colônias. Os vacilantes foram forçados a uma decisão. Não havia mais volta.

*

Todo esse tempo os ingleses permaneceram em Halifax aguardando reforços da Inglaterra e pensando em sua estratégia. O sucesso militar dependia de dominar o vale do Hudson. Se pudessem manter o controle do rio e dos fortes que o defendiam, a Nova Inglaterra ficaria isolada das colônias do Centro e do Sul, que continham dois terços da população e a maior parte dos víveres e das riquezas. O primeiro passo era tomar Nova York, na foz do rio. Howe então poderia avançar para o norte, tomar os fortes e juntar-se às tropas do Canadá. Depois disso, o Sul, cujos povoados em sua maioria ficavam à beira dos rios, poderia ser subjugado com a ajuda da Marinha. O plano pareceu promissor, pois os colonos não tinham esquadra, e a Inglaterra seguramente devia ser capaz de bloquear o litoral atlântico. Porém a Esquadra não apresentava mais a eficiência alcançada pelos almirantes de Chatham. Podia trazer reforços através do Atlântico, mas no caso os corsários da Nova Inglaterra fizeram mais estragos nas operações militares na costa e fustigaram os navios de transporte e abastecimento. Em junho de 1776 Howe deslocou-se para

Nova York e iniciou o cerco à cidade, e em julho seu irmão, o Almirante Howe, chegou de Londres com uma esquadra de mais de quinhentos navios e reforços. Howe comandava agora 25 mil homens. Era a maior força armada jamais vista no Novo Mundo. Mas Washington estava preparado. Concentrou seu exército, agora reduzido para cerca de 20 mil homens devido às deserções e à varíola, em volta da cidade. Do acampamento inglês na Staten Island, viam-se as linhas americanas do outro lado da baía, nos contrafortes de Long Island e nos altos do Brooklyn além do East River. Em agosto, Howe atacou. A matança de Bunker Hill – pois assim ficou conhecida a batalha de Breed Hill – ensinou-lhe cautela, e dessa vez ele evitou um assalto frontal. Simulando um ataque às trincheiras de Long Island, lançou sua força principal à esquerda dos americanos e investiu sobre a retaguarda deles. O golpe deu certo, e Washington foi obrigado a recuar para a cidade de Nova York. Ventos contrários haviam retardado a esquadra inglesa, e assim ele e seu exército escaparam em segurança atravessando o East River.

Nesse revés, Washington apelou ao Congresso. Parecia impossível montar uma resistência em Nova York e abandoná-la desanimaria os Patriotas. Mas o Congresso ordenou-lhe evacuar a cidade sem luta, e após algumas escaramuças nas elevações do Harlem ele recuou lentamente para norte. Nesse momento crítico a vitória esteve ao alcance de Howe. Ele era dono de Nova York e de mais de 60km rio Hudson acima. Tivesse ele perseguido Washington com a mesma destreza e vigor com que Grant perseguiu Lee oitenta e oito anos mais tarde, poderia ter capturado o exército colonial inteiro. No entanto, por quase um mês Washington não seria incomodado.

No fim de outubro ele foi novamente derrotado numa rápida refrega em White Plains; porém uma vez mais os ingleses não fizeram qualquer tentativa de perseguição, e Washington esperou angustiado para ver se Howe atacaria pelo Hudson ou avançaria através de Nova Jersey para Filadélfia. Howe resolveu seguir para Filadélfia. Avançou para o sul tomando, conforme prosseguia, os fortes vizinhos de Nova York, e os delegados em Filadélfia fugiram. Milhares de americanos afluíram ao acampamento inglês para declarar lealdade. Parecia a única esperança dos Patriotas deslocar-se em massa pelo longo e difícil caminho através dos Alleghanies para novas terras, uma migração que os distanciasse do controle britânico, tal como a dos boers no século XIX. Mesmo Washington considerou essa possibilidade. "Devemos então (*i.e.*, em caso de derrota) recuar para Augusta County, na Virginia. Muita gente virá para nós em busca de segurança, e tentaremos uma guerra de rapina. Se formos dominados devemos atravessar os montes Alleganies." [J. Fisher, *The Writings of John Fisher*, 1902, vol. i] Entrementes, ele cruzou o Hudson e recuou para o sul a fim de dar cobertura a Filadélfia.

Os ingleses estavam nos calcanhares de Washington e começaram uma rápida ocupação de Nova Jersey. A causa dos Patriotas parecia perdida. Mas Washington continuava alerta e destemido, e a sorte o recompensou. Com uma imprudência difícil de entender, e que logo seria punida, postos avançados do exército inglês foram espalhados de modo descuidado pelas povoações de Nova Jersey. Washington decidiu atacar esses grupos isolados antes de Howe atravessar o rio Delaware. Escolheu o vilarejo de Trenton, ocupado por uma força de hessianos. Na noite de Natal, uma unidade de Patriotas penetrou na maldefendida povoação. Pelo custo de dois oficiais e dois soldados rasos, mataram ou feriram cento e seis hessianos. Os sobreviventes foram presos e enviados para serem exibidos pelas ruas da Filadélfia em desfile. O efeito da façanha foi desproporcional à sua importância militar. Momento crítico da guerra. Em Princeton, Lord Cornwallis, que era subordinado a Howe, e de quem muito se ouviria mais tarde, tentou vingar a derrota, mas foi repelido. Washington manobrou por trás dele e ameaçou sua linha de comunicações. E assim terminou o ano, com os ingleses aquartelados para o inverno em Nova Jersey, mas confinados por essas duas ações a leste do Delaware. Seus oficiais passaram uma alegre temporada na sociedade de Nova York. Enquanto isso, Franklin e Silas Deane, os primeiros diplomatas americanos, atravessaram o Atlântico a fim de conseguir o apoio da França.

❄

A posteridade não deveria ser levada a pensar que a guerra nas colônias americanas teve apoio unânime do povo inglês. Burke, por exemplo, não tinha ilusões. Poderosos políticos ingleses denunciavam não só a má administração naval e militar como o próprio uso da força contra os colonos. Mas para o Rei todos esses eram traidores. George III fez-se mais obstinado e ainda mais taxativo. Ele se esforçava incansável por supervisionar em detalhe o planejamento da guerra, mas era incapaz de coordenar a atividade de seus ministros. Estes eram de qualidade inferior. Raramente a estratégia inglesa incidiu em tal abundância de erros. Todas as máximas e princípios de guerra foram ou violados ou desconsiderados. Em vez de concentrar forças, os ingleses estavam agora dispersos ao longo de oitocentos quilômetros de território, e divididos entre Burgoyne no Canadá, Howe em Chesapeake, e Clinton em Nova York.

Washington, dos seus quartéis de inverno em Morrison, na fronteira com Nova Jersey, marchou rapidamente na direção sudoeste para proteger Filadélfia. Tendo abandonado Nova York sem luta, dificilmente faria o mesmo na sede do Congresso, mas com sua tropa indisciplinada, numericamente flutuante, sua única opção era esperar algum atraso na investida inglesa. No início de setembro Howe avançou com cerca de quatorze mil homens. Washington, com uma força similar, estabeleceu suas linhas na margem norte do rio Brandywine, barrando o caminho para a capital. Howe percebeu e se aproveitou do mau equipamento do exército à sua frente, da falta de um estado-maior eficiente e da incapacidade de conseguirem informações rápidas. Executou os mesmos movimentos de simulação que tanto o ajudaram em Long Island. Na manhã do dia 11 dividiu seu exército e, deixando o grosso da tropa para fazer um ataque frontal junto com Cornwallis, seguiu rio acima, cruzou-o, e atacou o flanco direito de Washington. Sua tática funcionou como um relógio. A investida teve sucesso, a desordem se alastrou e as tropas inglesas do outro lado da margem atravessaram o rio e levaram de roldão toda a força americana diante deles. Ao cair da tarde, Washington estava em plena retirada. Na descrição do Marquês de Lafayette, jovem voluntário francês no exército americano: "Fugitivos, artilharia e trens se amontoavam desordenados pela estrada." Mas ali, tal como em Long Island, Howe recusou perseguir e capturar o inimigo. Estava satisfeito. Em 26 de setembro, sua vanguarda entrou em Filadélfia. Ocorreu ainda um desorganizado confronto ao norte da cidade, em Germantown, mas os ingleses pressionaram e logo a capital caiu.

Agora, porém, os planos de Londres para o teatro norte das operações começaram a fracassar. Burgoyne, com umas poucas centenas de índios e sete mil soldados, dos quais metade de alemães, avançou pelas florestas canadenses na expectativa de juntar-se às forças britânicas vindas de Nova York. Conforme Burgoyne progredia, a milícia da Nova Inglaterra se agrupava para o enfrentamento. Ele era um comandante popular, determinado e ousado, mas a região era difícil. Quando as chuvas de outono chegaram, Burgoyne se viu tolhido em Saratoga, e a população da Nova Inglaterra, cada dia mais fortalecida, armou-lhe um cerco. Ele estava a pouco menos de cinquenta quilômetros de Albany, onde devia se reunir com a coluna de Nova York, mas não pôde ir em frente. Seguiram-se dias de duras refregas na floresta. Os suprimentos escasseavam e ele estava em grande desvantagem numérica. Os americanos operavam em território familiar com métodos próprios. Lutando na maioria das vezes por sua iniciativa, escondendo-se por trás do matagal e no alto das árvores, eles infligiram severas perdas a um dos melhores regimentos que a Europa podia apresentar. As manobras precisas e as formações dos soldados de Burgoyne não tinham efeito. Um desertor americano trouxe a notícia de que Clinton estava se movimentando para o norte. Era tarde demais. Os alemães se recusaram a lutar por mais tempo, e a 17 de outubro de 1777, Burgoyne rendeu-se ao comandante americano, Horácio Gates. Os termos da rendição foram violados pelo Congresso e o grosso de seu exército foi mantido prisioneiro até a assinatura da paz. Burgoyne regressou à Inglaterra para atacar e ser atacado pelo ministério.

Nesse ponto, o Velho Mundo apresentou-se para ajudar e confortar o Novo. Conquanto não solucionado em termos militares na América, Saratoga teve resultado imediato na França. Em Versalhes, Benjamin Franklin insistira numa aliança pública aberta ostensiva, mas durante um ano os dois lados hesitaram. Os ministros franceses vacilavam em apoiar a causa da liberdade no além-mar enquanto a refreavam em casa. Agora não houve mais espaço para dúvidas. Os colonos não poderiam sobreviver sem suprimentos da França, e a maioria dos cidadãos franceses ardia por vingar as derrotas da Guerra dos Sete Anos. A Marinha Francesa estava robustecida; a Esquadra Inglesa se desintegrava; e quando a notícia de Saratoga chegou, Louis XVI decidiu por uma aliança formal. Houve consternação em Londres, onde a oposição whig havia muito vinha advertindo o governo contra a severidade para com os colonos, e o ministério inglês propôs uma generosa conciliação. Tarde demais. A 6 de fevereiro de 1778, antes de o Congresso poder apreciar a nova oferta, Benjamin Franklin assinou o pacto com a França.

Começou assim outra guerra mundial, e desta vez a Inglaterra não tinha um aliado sequer. Perdera um exército, aprisionado na América. Não havia mais soldados a contratar na Alemanha. Os antigos temores de invasão espalharam pânico pelo país. Agoniados, todos os pensamentos, exceto os do Rei, voltaram-se para Chatham. Em 7 de abril, Chatham arrastou-se em muletas para pronunciar seu último discurso contra a proposta da oposição de chamar o exército de volta da América. Ele sempre insistira em conciliar, jamais em se render. A figura lívida envolta em bandagens de flanela levantou-se cambaleante. A Casa silenciou ante a previsão da morte. Em frases murmuradas ditas num súbito lampejo de violenta raiva, ele investiu "contra o desmembramento desta antiga e nobilíssima monarquia." Advertiu a nação dos perigos da intervenção francesa e do uso de mercenários alemães. Açoitou os compatriotas pela desumanidade. "My Lords, se eu fosse americano tanto quanto sou inglês, enquanto uma tropa estrangeira pisasse o solo de meu país eu nunca deporia as armas – nunca, nunca, nunca."

Descartou a ameaça de invasão com sarcasmo desdenhoso. Esforçou-se por falar novamente, mas caiu sem sentidos num espasmo apoplético. Morreu em 11 de maio enquanto seu filho William lia-lhe Homero, a cena solene do funeral de Heitor e do profundo desespero de Troia. George III demonstrou sua mesquinhez opondo-se ao projeto de erguer-lhe um monumento, que seria, disse, "medida afrontosa a mim pessoalmente;" porém a City de Londres contestou-o, e a dedicatória de Burke foi uma homenagem apropriada: "Os meios com que a Providência ergue uma nação à grandeza são as virtudes incutidas nos grandes homens." Tais homens foram escassos na Inglaterra de Lord North.

Os Estados Unidos

Em 1777, Washington recolheu-se aos quartéis de inverno em Valley Forge, ao norte da Filadélfia. No fim de cada campanha ocorriam muitas deserções, e ele se achava agora reduzido a cerca de 9 mil homens, dos quais um terço mais ainda sumiria na primavera. Com escassez de roupas e de teto, tiritaram e se queixaram durante os meses de inverno, enquanto na Filadélfia, a poucos quilômetros dali, cerca de 20 mil soldados ingleses bem-equipados aquartelaram-se confortáveis. A temporada social estava no auge, e os numerosos legalistas da capital tornavam prazerosa e animada a estada de Howe e de seus oficiais. Os ingleses não se moveram para atacar o exército patriota. Enquanto Washington não podia contar com provisões para seus soldados sequer um dia antecipado, Howe dedicava-se à dança e à jogatina na Filadélfia.

Tal como em Long Island, em White Plains, ou em Brandywine River, ele se negou a levar avante sua vitórias no campo e aniquilar o inimigo. Desalentado talvez devido à carnificina de Bunker Hill, e ainda esperançoso de conciliação, nada fez. Alguma alusão a essa relutância deve ter chegado aos ouvidos do governo; de qualquer forma, quando a notícia da aliança francesa com os rebeldes chegou à Inglaterra no Ano-Novo, sua demissão foi aceita.

O sucessor de Howe foi Sir Henry Clinton, o ex-comandante de Nova York, que defendia pontos de vista muito diferentes sobre a condução das hostilidades. Ele percebeu que a tática europeia de marchas e contramarchas, de cercos e capturas de cidades, nunca funcionaria contra uma população armada e dispersa. A solução, pensou ele, era tomar e ocupar todo o território. Fez também uma significativa mudança de estratégia. Resolveu abandonar a ofensiva no Norte e dar início ao processo de redução do Sul. Ali estava o grosso da população e da riqueza e o principal depósito de todas as provisões que o Continente podia fornecer. Ali havia também muitos legalistas. Eles precisavam ser encorajados e organizados. Uma nova base era necessária, Nova York estava muito distante, e Clinton então considerou Charleston e Savannah. Muito se poderia dizer a favor dessa estratégia, e muito mais conseguido se lhe tivessem permitido tentar, mas nesse momento despontou uma nova força que o deteve abruptamente e que, com o tempo, foi mortal para a execução daqueles grandes planos. Savannah ficava a 1.300km e a cinquenta dias de marcha de Nova York. Até então a Inglaterra mantivera o controle marítimo e poderia movimentar suas tropas por mar com muito mais rapidez que os Patriotas por terra, mas tudo agora mudava com a interferência da França e Esquadra Francesa. Daí em diante, o poder marítimo ia prevalecer e decidir a luta americana pela independência, e Clinton logo recebeu um duro lembrete do que agora estava em disputa.

Em abril de 1778, doze navios franceses de linha com suas fragatas de escolta, carregados com mais de oitocentos canhões, fizeram-se à vela em Toulon. Quatro mil soldados estavam a bordo. Notícia dessa aproximação chegou a Clinton, tornando vital e imediata a tarefa de impedi-los de se apossarem de Nova York, sua principal base. Se capturassem o porto, ou bloqueassem a foz do Hudson, toda a sua situação no Continente ficaria vulnerável. A 18 de junho, portanto, ele abandonou Filadélfia e marchou rapidamente através de Nova Jersey, com 10 mil soldados. Washington, seu exército aumentado pelo recrutamento de primavera ao mesmo efetivo anterior, partiu em perseguição por uma rota paralela. Em Monmouth Court House ocorreu uma luta confusa. Clintou bateu os americanos, não sem grandes perdas, e só alcançou Nova York no começo de julho. Foi bem na hora. No mesmo dia de sua chegada, a esquadra francesa sob o comando de D'Estaing apareceu frente à cidade. Foram confrontados por um esquadrão inglês sob o comando do almirante Howe, irmão do chefe militar substituído, e por várias semanas as duas forças navais manobraram ao largo do porto. Os franceses tentaram apossar-se de Rhode Island mas não conseguiram; e Howe, numa sequência de operações que têm recebido grandes elogios dos historiadores navais americanos, frustrou todo o esforço de seu oponente. No outono, d'Estaing abandonou a luta e partiu para as Índias Ocidentais. Ali também Clinton conseguiu antecipar-se aos franceses, mandando tropas para St Lucia. D'Estaing chegou tarde demais para interceptá-las, e essa estratégica ilha tornou-se base britânica.

Apesar de tudo, tais êxitos não puderam disfarçar o fato de que a campanha de Clinton contra o Sul atrasou-se um ano e que a Inglaterra não tinha mais o incontestado comando dos mares. A esquadra francesa dominou o Canal e estorvava o transporte para Nova York de homens e suprimentos da Inglaterra, enquanto que corsários da Nova Inglaterra travavam um intenso e lucrativo combate contra o comércio inglês. As operações militares na América foram chegando lentamente a uma paralisação, e muito embora três mil soldados de Clinton tenham ocupado Savannah na Georgia em 29 de dezembro, seus planos de subjugar os rebeldes a partir de uma base legalista no Sul foram obstruídos e reduzidos. Uma violenta guerra civil entre Legalistas e Patriotas irrompera na região, mas ele pouco pôde fazer para ajudar.

O impasse continuou por todo o ano de 1779, e durante algum tempo o front principal da guerra se deslocou do Novo Mundo. Ambos os exércitos na América estavam incapacitados, os americanos em razão do caos financeiro e do crédito insuficiente do governo do Congresso, e os ingleses por falta de reforços. O medo de uma invasão segurava o governo inglês, e as tropas pleiteadas por Clinton foram retidas nas Ilhas Britânicas. Os franceses, por seu lado, perceberam que podiam conseguir tudo que desejavam na América lutando contra a Inglaterra em alto-mar, e isso, afinal, era muito mais do gosto do governo autocrático de Versailles do que ajudar rebeldes republicanos. Exceto uns poucos voluntários, eles não mandaram nesse estágio qualquer ajuda militar ou naval aos seus aliados do outro lado do Atlântico;

mas estoques de material bélico e vestuário preservaram a causa Patriota do colapso. Em junho, o conflito mundial se espalhou e aprofundou, e outra potência europeia entrou na luta. A diplomacia francesa trouxe a Espanha para a guerra. A Inglaterra foi ainda mais enfraquecida, suas comunicações navais no Mediterrâneo perigaram e, passados poucos meses, Gibraltar foi sitiado. No Novo Mundo, viu-se forçada à vigilância contra incursões espanholas na Florida, e corsários americanos baseados no porto de Nova Orleans acossavam o comércio inglês no Caribe.

Em águas europeias um desses corsários proporcionou pitoresco episódio. Certo comandante americano de origem escocesa chamado John Paul Jones recebeu dos franceses um velho navio mercante da Índia Oriental que ele converteu, num estaleiro francês, em navio de guerra. Batizou-o de *Bonhomme Richard*, e, em setembro, o capitão Jones, com uma tripulação multilíngue e em companhia de três naves menores, singrou com seu memorável barco para o Mar do Norte. Na altura de Flamborough Head, interceptou um comboio de cargueiros procedentes do Báltico e incontinenti atacou os navios de escolta, os ingleses *Serapis* e *Scarborough*. Os cargueiros escaparam, e na tarde do dia 23 começou a batalha entre o *Serapis* e *Bonhomme Richard*. A embarcação inglesa era superior em construção, equipamento, e armamento, mas Jones manobrou sua nave para o lado do adversário e amarrou os dois navios. Noite afora os dois balançaram juntos, as bocas dos canhões quase se tocando, danificando-se mutuamente com bordadas de artilharia, saraivadas de mosquetes e granadas de mão. Às vezes os dois navios pegavam fogo. Os três navios menores de Jones rodeavam o inferno bombardeando ambos. Tanto o comandante inglês como o americano continuavam lutando implacavelmente, inflexíveis. Por fim, já ao amanhecer, ocorreu uma violenta explosão no depósito de pólvora do *Serapis*. Os canhões foram perdidos e a tripulação da popa ao mastro principal morreu. Os ingleses tiveram que se render; mas o *Bonhomme Richard* estava tão avariado que naufragou dois dias depois. O duelo motivou grande excitação entre americanos e franceses, e Jones se tornou um herói.

❄

Por todo esse tempo, o exército de Washington permanecera incapaz de agir. Pouco havia a fazer, exceto manter vigilância sobre Clinton. Apenas manter seu exército em existência durante esses anos foi provavelmente a maior contribuição de Washington à causa dos Patriotas. Nenhum outro líder americano poderia ter feito tanto. Em dezembro, Clinton decidiu tentar mais uma vez a conquista do Sul. Resolveu tomar Charleston e, no dia 26, navegou para Carolina do Sul com 8 mil homens. Progrediu por algum tempo, animado pela notícia de que a esquadra francesa fora vencida pelo almirante Rodney. Mas depois o mau tempo o retardou, e o cerco principal não teve início senão em fins de março. Em maio de 1780 a cidade capitulou e 5 mil soldados patriotas renderam-se no maior desastre até ali sofrido pelas forças americanas.

Então a sorte começou a mudar contra Clinton. Ele conquistara uma base valiosa, mas deu com a guerra civil. Viu-se frente não a um exército regular no campo de batalha, mas a inúmeros grupos de guerrilheiros que fustigavam suas comunicações e assassinavam legalistas. Ficou evidente que seria necessário um enorme exército para ocupar e submeter a região. Mas novamente o poder naval interveio. Rumores de que soldados franceses uma vez mais cruzavam o Atlântico fizeram Clinton voltar às pressas para Nova York, deixando Cornwallis, seu subcomandante, para fazer o melhor que pudesse no Sul. Fez muito pouco. Washington enviou uma pequena força contra ele sob o comando de Gates, o vencedor de Saratoga. Cornwallis derrotou Gates na Batalha de Camden e seguiu para Carolina do Norte, desbaratando os guerrilheiros à medida que avançava, mas os habitantes da região erguiam-se em armas à sua retaguarda depois que ele passava. Não existia um ponto crítico que ele pudesse atacar, e o único resultado de seus trabalhos foi a destruição de colheitas que os rebeldes poderiam trocar por material bélico na Europa.

No norte, Clinton viu-se pela segunda vez em grande perigo. Outra esquadra de fato chegara da França, e desta vez ele veio tarde para evitar o desembarque. Mais de 5 mil franceses sob o comando do Conde de Rochambeau desembarcaram em julho em Newport, Rhode Island. Washington, vigilante e alerta, estava acampado em White Plains no vale do Hudson; Benedict Arnold, que havia liderado a expedição ao Canadá em 1776 e lutara com distinção em Saratoga, comandava o forte em West Point; a qualquer momento os franceses poderiam avançar da costa para o interior e juntar-se a ele. Nova York, que era a base e o ancoradouro de Clinton, parecia perdida. Porém as circunstâncias, na forma de traição, penderam por algum tempo para o lado inglês. Havia muito, Arnold sentia-se insatisfeito com a conduta dos Patriotas, e recentemente havia desposado uma dama legalista. Achava-se endividado, e fora repreendido em corte marcial por apropriação indébita de propriedade do governo. Seu descontentamento e suas incertezas se aprofundaram com a notícia da derrota de Gate em Camden, e então ele propôs entregar West Point a Clinton pela soma de vinte mil libras. Essa perda não só liquidou o controle de Washington sobre o vale do Hudson, como também ruiu com todo poderio dos Patriotas. Clinton aproveitou a conspirata como única chance de recuperar sua posição no Norte, e enviou um jovem major chamado André, disfarçado, para combinar os detalhes da capitulação.

Em 21 de setembro de 1780 André subiu o rio Hudson numa chalupa, e encontrou-se com Arnold à noite, a curta distância de Stony Point. Arnold deu-lhe detalhes por escrito dos fortes, seu armamento e munição, do efetivo das tropas, cópias de suas ordens em caso de ataque e cópias das atas de um conselho de guerra que recentemente se reunira em West Point. No caminho de volta pela terra de ninguém entre os dois exércitos, André caiu nas mãos de uma patrulha e foi enviado ao comandante americano mais próximo. Os documentos foram achados dentro de suas botas. O comandante não pôde acreditar na traição de Arnold, e um pedido de explicação foi enviado para West Point. Arnold fugiu, seguido de sua esposa, e foi recompensado com o posto de general a serviço do rei George e com o comando de uma força britânica. Morreu desacreditado e pobre vinte anos depois. André foi executado como espião. Ele redigiu uma carta elegante e digna para Washington pedindo para ser fuzilado em vez de enforcado – em vão. Era um moço de grande beleza pessoal, e no uniforme escarlate, em pé no patíbulo, ele próprio arrumando a corda em volta do pescoço, foi uma visão fascinante. Sua coragem fez chorar a rude multidão que se apinhara para vê-lo morrer. Em meio a todo ódio trazido pela guerra, com a raiva provocada pela fuga de Arnold endurecendo o coração patriota, não se conseguia ninguém para cumprir a tarefa de carrasco, e por fim uma figura sem nome com o rosto enegrecido como disfarce fez o trabalho. Quarenta anos mais tarde, André foi transladado para a Abadia de Westminster.

O ato de traição de Arnold, conquanto descoberto a tempo, teve efeito marcante, ainda que temporário, no sentimento e na coesão dos Patriotas. Estiveram muito perto do insucesso. Muitos americanos se opunham fortemente à guerra, e por todo o país, aberta ou secretamente, legalistas apoiavam os ingleses. O Sul já se encontrava castigado pelo terrível embate civil em que americanos assassinavam americanos, uns suspeitando dos outros. Seria o Norte, até então seguro na causa Patriota, engolfado pelo mesmo chocante processo? Se o próprio comandante de West Point era traidor, em quem confiar? Essa ansiedade e o medo aumentaram com a reversão da sorte dos Patriotas no mar. O almirante Rodney chegou diante de Nova York com uma grande esquadra e bloqueou os franceses em Newport até o fim da temporada de campanha. Depois, desferiu novo golpe, desta vez nas Índias Ocidentais, onde os holandeses haviam amealhado enormes fortunas transportando armas e pólvora para os Patriotas. O centro desse comércio era St Eustatius, nas Ilhas Leeward. No outono chegou a notícia de que a Holanda entrara na coalizão contra a Inglaterra, e Rodney recebeu ordens de tomar a ilha. Elas foram cumpridas no início de 1781, e um grande estoque de material bélico e de mercadorias consignadas ao general Washington caiu nas mãos da esquadra inglesa.

❄

Nesse momento, divergências estratégicas entre Clinton e Cornwallis foram desastrosas para a causa inglesa e legalista. Desde muito tempo, Cornwallis vinha irritado com as instruções de Clinton, que o confinavam à sua base em Charleston. Clinton achava a manutenção da Carolina do Sul o principal objetivo da guerra no teatro sulista, e que qualquer incursão para o interior dependia do controle naval da costa. Cornwallis, por seu lado, ansiava para avançar. Considerava que as guerrilhas americanas na Carolina do Norte impediam qualquer ocupação efetiva do Sul, e a menos que fossem submetidas os ingleses teriam de retroceder para dentro dos muros de Charleston. Argumentava que a Virginia era o centro e coração da causa patriota, e que todo o esforço devia se concentrar na sua conquista e ocupação. A primeira medida, portanto, era ocupar a Carolina do Norte. Não há dúvida de que ele estava errado. Era Charleston e não a Virginia a chave militar para o Sul. Era o único porto sulista de alguma importância, e único ponto onde ele podia receber suprimentos para si e impedi-los para os rebeldes. Dali ele conseguiria não só controlar da Georgia para o sul, como também estabelecer pequenos postos na Carolina do Norte e na baía de Chesapeake, e "manter a aparência," como escreveu Washington na época, "de possuir mais de 600 quilômetros de litoral, e consequentemente ter pretexto para propor reivindicações que poderiam ser muito prejudiciais aos interesses da América nos conselhos europeus" [*The Writings of George Washington*, ed. W.C. Ford, 1891, vol. ix]. Mas a reputação militar de Cornwallis estivera em ascendência desde a Batalha de Camden, e ele foi encorajado pelo governo inglês a prosseguir com seus planos, que para terem sucesso dependiam em grande parte dos legalistas do sul. A despeito do seu pouco promissor comportamento na campanha anterior, e da designação do mais competente dos generais de Washington, Nathaniel Greene, para comandar as forças patriotas, Cornwallis resolveu avançar. E marchou para a ruína.

Em janeiro de 1781 ele se movimentou em direção à fronteira da Carolina do Norte. Seu destacamento avançado chocou-se com os americanos em Cowpens na manhã do dia 17. A tática britânica era simples, ingênua e dispendiosa. Cornwallis havia experimentado a perícia dos atiradores americanos da fronteira e conhecia a ineficiência de sua própria tropa com o mosquete. Por essa razão confiava nos assaltos a sabre e baioneta. O comandante americano havia posicionado a desorganizada e indisciplinada milícia com o Broad River por trás para impedir que se dispersasse. Washington sempre duvidou do valor dessas unidades e declarava que nenhuma milícia "jamais vai adquirir os hábitos necessários para resistir a tropas regulares." Mas dessa vez, reforçados por tropas continentais, eles surraram os ingleses.

Cornwallis, no entanto, pressionou. Estava longe de sua base, e o exército de Greene permanecia em campo. Sua única esperança era atrair Greene para a luta e vencê-lo. Eles se enfrentaram a 15 de março em Guilford Court House. A milícia americana comprovou-se inútil, mas o núcleo treinado das tropas de Greene, alinhado por trás de uma cerca de troncos, causou estrago entre os regulares ingleses. Várias vezes, liderados por seus oficiais, os regimentos atacaram a linha americana. No fim, essa dedicada e disciplinada valentia tirou os americanos do campo, mas o morticínio ficou indefinido. A força patriota continuou ativa, enquanto os ingleses, longe da base, tinham perdido um terço de seus homens. Cornwallis não teve outra escolha a não ser dirigir-se para a costa e buscar reforços na marinha. Greene deixou-o ir. Seu exército fizera mais que o suficiente. Em questão de oito meses apenas tinha marchado e lutado por quase mil e quinhentos quilômetros em uma região alagadiça e desolada. Superado numericamente na proporção de três para um, retomou toda a Georgia, exceto Savannah, e, a não ser por uma pequena porção, toda a Carolina do Sul. Perdeu as batalhas, mas venceu a campanha. Deixando para trás os amplos espaços da Carolina do Norte, ele agora se moveu rapidamente em direção ao sul para levantar o país contra os ingleses.

Lá a perversa guerra civil em curso entre Patriotas e Legalistas – ou Whigs e Tories, como eram localmente chamados – foi escurecida por raides noturnos, confisco de gado, assassinatos, emboscadas, e atrocidades semelhantes às que temos visto na Irlanda em nossos dias. Enquanto Greene dava início à captura dos postos isolados ingleses na Carolina do Sul, Cornwallis continuou sua marcha em direção à Virginia. Devastava a região em sua marcha, mas era saqueado feroz e habilmente por Lafayette e um parco grupo Patriota.

Durante todos esses meses Clinton permaneceu em Nova York, e conforme Cornwallis se avizinhava parecia possível que Clinton evacuasse a base nortista e concentrasse todo o esforço inglês na preservação da posse das colônias sulistas. Se isso tivesse ocorrido, poderia ter aniquilado a causa patriota, porque o Congresso estava falido, e Washington mal podia manter seu exército. Porém, de novo a Esquadra Francesa inverteu os pratos da balança, dessa vez para sempre.

A situação desesperada dos americanos foi revelada ao comandante naval francês nas Índias Ocidentais, de Grasse. Em julho, ele avisou Washington, – que agora tinha a seu lado em White Plains as tropas de Rochambeau vindas de Newport – que atacaria o litoral da Virginia. De Grasse instou por um supremo esforço em concentrar a força total patriota nessa região. Washington valeu-se da oportunidade. Tomando elaboradas precauções para despistar Clinton, ele retirou suas tropas do Hudson e, com Rochambeau, moveu-se rapidamente para o sul.

Cornwallis, enquanto isso, sofrendo a falta de suprimentos e com suas linhas de comunicação se alongando sempre, dirigiu-se para o litoral, onde esperava fazer contato direto com Clinton pelo mar. Em agosto, chegou a Yorktown, na baía de Chesapeake, e começou a entrincheirar-se. Sua conduta nos meses seguintes tem sido muito criticada. Ele não dispunha de defesas naturais no terreno das imediações da cidade e pouco se empenhava em atacar os inimigos reunidos ao seu redor. A estratégia franco-americana era uma proeza cronometrada, com a convergência das forças feita através de grandes distâncias. Cerca de 9 mil americanos e 8 mil franceses reuniram-se diante de Yorktown, enquanto de Grasse bloqueava a costa com quarenta navios de linha. Por quase dois meses Cornwallis ficou descansadamente à espera. Em fins de setembro o ataque a Yorktown teve início, e os bombardeios da artilharia sitiante francesa destruíram suas fortificações de terra. Cornwallis planejou uma desesperada surtida quando as defesas ruíram. No fim, um só canhão inglês permanecia em ação. Em 19 de outubro de 1781, o exército inteiro, com efetivo de 7 mil combatentes, se rendeu. Nesse exato dia, Clinton e a esquadra inglesa partiram de Nova York, mas ao saberem do desastre voltaram atrás.

E assim terminou a luta principal. O poderio no mar uma vez mais decidira a questão e, não fosse pelo bloqueio francês, a guerra inglesa de desgaste bem poderia ter tido êxito.

Em novembro, com a tarefa cumprida, de Grasse voltou às Índias Ocidentais, e Washington foi deixado sem apoio para enfrentar Clinton em Nova York e a ameaça de invasão pelo Canadá. Dois anos passariam antes da paz na América, sem qualquer outra operação militar relevante.

❄

A rendição de Yorktown teve efeito imediato e decisivo na Inglaterra. Quando a notícia foi dada a Lord North, sua benévola compostura desabou. Andava de um lado para outro da sala exclamando em tom agoniado: "Oh, Deus, tudo acabou!"

A oposição reuniu-se forte na Câmara dos Comuns. Houve comícios revoltados em Londres. A maioria do governo veio abaixo com uma moção censurando a administração da marinha. Uma proposta de dar fim à guerra americana foi rejeitada por um só voto. Em março, North informou os Comuns de que renunciaria. "Finalmente o dia fatal chegou," escreveu o Rei. North manteve a dignidade até o fim. Após doze anos de serviço, deixou a Câmara dos Comuns como um derrotado. Quando os membros da Casa esperavam em pé na chuva por suas carruagens naquela noite de março de 1782, viram North descer a escadaria e entrar em seu veículo particular, que fora chamado e esperava na frente da fila. Com uma inclinação cortês para os hostis e encharcados membros apinhados à sua volta, ele disse: "Esta, gentlemen, é a vantagem de saber dos segredos," e seguiu rapidamente em frente.

O rei George, na agonia de uma derrota pessoal, demonstrou maior paixão. Falou em abdicar e retirar-se para Hanover. O furioso sentimento que percorria o país negava-lhe qualquer expectativa de êxito nas eleições. Foi forçado a um acordo com a oposição. Pelos longos anos da guerra americana, Rockingham e Burke esperaram pacientemente pelo colapso da administração de North. Agora a oportunidade chegara. Rockingham apresentou suas condições ao Rei: independência para as colônias e alguma redução da influência da Coroa na política. George III foi forçado a aceitar, e Rockingham foi primeiro-ministro. Coube-lhe e ao seu colega Lord Shelburne salvar o que pudessem dos destroços do primeiro Império Britânico.

O império indiano

O século XVIII assistiu a uma revolucionária mudança da posição britânica na Índia. A Companhia Inglesa da Índia Oriental, criada como simples empresa comercial, virou com rapidez crescente um vasto império territorial. Por volta do ano 1700 talvez não houvesse mais que 1.500 ingleses morando na Índia, incluindo-se esposas, filhos e marinheiros em trânsito. Viviam à parte num punhado de "feitorias" – *factories*, como eram chamados os entrepostos nas colônias – pouco interessados na política da Índia. Cem anos mais tarde, soldados e oficiais britânicos aos milhares controlavam extensas províncias sob um governador-geral inglês. Essa evolução notável veio, em parte, da luta entre Inglaterra e França que marcou a época, ocorrida em todos os pontos do globo. Na América, os franceses tiveram a satisfação de ajudar a independência dos Estados Unidos. Nesse campo, a Inglaterra perdeu.

Foi diferente na Índia, onde muitas vezes a luta continuava quando na Europa a Inglaterra e a França estavam em paz. Mas o conflito anglo-francês não abrangeria tão violentamente a Índia se os tempos não estivessem maduros para a intervenção europeia. O vasto Império Mogul se desintegrava. Por dois séculos esses muçulmanos descendentes de Tamerlão haviam tomado e pacificado uma parte do mundo com a metade do tamanho dos Estados Unidos atuais. No início do século XVIII, essa temível dinastia foi sacudida por uma disputa sucessória. Invasores vindos do norte precipitaram-se pelas fronteiras. Na Índia Central, as violentas tribos guerreiras Mahrattas, ligadas numa vaga confederação, viram a ocasião para invasões e saques e aproveitaram. O país foi assolado pela anarquia e a carnificina.

Até então, os comerciantes europeus na Índia – ingleses, franceses, portugueses e holandeses – negociavam suas mercadorias com rivalidade, mas, enquanto o Grão Mogul governou Delhi, em relativa paz e segurança. A English East India Company cresceu em um sólido negócio, com capital de mais de 1,25 milhão de libras e lucro de 9% anuais. O conselho diretor inglês sempre fora relutante em possuir terra de qualquer tipo ou assumir responsabilidade além dos limites de seus postos comerciais. Por volta de 1740, eventos forçaram os diretores a mudarem de tom. Os mahrattas assassinaram o *nawab* – nababo ou Governador Imperial – do Carnatic, província com cerca de 800 quilômetros de litoral no sudeste. Ameaçaram Madras e Bombaim e invadiram o coração de Bengala. Tornava-se impossível aos comerciantes europeus ficarem de parte. Precisariam lutar por conta própria ou em aliança com um governante indiano ou partir. A maioria dos holandeses já se fora para o rico arquipélago da Índia Oriental; os portugueses desde muito haviam ficado para trás na corrida; franceses e ingleses resolveram permanecer. E, assim, essas duas potências europeias ficaram sozinhas na arena.

Como tantas vezes aconteceu nas grandes crises de sua história, a França revelou um homem. Joseph Dupleix, governador de Pondicherry desde 1741, havia muito previa outra guerra contra a Inglaterra. Percebeu que a Índia esperava um novo líder. O Império Mogul findava, e um Império Mahratta não parecia o substituto. Por que, então, a França não capturava esse prêmio reluzente e fecundo? Dupleix atacou Madras e após um bombardeio de cinco dias, a cidade se rendeu, em 10 de setembro de 1746. Alguns dos seus defensores ingleses escaparam para o vizinho Forte St David. Entre eles um jovem escriturário de vinte e um anos chamado Robert Clive.

❄

Clive acompanhara esses eventos com ira e alarme, mas até então, em sua carreira, não dera sinais do homem que reverteria a sorte de seu país e fundaria o governo dos ingleses na Índia. Clive era filho de um modesto gentleman rural, e sua juventude tinha sido variada e inauspiciosa. Frequentara nada menos do que quatro escolas, saindo-se mal em todas. No mercantil Shropshire, seu condado natal, organizou e liderou uma gangue de adolescentes desordeiros que extorquiam vinténs e maçãs dos quitandeiros em troca de proteção das vitrines. Aos dezoito anos mandaram-no para o exterior como escriturário júnior da Companhia da Índia Oriental, com um salário de cinco libras por ano mais quarenta libras de despesas. Era um empregado difícil e pouco promissor. Detestava a rotina e o ambiente do escritório de contabilidade. Diz-se que por duas vezes tentou o suicídio, e nas duas vezes a pistola falhou. Só quando obteve um posto militar e serviu alguns anos nas tropas da Companhia revelou seu talento militar sem paralelo na história britânica da Índia. No sítio de Madras e na defesa do Forte St David tomou gosto pela luta. Em 1748, um novo levante deu-lhe a oportunidade de liderar.

De uma assentada a França se tornara senhora do sul da Índia. O golpe seguinte seria obviamente contra os ingleses. Foi o fim da esperança de comerciar em paz ou do que seria chamado hoje em dia de não intervenção nos assuntos indianos; e ficou claro que a Companhia da Índia Oriental tinha de lutar ou morrer. Clive obteve um posto. Conseguiu abrir caminho até Trichinopoly e viu por si mesmo que Mahomet Ali, o candidato dos ingleses, estava em sério perigo. Se ele pudesse ser socorrido e posto no trono, tudo podia dar certo. Mas como? Trichinopoly estava cercada por um exército combinado franco-indiano de grande efetivo. Os ingleses tinham pouquíssimos soldados, e estavam tão malpreparados e sem oficiais que Clive, com apenas vinte e cinco anos, recebeu o principal comando militar. A luta durou cinquenta dias. Superada por vinte vezes mais inimigos e próxima da inanição, a débil tropa de Clive deteve a investida e o cerco foi levantado. Esse foi o fim de Dupleix e de muita coisa mais.

Em 1755 nova luta ia começar no nordeste. Surajah Dowlah, no trono de Bengal, moço, corrupto, violento e ganancioso, temia, com certa razão, que a guerra que seria chamada dos Sete Anos entre a Inglaterra e a França, e que veio a estourar, engolfasse seus domínios e o reduzisse a um fantoche como os outros príncipes no planalto do Deccan. Apelou a ambas as comunidades europeias que demolissem suas fortificações. Os ingleses, cônscios de que a guerra com a França era iminente, haviam ampliado sua fortificação na margem do rio onde esperavam o ataque francês, e ignoraram a exigência. Outros atritos aumentaram a ira do príncipe. Em maio, Surajah Dowlah atacou.

Reunindo um grande exército, com canhões e europeus treinados para usá-los, marchou para Calcutá. Houve desgoverno e desordem. A pequena guarnição e a maioria dos civis ingleses lutaram bravamente, mas em três dias tudo estava acabado. Um terrível destino agora os alcançou. Cento e quarenta e seis europeus renderam-se, após o inimigo ter transposto as defesas com uma bandeira de trégua. À noite, jogaram-nos numa cela de quarenta metros quadrados. Pela manhã todos, exceto vinte e três, estavam mortos. Os vitoriosos retiraram-se, depois de saquear os bens da Companhia. A "tragédia do Black Hole" destruiu as últimas ilusões que ainda nutriam de permanecer na Índia apenas como comerciantes e nada mais. Havia uma afronta a vingar, e finalmente sentiam-se mais do que dispostos para a luta.

Em janeiro de 1757, com novecentos europeus e mil e quinhentos soldados indianos, Clive retomou Calcutá e expulsou o exército de Surajah Dowlah de quarenta mil homens. A guerra com a França o obrigou a recuar. Então os fados vieram em ajuda de Clive. A crueldade de Surajah Dowlah era desmedida mesmo para sua própria gente. Um grupo de cortesãos resolveu depô-lo e entregar o trono a um novo governante, Mir Jafar. Clive concordou em lhes prestar ajuda. A 23 de junho enfrentou Surajah Dowlah em Plassey. Estava na inferioridade de dezessete para um. Dispôs sua tropas na beira de um pomar de mangueiras e esperou pelo ataque. Mas nenhum combate ocorreu. Apesar disso, foi um teste de força com base no qual a sorte da Índia mudou. Por quatro horas houve canhoneio. O inimigo dispersou-se em pânico, e alguns dias depois Surajah Dowlah foi assassinado pelo filho de Mir Jafar. Pela perda de trinta e seis homens, Clive tornou-se senhor de Bengala e o vitorioso de Plassey.

Quando Clive viajou para a Inglaterra em fevereiro de 1760, a Inglaterra era a única potência europeia que restava na Índia. Clive tinha agora acumulada uma fortuna de 250 mil libras. Comprou sua entrada no Parlamento, como era costume da época, e foi feito par irlandês.

❄

As gerações modernas não devem interpretar mal o caráter da expansão inglesa na Índia. O governo nunca se envolveu como principal no conflito indiano. A Companhia da Índia Oriental era uma *trading*. Seus diretores, homens de negócio. Queriam dividendos, não guerras, e cediam de má vontade cada *penny* gasto nas tropas e em anexações. Mas os distúrbios no imenso subcontinente forçaram-nos, contravontade e contra seu critério, a tomar sob controle cada vez mais territórios até que, no fim, e quase acidentalmente, formaram um império não menos sólido e certamente mais pacífico do que o de seus predecessores mongóis. Chamar esse processo de "expansão imperialista" é um contrassenso, se a expressão quiser significar aquisição deliberada de poder político. Da Índia já bem se disse que o Império Britânico foi obtido por uma distração.

O triunfo de Clive criou tanto problema quanto solucionou, e os anos que se seguiram à sua partida contém algumas das páginas mais ordinárias da história dos ingleses na Índia. O objetivo da Companhia da Índia Oriental era dar lucro. Da forma como o país era governado nada sabiam nem por ela se interessavam, desde que houvesse paz e os negócios prosperassem. Os malremunerados empregados da Companhia eram forçados e encorajados a aceitar da população subornos, presentes, e todo tipo de vantagens. Histórias de corrupção e do ganho de enormes e ilícitas fortunas privadas chegavam de volta na Inglaterra. De repente, o conselho da Companhia descobriu que haviam perdido os dividendos e o bom nome. Chamaram Clive, fizeram-no governador-geral de todos os seus territórios indianos, e, em junho de 1764, ele embarcou para a Índia pela última vez. Suas reformas foram drásticas, arbitrárias e de maior alcance que a vitória em Plassey. Em janeiro de 1767, ele voltou à Inglaterra. O público britânico foi crítico e mal-informado. Clive foi vituperado na Câmara dos Comuns.

Defendeu-se num eloquente discurso. Mostrou que, devido aos seus esforços, os diretores da Companhia da Índia Oriental "criaram um Império mais extenso que qualquer reino na Europa. Tiveram um rendimento de quatro milhões de libras esterlinas e comerciaram nessa proporção." Quanto aos ganhos que ele próprio teve, exclamou em célebre passagem: "Não seria eu merecedor muito mais de elogio pela moderação que marcou minha conduta? Considerai a situação em que a vitória de Plassey me deixou. Um grande príncipe dependia da minha boa vontade; uma cidade opulenta estava à minha mercê; seus mais ricos banqueiros disputavam um sorriso meu; caminhei por cofres abertos só para mim, com pilhas de ouro e joias de um lado e de outro. *Mr Chairman*, neste momento mesmo eu me quedo atônito com minha própria moderação." A Câmara dos Comuns aprovou por unanimidade a moção: "Robert Lord Clive prestou grandes e meritórios serviços a este país." O veemente, atormentado espírito que foi o objeto dessa moção não se aplacou. Alguns anos mais tarde ele morreu por suas próprias mãos.

❄

Clive foi logo seguido na Índia por um homem tão notável quanto ele, mas com uma história diferente. Warren Hastings era pobre, porém outrora seus ancestrais foram senhores de extensas propriedades no Worcestershire. As guerras de Oliver Cromwell forçaram seu bisavô a vender a casa da família em Daylesford, e desde criança Hastings sonhava recuperá-la. Sua mãe morreu quando ele era pequeno, e o tio que o criou mandou-o para a escola em Westminster. Lá ele se tornou aluno laureado em clássicos, e os professores queriam que ele entrasse na universidade. O tio recusou e, em vez disso, mandou-o para a Índia. Ele tinha na época dezesseis anos.

Hastings teve um estilo de vida austero. Desejava fama e poder, e dinheiro suficiente para comprar Daylesford de volta. Amealhar fortunas ele deixava para os outros. A rapacidade não era sua natureza. Em 1772, tornou-se governador de Bengal. Nessa época, ricos aventureiros do Oriente faziam e desfaziam a reputação do novo império na Índia. Ricos demais e arrogantes, os chamados "nababos" – o mesmo que *nawab*, mas com pronúncia diferente – eram detestados ou invejados por todas as classes na Inglaterra. Ciúme, ignorância e sentimentalismo se uniram num clamor por reformas.

No ano após Hastings se tornar governador de Bengal, o Parlamento passou uma Lei Regulatória. A administração do território britânico na Índia foi unificada, e Warren Hasting nomeado primeiro governador-geral. Em 1783 os únicos inimigos ativos que restavam eram os franceses, e suas esperanças de progresso foram interrompidas pela conclusão do Tratado de Versalhes. A Inglaterra perdera um império na América e ganhara outro na Índia.

Hastings deixou a Índia em 1785, sem que lhe faltasse a gratidão dos seus habitantes. Diferentemente de muitos ingleses na Índia dessa época, ele falava bem as línguas locais. Apreciava o convívio dos indianos e foi, certa vez, por causa disso, repreendido pelo temível Clive. Embora orgulhoso de seu nascimento e descendência, a ideia de raça, cor ou religião nunca o influenciou ou desorientou.

Inicialmente, Hastings foi bem-recebido e exaltado na Inglaterra. Mas logo após o seu retorno houve uma investigação parlamentar sobre sua conduta. Nenhuma acusação pessoal de corrupção foi contra ele, mas ele era arrogante e sem tato em suas relações com políticos de todos os partidos. O Parlamento resolveu acabar com ele. O julgamento teve início a 13 de fevereiro de 1788 em Westminster Hall. Durou mais de sete anos. Todos os aspectos e detalhes da administração de Hastings foram esmiuçados, denunciados, mantidos, mal-entendidos ou aplaudidos. No fim ele foi inocentado.

Hastings quase faliu com os custos de sua defesa. A Companhia, no entanto, dera-lhe dinheiro suficiente para recomprar Daylesford, e muitos anos mais tarde, ao testemunhar na Câmara dos Comuns sobre assuntos indianos, a Casa descobriu-se em sua homenagem. Ele não exerceria mais cargo público. Mas, de qualquer forma, foi mais afortunado que seus velhos oponentes da França, muitos dos quais já haviam sido decapitados ou destituídos de seus bens. A posteridade redimiu seu nome.

❄

O impeachment de Warren Hastings foi um ponto de inflexão na história dos ingleses na Índia. O poder principal não seria mais ocupado por brilhantes mas desconhecidos empregados da Companhia, que pudessem tomá-lo ou merecê-lo, e o cargo de governador-geral caberia dali em diante a personagens destacados por mérito próprio e originários de famílias proeminentes da Inglaterra. De fato, embora não de nome, esses senhores foram Vice-reis, incólumes à esperança de ganho financeiro, impacientes com as restrições de mal-informados governos em Londres, e suficientemente relacionados com os círculos dominantes na Inglaterra para fazerem o que achavam certo sem medo das consequências.

9
Napoleão

A constituição americana

Terminara a Guerra da Independência, e as Treze Colônias estavam livres para tocar a própria vida. A luta afetara seriamente sua organização política original. Os Artigos da Confederação aprovados em 1777 instituíam um governo central fraco, que dispunha apenas da mesma autoridade que os americanos teriam permitido à Coroa Britânica. Seu Congresso não tinha nem o poder nem a chance, naquela terra tão vasta, de criar uma sociedade organizada a partir dos destroços da revolução e da guerra.

Agitação e mal-estar marchavam juntos com uma crise econômica. A exigência da revisão dos Artigos da Confederação tomou corpo, e, em maio de 1787, uma convenção de representantes de doze dos estados se reuniu na Filadélfia para considerar o assunto. Os partidários de um governo nacional forte eram grande maioria. Patrick Henry, da Virginia, recusara-se a comparecer, e a maior figura deles todos, Thomas Jefferson, estava em Paris em missão diplomática. Uma das principais personalidades da assembleia foi Alexander Hamilton, que representava os poderosos interesses comerciais de Nova York. Esse senhor bem-apessoado e brilhante subira rapidamente no estado-maior de Washington durante a guerra. Ele ingressara na sociedade de Nova York e casara-se bem. Queria que a classe governante para a qual ele abrira caminho por capacidade própria continuasse dirigindo, e agora era o líder dos que exigiam um governo central capaz e a limitação dos poderes dos estados. A percepção da crise que pairava sobre a Europa e dos riscos para a democracia guiou esses homens em seus trabalhos, e os debates na Convenção foram de alto nível. A maior parte dos delegados era a favor de um Governo Federal, mas métodos e pormenores eram asperamente discutidos.

Todos os delegados provinham de centros bem-estabelecidos na costa do Atlântico, mas viam com inquietação que seu poder e sua influência seriam logo ameaçados pela gente cada vez mais numerosa do Oeste. Nessa área para além do Ohio e dos montes Alleghanies, estavam vastos territórios que o Congresso decidira admitir à União em pé de igualdade com os estados originais, tão logo qualquer deles tivesse sessenta mil habitantes livres. Essa população já se expandia, e era só questão de tempo para reclamarem seus direitos. E então, que seria dos famosos Treze Estados? Eles tinham expulsado os ingleses e achavam, com certa razão, que sabiam mais de política e dos verdadeiros interesses da União que os forasteiros transplantados daquelas regiões remotas semicolonizadas. Como disse Gouverneur Morris, da Pennsylvania – que devia o nome incomum à sua mãe, Miss Gouverneur – "As áreas habitadas, o ecúmeno e não os ermos remotos são a escola apropriada de talentos políticos. Se a gente do oeste deitar a mão no poder, arruinará os interesses atlânticos." Ambos os princípios estavam corretos. As comunidades do Atlântico dispunham da riqueza e da experiência, mas as novas regiões tinham pleno direito de incorporar-se à União, e para duradouro crédito dos delegados de Filadélfia, nenhuma resolução se tomou para impedi-lo. Mas com o tempo a colisão ocorreria. O poder e o futuro estavam no Oeste, e foi com mau pressentimento e ansiedade que a Convenção dedicou-se a estruturar a Constituição dos Estados Unidos.

Foi um documento conciso definindo os poderes do novo governo central. Criou um único executivo: um Presidente, indicado indiretamente por eleitores escolhidos conforme decidissem os legislativos estaduais, para um serviço de quatro anos, com poder de veto sobre as leis do Congresso, porém sujeito a impeachment; chefe também do Exército e da administração, responsável apenas perante o povo, completamente independente do poder legislativo. Uma Câmara Baixa, a "House of Representatives" (Câmara dos Deputados), como se chamou, seria eleita a cada dois anos com base na população. Mas essa concessão ao princípio democrático foi contrabalançada pela ereção de um Senado eleito por seis anos pelos legislativos estaduais. Cabia ao Senado refrear qualquer demagogia da Câmara Baixa e defender os interesses da propriedade contra o peso de uma Câmara Baixa escolhida pelo princípio numérico; e, tomando parte nas nomeações e no poder de assinar tratados do Presidente, controlar esse poderoso funcionário. No cume do edifício constitucional ficava uma Suprema Corte, composta de juízes vitalícios nomeados pelo Presidente e sujeitos à ratificação do Senado. Cabia-lhe a revisão judicial – uma supervisão coercitiva das Leis, não só do Congresso, mas também dos legislativos estaduais, a fim de assegurar sua conformidade com a Constituição.

Criou-se uma autoridade nacional, suprema em sua esfera de ação. Mas essa esfera era estritamente definida e limitada; os poderes não atribuídos pela Constituição ao governo federal seriam da alçada dos estados. Não haveria espaço para qualquer "tirania" central do tipo que os ministros do Rei George em Westminster tentaram exercer. A nova nação que lutara para nascer foi, daí em diante, animada por algo sem precedente no mundo de então – uma Constituição escrita. À primeira vista esse documento impositivo oferece um nítido contraste com a riqueza de tradições e precedentes que compõem a Constituição não escrita da Inglaterra. Mas por trás dela não há teoria revolucionária. Baseou-se não sobre os textos litigantes dos filósofos franceses que logo ateariam um incêndio na Europa, mas numa doutrina secular inglesa com formulação renovada para atender a uma urgente necessidade americana. A Constituição foi uma reafirmação de fé nos princípios dolorosamente evolvidos através dos séculos pelos povos de língua inglesa. Entronizou antigas ideias inglesas de justiça e liberdade a partir de então consideradas, no outro lado do Atlântico, como basicamente americanas.

É evidente que uma constituição escrita carrega o perigo de uma rigidez paralisante. Que corpo de indivíduos, da mais aguda visão que fosse, poderia fixar antecipadamente preceitos para resolver problemas de gerações futuras? Os delegados de Filadélfia estavam bem cientes disso. Elaboraram disposições para emendas, e o documento desenhado por eles foi adaptável na prática o suficiente para permitir mudanças na Constituição. Mas teriam de se mostrar pela provação, por argumentos e debates, acordes com as diretrizes dos Pais Fundadores. Um objetivo primordial da Constituição era ser conservadora; devia proteger os princípios e a máquina do estado de alterações caprichosas e irrefletidas. Por sua doutrina fundamental o povo americano ganhou uma instituição que imporia o mesmo respeito e lealdade prestados na Inglaterra ao Parlamento e à Coroa.

❄

Para os líderes da democracia agrária, os caipiras do mato, os pequenos agricultores, o projeto pareceu uma traição à Revolução. Eles haviam expulsado o executivo inglês. Haviam obtido a liberdade local. Eram agora chamados a criar outro instrumento não menos poderoso e coercivo. Tinham-lhes dito que estavam lutando pelos Direitos do Homem e pela igualdade entre os indivíduos. Viam na Constituição um mecanismo de defesa da propriedade contra a igualdade. Jefferson, de seu exílio diplomático em Paris, meditava apreensivo sobre o novo regime. Mas o partido de Hamilton e Morris mostrou supremacia com sua brilhante propaganda numa série de cartas públicas chamadas *The Federalist*.

Os ensaios *The Federalist* estão entre os clássicos da literatura americana. A sabedoria prática que contêm eleva-os à eminência em meio ao caudal de textos controversos da época. Seus autores tratavam não de argumentos abstratos sobre teoria política, mas dos perigos reais que ameaçavam a América, da evidente fraqueza da confederação então existente, e das polêmicas vantagens e desvantagens dos vários artigos da nova constituição. Hamilton, Jay e Madison foram seus principais redatores. Todos concordavam sobre um ponto, a importância de criar uma fé coletiva na Constituição como encarnação do ideal americano. Se tiveram sucesso e quão duradouro foi esse êxito, pode ser medido pelos 175 anos que se passaram desde que escreveram os textos. A liberdade, dizia *The Federalist*, pode degenerar em licença. Havia que criar ordem, segurança e governo eficiente antes que o desastre desabasse sobre a América.

Em março de 1789 houve eleição para os novos órgãos federais. O primeiro passo era eleger um presidente – e o general Washington, comandante da Revolução, era a escolha óbvia. Desinteressado e corajoso, previdente e paciente, reservado embora direto nas maneiras, inflexível quando chegava a uma decisão, Washington possuía os dons de caráter à altura da situação. Relutou em aceitar o cargo. Nada lhe daria mais prazer do que ficar numa estável mas ativa aposentadoria em Mount Vernon, melhorando a economia de sua propriedade. Mas, como sempre, atendeu à voz do dever.

Houve muita confusão e discussão sobre títulos e precedência, mas o prestígio de Washington emprestava dignidade ao novel e inexperimentado cargo. A 30 de abril de 1789, no recém inaugurado Federal Hall, em Nova York, ele foi solenemente empossado primeiro Presidente dos Estados Unidos. Uma semana mais tarde, os Estados-Gerais franceses reuniram-se em Versalhes. Outra grande revolução estava para estourar sobre um mundo espantado. A frágil e não testada estrutura de unidade e ordem americanas fora erguida bem na hora.

❄

Havia muitos detalhes que acertar. O primeiro passo foi aprovar uma Declaração de Direitos. A falta desse preceito tão fundamental na Constituição havia sido uma grande reclamação de seus críticos. Eles foram então incorporados em dez emendas. A seguir, a Lei do Judiciário de 1789 tornou a Suprema Corte a parte mais impressionante da máquina Federal.

Departamentos administrativos foram rapidamente criados: Tesouro, Estado e Guerra. O sucesso do novo Governo Federal dependia muito dos homens escolhidos para esses cargos-chave: Alexander Hamilton, o grande federalista de Nova York; Thomas Jefferson, o democrata virginiano, agora de volta de Paris; e, num segundo plano, o general Knox de Massachusetts.

De 1789 até sua demissão seis anos mais tarde, Hamilton empregou sua brilhante capacidade para promover a Constituição e ligar os interesses econômicos dos grandes comerciantes da América ao novo sistema. Sob sua inspiração, seguiu-se uma série de grandes medidas. O mercado financeiro ficou exultante com esse programa mas houve cáustica oposição. O embate entre capitalistas e ruralistas evidenciou-se. Os plantadores desconfiavam dessa ideia toda de finanças públicas.

Essa clivagem é de importância duradoura na história americana. Os primórdios dos grandes partidos políticos nela se podem discernir, e eles logo acharam seus primeiros líderes. Hamilton foi prontamente reconhecido como cabeça do interesse mercantil e financeiro centrado no Norte, e seu oponente foi nada menos que Jefferson, o secretário de Estado. Mas o conflito entre Jefferson e Hamilton não se limitou à economia. Uma visão política profundamente antagônica os separava. Tinham concepções radicalmente opostas sobre a natureza humana. Hamilton, o magnífico financista de sucesso, acreditava que os homens eram guiados por suas paixões e interesses, e que suas motivações, a menos que fossem rigidamente controladas, eram malfazejas. Abominava o critério de maioria e de governo por contagem de apoios. Devia existir um governo central forte e um poderoso círculo governante, e ele via em instituições federais, apoiadas por uma classe empresarial governante, a esperança e o futuro da América. A sociedade da Inglaterra em desenvolvimento era o ideal para o Novo Mundo, e algo semelhante ele esperava criar do outro lado do Atlântico por seu trabalho no Departamento do Tesouro.

Ele representa e simboliza um aspecto do desenvolvimento americano, o bem-sucedido e autoconfiante mundo dos negócios.

Thomas Jefferson era produto de condições totalmente diferentes e o profeta da ideia política rival. Jefferson fora o principal autor da Declaração da Independência e líder dos democratas agrários na Revolução Americana. Era lido e culto; tinha muitos interesses científicos, e era um talentoso arquiteto amador. Sua elegante residência em estilo clássico, Monticello, foi construída segundo projeto seu. Mantinha contato com a ala de esquerda dos círculos de filosofia política da Europa. Como a escola francesa de economistas chamados fisiocratas, ele acreditava numa sociedade de pequenos proprietários rurais. Temia um proletariado industrial tanto quanto detestava o princípio da aristocracia. O desenvolvimento capitalista e industrial o horrorizava. Acreditava sinceramente que governo democrático só era factível entre agricultores livres. Não lhe foi dado antever que, no fim, os Estados Unidos tornar-se-iam a maior democracia industrial do mundo.

Jefferson se prendia à concepção virginiana de sociedade, simples e resguardada da complexidade, dos perigos, e do desafio da industrialização. Na França ele viu, ou julgou ver, a realização de suas ideias políticas – a destruição de uma aristocracia desgastada e a afirmação revolucionária dos direitos do homem do campo. Hamilton, por outro lado, via a Inglaterra de Pitt, o Moço, como a corporificação de suas expectativas para a América. A eclosão da guerra entre França e Inglaterra traria à tona a rivalidade e o conflito fundamental entre Hamilton e Jefferson, e assinalaria o nascimento dos grandes partidos americanos, Federalista e Republicano. Ambos se dividiriam, afundariam e mudariam de nome, mas a partir deles os partidos Republicano e Democrata de hoje podem traçar sua linhagem.

Pitt, o moço

A rendição de Cornwallis em Yorktown, na Virginia, teve efeito decisivo na opinião britânica. Era sombrio o cenário em volta da ambiciosa Ilha, e de seu obstinado soberano. A Grã-Bretanha estava sem um único aliado, sozinha em meio a uma guerra mundial na qual tudo dava errado. Um esquadrão francês ameaçava suas comunicações no oceano Índico, e dinheiro francês alimentava as esperanças dos Mahrattas no subcontinente indiano; esquadras coligadas da França e da Espanha agiam no Canal e bloqueavam Gibraltar;

Minorca caíra; o exército de Washington permanecia firme diante de Nova York, e o Congresso americano se comprometera, de forma imoderada, a não tratar de paz em separado. Esse era o estado a que a obstinação de George III havia reduzido o Império.

O governo francês estava agora perto da bancarrota. Só auxiliara os patriotas americanos na esperança de desmembrar o Império Britânico e, exceto alguns românticos como Lafayette, não lhe apetecia ajudar a criar uma república no Novo Mundo. Seus próprios ministros desde muito advertiam Louis XVI que isso poderia abalar sua monarquia absoluta. A Espanha era, sem rodeios, hostil à independência americana. Havia entrado na guerra mais porque a França prometera ajuda para reaver Gibraltar em troca do emprego de sua Esquadra contra a Inglaterra. Mas a revolta das Treze Colônias semeara problemas entre suas próprias possessões ultramarinas, Gibraltar não caíra, e ela agora exigia expressivas compensações na América do Norte. Embora o Congresso tivesse prometido deixar a França conduzir as negociações de paz, os comissários americanos na Europa perceberam o perigo disso e, sem o conhecimento francês e em direta violação da promessa congressista, assinaram preliminares secretas de paz com a Inglaterra. A questão mais importante era o futuro das terras a oeste, entre os montes Alleghanies e o Mississippi. Após meses de negociação, concordou-se com uma divisa que iria dos limites do Maine subindo o St Lawrence, passando pelos Grandes Lagos até sua nascente. Tudo ao sul dessa linha, a leste do Mississippi e ao norte dos limites da Florida, tornou-se território americano. Isso foi, de longe, o mais importante do tratado.

A França então entrou em acordo com a Inglaterra. Ganhou pouco, materialmente. O principal objetivo, no entanto, foi alcançado. As treze colônias foram arrebatadas do Reino Unido, e a posição da Inglaterra no mundo pareceu ter sido gravemente enfraquecida. A Espanha foi forçada a participar do rearranjo geral em que os ingleses retiveram Gibraltar, o principal objetivo espanhol. Ela tomara Minorca, a base naval inglesa no Mediterrâneo durante a guerra, e a manteve na paz. A Holanda também foi compelida a um acordo, devido à deserção de seus aliados.

E assim terminou o que alguns na época chamaram de Guerra Mundial. Um novo estado viera à luz do outro lado do Atlântico, uma grande potência futura no conselho das nações. O primeiro Império Britânico caíra. A Inglaterra fora gravemente atingida, mas continuou indômita.

❋

O Rei aproveitou então a chance de recuperar a popularidade. Encontrou o homem certo em William Pitt, o filho do grande Chatham, de reputação honrosa e limpa. No que foi sem dúvida o mais notável ato interno de seu longo reinado, em dezembro de 1783, George III chamou Pitt para formar um governo. A velha máquina parlamentar enguiçara, e, quando ela parou, tomou seu lugar uma nova combinação cujo trabalho seria vindicado pelos acontecimentos dos vinte anos seguintes.

A revolta das colônias americanas deixou abalada a tolerância da Inglaterra do século XVIII. Começou o exame da causa do desastre, e a palavra "reforma" estava no ar. Havia inclusive rumores de sufrágio universal e outras novéis teorias da representação democrática. Achavam que o Parlamento não representava e nem precisava representar exatamente o povo inglês. Para muitos, o Parlamento não representava gente, mas "interesses" – interesses da terra, interesses mercantis e até interesses trabalhistas, porém com forte pendor pela terra como base sólida e indispensável da vida nacional. Não se propôs qualquer reforma no direito de voto. O individualismo da Inglaterra do século XVIII não assumiu forma doutrinária. A enunciação de princípios sempre foi detestável para a mente inglesa. Na Inglaterra, a corrente revolucionária corria subterrânea, e veio à superfície em redemoinhos provincianos.

Mesmo assim, a Inglaterra vivia silenciosamente uma revolução na indústria e na agricultura, que teria efeito muito maior que o dos tumultos políticos da época. Máquinas a vapor deram nova fonte de força às fábricas e fundições, e rapidamente se multiplicaram. Construiu-se uma rede de canais que levou carvão mais barato para novos centros industriais. Uma mudança drástica ocorria na sociedade, e o monopólio que os proprietários de terras haviam conseguido em 1688 não pôde continuar.

Houve também profunda mudança na vida emocional e intelectual. A Revolução Americana jogara os ingleses para dentro de si mesmos, e um inventário mental mostrou condescendências e anomalias intoleráveis ao olhar público. A renovação religiosa de Jonh Wesley quebrara a superfície petrificada da Idade da Razão. Tais eram, em resumo, os distúrbios e problemas ante Pitt quando ele se tornou primeiro-ministro da Inglaterra, com vinte e quatro anos de idade.

❊

Com toda a reputação do nome de seu pai por trás, esse moço precoce, eloquente, incorruptível e trabalhador elevou-se aos cumes do poder. Mesmo nessa idade, tinha poucos amigos íntimos. Mas dois homens desempenhariam papel decisivo em sua vida, Henry Dundas e William Wilberforce. Pertenciam na Câmara dos Comuns a um grupo compacto cuja principal meta política era a abolição do comércio de escravos.

Pitt precisaria de enorme paciência nos anos seguintes. Seus partidários eram teimosos, invejosos, e às vezes rebeldes. Eles frustraram suas tentativas de reformar o governo irlandês. Desde o começo, Pitt foi vencido pelo peso morto da política do século XVIII. Não pôde abolir o comércio escravo. Não pôde fazer um acordo na Irlanda. Não pôde tornar o Parlamento mais representativo da nação. Ele via com clareza a necessidade e a justeza das reformas, mas sempre preferiu o meio-termo com as forças da resistência.

❊

Foi no problema mais prático e mais urgente, o reordenamento das finanças da nação, que Pitt fez seu melhor trabalho e criou a tradição do Tesouro de gestão sábia e incorruptível que ainda prevalece. Seu ministério coincidiu com uma revolução no pensamento econômico e comercial. Em 1776, Adam Smith publicara *A riqueza das nações*, que logo ganhou fama nos círculos instruídos. Pitt foi muito influenciado por esse livro. O primeiro Império Britânico estava desacreditado e quase sumira do mapa. Outro ia brotando no Canadá, na Índia, e nos Antípodas, onde Cook acabava de mapear o pouco conhecido Southern Continent, a Austrália. Mas o conceito de uma unidade econômica imperial fechada, com as colônias eternamente sujeitas à Pátria nos assuntos de comércio, e acorrentadas a restrições nas relações comerciais com outras nações, mostrara-se desastroso. Os tempos estavam maduros para uma exposição dos princípios do Livre-Comércio. Em prosa simples e cáustica, Adam Smith derrubou o argumento do mercantilismo. Pitt se convenceu. Foi o primeiro estadista inglês a crer no Livre-Comércio.

Mais reformas consolidaram a receita. Devemos a Pitt o moderno mecanismo do "Orçamento." Pitt resolveu criar um saldo na receita para aplicar na redução da dívida pública. Em 1786, apresentou o projeto de lei. Foi o famoso e criticado Sinking Fund, o Fundo de Amortização. A solidez das finanças nacionais era julgada pelo montante do Sinking Fund, que dava sensação de estabilidade às classes financeiras da City. O comércio reviveu, a prosperidade aumentou, e aquilo que então parecia a bela soma de dez milhões de libras foi pago em dez anos. Mas talvez a mais impressionante conquista da administração de Pitt tenha sido a negociação de um novo tratado comercial com a França – o primeiro tratado de Livre-Comércio seguindo os novos princípios econômicos.

A esperança de mais reconstrução e melhoria fez-se em pedaços pela guerra e a revolução na cena europeia. Para Pitt foi uma tragédia pessoal. Seu gênio estava na administração de negócios; seus melhores monumentos são seus relatórios financeiros. Estava totalmente à vontade no mundo dos números. Sua mente moveu-se e cresceu numa idade indevidamente precoce, sem, como disse Coleridge, "a inépcia ou a promessa de um intelecto em crescimento." Ele achava as relações humanas difíceis, e sua acessão ao poder afastou-o de outros homens. De 1784 a 1800 ele só se deslocou entre o estreito mundo da Londres política e sua casa em Putney. Nada sabia sobre a vida de seus compatriotas fora da limitada área da Metrópole. Mesmo entre os camaradas da Câmara dos Comuns e dos clubes políticos ele se mantinha distante.

É notável observar a banalidade pacífica da política inglesa funcionando quase num vácuo, de 1789 a 1793, enquanto os terríveis levantes em Paris e nas províncias da França abalaram o mundo. Pitt estava decidido a permanecer ao largo do iminente conflito europeu. Estava convicto de que não mexendo com os revolucionários franceses por conta própria, deixando-os fazer em casa o que quisessem, a Inglaterra podia evitar de ser arrastada à guerra. Adotou uma linha de estrita neutralidade e, com a característica obstinação, manteve-se nela por mais de três anos violentos.

A Inglaterra face à Revolução Francesa

A convulsão que sacudiu a França em 1789 foi totalmente diferente das revoluções ocorridas anteriormente pelo mundo. No século XVII, a Inglaterra vivera uma violenta mudança de poder entre a Coroa e o povo; mas as instituições básicas do estado permaneceram intocadas ou, pelo menos, foram logo restauradas. Tampouco houvera na Inglaterra, até então, qualquer ampliação da soberania popular no sentido do sufrágio universal. A

América em sua Revolução proclamara os amplos direitos da humanidade. Na Europa o impulso em direção à liberdade, igualdade e soberania popular teria que vir de outro lugar. Veio da França. A revolução inglesa fora assunto inteiramente interno. De um modo geral, a americana também foi. Mas a Revolução Francesa se propagou de Paris para todo o Continente. Deu origem a uma sequência inteira de guerras, e seus ecos reverberaram demoradamente pelo século XIX e além. Todo grande movimento popular e nacional, até os bolcheviques darem uma nova virada nos eventos de 1917, invocaria os princípios anunciados em Versalhes em 1789.

❄

Para o mundo exterior, no verão de 1789, e para os estrangeiros na França, a Revolução pareceu atingir suas metas. Tudo terminou, pensou-se: privilégios derrubados; direitos do povo asseverados. Burke, meditando a respeito em Londres, foi mais perspicaz. A convulsão na França, apontou eloquentemente, não era uma mudança honrada e ordeira, feita com a devida estima pela tradição como na revolução inglesa de 1688. Dera-se um total rompimento com o passado. Em nome da razão, forças irracionais se soltaram. E não seriam facilmente acalmadas. A França estava fadada a toda forma de experiência revolucionária. O padrão se repetiu em outros países posteriormente, sem muita diferença nos resultados. A França foi o crisol em que todos os elementos modernos de revolução foram misturados pela primeira vez.

Na Inglaterra, os whigs, em especial os reformadores e radicais, tinham inicialmente aclamado a Revolução Francesa. Logo se tomaram de aversão por seus excessos. Agora a França dava uma demonstração assustadora do que acontece quando as forças sociais desatreladas por reformadores se soltam livres de qualquer controle. A maioria dos ingleses recuou horrorizada.

Em sua fala do Orçamento de 1792 Pitt tinha anunciado antever quinze anos de paz para a Europa. Não intervenção era a sua política. Algo mais vital para a Inglaterra do que um massacre de aristocratas ou um discurso na Convenção, algo mais concreto que uma ameaça de revolução mundial teria que acontecer antes de ele encarar a questão da guerra. A fagulha, como tantas vezes na história da Inglaterra, veio da Holanda. Em 28 de novembro, Antuérpia caiu em mãos francesas. Todo o delicado equilíbrio da política internacional do século XVIII se desfez.

A Grã-Bretanha permaneceria em guerra por mais de vinte anos, e agora se viu frente a um extremo esforço de guerra com suas forças armadas em piores condições, talvez, do que em qualquer época anterior, por falta de equipamento, comandantes e soldados. As condições da arma e de administração do Exército e da Marinha eram tão consternadoras que é de surpreender alguma coisa ter sido realizada. Por vários anos os recursos ingleses foram desperdiçados em expedições malplanejadas e malfeitas às Índias Ocidentais. Com grande dificuldade conseguiram recrutar os homens para esses movimentos errados.

Houve grandes expectativas em Londres sobre os monarquistas franceses. Em 1793, eles tomaram Toulon, e não fora o fato de Dundas, o amigo próximo de Pitt, ter empenhado todas as unidades disponíveis nas Índias Ocidentais, poderia ter sido assegurada uma base vital para futura invasão.

Algo mais aconteceu em Toulon. Um jovem tenente do exército francês de importante família corsa, perito em artilharia e outros assuntos militares, estando de licença de seu regimento, apareceu no acampamento do general Dugommier, que comandava o exército sitiante jacobino. Percorreu a linha de baterias e fez ver que os tiros não alcançariam nem a metade da distância. O erro foi corrigido, e o tenente começou a ter voz ativa naquele incompetente quartel-general. Logo chegaram ordens de Paris mandando adotar o método de sítio costumeiro. Ninguém ousava discutir as ordens do terrível Comitê de Segurança Pública, então à frente dos assuntos franceses. Mas, no conselho de guerra reunido à luz do dia, em campo aberto, o prestigiado tenente elevou a voz. A ordem, disse ele – ou contou mais tarde ter dito – era uma tolice e todos sabiam disso. Havia, porém, uma maneira de tomar Toulon. Pôs o dedo na carta, no ponto onde o Forte l'Aiguillette, de seu promontório, comandava a entrada do porto. "Toulon está aqui," disse ele, e todos, pondo suas próprias vidas em jogo, obedeceram-no. Ele organizou e comandou o ataque ao Forte l'Aiguillette. Após intensa luta, o forte capitulou.

Na manhã seguinte, a esquadra britânica foi vista deixando o porto. O tenente percebera não só a importância militar do forte capturado, mas todo o conjunto de forças morais e políticas das quais dependia a defesa de Toulon pelos monarquistas. Quando esses assuntos foram despachados para Robespierre e seu irmão, e para o Comitê em Paris, eles quiseram saber mais sobre aquele tenente engenhoso, que parecia cheio de vontade. Seu nome era Napoleão Bonaparte; e, afinal, ele havia tomado Toulon.

Enquanto isso, o Terror chegou ao auge, e, no frenesi político de Paris, ninguém sabia quando sua vez chegaria. Numa feroz convulsão, Robespierre foi levado à força para onde ele teria mandado os outros. A fama do nosso tenente de Toulon teve uma queda com esse evento. Ele estava ligado aos Robespierres. Era o "planejador" dos irmãos. No cara ou coroa ele poderia tê-los seguido nas sombras. Mas o extremo do Terror morrera com Robespierre, e o Diretório que subiu logo precisou de seus serviços. No comando das forças militares, Bonaparte levou o exército francês contra os austríacos no norte da Itália. Deu ânimo à tropa esfarrapada e faminta com a promessa de glória e butim. Derrotou os comandantes austríacos e conquistou a base larga da península italiana. Com essas vitórias, ultrapassou todos os rivais no âmbito militar e tornou-se a espada da Revolução que ele estava decidido a explorar e acabar.

❄

No Continente, os franceses triunfavam por todo lado. Bonaparte, tendo submetido o norte da Itália, preparava-se para atingir a Áustria através dos passos alpinos. A Bélgica foi anexada à França; a República de Veneza, com uma gloriosa história que se estendia até a Idade Média, tornou-se província austríaca. Milão, o Piemonte e os pequenos principados do norte da Itália foram soldados numa nova República Cisalpina. A França, dominante na Europa Ocidental, firmemente plantada no Mediterrâneo, protegida contra ataques da Alemanha por um acordo secreto com a Áustria, só precisava resolver o que conquistar a seguir. Uma linha sensata teria apontado a Inglaterra, através da Irlanda. Bonaparte imaginou seu destino num âmbito maior. Na primavera de 1798 ele navegou para o Egito. Lord Nelson foi no encalço.

Na tarde de 1º de agosto uma patrulha da esquadra de Nelson sinalizou que navios de guerra franceses estavam ancorados na baía de Aboukir, a leste de Alexandria. Quando caía a noite, cinco navios ingleses passaram em linha entre a praia e o inimigo. Os marinheiros franceses estavam na maioria em terra, e o convés de seus navios abarrotado de equipamentos. Não tinham achado necessário desobstruir o acesso aos canhões voltados para a terra. No rápido escurecer a confusão tomou conta de sua esquadra. Implacavelmente, os navios ingleses, reconhecíveis pelas quatro lanternas içadas na horizontal, martelaram a dianteira inimiga, passando de um navio fora de ação para o seguinte da fila. Às dez horas, o *Orient*, capitânia de Brueys, explodiu. Os cinco navios à frente dele já tinham se rendido; os restantes, com seus cabos partidos pelos tiros, tentavam desesperadamente distanciar-se do inferno do *Orient* em chamas, ou flutuavam impotentes. Nas primeiras horas da manhã, três encalharam e se renderam, e um quarto navio foi incendiado por seus oficiais. Da grande esquadra que levara o exército de Napoleão à aventura no Egito, apenas duas naus de linha e duas fragatas escaparam.

A vitória de Nelson no Nilo cortou as comunicações de Napoleão com a França e acabou com sua esperança de vastas conquistas orientais. A Esquadra Inglesa era outra vez suprema no mar Mediterrâneo. Foi um ponto de inflexão. Mas o governo inglês ainda não conseguia montar um plano militar na escala exigida pela estratégia europeia. Entrementes, Napoleão, que escapara de volta para a França, retomou o comando dos exércitos franceses na Itália. Em junho de 1800, derrotou os austríacos em Marengo, no Piemonte, e a França ficou de novo senhora da Europa. A principal contribuição da Inglaterra nessa época foi a vigilância de suas esquadras e o pagamento de subsídios aos aliados. A zombaria de Napoleão de que os ingleses eram "uma nação de lojistas" tinha algum fundamento.

❄

Pitt estava exausto, maçado, e perplexo com a tarefa inapropriada a sua índole de organizar a Inglaterra para a guerra. Escolheu criar gigantescas dívidas, e ir combatendo a esmo cada ano até o término abatido das temporadas de campanha, sobrevivendo ao cotidiano, aguardando dias melhores. Mas se Pitt foi um ministro da guerra indiferente, os que o sucederam não foram melhores.

Na verdade, com todos os seus defeitos, William Pitt erguia-se acima de seus contemporâneos. Sem dúvida, detinha maior confiança popular do que qualquer outro. Mas Pitt foi sucedido por uma coalizão pechisbeque de amigos do rei e rebeldes de seu próprio partido. Fingindo de Governo de União Nacional, foram fazendo asneiras por mais de três anos. O líder era Henry Addington, um afável ex-presidente da Câmara dos Comuns, que ninguém via como estadista.

Em março de 1802, o governo de Addington entrou em acordo com Napoleão pelo Tratado de Amiens, e por algum tempo fez-se uma pausa na luta. Turistas ingleses afluíram em bandos à França, ansiosos por assistir às cenas da Revolução e ver em primeira mão o formidável Primeiro Cônsul que ele era agora. Mas a estação turística foi curta. Em maio do ano seguinte Napoleão reunia suas forças em Boulogne, concentrado em invadir a Inglaterra. Pitt aposentara-se em Walmer, no Kent. A tensão dos últimos anos abalara sua saúde. Ele envelhecera prematuramente. Tinha vivido uma vida solitária e artificial, com poucas amizades que alegrá-la. A única ocasião em que jamais teve contato com o povo foi durante esse breve intervalo fora do poder, quando, administrador dos Cinque Ports, ele organizou a milícia local contra a ameaça de invasão. Há poucas coisas mais dignas de nota na história da Inglaterra do que essa imagem de um ex-primeiro-ministro a cavalo à frente de uma heterogênea tropa de agricultores, treinando nos campos da costa sul, enquanto a meros 30 quilômetros, do outro lado do canal, o Grande Exército de Napoleão só esperava um vento favorável e uma passagem livre.

Trafalgar

Em 1804, Pitt foi chamado de volta ao poder. Lançou-se ao trabalho febril de organizar o esforço de guerra inglês. Desde o reinício da luta, a Inglaterra se viu sozinha contra Napoleão; e por dois anos, durante um dos mais críticos períodos de sua história, aguentou sem ajuda. Depois, por empenho de Pitt, criou-se outra coalizão com a Áustria e a Rússia. Mas isso ia demorar. Naquele momento, os franceses intimidavam o Continente a uma passiva aceitação de sua superioridade. Era a chance de jogar todo o peso das forças armadas da França contra os obstinados ilhéus. Um imenso exército se organizou e concentrou nos portos do Canal para a invasão da Inglaterra. No apogeu de suas expectativas, Napoleão se fez coroar pelo Papa Imperador dos Franceses. Apenas um fator faltava aos seus desígnios – o comando do mar. Como antes e desde então, em sua história, só a Royal Navy parecia capaz de pôr-se entre a Ilha e a destruição nacional. Em maio de 1803, Nelson voltou ao Mediterrâneo para reassumir o comando de sua esquadra. Era onde o destino de seu país podia ser decidido. Nelson sabia bem da gravidade do momento, e empregou toda sua capacidade de comando em criar uma organização de primeira classe. Nem sequer em número ele era superior à principal esquadra francesa no porto de Toulon. O desejo maior de Nelson era fazê-los sair e lutar com eles. Sua política era de aniquilação.

Duas vezes no decorrer de dois anos, os franceses tentaram uma sortida, mas se recolheram. Por todo esse tempo, Nelson não pôs o pé em terra. Precisava cobrir todas as rotas de fuga.

No centro da teia postava-se Napoleão, e o elaborado esquema para o ataque final contra a Inglaterra ia sendo tecido lentamente. Mas o instrumento vital em suas mãos era frágil. A Marinha francesa sofrera um golpe arrasador na Revolução. Com o colapso das finanças, os navios existentes ficaram sem reparos, e por algum tempo nenhum reforço foi dado à Esquadra. A classe dos oficiais fora quase toda eliminada na guilhotina. Em maio de 1804, o Imperador havia entregue a esquadra de Toulon ao almirante Villeneuve, um excelente marujo. Napoleão não ia tolerar obstáculo, e uma complicada série de fintas foi preparada para enganar os agentes ingleses. Nos primeiros meses de 1805, Napoleão fez seus arranjos finais. Uma tropa de assalto de mais de noventa mil combatentes acampava em torno de Boulogne. Os portos franceses do Canal não tinham sido construídos para belonaves, e as esquadras francesas nos ancoradouros do Atlântico e do Mediterrâneo precisavam reunir-se noutro lugar para o controle do Canal. O Imperador escolheu as Índias Ocidentais. Ali seus navios tiveram ordem de agrupar-se, depois – imaginou ele – de romper os bloqueios do Atlântico e do Mediterrâneo, e de atrair a esquadra inglesa para as águas do Atlântico ocidental. As esquadras combinadas da França e da Espanha iriam então unir-se a Ganteaume, o almirante do esquadrão de Brest, voltar para a Europa, subir o Canal e garantir a travessia de Boulogne. O plano era brilhante no papel, mas não levava em conta o estado dos navios franceses, e ignorava a vital estratégia de concentração sempre seguida pelos almirantes ingleses quando o inimigo estava às soltas.

Villeneuve escapou de Toulon na escura noite de 30 de março. A raposa correra, a caçada começava. Os fados pareciam contra Nelson. Seu talento agora fulgurou. Partindo de informações enganadoras, obscuras e conflitantes, ele decifrou o intento francês. Por isso, em 11 de maio, Nelson tomou a momentosa decisão de ele próprio navegar para oeste. Os ingleses perseguiam sua caça, e houve um jogo de esconde-esconde entre as ilhas das Índias Ocidentais. No dia 12, Nelson parou em Antigua, onde Villeneuve havia aportado apenas quatro dias antes. Novamente ele teve de tomar uma decisão crucial. Estaria certo acreditando que os franceses se dirigiam para a Europa?

Nelson reabasteceu a esquadra em Marrocos e partiu para o litoral de casa.

A crise estava perto, e os esquadrões avançados da Royal Navy instintivamente reuniram-se na entrada do Canal para a defesa da Ilha. Nelson foi sozinho em sua nau capitânia, o *Victory*, para Portsmouth. Nos dias seguintes a campanha atingiu seu clímax. Villeneuve navegou novamente em 13 de agosto numa tentativa de entrar no Canal, pois Napoleão ainda acreditava que as esquadras inglesas estavam dispersas e que chegara o momento da invasão. Villeneuve, enquanto isso, mudara de ideia. Bem ciente das deficiências de sua maltreinada esquadra, desesperado por provisões e com muitos doentes a bordo, abandonara a grande aventura em 15 de agosto, e ia a toda pressa rumo sul, para Cadiz. Acabou a ameaça de invasão.

Em meio a cenas de entusiasmo, Nelson retomou o *Victory* em Portsmouth e partiu para Cadiz, em 15 de setembro. Toda a Inglaterra percebia agora ter seu destino nas mãos daquele homem de constituição frágil. Sua energia e inspiração elevaram o espírito de seus comandantes. Traçou para eles o esboço de um novo e ousado plano de batalha. A fim de obter uma vitória decisiva, estava resolvido a abandonar a forma convencional de batalha. Romperia a linha de Villeneuve quando ele saísse do porto de Cadiz, manobrando com arrojo em ângulo reto para seu interior com duas divisões principais. Após a reunião com os comandantes, Nelson escreveu "Tudo aprovado. Era novo, era singular, era simples. Devia dar certo." Num clima de intensa animação, a esquadra preparou-se para a provação que tinha à frente. Ao raiar do dia 21, Nelson viu do tombadilho superior do *Victory* a linha de batalha do inimigo, que consistia de doze navios espanhóis e vinte e um navios franceses. Sete meses depois da fuga de Toulon, foi a primeira vez que Nelson viu seus oponentes desde que a guerra recomeçara em 1803.

A esquadra britânica permanecia a cerca de dez milhas a oeste do inimigo. A marinharia canhestra de seus homens convenceu Villeneuve que fugir era impossível, e ele manobrou a sotavento numa longa curva a fim de esperar o ataque de Nelson. O almirante inglês virou-se para um dos seus oficiais. "Estão fingindo coragem, mas eu lhes darei uma surra como nunca levaram." As esquadras se acercavam cada vez mais. Outro sinal de bandeirolas subiu ao mastro do *Victory*: "A Inglaterra espera que cada um cumpra o seu dever." Quando Collingwood viu o adejo das bandeirolas, observou irritadamente "Gostaria que Nelson parasse de mandar mensagens, pois todos nós sabemos muito bem o que fazer," mas quando a mensagem foi transmitida, os vivas irromperam dos navios em linha. Um silêncio mortal desceu sobre a esquadra conforme os navios se abeiravam. Cada comandante identificou seu adversário, e em poucos minutos as duas colunas inglesas estrondearam em ação. Nelson andava como num desfile em seu tombadilho quando à 1h15 da tarde foi atingido no ombro por um tiro vindo do mastro grande do *Redoutable*. Com a coluna fraturada ele foi carregado para baixo, em meio ao troar da artilharia do *Victory*. A batalha ainda era intensa. Pela tarde do dia 21 de outubro de 1805, dezoito dos navios inimigos haviam se rendido, e o restante estava em plena retirada. Onze chegaram a Cadiz, mas outros quatro foram capturados próximos à costa da Espanha. No diário de bordo do *Victory* acha-se o seguinte registro, "Tiroteio parcial continuou até as 4h30 quando foi anunciada a vitória ao *Right Honourable* Lord Viscount Nelson, K.B. e Comandante em chefe, e então ele morreu de seus ferimentos."

A vitória foi completa e final. A Esquadra inglesa, sob seu mais soberbo comandante, e como ele, cumprira o seu dever.

❄

Outras liças atraíram Napoleão. Em agosto de 1805, as tropas francesas levantaram o acampamento de Boulogne e partiram numa longa marcha para o Danúbio. A campanha que se seguiu arruinou as esperanças e os esquemas de Pitt. A Áustria e a Rússia foram vencidas na batalha de Austerlitz. Uma vez mais a estrela de Napoleão brilhara, e, para a Inglaterra, tudo precisava ser refeito. Por essa época o primeiro-ministro deu uma audiência a um jovem general vindo da Índia. Em termos diretos, esse oficial anotou sua opinião sobre Pitt. "Seu defeito," escreveu ele, "é ser demasiado otimista. (...) Concebe um projeto e já o imagina feito." Opinião severa mas não inexata, de quem teria muita convivência com as tropas de imperador francês. Seu nome era Arthur Wellesley, mais tarde Duque de Wellington.

Uma aflição pessoal turvou os dias de Pitt. A Câmara dos Comuns resolveu censurar seu íntimo colega e amigo de toda uma vida, Henry Dundas, por má administração no Almirantado. O discurso decisivo contra Dundas foi de ninguém menos que Wilberforce. A cena nos Comuns foi comovente. Os olhos de Pitt encheram-se de lágrimas enquanto escutava Wilberforce atacar seu outro maior amigo. Cercado por seus partidários, ele foi retirado da Casa. Essa desdita, mais do que a notícia de Austerlitz, por fim alquebrou o espírito e a energia do primeiro-ministro. Em janeiro de 1806, ele morreu.

"Numa época," diz a inscrição em seu monumento no Guildhall, "em que o contágio de ideais ameaçou dissolver as formas da sociedade civil, ele reuniu os leais, os sensatos e os bons em torno da venerável estrutura da monarquia inglesa." Um perfeito epitáfio.

O Imperador dos Franceses

Os sucessores de William Pitt foram firmes no prosseguimento da guerra, embora certamente fossem menos habilitados ainda para isso. Os três anos entre a morte de Pitt em janeiro de 1806 e o despontar de Wellington em 1809 não foram de boa sorte. O vigor militar inglês foi desperdiçado em expedições infrutíferas pela orla da costa mediterrânea. O ambicioso plano de assentar uma base de operações nas colônias espanholas da América do Sul levou a uma temporária ocupação de Buenos Aires e à derradeira perda de valiosas forças. Seu tempo de governo foi redimido pela abolição do comércio de escravos de Fox, medida que está entre os mais notáveis feitos ingleses, e da qual Pitt sempre recuara. Foi o derradeiro esforço de Fox. Durante quarenta anos sua eloquência cordial havia inspirado os whigs. Quase toda sua vida parlamentar passou-se na oposição. Morreu como ministro do Exterior, nove meses depois de seu grande rival, Pitt, ter descido ao túmulo.

❄

Napoleão chegava ao auge de sua carreira. Em Austerlitz, vencera a Rússia e a Áustria. Já era senhor dos Países Baixos, da Itália e dos estados do Reno. Em Jena, um ano mais tarde, vencera a Prússia. Seguiu-se a reconciliação de Napoleão e Alexander. Numa jangada sobre as águas do Niemen com seus exércitos reunidos em cada uma das margens, os dois imperadores se encontraram e se abraçaram. A paz foi selada entre eles. E não só paz, mas aliança. Alexander, indisposto com a Inglaterra pelo irrisório apoio que recebera, foi cativado por Napoleão. A aliança franco-russa, assinada em Tilsit em 7 de julho de 1807, marcou o apogeu de Napoleão. Ele dominava toda a Europa. O imperador da Áustria era um satélite intimidado e obsequioso. O rei da Prússia e sua bela rainha foram reduzidos a pedintes, quase prisioneiros em seu séquito. Os irmãos de Napoleão reinavam em Haia, em Nápoles, e na Westfália. Seu enteado governava o norte da Itália em seu nome. A Espanha prestou-se ao seu sistema confiando em que pior não ficaria. A Dinamarca e a Escandinávia apressaram-se a obedecer. A Rússia, o grande contrapeso, pendera para ele. Só restou Britânia, inconciliável, invencível, implacável. Ali ficou ela, em sua Ilha, senhora dos mares e oceanos, governada por sua altiva, obstinada aristocracia, enfrentando essa imensa aliança sozinha, taciturna, bravia e quase impassível.

No Gabinete de Guerra, Castlereagh tentou reorganizar o exército regular. Isso foi feito por drástica legislação. Trinta mil homens foram retirados das milícias locais restauradas e organizados em regimentos regulares; e providências foram tomadas para alistar quarenta e quatro mil recrutas para as milícias, a fim de substituí-los da defesa territorial.

Em segurança no resto da Europa, Napoleão voltou sua atenção para a Península Ibérica. Impotente no mar, ele viu que, para destruir o único rival que restava era preciso girar a arma do bloqueio contra a Inglaterra. As mercadorias inglesas seriam impedidas de entrar nos mercados da Europa por um anel de ferro de guarda alfandegária desde as fronteiras da Rússia pelo litoral da Europa setentrional e da França ocidental e vedando toda a costa do Mediterrâneo até os Dardanelos. Napoleão anunciou sua política em Berlim. Era um bloqueio terrestre do poder marítimo. O elo fraco na imensa corrente de soldados e aduaneiros franceses era a Península Ibérica. Para completar esse incrível plano, era essencial controlar não só a Espanha como também Portugal, o tradicional aliado da Inglaterra, cuja capital, Lisboa, era uma importante base potencial para a esquadra inglesa.

O ponto crucial estava, pois, na Península. Lentamente, a atenção dos ministros ingleses se voltou para esse futuro teatro de operações. Napoleão estava decidido a atacar Lisboa através da Espanha antes que a esquadra britânica pudesse manobrar para o sul. Canning, ministro do Exterior, esbanjou a energia de jovem. Um esquadrão inglês navegou para Tejo, reuniu os navios portugueses e mandou embora a família real portuguesa, o governo e a corte em segurança para o Brasil. Alguns dias mais tarde o marechal Junot entrou na capital portuguesa.

Napoleão, insaciável de poder, e sempre procurando subjugar a Inglaterra e seu intangível bloqueio, resolveu tomar a coroa espanhola. Atraiu o rei Carlos IV da Espanha e seu filho Fernando a uma armadilha em Bayonne e, sob a ameaça de um pelotão de fuzilamento, forçou-os a assinar documentos de abdicação. Sentou seu próprio irmão Joseph no trono da Espanha como vassalo do Império francês, extasiado com o sucesso de sua violência.

De Madrid, o rei Joseph escreveu a Napoleão: "Ninguém disse a verdade até agora. O fato é que não há um só espanhol ao meu lado, exceto os que vieram comigo. Todo mundo é aterrorizado pelo sentimento geral de seus compatriotas" – e pedia "bastante tropa e dinheiro." O imperador foi tardio em avaliar a força da revolta espanhola. Estivera guerreando na Europa por quinze anos, e julgava entender o que acontecia e seu significado. Via-se como um libertador, e na verdade ele o foi em muitas regiões do Continente. Não compreendia um povo preferir um mau governo de própria lavra ao regime racional imposto de fora. No final de julho, nas Tulherias recebia notícias de acontecimentos na Espanha, graves por si mesmos e ameaçadores a toda a estrutura de seu poder.

Mas enquanto isso, a Inglaterra desferia um astucioso golpe. Canning e seus colegas decidiram mandar um exército para a Península a fim de ajudar os insurgentes espanhóis. Porém, como as juntas da Galícia e da Andaluzia ainda não se dispunham a aceitar tropas estrangeiras, a expedição foi enviada para Portugal, e em julho de 1808 desembarcou ao norte de Lisboa, em Figueira da Foz, no rio Mondego. Esse pequeno contingente inglês consistia de 30 mil homens bem-equipados. À frente dos primeiros a desembarcar vinha Sir Arthur Wellesley, cuja conduta na guerra com os mahrattas na Índia o notabilizara. Era membro do Parlamento e da administração tory, e era efetivamente secretário do Lord Governador da Irlanda. Não esperou pelo restante do exército, entrando imediatamente em campo. No combate de Roliça, Junot sofreu um rechaço. No Vimeiro, o fato se repetiu em maior escala. As colunas francesas de assalto foram quebradas pelo fogo de reserva da "fina linha das túnicas vermelhas," que começava a chamar atenção. Junot recuou para Lisboa.

Sir Arthur Wellesley foi substituído em seu momento de vitória pela chegada de Sir Harry Burrad. O desejo de Wellesley de tomar o passo de Torres Vedras e cortar o caminho de retirada de Junot foi frustrado por seus superiores. Mas o comandante francês enviou negociador ao acampamento inglês. Ofereceu evacuar Portugal se os ingleses o transportassem de volta à França. A Convenção de Sintra, que permitia a retirada das tropas francesas com armas e bagagens em navios ingleses, foi assinada e meticulosamente cumprida pelos ingleses. Junot e vinte e seis mil franceses foram desembarcados pelos britânicos em Rochefort. Wellesley, encolerizado, comentou com seus oficiais: "Então nos resta partir e ir caçar perdiz." Na Inglaterra houve um esperável clamor por Junot ter sido solto. Uma corte militar em Londres demitiu os comandantes, e só um deles foi outra vez chamado a servir.

Napoleão teve a intenção de levar Junot à corte marcial, mas como os ingleses estavam julgando seus próprios generais, declarou-se satisfeito por não ter que tomar medidas contra seu velho amigo.

Um novo general inglês de grande competência sucedeu aos comandantes envolvidos na convenção de Sintra. Sir John Moore avançou de Lisboa através da Salamanca para Valladolid. Fora atraído pela promessa de grande auxílio espanhol, e tentou, com grandes riscos, tornar realidade as esperanças espanholas. Sua arrojada investida cortou ou ameaçou as comunicações de todas as tropas francesas, e de imediato impediu qualquer ação no sul da Espanha contra Portugal. Mas Napoleão, de atalaia em Madrid, viu nele uma presa. No natal de 1808, com 50 mil homens, com Ney, Soult, e a Velha Guarda, movimentou-se para interceptá-lo e destruí-lo. A pé com seus soldados Napoleão marchou pela neve de Guadarrama com impressionante velocidade. Moore, avisado a tempo, suspendeu suas comunicações com Portugal e ordenou aos seus encontrá-lo em La Coruña, na extremidade nordeste da Espanha. Foi uma corrida; mas quando a cavalaria francesa cruzou o rio Seco Moore já havia passado por Astorga e estava a meio caminho de seu porto.

Em Astorga, o Imperador sentou-se no parapeito de uma ponte para ler os despachos trazidos às pressas da capital. Após alguns momentos ele se levantou e ficou absorvido em pensamentos. Então, mandando vir sua carruagem de viagem, ele passou a perseguição dos ingleses a Soult. A perseguição se transformara numa caçada. Soult e Ney podiam ficar com ela.

Poucos observadores admitiam então a possibilidade de sucesso nas distantes terras de Espanha e Portugal. Dessas dúvidas não partilhava Artur Wellesley, que em abril foi nomeado de novo para assumir o comando em Lisboa. Passaria os cinco anos seguintes na Península e voltaria a Londres em triunfo, via capital da França. Wellesley renunciou a sua cadeira no Parlamento e chegou em Lisboa antes do fim do mês. Poderia escolher entre atacar Soult no Porto ou reentrar na Espanha, onde os franceses estavam espalhados por toda a Península. Decidiu primeiro limpar Portugal. Numa marcha rápida e secreta, atingiu o Douro e surpreendeu Soult e seu exército na cidade. Com perdas muito pequenas, obrigou o marechal, cuja retirada para o sul era também comprometida pelas operações dos portugueses de Beresford, a retirar-se para as regiões montanhosas do norte. Soult foi forçado a abandonar toda a sua artilharia, seus feridos e o grosso de seus trens. A travessia do Douro, a surpresa do Porto e a derrota de Soult foram uma brilhante façanha do novo general inglês e abriram caminho para outras ações.

Por toda a primavera de 1812, o imperador estivera reunindo soldados numa escala até então desconhecida na Europa e, quando chegou o verão, partiu de todos os seus domínios em direção ao leste. Nos últimos dois anos, sua relação com a Rússia vinha azedando. Aos poucos, o czar convenceu-se de que nenhum acordo europeu geral poderia ser feito enquanto o imperador francês dominasse a cena. Napoleão decidiu golpear primeiro, e fazê-lo de modo arrasador. Embora seus generais e ministros se mostrassem relutantes e apreensivos, uma espécie de delírio empolgou as classes militares do Império. Muitas vozes advertiram Napoleão das privações e dificuldades de combater na Rússia, e ele não desconsiderou esses conselhos. Montou o que pareceu na época transporte e suprimento abundante. Mas foi insuficiente.

Seu plano era se apossar da velha capital russa, confiante que o czar, então, pediria paz. Todos os outros soberanos da Europa nas mesmas circunstâncias se haviam curvado a ele. Mas a Rússia foi caso diferente. Defesa, retirada e inverno – eram os recursos em que confiava o alto-comando russo. Napoleão estudara as impressionantes campanhas do grande sueco, Rei Charles XII. Julgava ter tirado proveito dessas leituras. No século vinte, outro mais cruel estudaria os erros de Napoleão. Estee também pensou ter anotado a lição. A Rússia esclareceu-os a ambos.

Ante Napoleão, os exércitos russos recuavam, evitando-lhe as armadilhas e fazendo terra arrasada por onde os franceses tinham de passar. Em Borodino, quase cem quilômetros a oeste da capital, os russos tiveram de voltar-se e lutar. Ali, na mais sangrenta batalha do século dezenove, o general Kutusov infligiu um terrível castigo em Napoleão. Ambos os exércitos, de 120 mil homens cada um, perderam um terço de suas tropas. Kutusov recuou de novo, e Moscou caiu nas mãos dos franceses. Mas os russos recusaram-se a pedir paz. Com o inverno chegando, ficou evidente para Napoleão que Moscou, queimada até os alicerces por acidente ou de propósito, era insustentável por suas tropas famintas. Nada a fazer, senão retirar-se pela neve que se acumulava – a mais celebrada e desastrosa retirada da história. O inverno então cobrou seu terrível pedágio. Ações retardadoras, corajosas como tenham sido, consumiram o que restava do vigor francês. Do "*Grande Armée*" lançado sobre a Rússia, apenas 20 mil se arrastaram de volta a Varsóvia. Consta que o marechal Ney foi o último francês a deixar o solo russo.

Em 5 de dezembro, Napoleão abandonou o remanescente de seus exércitos na fronteira russa e partiu de trenó para Paris. Qualquer salvamento a ser feito ele deixou por conta de seus marechais. Ele pessoalmente era insensível a desastre. Acreditava ainda em sua Estrela. Se fracassara em estender seu Império para o leste, ainda podia mantê-lo a oeste. Com imenso esforço, levantaria novas forças e lutaria de novo. Na primavera de 1813, uma vez mais ele entrou em campanha. Metade de seus homens era de recrutas inexperientes, e a França não o seguia mais. Um apoio relutante foi tudo que pôde obter, e mesmo seus marechais começaram a hesitar. A Alemanha insurgiu-se no momento de seu declínio. O espírito do nacionalismo difundido pelos exércitos franceses manifestou-se para frustrar e trair o senhor da Europa. Alianças se formaram sustentadas pelas finanças da Inglaterra. Ofereceu-se a Napoleão a chance de uma paz honrosa. Ele a rejeitou supondo que os fados podiam ser revertidos pelo gênio da batalha. Um por um, seus vacilantes aliados se afastaram. A Suécia governada pelo marechal francês Bernadotte; a Prússia, a Áustria e até a Saxônia e a Baviera, seus próprios estados satélites, o abandonaram. O czar resolveu encetar uma marcha para o Reno. A Europa Central, por tanto tempo subserviente à França, uniu-se ao avanço russo. Uma série de gigantescos confrontos ocorreu na Saxônia e na Silésia. Por fim, nos três dias da batalha de Leipzig, em outubro, todos os antagonistas de Napoleão fecharam o cerco sobre ele. De cada lado, perto de 500 mil homens. Nessa Batalha das Nações, Napoleão foi dominado e empurrado para leste, para as fronteiras da França. Os aliados se reuniram na fronteira do inimigo pela primeira vez desde 1793. A grande aventura revolucionária e imperial se encaminhava para o fim.

❄

Enquanto isso, num prodigioso esforço de armas e de coragem, Lord Wellington infligira uma série de esmagadoras derrotas às tropas francesas na Península Ibérica. Em 1811, a França abandonou Madrid e os ingleses ocuparam a capital. Em 1813, Wellington limpou todo o norte da Espanha e arrebanhou os franceses, em retirada, para o velho reino montanhoso de Navarra. Na batalha de Vitória, em 21 de junho, ele desbaratou o marechal Jourdan e empurrou suas tropas em fuga pelos Pireneus. A notícia dessa vitória animou o czar e os exércitos aliados da Europa. Tenazmente Wellington manteve seu propósito de reduzir, como disse ele, "o poder e a influência do grande desordeiro da Europa." Na primavera de 1814 ele estava em solo francês e ocupara Bordeaux.

Para Napoleão o fim já chegara. Ao sul, o front tinha ruído; pelo leste, prussianos, russos e austríacos chegavam ao coração da França. O poderio combinado da Europa foi demais para ele. As forças de oposição ao seu governo na França levantaram-se abertamente contra ele. Fouché e Talleyrand, desde muito conspirando de maneira hesitante, agora convenceram-se de que a França só se salvaria abandonando seu Imperador. Em fins de março, o marechal Marmont, incumbido da defesa de Paris, desistiu e entregou a capital. No dia 3 de abril Napoleão abdicou e retirou-se para a ilha de Elba. As longas marés sem remorso da guerra retrocederam, e, no Congresso de Viena, as Potências prepararam-se para a luta diplomática da paz.

❄

A Inglaterra foi representada em Viena por Castlereagh, que ia agora participar de modo influente na reconstrução da Europa. Sua voz foi a primeira a propor uma paz justa e honrada. Os principais colegas de Castlereagh em Viena eram Metternich, o chanceler austríaco, e Talleyrand, o porta-voz da França. Metternich era arraigado adepto do velho regime do século XVIII; sua vontade era atrasar o relógio para a época pré-revolucionária. Em seus últimos anos, já privado do poder, ele se orgulhava em declarar que havia sempre sido um "Rochedo da Ordem." O flexível Talleyrand servira em sequência a Revolução, Napoleão, e agora os Bourbons; seu propósito era salvar para a França quanto pudesse das ruínas da aventura imperial. No meio deles, Castlereagh tinha a vantagem do desinteresse. O problema mais urgente era o governo da França. Napoleão se fora, mas quem seria o substituto? Foi Talleyrand quem persuadiu as Potências a restaurarem os Bourbons na pessoa de Louis XVIII, irmão do rei guilhotinado. Louis pelo menos representava uma tradição, um fragmento da fé política da França e, acima de tudo, representava paz. Ele próprio era homem de disposição branda e obsequiosa. Os ingleses estavam ocupados com o arranjo colonial e principalmente com as possessões que tinham valor estratégico como portos de escala. Por essa razão seguraram Malta e a posição-chave da rota para a Índia, o Cabo da Boa Esperança; dessa aquisição derivara uma saga mais tarde. Os ganhos foram dispersos e fracionados mas, em conjunto, representaram forte consolidação da estrutura Imperial.

No continente, a principal preocupação das Potências foi estender um *cordon sanitaire* em volta da França para proteger a Europa Central das infecções e dos perigos da revolução. No norte, criou-se uma precária e inconfortável união da Holanda calvinista com a Bélgica católica no Reino dos Países Baixos – união que só durou até 1830. A Renânia, por insistência do governo inglês, foi adjudicada à Prússia. No sul, o rei da Sardenha recuperou o Piemonte e a Savoia mais a ex-república de Gênova como manjar extra. Por todo o resto da Itália, a autoridade da Áustria se ampliou sem contestação. A Lombardia e Veneza, Trieste e a Dalmácia, foram postas sob direto controle austríaco. Arquiduques austríacos reinaram em Florença e Modena. A Imperatriz Marie Louise foi contemplada com o ducado de Parma, mais pela linhagem habsburgo do que por ser mulher de Napoleão. Ficou estipulado que seu filho não a sucederia. O sangue de Bonaparte seria barrado dos tronos. Em Nápoles, por um tempo, o marechal Murat foi deixado com a posse de seu reino roubado. Mas não por muito tempo. Logo os Bourbons foram restaurados, e sobre eles a influência austríaca também reinou suprema. Basta para a Europa Ocidental.

A raiz dos problemas estava na parte leste. A Rússia queria a Polônia, e a Prússia queria a Saxônia. Deixadas por si mesmas, podiam ter resolvido de comum acordo as mútuas exigências numa solução que estava longe de agradar tanto à França quanto à Áustria. Castlereagh, temeroso de uma expansão da Rússia, e Matternich, temeroso da Prússia, ficaram contra essa vasta transferência de propriedade. Formou-se uma aliança entre Inglaterra, França e Áustria para resistir a essas pretensões, se necessário mesmo pela guerra. Não foi necessário. A Rússia consentiu em abocanhar a maior parte da Polônia, com muitas declarações do czar de que os direitos e as imunidades da Polônia seriam respeitados. Promessas que não cumpriu. A Prússia, resmungando, aceitou dois quintos da Saxônia e a Renânia. Esses acordos foram fechados bem a tempo. Porque, enquanto o Congresso dançava em Viena e os estadistas da Europa redesenhavam o mapa, Napoleão remoía-se em cismas e esquemas em seu novo retiro em Elba. Muito antes das altercações entre as Potências terminarem, ele irrompeu novamente em cena.

Washington, Adams e Jefferson

As confusas e tumultuadas questões políticas europeias chegaram à América em preto e branco. O debate sobre a Revolução Francesa enfureceu o país. Sociedades modeladas pelo figurino revolucionário surgiram onde prevaleciam os princípios jeffersonianos, enquanto a imprensa federalista trovejava contra os jacobinos do Novo Mundo e, como Burke na Inglaterra, acusava-os de destruidores da sociedade.

A controvérsia ficou menos teórica e muito mais veemente quando os interesses comerciais americanos foram afetados. Os ânimos se exaltaram quando navios e mercadorias americanas sofreram as incursões comerciais e a pirataria da França e da Inglaterra. Ambos os partidos exigiram guerra – os federalistas contra a França, e os jeffersonianos contra a Inglaterra. O presidente Washington estava determinado a manter a república infante em paz. Facilitou sua tarefa a atuação inadequada do enviado da Revolução Francesa nos Estados Unidos, o Cidadão Genêt, que, ao encontrar o governo relutante em honrar a aliança franco-americana de 1788, imiscuiu-se na política americana, tentou levantar tropas e constrangeu muito seus aliados políticos. Em agosto de 1793, Washington exigiu sua retirada. Porém, conhecedor das bruscas atividades da guilhotina em França, Genêt sabiamente se casou com uma herdeira americana e viveu em paz no Novo Mundo.

Washington prevaleceu, e foi ele quem enunciou o primeiro princípio da tradicional política externa americana. Em abril de 1793, sua famosa proclamação de neutralidade declarou que era "disposição dos Estados Unidos adotarem uma conduta amigável e imparcial para com as Potências beligerantes." Os cidadãos americanos infratores dessa disposição seriam processados nas cortes federais. Mas as relações com a Inglaterra eram turvadas por questões pendentes. O Partido Federalista de Hamilton estava comprometido a manter um comércio amigável com a Inglaterra. O comércio exterior da Nova Inglaterra era financiado pelos banqueiros londrinos. O transporte de mercadorias entre os dois países dava grande lucro aos armadores dos estados do leste, e estes se opunham fortemente a qualquer ideia de guerra ao lado da França revolucionária. Os fazendeiros e pioneiros da fronteira não pensavam assim. Para eles, a Inglaterra era o inimigo que se recusava a cumprir o acordo de 1783 evacuando os postos fronteiriços canadenses, e que estava levando seu comércio de peles do Canadá para o sul, incitando os índios contra os colonos americanos, e ameaçando o flanco do avanço americano para oeste. Por sua vez, os ingleses reclamavam da omissão do governo americano em liquidar o enorme débito ainda não saldado desde antes da revolução. Entrementes, a interferência britânica na navegação mercante americana, com o argumento de que estaria ajudando a abastecer a França, irritava a opinião pública em todos os Estados Unidos.

Washington concluiu que toda a estrutura das relações anglo-americanas devia ser revista e, em 1794, indicou John Jay, presidente da Suprema Corte, como enviado extraordinário em Londres. O governo britânico tinha pouca simpatia por seus recentes rebeldes. Sabia da fraqueza militar deles e da necessidade de Washington contar com o partido de Hamilton. Além do que, foi ajudado pela inépcia de Jay nas negociações. Preparou-se um tratado com poucas concessões à América. Os postos fronteiriços foram evacuados, ficando assim o caminho para oeste aberto e em paz para os pioneiros americanos, mas nenhuma garantia houve sobre o futuro das relações inglesas com os índios. A Inglaterra pagou alguma compensação por danos aos navios americanos em alto-mar, mas recusou-se a modificar o bloqueio ou a renunciar ao direito de apreender navios e cargas destinadas à França e seus aliados. Nenhuma satisfação se deu a respeito do recrutamento forçado de marinheiros americanos para serviço na Royal Navy. Pior de tudo, Jay foi constrangido a ceder na questão das dívidas aos credores britânicos, e os Estados Unidos ficaram comprometidos a pagar os reclamantes britânicos pelas perdas pendentes.

Para o Partido Federalista o efeito foi dos mais prejudiciais. Os estados ocidentais se enfureceram pelo arranjo incompleto nas fronteiras canadenses. Os sulistas viram-se ameaçados de sérios prejuízos pela cláusula dos débitos. O tratado revelava e expunha a superioridade da diplomacia inglesa e a fraqueza do novo governo americano. A atmosfera se turvou de nova onda de desconfiança, e as sementes de outra guerra entre a Inglaterra e os Estados Unidos estavam lançadas.

O segundo mandato de Washington expirava no fim de 1796, e ele ansiava por sua aposentadoria em Mount Vernon. Seus últimos dias no poder foram atormentados pela conjunção dos ataques antifederalistas e os preparativos para a nova eleição presidencial. Washington e muitos dos seus aliados estavam alarmados com o crescimento do espírito partidário. Consideravam que os múltiplos interesses da nação melhor se refletiam num governo equilibrado e amplo. A noção de dois grandes partidos perpetuamente em luta pelo poder os repelia.

Apenas Jefferson, que já se demitira do governo, tinha uma visão clara do papel que os partidos deviam ter. Via as vantagens de orientar a disputa das facções para canais mais largos e de existir uma oposição organizada à disposição do país como alternativa de governo. Mas na mente de Washington predominava o perigo das dissensões, quando em setembro ele escreveu seu discurso de despedida à nação, documento dos mais celebrados da história americana. É um eloquente apelo por união, uma advertência contra "os perniciosos efeitos do Espírito Partidário." É também uma exposição da doutrina isolacionista como a verdadeira futura política americana.

George Washington detém um dos mais admiráveis títulos que a história pode conferir. Ele foi o Pai de sua Nação. Praticamente sozinho, sua postura determinada na Guerra da Independência manteve as colônias americanas no propósito de união. Seus préstimos, alcançada a vitória, não foram de menor valor. A firmeza e idoneidade que demonstrou como primeiro presidente refrearam a violência de facção e adiaram um cisma nacional por sessenta anos. Seu caráter e sua influência equilibraram a perigosa propensão dos americanos de tomar partido contra a Inglaterra ou a França. Ocupou seu posto com dignidade, e inspirou sua administração com muito da própria sabedoria. A seus mandatos como Presidente se deve a serena organização do Governo Federal, a instituição do crédito nacional e os alicerces de uma política externa. Recusando-se a um terceiro mandato, firmou uma tradição na política americana só quebrada pelo presidente Franklin Roosevelt na Segunda Guerra Mundial.

Por dois anos viveu Washington calmamente em sua mansão rural à beira do rio Potomac, cavalgando por suas plantações, como havia muito desejava. Em meio à neve dos derradeiros dias do século XVIII, ele ficou de cama. Na noite de 14 de dezembro de 1799, virou-se para seu médico murmurando: "Doutor, custo a morrer, mas não tenho medo de partir." E faleceu.

❄

John Adams sucedeu Washington como chefe de estado americano. Fora indicado candidato pelo Partido Federalista. O medo do caos e da desordem, uma desconfiança da democracia, esfriara seu ardor revolucionário tornando-o um seguidor de Hamilton. De ideias independentes, era mais um pensador que um político partidário, antes um intelectual que um líder. Embora concordando com Hamilton sobre a necessidade de um governo forte e da preservação da propriedade, Adams se opunha ao uso da máquina federal para benefício de interesses econômicos particulares, não sendo de modo algum um verdadeiro federalista. Em seus julgamentos quase sempre certo, faltava-lhe a arte da persuasão. Inábil no trato, sua reputação sofreu com isso. Ele foi, no entanto, um dos mais qualificados pensadores políticos entre os estadistas americanos.

Nos assuntos internacionais nova crise se aproximava. A elevação de Napoleão Bonaparte enfraqueceu a alta estima dos americanos pelos franceses, seus primeiros aliados. O medo de que a França pudesse comprar da Espanha as províncias da Louisiana e da Florida aumentou, pois uma vigorosa e ambiciosa potência europeia tomaria então o lugar de uma nação fraca como barreira entre os crescentes Estados Unidos e o Golfo do México. Chegou também notícia de uma extensa propaganda francesa entre a população de língua francesa no Canadá. Houve forte reação, e por uma última vez os federalistas conseguiram vencer seus oponentes. A histeria de guerra varria o país, e eles aproveitaram a oportunidade para impor a legislação que dava ao executivo poderes extraordinários sobre os estrangeiros. A Lei da Naturalização de 1798 estendia o período de habilitação para residência permanente de cinco para quatorze anos, e a Lei dos Estrangeiros dava ao presidente o direito de expulsar do país por decreto. Mais contundente foi a Lei de Sedição, que na prática impunha rígida censura à imprensa, visando especificamente os jornais da oposição. O resultado foi um intenso conflito constitucional. Em vão Hamilton exortou seus colegas: "Não assentemos a tirania. Energia é algo muito diferente de violência." Jefferson resolveu enfrentar o desafio. Redigiu resoluções que foram aprovadas no Kentucky e na Virginia estabelecendo que um estado podia rever leis do Congresso e anular qualquer medida considerada inconstitucional. Essa doutrina de mau agouro tem estado presente na história americana, e essas resoluções de 1798 se transformaram numa plataforma de direitos dos estados em anos posteriores.

O ataque dos federalistas à liberdade individual marca-lhes o início da queda. Hamilton, que havia se demitido do Tesouro uns anos antes, imaginou retomar o poder forçando uma guerra contra a França. Formulou um vasto plano para dividir com a Inglaterra as colônias espanholas do Novo Mundo. Mas a mão que anulou essas esperanças foi a do presidente. Embora não fosse um admirador das massas, Adams detestava tanto a plutocracia como o militarismo. Até 1799, ele não dera sinais de oposição aos federalistas, mas agora se apercebeu de que uma guerra estava muito próxima. Seus plenos poderes como presidente sobre os assuntos externos facilitaram-lhe agir com presteza. De surpresa, anunciou a nomeação de um embaixador para a França, e, em 1° de outubro de 1800, a missão americana em Paris assinou um tratado comercial com os franceses. No mesmo dia, a França, secretamente, comprou a Louisiana da Espanha.

O mandato de Adams chegava ao fim e haveria novas eleições presidenciais. Estas apresentam um complicado espetáculo, pois houve dramáticas cisões em ambos os lados. Os federalistas não perdoavam Adams por tê-los impedido de irem à guerra com a França. No entanto, ele era o único candidato federalista com alguma chance de sucesso e, assim, foi indicado. O poder efetivo, porém, ainda estava nas mãos de Hamilton, que, rancoroso, obstruiu Adams de todo modo possível.

Na chapa dos republicanos apresentou-se Jefferson, ladeado para o cargo de vice-presidente por Aaron Burr, um político corrupto de Nova York. Devido a uma curiosa peculiaridade da constituição americana daquela época, que logo seria corrigida, quem tivesse o maior número de votos tornava-se presidente, enquanto o segundo colocado era declarado vice-presidente. Assim, era possível ter um presidente e um vice-presidente de partidos opostos. Adams foi derrotado por Jefferson e Burr, que obtiveram igual número de votos. Havia pouca simpatia entre eles. Burr tentou derrotar seu chefe quando o impasse foi encaminhado para decisão na Câmara dos Representantes, que, depois de muitos escrutínios secretos, escolheu Jefferson.

❇

Os Estados Unidos em que Jefferson foi empossado como presidente, em 4 de março de 1801, haviam crescido rapidamente em sua curta existência, e ainda cresciam. Nos vinte e cinco anos desde a Declaração da Independência, a população quase dobrara e somava agora cerca de cinco milhões e meio de habitantes. Três novos estados no interior haviam sido criados e admitidos na União: Vermont, no norte; Kentucky e Tennessee no centro-sul. Confederações de índios peles-vermelhas que bloqueavam a migração para oeste estavam decisivamente derrotadas, e suas terras divididas em territórios que, por sua vez, formariam estados. A nação avançava, por toda parte, além da sua costa atlântica original. Seu comércio no alto-mar agora fluía desde a China, rodeando o Cabo Horn, até os países da Europa pelos portos em rápido crescimento de Boston, Baltimore e, principalmente, de Nova York.

A Filadélfia continuava a maior cidade americana, mas gradualmente perdia sua posição de centro vital da União. Já não era mais a capital política. Jefferson foi o primeiro presidente a prestar juramento na nova cidade de Washington, para a qual foram traçados projetos espaçosos. No momento, só estava construída uma ala do Capitólio, que abrigava o Congresso, e a Casa Branca estava incompleta; havia uma única taberna adequada, estalagens para os senadores e deputados e nada mais, exceto pântano e terra inculta. Jefferson não se intimidou ante as privações de sua capital embrenhada na charneca. A imagem da bela cidade que ia um dia surgir entusiasmava seu idealismo, e a vida de pioneiro combinava com seu estilo caseiro e frugal.

Era impossível ao presidente ignorar a luta mundial. Os fazendeiros, que Jefferson representava, dependiam dos mercados do Velho Mundo, e os estados e territórios do oeste precisavam do transporte desimpedido para sua produção escoar pelo Mississippi até o Golfo do México. Na foz do grande rio estava o porto de Nova Orleans – e Nova Orleans estava ainda em mãos dos espanhóis. Circulavam rumores, que logo seriam confirmados, de uma compra secreta da Louisiana pelos franceses. Napoleão expediu tropas para a colônia francesa da ilha do Haiti para reprimir uma rebelião de negros sob a liderança de Toussaint L'Ouverture. Concluída a missão, deveriam tomar posse da Louisiana em nome do governo francês. Desse modo, enquanto o Tratado de Amiens impunha uma paz intranquila na Europa, tropas treinadas chegavam mais uma vez ao largo do continente norte-americano podendo, ao que parecia, com o tempo, prosseguir para terra firme. Esse fato, tal como a ameaça francesa proveniente do Canadá no século XVIII, aproximou as nações de língua inglesa. "No dia em que a França tomar posse de Nova Orleans," escreveu Jefferson ao embaixador americano em Paris, "nos casaremos com a nação inglesa e sua esquadra." Essa atitude era uma evolução surpreendente dos pontos de vista de Jefferson, até então admirador da França e oponente da Inglaterra. Mas opiniões teóricas frequentemente precisam mudar diante dos fatos da política internacional. De qualquer forma é sensato que mudem, e Jefferson tinha seu quinhão de sabedoria prática.

No verão de 1802 a França forçou os espanhóis a bloquear Nova Orleans ao produto americano. Alarmado, todo o território de oeste foi tomado de ira. Conforme escreveu Jefferson ao seu enviado a Paris: "Há nesta terra um só local cujo proprietário é nosso inimigo natural e habitual. É Nova Orleans, por meio da qual três oitavos de nossos produtos têm de escoar para o mercado." James Monroe foi então mandado em missão especial a Paris tentar adquirir dos franceses a Louisiana ou, pelo menos, Nova Orleans. Enquanto estava a caminho, os planos americanos se aceleraram devido a outros acontecimentos. A expedição francesa ao Haiti terminara em desastre, com a perda de 30 mil homens. O recomeço da guerra entre a França e a Inglaterra depois da Paz de Amiens também era iminente. Com dramática presteza Napoleão abandonou qualquer esperança de um império na América, e, para espanto do enviado americano, propôs vender todos os territórios da Louisiana que a Espanha cedera à França. Monroe chegou a Paris em tempo de realizar a compra, e, por quinze milhões de dólares, a Louisiana foi transferida para os Estados Unidos.

Assim, de uma penada, os Estados Unidos dobraram sua área adquirindo vastos territórios, dos quais se originaria, mais tarde, uma dúzia de estados. Veio a ser a melhor pechincha da história americana. Em dezembro de 1803, a bandeira americana foi hasteada nos prédios governamentais de Nova Orleans.

A aquisição da Louisiana causaria novo desassossego na política americana e mais anseio por avanços. West Florida, que se estendia pelo Golfo do México, ainda pertencia à Espanha, e, para além das terras recém-adquiridas, acenavam as planícies do Texas. Agitações foram instigadas entre os estados e territórios do oeste e a capital federal. O gênio do mal desses tempos é Aaron Burr.

Burr, como vimos, perdeu a chance de se tornar presidente em 1800 devido, em grande parte, à interferência de Hamilton. Agora, em 1804, a oposição de Hamilton o impediu de ser escolhido para governador de Nova York. Burr desafiou Hamilton para um duelo. Hamilton aceitou com a intenção de salvar a honra errando o alvo. Mas Aaron Burr atirou para matar, e pôs fim em uma das mais proeminentes figuras dos anos de fundação da república americana. Desacreditado aos olhos de todos, Burr buscou ansiosamente criar um novo domínio americano próprio. Procurou mesmo conseguir um grande suborno do governo inglês. Se ele queria separar da União os estados ocidentais ou tirar um pedaço dos domínios espanhóis é ainda questão obscura e discutida, mas sua carreira terminaria abruptamente com prisão e julgamento por traição. Por falta de provas, foi absolvido, e partiu voluntariamente para o exílio.

Jefferson foi triunfalmente reeleito presidente em 1804, mas seu segundo mandato seria menos feliz que o primeiro. Sentindo o ônus da expansão para Oeste, seu partido no Leste estava se dividindo em facções locais. A retomada da guerra europeia também reviveu os velhos temas funestos de embargo, bloqueio e recrutamento forçado. Jefferson foi confrontado pelas provocações da esquadra inglesa, que continuamente apreendia navios e capturava marinheiros no limite das águas territoriais americanas e, algumas vezes, até mesmo dentro delas. Os ingleses tinham direito, pela praxe da época, de recrutar à força súditos britânicos que estivessem servindo em navios americanos; mas costumavam forçar também cidadãos americanos e marinheiros de nacionalidade obscura. A esse agravo adicionou-se outro. Em retaliação aos decretos de Berlim de Napoleão, criando o bloqueio continental da Inglaterra, saiu em Londres, em 1806, um decreto do Conselho Privado [*Order in Council*] em nome do Rei com severas restrições a todo comércio neutro com a França e seus aliados. O comércio dos Estados Unidos foi duramente atingido por essas duas medidas beligerantes. Porém, como a batalha de Trafalgar mostrou, a Royal Navy era muito mais poderosa que a marinha francesa, e foi nas mãos dos ingleses que a navegação americana mais sofreu.

Em meio a esses problemas, Jefferson permanecia serenamente determinado a preservar a paz. Mas a opinião pública crescia contra ele. Por sua recomendação, o Congresso aprovou em 1807 a Lei do Embargo, que proibia aos navios americanos navegar para águas estrangeiras. Vedava todas as exportações americanas por mar ou terra, e todas as importações de certas manufaturas britânicas. Jefferson esperava que a perda do intercâmbio comercial americano obrigasse os beligerantes a um acordo, mas na verdade sua medida se mostrou muito mais danosa para o comércio americano do que para os negócios ingleses e franceses. A economia da Nova Inglaterra e a de todas as cidades portuárias da costa atlântica dependiam do comércio com a Inglaterra. Em todos os estados do leste houve protestos, principalmente na Nova Inglaterra. Os federalistas foram rápidos em arregimentar forças e juntar-se ao clamor. Os membros do próprio partido de Jefferson, os republicanos, se revoltaram e dividiram contra ele. Após quatorze meses de vigência ele foi obrigado a revogar o embargo. Três dias depois, o mandato dele expirou, e ele se retirou para seu solar de Monticello, na Virginia.

O malogro de suas ações políticas nos últimos dois anos de presidente não deve obscurecer a sobranceira posição de Thomas Jefferson na história dos Estados Unidos. Ele foi o primeiro idealista político entre os estadistas americanos e o verdadeiro fundador da tradição democrática americana. O contato com os perigos da alta política durante a crise da guerra mundial modificou a simplicidade inicial de seus pontos de vista, mas sua crença no homem comum nunca se abalou. Embora seu desgosto pelo industrialismo tenha se atenuado ao longo dos anos, ele conservou até o fim a fé na estreita relação entre o proprietário agricultor e a democracia. Sua força estava nos estados de fronteira do oeste, que tão genuinamente representou e serviu em mais de trinta anos de vida política.

A guerra de 1812

O novo presidente americano, em março de 1809, era James Madison. Como secretário de Estado de Jefferson, ele tivera boa experiência de serviço público, sendo um cientista político de nota. Havia um lado obstinado em seu temperamento, e sua de habilidade e seu julgamento nem sempre eram iguais ao do predecessor. Madison herdou uma opinião pública inflamada e certa delicadeza no trato com a Inglaterra. Inicialmente, houve grande expectativa de um entendimento. Madison chegou, com o ministro inglês em Washington, a um acordo provisório bastante favorável aos interesses britânicos. Mas por três anos as relações anglo-americanas pioraram. Madison foi enganado pela revogação por Napoleão dos decretos de Berlim fechando todos os portos europeus controlados pela França. Ele agora queria que a Inglaterra retribuísse na mesma moeda anulando o decreto do Conselho Privado do Rei contra o intercâmbio com os portos em mãos francesas. Em vão os políticos mais experientes o preveniram que o ato de Napoleão era só uma jogada diplomática "para nos enredar numa guerra contra a Inglaterra."

A guerra comercial não declarada com os Estados Unidos pesava sobre a

Inglaterra. A perda do mercado americano e o rigoroso inverno de 1811-12, causaram desemprego geral e uma crise nos negócios. Chegaram petições ao Parlamento rogando ao governo cancelar o decreto do Conselho. Após muita hesitação, Castlereagh, agora no Foreign Office, anunciou na Câmara dos Comuns que o governo o cancelara. Mas era tarde demais. A demora na travessia do Atlântico impediu que a notícia alcançasse a América a tempo. Em 18 de junho de 1812, dois dias depois do anúncio de Castlereagh, o Congresso declarou guerra à Grã-Bretanha.

Na semana seguinte, Napoleão desencadeou a sua longamente planejada invasão da Rússia. Uma nova geração entrava na política americana, encabeçada por Henry Clay, de Kentucky, e John C. Calhoun, da Carolina do Sul. Esses moços formaram na Câmara um forte grupo que veio a ser conhecido como os "Falcões da Guerra." Eles não tinham noção dos assuntos na Europa, pouco se importavam com os desígnios de Napoleão e menos ainda com o destino da Rússia. Seu principal objetivo era tomar o Canadá e estabelecer a soberania americana em todo o norte do continente. Por influência de Clay, o presidente foi persuadido a adotar a política de guerra. As causas do conflito foram as tradicionais: o recrutamento forçado, violação do limite marítimo de três milhas, bloqueios e decretos do Conselho. A opinião na América cindiu-se ao extremo, e a Nova Inglaterra votou maciçamente contra a declaração de guerra, mas os "Falcões da Guerra," com sua propaganda vociferante, atingiram seu objetivo. O espírito de fronteira na política americana ressuscitara como vingança, absolutamente seguro de si. Além do mais, os fazendeiros da fronteira achavam suas queixas justas. Havia bons pretextos para o slogan adotado: "Livre-Comércio e o Direito dos Marujos." As restrições inglesas à navegação americana impediam suas exportações. Achou-se que uma curta expedição de pioneiros poria as coisas no lugar e imporia a paz em Quebec em poucas semanas. O Congresso encerrou a sessão legislativa sem sequer votar verba extra para o exército ou a marinha.

❄

No papel, as forças eram muito desiguais. A população dos Estados Unidos somava agora sete milhões e meio de habitantes, incluindo os escravos. No Canadá eram apenas quinhentos mil, a maioria de franceses. Mas havia perto de 5 mil soldados ingleses, cerca de 4 mil regulares canadenses e o mesmo número de milicianos. Os índios poderiam entrar com 3 a 4 mil auxiliares.

O Exército Regular americano contava com menos de 7 mil homens, e, embora tenham sido convocados com grande esforço mais de 400 mil homens das milícias estaduais, poucos foram empregados no Canadá. Do lado americano, nunca além de 7 mil homens se engajaram em algum combate, e os voluntários destreinados não tinham condições. Isso não era tudo. A Guerra dos Sete Anos mostrara que o Canadá só poderia ser vencido se fosse atacado rio St Lawrence acima, mas os americanos não tinham marinha suficiente para isso. Portanto, foram forçados a ofensivas ao longo de uma longa fronteira, intransponível em alguns lugares, e expostos a violentos ataques dos índios a suas colunas. Seus comandantes não montaram qualquer estratégia mais ampla. Tivessem concentrado sua tropa no Lago Ontário, poderiam ter sucesso, mas, em vez disso, executaram ataques tíbios e descoordenados pelas fronteiras.

A primeira expedição americana acabou em desastre. O mais competente comandante inglês, o general Isaac Brock, apoiado pela Confederação Indígena, rechaçou-a. Em agosto, os ingleses estavam em Detroit; e poucos dias depois, rendeu-se o Forte Dearborn, onde hoje se situa Chicago. A fronteira ficou de novo do Ohio ao Lago Erie. O resto do ano se consumiu em manobras infrutíferas no front do Niagara, e as operações terminaram sem decisão. Os ingleses no Canadá foram forçados à defensiva enquanto grandes eventos ocorriam na Europa.

A guerra no mar foi mais viva e, para os americanos, mais satisfatória. Eles tinham dezesseis navios, dos quais três superavam qualquer coisa flutuante. Eram as fragatas de 44 canhões – a *Constitution*, a *United States* e a *President*. Tinham uma artilharia mais rápida que a das fragatas britânicas, eram de madeira mais pesada, mas suas linhas desimpedidas sob a água davam-lhes mais velocidade que a de qualquer outro navio nos mares. As tripulações eram voluntárias, e seus oficiais altamente treinados. Um jornalista londrino as definiu como "umas poucas fragatas feitas de abeto, tripuladas por um punhado de bastardos fora da lei." Essa frase foi adotada divertidamente pelos americanos, que se vangloriavam em contradizer o insulto. A esquadra inglesa na estação transatlântica consistia de noventa e sete velas, inclusive onze naus de linha e trinta e quatro fragatas. Sua tradição naval era longa e gloriosa, e, com Trafalgar e o Nilo na memória, os comandantes ingleses confiavam pôr a pique qualquer navio americano. Mas quando constataram que sua artilharia estava superada, e os navios ingleses, um a um, eram destroçados, a fama da "fragata de abeto" estava feita. O povo americano, sentido com os desastres no Canadá, criou novo ânimo com essas vitórias. Suas fragatas, em um ano, tiveram mais êxito contra os ingleses do que os franceses e espanhóis em duas décadas de guerra.

Esses episódios navais não tiveram efeito sobre o curso natural da guerra, e se o governo inglês tivesse desistido do recrutamento forçado, poderia ter evitado uma nova campanha em 1813. Mas não o fizeram, e os americanos começaram a rever sua estratégia. A guerra continuava oficialmente em torno da questão única do recrutamento forçado, porquanto a conquista do Canadá nunca foi um declarado objetivo de guerra dos Estados Unidos. No entanto, o Canadá era o objetivo principal. Por terra, os americanos fizeram numerosas incursões na província do Alto Canadá hoje denominada Ontario. Aldeias e vilas foram saqueadas e incendiadas, inclusive a pequena capital que desde então se tornou a importante cidade de Toronto. A guerra ficou mais violenta. No inverno de 1812-13 os americanos haviam também criado uma base no Fort Presqu'île, no Lago Erie, e suprimentos foram laboriosamente arrastados pelas montanhas para abastecer o comandante americano, capitão Oliver H. Perry, com sua flotilha fluvial de combate. No outono, a pequena armada de Perry saiu para a vitória. Uma estranha batalha anfíbia travou-se em setembro de 1813. Negros, batedores de fronteira e soldados de milícia, a bordo de barcos feitos às pressas de madeira verde, lutaram até o fim nas águas calmas do lago. Os navios americanos eram mais pesados, e os ingleses foram derrotados com pesadas perdas. "Encontramos o inimigo," despachou Perry laconicamente, "e ele é nosso." Mas a invasão do Alto Canadá por terra fora um fracasso, e o ano findou com os canadenses de posse de Fort Niagara.

Na primavera de 1814, chegara-se a uma decisão na Europa. Napoleão abdicou em abril e os ingleses puderam finalmente enviar reforços adequados. O propósito era atacar a partir de Niagara, de Montreal via Lago Champlain, e no sul atacar Nova Orleans com raids navais simultâneos na costa americana. A campanha teve início antes que os veteranos de Wellington pudessem chegar da Península Ibérica. O avanço de Niagara foi detido por uma feroz batalha empatada em Lundy's Lane, perto das cataratas. Mas pelo final de agosto, 11 mil soldados da Europa concentraram-se perto de Montreal a fim de avançar pela antiga rota de Burgoyne descendo o vale do Hudson. Em setembro, sob o comando de Sir George Prevost, eles se deslocaram para Plattsburg, preparados para disputar o controle do Lago Champlain. Foram confrontados por apenas 1.500 regulares americanos apoiados por poucos milhares de milicianos. Tudo dependia do engajamento das flotilhas americana e inglesa. Tal como no Lago Erie, os americanos construíram barcos melhores para combate em água doce e venceram. Isso quebrou o avanço inglês e foi o mais decisivo combate da guerra. Prevost e suas forças retiraram-se para o Canadá.

No mar, apesar dos reveses em anos anteriores, os ingleses tinham a supremacia. Mais navios chegavam de águas europeias. A costa americana era indefesa. Em agosto, o general inglês Ross desembarcou na baía de Chesapeake com 4 mil homens. A milícia americana, de 7 mil, mas bisonhos e sem instrução, retroceu rapidamente, e, no dia 24, tropas britânicas entraram na capital federal de Washington. O presidente Madison refugiou-se na Virginia. Tão apressado foi o recuo americano que os oficiais ingleses sentaram-se na Casa Branca para uma refeição preparada para ele e sua família. A Casa Branca e o Capitólio foram incendiados em represália à conduta dos milicianos americanos no Canadá.

Tentaram-se negociações de paz em meio à guerra, mas só em janeiro de 1814 os ingleses concordaram em conversar. Os comissários americanos, entre eles Henry Clay, chegaram a Ghent em junho. Inicialmente, os ingleses recusaram-se a discutir tanto os direitos de neutralidade quanto o recrutamento forçado, e ainda tinham a expectativa de um estado-tampão indígena no noroeste. Foi o bom senso de Wellington que mudou o clima. No novembro anterior ele fora convidado a assumir o comando na América, mas havia lido os relatórios da Batalha de Plattsburg e entendeu que a vitória dependia de superioridade naval nos lagos. Não via como vencer. Além disso, achava não ser do interesse da Inglaterra exigir da América território na fronteira canadense. Ambos os lados, então, concordaram com o *status quo* na longa linha divisória do norte. Outros pontos permaneceram indeterminados. As forças navais nos Grandes Lagos foram regularizadas por uma Comissão em 1817, e a disputada fronteira do Maine foi igualmente fixada mais tarde. Quando a Marinha inglesa entrou em guerra de novo, o recrutamento forçado não existia mais.

Assim findou um inútil conflito. Sentimentos antiamericanos duraram na Grã-Bretanha por muitos anos, mas aos Estados Unidos nunca mais se recusou o tratamento adequado de potência independente. O exército e a marinha da Inglaterra aprenderam a respeitar seus antigos coloniais. Quando a notícia da paz chegou às tropas inglesas no Novo Mundo, um dos soldados escreveu: "Estamos todos bastante satisfeitos porque nós, soldados que lutamos na Península, vimos que nem a fama nem outra distinção militar podem ser conquistadas com esse estilo 'milito-náutico-guerrilho-pilhagem' de guerra."

Em dezembro, houve a última e mais irresponsável investida britânica, a campanha de Nova Orleans. Mas ali, nas terras fronteiriças do sudoeste, surgiu um chefe militar de alta qualificação na pessoa de Andrew Jackson. Sendo um dos primeiros colonizadores no Tennessee, ele ganhou fama na luta contra os índios. Quando os ingleses agora tentaram subsidiá-los e organizá-los, Jackson os perseguiu pela Florida Ocidental espanhola e ocupou sua capital, Pensacola.

Entrementes, 8 mil soldados ingleses desembarcaram em Nova Orleans sob o comando de Sir Edward Pakenham, que comandara uma divisão em Salamanca. Os brejos e braços de mar da foz do Mississippi tornavam qualquer operação anfíbia extremamente perigosa. Partindo dos navios, homens e víveres tiveram de ser transportados por mais de cem quilômetros em barcos a remo. Jackson correu de volta à Florida e se entrincheirou na margem esquerda do rio. Suas forças eram muito inferiores em número, porém compostas de habilíssimos atiradores. Na manhã de 8 de janeiro de 1815, Pakenham liderou um assalto frontal contra as fortificações americanas, numa das manobras menos inteligentes da história das guerras britânicas. Ali ele foi morto, com dois mil de seus soldados mortos ou feridos. O único general sobrevivente recuou o exército para seus transportes. Os americanos perderam setenta homens, dos quais treze mortos. A batalha durou precisamente meia hora.

A batalha de Nova Orleans é um importante evento na história americana. Preparou a carreira de um futuro presidente, Jackson, moldou a crença de que os americanos haviam decididamente vencido a guerra, e criou a lenda infeliz de que a luta fora uma segunda Guerra da Independência contra a tirania britânica.

Os resultados da paz foram sólidos e duradouros. A guerra foi um ponto de inflexão na história do Canadá. Os canadenses se orgulharam do seu papel na defesa de seu país, e seu crescente sentimento nacional se reforçou. Muitos desacordos ainda abalariam as relações anglo-americanas. Trinta anos mais tarde, na disputa sobre a posse do Oregon, vastos territórios estavam envolvidos, e houve uma ameaça de guerra. Mas desde então o mundo veria uma fronteira internacional de quase cinco mil quilômetros entre o Canadá e os Estados Unidos desprotegida de soldados ou canhões. Nos mares, a Marinha inglesa foi suprema por um século, e, por trás desse escudo, os Estados Unidos estavam livres para cumprir seu destino continental.

Elba e Waterloo

No Ano-Novo de 1815 a paz reinava na Europa e na América. Em Paris Louis XVIII, um pacato Bourbon corpulento e envelhecido, ocupava o trono da França, abstraído dos erros de seus parentes, conselheiros e prosélitos. O povo, ainda sonhando com as glórias imperiais, estava pronto a nova aventura. Após a exaustão de vinte anos de guerra, as potências europeias se consideravam merecedoras de lazer o bastante para dedicar-se à barganha, a trocas e a festas. Foi necessário um violento e repentino choque para lembrá-los de sua unidade de propósitos. Ele veio de setor bem-conhecido.

Napoleão fora por nove meses o soberano da Ilha de Elba. O ex-dono do Continente agora cuidava do encolhido domínio de uma ilha com todo um aparato de dignidade imperial. Dedicava às minas de ferro e à pesca de atum de seu pequeno reino a mesma atenta energia com que noutros tempos pusera grandes exércitos em marcha. Ainda tinha um exército. Quatrocentos membros de sua Velha Guarda, alguns poloneses deslocados e uma milícia local. Tinha também marinha, para a qual imaginou uma bandeira elbanesa especial. Sua esquadra consistia de um único brigue e alguns cúteres. Em Porto Ferrajo, sua capital, ele mobiliou um palácio em alto estilo. Jogava cartas com a mãe e trapaceava conforme conhecido hábito seu. Hospedou a irmã favorita e a fiel amante polonesa. Apenas sua mulher, a imperatriz Marie Louise, e o filho deles estavam ausentes. O governo austríaco cuidava de mantê-los a ambos em Viena. A lealdade familial Habsburgo significava para ela mais do que seu marido.

Um caudal de visitantes estrangeiros curiosos, muitos da Inglaterra, iam ver o Imperador destronado. O Comissário dos aliados, Sir Neil Campbell, residente em Elba, não era um turista ingênuo. Conforme os meses se escoavam, para observadores atentos ficava claro que Napoleão dava tempo ao tempo. Acompanhava atento os acontecimentos na França e na Itália em contacto com muitas correntes. Percebia que os Bourbons repostos não contavam com a lealdade dos franceses. Além disso, deixaram de pagar-lhe a pensão anual estipulada no tratado de paz. Esse ato de mesquinharia persuadiu Napoleão de estar desobrigado de honrar os termos do tratado. Em fevereiro de 1815 ele viu, ou pensou ver, que os aliados estavam em desacordo e que a França lhe acenava descontente. Campbell, o cão de guarda escocês, ausentara-se para a Itália. No domingo de 26 de fevereiro à noite, ele saiu do porto em seu brigue e, à frente de mil homens, zarpou para a França. Dia 1º de março desembarcou perto de Antibes e empreendeu uma marcha para Paris. Começava o drama dos Cem Dias. O marechal Ney, "o bravo entre os bravos," jactou-se de que traria seu antigo chefe de volta a Paris numa jaula. Acabou não resistindo e juntou-se a Napoleão. Outros marechais que viraram casaca agora a desviravam. Dezoito dias depois do desembarque, Napoleão entrou na capital, proclamou intenções pacíficas e começou imediatamente a formar seu exército com toda sua usual energia. Mas o flamejante tirocínio militar dos seus primórdios se turvara. A úlcera gástrica causava-lhe dores intermitentes.

Apesar de tudo, o imperador permanecia uma temível figura e um desafio para a Europa. As potências em Viena agiram com desacostumada presteza e unanimidade. Declararam Napoleão proscrito. O governo inglês, que havia liderado o país e o mundo contra o corso, percebeu que teria de arrostar a parte mais difícil de uma campanha-relâmpago. Levaria tempo para a Rússia e a Áustria reunirem forças. A Prússia era o único aliado em prontidão no momento. Wellington recomendou o imediato deslocamento de um exército para os Países Baixos. Um mês após a fuga de Elba, Wellington assumiu o comando em Bruxelas. O Rei da Grã-Bretanha era ainda Rei de Hanover. Tropas hanoverianas, a caminho de casa através dos Países Baixos, foram mandadas se juntar ao novo exército. Wellington, carecendo de quantidade, tentou persuadir os portugueses a mandar alguns batalhões. Ele lhes havia ensinado as artes da guerra, e tinha orgulho de seus "galos guerreiros," como os chamava. Mas seus esforços foram vãos. Tropas belgas e holandesas colocadas sob seu o comando pelo Rei dos Países Baixos não se afiguravam confiáveis.

Na chegada do verão, Wellington reunira uma força mista de 83 mil homens, dos quais um terço era de ingleses. Ele amaldiçoou, como era de seu hábito, a qualidade de suas despreparadas tropas, enquanto empenhava todo o esforço no treinamento. O principal apoio de sua nova aventura tinha que ser o marechal Blucher e os prussianos, um exército de 113 mil homens. Wellington pretendia a ofensiva. No fim, o Imperador tomou a iniciativa.

❈

Napoleão não podia perder um dia sequer. E não perdeu. O valor moral da vitória seria esmagador, e o prestígio do governo britânico ficaria abalado. Tais eram suas esperanças enquanto ele aplicava sua intensa força de vontade em motivar a nação francesa. Reunir tropa suficiente era um pesado esforço para a França extenuada. Cinco corpos de exército com cerca de 125 mil homens foram organizados na linha de defesa da fronteira.

Nos primeiros dias de junho a tensão se elevou. Estava claro, ou pelo menos era previsível, que Napoleão tentaria desbaratar as tropas de Wellington e Blucher separadamente e aos poucos. Mas onde assestaria o primeiro golpe? Wellington e seu grande oponente iam cruzar espadas pela primeira vez. Ambos estavam com quarenta e seis anos. Discretamente, em 15 de junho, Napoleão golpeou o ponto crítico dos exércitos aliados. A tomada de Bruxelas seria um grande passo à frente. A posse de uma capital sempre fora para ele um atrativo e fonte de força.

Horas se passaram antes de a notícia alcançar Wellington. O serviço militar de informações, como frequentemente ocorre na maré de quadratura dos acontecimentos, estava confuso e contraditório. Na noite de 15, enquanto as tropas francesas se concentravam para destruir os prussianos, a duquesa de Richmond, em Bruxelas, recebia para um baile em honra dos oficiais aliados. Wellington distinguiu a ocasião com sua presença. Ele sabia o valor de manter uma aparência confiante e tranquila.

Os franceses dependiam de bater os prussianos antes de forçar Wellington em direção à costa. Napoleão trazia na mente a visão de um destroçado exército inglês a esperar soturno o transporte para casa nos portos flamengos. Mandou Ney atacar e depois reunir-se a ele em Bruxelas naquela noite. Mas a lentidão e a segurança dos movimentos de Wellington o ludibriaram. Às duas horas da tarde do dia 16, os franceses entraram em ação. Houve pouca manobra tática no ferrenho embate, que ia e vinha ora para um lado ora para outro naquela tarde de junho, na encruzilhada do caminho para Bruxelas. Foi uma colisão frontal na qual a habilidade do comandante em nada contribuiu, mas a liderança sim. Wellington esteve sempre impassível nos momentos mais difíceis. Quando a noite chegou, Ney não atingira seu objetivo. Não estava de posse de Bruxelas.

Napoleão ficara em vantagem na abertura da campanha. O marechal Blucher foi superado como general, seu exército dividido em dois, batido pela magnífica artilharia francesa, e empurrado de volta. Napoleão decidiu na madrugada do dia 17 enviar o marechal Grouchy com 33 mil homens em perseguição aos prussianos enquanto ele jogava seu peso maior contra Wellington. O momento crítico da campanha se aproximava.

Parece não haver dúvida de que Wellington se surpreendera nos primeiros dias. Conforme confessou na época, as manobras de Napoleão o haviam "tapeado." Anos depois, ao ler os registros franceses sobre Quatre-Bras, declarou com sua habitual franqueza, "Que se danem, eu levei a melhor; e se fiquei surpreso, se me coloquei naquela tola situação, eles foram ainda mais tolos por não saberem aproveitar as minhas falhas." Mas imediatamente após a batalha, sua cabeça metódica já estava em pleno controle da situação. O próprio Wellington havia inspecionado aquela região da Bélgica, no outono de 1814. Anotara as vantagens da garupa em Waterloo. À mesma conclusão havia chegado o grande Duque de Marlborough um século antes. Nas noites de 16 e 17, começou um recuo cuidadosamente encoberto e, pela manhã, a posição de Waterloo estava ocupada com uma linha de defesa semelhante à que ele já havia testado na Península. Para os franceses ficava o ônus de um ataque frontal. Wellington sabia que o tempo era contra seu adversário. Resultados rápidos deviam favorecer Napoleão, caso quisesse se firmar de novo na França. Napoleão, furioso ao saber da hábil retirada de Wellington, acelerou sua carruagem pela estrada de Bruxelas com a guarda avançada, numa tentativa desesperada de cortar a retaguarda inglesa. O capricho de uma violenta tempestade atrasou o avanço. A cavalaria inglesa galopou para safar-se em meio aos trovões e à chuva torrencial. Houve uma cena de raiva no encontro de Napoleão e Ney, que ao chegar ouviu do imperador: "Você arruinou a França!"

❄

No fim da manhã de 18 de junho os franceses atacaram. Napoleão prometeu ao seu estado-maior que iriam dormir aquela noite em Bruxelas. E virando-se para Soult, que demonstrou alguma dúvida: "Você acha Wellington um grande general porque ele o derrotou. Garanto-lhe que vai ser um piquenique." Duro canhoneio atingiu os postos aliados. No início da tarde, um dos mais terríveis fogos de barragem da época foi lançado sobre a infantaria de Wellington. Napoleão, observando de binóculo a impressionante *melée*, exclamou: "Os ingleses nunca vão nos dar as costas?" "Temo," respondeu Soult, "que tenham de ser primeiro cortados em pedaços." Wellington também tinha suas maçadas. Embora tivessem sido avistados à distância na estrada pelo começo da tarde, os prussianos custaram a fazer sentir sua presença. Mas por volta das seis da tarde as investidas de Ney haviam falhado. Os franceses fizeram um último esforço, e uma luta desesperada e sem quartel assolou novamente a redondeza das fazendas. A própria Guarda Imperial, com Ney à frente, subiu o morro, mas outra vez a fúria do fogo da infantaria inglesa os deteve. O mui esperado momento do contra-ataque era chegado. Wellington estivera na vanguarda do perigo o dia todo. Em seu alazão Copenhagen, galopara por toda parte dando ordens abruptas e encorajando rudemente seus homens. Agora, ao longo de sua exaurida linha de defesa, ele ordenou o avanço. "*Go on, go on!*" – bradava. – "Eles não vão aguentar!" Num ímpeto, sua cavalaria partiu das elevações, e, sabre em punho, transformou o exército francês numa multidão desorganizada de soldados perdidos. Ney, fora de si, com a espada quebrada na mão, cambaleava de raiva gritando em vão de um grupo para outro. Tarde demais. Wellington entregou a perseguição aos prussianos. Com o espírito em agonia, Napoleão pegou a estrada de volta a Paris.

❄

Mais tarde, à noite, Blucher e Wellington se encontraram e se abraçaram. "*Mein lieber Kamerad*," disse o velho marechal prussiano, que não sabia uma única palavra de inglês, "*quelle affaire!*" – também todo o francês de que dispunha. Esse breve cumprimento fez a delícia do gosto lacônico de Wellington. Virou uma história que ele não deixava de repetir em anos posteriores. O Duque voltou a cavalo para Bruxelas. Os eventos do dia foram demasiados mesmo para um homem de ferro. Todo o peso da responsabilidade caíra sobre ele. Só a força e o exemplo de sua personalidade puderam manter unida sua tropa tão heterogênea. A tensão fora quase insuportável. "*By God!*" – disse, com toda a razão. "Acho que se eu não estivesse lá, não teríamos conseguido." Enquanto tomava chá com torradas e ouvia a lista das baixas, ele não aguentou e chorou.

Napoleão chegara à sua capital três dias após a batalha. Teve uma esperança passageira. Lutaria outra vez na França como em 1814. Mas ninguém partilhou de seu otimismo. Em 22 de junho ele abdicou e retirou-se para Malmaison. Em 6 de julho, Blucher e Wellington entraram na capital. Uma das primeiras providências do Duque foi sofrear os prussianos de uma ressentida vingança. Quando Blucher quis explodir a ponte de Jena, no rio Sena, que tem o nome da celebrada derrota prussiana, Wellington postou sentinelas para impedi-lo.

Dois dias depois da chegada dos aliados, Louis XVIII apareceu. Sua segunda restauração foi em larga escala trabalho de Wellington. Não tendo os Bourbons em grande conta, Wellington estava convencido de que a França, sob o vacilante governo deles, não teria mais o poder de perturbar a paz na Europa. Louis XVIII não era um *Grand Monarque* e jamais poderia aspirar a ser. Wellington, como muitos grandes soldados quando a vitória é completa, antegozava uma época de tranquilidade. Láureas e louros estavam ganhos; era tempo de ramos de oliveira.

Napoleão deixou Malmaison no final de junho. Foi para Rochefort, na Biscaia, escapando por pouco de ser capturado no caminho pelos prussianos de Blucher. Teriam-no fuzilado. Com a intenção de ir para a América, ele encomendou uma coleção de livros sobre o continente transatlântico. Talvez um novo império pudesse ser maquinado no México, no Peru, ou no Brasil. A alternativa seria pôr-se à mercê de seu mais arraigado inimigo. E foi o que aconteceu. O comandante Maitland no *Bellerophon* estava ao largo de Rochefort com ordem de evitar a saída de qualquer navio francês. Napoleão entrou em negociação com ele. Maitland ofereceu-lhe asilo em seu navio. Napoleão esperava ser mantido em aprazível cativeiro em qualquer casa de campo inglesa ou castelo escocês.

O ex-Imperador escreveu uma carta lisonjeira ao Príncipe Regente, a quem se dirigiu como "o mais forte, mais obstinado e mais generoso dos meus adversários." A leitura dessa missiva ajudou a convencer o príncipe de que ele, e não seus generais ou ministros, era quem na verdade vencera a guerra. Sobre esse assunto não precisava muito que o convencessem. O *Bellerophon* ancorou em Torbay, e multidões curiosas do Devonshire olhavam pasmas o "Ogro da Córsega," enquanto Lord Liverpool e o Gabinete deliberavam em Londres. Jornais exigiam que Napoleão fosse a julgamento. O governo, agindo em nome dos aliados, decidiu pelo exílio em Santa Helena, uma ilha montanhosa e distante. Fugir de lá seria impossível. Em 26 de julho, o imperador singrou para seu ocaso no Atlântico Sul. Ele nunca se permitiu entender o que acontecera em Waterloo. Era culpa de todo mundo, menos dele. Seis anos de vida no exílio jaziam à frente. Ele os passou com seu pequeno séquito leal, criando a lenda napoleônica da invencibilidade, cujo efeito seria tão forte na França do futuro.

❄

O Congresso de Viena completou seu trabalho em junho. Ficou para os emissários das potências reunirem-se em Paris e compor uma nova paz com a França. A tarefa levou três meses. Os prussianos pressionavam por termos mais severos. Castlereagh, representando a Inglaterra, viu que brandura produziria um mínimo de mágoa e resguardaria melhor contra uma renovação da guerra. Nisso teve o caloroso apoio de Wellington, que agora exercia uma autoridade ímpar em toda a Europa.

O segundo Tratado de Paris, assinado em novembro, era um pouco mais rijo que o de 1814. Não acarretava humilhações intoleráveis. Foi pela moderação nos entendimentos com a França que o pacto teve sucesso. Wellington assumiu o comando do exército de ocupação. Nos três anos seguintes, ele foi por si mesmo praticamente uma Grande Potência europeia. A paz durou quarenta anos entre as Grandes Potências, e o grande quadro dos acordos de Viena e Paris resistiu até o século XX.

Assim cai a cortina sobre a prolongada cena de fazer a paz que se seguiu à mais longa das guerras mundiais. O ímpeto da Revolução Francesa propagou-se pelo gênio de Napoleão aos quatro cantos da Europa. Ideais de nacionalismo e liberdade, nascidos em Paris, foram levados a todos os povos europeus. No século XIX que chegava, iam colidir de forma retumbante com o mundo ordenado por que se empenhou o Congresso de Viena. Se a França estava derrotada e seu Imperador caído, os princípios que os inspiraram sobreviveram. Teriam um papel notável na mudança da forma de governo de cada país europeu, sem exceção da Inglaterra.

LIVRO IV

AS GRANDES DEMOCRACIAS

Entreato

A queda de Napoleão em 1815 deixou a Inglaterra com inquestionável domínio sobre grande parte do globo. A França e quase todo o continente da Europa estavam exauridos. Ainda não surgira uma Alemanha una, e a Itália ainda era fragmentos. A Rússia se retirava da Europa Ocidental. Espanhóis e portugueses tratavam de sua Península e das possessões tropicais de além-mar. Nas décadas seguintes, revoluções e guerras civis inflamaram muitas das potências europeias, e novas nações nasceram. Apenas a Inglaterra escapou quase ilesa desses anos de intranquilidade. Ocorreu uma expansão sem paralelo dos Povos de Língua Inglesa, por natalidade e migração.

O rompimento entre a Inglaterra e a América, provocado pela revolução americana, não foi completo nem tampouco decisivo. A relação através do Atlântico continuou e cresceu. Enquanto a América voltava seu esforço para a ocupação de metade do continente norte-americano, a Inglaterra dispôs-se a ocupar e desenvolver muitas regiões devolutas do globo. A Royal Navy mantinha efetivo domínio dos oceanos que protegiam ambas as comunidades da rivalidade e da interferência do Velho Mundo.

A colonização da Austrália e da Nova Zelândia, e a aquisição da África do Sul no declínio da Holanda deram origem a um novo e maior Império Britânico, ainda baseado no poder naval e composto de um quinto da raça humana sob a égide da Rainha Victoria, no mais longo reinado da história da Inglaterra. Nesse período, questões morais decorrentes da ética cristã ganharam proeminência. O tráfico de escravos, do qual a Inglaterra tão vergonhosamente se beneficiara no passado, foi suprimido por ação da Marinha Britânica. Numa terrível luta interna e ao custo de quase um milhão de vidas, a escravidão foi extirpada dos Estados Unidos. Acima de tudo, preservou-se a União.

O século XIX foi de civilização resoluta, progressiva, esclarecida e tolerante. O impulso do mundo – resultado da Revolução Francesa somada à Revolução Industrial desencadeada pela máquina a vapor e por muitas invenções-chave – levou inexoravelmente à era democrática. O direito de voto se ampliou rapidamente em todos os estados ocidentais da Europa, tal como acontecera na América, até se tornar praticamente universal. A aristocracia, que por séculos dirigira o progresso da Inglaterra, fundiu-se na crescente massa da nação. Nos Estados Unidos, o sistema de partido e o poder do dinheiro, que não faziam distinção de classes, preservaram a estrutura da sociedade durante o desenvolvimento econômico do continente americano.

Ao mesmo tempo, o novo Império Britânico – ou Comunidade de Nações – baseou-se no governo por consentimento e na associação voluntária de estados autônomos sob a Coroa. Quando a Rainha Victoria morreu, bem se poderia crer que os problemas dos séculos passados já iam adiantados pela estrada da solução gradual. Mas entrementes, na Europa, a tremenda força da raça teutônica, até então contida pela divisão ou confinada em sistemas medievais anacrônicos, começou a se afirmar com energia vulcânica. Na luta que viria, a Inglaterra e os Estados Unidos iam, pela primeira vez, combater lado a lado em uma causa comum.

W.S.C.
Chartwell, Westerham, Kent, 10 de fevereiro de 1957

10
Recuperação e Reforma

A paz da vitória

DEPOIS DA GUERRA QUE DUROU UMA GERAÇÃO, a paz chegara à Europa no verão de 1815. Viria a ser uma longa paz, perturbada por distúrbios civis e conflitos locais, mas sem maiores repercussões, até que o período de expansão germânica sucedeu ao predomínio francês. Nas guerras revolucionárias e napoleônicas, a Inglaterra teve grandioso papel. A missão que unira e envolvera seu povo agora estava enfim cumprida. Doravante, poderia canalizar suas energias para desenvolver os amplos recursos industriais e a especialidade comercial acumulados na ilha durante o meio século anterior, testados e aperfeiçoados em vinte e dois anos de guerra. Mas o mundo fervilhante do comércio e da indústria, bem como as necessidades e aspirações da grande massa de homens, mulheres e crianças que labutavam naquelas atividades estavam além do alcance dos homens públicos que lideravam a nação depois de Waterloo. O cenário político inglês sucumbiu à estagnação. Os tories, como podemos chamá-los, embora nem todos aceitassem a denominação, estavam firmemente instalados no poder. Tinham vencido a guerra contra Napoleão com o apoio de um gabinete de guerra composto principalmente de membros do próprio partido. Personificavam a tradição de resistência aos princípios da França revolucionária e ao agressivo poder do império napoleônico. Por todo o país contavam com aliados entre homens notáveis e de cabeça independente, que rejeitavam a filiação a um partido, mas compartilhavam da visão tory predominante. Julgavam-se defensores não apenas da ilha, mas também do estabelecimento da aristocracia, conseguido quase sem sangue, pela revolução de 1688. Sob o choque do Terror francês, as classes governantes da Inglaterra cerraram suas mentes e fileiras contra mudanças. Esforços prolongados tinham exaurido a nação. A convalescença se estendeu até 1830.

As principais figuras no governo eram Lord Liverpool, Lord Castlereagh e, depois de 1818, o Duque de Wellington. Castlereagh e Wellington destacavam-se entre seus colegas. Boa parte do crédito pela ampla paz que a Europa desfrutou após a queda de Napoleão se deve à firmeza, ao equilíbrio e inteligente senso de julgamento de Wellington, bem como ao desinteresse distante de Castlereagh. A despeito de muitos recuos e alguns tropeços militares, estes homens conduziram o país à vitória.

O poder marítimo, a força financeira e a tenacidade da Inglaterra tinham vencido Napoleão. No verão de 1815, a Inglaterra sob Castlereagh teve grande influência na Europa, e dos termos do acordo feito no Congresso de Viena dependia a paz de gerações. O Congresso de Viena é um monumento ao sucesso da diplomacia clássica. A complexidade das negociações foi imensa. Castlereagh sobressaiu como o gênio da conferência. Ele representou, com seus defeitos e virtudes, a visão imparcial e equilibrada dos assuntos continentais que caracterizaria a melhor política exterior da Inglaterra por quase um século. Após o encerramento do Congresso, as divisões foram inevitáveis, mas Castlereagh alcançou pelo menos uma vitória antes do posterior colapso. Três anos depois da assinatura do tratado de paz, as tropas inglesas já tinham evacuado o território francês, as indenizações de guerra estavam pagas, e a França fora admitida como nação respeitada no Congresso Europeu. Wellington, liberado de suas obrigações militares na França, entrou para o Gabinete no apropriado cargo de general chefe do Material Bélico.

Antes dos vizinhos, a Inglaterra desfrutou dos benefícios e enfrentou os rigores da Revolução Industrial. Conquistou um novo campo do poder e da prosperidade. Ao mesmo tempo, as massas que se expandiram para cidades malconstruídas eram muitas vezes jogadas na miséria e se transformavam em fonte de numerosos descontentes ativos. O artífice, que trabalhava por conta própria em casa, foi rapidamente superado. A maquinaria, o crescimento da população e a grande transformação no mercado de trabalho criaram um formidável problema social. Em uma sociedade que rapidamente se tornava industrial, a maioria representava a preservação do interesse fundiário. Eram incapazes de fazer reformas, mesmo modestas, por causa do medo obsessivo de uma revolução sangrenta.

Para os radicais, somente o governo era culpado pelo infortúnio do povo, não o acaso ou Ato de Deus. O Gabinete tory, diante de condições sem precedentes, não sabia o que fazer para assegurar a prosperidade pública. E mesmo que tivesse um plano nesse sentido, não dispunha de um corpo experiente de servidores civis para implantá-lo. Em consequência, o único remédio para a miséria era a caridade particular ou a Lei dos Pobres. Não apenas a pobreza oprimia a população trabalhadora, mas também havia um conflito de raiz entre as classes industrial e agrícola.

A economia do país estava perigosamente desequilibrada. A dívida de guerra alcançara proporções alarmantes. A agricultura, como a indústria, abalou-se no fim da guerra. Muito capital fora aplicado na terra em busca de grandes lucros. A paz provocou uma queda brusca no preço das safras e os agricultores clamaram por proteção contra a importação de cereal estrangeiro barato. Essa exigência foi atendida pela Lei dos Cereais de 1815, a *Corn Law*, que impedia a compra de grão estrangeiro, a não ser que o preço interno alcançasse mais de oitenta shillings por *quarter*. O preço do pão subiu e a indústria teve de aumentar salários para salvar os trabalhadores da fome. Por seu turno, os industriais deixaram de pagar imposto de renda, medida que os ajudou, mas deixou o orçamento em perigo.

Em 1819, um incidente veio aumentar a impopularidade e os temores do governo. Houve um comício de protesto no St Peter's Field, na periferia de Manchester, ao qual compareceram cinquenta mil pessoas, inclusive mulheres e crianças. Os magistrados locais perderam a cabeça e, depois de lerem o Riot Act (Lei Contra Distúrbios), ordenaram à polícia montada que atacasse. Quatrocentas pessoas ficaram feridas, e onze morreram, entre elas duas mulheres. Este "massacre de Peterloo," como ficou conhecido, em irônica alusão à Batalha de Waterloo, provocou indignação geral, reforçada ainda mais quando o governo tomou medidas drásticas para prevenir a repetição de desordens. Foram baixados seis atos regulamentando comícios públicos, autorizando os magistrados a confiscar literatura subversiva, proibindo a prática não autorizada de treinamento de formações militares, impondo pesada taxação sobre a imprensa para limitar a circulação de jornais radicais, regulando mandados e o encaminhamento de processos aos tribunais.

A inquietação social engolfava toda a Europa. Comparada à maioria dos países continentais, a Inglaterra atravessou airosamente aqueles anos de perturbações. Mas o espetáculo do distúrbio em outras nações turvou as deliberações na Inglaterra. No fim de 1819, o comércio e as colheitas tinham melhorado. Embora os interesses fundiários tivessem sofrido certa contrariedade, não sem alçar a voz e reclamar, pareceu que se vencera uma etapa.

❄

Uma vez mais, na história da Inglaterra, os assuntos pessoais da família real saltaram aos olhos do público. O Rei George III havia muito tempo apresentava periódicos acessos de loucura e os políticos ingleses tinham que aceitar a virtual inoperância da Coroa a determinados intervalos. Em 1810, o velho rei finalmente mergulhou em completa demência. Viveu por mais dez anos, resmungando pelos corredores do castelo de Windsor, com longa barba branca e num roupão roxo. O Príncipe tornou-se Regente com todas as prerrogativas reais. Para consternação de seus amigos whigs, conservou seus conselheiros tories no poder e, com todo vigor, deu prosseguimento à guerra. Em que pesem os defeitos de George IV, sua determinação como regente, apoiando Wellington e Castlereagh e enfrentando Napoleão, o faz merecedor de lugar de destaque na história do país.

O ambiente da corte era como o de um principado alemão de segunda categoria. Tudo era cerimonioso, mesquinho, antiquado. O rapaz corajoso que viria a se tornar George IV logo se rebelou contra a mãe formal e o pai sovina. O dom de fazer amizades com facilidade, muitas vezes com gente dúbia, alienou-o ainda mais do círculo familiar. Desde cedo, adquiriu atributos do gentleman do século XVIII – a arte de contrair dívidas, usar roupas finas e ter boa conversação. Sua inteligência inata e o bom gosto foram desperdiçados e seu talento para se expressar foi frequentemente dissipado em melodramáticas manifestações emotivas. O comodismo desvirtuava seu senso de julgamento, e a frivolidade deslustrava sua conduta. Quando o prazer entrava em choque com os deveres reais, normalmente o prazer prevalecia. A solidão de sua posição como regente e como rei sublinhava fortemente suas indesejáveis fraquezas.

Em negociação realizada por seus pais, casou-se em 1795 com Caroline de Brunswick, uma princesa alemã agitada, frívola e sem atrativos. George ficou tão abatido à vista da noiva que se embebedou nas primeiras vinte e quatro horas de sua vida de casado. Uma menina muito inteligente e de coração bondoso nasceu da breve união, a Princesa Charlotte, que, tal como o pai, achava a mãe definitivamente desagradável. Ao governo preocupava o problema da sucessão. A Princesa Charlotte casou com o Príncipe Leopold of Saxe-Coburg, mas faleceu em 1817 no parto de um natimorto. Os irmãos de George careciam não só de simpatia, mas de legitimidade. Mas para o governo tinham seu valor no mercado de casamentos reais. Por uma certa importância, o Duque de Kent casou-se com uma alemã, retirando-se para Gibraltar, onde exercitaria seus talentos marciais sobre o Rochedo. O fruto dessa aliança foi a futura Rainha Victoria.

Em janeiro de 1820, morreu o velho rei demente. O sentimento popular sobre as condições de vida na Inglaterra agora se voltou para um inquérito nacional sobre a situação da monarquia. A reputação dos personagens da realeza no caso foi objeto de impiedoso exame. Em julho de 1821, George IV foi coroado com toda a pompa na Abadia de Westminster. Caroline tentou entrar na Abadia, mas foi impedida por não ter convite. Morreu um mês depois.

A agitação a favor da rainha fora a expressão de um descontentamento. Marcou o ápice do movimento radical nos anos do pós-guerra. Por volta do final de 1820, a indústria e o comércio reviveram, e as manifestações populares cessaram. A massa do país era instintivamente monarquista, e os defeitos pessoais do soberano tinham pouca influência sobre essa enraizada tradição. Mas a administração tory, composta em grande parte de velhos reacionários de idade avançada, ficara seriamente enfraquecida. A partir daí, reviveu no povo o interesse pela reforma parlamentar, que logo se tornaria a questão do momento.

Canning e o Duque

Acadêmicos atuais, pesquisando a fundo conexões familiares e interesses comerciais, procuraram demonstrar que não havia o chamado bipartidarismo na Inglaterra do século XVIII. Se a prudência deve ser uma constante da história, tudo que se podia dizer é que os homens no poder sofriam vigorosa oposição por parte dos que estavam fora e, entre esses, grande número de neutros, tranquilamente preparados para apoiar o grupo que assumisse o poder. Não é uma grande conclusão sobre um período de importante debate parlamentar. Os de dentro e de fora do poder poderiam perfeitamente ter nomes, e por que não chamá-los whigs e tories, tal como seus partidários chamavam uns aos outros? De qualquer forma, na década de 1820, um governo de composição tory já se mantinha no poder por trinta anos.

O governo dirigira a nação com sucesso durante a mais longa e perigosa guerra em que a Inglaterra jamais se envolvera. Também sobrevivera, embora arranhando seu conceito, a cinco anos de agitação em tempo de paz. Mas o século XIX requeria uma interpretação moderna dos deveres de um governo. Surgiam novos princípios e doutrinas que viriam abalar os velhos partidos e, no período vitoriano, reformá-los e reorganizá-los.

Enquanto isto, Peel se tornou o rival de Canning na futura disputa pela liderança dos tories. Canning desempenhara papel de destaque na concepção e no desencadeamento da Guerra Peninsular. Brilhante, espirituoso, inflamado, tinha tendência para o sarcasmo, o que lhe valia muitos inimigos. Sofreu uma onda de descrédito, os mais antigos o consideravam intrigante e, quando renunciou em 1820, um lord tory declarou sorridente: "Agora nos livramos daqueles malditos homens de talento." Em agosto de 1822, Canning foi convidado para o cargo de Governador-Geral da Índia. Ficou satisfeito com esse honroso exílio; sua vida política parecia ter chegado ao fim. Mas o destino interveio. Quando o navio subia o Tâmisa a buscá-lo para a viagem ao Oriente, Castlereagh, a cabeça atordoada pelo excesso de trabalho, cortou a garganta no quarto de vestir de sua casa. A presença de Canning no governo agora era essencial: foi designado ministro do Exterior e, nesse cargo, dominou a política inglesa até sua morte cinco anos mais tarde.

Os anos seguintes viram o período mais esclarecido do regime tory. Canning, Peel e Huskisson empreenderam políticas corajosas que, sob muitos aspectos, foram superiores às adotadas pelos whigs. O código penal foi reformado por Peel, e a força policial de Londres foi criada por sua iniciativa. Huskisson reformulou o sistema tarifário e deu continuidade ao trabalho de Pitt, abolindo a taxação antieconômica e revendo as exigências alfandegárias. Canning insistiu numa redução do imposto de importação de cereais à medida que o preço subisse no país. Isso devia provocar dissensão nas fileiras tories. Ele percebeu essa insatisfação e o risco político que a medida causaria em todo o país, e eventualmente declarou: "Estamos no limiar de um grande conflito entre a propriedade e a população. (...) Tal conflito só poderá ser evitado por uma legislação mais suave e liberal." Assumiu o ônus dessa tarefa de abrandamento, mas foi Peel quem teve de enfrentar a crise, quando ela chegou.

A crise na Espanha deixou Canning diante de seu primeiro problema como ministro do Exterior. Ele apoiara a revolta nacional espanhola em 1808, com a qual obviamente simpatizava, mas Metternich e a Santa Aliança viam a rebelião, que logo se estendeu ao reino Bourbon de Nápoles, como ameaça ao princípio da monarquia e a todo o sistema europeu. Um congresso em Verona, ocorrido no outono de 1822, discutiu a intervenção na Espanha em favor dos Bourbons. Wellington comparecera como representante inglês, com instruções de Castlereagh no sentido de que a Inglaterra não participasse dessa iniciativa. Canning estava inteiramente de acordo com este ponto de vista, ao qual deu ampla publicidade na Inglaterra. Realmente, a tradição da política externa inglesa era contra intervenção em assuntos internos de outros estados.

Uma questão muito maior ganhava forma no cenário europeu. A Inglaterra tinha pouco interesse direto na constituição da Espanha, mas por dois séculos concorrera pelo comércio com as colônias espanholas na América do Sul. Suas liberdades eram importantes para ela. Durante as guerras contra Napoleão, aquelas colônias tinham experimentado o sabor da autonomia. Não viram com alegria a retomada do regime real espanhol com os Bourbons restaurados em Madrid. De norte a sul, em toda a extensão dos Andes, se alastraram as lutas pela libertação da América do Sul. Durante a permanência de Canning no Foreign Office, a maioria das repúblicas que hoje aparecem no mapa tinham se tornado independentes, embora instáveis. Nesse ínterim, o comércio com a região havia triplicado em valor, desde 1814. Se a França ou a Santa Aliança interviessem no Novo Mundo, se tropas europeias fossem enviadas através do Atlântico para reprimir os rebeldes, tudo estaria perdido, e haveria ampla repercussão. Estes riscos causaram muita apreensão em Canning. Os homens de negócios da Inglaterra, cujo apoio era conveniente controlar, estavam extremamente sensíveis ao perigo. Canning agiu com decisão. Pressionou os Estados Unidos a se aliarem à Inglaterra na oposição à interferência de países do outro lado do Atlântico. Enquanto os americanos avaliavam essa proposta, Canning também fez contato com a França, que não tinha a mínima vontade de criar um conflito com a Inglaterra sobre questões no ultramar e desautorizou o uso da força na América do Sul e abdicou de pretensões coloniais nesse continente. Assim, a Santa Aliança foi contida. Como declarou Canning mais tarde, em frase triunfante, "fiz nascer o Novo Mundo para restabelecer o equilíbrio no Velho."

Entrementes, o Novo Mundo buscava sua própria afirmação. Os Estados Unidos não desejavam ver disputas na Europa refletidas no outro lado do oceano. Já haviam reconhecido a independência das principais repúblicas latino-americanas. Não queriam príncipes ambiciosos das casas reais da Europa despachados para lá e instalados como monarcas no continente democrático. Muito menos considerar a reconquista e colonização europeia. A sugestão de Canning no sentido de uma declaração conjunta anglo-americana começou a despertar interesse. Dois respeitados ex-presidentes, Jefferson e Madison, concordaram com o presidente Monroe que seria uma iniciativa bem-vinda e oportuna. Todos tinham em mente os planos da Rússia no Oceano Pacífico, bem como ameaças da Europa. Os russos já tinham ocupado o Alaska, e as pretensões territoriais do czar se estendiam por toda a costa oeste da América do Norte até a Califórnia, onde seus agentes estavam ativos.

Porém Monroe tinha em John Quincy Adams um ministro do Exterior de temperamento zeloso e obstinado, que suspeitava da Inglaterra. Adams não confiava em Canning, a quem julgava "um pouco espirituoso demais para ministro." Achava que os Estados Unidos deviam agir por conta própria. Se, no futuro, Cuba ou mesmo o Canadá quisessem integrar a grande república americana, uma declaração conjunta com a Inglaterra sobre a inviolabilidade do continente não viria a prejudicar tal possibilidade? Era melhor a América ter as mãos livres. Como Adams anotou em seu diário, "seria mais aberto e digno declarar explicitamente nossos princípios para a Rússia e a França do que embarcar num escaler do encouraçado inglês."

Daí ter sido proposta uma doutrina puramente americana, em 2 de dezembro de 1823, na mensagem anual do presidente ao Congresso, a Doutrina de Monroe, que, desde então, tem sido frequentemente invocada nas questões transatlânticas. "Os continentes americanos," disse Monroe, "pela condição de liberdade e independência que conquistaram e mantêm, daqui por diante não poderão ser considerados objeto de futura colonização por qualquer potência europeia. (...) Consideramos ameaça à nossa paz e segurança qualquer tentativa de estender seu sistema (político) a qualquer parte deste hemisfério." Eram pretensões altissonantes. Sua aceitação pelo resto do mundo dependia da vigilância amiga do "encouraçado inglês," fato pouco admitido abertamente. Por quase um século, a Royal Navy foi a mais sólida garantia da liberdade nas Américas. Assim, respaldado pela proteção inglesa, o continente americano foi capaz de buscar seu destino sem interferências.

A famosa mensagem de Monroe continha uma advertência à Inglaterra, assim como para as potências autoritárias. Canning compreendeu o risco de competir e alimentar disputas com os americanos em relação ao continente no qual afirmavam sua hegemonia. Estava determinado a evitar qualquer tipo de conflito que pudesse constranger a Inglaterra e prejudicar seus próprios interesses. Mas não fazia sentido debater ameaças que em grande parte pertenciam ao futuro. Sua opinião particular foi curta e objetiva. "A reivindicação dos Estados Unidos," escreveu, "de se colocarem à testa da confederação de todos os americanos e liderá-la contra a Europa (inclusive a Inglaterra) não se identifica com nossos interesses, ou não pode ser objeto de nossa aprovação ou tolerância. É uma reivindicação que não se pode contestar em sua essência, mas devemos dizer que dê a entender que admitimos o princípio."

Logo depois, a Inglaterra reconheceu oficialmente a independência dos estados sul-americanos. O Rei George IV, que não simpatizava com repúblicas, e muitos dos colegas de Canning no governo se opuseram energicamente à medida. O Rei negou-se a ler a Fala do Trono que continha esse anúncio. Foi lida por um relutante Lord Chancellor. Assim, prevaleceu a posição de Canning. Sua iniciativa a respeito da América do Sul provavelmente pode ser considerada seu maior triunfo em política exterior.

Mas este não foi o único campo que exigiu sua ação decisiva. Nos anos mais difíceis das guerras napoleônicas, o maior esforço militar da Inglaterra foi na defesa de Portugal. Agora, nosso mais antigo aliado novamente pediu ajuda. Mais uma vez a América do Sul estava no meio. A colônia portuguesa do Brasil proclamara sua independência e, surpreendentemente, aceitara um príncipe residente de sua casa real como governante. Canning reconheceu o novo Império do Brasil e convenceu os portugueses a fazerem o mesmo. Mas o caso adquiriu nova feição. O Rei de Portugal morreu, e seu trono entrou em disputa. A herdeira legítima era a filha do Imperador do Brasil, de oito anos, em torno da qual as forças liberais e constitucionais procuraram se congregar. Mas surgiu outro pretendente ao trono, seu tio absolutista, que contava com os sorrisos da Santa Aliança e efetivo apoio da Espanha. Era e sempre tinha sido política da Inglaterra não permitir que Portugal ficasse em poder de mãos inamistosas e agora pareceu que Portugal sucumbiria a uma intervenção autoritária. Cumprindo os termos da antiga aliança, tropas inglesas foram enviadas ao Tejo, em dezembro de 1826. Canning expôs sua posição na Câmara dos Comuns. O emprego das tropas não se destinava "a receitar constituições, mas a defender e preservar a independência de um aliado." Nosso embaixador em Lisboa descreveu as cenas loucas da chegada dos navios da Royal Navy no Tejo. "Ninguém mais tem medo de ser constitucionalista agora (...) a Inglaterra tomou uma posição, e parte de nossas tropas já chegou. O despertar do Leão (*ce revéil du Lion*) foi majestoso." Mas o problema de Portugal foi apenas temporariamente solucionado. Complicaria a vida dos sucessores de Canning por alguns anos.

Entrementes, outra crise eclodira no Mediterrâneo Oriental. Depois de quatro séculos de sujeição aos turcos, o sentimento de liberdade eletrizava os gregos. Revoltaram-se e, em 1822, declararam sua independência. Na Inglaterra, o entusiasmo por essa causa foi geral. Tinha um apelo especial para as classes educadas nas glórias das Termópilas e de Salamis. Círculos esclarecidos, em Londres, ansiavam pela intervenção. Houve subscrições, Byron e outros voluntários ingleses partiram em auxílio dos gregos. Antes de encontrar a morte em Missolonghi, Byron já estava profundamente desiludido. Não era a primeira e não seria a última vez que uma causa nobre seria quase arruinada pela discórdia. Infelizmente para os gregos, as potências estavam divididas. A revolta grega cindira a Santa Aliança, com Áustria e Rússia em lados opostos. Canning temia que a Rússia interviesse, criasse um estado satélite na Grécia e extorquisse seu preço dos turcos. Se a Rússia se expandisse às custas da Turquia, os interesses ingleses no Oriente Médio e na Índia ficariam ameaçados. Eis as raízes da "Questão Oriental," como foi chamada, que preocupou cada vez mais as potências europeias até a Primeira Guerra Mundial. Depois de complexas negociações, Inglaterra, França e Rússia concordaram, em 1827, nos termos a serem ditados aos turcos. As esquadras inglesa e francesa foram enviadas para as águas gregas a fim de impô-los. Essa foi a última realização diplomática de Canning. Se Canning tivesse desfrutado mais tempo de vida, o grupo que chefiava teria criado uma nova forma de lealdades políticas. Porém, em 8 de agosto, depois de curta doença, Canning morreu. Como Castlereagh, sucumbiu ao excesso de trabalho.

Canning tivera papel decisivo na conformação do novo século. Na paz e na guerra demonstrou ser um homem de larga visão e ativa determinação. Seu raciocínio rápido e seu temperamento impetuoso faziam dele um membro de difícil trato no partido. Como dizia seu amigo Sir Walter Scott, ele exigia prudência. Entretanto, foi por meio de Canning que o mais importante aspecto da tradição de Pitt se transmitiu para o futuro. Em vários aspectos ele simpatizava com os novos movimentos que agitavam a vida inglesa. Também se mantinha em íntimo contato com a imprensa e sabia como fazer uso da publicidade na condução do governo. Tal como aconteceu com Chatham, seu poder político se baseava particularmente na opinião pública e em uma política externa com aceitação popular. Disraeli deu seu testemunho sobre esse homem impressionante. "Vi Canning apenas uma vez. Lembro como se fosse ontem o tumulto daquela fisionomia etérea. Ainda soa em meus ouvidos a melodia daquela voz."

❄

A morte de Canning, em momento crítico no plano interno e no exterior, deslocou o cenário político. Mais da metade do partido tory, vinculada a Peel e Wellington, estava na oposição. Houvera um impasse na condução da política de Canning na Grécia de "não intervenção," que significava alguma coisa, a despeito da maliciosa definição de Talleyrand: "*um mot métaphysique et politique qui signifie à peu pres la même chose qu'intervention*" ("palavra metafísica e política que significa quase a mesma coisa que intervenção"). O governo, cindido pelas intrigas whigs, de repente desmoronou. Não se cogitou de um governo inteiramente whig. O partido estava fraco e sua liderança era apática. Wellington e Peel foram instruídos a formar um governo e assim fizeram. Wellington se tornou primeiro-ministro. Os tories mais antigos deveriam voltar à luta. Era uma retaguarda teimosa.

Peel, cuja carreira política se fizera na Irlanda, havia muito era o paladino da oposição contra qualquer concessão aos católicos. Sua reputação política fundava-se nessa posição. Era membro do Parlamento pelo mais anglicano dos distritos eleitorais, a Universidade de Oxford. Sua posição na crise era inquestionavelmente delicada. A de Wellington era mais amena. Estava menos comprometido e em melhores condições para tomar, sem se violentar, linha mais expediente. A posição da Irlanda era simples. Uma associação independente do povo irlandês sabotara a administração oficial. Tratava-se de escolher entre a emancipação católica e a reconquista metódica da Irlanda. Em agosto de 1828, Wellington submeteu o assunto ao Rei. "A influência e o poder do governo não estão mais nas mãos de seus representantes, foram usurpados pelos demagogos da Associação Católica Romana que, agindo sob a influência do clero católico romano, dirigem a nação como lhe convém."

Os protestantes da Irlanda estavam extremamente assustados. Nada tinham a ganhar com uma revolta irlandesa. A igualdade política para os católicos era difícil de digerir, mas se a emancipação não fosse concedida, todo o sistema fundiário correria perigo. Como general, Wellington sabia muito bem a inutilidade de tentar reprimir uma revolta nacional. Vira de perto a guerra civil na Espanha. Ele próprio era oriundo de família irlandesa e estava acostumado com aquela ilha turbulenta.

Em junho de 1830, o Rei George IV morreu. "O primeiro gentleman da Europa" não foi lamentado pelo povo. Aquele homem antes elegante e atraente ficara tão corpulento e obeso que tinha vergonha de aparecer em público. Sua extravagância se transformara em mania. Sua memória foi maculada pelos vitorianos. Seu comportamento não foi muito pior ou melhor que o da maioria dos homens da moda de seu tempo.

❄

George IV foi sucedido no trono por seu irmão, Duque de Clarence, o mais excêntrico e menos detestável dos filhos de George III. Teve sua formação na Marinha e uma vida em total obscuridade, a não ser por breve e ridículo período, quando Canning o fez Lord High Admiral, em 1827. Bondade e simplicidade eram atributos encontrados em William IV. Os sérios constrangimentos que criou para seus ministros resultaram de sua loquacidade. A rainha não era uma beldade, mas a sua simplicidade suave trouxe uma mudança bem-vinda, depois do tipo de vida familiar de George IV. O "marujo William" precisaria de cada gota de desprendimento. Mares revoltos se aproximavam. A revolução eclodira novamente na França e a monarquia Bourbon estava no fim. À medida que as notícias atravessavam o canal, surgiam murmúrios de tempestade chegando à Inglaterra.

Reforma e livre-comércio

Em 1830, as forças liberais na Europa se mexeram de novo. A revolução de julho na França instituiu uma monarquia constitucional sob a casa de Orleans. O novo rei, Louis Philippe, era mais inteligente e decente que seu pai. Manter-se-ia no trono por dezoito conturbados anos, conservando também sua cabeça. Encorajados pelos acontecimentos em Paris, os belgas se rebelaram contra o rei da Holanda, país ao qual tinham sido incorporados pelos tratados de paz de 1815. A Inglaterra desempenhara importante papel nesse acordo. Havia muito era política da Inglaterra – e ainda é – apoiar a independência dos Países Baixos e impedir que qualquer de suas províncias fique sob o controle de uma potência que a ameace. O século XX não precisa ser lembrado das formidáveis guerras travadas em consequência dessa política. Foi necessária muita ação diplomática até que se chegasse a uma solução.

A turbulência na Europa continental, em boa parte ordeira e de fim democrático, era muito propalada na Inglaterra, e sua evolução acompanhada minuciosa e exaltadamente. Os whigs suspeitavam que o Duque de Wellington pretendia restaurar o Reino da Holanda pela força das armas. Não era verdade, mas o boato era suficiente para inflamar os espíritos da época. A pobreza nas aldeias e fazendas já provocara distúrbios no sudeste da Inglaterra. Nas cidades que cresciam e nos centros industriais, a insatisfação levava homens de negócios e trabalhadores à ação política. Tumultos, levantes, até uma revolução pareciam iminentes. Em vez disso, houve uma eleição geral.

Os whigs fizeram progressos, mas o resultado não foi decisivo. O líder whig era o Conde Grey. A poucos homens é concedida a oportunidade de levar adiante, no fim da vida, uma grande reforma que defenderam sem sucesso por quarenta anos. Foi o grande feito de Grey. Ele e seus colegas perceberam que a agitação que inquietara a Inglaterra desde Waterloo provinha de duas fontes bem distintas. Uma delas era a classe média, sem representação, próspera, digna, influenciada pelas ideias democráticas da revolução francesa, mas profundamente obediente à lei em sua ânsia de poder político; outra, o setor mais amargo e tendente à revolução, constituído por trabalhadores castigados pela desarticulação provocada pela guerra e pelo pós-guerra, prontos para falar em violência e, talvez, até empregá-la. Uma aliança com a classe média e uma moderada ampliação de direitos seriam suficientes, pelo menos por algum tempo, e Grey fez seus planos para isso. Wellington esperava que os whigs estivessem tão desorganizados que não conseguiriam formar um governo, mas seu próprio partido andava ainda mais desunido. Os que haviam sido partidários de Canning nada tinham a ver com a "velha guarda" tory e agora faziam causa comum com os whigs. Os tories foram derrotados, e o Rei William IV pediu a Grey para organizar um governo. A não ser por um breve intervalo, os whigs tinham permanecido fora do poder por quase cinquenta anos. Agora, estavam na iminência de ascender ao poder e ao prestígio.

Viram-se ante uma cena feia. Os franceses ameaçavam intervir na Bélgica, tornando imperativo, embora impopular, aumentar as despesas militares. O chanceler do Exchequer não conseguia apresentar um orçamento funcional. A lei e a ordem eram violentadas nos condados do sudeste, e Lord Melbourne, novo ministro do interior, agiu com decisão. Cerca de quatrocentos trabalhadores rurais foram condenados à deportação. Os radicais ficaram indignados e desiludidos. Só a Reforma Parlamentar poderia salvar o governo, que se voltou para esse objetivo.

Em março de 1831, Lord John Russell levantou-se na Câmara dos Comuns para apresentar a moção do primeiro Projeto de Reforma. Propunha abolir cerca de cem "distritos podres" e "distritos de algibeira," e substituí-los por outros novos em áreas sem representação na Metrópole, no Norte industrial e nas Midlands. Para os tories, significava uma violação de tudo que defendiam, uma afronta às suas mais sólidas convicções políticas, um violento ataque ao direito de propriedade. Um lugar no parlamento era algo para ser comprado ou vendido como uma casa ou um terreno, e um direito de voto mais uniforme inculcava uma concepção aritmética da política perigosamente similar à democracia francesa. Muitos whigs, que esperavam medidas mais tênues, também ficaram inicialmente aturdidos com a amplitude da proposta de Russell. Logo se alinharam com o governo, quando constataram o entusiasmo da nação, pois os whigs acreditavam que a reforma evitaria a revolução. Os tories, por outro lado, temiam que fosse o primeiro passo no rumo do desastre. Para eles e, para dizer a verdade, também para muitos whigs, o governo inglês traduzia o controle e o direito de controlar das classes rurais no interesse do povo. A ampliação dos direitos civis significaria o começo do fim do velho sistema de administração por influência e clientela.

A agitação se espalhou. Na Câmara dos Comuns, os tories combateram palmo a palmo, ao longo do caminho. O governo de modo algum se sentia seguro de obter maioria e, embora um pequeno grupo de votos irlandeses controlados por O'Connell, líder dos católicos emancipados, favorecesse Grey, o projeto foi rejeitado. Um frenesi de ódio e desapontamento varreu a nação. Grey pediu ao rei a dissolução do parlamento e William IV teve o bom senso de perceber que uma recusa significaria revolução. A notícia causou alvoroço na Câmara dos Lordes, onde foi apresentada moção pedindo ao rei para reconsiderar sua decisão, mas, enquanto o alarido crescia nas bancadas e os nobres agitavam os punhos em todo o recinto, ouviu-se o troar do canhão, quando o rei deixou St James's para ir pessoalmente anunciar a dissolução.

Realizaram-se nervosas eleições, exclusivamente sobre a questão da Reforma. Pela primeira vez foi pedido este tipo de mandato ao povo inglês. O resultado foi inequívoco. Os tories foram aniquilados nos distritos eleitorais dos condados, e os whigs e seus aliados conquistaram uma maioria de 136 lugares na Câmara dos Comuns. Quando o parlamento reabriu, a batalha passou para a Câmara dos Lordes. Wellington levantou-se repetidas vezes para condenar a reforma. "Uma democracia," afirmou, "jamais foi instituída em qualquer parte do mundo sem que, logo em seguida, fosse declarada guerra à propriedade, ao pagamento da dívida pública e a todos os princípios de proteção do estado que fundamentam o propósito principal da Constituição Inglesa, tal como hoje constam, e são por ela assegurados. A propriedade e seus detentores se transformarão no inimigo comum."

Na noite de 7 de outubro de 1831, ocorreu a votação fatal. Os nobres estavam claramente divididos e foram os vinte e um bispos que decidiram a matéria na Câmara Alta; eles eram contra a reforma. Assim, os tories venceram. O Projeto foi rejeitado, e levantou-se nova questão constitucional – os Pares contra o Povo.

Na manhã seguinte, os jornais, com uma moldura negra, publicaram a notícia. Começaram distúrbios nas Midlands, casas e propriedades foram incendiadas. Houve desordens violentas em Bristol. As sociedades pró-Reforma do país, conhecidas como sindicatos políticos, se esforçaram para conter a agitação e acalmar a insatisfação popular. Apesar de tudo, o governo não cedeu. Em dezembro, Russell apresentou pela terceira vez o projeto de lei, e os Comuns o aprovaram com maioria de dois para um. No mês de maio seguinte, novamente foi apreciado pelos Lordes. Foi rejeitado por quarenta e quatro votos. Não cabia nova dissolução, e Grey se convenceu de que somente soluções extremas funcionariam. Portanto, foi a Windsor e solicitou ao Rei que criasse novos pares em número suficiente para aprovar a lei. O Rei se recusou e o Gabinete renunciou. William IV pediu a Wellington e Peel para formar um governo capaz de conseguir a aprovação da Reforma. O ambiente no país ficava ameaçador. Houve planos para greves e para recusa geral de pagamento de impostos. Faixas e cartazes apareceram nas ruas de Londres com os dizeres "Pare o Duque, Saque o Ouro," e houve uma corrida ao Banco da Inglaterra. Os líderes radicais declararam que paralisariam qualquer governo tory que chegasse ao poder e, depois de uma semana, o

Duque admitiu a derrota. Na tarde de 18 de maio, Grey e Brougham foram chamados ao palácio St James's. O Rei os autorizou a fazerem uma lista de pessoas a receberem título de nobreza e com cujo voto se pudesse contar em favor dos whigs. Ao mesmo tempo, mandou seu secretário particular informar sua decisão aos principais tories e sugerir que se abstivessem, evitando medidas extremas. Quando o projeto foi novamente apresentado, os lugares da oposição estavam praticamente vazios. Foi aprovado por esmagadora maioria e transformado em lei em 7 de junho de 1832.

❄

Os novos eleitores e os radicais não ficaram satisfeitos e, nos cinco anos seguintes, os políticos mais jovens forçaram uma reforma igualmente ampla na administração pública. Grey, sentindo que já realizara o bastante, afastou-se em 1834. Os novos líderes eram Lord Melbourne e Lord John Russell. Russell era um whig da velha escola. Reconhecia a necessidade de reformas adicionais na esfera do governo, mas os rumos cada vez mais amplos da democracia o continham. Melbourne aceitou o cargo de primeiro-ministro com relutância, avaliando sinceramente se a honra valia a pena. Uma vez no poder, sua forma branda de agir ajudou a manter unido seu dividido grupo. Mas sua gestão tinha um ar de século XVIII em meio às tensões do século XIX.

Um dos mais competentes colegas de Melbourne era Lord Palmerston, que ficou no Foreign Office por quase onze anos. Sob a sábia orientação de Lord Grey, Palmerston conseguiu um acerto sobre o problema belga, que dura até hoje. Tanto os holandeses quanto os franceses foram convencidos a se retirarem, as reivindicações belgas sobre território holandês foram superadas e o Príncipe Leopold de Saxe-Coburg foi entronizado em Bruxelas como soberano independente. A neutralidade belga ficava garantida por um tratado internacional. Deu-se uma fiança que viria a ser honrada com sangue, em 1914. Havia uma extrema e airosa autoconfiança em tudo que Palmerston fazia, o que muitas vezes parecia incomodar as chancelarias mais sossegadas da Europa, mas seu imperturbável espírito aos poucos conquistou a admiração de grande parte de seus compatriotas. Construía, naqueles tempos, uma popularidade que mais tarde fê-lo parecer a personificação da confiança do período victoriano médio.

Cerca de duzentos e cinquenta mil eleitores foram acrescentados pela Lei da Reforma, agora o eleitorado atingindo quase setecentos mil. Um em cada seis homens adultos votava. Mas definitivamente não davam todos os votos aos whigs. O estranho hábito do eleitorado inglês de votar contra o governo que lhes dera o direito de fazê-lo foi revivido. Apesar disso, de modo algum as novas leis e concessões daqueles anos foram infrutíferas. Os escravos das Índias Ocidentais foram finalmente emancipados em 1833. Pela primeira vez na história da Inglaterra o governo deu ajuda às sociedades religiosas na educação. A primeira efetiva Lei da Fábrica foi aprovada, ainda que as longas horas de trabalho que autorizava fossem horríveis para o século XX e não satisfizessem os sentimentos humanitários da época. A Lei dos Pobres foi reformada em termos considerados pelas esferas administrativas e intelectuais como bastante avançados, embora não se mostrasse popular entre aqueles que supostamente beneficiaria.

Todo o sistema de governo local foi reconstruído, abolidas as velhas oligarquias locais. Enquanto isso, a política centrou-se na posição da Igreja Oficial e na manutenção da ordem na Irlanda, e foi o fracasso nesses assuntos e na busca infrutífera de orçamentos equilibrados que veio, no devido tempo, a arruinar os whigs. Além disso, poderosas forças agiam fora da Câmara dos Comuns. Grande parte da população ainda não votava. As relações entre capital e trabalho tinham recebido pouca atenção do parlamento, e a atividade dos primeiros sindicatos atemorizou o governo, levando-o a adotar medidas repressivas. O caso mais célebre foi o dos "mártires" de 1834, quando seis trabalhadores da aldeia do curioso nome de Tolpuddle, no Dorsetshire, foram condenados à deportação para a Austrália pela transgressão técnica de "prestar juramento ilegal" como integrantes de seu sindicato. Ao final, a agitação popular conseguiu que fossem perdoados, mas só depois de ficarem dois anos em Nova Gales do Sul. Enquanto a inquietação se alastrava por diversas razões, a monarquia dava sinais de debilidade. Os whigs não eram os mais indicados para estabelecer uma ponte sobre o abismo que se formava entre os círculos políticos oficiais e a nação.

❄

Em 1837, o Rei William IV morreu. Inconveniente, rude, divertido, e sem inspirar respeito, fizera sua parte para levar a monarquia a um insatisfatório nível de estima. Sem dúvida, os maus hábitos e excentricidades dos filhos de George III quase tinham destruído a aceitação da realeza pelo coração do povo. A nova soberana era uma jovem donzela de apenas dezoito anos. A nação nada sabia sobre sua personalidade ou suas virtudes. "Poucos," escreveu Palmerston, "tiveram oportunidade de formar uma opinião precisa sobre a princesa, mas fico inclinado a pensar que será uma pessoa notável e dotada de grande força de caráter." Estava certo. Na véspera de sua acessão ao trono, a nova rainha escreveu em seu diário: "Uma vez que Deus me destinou a esta posição, devo dar o melhor de mim para cumprir meu dever para com o país. Sou muito jovem e talvez inexperiente em muitas coisas, mas não em todas, e tenho certeza de que poucos possuem maior vontade e desejo de fazer o que é certo do que eu." Promessa que cumpriu plenamente.

Enquanto isso, Lord Melbourne, que pouco acreditava na solução de problemas por elaboração de leis, com graça e afabilidade nada fazia. Por trás de tudo, surgiram, lá pelo final do ano, os primeiros sinais de uma grande depressão econômica. O "chartismo," como foi chamado, no qual alguns historiadores veem o começo do socialismo, foi o último grito de desespero da pobreza contra a "era da máquina." Os chartistas, acreditando, tal como os agitadores da Reforma antes de 1832, que a ampliação do direito de voto solucionaria todos os seus problemas, postulou renovação anual do parlamento, sufrágio universal para os homens, igualdade de distritos eleitorais, fim da exigência de propriedade como qualificação para ser Membro do Parlamento, voto secreto e remuneração dos membros do parlamento. Sua única esperança de sucesso estava em conseguir, como tinham feito os radicais, o apoio de um partido no Parlamento e da classe média progressista. Mas deliberadamente se recusaram a apelar para a classe média. Seus líderes brigaram entre si e ofenderam gente respeitável com ameaças e discursos irresponsáveis. Não contavam com recursos ou organizações como a Associação Católica encontrara nas paróquias irlandesas, ou o Partido Trabalhista encontraria mais tarde nos sindicatos. Durante algum tempo, a Inglaterra se viu inundada por petições e panfletos.

O fermento variava de uma parte para outra do país. Quando as condições de vida melhoravam a raiva popular diminuía. A agitação ressurgiu periodicamente nos anos seguintes, culminando no ano revolucionário de 1848, mas, no fim, toda a confusa e bem-intencionada movimentação deu em nada.

Os tories mais jovens apoiavam Peel e, como ele, sentiam-se mal com divisão do país em "duas nações," a rica e a pobre, tal como retratada nos romances de um moço judeu membro do parlamento, Benjamin Disraeli. Em 1839, Melbourne ofereceu sua renúncia, mas a Rainha Victoria o conservou no cargo por mais dois anos. Seu modo cativante de agir conquistara a rainha. Com ela compartilhava muito de seu conhecimento sobre os homens e os negócios, sem oprimi-la com seu ceticismo. E a Rainha se recusava a separar-se de seu adorado primeiro-ministro. Em fevereiro do ano seguinte, um novo personagem surgiu na cena inglesa. A rainha se casou com seu primo, o Príncipe Albert de Saxe-Coburg. O príncipe era um homem honesto e consciencioso, com percepções de longo alcance e elevados ideais. Ele e a Rainha desfrutaram por vinte e um anos, até sua morte prematura, de uma vida familiar feliz que se constituiu em exemplo, bem de acordo com o desejo de seus súditos. Depois dos excessos de George IV e seus irmãos, Victoria e Albert resgataram a dignidade e a reputação da monarquia. O franco patrocínio que dispensou à ciência, à indústria e às artes, bem como a inúmeras outras causas nobres, permitiu que ele aos poucos conquistasse o respeito público em elevado grau. Juntos, a Rainha e o príncipe estabeleceram um novo padrão de conduta na monarquia, que, desde então, passou a ser encarada com todo o respeito.

Peel, ao contrário de Melbourne, dera à rainha uma impressão de inabilidade e frieza; mas uma eleição geral finalmente o conduziu ao poder em 1841. Outra vez o horizonte estava desanuviado em Westminster. Mas uma tempestade se formava na Irlanda.

❄

O problema imediato foi o preço do pão. A fim de estimular o comércio exterior, Peel reduzira os impostos de importação em todos os itens, com exceção dos cereais. Mas pão caro significava aumento de salários ou sofrimento do povo, e Peel aos poucos constatou que só comida barata importada poderia sustentar a prosperidade da nação. Parecia imperativo o livre-comércio do grão, mas os obstáculos políticos eram assustadores. O partido tory dependia em grande parte do voto dos donos de terras, que tinham investido muito capital em suas propriedades durante as guerras napoleônicas. A paz trouxera trigo mais barato do exterior e o pedido de proteção levara, em 1815, à proibição de importação do grão estrangeiro, a não ser que o preço no mercado interno estivesse anormalmente elevado. A revogação ou modificação desse dispositivo e, mais tarde, das chamadas Leis do Trigo se sobrepunham a qualquer outra questão. Os proprietários de terras eram acusados de usar seu poder no Parlamento para defender seus interesses às custas do restante da população. A animosidade de manufatureiros e industriais agravou o conflito, uma vez que as Leis do Trigo não só causaram grande descontentamento na classe trabalhadora, como também desagradaram muitos patrões. Viam a proteção como forma de impedir que explorassem novos mercados além-mar e de concorrer com boa competitividade nos mercados antigos.

A hostilidade contra as Leis do Trigo crescera durante a depressão dos anos 1838 a 1842. Uma "Liga Contra a Lei do Trigo" se formou em Manchester para lutar por sua revogação. Logo exerceu poderosa influência na opinião pública, dando margem ao surgimento de dois notáveis líderes e organizadores que se tornaram os paladinos do livre-comércio na Inglaterra do século XIX, Richard Cobden, um estampador de tecido, e John Bright, quaker proprietário de moinho. Em todo o país havia comícios. A propaganda era eficiente e inovadora: umas poucas ideias simples eram marteladas na mente das plateias por palestrantes e oradores selecionados. Nunca se vira agitação feita com tanta sagacidade. Abaixo-assinados imensos eram enviados ao Parlamento. Cobden persuadiu moradores das cidades a comprar lotes rurais baratos nos distritos de condados para terem voto duplo. Isso aumentou tanto o número de deputados contra a Lei do Trigo que, em vez de petições externas ao Parlamento, a Liga começou a influenciá-lo por dentro.

Em agosto de 1845, a safra de batatas fracassou na Irlanda. A fome era iminente, e Peel não podia mais esperar, mas quando apresentou sua proposta ao Gabinete, vários de seus colegas se revoltaram e teve que renunciar em dezembro. O líder whig, Russell, recusou-se a formar um governo, e Peel voltou, dispondo-se a enfrentar e vencer o violento ataque dos protecionistas tories. O porta-voz destes, o até então pouco conhecido Benjamin Disraeli, o acusou não tanto por querer abolir as Leis do Trigo, mas por trair sua condição de líder de um grande partido. Mas Peel entendeu que seu dever para com o país era mais importante do que com o partido e estava convencido de que era missão sua conseguir a revogação das Leis do Trigo.

Em 25 de junho de 1846, com a ajuda dos votos whigs e irlandeses, as Leis do Trigo foram revogadas. Imediatamente Disraeli teve sua vingança. A turbulência na Irlanda derrubou o governo de Peel, e, por um voto, na mesma noite, o notável gabinete, um dos mais competentes do século, chegou ao fim. Peel fora a força e personalidade dominante na política inglesa desde a aprovação da Lei da Reforma. Na oposição ou no governo, sempre em destaque. Não era homem de visão larga de longo alcance, mas compreendia as necessidades da nação melhor que seus contemporâneos e tinha bastante coragem para mudar de ponto de vista para alcançar seus fins. É verdade que rachou o partido, mas há crimes mais graves. O período em que atuou foi de formidável progresso industrial. Foi a Era da Ferrovia. Em 1848, cerca de oito mil quilômetros de ferrovias existiam no Reino Unido. Velocidade dos transportes e produção crescente eram as palavras da moda. A produção de carvão e ferro havia duplicado. A engenharia fazia progressos, ainda com passos cuidadosos. Todas as providências eram tomadas, não pelo governo mas pelos empresários em todo o país, no sentido de fazer da Inglaterra a maior potência industrial do mundo no século XIX. Peel tinha uma compreensão prática dessa ampla evolução. Sabia que o livre-comércio não era a cura para todos os males e aflições de uma sociedade em transformação. Mas os dias de prevalência da propriedade de terras estavam condenados. O livre-comércio parecia indispensável à produção industrial, área em que a Inglaterra chegava à supremacia. Peel compreendeu tudo isto. Seu governo deu um exemplo de iniciativa que ambos os partidos, o Conservador e o Liberal, homenagearam ao segui-lo no futuro. Certa vez, analisando seus próprios métodos, disse, "O fato é que o povo gosta de um certo grau de obstinação num ministro. Podem acusá-lo de autoritarismo e arrogância, mas gosta de ser dirigido." Palavras muito fortes talvez, mas se ajustavam à época.

No início de 1850, depois de ter assistido sereno e composto ao titubeio de seus sucessores whigs, Peel caiu de seu cavalo no Green Park e feriu-se fatalmente. Assim morreu um dos mais importantes formadores da política inglesa na era victoriana.

A Guerra da Crimeia

Em 1848, Thomas Babington Macaulay, que fora ministro da coroa e ocupara alto cargo no governo da Índia, publicou os primeiros volumes de sua *History of England.* Essa grande obra, com todas as opiniões preconceituosas e erros de fato, deu respaldo histórico para o sentido de progresso que agora inspirava a Inglaterra victoriana. Macaulay mostrou que a história do país a partir da revolução whig de 1688 era de avanço perene e ilimitado. No capítulo de abertura escreveu: "A história de nosso país nos últimos cento e sessenta anos é, fundamentalmente, de aperfeiçoamento físico, moral e intelectual." Observação encorajadora e muito bem-recebida pelos leitores contemporâneos. O otimismo imperava. Um futuro ainda mais glorioso, afirmou Macaulay, abre-se ao Reino Unido. E assim aconteceu. Seus pontos de vista foram amplamente compartilhados e ganharam forma na "Grande Exposição" de produtos ingleses, que enalteceu merecidamente a nação.

O Príncipe Albert acolheu a ideia. Já tinham acontecido pequenas mostras de manufaturados, pelas quais se interessara. Em 1849, depois da inauguração do novo estaleiro Albert, em Liverpool, o príncipe ficara tão impressionado pelo vigor do crescimento da indústria inglesa e por seus reflexos navais, como causa ou consequência, que aprovou com entusiasmo um projeto para uma exposição em dimensão muito maior do que jamais se vira. Exibiria, para o país e para o mundo, o progresso alcançado em cada campo. Também teria caráter internacional, proclamando os benefícios do livre-comércio entre nações e visando à paz universal, que, então, se supunha ser consequência inevitável da livre troca de bens. Poucas pessoas previram a guerra com a Rússia, prestes a começar.

Enfrentando considerável oposição, o príncipe chefiou por dois anos uma comissão incumbida de implantar o projeto. Em 1851, a Grande Exposição foi inaugurada no Hyde Park. O Crystal Palace, a construção principal, projetada por Joseph Paxton, um especialista em jardins de estufa, ocupava 77 mil metros quadrados. Abrigando a maior parte dos itens em exposição e com árvores plantadas no interior da estrutura de vidro e ferro, viria a ser a maravilha da década. A despeito de profetizarem seu fracasso, a exposição foi um retumbante sucesso. Cerca de um milhão de pessoas a visitaram mensalmente durante os seis meses de seu funcionamento. Quase quatorze mil artigos industriais e manufaturados estiveram em exibição, metade dos quais ingleses. O príncipe recebeu o merecido reconhecimento, e o lucro foi investido pelos organizadores em iniciativas educacionais. A Rainha Victoria descreveu o dia da inauguração como "um dos mais importantes e grandiosos de nossas vidas." Seu sentimento foi acalentado pela satisfação de constatar que o Príncipe Albert confundira seus críticos, sempre prontos a acusá-lo de intromissão em assuntos nacionais, mas sempre com algo mais por trás dessas críticas. A rainha visitou o Crystal Palace várias vezes, onde sua presença estimulou um sentimento de orgulho nacional e profunda lealdade em milhares de súditos com os quais se encontrava. Nunca o trono esteve tão firme no coração do povo. A prosperidade, ainda que desigualmente distribuída, deu à Inglaterra uma autoconfiança que parecia valer mais do que legislação social e mais reforma. A riqueza que tornava mais fácil a vida da nação fluía de moinhos, minas e fábricas. E o povo sabia reconhecer.

A metade do século assinala o auge do predomínio inglês na indústria. Nos vinte anos seguintes, outras nações, nas quais o progresso industrial chegara mais tarde, começaram a reduzir a diferença. Até 1870, a Inglaterra extraía mais da metade do carvão do mundo e, naquele ano, sua produção de ferro fundido foi maior do que a de todo o restante do mundo. O comércio exterior atingiu quase 700 milhões de libras esterlinas, diante de 300 dos Estados Unidos, 340 da França e 300 da Alemanha. Mas as proporções estavam se modificando rapidamente. A construção de ferrovias permitiu o crescimento da indústria na Alemanha e na América, onde as jazidas de carvão e ferro estavam separadas por grandes distâncias. A agricultura inglesa também enfrentava um desafio, agora que o trigo plantado nas planícies americanas podia ser transportado por ferrovias para portos dos Estados Unidos e atravessar o oceano em busca dos mercados europeus. Apesar de tudo, não houve desaceleração da indústria inglesa. Os têxteis, espinha dorsal das exportações, satisfaziam uma demanda insaciável na Ásia, e o futuro das poderosas indústrias siderúrgica e de construção parecia assegurar um futuro risonho. As Midlands e o Norte da Grã-Bretanha estavam enegrecidos pela fumaça e pela fuligem das minas e dos fornos.

Críticos não faltaram à era da produção em massa que tomava forma. Charles Dickens revelava em seus romances a situação dos pobres, compadecendo-se de suas condições de vida e criticando as instituições do estado que as causavam. John Ruskin era outro. No meio de sua longa vida, passou da pintura e arquitetura para os modernos problemas sociais. Sua mente estava na Idade Média, que ele via habitada por uma fraternidade de artífices criando obras de arte em harmonia. Olhando o mundo victoriano, sua figura profética procurou em vão um cenário semelhante àquele que imaginava. Falhas de fabricação, más relações entre patrões e empregados estimulavam sua áspera fúria. Era uma voz que lamentava o rumo tomado tanto pelos novos movimentos das artes quanto pelo socialismo na política.

❄

As relações internacionais e a ameaça de guerra começaram a escurecer a cena. A Turquia preocupava os estadistas europeus havia muitos anos. O império militar que por três séculos dominara o mundo oriental desde o Golfo Pérsico até Budapest, e do Mar Cáspio à Argélia, agora parecia estar à beira da ruptura e do colapso. O que aconteceria com seu vasto território se isso acontecesse? Quem dominaria as extensas e férteis províncias turcas na Europa e na Ásia? A urgência e a iminência dessas questões se tornaram mais agudas diante da evidente determinação russa de dominar as terras ao longo do Danúbio, Constantinopla e o Mar Negro. A Inglaterra não podia ignorar o perigo. A ameaça da Rússia, que já se constituía em formidável potência asiática, parecia estar se insinuando sobre a Índia.

Os políticos que governavam a Inglaterra procuravam, agora, conter a expansão russa reforçando o decadente sistema de governo turco no sudeste da Europa. O conflito que agora aflorava foi precipitado pela reivindicação do czar russo por um protetorado geral sobre os cristãos do Império Turco. Se fosse atendida essa pretensão, a Rússia teria autoridade sobre muitos milhões de romenos, sérvios, búlgaros, gregos e armênios dentro do território otomano. O equilíbrio de poder no Oriente Próximo, pelo qual os governos ingleses sempre tinham batalhado, como de resto o faziam em toda parte, teria sido destruído.

Os turcos rejeitaram a pretensão russa e, em 2 de junho de 1853, a atitude da Rússia se tornou tão ameaçadora que o gabinete mandou a esquadra inglesa para a baía de Besika, na entrada dos Dardanelos. Napoleão III, ansioso pela aprovação e o apoio da Inglaterra, concordou em fornecer um esquadrão da marinha francesa.

Dessa forma, a Inglaterra foi à deriva para a guerra. Em fevereiro de 1854, Nicolau I chamou de volta seus embaixadores em Londres e Paris e, no final de março, começou a guerra na Crimeia, com a França e a Inglaterra aliadas aos turcos. As operações foram malplanejadas e mal-executadas de ambos os lados. Quase meio século de paz tinha ofuscado a glória do exército que derrotara Napoleão. Seu grande comandante, Wellington, morrera sob luto nacional em 1852. As condições de serviço no exército inglês eram insuportáveis, a administração era ruim, o equipamento inadequado, os comandantes sem qualquer qualificação digna de nota. Somando ingleses e franceses eram apenas 56 mil soldados na Crimeia, durante o terrível inverno de 1854-1855.

Perto de 14 mil foram hospitalizados e muitos morreram por falta de medicamentos. A maior parte dessas baixas foi de ingleses. Os franceses estavam muito melhor providos, enquanto os russos, que aceitavam má administração como fatalidade, morriam em grande número nas longas marchas por estradas cobertas de neve, rumo ao sul, a caminho da Crimeia. Em Balaclava, em outubro de 1854, a cavalaria inglesa se celebrizou por duas assombrosas cargas em esmagadora inferioridade. A segunda delas ficou célebre como a "carga da Brigada Ligeira," na qual 673 cavalarianos, liderados por Lord Cardigan, galoparam imperturbáveis pelo vale sob pesado fogo, como se estivessem participando de uma parada, para atacar as baterias russas. Capturaram os canhões, mas apenas um terço da brigada respondeu à chamada depois da carga. Lord Cardigan retornou calmamente ao iate onde morava, tomou banho, jantou, bebeu uma garrafa de champanhe e foi dormir. Sua brigada protagonizara fantástica demonstração de bravura. Mas ela se deveu, como muitas outras coisas nessa guerra, aos erros de comandantes. A brigada ligeira carregara sobre os canhões errados.

Lutar em defesa de Sebastopol significou pesado ônus para o governo do czar. Teria sido mais sensato retirar suas tropas para o interior da Rússia, como fizera seu irmão nos dias da invasão de Napoleão. Mas, na Crimeia, nenhum dos lados estava inspirado em visão estratégica.

Em setembro de 1855, o grande porto da Crimeia, Sebastopol, finalmente caiu ante os aliados. Veio à tona a inutilidade do plano de operações. Era impossível invadir a Rússia a partir da Crimeia. Qual seria a próxima manobra? Na ocasião, a França tinha quatro vezes mais soldados que a Inglaterra, e Napoleão III ameaçava retirá-los. Um grupo pacifista impunha suas ideias em Paris. O imperador francês estava inclinado a negociar, enquanto reduzia as operações contra a Rússia a um mero bloqueio. Achava que, se fosse necessário levar adiante a guerra, outras potências deveriam entrar. Houve apelo ao sentimento patriótico dos poloneses, suecos e outros inimigos tradicionais do czar. Mesmo para Palmerston isso pareceu grandioso demais, e ele viu que a guerra devia acabar. Ameaçada por um ultimato austríaco, a Rússia cedeu e, em fevereiro de 1856, teve início uma conferência de paz em Paris.

Com uma única exceção, foram poucas as figuras que, ocupando postos de destaque, emergiram da Guerra da Crimeia com a reputação valorizada. Miss Florence Nightingale fora enviada em caráter oficial pelo ministro da Guerra Sidney Herbert. Ela chegou a Scutari e lá instalou o primeiro hospital de campanha dos dias modernos. Com poucas enfermeiras e material inadequado, reduziu o índice de mortalidade de 42 por cem homens para 22 por mil. Sua influência e seu exemplo tiveram amplas consequências. O Tratado de Paris, assinado no final de março, afastou as causas imediatas do conflito, mas não resolveu de forma definitiva a Questão Oriental. A Rússia perdeu seu domínio sobre a foz do Danúbio, abandonando o sul da Bessarábia. Sua pretensão de um protetorado sobre os cristãos turcos ficou de lado. Foi proibido o trânsito de navios de guerra pelos Dardanelos, como já acontecia antes da guerra. A independência da Turquia recebeu a garantia das grandes potências, como contrapartida da promessa de reformas que não valiam o papel em que foram escritas. Vinte anos depois, mais uma vez a Europa já estava quase em guerra contra a Rússia, em face da ambição russa no Oriente Próximo. A questão permaneceu latente: enquanto a Turquia fosse fraca, seu império continuaria sendo uma tentação para a Rússia imperialista e um incômodo para a Europa Ocidental.

Palmerston

Com um pequeno intervalo de governo tory, Lord Palmerston dominou a cena inglesa ao longo da década que começou em 1855. Não muito depois da assinatura da paz com a Rússia que encerrou a malconduzida e inconsequente Guerra da Crimeia, teve que enfrentar outra crise que também agitou o Oriente, mas desta vez na Ásia. O Motim Indiano teve, em alguns aspectos, impacto mais duradouro na Inglaterra do que aquela guerra. Pavimentou o caminho para o Império.

Depois dele, a Inglaterra, progressiva e conscientemente, se tornou uma potência imperial mundial. As causas do Motim remontam a um passado longínquo. Mais ou menos no início do século XIX, uma nova geração de administradores e militares ingleses surgiu na Índia. Eram homens austeros, honestos, fiéis à Bíblia, que sonhavam com a cristianização e europeização do subcontinente e, por certo tempo, divisaram uma breve promessa de sucesso. Até então, os ingleses, como os romanos nas províncias de seu império, adotavam uma política de neutralidade em religião. Na Inglaterra, o zelo missionário era muito atuante e o respeito por outros credos gradualmente sucumbiu ao desejo de proselitismo. *Suttee*, a morte de viúvas na pira; *Thugee*, o estrangulamento de viajantes em caravanas por fanáticos que julgavam cumprir um dever religioso; e o infanticídio de meninas foram suprimidos. A aprendizagem de inglês foi facilitada para os indianos de maior nível e mais ricos. Tudo isso trouxe desarrumação e teve sua parte nos terríveis acontecimentos.

Uma causa mais imediata do levante foi a série de derrotas e reveses sofridos pela Inglaterra. A ameaça russa sobre a Índia começara a inquietar a cabeça dos ingleses. Na realidade, era um exagero grosseiro achar que as tropas russas pudessem atravessar a cadeia montanhosa do Hindu-Kush e chegar em força ao vale do rio Indus. Porém, na época, a ameaça pareceu real. Quando se soube que um pequeno contingente de russos cruzara a fronteira do Afganistão, foi enviada uma expedição inglesa a Kabul, em 1839, e instalado um preposto da Inglaterra no trono afegão. A consequência foi desastrosa. O país pegou em armas. Em dezembro de 1841, com a promessa de passagem livre, a guarnição inglesa, cerca de quatro mil homens, acompanhados por quase três vezes esse número de mulheres, crianças e auxiliares afegãos que trabalhavam nos acampamentos, começou a se retirar pelos desfiladeiros nas montanhas cobertas de neve. O salvo-conduto foi violado e quase todos foram mortos ou aprisionados. Um único sobrevivente conseguiu chegar à Índia em 13 de janeiro.

Outra derrota logo aconteceu no Punjab, a mais setentrional das províncias indianas na época. Lá, os guerreiros sikhs, de uma seita hindu renovada, proibidos de tocar em tabaco ou cortar o cabelo acima da cintura, havia muito mantinham o controle da província. Encorajados pelas notícias do Afganistão e inquietos desde a morte de seu grande líder, Ranjit Singh, que até então os continha, decidiram arriscar uma tentativa e invadiram o território da Companhia. Em 1845, cruzaram o rio Sutlej que balizava a fronteira e foram detidos e repelidos trezentos quilômetros ao norte de Delhi. Os ingleses implantaram uma regência. Três anos depois, os sikhs tentaram derrubá-la. Houve uma encarniçada batalha, de resultado indefinido, em Chilianwala, na qual três regimentos ingleses perderam seus estandartes. Logo depois, as tropas inglesas se recuperaram e derrotaram o exército sikh. O Punjab foi pacificado por John e Henry Lawrence.

Foi um período de sólida expansão na Índia, em geral efetivada por homens no local e nem sempre com a concordância dos que estavam na Inglaterra. Duas novas e grandes anexações completaram a área sob o domínio inglês.

O exército da Companhia da Índia Oriental em Bengala sempre teve má reputação. Muitos dos oficiais ingleses da Companhia eram de má qualidade, pois os mais qualificados e confiáveis procuravam ser destacados para a área mais promissora da administração civil. Houve reclamações sobre soldos e pensões. Outros desdobramentos, sem relação com essa intranquilidade militar, também pesaram. Nos anos 1850, ferrovias, estradas, correios, telégrafo e escolas começavam a penetrar e repercutir no interior, e muitos indianos julgavam que isso ameaçava uma sociedade tradicional, cuja estrutura e espírito resultava de um rígido e inalterado sistema de castas. Se todos usassem os mesmos trens e as mesmas escolas, ou até as mesmas estradas, diziam, como as castas sobreviveriam? Houve notícias sem fundamento de que o governo tencionava converter a Índia ao cristianismo em caráter compulsório. Os desastres no Afganistão e o massacre nos combates contra os sikhs levantaram dúvida sobre a invencibilidade das tropas inglesas. Desta forma, Lord Canning, sucessor de Dalhousie, recebeu um legado de problemas a resolver. Estava havia pouco mais de um ano na Índia quando a adoção de um novo tipo de munição proporcionou a fagulha e o foco para a massa de descontentes.

Começaram rumores de que os cartuchos do novo fuzil Enfield eram lubrificados com gordura de porcos e vacas, animais que muçulmanos e hindus eram, respectivamente, proibidos de comer. Os cartuchos precisavam ser mordidos antes de introduzidos no cano da arma. Na primavera de 1857, alguns soldados de cavalaria em Meerut foram submetidos a corte marcial e presos por se negarem a manusear os cartuchos. Três regimentos se amotinaram, apossaram-se da prisão, mataram os oficiais ingleses e marcharam sobre Delhi.

Houve uma pausa por três semanas, depois o motim se espalhou. Os oficiais ingleses não acreditavam na deslealdade de seus soldados, e muitos foram assassinados. Os rebeldes avançaram para Lucknow. Ali também houve desesperada luta. Mil e setecentos soldados, quase metade *sepoys* leais, defenderam a Residency contra sessenta mil rebeldes. Faltou comida e as doenças grassaram. Em 25 de setembro, Havelock e Outram romperam o cerco, mas, por sua vez, foram sitiados. Em novembro, o cerco foi finalmente levantado por Sir Colin Campbell, novo comandante em chefe designado por Lord Palmerston. Em Cawnpore, ocorreu hediondo massacre. Por vinte e um dias, novecentos ingleses e indianos leais, quase metade deles mulheres e crianças, ficaram cercados e atacados por três mil sepoys sob o comando de Nana Sahib.

Em 26 de junho, finalmente receberam salvo-conduto. Quando partiam de barco, foram atacados, e todos os homens mortos. Mulheres e crianças que sobreviveram foram jogadas na prisão. Na noite de 15 de julho, uma força enviada em seu socorro sob o comando de Sir Henry Havelock, veterano da guerra na Índia, estava a cerca de trinta quilômetros de distância. Nana Sahib ordenou a seus sepoys que matassem os prisioneiros. Eles se recusaram. Então, cinco assassinos esfaquearam os cativos até a morte e jogaram os corpos num poço. As tropas inglesas vingaram-se de modo terrível. Os amotinados foram dilacerados nas bocas de canhão, algumas vezes vivos, ou foram costurados no couro de vacas e suínos.

Nas outras regiões, o motim foi esmagado mais rapidamente. A retomada de Delhi tinha destruído toda a imagem e pretensão de que a revolta tivesse expressão nacional. Em 1º de novembro o governador-geral proclamou que a Rainha Victoria era, agora, soberana de toda a Índia. A direção da Companhia da Índia Oriental, que já de muito deixara de ser uma empresa comercial na Índia, foi extinta. Assim, depois de quase exatamente um século, o conselho que Clive dera a Pitt foi finalmente aceito pelo governo inglês. Daquela data em diante não haveria outras anexações, outros tratados subsidiários ou outras guerras civis. Prometeram-se tolerância religiosa e igualdade de todos perante a lei. Por mais de uma geração, examinando o passado, os indianos considerariam a Proclamação da Rainha em 1858 como uma Carta Magna.

Não se deve exagerar a dimensão do Motim Indiano. Três quartos dos soldados permaneceram fiéis. No máximo um terço do território inglês foi afetado. Antes, já ocorrera rebeldia da soldadesca. O período crítico do levante foi superado em poucas semanas. De forma alguma foi um movimento de caráter nacional ou, como alguns historiadores indianos deram a entender mais tarde, uma luta patriótica por liberdade ou uma guerra de independência. A ideia e o ideal de os habitantes do subcontinente formarem um só povo e um só estado demorariam muitos anos para emergir. Mas terríveis atrocidades foram cometidas em ambos os lados. Daí em diante, houve distância crescente entre governantes e governados. O ambiente fácil do século XVIII fora-se definitivamente, assim como o fervor missionário e o zelo reformador dos primeiros victorianos e seus antecessores. A administração inglesa tornou-se fria, imparcial, eficiente. Houve grande progresso e muitos benefícios materiais. As fronteiras estavam protegidas e a paz, resguardada. A fome acabou. A população aumentara imensamente. O exército indiano, renovado e reorganizado, viria a desempenhar papel grandioso em duas guerras mundiais ao lado da Inglaterra. Mas as atrocidades e represálias dos sangrentos meses do Motim deixaram marcas duradouras e amargas na memória de ambos os países.

❊

Enquanto aqueles fatos se desenrolavam na Índia, o cenário político continuava confuso na Inglaterra e, por vinte anos, seguiram-se, um após outro, governos de complexão mista. A prosperidade se expandiu, e com ela o abrandamento das formas mais violentas de agitação política. Dignidade e deferência eram os valores da época. Se o *gentleman* ainda era o ideal a atingir, o homem que vencia na vida pelos próprios méritos também era muito respeitado, e instruir o operário passou a ser mais importante do que incitá-lo à revolução. Grande número de trabalhadores concordava com esse enfoque com satisfação. Tudo isso contribuiu para uma sensação de estabilidade aliada à de sólido progresso.

A religião, em suas numerosas variedades, exercia influência acalmante e de elevação moral sobre os homens. A virtude da tolerância se aprendera, embora não significasse indiferença. Mas quem refletia também se viu perturbado por uma nova teoria, havia muito divisada pelo trabalho de cientistas, a teoria da evolução. Ela recebeu expressão formal em *A Origem das Espécies*, obra publicada por Charles Darwin, em 1859. A teoria da evolução e sua ênfase na sobrevivência dos mais aptos na história da vida na Terra foi um poderoso incentivo ao otimismo victoriano. Deu força nova à crença no avanço da humanidade.

Palmerston parecia personificar aos olhos de seus compatriotas suas saudáveis esperanças, e seus sentimentos patrióticos agradavam à autoconfiança da nação. Mas era desejo de Palmerston, com todo o palavreado candente e atos às vezes precipitados, preservar a paz na Europa.

❊

Entrementes, sublime complacência envolvia o governo em política interna. Tal qual Melbourne antes dele, Palmerston não acreditava em legislação excessiva. Caracterizava-se por bom humor e bom senso. Disraeli, irrequieto na bancada da oposição, descarregava seu desdém e irritação sobre aquele último dos políticos do século XVIII. Disraeli se tornara chefe de seu partido na Câmara dos Comuns. Sua luta pelo poder era dura, remando contra a correnteza. Um judeu à testa de uma falange de senhores rurais era uma cena incomum na política inglesa.

William Gladstone mantinha-se à parte tanto dos whigs quanto dos tories. Tendo iniciado sua carreira parlamentar em 1832 como tory convicto, Gladstone viria a fazer longa peregrinação pelas hostes liberais. Filho de um rico negociante de Liverpool com interesses escravocratas nas Índias Ocidentais, Gladstone provinha da mesma classe de seu antigo líder, Peel, e, como ele, acreditava nos mais recentes argumentos em favor do livre-comércio. Embora admirado como administrador e orador, seus contemporâneos achavam que lhe faltavam bom senso e princípios, mas, na verdade, como percebeu Palmerston, ele despertava para o potencial político da classe média inglesa. "Gladstone pode," disse Palmerston, "ser visto como alguém do povo. Ele deseja se identificar com o povo. Tem fervor religioso e com ele influi sobre o povo com o poder de seu intelecto." Apesar de suas preocupações teológicas, Gladstone interpretava o pensamento dos novos eleitores melhor do que seus colegas e compreendia o funcionamento do partido melhor do que Peel. "Oxford por fora e Liverpool por dentro" era a opinião de seus contemporâneos. Porém, tal como Disraeli, seu progresso foi vagaroso. Teve a felicidade de o poder supremo não ter chegado cedo. Os longos anos de espera deixaram Gladstone confiante em si mesmo.

Em 1859, aos cinquenta anos, Gladstone juntou-se aos whigs e encerrou a peregrinação. Seu período áureo começou como ministro das Finanças de Palmerston – magníficos discursos sobre orçamento na Câmara dos Comuns, soberbo em detalhes administrativos. Sua gestão financeira foi um êxito extraordinário, e logo ficou evidente que ele chegaria à liderança do partido. Em 1865, Palmerston morreu aos oitenta e um anos. Com ele, morreu o século XVIII. A alta era victoriana precisava de um novo líder, que, enfim, chegara. Quando Gladstone reapareceu diante de seus eleitores, começou seu discurso dizendo: "Finalmente, meus amigos, estou entre vocês e entre vocês sem mordaça." Mas os whigs ainda hesitavam. Gladstone, como Disraeli, queria estender o direito de voto a amplos segmentos da classe trabalhadora. Estava ansioso por conquistar os votos do novo eleitorado. Persuadiu o governo, então dirigido por Russell, a apresentar um projeto de Reforma, mas o Gabinete estava tão dividido que renunciou. Seguiu-se um governo minoritário sob Derby e Disraeli que durou dois anos e meio.

Dessa vez, Disraeli aproveitou a oportunidade. Em 1867, apresentou novo projeto de Reforma depois de adaptá-la habilmente aos desejos da Casa, e quase um milhão de eleitores veio somar-se ao mesmo número do eleitorado então existente. Derby chamou o feito "um salto no escuro." Até os radicais ficaram apreensivos, na expectativa do comportamento das massas despreparadas. Em fevereiro de 1868, Derby renunciou à liderança do partido e Disraeli finalmente chegou a primeiro-ministro – "ao topo do pau de sebo," disse ele. Teve que realizar uma eleição geral. Os novos eleitores deram apoio esmagador a seus adversários, e Gladstone, que se tornara líder do Partido Liberal, organizou o governo mais forte que a Inglaterra já tivera desde Peel.

A migração dos povos
Canadá e África do Sul

A ocupação de terras desabitadas no mundo foi violentamente acelerada com a queda de Napoleão. A longa guerra contra a França sufocara ou retardara a expansão dos povos de língua inglesa. Suas energias e esperanças tinham se concentrado na sobrevivência e na vitória. Não sobrara tempo para sonhar com emigração, nem homens disponíveis se ela fosse possível. Subitamente, tudo mudou com a definição em Waterloo. Novamente os oceanos estavam livres. Mais uma vez, o Novo Mundo oferecia uma saída para as vicissitudes e frustrações do Velho. A guerra acabara. As passagens eram baratas, e o transporte abundante. A consequência foi a mais espetacular migração de seres humanos que a história já registrara, além de enorme progresso para o comércio e a indústria na Inglaterra.

Começou a circular entre o povo a notícia de que terras férteis e habitáveis ainda existiam, e que nelas as pessoas poderiam viver em paz e liberdade, talvez em melhores condições. O crescimento da população da Inglaterra aumentou a pressão. Os números cresceram e o fluxo começou: em meados do século, não menos de oito milhões de pessoas tinham deixado as Ilhas Britânicas.

Os motivos, métodos e características do movimento foram muito diferentes dos que caracterizaram os peregrinos na América e as *plantations* de Stuart no século XVII. A fome levou pelo menos um milhão de irlandeses para os

Estados Unidos e outras partes do globo. O ouro seduziu audaciosos caçadores de fortuna na Austrália e nos recônditos desolados do Canadá. A avidez por terras e pelo lucro do comércio de lã atraiu os mais sensatos e prósperos. Tudo isto ocorreu em larga escala apesar da indiferença e às vezes hostilidade oficial. Assim como na Índia, o Segundo Império Britânico surgiu quase por acidente e com pouco incentivo de qualquer dos principais partidos.

❄

Dos novos territórios, o Canadá era o mais conhecido e próximo do Reino Unido. No sul, os franceses estavam firmemente estabelecidos. Era uma compacta comunidade estrangeira, desinteressada e insensível às ideias democráticas da Europa liberal ou revolucionária. Além dos franceses, na direção noroeste, já no Canadá setentrional, estava a moderna província de Ontario, fundada por ingleses que, no final do século XVIII, tinham preferido deixar os Estados Unidos a viver na república americana. Esse pessoal orgulhoso e devotado ao trono inglês abandonara a maior parte de suas propriedades, mas fora recompensado com o honroso, embora desmonetizado, título de "Lealistas do Império Unido." A tribo mohawk, movida pelo mesmo sentimento, os acompanhara na jornada. Eles abriram espaço dentro da floresta e se instalaram. Em região remota e solitária, permaneciam isolados do Canadá meridional pelas corredeiras do rio St Lawrence, vigilantes contra incursões provenientes dos Estados Unidos. A partir dali, um imenso vazio até chegar a alguns postos no Pacífico que negociavam seus produtos com a China.

Essas comunidades, tão diferentes em tradições, características e raça, tinham-se congregado em união temporária, diante da invasão pelos Estados Unidos na luta de três anos entre 1812 e 1814. Então, vieram os problemas. As duas províncias começaram a brigar. Diferenças religiosas alimentavam os atritos. Políticos franceses proferiram discursos veementes. No Canadá setentrional, os novos colonos lutavam por igualdade política com os Lealistas.

No ano seguinte, as duas províncias se revoltaram. No sul, por um mês, e no norte por uma semana. Houve distúrbios, tiros de soldados, acordos efêmeros e umas poucas execuções. Tudo em pequena escala e, trocando em miúdos, não resultou grande prejuízo, mas fez com que o governo inglês concluísse que a questão canadense merecia atenção. Em 1838, Lord Durham foi enviado a investigar. Suas instruções eram vagas e simples, "Pôr as coisas no lugar." Fez um famoso relatório – ou deu-lhe o nome – no qual diagnosticou e sublinhou as causas fundamentais dos problemas e advogou a criação de um regime representativo com ministros escolhidos por uma assembleia popular, defendeu um Canadá unificado e colonização planejada das terras ainda desocupadas. Essas recomendações foram implantadas em grande parte pela Lei do Canadá de 1840, obra de Lord Russell.

A partir de então, o progresso do Canadá foi rápido e pacífico. Sua população crescera de cerca de meio milhão em 1815 para um milhão e duzentos e cinquenta mil em 1838. Um serviço regular de navio a vapor com as Ilhas Britânicas e tarifas postais transatlânticas baratas foram criados no mesmo ano. Na Inglaterra havia hesitações e dúvidas a propósito da nova ideia de conceder liberdade quase absoluta às colônias, mas a designação de Lord Elgin, genro de Durham, como governador-geral, em 1847, foi decisiva. Quando deixou o cargo sete anos mais tarde, canadenses de todas as correntes estavam firmemente convictos do princípio segundo o qual o poder do povo devia caminhar com a correspondente responsabilidade, e os ministros deviam governar e ser obedecidos enquanto gozassem da confiança da maioria, renunciando quando a perdessem.

Praticamente não se ouvia cogitação de separar o Canadá do Império ou dividi-lo em unidades distintas e soberanas, ou mesmo anexá-lo aos Estados Unidos. Ao contrário, o Tratado de Oregon com os Estados Unidos, em 1846, fixou, de leste a oeste do continente, o paralelo 49º como o limite entre os dois países e cedeu a ilha de Vancouver à Inglaterra.

Em meados do século, começou a surgir e ganhar apoio um movimento no sentido de formar uma federação englobando todas as províncias canadenses. A Guerra de Secessão nos Estados Unidos convenceu os canadenses de que nem tudo era perfeito na constituição dos vizinhos, e a vitória do Norte também gerou apreensão de que a União, triunfante, pudesse tentar estender as fronteiras para mais além. O Canadá ainda não tinha voltado os olhos para oeste. Entre a província de Ontario e as Montanhas Rochosas havia uma extensão de quase mil e seiscentos quilômetros de território desabitado, salvo uns poucos colonos em Manitoba e alguns pousos para índios nômades, caçadores e animais selvagens. Argumentava-se que era uma tentação para os Estados Unidos ávidos por novas terras. Soldados irlandeses dispensados depois da Guerra de Secessão já tinham realizado ataques armados ao longo da fronteira, tendo o Congresso declarado impossibilidade de prendê-los.

Não poderiam os americanos pressionar, ocupar essas terras desabitadas em segredo e até mesmo alegar uma espécie de direito de usucapião sobre as planícies? Acreditava-se que o solo era fértil e dizia-se que ali os brancos poderiam viver bem. Em 1867, os EUA compraram dos russos, pela soma de sete milhões e duzentos mil dólares, a remota e proibitiva vastidão do Alaska, e aqui, bem na porta dos fundos da república, estava um prêmio muito mais desejável e de fácil acesso.

Ninguém mandava nessa região, com exceção da Hudson Bay Company, fundada no reinado de Charles II. Essa companhia, achando que a agricultura punha em perigo o comércio de peles, hostilizava os colonos e detestava a autoridade que possuíam. Contudo, onze anos antes, a descoberta de ouro no rio Fraser tinha precipitado uma corrida de caçadores de fortuna rumo à costa do Pacífico. Os funcionários da companhia foram impotentes para controlar o tumulto, e o governo de Londres se vira compelido a estender a soberania real até aquele litoral distante. Assim nasceu a colônia real da Columbia Britânica, que logo se uniu com a ilha de Vancouver e reivindicou e conseguiu governo autônomo. Mas, entre ela e Ontario ficava uma terra sem dono, e alguma coisa precisava ser feita para evitar que caísse em mãos dos Estados Unidos. Realmente, como poderia o Canadá se manter independente dos EUA e permanecer vivo? Essas considerações apressaram a Lei da América do Norte Britânica, em 1867, criando o primeiro Domínio Britânico de além-mar com governo próprio. Dessa forma, ficou fácil absorver novos territórios e províncias e, no limiar da era da ferrovia e da expansão para oeste, a estabilidade política do Canadá estava assegurada. A iniciativa imediata e óbvia foi resgatar a propriedade da Companhia da Baía do Hudson, concretizada dois anos depois, pela soma de 300 mil libras. A companhia conservou seus direitos comerciais, vigentes até a presente data, mas cedeu a soberania territorial à coroa.

Manitoba se tornou província do Domínio em 1870 e, no ano seguinte, a Columbia Britânica também foi admitida. Isoladamente, essas iniciativas constitucionais não teriam sido suficientes para assegurar a união de regiões tão amplas e dispersas do Canadá. O desafio enfrentado pelo Domínio foi colonizar e desenvolver as terras desabitadas do Oeste antes que a onda migratória dos EUA pudesse transbordar do paralelo 49º. A solução foi uma ferrovia transcontinental. Ajudado por fundos do governo, um escocês, Donald Smith, mais conhecido como Lord Strathcona, levou o projeto a cabo, e a ferrovia Canadian Pacific foi inaugurada em 1885. Logo derivaram outras linhas, e os cereais chegaram logo a dezenas de milhares de toneladas por ano fluindo da pradaria. O Canadá se transformou em uma nação com brilhante futuro.

❊

A África do Sul, ao contrário da América, era pobre em atrativos para colonos e exploradores pioneiros. A meio caminho das Índias, muitos lá interromperam suas viagens, mas poucos se esforçaram por ficar. O golfo de St Lawrence facilitava o acesso ao interior do Canadá, mas a costa do sul da África, carente de portos naturais e rios navegáveis, consistia mais de escarpas e dunas de areia varridas por fortes correntes e mares tempestuosos. No interior, uma sucessão de serras paralelas à costa barrava o acesso. Partindo do oeste, a encosta era relativamente suave, mas o interior era estéril e seco. Partindo do sul e do leste, as cordilheiras, umas após outras, em muitos trechos íngremes e escarpadas, precisavam ser escaladas. Poucas regiões dificultaram mais a entrada de europeus do que a África do Sul que, por essa razão, permaneceu muito tempo como a "Taverna dos Mares," um porto de escala na rota para o Oriente.

No século XVII, as esquadras da Companhia Holandesa da Índia Oriental, navegando rumo às Índias ou regressando para Amsterdam e Rotterdam, eram as visitantes mais assíduas do Cabo, e a baía da Mesa era seu ponto de parada. Discutia-se uma colonização permanente, mas nada fora feito até 1652, quando, no auge do poder e no período áureo de sua civilização, os holandeses enviaram três embarcações para tomar posse da baía da Mesa. Colonizar não fazia parte dos planos. Desejavam tão somente um porto para escala dos navios da Companhia, e quase todos os habitantes eram seus empregados, proibidos de explorar a nova terra. Vinte anos após, não havia mais de sessenta e quatro pessoas na baía da Mesa.

A mudança adveio na virada do século XVII, com colonos estimulados a deixarem a Holanda, recebendo concessões de terras. Nem todos eram holandeses. Muitos eram huguenotes, alemães ou suecos, exilados pela perseguição religiosa, porém, aos poucos, os holandeses os absorveram. A pequena comunidade contava com os serviços de uma população local de escravos negros.

No século XVIII, a colônia prosperou e cresceu. Em 1760, os primeiros europeus atravessaram o rio Orange e, por volta de 1778, o rio Fish era seu limite oriental. No final do século a população atingiu cerca de quinze mil, e havia três diferentes assentamentos. Cape Town, ou "pequena Paris," como os colonos a chamavam, era uma cidade e porto com cinco mil habitantes, e sede da Companhia. Mas agora a Holanda vinha sendo progressivamente superada pela Inglaterra e, à medida que o século se aproximou do fim, ficou evidente que o futuro imperial não eram os holandeses, mas os ingleses ou os franceses. Em 1782, a Companhia Holandesa da Índia Oriental tinha distribuído dividendos pela última vez e, doze anos depois, declarou a falência, com uma dívida de dez milhões de libras. Quando os holandeses foram derrotados pelos franceses, os ingleses tomaram a colônia do Cabo como território inimigo. Ela lhes foi finalmente cedida pelo acordo de paz de 1814 em troca de uma indenização de seis milhões de libras.

Agora, era a vez dos ingleses. A emigração coincidiu com uma mudança de política. Convencido de que a África do Sul estava destinada a ser parte permanente do Império Britânico, o governo resolveu fazê-la tão inglesa quanto possível. Em 1820 e 1821, quase cinco mil imigrantes foram trazidos da Inglaterra. O inglês começou a substituir o holandês como idioma oficial. Em 1828, o sistema judiciário foi reformado no modelo inglês. A moeda holandesa foi substituída pela inglesa, e o inglês passou a prevalecer nas igrejas e escolas. Assim nasceu uma cisão que no Canadá fora evitada.

Com a mesma religião, linguagem semelhante, descendência comum e tradições políticas e sociais análogas, ingleses e boers, apesar disso, mergulharam em conflitos raciais. Os métodos ingleses de governo criaram, entre os boers, um antagonismo mais amargo do que em qualquer outro país do Império, com exceção da Irlanda. A anglização não foi apenas malconcebida, foi malsucedida. Os ingleses ainda descobririam, como os espanhóis tinham aprendido no século XVI, que nenhuma raça jamais foi tão apegada à cultura e a instituições próprias quanto os holandeses.

Nessa época, havia muito entusiasmo na Inglaterra pelas obras de caridade. Os missionários acreditavam e pregavam que os negros eram iguais aos brancos. Os colonos encaravam os nativos simplesmente como mão de obra nas fazendas e queriam mantê-los o mais possível sob controle. Quando os missionários, em 1833, conseguiram a abolição da escravatura, os colonos ficaram indignados.

A primeira crise aconteceu em 1834: hordas de bantus desrespeitaram a fronteira, devastando os campos e destruindo fazendas. O governador, Sir Benjamin D'Urban, os repeliu e, para prevenir novo ataque, anexou o território entre os rios Keiskamma e Kei, expulsou os nativos atacantes e compensou os colonos oferecendo-lhes terras na nova província de Adelaide, que recebeu o nome em homenagem à rainha. A medida revoltou os missionários, que persuadiram o ministro das colônias, Lord Glenelg, a contrapor-se a D'Urban e abandonar a nova província. Os colonos perderam toda a compensação, e o insulto juntou-se à injúria quando se tomou conhecimento que Glenelg considerara que os *kaffirs* tinham toda razão para a guerra que provocaram, dando origem à Great Trek, a grande viagem em carros de boi.

Em pequenos grupos, acompanhados de mulheres e filhos, conduzindo seu gado, cerca de cinco mil boers partiram para o desconhecido, como os filhos de Israel em busca da Terra Prometida. Logo foram seguidos por muitos outros. Alguns viajaram mais de 1600 quilômetros até as margens do Limpopo, muitos foram atacados pelos matabeles e zulus, e todos passaram fome e sede, mas mesmo assim continuaram em frente, obstinados e fiéis ao espírito de sua religião calvinista. A Great Trek foi uma das mais notáveis proezas do século XIX e seu objetivo era se ver livre de vez do regime inglês.

Em 1838, destruíram as forças dos terríveis guerreiros zulus, na grande batalha do rio Blood. Depois dessa vitória, fundaram a República de Natal em volta da pequena vila de Pietermaritzburg, sendo Andries Pretorius o primeiro presidente.

A liberdade durou pouco. Os ingleses se negaram a reconhecer a república e, depois de breve luta em 1845, fizeram-na província da colônia do Cabo. Mas, em Londres, o governo não se interessou em ampliar suas responsabilidades e, em 1852, reconheceu a independência dos colonos do Transvaal. Dois anos mais tarde, os ingleses se retiraram da outra margem do rio Orange e foi criado o Estado Livre de Orange. Por volta de 1857, havia cinco repúblicas distintas e três colônias dentro do território da atual União Sul-Africana.

Enquanto isso, a antiga colônia do Cabo prosperava, à medida que a produção de lã crescia rapidamente. Em 1853, uma Ordem de Conselho criou instituições representativas na colônia, com um parlamento em Capetown, embora sem responsabilidade pelo pleno exercício do governo. Aqui podemos fazer uma pausa na história da África do Sul, que ingressa em período de paz cercada de inquietações.

A migração dos povos
Austrália e Nova Zelândia

A Austrália tem uma longa história no campo da imaginação humana. Desde os dias de Heródoto, a humanidade vive as lendas de terras distantes, vistas de relance no horizonte, habitadas por monstros e ricas com as fabulosas minas de Salomão em Ofir e Tarsis. Como os barcos do rei de Israel, no século X a.C., teriam chegado ao Pacífico Sul está além de conjetura. De qualquer forma, os geógrafos e navegadores da Renascença se julgavam inspirados pelo exemplo bíblico. Mas o século XVI terminou antes que europeus desembarcassem na Austrália, e os homens que a descobriram eram comerciantes holandeses obstinados e práticos.

A extensão do continente não foi determinada com precisão até meados do século XVIII, quando o comandante James Cook empreendeu três viagens entre 1768 e 1779. Cook era cartógrafo da Royal Navy. Seus relatórios eram formais, precisos e minuciosos. Sua notícia chegou à Inglaterra em boa hora. Por muito tempo, condenados ingleses eram mandados para a América, mas, desde a Guerra da Independência, o governo não tinha para onde transportá-los e muitos morriam doentes no porão de navios e nas masmorras de Londres. Por que não despachar os presos para o novo continente?

O governo de Pitt, o Moço, recuou das aventuras coloniais depois do desastre na América do Norte, mas adiar a questão era impossível e, em janeiro de 1788, setecentos e dezessete condenados foram desembarcados na baía de Botany. Cento e noventa e sete eram mulheres. A baía ganhara esse nome de Sir Joseph Banks, notável cientista amador que acompanhara Cook em uma de suas viagens. Lá, o que menos havia então era "botany." Os condenados logo foram levados para Port Jackson, alguns quilômetros ao norte, dentro da magnífica amplidão da enseada de Sydney. A fome rondou o assentamento e, por muito tempo, a colônia não pôde prover todo o alimento necessário. Despreparados, sem recursos ou desejo de trabalhar, falsários e ladrões, invasores de terras e irlandeses rebeldes, criminosos e exilados políticos não tinham nem vontade e nem habilidade para ajustar-se à nova terra. "Os alojamentos dos condenados em Nova Gales do Sul," escreveu um governador da Austrália, "lembram-me os mosteiros de Espanha. Contêm uma população de consumidores que nada produzem." A região fora chamada Nova Gales do

Sul pelo comandante Cook em homenagem a Gales do Sul. Julgou ele haver certa semelhança no litoral de ambas. Naquela época, o operoso País de Gales e sua homônima antípoda tinham muito pouco em comum.

A população passou de cerca de 15 mil condenados e 21 mil colonos, em 1828, para 27 mil condenados e mais de 100 mil colonos independentes em 1841. Os homens livres logo exigiram e conseguiram um governo autônomo. O degredo para Nova Gales do Sul foi finalmente suprimido em 1840; dois anos depois, um conselho legislativo foi organizado, com maioria de membros eleitos por voto popular.

A lã criou a prosperidade do país. O ponto de inflexão fora a descoberta das planícies de Bathurst, além dos Montes Azuis. Ali e ao sul de Sydney, e de Darling Downs para o norte, havia vastas pastagens de ovelhas, quilômetros e quilômetros de terra unicamente de pasto, aberta, colinas gramadas, habitadas apenas por alguns pastores e milhares e milhares de ovelhas silenciosas, andando de pisar macio cada vez mais para o interior. Os rebanhos se multiplicaram rapidamente. Por volta de 1850 havia mais de 16 milhões de ovelhas na Austrália, dezesseis vezes mais que homens e mulheres.

O governo inglês alegava que todas as terras sob jurisdição britânica eram propriedade da Coroa. Os *squatters*, que precisavam de grandes extensões de pastagens e não tinham como pagar sequer uma libra ou mesmo cinco shillings pelo pasto, meteram-se pelos vazios do continente e se apossaram do que queriam. O Ministério das Colônias rendeu-se à pressão dos fatos. Os squatters chegaram em definitivo e logo formaram o segmento mais importante da comunidade.

❄

A ocupação de outras partes da Austrália começara bem antes de 1850. A Tasmânia se desenvolveu mais ou menos na forma de Nova Gales do Sul e se tornara colônia independente em 1825. A prosperidade resultou da lã e da baleia e causou grande aumento de população, que chegou a 68 mil em 1840, a maioria de colonos livres. Em 1851, criou-se a nova colônia de Victoria, com todas as instituições representativas e Melbourne como capital. A jovem rainha deu o nome ao novo ramo de povos de língua inglesa. O nome da capital homenageava o primeiro-ministro whig que ela considerava o mais encantador de seus conselheiros, já falecido.

O terceiro broto de Nova Gales do Sul foi Queensland. Cresceu em torno da vila de Brisbane, mais lentamente, e só foi colônia independente em 1859. Nessa época, duas outras ocupações haviam surgido na costa australiana, ambas sem ligação com Nova Gales do Sul e outras colônias. Em 1834, um órgão chamado "Comissaria para Colonização do Sul da Austrália" formou-se em Londres e, dois anos após, os primeiros colonos desembarcaram perto de Adelaide. A cidade recebeu o nome em homenagem à rainha de William IV. O sul da Austrália nunca foi colônia de condenados. Foi organizado por um grupo de homens sob a orientação de Gibbon Wakefield, cujas trabalhadas teorias agora foram postas em prática. De modo geral, tiveram êxito, embora um sistema de controle dual entre o governo e os comissários da Colonização, ou da Terra, trouxesse tantos problemas que foi abolido em 1842. Em sete anos a colônia chegou a 52 mil habitantes e enriqueceu substancialmente com a descoberta de jazidas de cobre. Tal como outras colônias do leste, pôde ter depois suas próprias instituições representativas.

A outra colônia, Austrália Ocidental, teve uma história diferente. Fundada em 1829, quase morreu ao nascer. Com solos muito menos férteis do que as colônias do leste e separada delas por um grande deserto, sofreu muito com a falta de mão de obra. Os convictos, que em outras colônias eram encarados como obstáculo ao progresso, pareceram a única solução, e o governo inglês, de novo às voltas com excesso de presos, aceitou avidamente a solicitação de mandar alguns para Perth. Em 1849, instalou-se uma colônia penal com amplos recursos financeiros. Assim, a colônia ressuscitou e a população triplicou nos dez anos seguintes, mas a Austrália Ocidental não conseguiu ter seus próprios órgãos representativos senão em 1870, depois da extinção do estabelecimento penal; tampouco pleno governo independente, até 1890.

❄

Em 1851 um certo Edward Hargraves notou que as rochas em que havia ouro na Califórnia eram semelhantes às de Bathurst na Nova Gales do Sul. A notícia da descoberta se espalhou e, em poucas semanas, começou a Corrida do Ouro na Austrália. A febre do ouro se estendeu às colônias do leste. Toda a Austrália parecia em movimento, marchando para Bathurst, Ballarat ou Bendigo, picareta e pá no ombro, panelas e bateias na cintura, uma multidão nervosa, febril, espalhando-se pelas cidades mineiras que surgiam da noite para o dia, totalmente providas de salões de jogo, bares e bordéis. Nem todos eram "cavadores," como foram chamados os mineiros, e os donos de hotéis e lojas, as prostitutas e outras ocupações geralmente ganhavam mais. Cavalos com ferraduras de ouro, homens que acendiam seus cachimbos com dinheiro; segundo contam, os convidados de um casamento foram à cerimônia todos vestidos de veludo rosa. Quando fortunas podiam ser feitas e perdidas da noite para o dia, não fazia sentido ter emprego fixo. *Squatters* perderam rebanhos, empresas ficaram sem empregados, e navios sem tripulação. No começo de 1852, só restavam dois policiais em Melbourne. Mais de cinquenta tinham partido para a região do ouro. Salários duplicaram e triplicaram, preços dispararam, e o valor das terras variava com espantosa rapidez. As outras colônias, inclusive a Nova Zelândia, perderam grande parte de seus homens para a mineração do ouro. Em um só ano, 95 mil imigrantes chegaram a Victoria. Em cinco meses, 4 mil homens de uma população de 50 mil, incluídas mulheres e crianças, deixaram a Tasmânia rumo a Victoria.

Manter a ordem, resolver disputas, prover transporte, habitação e alimentos para evitar a inanição foi um pesado encargo para o novo governo em Melbourne, do qual muitos funcionários haviam desertado em busca das minas de ouro. Com os anos, porém, os mineiros independentes foram substituídos por companhias mineradoras, só as quais dispunham de recursos para explorar minas subterrâneas. Entre 1851 e 1861, o ouro rendeu 124 milhões de libras. Riqueza mais permanente foi o aumento da população da Austrália, que passou de um milhão de habitantes.

De início, a lã e a agricultura ficaram seriamente abaladas pela busca do ouro, e os *squatters* que tinham perdido rebanhos amaldiçoaram sua descoberta. Porém, no fim, a Austrália ganhou. Precisavam de alimentos, e logo mais de um milhão de acres estavam cultivados. A economia do país, até então muito dependente da lã, ficou mais equilibrada.

As repercussões políticas chegaram longe. O aumento de população, comércio e receita tornaram imperiosa uma reforma nas constituições de 1850, e depois de longas discussões nas colônias alguns projetos foram apresentados ao Ministério das Colônias e aprovados pelo governo inglês. Entre 1855 e 1859, parlamentos com duas câmaras, eleitos por voto popular e com ministros responsáveis perante a câmara baixa, foram instituídos em todos os estados antípodas, salvo na Austrália Ocidental onde, como já foi assinalado, o governo autônomo chegou mais tarde.

Grandes mudanças ainda aconteceriam, e a Austrália como hoje conhecemos nasceu em 1901, pela associação das colônias numa Commonwealth com uma nova capital em Canberra. A federação chegou mais tarde e lentamente para o continente meridional, pois os vigorosos povoamentos, tão variados e separados, preferiam ter seus próprios governos. Mesmo hoje em dia, a maior parte da população australiana mora em povoações fundadas no século XIX. O coração do país, mais de dois milhões e meio de quilômetros quadrados, vem atraindo sondadores atrás de minérios e criadores de gado, mas permanece desabitado em grande extensão. Na solidão do deserto, o silêncio das moitas só é quebrado pela passagem de um trem expresso, pelo silvo de um boomerang ou pelo zunir de um míssil.

❋

A dois mil quilômetros da costa leste da Austrália estão as ilhas da Nova Zelândia. Lá, muito antes da descoberta da região pelos europeus, uma tribo polinésia guerreira, os maoris, havia atravessado o Pacífico vinda do nordeste, e criou uma civilização notável pela excelência de sua arte e a força de seu sistema militar. Quando o comandante Cook chegou, quase no fim do século XVIII, estimou em 100 mil nativos. Isso foi um tremendo obstáculo à colonização europeia, tratando-se de um povo com muito tempo de posse da terra, com espírito independente e guerreiro. Logo após a descoberta de Cook, uma pequena comunidade inglesa fincou pé, mas eram, na maior parte, caçadores de baleias e focas, marinheiros sobreviventes de naufrágios e uns poucos degredados fugidos da Austrália, levando uma vida solitária, precária e de certo modo ignominiosa. A resistência à colonização inglesa foi reforçada pela chegada de missionários cristãos.

Os missionários se esforçavam para superar o poder dos comerciantes e, defendendo os interesses dos nativos, se opuseram a todos os planos para admissão de imigrantes ingleses. Por algum tempo conseguiram, e as colônias australianas foram criadas meio século antes que o primeiro povoamento oficial inglês se fundasse nas ilhas. Notícias de que a França pretendia anexar a Nova Zelândia compeliram o governo inglês a agir. Em fevereiro de 1840, os maoris cederam à Inglaterra todos os direitos e poderes de soberania em troca da confirmação da "plena posse de suas terras e propriedades."

Dois poderes se instalaram, o governador no extremo da ilha Norte e uma companhia particular em Wellington. A companhia queria terras, quanto mais e mais rápido melhor. O tratado feito e o Ministério das Colônias diziam que as terras pertenciam aos maoris. As duas autoridades conflitaram e se digladiaram durante os anos de 1840. "Por mulheres e terras perdem-se os homens," diz o provérbio maori, e os chefes mais idosos concluíram que, se perdessem a posse da terra, a vida tribal seria extinta. A seriedade de suas leis exasperava os colonos, que, inocentemente, tinham comprado as terras mediante pagamento à vista. Agora, viam-se privados de sua posse porque o direito inalienável da tribo sobre o solo não fora abolido pelas negociações. Apesar disso, em torno de 1857, os colonos tinham ocupado cerca de 30 mil km^2 na ilha Norte e cerca de 129 mil na ilha Sul, onde havia menos maoris.

A consequência foi a guerra dos maoris, uma série de conflitos intermitentes entre 1843 e 1869. Os maoris combateram magnificamente e a admiração dos oficiais profissionais por seus inimigos estimulou o descontentamento dos colonos. Mas, em 1869, os maoris chegaram à conclusão de que os ingleses tinham chegado de vez.

Apesar destes anos de luta, a colônia continuou a se desenvolver. Gibbon Wakefield, defensor da colonização sistemática, ansioso por vencer a oposição dos missionários, convenceu ambas as igrejas, a Igreja Livre da Escócia e a Igreja da Inglaterra, a cooperarem na fundação de dois novos povoamentos, em Otago e Canterbury, que foram notáveis exemplos de suas teorias. Ambos ficavam na Ilha Sul. De 1860 até 1906, essa ilha, próspera e relativamente imune à guerra com os maoris, abrigava a maior parte da população. Em torno de 1868, os ingleses chegavam apenas a cerca de 250 mil. Doze anos mais tarde, já eram quase o dobro.

A paz trouxe a prosperidade. Grandes rebanhos de ovelhas foram criados nas famosas planícies de Canterbury na Ilha Sul, nascendo, por cruzamento, a raça nativa Corriedale. Na década de 1860, descobriram ouro em Otago e Canterbury, dando início a uma corrida temporária. A descoberta de ouro na Austrália e a rápida elevação dos preços em Melbourne e Sydney deram à agricultura da ilha grande impulso. Apesar de uma depressão na década de 1880, a prosperidade da Nova Zelândia foi, desde então, constante. A invenção do refrigerador permitiu à colônia competir com os produtores europeus e ingleses a vinte mil quilômetros de distância. O movimento cooperativo, especialmente nos laticínios, ajudou pequenos fazendeiros, com pouco capital, a montar uma indústria de grande porte. Logo a Nova Zelândia alcançou, proporcionalmente, um índice de comércio exterior superior ao de qualquer outra nação do mundo.

❄

A evolução política da Nova Zelândia não foi menos rápida. Fundada na época do relatório Durham e das primeiras experiências de autogoverno colonial no Canadá, conseguiu amplo grau de independência pela Lei Constitucional de 1852. Seus problemas, ao contrário do sucedido em outras colônias, não giraram em torno de exigências de autonomia de governo, mas das relações entre os governos central e provinciais. A circulação pelo interior era tão difícil que, até o final do século XIX, a colônia se resumiu a um grupo de pequenas povoações espalhadas, todas diferentes em circunstâncias de criação e natureza de interesses. Isto foi reconhecido na constituição, que criou uma série de conselhos provinciais de características democráticas, cada um, em certa medida, independente da assembleia geral.

O conflito entre as assembleias provinciais e o governo central perturbou a política neozelandesa por vinte anos. Algumas províncias eram ricas, outras nem tanto. Otago e Canterbury, com a descoberta do ouro, enriqueceram, enquanto os colonos da Ilha Norte, em guerra contra os maoris, viveram em pobreza cada vez maior. Certa ocasião, Otago e Canterbury quiseram se separar. A reforma veio em 1875, quando a constituição foi modificada e as províncias, abolidas. O governo local ficou nas mãos de conselhos municipais, e os poderes do governo central aumentaram em grande proporção. Assim, em escala menor, a Nova Zelândia enfrentou e administrou todas as dificuldades do governo federal trinta anos antes na Austrália. Realmente, sua vitalidade política não é menos espantosa que seu vigor econômico. A tradição e os preconceitos do passado pesaram menos do que em nações mais antigas. Muitas das reformas feitas na Inglaterra pelo governo liberal de 1906, e então vistas como inovações exageradas, já haviam sido aprovadas na Nova Zelândia. Arbitragem em questões trabalhistas, pensão de idosos, lei das fábricas, seguro e assistência médica pelo estado, lei da habitação, apoio do estado à produção em cooperativas, tudo concretizado entre 1890 e a eclosão da Primeira Guerra Mundial, mostraram vivo e fecundo, mesmo em ilhas remotas e desconhecidas do Pacífico, o talento político inglês.

11
A Grande República

A epopeia americana

O ANO DE 1815 MARCOU O FIM de um período do desenvolvimento americano. Até então, a vida do continente se moldara em grande parte por forças europeias, mas, com a conclusão da guerra de 1812 contra a Inglaterra, a América se voltou para si mesma e, de costas para o Atlântico, olhou para oeste. Os anos seguintes à Paz de Ghent foram marcados pelo estrondo rumo ao oeste. Na política, as acaloradas disputas entre federalistas e republicanos foram substituídas pelo que um jornalista contemporâneo denominou "a era dos bons sentimentos." Porém, sob a superfície tranquila da primeira década, jazia a rivalidade áspera entre interesses de grupos que logo assumiriam a forma permanente e organizada de partidos.

Os laços de união com a Europa foram lenta e inexoravelmente desfeitos. As divergências pendentes entre a Inglaterra e a América foram solucionadas por uma série de comissões. Os limites com o Canadá foram fixados, e os dois países concordaram num pacto de mútuo desarmamento no foco da discórdia, os Grandes Lagos. Em 1819, depois de uma guerra difusa na Florida espanhola, liderada pelo herói de Nova Orleans, Andrew Jackson, o governo espanhol finalmente cedeu o território aos Estados Unidos por cinco milhões de dólares. A Espanha se retirava de vez do continente norte-americano.

Mas as turbulências da política europeia novamente ameaçariam a América, pela última vez nos próximos muitos anos. Os soberanos do Velho Mundo estavam unidos na defesa do princípio monárquico e dispostos a cooperar, intervindo em qualquer país que mostrasse indícios de revolta contra instituições vigentes. Chegaram a Washington rumores de que as potências reacionárias da Europa, tendo apoiado a restauração dos Bourbons na França, poderiam tomar idêntica iniciativa no Novo Mundo, a fim de recuperar a soberania Bourbon no continente. Na América do Sul estavam as colônias hispânicas, que tinham sacudido por sua vez o jugo do Reino.

O governo inglês de Canning se ofereceu para cooperar com os Estados Unidos em conter a extensão do ameaçador princípio intervencionista ao Novo Mundo. A Inglaterra anunciou que reconhecia as repúblicas latinas da América do Sul. Entrementes, o presidente Monroe agiu independentemente e enviou mensagem ao Congresso proclamando o princípio mais tarde conhecido como Doutrina de Monroe. Esta famosa doutrina constituiu ao mesmo tempo um alerta contra interferências por parte de qualquer potência europeia no Novo Mundo e uma declaração de intenções americana no sentido de não se envolver com a política europeia. Com essa mensagem incisiva, os EUA passaram a se concentrar em seus próprios negócios. Surgia uma nova geração de políticos. A maioria dos veteranos dos dias da constituição saíra de cena, embora Jefferson e Madison permanecessem dignamente retirados em suas casas na Virginia.

❄

Era para oeste o rumo do Império Americano. Em trinta anos de existência da União, nove estados novos tinham se formado no vale do Mississippi e mais dois nos limites da Nova Inglaterra. Já em 1769 homens como Daniel Boone abriam caminho pelo território do Kentucky em meio a escaramuças com os índios. Em 1790, havia 35 mil colonos no território do Tennessee e o dobro no Kentucky. Em 1800, já eram um milhão de americanos a oeste dos Alleghanies. Dessas novas terras surgiu uma classe de autoconfiantes homens do oeste, que conquistou seu lugar na vida americana. A moderna democracia americana teve seu berço no vale do Mississippi. A visão prospectiva do primeiro Congresso independente dos Estados Unidos afirmara, de forma decisiva, que, quando novos territórios atingissem uma determinada população, deveriam ser admitidos como estados em igualdade de condições com os membros da União. Comprovando a qualidade e o poder dos habitantes do oeste, onze dos dezoito presidentes dos Estados Unidos, entre 1828 e 1901, eram nascidos ou passaram grande parte de suas vidas no vale do Mississippi: Jackson, Harrison, Polk, Taylor, Lincoln, Johnson, Grant, Hayes, Garfield, Harrison, McKinley.

Os EUA dilatavam-se rapidamente tanto em habitantes quanto em área. Entre 1790 e 1820, a população aumentou de quatro para nove e meio milhões. A partir de então, quase dobrou a cada vinte anos. Nunca fora constatada semelhante taxa de crescimento populacional no mundo. O assentamento de muita gente no oeste foi facilitado pela expulsão das tribos indígenas das regiões a leste do Mississippi. Haviam sido derrotadas ao se aliarem aos ingleses na guerra de 1812. Agora, era política do governo federal expulsá-los. As terras que assim foram liberadas ficaram disponíveis em lotes menores e a preços inferiores aos que, nos primeiros anos, vigoravam para os colonizadores que chegavam – podemos perfeitamente empregar essa nobre denominação para defini-los, por mais impopular que possa parecer hoje em dia. Colonização, na verdadeira acepção da palavra, foi a tarefa desempenhada pelos pioneiros do oeste. Agricultores da Nova Inglaterra, de solo rochoso, cultivavam áreas desabitadas e férteis ao sul dos Grandes Lagos, enquanto, ao sul, o cinturão de terra roxa do Alabama e do Mississippi revelou solo apropriado para o plantio inovador de algodão em grande escala.

Mas a ininterrupta expansão para oeste também alterou o centro de gravidade da nação, causando intensa pressão de interesses e de sentimentos. Os estados do leste, assim como os do norte e do sul, tiveram seu poder político ameaçado por aquelas comunidades colonizadoras, e a atração pelo pioneirismo criou o temor da carência de mão de obra nas fábricas do leste. Na prática, a insuficiência foi coberta por novos imigrantes vindos da Europa. À medida que a fronteira caminhou no rumo oeste, as novas comunidades que logo adquiriram a condição de estados passaram a apresentar seus problemas e anseios a um governo federal que exultava de satisfação, apesar das dificuldades enfrentadas. O leste temia a ameaça de supremacia política do oeste democrático. O oeste, por sua vez, detestava a influência financeira e econômica das classes ricas do leste. As divergências aumentaram de intensidade, e só a flexibilidade do sistema federativo no respeito aos direitos dos estados evitou o habitual conflito entre pátria-mãe e filhos fortes.

A história política dos anos entre 1815 e 1830 permaneceu confusa, mas em 1830 a situação clareou, e os grandes partidos do futuro assumiram suas posições. Com a legislação federal e a criação de uma estrutura econômica nacional de tarifas, bancos e a política de ocupação de terras, a União sentiu a pressão dos ciúmes dos estados e dos interesses de grupos rivais. A expansão para oeste fez a balança política pender em favor dos novos estados do oeste e levou as forças tradicionais do norte e do sul a resistirem ao crescente poder da democracia dentro da federação. Tinham de enfrentar não apenas os anseios do oeste, mas também os dos pequenos plantadores no sul e dos trabalhadores no norte industrial. Muitos deles agora tinham, pela primeira vez, o direito de voto, à medida que o sufrágio universal foi mais amplamente adotado. O eleitorado cresceu, ansioso por se fazer ouvir. Ao mesmo tempo, foi introduzido o sistema de convenções na política americana. Candidatos à presidência e a outros cargos públicos nos estados aos poucos deixaram de ser indicados por reuniões fechadas de líderes partidários, os *caucuses*. Passaram a ser indicados em reuniões de delegados representando uma variedade de opiniões e locais. Isso deixou futuros presidentes e ocupantes de cargos públicos mais atentos às manifestações da vontade popular. Políticos de pensamento conservador como Henry Clay e John C. Calhoun temiam os sinais ameaçadores de individualismo dos estados e o consequente risco para a União. Esses homens formularam o que chamavam "sistema americano." Mas sua política era tão somente uma repetição das ideias de Hamilton. Queriam harmonizar os interesses econômicos num quadro federal.

Executaram-se obras públicas; apareceram barcos a vapor no Mississippi, e a concentração de comércio no golfo do México alarmou os estados da costa atlântica, privados de mercados lucrativos. Mas se apressaram em competir nessa promissora atividade. Em 1817, o estado de Nova York começou a construção do canal Erie, que viria a transformar a cidade de Nova York no porto mais próspero da costa leste. A grande rodovia Cumberland através de Ohio e Illinois foi construída com recursos federais e uma rede rodoviária iria unir o impetuoso oeste aos estados do leste. Mas a história americana, no século XIX, é dominada pela sempre ameaçadora clivagem entre leste e oeste e, no litoral atlântico, entre estados nortistas e sulistas. Nos primeiros anos do século, a tônica da política foi a rivalidade entre políticos do Norte e do Sul na disputa pelos votos e o apoio dos estados do Oeste.

❄

A questão da escravatura logo viria a perturbar as relações entre o Norte e o Sul. Em 1819, foi apresentado no Congresso um projeto de lei para admitir o Missouri como estado da União. Essa área ficava no Território da Compra da Louisiana, onde o futuro da escravidão ainda não fora decidido por lei federal. Como o povo de Missouri propunha permitir a escravatura no projeto de sua constituição, os nortistas encararam o projeto como atitude agressiva no sentido de aumentar o poder de voto do Sul. Seguiu-se áspera campanha de mútua recriminação. Mas com o problema do Oeste aumentando de importância para ambos os lados, Norte e Sul não podiam brigar, e a furiosa discussão daquele projeto terminou num meio-termo que durou até a metade do século. O Missouri foi admitido como estado escravagista e a escravidão foi proibida ao norte da latitude de 36º e 30' nos territórios então existentes ainda sem a condição de estado. Como parte do acordo, o Maine, que acabara de separar-se de Massachussets, foi admitido como estado livre. Dessa forma, a divisão entre estados com escravatura e livres ficou equilibrada, cada lado somando doze. Homens de visão logo perceberam a iminente tragédia dessa separação. John Quincy Adams anotou em seu diário: "Vi logo o mau presságio para a União. Tenho a certeza de que essa questão é o mero prefácio de um enorme e trágico volume."

Foi esse culto senhor da Nova Inglaterra, filho do segundo presidente dos Estados Unidos, quem sucedeu Monroe em 1825. A tal era dos bons sentimentos chegava ao fim, e os quatro anos de sua presidência revelariam o crescimento de partidos políticos atuantes. Todos os interesses políticos e econômicos dos estados do leste foram postos na defensiva pela rápida expansão em direção ao Pacífico.

O Oeste se congregou em torno da figura de um homem da fronteira, o general Andrew Jackson, que se apresentava como defensor dos legítimos princípios jeffersonianos de democracia contra os corruptos interesses financeiros do Leste. Adams recebeu o apoio das classes que viam alarmadas o crescente poder dos fazendeiros e pioneiros da fronteira. As duas facções se chocaram em 1828, quando Jackson se apresentou candidato de oposição à reeleição de Adams. No bulício dessa eleição nasceram dois novos partidos, o Democrata e o Nacional Republicano, mais tarde chamado "whig." Foi a campanha mais acirrada desde que Jefferson derrotou a tentativa de reeleição de Adams, o pai, em 1800. À medida que os resultados chegavam, viu-se que Adams praticamente não vencera em parte alguma fora da Nova Inglaterra, e que, na pessoa de Jackson, o Oeste conquistara o poder. Enfim, ali estava um presidente sem qualquer ligação sentimental com o Velho Mundo e que representava na Casa Branca o espírito americano da fronteira. Para muitos, pareceu que a democracia de fato triunfara.

Para os homens do Oeste, Jackson era seu general, marchando contra o monopólio político dos ricos. As complicações da alta política trouxeram dificuldades para aquele homem do mato. Sua mente simples, desconfiada dos adversários, o tornou suscetível à influência de políticos mais sectários e ambiciosos. Em parte, foi influenciado por Martin Van Buren, seu secretário de Estado. Porém, confiava mais no grupo de políticos de seu círculo íntimo, conhecido como o "Ministério da Cozinha," porque não tinham cargos no governo. Jackson foi levado a crer que sua obrigação maior era limpar os estábulos do regime anterior. A dispensa que fez de grande número de funcionários trouxe para a máquina federal a prática de favorecimentos políticos já muito empregada em muitos estados.

Dois grandes problemas crônicos na política americana, intimamente relacionados, exigiram a atenção do presidente Andrew Jackson: a supremacia da União e a organização da economia da nação. O protecionismo favorecia os interesses do Norte às custas do Sul e, em 1832, o estado da Carolina do Sul resolveu desafiar a competência legal do governo federal para impor um sistema tarifário e, repetindo decisões de 1798 na Virginia e em Kentucky, expôs da forma mais extrema a doutrina dos direitos estaduais. Na luta partidária decorrente, o voto do Oeste foi o fiel da balança, e a questão incendiária era a regulamentação da venda de terras públicas pelo governo federal.

Os debates sobre esses temas no senado americano contêm os melhores exemplos da oratória americana. Nessa batalha de gigantes, o mais grandioso de todos foi Daniel Webster, de Massachusetts. Ele apresentou a posição da União e refutou a Carolina do Sul em um dos mais famosos discursos da história americana. Suas palavras constituíram verdadeiro relicário do novo sentimento patriótico que dominava a nação e ganhava força, pelo menos no Norte, um senso mais amplo de lealdade à União. "É a esta União," disse Webster no Senado, "que devemos a segurança que temos em casa e o apreço e o conceito que merecemos no exterior. É com esta União que estamos em débito pelo que nos torna mais orgulhosos de nosso país. Só conseguimos essa União exercitando nossas virtudes na árdua escola da adversidade. (...)

"Enquanto a União prevalece, temos, diante de nós, elevadas, excitantes e compensadoras perspectivas para nós e nossos filhos. De outra forma, não quero desvendar o véu. Deus permita que, enquanto eu viver, esta cortina não se abra! Deus permita que meus olhos jamais vejam o que está por trás! Quando fitar pela última vez o sol no céu, que não o veja brilhando sobre os fragmentos despedaçados e manchados da União, outrora grandiosa; sobre estados desunidos, divergentes, beligerantes; sobre uma terra retalhada em feudos públicos, ou banhada, pode acontecer, pelo sangue de irmãos! Que seus olhares débeis e hesitantes se voltem, antes, para o grandioso emblema da República hoje conhecido e respeitado no mundo inteiro, na plenitude, armas e brasões reluzindo com o esplendor original. Que não vejam uma só listra apagada ou manchada, nem uma só estrela esmaecida, ou que seu lema mostre alguma infeliz interrogação:'Tudo valeu a pena?' Tampouco, aquelas outras palavras de desilusão e insensatez: 'Liberdade primeiro e União depois.' Ao contrário, que se propague, em caracteres iluminados, reluzente em todas as suas nuances, pairando sobre o mar e a terra e levado por ventos sob todos os céus, aquele outro sentimento, precioso para cada coração genuinamente americano – Liberdade *com* União, agora e para sempre, inseparáveis!"

Na fronteira de Indiana, um moço se comoveu com esse discurso. Seu nome era Abraham Lincoln.

O próprio Presidente Jackson ficou impressionado e, ao seu modo guerreiro de encarar a política, preparou-se para submeter a Carolina do Sul pela força. Mas chegaram a um hábil acordo. A tarifa baixou, mas se manteve, e a Lei da Força autorizando o presidente a empregar o exército se necessário para recolher direitos alfandegários foi declarada nula pela Carolina do Sul. Assim, por algum tempo o assunto foi esquecido. Mas a teoria da "anulação" (da tarifa) adotada pela Carolina do Sul demonstrava o perigo que corria a república e, com o instinto profético de homem simples da fronteira, Jackson apontou para o futuro: "O próximo pretexto será o negro ou a questão da escravidão."

❄

A maré para oeste continuou seu curso, trazendo, consigo, novos problemas de ajustamento. A geração da década de 1840 presenciou seu ápice. Durante aqueles anos, houve a anexação do Texas, uma guerra contra o México, a conquista da Califórnia e o acerto da fronteira com a Inglaterra no Oregon. Americanos aventureiros em busca de terra e riqueza vinham, desde 1820, cruzando a fronteira mexicana em terras do Texas que pertenciam à República do México, libertada da Espanha em 1821. Enquanto essa comunidade crescia, marinheiros americanos na costa do Pacífico, comandantes de navios interessados no comércio com a China se estabeleceram em portos da província mexicana da Califórnia. Os pioneiros abriram caminho pelo interior em busca de couro e peles, chegando, por volta de 1826, às missões religiosas da província. Os mexicanos, alarmados com o aparecimento desses colonos, tentaram, em vão, conter a torrente, pois os governos do México eram altamente instáveis e mal podiam fazer valer sua autoridade nas províncias distantes. Nesse momento, surgiu em cena novo ditador militar, Santa Anna, decidido a reforçar a autoridade mexicana e, imediatamente, estourou uma revolta. Em novembro de 1835, os americanos do Texas criaram um estado autônomo e hastearam a Lone Star, estrela solitária, a bandeira do Texas.

Os mexicanos, sob o comando de Santa Anna, marcharam para o norte. Na casa da missão do Álamo, em março de 1836, um pequeno grupo de texanos, lutando até o último homem, foi liquidado por força mexicana superior, em um dos mais épicos combates da história americana. Toda a província se revoltou. Sob a liderança do general Sam Houston, do Tennessee, foi organizada uma força e, em selvagem luta, o exército mexicano de Santa Anna foi, por sua vez, destruído, sendo seu comandante feito prisioneiro no rio San Jacinto. Os texanos assaltaram as posições inimigas aos brados de "Lembrem do Álamo!" A independência do Texas foi reconhecida por Santa Anna e posteriormente repudiada pelo governo mexicano, mas sua capacidade para prolongar a guerra estava esgotada, e o Texas se organizou como república, elegendo Sam Houston presidente.

Pelos dez anos seguintes, a admissão do Texas na União foi tema de acesas discussões na política americana. À medida que cada estado requeria admissão na União, as opiniões a favor e contra a escravatura se radicalizavam. O grande jornalista William Lloyd Garrison, abolicionista, conclamou para a secessão dos estados nortistas se o estado escravagista do Texas fosse admitido na União. Os sulistas, cientes de que os votos do Texas lhes proporcionariam maioria no Senado se esse vasto território fosse admitido como um grupo de estados separados, clamaram pela anexação. Os capitalistas do leste estavam comprometidos com a criação de companhias de terras para explorar o Texas, mas, além da emissão de ações duvidosas dessas empresas, grande número de notas bancárias e bônus da nova República do Texas circulavam pelos Estados Unidos. A especulação com esses papéis ajudou a alimentar a divisão da oposição política dos estados do Norte à anexação. Mais importante ainda foi a conversão de muitos nortistas à crença no "Destino Manifesto" dos Estados Unidos. A expressão significava que seu destino era se espraiar por todo o continente norte-americano. O Partido Democrata, na eleição de

1844, defendeu a ocupação do Oregon e a anexação do Texas, dessa forma oferecendo aquele estado ao norte como contrapeso para o Texas sulista. A vitória do candidato democrata, James K. Polk, foi interpretada como um mandato para admitir o Texas, o que foi feito por resolução conjunta do Congresso em fevereiro de 1845.

Restava persuadir o México a reconhecer esse estado de coisas, além de fixar as fronteiras do Texas. O Presidente Polk estava decidido a empurrá-las o mais possível para o sul e a guerra foi inevitável. Eclodiu em maio de 1846. Entrementes, uma sucessão de eventos semelhantes se desenrolava no outro lado do continente. Durante todo esse tempo a penetração americana para oeste prosseguira, muitas vezes em meio a amargas experiências de fome e nevascas de inverno. Nada poderia conter a migração rumo ao Pacífico. A atração pelo rico comércio com a China e o sonho de controlar o oceano a oeste levou, antes de tudo, à aquisição da Califórnia, atribuindo-lhe aos olhos dos americanos importância ainda maior que o Texas. Em junho de 1846, os colonos americanos na Califórnia, incitados por Washington, hastearam a Bear Flag, a bandeira do urso, bandeira da Califórnia, como símbolo de rebelião e declararam sua independência no mesmo modelo do Texas. Logo após chegaram forças americanas e a Stars and Stripes, estrelas e listras, bandeira dos Estados Unidos, substituiu a Bear Flag.

A expansão americana foi rápida. O exército mexicano do norte foi derrotado duas vezes pelo general Zachary Taylor, futuro presidente. Uma força sob o comando do general Winfield Scott desembarcou em Vera Cruz e marchou para a cidade do México. A capital caiu em mãos americanas depois de um mês de combates urbanos, em setembro de 1847. Nessa campanha, destacaram-se jovens oficiais como os capitães Robert E. Lee e George B. McClellan, o tenente Ulysses S. Grant e o coronel Jefferson Davis.

O México pediu a paz e, por tratado firmado em seguida, foi obrigado não apenas a reconhecer a anexação do Texas, mas também a ceder a Califórnia, Arizona e Novo México. O tenente Grant registrou as impressões em suas memórias: "Não creio que jamais tenha havido uma guerra mais iníqua do que a feita pelos Estados Unidos contra o México. Na época, quando era moço, pensei dessa forma, mas não tive coragem moral para me demitir." A força expansiva da população americana, porém, era explosiva. O "Destino Manifesto" estava em marcha, e foi infelicidade do México ficar em seu caminho. A lenda do Imperialismo e a crença no direito dos Estados Unidos de explorar ambos os continentes, norte e sul, que resultou da guerra do México, desde então lança sua sombra sobre a cooperação entre as repúblicas sul-americanas e os Estados Unidos.

❄

As vantagens imediatas foram enormes. Enquanto os delegados debatiam o tratado com o México, um trabalhador americano na Califórnia descobriu a primeira pepita de ouro naquela região. Toda a economia de uma sonolenta província mexicana dominada pela velha cultura espanhola foi subitamente sacudida por uma louca corrida do ouro. Em 1850, a população da Califórnia girava em torno de oitenta e duas mil almas. Em dois anos se elevou para duzentas e sete mil. Uma sociedade mineira sem lei surgiu na costa do Pacífico. Gente de todas as profissões e classes, proveniente de cidades do leste e de estados vizinhos, acorreu à Califórnia, morrendo muitos assassinados em meio a brigas, de fome e frio, ou afogados na viagem por mar em volta do cabo Horn. O ouro da Califórnia atraiu muitos para a morte e levou poucos a uma riqueza além de qualquer expectativa.

A anarquia gerada pela corrida do ouro revelou a necessidade urgente de um governo organizado na Califórnia e a antiga, desconcertante e irritante discussão sobre admissão de um novo estado outra vez se fez ouvir em Washington. Nada foi feito de imediato e os californianos convocaram sua própria convenção e elaboraram uma constituição temporária.

Durante todo esse tempo, outro território mais ao norte passara a existir. A "trilha do Oregon" trouxera muitos homens dos estados mais populosos do nordeste para estabelecer seus lares e fazendas ao longo da indefinida fronteira com o Canadá, até o Pacífico. Diante da perspectiva de guerra no sul, para conquista do Texas e da Califórnia, o governo americano não estava desejando embarcar em disputa com a Inglaterra a propósito da fronteira norte. Os sulistas se opunham fortemente à aquisição de Oregon, onde os colonos nortistas se opunham à escravidão. Oregon deveria ser outro "estado de solo livre." Foram iniciadas conversas com a Inglaterra e, a despeito de slogans eleitorais como "Fifty-four Forty or Fight" exigindo o limite no paralelo 54º 40', a fronteira foi assentada pacificamente em junho de 1846, por meio de tranquila negociação diplomática, no paralelo 49º. Essa solução deveu-se muito à natureza conciliatória do ministro do Exterior de Peel, Lord

Aberdeen. A controvérsia então morreu e, em 1859, o território do Oregon alcançou a condição de estado.

Entre os inúmeros povoamentos ainda pontilhados em todo o continente americano, estava a colônia mórmon em Salt Lake City. Na primavera de 1847, membros dessa seita revivalista e poligâmica partiram do estado de Illinois, guiados por seu líder e profeta, Brigham Young, a fim de estabelecerem seus lares livremente no oeste. No verão, chegaram à região em torno do Salt Lake e, duas horas depois, já tinham começado a levantar suas casas e a sulcar o solo. Em três anos estava consolidada uma florescente comunidade de onze mil pessoas que combinavam fervor religioso, prolificidade e agudo senso econômico, de forma cuidadosamente planejada, na região de Salt Lake. Em 1850, o território foi reconhecido pelo governo federal com o nome de Utah.

Com o estabelecimento dessa colônia, o povoamento do continente se completou. A tarefa diante do governo federal agora consistia em organizar o território do extremo oeste conquistado na guerra contra o México e pelo acordo com a Inglaterra. Assim surgiu, em sua forma terrível e definitiva, a questão de servidão e liberdade.

Escravidão e secessão

A partir de 1850, as perspectivas que se descortinavam para os Estados Unidos encheram a América de esperança e a Europa de invejosa admiração. O continente fora conquistado e bem-nutrido. Exportações, importações e sobretudo o comércio interno mais do que dobraram em uma década. A marinha mercante americana superava o número de navios de bandeira inglesa. Quase 50 mil quilômetros de ferrovias venceram grandes distâncias e deram coesão econômica à unidade política. Na América, a democracia pareceu ter finalmente alcançado prosperidade e poder. A grande industrialização dos estados do leste era contrabalançada e alimentada pela formidável agricultura dos pequenos proprietários rurais. Em todas as questões materiais o povo americano excedeu tudo quanto a história já conhecera.

Entretanto, pessoas e viajantes atentos percebiam desde alguns anos sinais de uma convulsão que tomaria não só o corpo, mas a alma dos Estados Unidos. Das três raças que habitavam a América do Norte, os brancos dominavam absolutos e supremos. Os peles-vermelhas, habitantes originais, produtos perenes do meio, encolheram-se pressionados, explorados, mas sempre altivos, afastando-se do seio e da cultura da civilização europeia transplantada, pela qual tinham sido desalojados de suas terras e relegados a segundo plano. Os negros apresentaram um problema moral, social, econômico e político como nunca se vira antes. Dizia-se que ambas as raças eram oprimidas pela supremacia dos brancos da mesma forma que os animais são dominados, explorados ou exterminados pelos seres humanos. Os orgulhosos peles-vermelhas foram conduzidos à ruína por excessiva liberdade. Quase todos os quatro milhões de negros eram escravos.

Em regiões tão extensas e diversificadas como as da União, surgiram graves divergências de interesse, visão e cultura. Ao sul do paralelo de 40º e do ângulo formado pelos rios Mississippi e Ohio, a instituição da escravatura do negro imperava sem contestação havia muito tempo. Sobre esse alicerce construiu-se a vida dos estados sulistas. Vida estranha, bravia, antiquada. Envolvia uma aristocracia de fazendeiros na magnificência rural e quase feudal, e uma multidão de pequenos agricultores cultivando algodão para o mundo, com emprego do trabalho escravo. Dos seis milhões de habitantes brancos dos chamados "estados escravagistas," menos de 350 mil possuíam escravos e só 40 mil geriam plantações que exigiam força de trabalho superior a vinte lavradores. Mas os três ou quatro mil principais proprietários de escravos de modo geral conduziam a política no Sul com a mesma eficiência dos barões na Inglaterra medieval. Abaixo deles mas sem deles se dissociarem, estavam, em primeiro lugar, algumas centenas de milhares de pequenos proprietários de escravos para quem a "peculiar instituição," como passara a ser chamada, era uma conveniência doméstica; em segundo, vinha uma forte classe de pequenos agricultores, semelhante à que existia no norte; finalmente, em terceiro, uma plebe de "brancos pobres" capaz de formar um exército.

Hoje em dia, é quase impossível compreender quão inexplicável e profundamente a escravidão negra permeou a vida, a economia e a cultura dos estados sulistas. Seus tentáculos se estenderam pelos estados "livres" do norte pela via de todos os canais de negócios e por muitos modos de influência política. Uma única asserção revela como era difícil à comunidade se libertar da terrível doença que se tornara parte de sua existência. Dizia-se que cerca de 660 mil escravos pertenciam a pastores evangélicos e membros de diferentes igrejas protestantes. Desse modo, o instituto da escravidão era defendido não apenas por argumentos que satisfaziam interesses pessoais, mas também por muitos púlpitos religiosos sulistas que a patrocinavam como se fosse um sistema ordenado pelo Criador e consagrado pelo evangelho de Jesus Cristo.

Enquanto isso, o norte, outrora inteiramente indiferente ao destino dos escravos, se convertera, por volta de 1850, à causa da abolição. Por vinte anos, o jornal de William Lloyd Garrison, *The Liberator*, fez, a partir de Boston, uma campanha de extrema violência contra a escravidão. O jornal não era lido por toda parte, mas sua linguagem enfureceu o Sul. Ao mesmo tempo, a Sociedade Americana Contra a Escravidão, de Nova York, e outras organizações humanitárias publicavam panfletos e periódicos veementes. Empregavam grupos de agentes para pregar a abolição por todos os cantos. A consequência foi uma radicalização das posições nos dois lados da questão. Ficou ainda pior quando, em 1852, Harriet Beecher Stowe publicou *A Cabana do Pai Tomás*. Sua obra era pura propaganda e a autora usava todas as armas. Em suas páginas, os argumentos teóricos e religiosos foram manipulados de todas as formas, mas empregou uma metodologia em que ela superou todos os que atacavam aquela desgraça. Apresentou aos leitores situações comuns e pungentes, próprias do regime escravagista: a ruptura da família e do lar dos negros, a separação de marido e mulher e a venda de recém-nascidos tirados do colo da mãe; o leilão indiscriminado de escravos por ocasião da morte de um bom patrão; a impotência de donos benevolentes de escravos e as crueldades dos maus; o comércio insensível dos mercadores de escravos; os horrores constatados em fazendas distantes, com seus locais de castigo, para onde finas senhoras mandavam suas aias a fim de serem punidas por pequenas faltas; o grave problema do mestiço e do mulato; a moça escrava quase branca vendida e revendida para satisfação sexual; a chegada ao mundo de crianças escravas que, pela cor, já não se distinguiam da raça dominante. Enfim, abordava todas as peculiaridades de uma comunidade civilizada, educada, moderna e cristã, que ocupava amplas áreas férteis da terra, expondo-as, com apelo e habilidade, nas páginas do livro.

A argumentação teve efeito devastador. No fim do ano, centenas de milhares de exemplares de *Uncle Tom's Cabin* circulavam nos Estados Unidos. Em setembro, segundo o que se comentava, dez mil exemplares eram remetidos diariamente para uma única firma de livreiros ingleses. No fim de 1852, mais de um milhão de exemplares haviam sido vendidos na Inglaterra, provavelmente dez vezes mais do que qualquer outra obra já publicada, com exceção da Bíblia e do Livro de Orações. *A Cabana do Pai Tomás* circulou pelo mundo em todos os idiomas e foi lido com paixão e emoção em cada país. Foi o precursor da tormenta que se avizinhava.

A onda moralista da época inicialmente suprimiu o comércio de escravos nos mares empregando o poder naval e, em seguida, aboliu a instituição da escravatura em todo o Império Britânico. A mesma disposição tomou conta dos estados da Nova Inglaterra na costa atlântica e da população cada vez mais numerosa e poderosa do meio-oeste da União americana. Um abismo de emoção e interesse abriu-se e cresceu entre os estados do Norte e do Sul. Através desse abismo, por alguns anos ocorreram debates, trocas de ideias e de argumentos. No Norte, muitos líderes religiosos e seculares sentiram claramente ameaçado todo o futuro do grandioso continente que tinham conquistado. Se o mal não podia ser erradicado de imediato, pelo menos seria possível impedir que se alastrasse. Numa primeira fase, essa percepção não foi influenciada pela rivalidade comercial. Não havia dúvida que a mão de obra escrava não podia competir com o trabalho livre no cultivo do solo onde as condições climáticas fossem semelhantes. O contraste entre a atividade e o progresso de um estado livre de um lado do rio Ohio e a estagnação de um estado escravagista na margem oposta ficava patente a qualquer observador. Era a distância entre os séculos XIX e XVII. Os estados nortistas não se sentiam prejudicados pela competição com o sul. Também precisavam do algodão, para cujo cultivo o trabalho escravo significava uma vantagem econômica. A questão não era econômica, era moral. E também social. A aristocracia proprietária de escravos, em muitos estados do Sul, considerava-se classe superior à sociedade comerciante, industrial e financeira do Norte. A família puritana do Norte olhava a elegante classe dominante do Sul com a raiva e a reprovação que os Ironsides de Cromwell devotavam aos Cavaliers de Rupert. Na verdade, em muitos aspectos, a radical confrontação em vias de acontecer lembrava e reproduzia, em suas manifestações, os antagonismos vividos na Guerra Civil Inglesa.

Mas a verdadeira motivação da disputa foi política e constitucional. O Norte se apegava tenazmente às concepções federalistas de Alexander Hamilton. No Sul, o direito dos estados prevalecia. Muitos dos generais sulistas, tais como Joseph E. Johston, Ambrose P. Hill e Fitzhugh Lee, jamais possuíram um escravo. Um coronel do Exército dos Estados Unidos, oriundo da Virginia e servindo no Texas, Robert E. Lee, escreveu que a escravidão era "uma desgraça política e moral para qualquer país" como poucos, em uma era de iluminismo, podiam deixar de reconhecer. Todavia, com relação à questão constitucional, todos esses homens virtuosos e do mais elevado padrão moral seriam capazes de morrer pelos destinos e pela independência de seus estados. Dizia-se que o norte estava enriquecendo às expensas do sul. Os ianques almejavam a elegância e a distinção que o mercantilismo comum jamais alcançaria. Não tinham o direito de usar a constituição federal, pela qual os grandes filhos da Virginia, Washington e Madison, eram os maiores responsáveis, para submeter os estados mais importantes da União a seus ditames. Não entendiam as condições totalmente diferentes da vida no Sul. Amaldiçoavam e ofendiam uma civilização de modos mais refinados que os seus e de riqueza material maior que a deles. Buscavam impor a tirania de suas ideias em estados que tinham passado a integrar voluntariamente a União motivados por propósitos comuns e que podiam livremente se afastar quando tais propósitos não mais fossem observados.

O antigo acordo do Missouri, de 1820, já não satisfazia as paixões em curso. Em função da guerra com o México, novos e extensos territórios haviam sido adquiridos. Qual critério deveria ser aplicado a eles? Os sulistas, ainda dominados por John C. Calhoun, sustentavam que os territórios pertenciam aos estados que se uniram e não aos Estados Unidos. Também alegavam que os escravos eram objeto de propriedade segundo o direito consuetudinário e que o Congresso não tinha competência para proibir a escravidão em tais territórios. O pedido da Califórnia para ser admitida na União precipitou a crise. Muitos moderados tinham proposto o prolongamento da linha estabelecida no acordo do Missouri ao longo de todo o continente, até o Pacífico. Mas, na Califórnia, isso não se aplicava, a linha passaria exatamente pelo meio do estado. Além disso, a constituição da Califórnia proibia a escravidão e sua aceitação introduziria um precedente naqueles estados que viriam a ser criados em consequência das conquistas de território mexicano. Em janeiro de 1850, acumulavam-se as nuvens tempestuosas da escravidão e da secessão que provocaram, no Senado, o último dos grandes desafios de oratória em que Calhoun, Clay e Webster se digladiaram. Henry Clay propôs um último acordo com cláusulas capazes de adiar o confronto. A Califórnia seria admitida imediatamente na União como um estado "livre." Os governos dos territórios do Novo México e de Utah seriam organizados sem mencionar a escravidão. Uma lei rigorosa sobre escravos fugitivos apaziguaria o sul e a absorção do débito do Texas com a União pelo governo da federação tranquilizaria os acionistas do norte. Clay esperava preservar a unidade política do continente por meio dessas concessões mútuas. Na derradeira oportunidade, ele se levantou e falou praticamente durante dois dias no Senado. Calhoun estava à beira da morte e permaneceu sentado, em absoluto silêncio. Um de seus colegas falou em seu nome. "Venho acreditando, senhores senadores, desde o início, que a agitação resultante da questão da escravidão, se não for neutralizada por alguma iniciativa oportuna e eficaz, resultará em desunião. (...) Os laços que mantêm os estados unidos estão a ponto de se romper."

Daniel Webster levantou-se para falar três dias após. "Hoje falo pela preservação da União. Ouçam o que tenho a dizer." As vozes de Webster e Clay prevaleceram e o acordo foi aceito. Por um momento, as paixões ficaram amortecidas pelo que foi chamado de "princípio de soberania popular." Valia dizer que, quando os novos territórios se transformassem em estados, seus habitantes decidiriam, eles próprios, a favor ou contra a escravidão. Calhoun já tinha morrido e, em dois anos, Clay e Webster saíram de cena. Deixaram atrás de si uma tranquilidade ansiosa. Enquanto isso, o continente se desenvolvia em estonteante velocidade. Por volta de 1850, tinham sido construídos quase 15 mil quilômetros de ferrovia e, em 1861, já eram quase 50 mil. Imigrantes alemães e irlandeses afluíam da Europa rumo às terras do oeste. A maquinaria empregada na agricultura mudou o perfil do colono. O agricultor da pradaria substituiu o homem do mato e começou o intenso plantio das Great Plains entre o Mississippi e as Montanhas Rochosas.

❄

As forças antiescravagistas do norte estavam decididas a resistir à adoção de escravos nos novos territórios. Em maio, a lei Kansas-Nebraska foi aprovada pelo senado. Os novos territórios das Great Plains seriam divididos entre Kansas e Nebraska, e o princípio da "soberania popular" ficou explícito. Essa lei foi a fagulha para um surto de agitação e violência nos estados nortistas. Em obediência à lei federal que dispunha sobre escravos fugitivos, agentes já tinham sido instruídos para prender e devolver a seus donos os que tivessem escapado para os estados livres. Já ocorriam incontáveis pequenos incidentes, mas agora, na esteira da Lei Kansas-Nebraska, a paciência do norte estava no fim. No dia seguinte, em Boston, uma multidão tentou resgatar à força um escravo fugitivo, Anthony Burns, detido a fim de ser deportado para o Sul. Para guarnecer as ruas e assegurar o transporte do escravo até o navio no cais de Boston, foram usados uma unidade de artilharia, quatro pelotões de fuzileiros navais, o destacamento policial do "sheriff" e vinte e duas companhias da milícia. "Custou aos Estados Unidos cerca de cem mil dólares fazer o escravo chegar às mãos de seu dono. A conta maior veio mais tarde e foi paga com sangue."

No novo território de Kansas houve luta de sangue entre partidários do solo livre e da escravidão. Escravagistas saquearam a cidade de Lawrence, da facção solo livre, e, três dias depois, John Brown, um místico puritano e militante abolicionista de Ohio, e seus quatro filhos arrancaram cinco escravocratas de suas camas e os massacraram em represália. Cerca de duzentas vidas foram sacrificadas naquele reino de terror, mas John Brown escapou. Em todos os aspectos, a cada passo, as causas antagônicas entravam em conflito. Charles Sumner, senador por Massachussetts, foi golpeado com uma bengala na cabeça por um deputado da Carolina do Sul, em pleno Senado, até cair inconsciente. Todos os partidários da liberdade dos escravos no Norte e no Oeste tinham se unido, depois da aprovação da Lei Kansas-Nebraska, em um novo Partido Republicano, tendo como plataforma o combate à escravidão. Os nervos ficaram à flor da pele na eleição presidencial de 1856. Mas influências democráticas indicaram "um nortista de princípios sulistas," James Buchanan, da Pennsylvania e, pela última vez, os argumentos sulistas falaram alto em Washington.

O embate selvagem entre partidários da liberdade e da escravatura, nas grandes planícies centrais, fez emergir do interior uma nova figura, que iria se projetar na política nacional. Abraham Lincoln, advogado na pequena cidade de Springfield, no Illinois, sensibilizou-se profundamente com a aprovação da Lei Kansas-Nebraska. Já exercera um mandato no Congresso. Agora aspirava ao Senado. Defendia seu direito de se opor ao princípio da escravidão empregando a força moral de sua personalidade. "'A casa dividida contra si mesma não permanece.' Penso que este governo não pode continuar meio escravo, meio livre. Não espero que a União se dissolva – não espero que a casa caia – espero, isto sim, que deixe de ser dividida. Que se torne uma coisa ou outra no todo. Ou os opositores da escravidão conseguem conter sua expansão e a colocam de forma que a opinião pública adquira a certeza de que está a caminho da extinção, ou seus defensores a impulsionam até que se torne legal em todos os estados, tanto os antigos quanto os novos, tanto os do Norte quanto os do Sul." Numa série de debates e discursos públicos, Lincoln fez frente ao senador Stephen A. Douglas nos vilarejos da pradaria de Illinois no verão e outono de 1858 e, embora fosse derrotado na eleição para senador, logo virou personalidade nacional. Conseguiu fazer da escravidão uma questão moral, em vez de legal, e propusera a controvertida ideia de ignorar a decisão da Suprema Corte e considerar ilegal a escravidão nos novos territórios. Instintivamente, sentiu a fraqueza e impertinência desse novo conceito diante das suscetibilidades sulistas. Constatou que, à medida que aumentassem as manifestações a favor da abolição, o Sul exigiria maiores garantias no sentido de proteger sua peculiar sociedade escravagista. O presidente Buchanan e os círculos democratas com acesso à Casa Branca cogitaram de conquistar Cuba e Nicarágua, na esperança de acrescentar à União novos territórios praticantes da escravidão. Os negociantes sulistas pressionavam pela reabertura do comércio de escravos, em face do alto preço alcançado, enquanto o Norte, todo o tempo, em uma sucessão de incidentes perturbadores, desobedecia a lei de 1850 sobre o escravo fugido.

Só faltava a faísca para a explosão. Em outubro de 1859, o fanático John Brown, com seus filhos e uma dúzia de seguidores, apoderou-se do arsenal do governo federal em Harpers Ferry, vizinho à linha de demarcação da escravatura, declarou guerra aos Estados Unidos e concedeu liberdade a um punhado de escravos assustados. Foi atacado por tropas federais de fuzileiros navais do governo, sob o comando do coronel Robert E. Lee, e, depois da perda de algumas vidas, foi aprisionado, gravemente ferido. Foi julgado e enforcado com quatro de seus partidários. O Sul, considerando verdadeiro ultraje o comportamento do Partido Republicano, agitou-se. No Norte, milhões consideraram John Brown um mártir. Seu corpo se desfez, mas seu espírito marchou em frente.

A União em perigo

Veio a fatídica eleição presidencial de 1860. Em fevereiro, o senador sulista Jefferson Davis exigiu que os estados nortistas renegassem as leis sobre liberdade individual e cessassem de interferir na lei de 1850 sobre os escravos fugidos. A decisão do juiz Teney, presidente da Suprema Corte no caso do escravo Dreid Scott, de que a escravidão não podia ser proibida pelo governo federal nos territórios dos Estados Unidos, devia ser obedecida. Davis exigiu que o governo federal, ao contrário, protegesse a escravidão naquelas áreas. Em contraposição, Abraham Lincoln, em Nova York e em toda parte, em magníficas pregações, calmo, sólido e magnânimo, fez desabrochar a causa antiescravidão. Nessa crise, o Partido Democrata se dividiu. Quando Douglas, seu candidato à presidência, fez aprovar um conjunto de propostas de meio-termo na reunião do partido em Charleston, a delegação do Alabama retirou-se do recinto, seguida pelas de sete outros estados plantadores de algodão. Lincoln de qualquer forma provavelmente seria eleito, mas a cisão entre os democratas tornou inevitável sua vitória. Os estados do algodão apresentaram John C. Breckinridge, de Kentucky, que era o vice-presidente, como seu candidato. Era um democrata sulista defensor do direito dos estados. O cenário complicou-se ainda mais com o surgimento de um quarto candidato, o senador John Bell, de Kentucky, que se apresentou como unionista constitucional e whig ortodoxo. Secessão não foi um tema, embora todos sentissem que, se Lincoln vencesse, o Sul sem dúvida se separaria. A escravidão era o tema e absorvia todas as preocupações. Lincoln e os republicanos queriam reverter a sentença do caso Dreid Scott, proibir a escravidão nos territórios e confiná-la aos limites então vigentes. Douglas e os democratas formais eram favoráveis à não intervenção nos territórios e à "soberania popular" dos colonos. Breckinridge e seus partidários defendiam que a escravidão nos territórios fosse protegida por lei. Bell tentava ignorar tudo, na ingênua esperança de que a nação poderia ser levada a esquecer o quanto acontecera desde a guerra com o México. Em 6 de novembro de 1860, Lincoln foi eleito. Douglas, tão ardente defensor da União quanto ele, foi o segundo colocado no voto popular. Breckinridge, visto como candidato partidário da secessão, apesar de suas afirmações de lealdade para com a União, ficou em terceiro. Mesmo nos estados escravagistas não conseguiu a maioria dos votos.

A despeito dessa grande maioria contrária a dissolver a União, o estado da Carolina do Sul, onde os princípios defendidos por Calhoun eram cultivados, aprovou por unanimidade, em 20 de dezembro, em Charleston, a famosa Ordinance of Secession declarando que a união de 1788 com todos os outros estados, fossem do norte ou do sul, estava desfeita. Esta lei precipitada e fatal foi saudada com delirante entusiasmo. Canhões deram salvas, sinos tocaram, bandeiras tremularam em todas as casas. As ruas foram tomadas por multidões inflamadas. O exemplo da Carolina do Sul foi seguido pelos estados de Mississippi, Florida, Alabama, Georgia, Louisiana e Texas. Representantes desses estados soberanos, pois assim se consideravam, reuniram-se no Alabama, em fevereiro, e organizaram uma nova confederação, da qual Jefferson Davis foi escolhido como presidente. Foi promulgada uma nova constituição, semelhante, em quase todos os aspectos, à dos Estados Unidos, mas, dessa vez, fundada explicitamente na escravidão. Foi adotada como bandeira da confederação a "Stars and Bars" de estrelas e faixas em diagonal. O presidente Jefferson Davis foi eleito presidente provisório e autorizado a organizar um exército de cem mil homens, foram aprovados amplos recursos e uma delegação com três membros foi enviada ao estrangeiro para conseguir reconhecimento e simpatia na Europa. Todas as figuras proeminentes relacionadas com a decisão alimentavam graves ilusões. Pensavam que o Norte não tentaria forçar sua volta à União. Se o tentasse, acreditavam que os ianques não seriam adversário para o exército sulista. E se impusesse um bloqueio aos Estados Confederados, esperavam que as potências europeias interviessem em seu favor. Tinham a ideia de que o "rei algodão" era tão vital para a Inglaterra e a França que nenhuma das duas nações aceitaria pacificamente se ver privada de seus suprimentos.

Buchanan ainda era presidente dos Estados Unidos e Lincoln, presidente eleito, só tomaria posse em março. Por quatro meses a administração que findava permaneceu atônita, perambulando confusa. Buchanan, almejando ansiosamente se ver desobrigado de seus deveres, tentava desesperadamente se livrar dos encargos, adotando uma linha de meio-termo. Toda a contrapreparação do Norte ficou paralisada. Por outro lado, recusou-se a reconhecer a validade da secessão. Praticamente todas as guarnições do governo federal nos estados sulistas, com seus pequenos efetivos, passaram, sem luta, ao comando da Confederação. Mas os fortes da baía de Charleston, sob o comando do major Anderson, oficial decidido, mantiveram a "Stars and Stripes" no topo do mastro. Pressionado a se render, retirou-se para o Fort Sumter, que ficava numa ilha. Viu-se praticamente sem alimentos e, quando um navio com suprimento do Norte se aproximou para socorrê-lo, as baterias confederadas de terra firme o repeliram com o fogo dos canhões. Enquanto isso, eram feitos ingentes esforços de negociação. Muitos nortistas estavam dispostos, no intuito de preservar a paz, a ceder aos sulistas na questão dos escravos. Mas

Lincoln foi inflexível. Não repudiaria o princípio em função do qual fora eleito. Não toleraria a extensão da escravidão aos territórios. Esse foi o fulcro de toda a questão. Em meio à tensa e terrível situação, Lincoln prestou seu juramento como presidente em 4 de março de 1861. Ao seu redor, a estrutura do governo federal desmoronava. Funcionários e oficiais partiam todos os dias rumo a seus estados natais no Sul. Apertos de mão eram trocados entre velhos camaradas, pela última vez de forma amistosa.

O Norte, apesar de sua aversão pela escravatura, de forma alguma pensava em guerra civil. Entre os extremistas de ambos os lados existia uma imensa faixa difusa onde interesses e relacionamentos eram compartilhados por laços de parentesco ou convivência e se manifestavam todos os matizes de opinião. Até então, só os estados do algodão, os do baixo Sul, tinham se desligado da União. Missouri, Arkansas, Kentucky, Tennessee, Carolina do Norte, Maryland, Delaware e, principalmente, a nobre e antiga Virginia, o "Old Dominion," terra natal de Washington, fonte da tradição e inspiração americanas, ainda balançavam. Lincoln pediu paciência e espírito conciliador. Declarou-se disposto a manter os fortes e as propriedades dos Estados Unidos, descartando qualquer intenção de invadir o Sul. Anunciou que não interferiria na escravidão nos estados sulistas. Recordou memórias comuns do Norte e do Sul, que, como "laços místicos ligam cada campo de batalha, cada túmulo de patriota, a cada um dos corações vibrantes (...) sobre este imenso país." "Em vossas mãos, meus compatriotas descontentes," exclamou, "e não nas minhas, está esta momentosa questão de guerra civil. O governo não vos atacará. Não devereis ter guerra sem serdes vós mesmos os agressores. Não estais presos a nenhum juramento aos Céus no sentido de destruir o governo, enquanto eu terei o mais solene deles de preservá-lo e defendê-lo."

Em 8 de abril, Lincoln informou o governador da Carolina do Sul sobre sua intenção de voltar a enviar suprimentos para o major Anderson e seus oitenta e três homens em Fort Sumter. Ao que o presidente Davis ordenou ao general Beauregard, comandante de sete mil homens em Charleston, que exigisse a imediata rendição do forte. Anderson, embora reconhecendo que a fome o subjugaria em poucos dias, manteve sua decisão de resistir. Vãs negociações foram tentadas e, antes do alvorecer de 12 de abril, as baterias confederadas começaram maciço bombardeio. Por trinta e quatro horas, cinquenta canhões pesados despejaram seus projéteis sobre Fort Sumter. Anderson e seu punhado de homens, bombardeados em seus abrigos à prova de bombas e sentindo que já tinham cumprido tudo que a honra e a lei deles exigiam, retiraram-se chamuscados e meio sufocados no dia 14, sendo autorizados a partir para o Norte. Não correu sangue, mas acontecera um terrível ato de rebelião.

O canhoneio sobre o Fort Sumter repercutiu em todo o mundo. Levantou e uniu a população do Norte. Todos os estados livres permaneceram unidos. As divisões partidárias foram superadas. Douglas, rival de Lincoln na eleição, com um milhão e meio de votos democratas que o apoiavam, acorreu à Casa Branca para solidarizar-se com Lincoln. O ex-presidente Buchanan declarou "O Norte apoiará o governo praticamente sem exceção." Sobre esse anseio e sua própria e veemente decisão, Lincoln fez uma proclamação convocando "a milícia da União com efetivo de setenta e cinco mil homens" para suprimir "conluios" em sete estados, "fortes demais para serem submetidos pela via convencional de procedimentos jurídicos." Ali estava, pois, o começo da Guerra de Secessão americana.

❄

Diante da convocação às armas de Lincoln para submeter os estados separatistas, a Virginia, sem hesitação, fez a escolha que viria a sustentar tão heroicamente. Não lutaria em função da escravidão, mas por manter-se firme defensora do princípio constitucional de cada estado da união exercer seus direitos soberanos. Com base nesse princípio, os virginianos não aceitavam a coação pretendida pelo governo federal. Em 17 de abril, por 103 a 46 votos, a convenção da Virginia, em Richmond, retirou o estado da União e pôs todas as suas forças militares à disposição da Confederação. Isso determinou o destino de um dos mais importantes americanos que já viveram e um dos maiores comandantes conhecidos nos anais de guerra.

Robert Lee se destaca na história americana. Formado em West Point, oficial do estado-maior na guerra contra o México, Lee servira com distinção por mais de vinte e cinco anos no Exército dos Estados Unidos. Sua presença fidalga e seu modo afável de ser eram alimentados pela fé religiosa e por um caráter nobre. À medida que o panorama americano se turvou, Lee, no comando de um regimento de cavalaria na fronteira mexicana, pesou cuidadosamente o caminho que o dever e a honra lhe indicariam. Opunha-se à escravidão e achava que a "secessão não traria bem nenhum," mas aprendera desde a infância que, antes de tudo, sua fidelidade era devida ao estado da Virginia. Chamado a Washington em março de 1861, assim se expressou para um amigo íntimo do Norte: "Se a Virginia ficar ao lado da velha União, também ficarei. Mas, caso se separe (embora eu não entenda secessão como um direito constitucional, nem acredite que haja suficiente motivo para revolução), apoiarei meu estado natal com minha espada e, se necessário, com minha vida."

Chegou à capital nos dias agitados de março e se reuniu com seu antigo chefe, o general Scott, com quem discutiu seriamente por três horas. Com autorização de Lincoln, lhe foi oferecido o comando geral do grande exército que a União estava organizando mas Lee recusou de imediato. No dia seguinte, quando a Virginia declarou sua independência, demitiu-se do seu posto, despediu-se para sempre de seu lar em Arlington e, com a mais profunda tristeza, embarcou no trem para Richmond. Lá chegando, imediatamente recebeu a proposta de comandar todas as forças terrestres e navais da Virginia e aceitou a nova missão. Alguns que o viram nessas semanas trágicas, quando seus olhos por vezes se encheram de lágrimas e ele revelou emoções que jamais demonstrara após vitórias ou derrotas em grandes batalhas, descreveram seu conflito interior. Mas, na verdade, não houve conflito algum. Lee jamais vacilou. Sua opção foi o estado da Virginia. Lamentou a escolha e, com grande pesar, previu as consequências. Mas, no que dizia respeito a si mesmo, naquele instante não teve qualquer dúvida e tampouco remorso ou arrependimento mais tarde.

Quem considera o destino da humanidade consequência, em grande parte, do impacto de seres superiores sobre os acontecimentos, achará perfeito que, neste ponto, haja uma referência ao mais famoso irmão em armas de Lee, "Stonewall Jackson." Quando ocorreu a crise, Lee tinha cinquenta e quatro anos e Jackson, trinta e sete. Como Lee, era um instruído soldado profissional, que combatera bravamente na guerra do México. Devotara-se ao estudo teórico da arte da guerra. Naquele momento, era professor do Instituto Militar da Virginia. Jackson descendia de colonos vindos do Ulster, Irlanda do Norte, assentados na Virginia. Seu caráter era firme, seus modos, reservados e normalmente ameaçadores, seu pensamento, calvinista e sua forma de vida, rigorosa, frugal, austera. Poderia ter pisado na história americana saído do comando de um dos regimentos de Cromwell. Pálido, barba negra, lábios finos e apertados, nariz aquilino e olhos escuros penetrantes, deixava a impressão de um professor-guerreiro relaxado, metido num uniforme desbotado pelo tempo. Mesmo assim, era adorado pelos poucos que o conheciam melhor e tinha o poder de merecer grande devoção dos milhares que comandara com mão de ferro.

Contra Lee e seu grande lugar-tenente, unidos para um ano de intensa ação e construindo uma camaradagem que lembrava a de Marlborough e Eugene, aprestariam-se agora as esmagadoras forças da União.

❊

Os dois lados passaram a organizar seus exércitos. Oficiais e soldados qualificados eram poucos, armas e munições, escassas. O povo americano desfrutara de longa paz, e a guerra que até então conhecera consistira em dominar a natureza e extrair riqueza do solo. Nenhum dos contendores fazia a mínima ideia das provações que os esperavam. O espírito guerreiro estava em alta no Sul, e seus fazendeiros da aristocracia e da fronteira, como os Cavaliers, estavam mais acostumados ao lombo de um cavalo e a atirar do que seus pares do Norte comercial. Orgulhosa e ardorosa, a massa de seus sulistas acorreu a se alistar nos regimentos recém-formados, confiantes na vitória, ou ao menos certos de que ninguém era capaz de vencê-los.

À primeira vista, para os observadores estrangeiros, a disparidade entre os contendores era evidente. Vinte e três estados, com uma população de vinte e dois milhões, se alinhavam para enfrentar onze estados, cuja população de nove milhões incluía quase quatro milhões de escravos. Porém, como os estados sulistas só reclamavam o direito de seguir seu próprio caminho, sua estratégia seria defensiva. O Norte, que negava esse direito e estava determinado a manter o Sul dentro da União, ainda que pela força, devia assumir a ofensiva. Os agressores tinham uma gigantesca tarefa a cumprir.

Nada menos do que a submissão de todo o Sul satisfaria. O conflito não seria resolvido em duas ou três batalhas. Todo o território teria de ser tomado palmo a palmo. A Confederação abrangia uma área com quase 1300km de norte a sul e cerca de 2700km de leste a oeste. As ferrovias eram poucas e malconservadas. As estradas não eram melhores. A região era escassamente habitada e o invasor teria, em grande parte, que levar seus suprimentos por linhas de comunicação extremamente longas a serem protegidas em seu avanço por terreno hostil. A maioria dos escravos, que se esperava constituíssem um estorvo para o Sul, ao contrário se transformaram em firme auxílio, cuidando das plantações na ausência de seus patrões, trabalhando nas colheitas que alimentavam as tropas, reparando estradas e construindo fortificações, liberando dessa forma grande contingente de brancos para as linhas de combate.

Os sete estados do Baixo Sul separaram-se da União com a eleição de Lincoln. A convocação de Lincoln às armas, depois do episódio de Fort Sumter, foi seguida da secessão de quatro estados do Alto Sul. Restava examinar a tendência dos estados escravagistas junto à linha de separação, Kentucky, Missouri, Maryland e Delaware. Desses, Kentucky era o mais importante, em função de sua posição geográfica e porque podia induzir Missouri a seguir seu exemplo. Na verdade, o fulcro da guerra parecia estar no Kentucky. Lincoln, nascido em Kentucky como Jefferson Davis, teria declarado que "gostaria de contar com Deus a meu lado, mas preciso contar com Kentucky." Mas esse estado, fiel à memória de Henry Clay, "o grande negociador," tentou permanecer neutro. Nenhum dos contendores poderia tolerar por muito tempo essa postura, mas, mesmo assim, ambos temiam que qualquer ato agressivo de violência pudesse jogar o estado nos braços do adversário. Lincoln se revelou um diplomata mais astuto e, controlando ele próprio a política de relacionamento com Kentucky, assegurou sua adesão à união em setembro. Foi a primeira real vitória do Norte.

No Missouri, como no estado-irmão, a maioria era a favor da neutralidade, mas os extremistas de ambos os lados assumiram o controle, resultando a guerra civil. O governador era secessionista fanático e, apoiado pelo legislativo, se empenhou em separar o estado da União. O líder da União pertencia à poderosa família Blair, e seu irmão integrava o gabinete. Recorreu ao auxílio do general Lyon, comandante das tropas federais em Saint Louis e, com sua ajuda, os planos separatistas do governador malograram.

Em Maryland, o assunto foi resolvido mais rapidamente. Os separatistas eram fortes em Baltimore e, temporariamente, assumiram o controle da cidade. Destruíram as pontes ferroviárias nas duas linhas do norte e, por alguns dias, Washington se viu perigosamente isolada. Reforços enviados de Massachusetts foram atacados ao marchar pelas ruas, ocorrendo um choque sangrento. Porém, sem o apoio da Virginia, os separatistas de Maryland não foram capazes de se contrapor à capital nacional, e o governador leal à União ganhou tempo até que, em 13 de maio, o general Butler, com pequena força federal, atacou inesperadamente, surpreendendo os separatistas, e ocupou Baltimore. Esse episódio acabou com a secessão em Maryland. O quarto estado escravagista, Delaware, também ficou com a União. Seu legislativo tendia para o Sul, mas a geografia determinou o contrário.

Lincoln não apenas assegurou quatro estados escravagistas como aliados, como também rachou o estado separatista da Virginia, conquistando importante pedaço deste estado. A West Virginia, separada do restante do estado pelos montes Aleghanies e ligada geográfica e economicamente ao vale do Ohio, havia muito se irritava com a opressão do governo estadual de Richmond, que ignorava seus interesses e a explorava em benefício da vertente marítima do estado. Aproveitou, então, a oportunidade para se afastar dos separatistas. Quando, em maio, o voto popular ratificou a declaração de secessão, discordou e, com a ajuda do poderoso vizinho Ohio, declarou sua independência sob o nome de estado de Kanawha, dois anos mais tarde admitido na União como estado de West Virginia.

❊

Na tarefa de preparação para a guerra, o presidente sulista levou vantagem sobre seu adversário. Oriundo de West Point, servira por vários anos no exército regular e combatera na guerra do México. Posteriormente, fora secretário da Guerra no governo do presidente Pierce e, depois, presidente da comissão de assuntos militares do Senado. Conhecia profundamente o corpo de oficiais, podendo fazer o melhor emprego dos elementos à sua disposição. Não apenas soube escolher, com raras exceções, os homens certos, como soube apoiá-los na adversidade. Os principais generais da Confederação que exerciam comandos no início da guerra, quando não foram mortos, ainda os exerciam no fim.

Já Lincoln não tinha experiência militar. Sua atividade como advogado não lhe proporcionara contato com oficiais do exército. Seus encontros de trabalho ocorriam quase sempre por motivos meramente políticos. Precipitou-se, no início principalmente, cedendo ao clamor popular que exigia o afastamento de um general malsucedido. Poucos, tendo fracassado uma vez, tiveram uma segunda oportunidade. Depois de cada derrota, mudava-se o comandante do Exército do Potomac. Nenhum general em comando de tropas federais no final da guerra exercera alto comando no começo. Os sobreviventes eram muito bons, mas a causa da União foi a que mais sofreu com a perda dos que ficaram pelo caminho. No entanto o governo federal, ganhando poder com firmeza à custa dos estados, rapidamente adquiriu inquestionável controle sobre todas as forças da União. Os "estados soberanos" do Sul, por outro lado, sob as pressões da guerra, foram incapazes de abandonar o princípio de descentralização pelo qual vinham lutando. Alguns governadores de estado, embora leais à causa da confederação, foram lentos no apoio à direção geral e, quando a conscrição militar foi decidida pelo congresso confederado em 1862, houve muita oposição e subterfúgios por parte das autoridades estaduais.

❄

Que caminhos devia o Norte tomar para invadir o Sul e reintegrá-lo à União? Os montes Aleghanies separavam o vale do Mississippi das extensas encostas que se estendiam para leste, até o Atlântico. O Mississippi e seu grande afluente, o Ohio, com os rios Cumberland e Tennessee, ofereciam caminho seguro para levar a guerra ao coração da confederação e dividi-la. Os meios materiais e de navegação proporcionavam ao Norte o controle dessas vias fluviais. O Sul não poderia organizar forças fluviais capazes de enfrentar as flotilhas da União. A única linha de comunicação transversal no interior do território confederado, a ferrovia Charleston-Memphis, que passava pelo ponto-chave Chattanooga, no Tennessee, entroncamento de quatro linhas férreas, logo ficaria ameaçada. As vias fluviais não podiam ser cortadas por ataques da cavalaria. Os rios corriam do norte para o sul e não apresentavam limitações a não ser a capacidade dos navios para transportar tropas e seus suprimentos. O velho Winfield Scott, comandante em chefe da União, viu nessa área ocidental de operações a melhor opção para o avanço estratégico. Mas a neutralidade inicial do Kentucky confundiu a visão do Norte e quando aquele estado aderiu no fim de setembro, as principais forças da União já estavam engajadas de forma diferente.

Quando a Virginia aliou-se à confederação, Jefferson Davis fez de Richmond a capital sulista. Estava a menos de duzentos quilômetros de Washington. Controlava, ou deveria controlar, os estuários dos rios James e York e seus afluentes. Protegia a poderosa base naval de Norfolk. Entre Richmond e o inimigo corriam, constituindo sucessivos obstáculos, os largos cursos do Potomac e do Rappahannock, com seu tributário Rapidan. Seria aqui, neste campo de batalha avançado, e não no interior, que a Confederação teria que se manter ou fracassar. Assim, as duas capitais se situavam como damas em casas próximas no tabuleiro de xadrez e, apoiadas pelos movimentos das peças de cobertura, sustentaram quatro anos de duras jogadas em busca de um movimento que levasse à simples captura de uma peça.

Inicialmente, os confederados esperavam defender a linha do Potomac, que assinalava o limite norte da Virginia. Haviam se apoderado do arsenal e depósito de armas do governo federal em Harpers Ferry, na junção do Shenandoah e do Potomac, e por vários meses, enquanto eram reunidas as forças da União, o coronel Jackson e, depois, o general Joseph E. Johnston, com alguns milhares de homens, lá se mantiveram. Em frente à junção ferroviária de Manassas, à margem do arroio Bull Run, a apenas cinquenta quilômetros de Washington, estava o general Beauregard, conhecido pelo episódio Sumter, com o principal exército confederado. Essa era a situação quando chegou o verão de 1861. "Quanto tempo," bradavam os políticos em Washington e a opinião pública agitada que os incitava no Norte, "os Estados Unidos vão tolerar essa insolência?"Os voluntários alistados para servir por três meses, que Lincoln conseguiu reunir no final de abril, deviam receber ordens para atacar antes que expirasse seu tempo de serviço. O general Scott preferia aguardar até ter exércitos bem-treinados. Mas todos os regulares não menosprezam milícias e voluntários? Pressionado além de suas forças, Scott cedeu às solicitações de Lincoln e seu ministério. Harpers Ferry já fora recuperado, e Joseph E. Johnston, com onze mil homens, se retirara para o Shenandoah. Em consequência, Scott enviou quinze mil homens para reter Johnston no vale, enquanto Irvin McDowell, soldado competente, com 35 mil homens, se deslocou para atacar Beauregard, que comandava 22 mil. A essência desse plano consistia na crença de que o exército de Johnston, contido por força superior, não poderia se juntar a Beauregard antes de ser atacado por McDowell.

O avanço das tropas federais fora inicialmente marcado para 9 de julho, mas efetivamente só começou uma semana depois. Os dois generais confederados esperavam ser atacados por forças superiores em suas respectivas frentes e cada um solicitou reforços do outro. Mas o general da União no vale, Patterson, permitiu que Johnston escapasse sem ser pressentido e se juntasse a Beauregard com duas brigadas, na véspera da batalha. Mas McDowell alcançou verdadeira surpresa e sua força, muito superior, ameaçava dominar o débil flanco esquerdo da confederação antes que chegassem reforços. Em meio à situação crítica, a brigada de Jackson, mantendo-se "como uma muralha, uma *stonewall*" na Henry Hill, conteve o avanço federal até que a outra brigada de Johnston chegasse pela ferrovia, mudando a feição da batalha.

O combate, embora violento, foi confuso e ambos os lados se desarticularam. O dia estava quente, as tropas eram despreparadas, os comandos, inexperientes. Os nortistas se retiraram, os confederados estavam muito desorganizados para empreender uma perseguição, e a retirada se transformou em debandada. Membros do ministério, senadores, deputados, até senhoras, tinham vindo de Washington para assistir ao jogo. Entraram em pânico quando milhares de homens, livrando-se de suas armas e até de suas túnicas, dispararam para a retaguarda e só pararam nas trincheiras que guarneciam Washington. Não mais de cinco mil foram mortos ou feridos, em ambos os lados, durante o combate, mas o nome Bull Run ressoou ampla e intensamente. A Europa ficou estupefata, o Sul se regozijou e uma onda de fúria percorreu a União de tal modo que as emoções que se seguiram ao ataque ao Fort Sumter não passavam de mero sussurro.

Ainda se discute se os confederados não deveriam ter prosseguido e atacado Washington imediatamente. Porém, naquele momento, Johnston viu o exército confederado mais desorganizado pela vitória do que o da União pela derrota. Não percebera a debandada. Jackson e outros generais estavam ansiosos para avançar rumo a Washington. Quem sabe?

❄

No dia seguinte ao ignominioso caso, um novo comandante substituiu McDowell. Um dos companheiros de Lee no estado-maior de Scott no México, o general George B. McClellan, oficial do exército regular com reconhecidas qualidades, foi chamado da West Virginia, onde servia, e mandado assumir o comando. Mas quando, no final de outubro, o general Scott retirou-se do serviço ativo, McClellan passou a comandante em chefe de todos os exércitos da república, atribuindo-se, com entusiasmo e competência, a missão de organizar brigadas, divisões, corpos de exército, com artilharia, engenharia e comboios de suprimentos de acordo com os melhores modelos europeus.

O ano de 1861 terminou com a Confederação intacta e quase sem ser molestada. Ao longo da imensa frente, com extensas faixas fronteiriças contestadas, mais de cento e cinquenta escaramuças e pequenos combates foram travados sem maior derramamento de sangue. Embora os comandantes confederados soubessem que chegaria a hora em que McClellan apareceria para enfrentá-los com um exército imensamente superior em efetivo, disciplinado e bem-equipado, não ousaram, com apenas quarenta mil homens, ainda que entusiasmados, invadir Maryland e marchar sobre Baltimore. Nem mesmo tentaram retomar West Virginia.

Até então, a Europa olhara a guerra civil americana como uma briga barulhenta e sem propósito, de turbas e combatentes irregulares que, a qualquer momento, chegaria ao fim pela ação política e pela negociação. Napoleão III simpatizava com os confederados e os teria ajudado se o governo inglês não se manifestasse em contrário. A Rainha Victoria desejava manter estrita neutralidade e a opinião estava curiosamente dividida na Inglaterra. As classes altas, tanto conservadores quanto liberais, em geral viam com simpatia a causa sulista, opinião com a qual Gladstone concordava. Disraeli, líder conservador, era neutro. Os radicais e a massa sem direito a voto da classe trabalhadora eram firmemente contra a escravidão, e Cobden e Bright propagavam o que eles pensavam. Mas o bloqueio efetuado pelo Norte atingiu pesadamente os comerciantes, e o Lancashire, embora sistematicamente contra a escravatura, começou a sentir a escassez de algodão. O apresamento de um navio inglês, o *Trent*, por um cruzador dos Estados Unidos originou violenta reação. O ministro do Exterior, Lord John Russell, redigiu dura nota que o Príncipe Consorte persuadiu o primeiro-ministro, Lord Palmerston, a modificar. Foi inserido um artigo que permitiu ao governo da União declarar, sem desonra, que a ação do cruzador não fora autorizada. O presidente Lincoln sofreu pressões, mas, no fim, sabiamente comentou "uma guerra de cada vez," libertou os presos e tudo permaneceu em silenciosa expectativa. A execução do bloqueio, tanto da saída de algodão quanto da entrada de armas, alcançou grande dimensão. Mas nenhum governo europeu recebeu os emissários dos Estados Confederados. Ninguém na Europa fazia ideia do drama da terrível guerra que o ano de 1862 revelaria. Ninguém avaliava a verdadeira dimensão da ira implacável entre os antagonistas. Ninguém tinha noção da energia de Abraham Lincoln ou dos recursos dos Estados Unidos. Poucos fora da Confederação já tinham ouvido falar de Lee ou Jackson.

A campanha contra Richmond

O Ano-novo começou dolorosamente para o Sul, uma onda amarga de desilusão desanimando seu povo. No ministério e no quartel-general em Richmond, onde os acontecimentos e os números contavam sombria história, os apuros da Confederação já pareciam graves. O bloqueio da União paralisou os portos. Os exércitos inimigos, com efetivos duas ou três vezes superiores aos que o Sul podia prover, ganhavam forma e qualidade, tanto no teatro de operações do Atlântico quanto no do Mississippi. O tremendo peso do Norte, com o poder gerado por sua riqueza e capacidade de fabricar material bélico, agora ocupava a mente do presidente Davis e de seus companheiros e generais. Os estados sulistas não possuíam arsenais, dispunham de pouco ferro e aço, raras e pequenas fábricas para fornecer calçados, roupa e equipamento. Os depósitos estavam praticamente vazios. Até mesmo os mosquetes de pederneira eram escassos. Os canhões de alma sem raias da artilharia confederada tinham alcance muito inferior ao dos novos canhões de alma raiada da União. Tampouco havia como atender a essas necessidades. Nesse cenário iam acontecer os prodígios militares daquele ano.

O desastre começou no vale do Mississippi. Grandes contingentes no uniforme azul da União começaram a surgir ao longo da frente de 400km que ia desde o grande rio até as serras, bem como todo tipo de embarcações estranhas, protegidas por blindagem e transportando canhões e morteiros, que deslizavam lentamente rio abaixo, procedentes do norte. A linha de contato retrocedeu para o sul, para os rios Cumberland e Tennessee, e para uma fortaleza confederada conhecida como "Ilha nº 10," situada no Mississippi.

O general Henry W. Halleck, da União, que comandava o setor oeste, era um modelo de prudência. Felizmente, entre seus generais havia um oficial do exército regular, já na reserva, Ulysses S. Grant, que desde a guerra com o México vivera em obscuridade e trabalhara por certo tempo na loja de couros de seu pai, em Illinois. Os confederados esperavam bloquear o Mississippi na Ilha nº 10, o Tennessee em Fort Henry, e o Cumberland em Fort Donelson; e suas forças avançadas guarneceram estas posições fortificadas. Fort Henry era vulnerável e Fort Donelson era uma posição protegida por trincheiras, exigindo considerável efetivo para sua defesa. Grant propôs avançar durante o inverno subindo o rio Tennessee e atacar o Fort Henry. Halleck aprovou o plano. Grant fez o avanço e o avanço fez Grant. Albert Sidney Johnston, comandante das forças confederadas no oeste, previu claramente a ofensiva federal de inverno, enquanto os rios estavam bem cheios. Clamou por reforços, junto ao presidente Davis e aos governadores dos estados ocidentais. O primeiro não podia atender, e os últimos não atenderam. Em fevereiro de 1862, Grant tomou Fort Henry. A faixa de terra entre os rios até o Fort Donelson, no Cumberland, era de pouco mais de quinze quilômetros. Sem estar autorizado e em meio a temperaturas congelantes, Grant atacou o Fort Donelson, defendido por dezessete mil confederados, sob o comando de Floyd, que fora secretário da Guerra dos Estados Unidos. Após quatro dias de combate e confronto, Fort Donelson se rendeu, entregando 14 mil prisioneiros e 60 canhões. Floyd, temendo ser acusado de traição, fugiu na noite anterior. Provavelmente, uma sábia decisão.

Johnston, finalmente suprido com o que seria a base de um exército, reuniu em Corinth, à retaguarda do Tennessee, os remanescentes da frente anterior e Polk recuou pelo Mississippi para Memphis.

❄

Em Washington, McClellan, o comandante em chefe, empenhava-se em preparar seu exército e resistia de todas as formas às intensas pressões políticas que exigiam um avanço "sobre Richmond." Exagerava nas avaliações da força inimiga e fazia tudo para ganhar tempo e treinar seus homens, fazendo reiteradas promessas de avançar. Passaram-se os meses, o Exército do Potomac, cada vez maior, não tomou qualquer iniciativa, e o entusiasmo que marcara a recepção a McClellan, em julho de 1861, declinou. Ele havia tempo formulava o plano de uma operação anfíbia pela baía de Chesapeake, até algum ponto na costa da Virginia próximo da capital rebelde. Transmitiu essas ideias a Lincoln, em termos gerais, no começo de dezembro. Aproveitando-se do poder naval, propôs que um exército de 150 mil homens fosse transportado pela baía de Chesapeake e desembarcasse em Urbana, no curso inferior do rio Rappahannock, onde ficaria a apenas alguns dias de Richmond. Esperava separar as tropas do general J.B. Magruder das confederadas que defendiam a península de Yorktown, com a esperança de alcançar Richmond antes que Johnston pudesse retrair.

Ninguém pode pôr em dúvida a propriedade dessa concepção. Empregava todas as forças do governo da União, contornava o flanco de todas as posições confederadas entre Washington e Richmond e golpeava o ponto crítico da confederação. O presidente Lincoln tinha uma objeção maior contra toda aquela ideia de uma tentativa por via marítima. Deixaria Washington vulnerável e Joseph E. Johnston, com forças cujo efetivo ele provavelmente avaliava segundo as informações fornecidas pelo próprio McClellan, mesmo sem contar com "Stonewall" Jackson, imediatamente se lançaria sobre a indefesa capital. Seguiram-se ásperas discussões a respeito dos efetivos que deveriam permanecer guarnecendo a capital e a entrada do vale do Shenandoah, onde, em Harpers Ferry, o rio desemboca no Potomac. Concordaram em deixar 40 mil homens. Finalmente, em 27 de fevereiro, Lincoln autorizou relutante, e foram desencadeados os preparativos para a formidável empreitada. Ao mesmo tempo, Lincoln decidiu assumir o comando supremo, dispensando McClellan do comando geral dos exércitos dos Estados Unidos, deixando-o somente no comando do Exército do Potomac. Também houve sólidas razões de ordem militar para essa decisão.

Mas foi um erro não ter nomeado novo comandante em chefe. Todos os generais comandantes de exércitos foram recomendados a receber orientações do secretário da Guerra. Durante os dois últimos meses essa função vinha sendo desempenhada por Edwin M. Stanton. Tal como McClellan, Stanton era democrata e durante os últimos dias do governo de Buchanan fora ministro da Justiça. De início, Stanton professara devoção ilimitada a McClellan, mas logo o general começou a duvidar da sinceridade de suas declarações e chegou a ver uma vontade deliberada de impedir seu acesso ao Presidente.

❄

Os confederados jogaram fora sua melhor oportunidade de vitória quando deixaram de aproveitar o outono e o inverno de 1861. Seu sucesso em Bull Run terminou tão prejudicial quanto uma derrota. Acreditando, tal como seu presidente, que uma intervenção estrangeira não tardaria, e arrogantemente confiantes em que poderiam bater os nortistas no campo de batalha se fosse necessário, relaxaram em seus esforços. Não havia armas para fornecer aos voluntários que chegaram depois da primeira batalha. O recrutamento declinou. Os soldados da frente de combate começaram a abandoná-la e voltar para casa. Ações para manter as fileiras completas, concedendo recompensas e licenças, foram ineficazes. No começo de 1862 a situação era desesperadora.

Quase dois terços do exército confederado era composto de voluntários para um ano de serviço. Em maio expiraria o tempo de serviço dos que integravam 148 regimentos que constituíam a espinha dorsal do exército. A invasão era iminente. A conscrição contrariava a teoria dos estados independentes e soberanos. Mas o Congresso confederado mostrou-se à altura da ocasião e, em 16 de abril, por votação de quase dois para um, aprovou lei declarando todo branco, entre os dezoito e trinta e cinco anos e fisicamente apto, sujeito ao serviço militar. Não obstante, os exércitos foram mais completados por voluntários que procuravam fugir ao estigma de servir compulsoriamente, do que por recrutas convocados por força da lei. Na verdade, a lei foi impopular e de difícil execução. Suas cláusulas que permitiam a dispensa foram amplamente utilizadas pelos descontentes, para escaparem do serviço militar.

Ao longo de todo este período, o presidente Jefferson Davis aderiu inteiramente à defesa passiva. Decidido a manter o controle das operações militares em suas próprias mãos, voltou sua atenção para o leste e, em grande parte, ignorou o oeste, onde reinou o caos até a designação de Albert Sidney Johnston para o comando supremo, em setembro. Lee foi encarregado de organizar a defesa costeira. Quando um grande contingente sob o comando do general Ambrose M. Burnside, da União, penetrou nas águas interiores da Carolina do Norte, os confederados estavam malpreparados e perderam a ilha Roanoke e New Bern. O presidente Davis estava mais do que nunca determinado a preservar o máximo de poder de combate das guarnições nos estados ameaçados. Convocou o general Lee, retirando-o de sua tarefa na defesa do litoral das Carolinas e empregou-o, com missão que não ficou bem clara, como seu assessor-chefe militar no quartel-general.

Em meados de março, Halleck, que fora designado para o único comando da frente oeste, ordenou a Don Carlos Buell que se juntasse a Grant, que tinha William T. Sherman consigo, na margem ocidental do Tennessee, a quase 50km de Shiloh, e atacar Albert Sidney Johnston. Porém, antes que os homens de Buell cruzassem o rio, Johnston atacou. Ao alvorecer de 6 de abril ele surpreendeu a vanguarda das tropas federais em suas barracas perto de Shiloh, travando-se a maior e mais sangrenta batalha já presenciada na guerra. Inicialmente, Johnston levou tudo pela frente, e Grant, que se atrasou em chegar ao campo de batalha, ao cair da noite estava seriamente ameaçado. Mas, Johnston, expondo-se com temerária valentia à frente de um assalto de infantaria, foi ferido e, com uma artéria rompida, sangrou até morrer em poucos minutos. Quaisquer que fossem, os resultados que sua forte personalidade e fantástica energia tivessem alcançado foram perdidos no dia seguinte. Beauregard, que o substituiu, retraiu as tropas da Confederação. Cada lado perdeu dez mil homens nesse furioso combate, mas a proporção foi mais pesada para as fileiras menos numerosas da Confederação. Uma operação combinada entre a força terrestre e a naval poderia aproveitar facilmente a oportunidade para lançar-se mais para o sul e se apossar da posição fortificada de Vicksburg, no Mississippi. Mas Halleck rapidamente se acomodou diante do desejo do presidente de uma ação no leste do Tennessee. Marchou lentamente contra Corinth e gastou um mês tentando cercar Beauregard, que escapou com um rápido e longo retraimento. No verão, a linha no oeste deslocara-se para o sul cerca de 300km, em uma frente de quase 500.

❄

O cenário estava montado para o drama que se desenrolaria na península Richmond-Yorktown. [NT. *http://americancivilwar.com/tl/1862_east_large.jpg*] No começo de abril, o exército de McClellan começou a desembarcar grandes efetivos no Fort Monroe, da União, servindo como cabeça de ponte. Tão logo esse movimento ficou evidente, Joseph E. Johnston, para surpresa e alívio do governo da União, retirou-se de Centreville. Abandonou o entroncamento de Manassas, atravessou o Rappahannock em seu curso superior e fixou-se na região agreste e acidentada por trás de seu afluente, o Rapidan. Agora, por trás do Rapidan, estava bem próximo de Richmond, de modo que a estratégia de McClellan, justificada em princípio, se via frustrada na prática. Em meados de abril, Johnston, deixando seu principal exército 130km a oeste, foi para Yorktown, onde assumiu cumulativamente o comando das tropas na península. Dessa forma, controlava as linhas interiores e podia concentrar todas as suas forças para a defesa de Richmond. A marinha da União, depois de renhido combate, viu-se incapaz de enfrentar o violento fogo das baterias das escarpas no rio York, no flanco direito de McClellan. As fortificações da Confederação se estendiam à sua frente através da península. McClellan imaginou estar superado pelo inimigo em efetivos e, se Davis tivesse concordado em ceder as guarnições das cidades da costa atlântica, realmente estaria em inferioridade.

Nessas desanimadoras circunstâncias, McClellan agiu com mais ponderação do que lhe era habitual. Gastou um mês submetendo Yorktown a um cerco convencional. Lincoln, por outro lado, o pressionava para adotar ação mais vigorosa. "Sempre insisti," escreveu secamente em 9 de abril, "que descer a baía em busca de uma área, em vez de combater em Manassas ou em suas proximidades, significava simplesmente contornar, ao invés de superar a dificuldade; que encontraria o mesmo inimigo e as mesmas ou semelhantes fortificações em ambos os lugares." Finalmente, depois da rendição de Yorktown, que abriu caminho para seus navios pelo rio York, McClellan partiu sobre as linhas da Confederação. Em meados de maio, avançara 100km ao longo do rio York, chegando a White House, na ferrovia Richmond-West Point, a 40km da capital rebelde.

Entretanto, em abril o presidente Davis persuadira Lee a reforçar "Stonewall" Jackson para uma ofensiva diversionária no vale do Shenandoah. Com apenas 16 mil homens contra quatro generais da União que dispunham de mais de 40 mil, Jackson travou curta e brilhante campanha que reforçou seu renome. Golpeando à direita e à esquerda as forças superiores que enfrentava em ambos os lados, correndo diariamente o risco de ser aprisionado, realizando marchas enormes e às vezes dividindo sua pequena força, venceu uma série de violentos combates que perturbaram seriamente o presidente Lincoln e seus assessores. Finalmente, Lincoln prometera a McClellan as tropas de McDowell, mas, seis dias depois, quando o exército da União estava em meio à travessia do pantanoso rio Chickahominy, um telegrama trouxe para o general a notícia de que o deslocamento de McDowell fora "suspenso." McClellan interrompeu o avanço. Violentas chuvas encheram o Chickahominy, e o exército da União viu-se dividido, com apenas dois corpos de exército na margem sul. Era, claramente, a oportunidade para Johnston. Atacou os dois corpos da União isolados com todo seu poder de combate. O presidente Davis, com Lee a seu lado, deslocou-se para acompanhar a consequente batalha de Seven Pines, ou Fair Oaks, como é algumas vezes chamada. O ataque confederado malogrou. A batalha foi violenta, mas com resultado indefinido, custando cerca de seis mil homens a cada lado. McClellan parou, e as fortes chuvas o tornaram ainda mais disposto à inação. Permaneceu imobilizado, com seus postos avançados a oito quilômetros de Richmond. Lincoln, sabedor de que Jackson agora se retirava no vale do Shenandoah, novamente prometeu a tropa de McDowell. Mas, quando Jackson se voltou contra seus perseguidores e os derrotou em dois dias seguidos, 8 e

9 de junho, em Cross Keys e Port Republic, mudou outra vez de opinião e não autorizou a partida de McDowell.

Muito mais importante do que a luta foi o fato de o general Joseph E. Johnston ter sido gravemente ferido no primeiro dia em Seven Pines, e o presidente Davis, em 1º de junho, nomear Lee comandante da força que dali em diante ostentaria o título imortal de Exército da Virginia Setentrional.

❄

Lee realizou a primeira de suas ofensivas, e logo foi sentida sua mão em toda a conduta da guerra. Conseguiu com Davis a concentração das tropas do Atlântico, que fora negada a Johnston. Alimentou os temores de Washington, enviando sete mil homens para reforçar Jackson no vale. Isso serviu para prolongar a imobilização de Mc Dowell. Jackson veio de seu exército para acertar os planos. Recebeu ordem para conservar uma "tropa reduzida" no vale, trazendo, secretamente, o grosso da tropa para Ashland, 24km ao norte de Richmond e a cavaleiro da ferrovia Richmond-Frederiksburg. A partir dali, as forças da Confederação poderiam avançar desbordando o flanco e a retaguarda dos exércitos da União e cortar suas comunicações com West Point. Ao amanhecer de 26 de junho, Lee estava pronto para entrar em ação. Mas McClellan não fez qualquer alteração em seu dispositivo para o combate, que permanecia à vista de Richmond e ocupando as duas margens do Chickahominy. O exército de Lee, incluindo Jackson, agora atingia efetivo acima de 75 mil homens. McClellan comandava 87 mil, mas, desse total, apenas o corpo de exército do general Fitz-John Porter, com 25 mil, estava ao norte do Chickahominy. Lee decidiu deslocar o grosso de suas forças através do rio e, reforçado por Jackson, concentrar 56 mil homens contra o corpo de exército de Porter, desbordar seu flanco direito, destruí-lo, cortar as comunicações de McClellan com West Point e, em seguida, atravessar o Chickahominy em sua retaguarda e levá-lo à destruição. Deixaria para trás apenas 16 mil homens ocupando as fortificações que defendiam Richmond. Quando percebesse o que tinha à sua frente, o caminho estaria aberto para McClellan marchar com 60 mil homens diretamente sobre Richmond e atacá-la com uma superioridade de quase quatro para um. Lee, que conhecia bem McClellan e o avaliava corretamente, estava certo de que ele não faria isso.

Durante a noite de 25 de junho, dois corpos de exército confederados cruzaram o Chickahominy, se estabeleceram na margem direita e caíram sobre Porter em Mechanicsville. Porter, surpreendido, resistiu obstinadamente. Suas baterias de canhões de alma raiada devastaram as fileiras confederadas. Jackson não apareceu no local. As dificuldades encontradas no trajeto o atrasaram por um dia. Porter, tendo infligido mais de duas mil baixas aos atacantes, conseguiu retrair até suas reservas em Gaines's Mill, seis quilômetros rio abaixo, onde o massacre prosseguiu com fúria ainda maior em 27 de junho. Gaines's Mill foi a primeira batalha que Lee comandou pessoalmente, fato duramente criticado. Novamente o poder da artilharia da União se fez presente. Os confederados foram repelidos várias vezes em todos os pontos e o terreno na direita de Porter era tão obstruído por florestas e pântanos que, quando Jackson entrou em ação no final da tarde, não conseguiu desbordar o flanco. Todavia, Lee não se desesperou. Recorreu a suas tropas. Lançou os valentes texanos de J.B. Hoods no centro e, quando as sombras da noite se aproximavam, ordenou que todo o exército atacasse. Os texanos romperam o centro do dispositivo do desgastado corpo de exército de Porter. As tropas da União foram varridas do campo de batalha. Quando a noite caiu, tinham sido tomados vinte canhões e feitos vários milhares de prisioneiros. Para onde iria Porter? McClellan permaneceu estático diante de Magruder durante os dois dias da batalha. O que faria? As comunicações estavam cortadas. Seu flanco direito fora esmagado. O longo e envolvente braço esquerdo de Lee, do qual, na verdade, Jackson era o punho, devia contornar completamente a direita e a retaguarda do exército federal. A manobra seria realmente fatal?

Porém McClellan era um soldado competente. Quando seus generais o encontraram no quartel-general na noite de Gaines's Mill, ele os informou que perdera as ligações com West Point e o rio York; que, usando a força naval, estava mudando sua base do York para o James; e que todo o exército marcharia para o sul, rumo a Harrison's Landing, naquele rio, onde todos os suprimentos estariam esperando. Sabemos hoje que, antecipadamente, tinha feito preparativos para tal contingência. Mas correu sério risco, adiando a decisão até o último momento. Uma ponte "grape-vine," ponte-parreira, assim chamada em face de seu formato, fora construída através dos pântanos e da corrente do Chickahominy, e Porter pôde escapar em segurança passando por sua estrutura débil e sinuosa, enquanto todo o exército da União se preparava para empreender difícil e perigosa manobra de flanco através do pântano de White Oak, para chegar ao lado sul da península. Magruder dispunha, agora, da oportunidade para avançar e golpear esse exército vulnerável. Atacou-o no dia 28 em Savage Station, apossando-se de seus hospitais de campanha e copiosos suprimentos. Mas Lee ainda não podia ter a certeza de que McClellan estava realmente se dirigindo para o James. Bem podia estar retraindo para Fort Monroe pela estrada de Williamsburg. Assim, Lee retardou em um dia a travessia do Chickahominy para persegui-lo. Apenas no dia 30 obrigou McClellan a enfrentá-lo em Glendale, ou Frayser's Farm. Esse foi o momento crítico.

É quase inacreditável que McClellan desperdiçasse o dia em reunião com a marinha e instalando a nova base no James. Deixou a batalha correr sozinha. Do lado confederado, muitas coisas saíram erradas. Os mapas eram imperfeitos, o senso de oportunidade falhou e os ataques foram desencadeados por partes. Jackson, de quem tanto se esperava, ficou eclipsado. Dos 75 mil homens com os quais Lee contava para dar o golpe final, mal dispôs de 20 mil para realmente empregar. Esses, depois de assustadoras baixas, romperam o centro do dispositivo da União, mas a noite permitiu que o exército prosseguisse em sua retirada. Em Malvern Hill, em uma posição de grande valor, com o rio James à retaguarda para impedir uma retirada posterior e o fogo das canhoneiras da marinha para cobrir os flancos, McClellan ficou encurralado. Novamente, ao final de uma semana de furiosos combates, Lee ordenou a seus soldados que atacassem com seu formidável ímpeto. O troar dos canhões da União se fez ouvir, ecoaram os gritos de guerra dos rebeldes, aqueles mortais "*Aah-ih*!" que tanto seriam ouvidos naqueles anos sangrentos. Mas foi tudo em vão. McClellan estava salvo. Frustrado, batido, obrigado a se retirar, toda sua operação arruinada, perdendo enorme quantidade de suprimentos e material bélico, 60 canhões e 36 mil rifles, com Richmond intocada, McClellan e seu valente exército, apesar de tudo, terminaram a Batalha dos Sete Dias repelindo seus perseguidores, com uma baixa de cinco mil homens.

A vitória na Batalha dos Sete Dias foi de Lee. O mundo constatou o fracasso total do ambicioso plano da União. Essa impressão também tomou conta de Washington. McClellan, que não ficou intimidado, se propôs a atravessar o James para Petersburg e atacar Richmond "pela porta dos fundos," como Grant viria a fazer em 1864-1865. Sua proposta não foi aceita. Mas para Lee a aventura não foi menos desanimadora. Deixara de aniquilar seu inimigo por uma sucessão de pequenas oportunidades perdidas, provocadas em grande parte pela inexperiência de seus estados-maiores. Perdera mais de 20 mil dos melhores homens de seu exército contra 17 mil no lado da União, que contava com abundantes recursos humanos.

Lincoln e seus assessores agora procuravam voltar ao plano original de concentrar forças esmagadoras na via terrestre que levava de Washington a Richmond, rompendo as resistências pelo peso dos números. Mas seus exércitos estavam divididos, e Lee, em Richmond, estava exatamente entre eles. O presidente ordenou a McClellan que se retirasse da península e subisse com suas forças pelo Potomac até Aquia, nas vizinhanças de Washington. Halleck foi feito comandante em chefe. Levou consigo o general Pope, que se conduzira bem no vale do Mississippi, para comandar o que viria a ser chamado Exército da Virginia. Pope era um homem ríspido, arrogante, bafejado pela sorte no teatro de oeste e falava em termos depreciativos sobre os exércitos do leste e suas façanhas. Ia mostrar-lhes como uma guerra devia ser conduzida. McClellan recebeu ordens para passar o comando de suas tropas, que dele se separaram com sincero pesar, e foi relegado à defesa de Washington.

A situação estratégica beneficiava Lee e seu tenente. Antes que o exército de McClellan pudesse retirar-se contornando a península de Yorktown, eles teriam que se deparar com Pope. Vale a pena relatar como o enfrentaram.

Lee e McClellan

O general Pope chegou à linha de frente em 1º de agosto de 1862. A missão do novo comandante era, sem dúvida, ganhar o terreno que pudesse sem se engajar seriamente, até que o exército de McClellan regressasse do rio James. Pope já contava com 40 mil homens e em seis semanas teria 150 mil. Estava pleno de entusiasmo e confiança. Esperava conquistar tanto Gordonsville quanto Charlottesville, antes mesmo da chegada da força principal, para depois liquidar com Richmond.

Assim que Lee percebeu que McClellan já não constituía ameaça, enviou Jackson, em meados de julho, com duas divisões (11 mil homens) para Gordonsville, efetivo que elevou para 24 mil no final do mês. Era um bocado para Jackson e não chegava a dois para um a proporção que teria de enfrentar. Localizou as tropas de Pope se deslocando confiantemente ao seu encontro pelas três estradas que convergiam em Culpeper. Em 9 de agosto, atacou o general Banks, que comandava o corpo de exército vanguarda de Pope,

11km ao sul de Culpeper, em Cedar Mountain. Empregou 20 mil homens contra os nove mil de Banks e arrasou-os, infligindo baixas que atingiram um quarto do efetivo e deixando o restante sem condições de fazer mais do que proteger seus equipamentos. Mas antes de chegar a Culpeper, viu-se diante dos dois outros corpos do exército de Pope e, de acordo com a concepção de Lee para a operação, retraiu para Gordonsville.

Em 13 de agosto, Lee soube que o exército de McClellan estava reembarcando em Fort Monroe. Era o sinal que estava esperando. Antes que este esplêndido exército pudesse fazer valer seu poder junto a Pope, no norte da Virginia, no máximo em um mês, ele deveria vencer uma grande batalha naquela região. De imediato deu ordens ao general James Longstreet, com doze brigadas, o grosso das forças de Richmond, para se juntar a Jackson em Gordonsville. No dia 17, tinha 155 mil homens concentrados nos bosques por trás de Clark's Mountain, seu raio de ação alcançando Culpeper, onde Pope agora estava estacionado. Pope ignorava esta ameaça e poderia perfeitamente ter sido destruído. Mas Lee esperou um dia para aproximar sua cavalaria e, nesse meio-tempo, um oficial confederado foi aprisionado com documentos que alertaram Pope. Encoberto pela neblina matinal, ele se retirou para o outro lado do Rappahannock. A primeira tentativa de Lee para agarrá-lo com a mão direita falhara. Agora, tentava com a esquerda. Jackson atravessou o Rappahannock em seu curso superior, em Sulphur Springs. Mas o rio encheu depois que sua primeira brigada o transpôs e, pela segunda vez, Pope foi salvo.

Agora Lee sabia que seu breve período de superioridade estava vencido e devia esperar que, em uma semana ou dez dias, forças gigantescas estariam concentradas à sua frente. Sabia que as divisões que formavam a vanguarda do antigo exército de McClellan já tinham desembarcado na enseada de Aquia. Como poderia o Exército da Virginia Setentrional fazer frente a 150 mil homens, uma vez concentrados? Em consequência, acertou com Jackson uma audaciosa e, uma vez concretizada, brilhante manobra. Diante de um inimigo superior e que se reforçava rapidamente, dividiu suas forças. Antes do amanhecer de 25 de agosto, Jackson iniciou mais uma de suas famosas marchas. Com 20 mil homens, depois de percorrer mais de 40km, chegou a Salem, bem longe do flanco direito de Pope e, no dia seguinte, cobriu de novo distância equivalente através do desfiladeiro Thoroughfare que atravessa as colinas, e cortou a ferrovia Alexandria-Orange, da qual Pope dependia para receber suprimentos poucas milhas ao sul do entroncamento de Manassas. No vigésimo sétimo dia tomou Manassas Junction. Ali estavam depositados todos os suprimentos de Pope. Alimento, equipamento e depósitos de todos os tipos deslumbraram os necessitados confederados ao caírem em suas mãos. Jackson pôs uma guarda a tomar conta das bebidas e permitiu que seus homens levassem o que pudessem carregar. A maioria trocou toda a roupa. Mas o saque poderia custar um preço fatal. Por todos os lados forças federais já se encontravam ou se aproximavam. O corte das comunicações de Pope foi um acidente e não o objetivo de Jackson e seu comandante. Nada menos que uma grande batalha vencida lhes seria útil. Portanto, ele abandonou o entroncamento e deixou o depósito em chamas. Voltando as vistas para o norte, Pope notou o céu noturno rubro pelo imenso incêndio. Foi a contribuição de Jackson para mantê-lo intrigado e ocupado até que Lee pudesse se aproximar com Longstreet e a força principal para engajá-lo.

Não havia o risco de Pope se lançar sobre Richmond. Estava imobilizado. Tinha de se retirar. Mas com novas tropas chegando por todas as estradas para reforçá-lo, ainda conservava grande superioridade. Poderia até mesmo bloquear o desfiladeiro Thoroughfare e encurralar Lee e o resto do exército confederado. Era uma guerra terrível e cheia de riscos. Jackson se retirou de Manassas Junction e dirigiu-se para o norte, rumo ao interior dos bosques junto a Sudley Springs. Pope, acreditando que o tinha a sua mercê no entroncamento, marchou contra ele de todas as direções. Achou o local abandonado e em cinzas. Durante o dia 28, nenhum dos lados sabia exatamente o que estava acontecendo, mas Jackson sabia que Longstreet estava forçando a passagem pelo desfiladeiro Thoroughfare com Lee e o grosso do exército confederado. A ordem de Pope para seu desarticulado exército foi aniquilar Jackson, agora localizado ao sul de Sudley Springs, e, para tanto, deslocou 70 mil homens. Só pensou em Jackson. Parecia ter esquecido Longstreet e Lee, que já estavam entrando em posição no flanco direito de Jackson.

Em 30 de agosto, começou a segunda batalha de Bull Run, ou Manassas. Com inexcedível bravura, 53 mil federais, em cinco assaltos sucessivos, se engajaram em combate corpo a corpo em campo aberto com os 20 mil de Jackson. Ora um estava em vantagem, ora outro, o massacre ceifando os dois lados. Longstreet, já em posição, mas ainda sem ser pressentido, foi angustiantemente lento para entrar em ação. Sempre gostava de observar antes de lançar-se ao ataque. Princípio válido, mas muito aquém do que a situação exigia. Era um chefe experimentado, e Lee não podia pressioná-lo demais. No primeiro dia da segunda batalha de Manassas, Jackson enfrentou sozinho o ímpeto do ataque. Ao entardecer, quando suas últimas reservas tinham lançado o contra-ataque, um clérigo seu amigo expôs temores quanto ao desgastado flanco esquerdo da confederação. "Stonewall" Jackson, avaliando o combate minuto a minuto, lançou um longo olhar sobre o campo de batalha e disse, "Eles estão em condições piores."

A luta recomeçou ao alvorecer de 31. Pope recebera o reforço de dois corpos de exército vindos de Aquia. Ainda sem pressentir a presença de Longstreet, ordenou ao malfadado general Porter que desbordasse o flanco direito de Jackson e as tropas cumpriram fielmente a missão. Mas agora, Longstreet, firme uma vez em ação, lançou o ataque principal dos confederados. O dispositivo de Pope foi rompido. Em uma frente com mais de seis quilômetros, inesperadas tropas confederadas irromperam esplendidamente dos bosques. Os dois corpos à esquerda de Pope, inferiorizados e flanqueados, recuaram. Porter, cercado, foi esmagado e, mais tarde, submetido a corte marcial. Embora ao final do dia ainda comandasse 70 mil soldados confiáveis, Pope não pensou noutra coisa senão buscar proteção nas fortificações de Washington, para onde levou consigo um reforço final de 10 mil homens que chegara durante a noite. Lee conseguiu capturar trinta canhões, 20 mil preciosos rifles e fazer 7 mil prisioneiros, tendo ferido ou matado 13.500 federais, custando à confederação 10 mil homens. Derrotara completamente 75 mil soldados da União, contando com menos de 55 mil. Fazia exatamente quatro meses que o presidente Davis lhe entregara o comando. Naquela ocasião, McClellan estava a oito quilômetros de Richmond. Agora, os postos avançados de Lee estavam a 32km de Washington. Dessa forma se invertera o quadro.

*

Lincoln queria um general agressivo que saísse vigorosamente atrás de Lee e o derrotasse. McClellan, apesar de todos seus atributos de liderança, não possuía o peso adicional de um espírito de luta. Lincoln, com sua perspicácia e conhecimento das pessoas, sabia disso. Mas também sabia que McClellan provavelmente era o comandante mais competente com que podia contar. Em 2 de setembro, quando Pope e seu exército derrotado pareciam desmoronar junto a Washington e o pânico envolveu o círculo próximo ao presidente,

Lincoln ofereceu a McClellan o comando de todas as forças. O desprezado comandante aceitou sem pestanejar a missão de salvar a cidade. A história nunca permitiu que McClellan fosse além do nível da mediocridade em competência e coragem, mas não se deve esquecer que, quando se dirigiu para reassumir o comando do exército que se retirava, seus soldados o receberam com frenético entusiasmo. As longas, exaustas e humilhadas colunas de bravos, que haviam sido conduzidas de forma tão vergonhosa, saíram de forma e quase arrancaram da sela o comandante que reassumia o comando da tropa. Fortalecido pela manifestação, McClellan restaurou a ordem no exército e o fez voltar a frente para o inimigo.

Lee, depois da segunda vitória confederada em Manassas, fez o que deveria ter sido feito após a primeira. Invadiu Maryland para dar ao estado a oportunidade de juntar-se à Confederação, se ainda quisesse ou pudesse. Sempre em busca da batalha final e decisiva, que sabia só ela poder salvar a Confederação, marchou para o norte por Leesburg, transpôs o Potomac e chegou às vizinhanças de Frederick, ao lado de Baltimore. Sabia que não tinha a menor chance de tomar Washington, mas havia recompensas a alcançar em campo aberto. Em Harpers Ferry, no vale do Shenandoah, havia um grande depósito de suprimentos da União. O plano de Lee era conquistar Harpers Ferry, para a qual retraíram duas guarnições menores. De acordo com o plano, partindo de Frederick, dirigiu-se para oeste pela serra conhecida como South Mountains, mandou Jackson contornar por Martinsburg e, em 13 de setembro, cerrou de todas as direções sobre Harpers Ferry.

McClellan, esperando salvar Harpers Ferry, partiu no encalço de Lee com quase 90 mil homens, inclusive dois excelentes corpos de exército ainda não desgastados. Em um golpe de sorte, um soldado nortista encontrou três charutos embrulhados em um pedaço de papel que era, na verdade, uma cópia das ordens mais secretas de Lee. McClellan tomou conhecimento que no dia 13 Lee dividira seu exército e que a parte principal estava se aproximando de Harpers Ferry. Assim, pôde avançar com muito boa probabilidade de atacá-lo. Era apenas uma questão de horas. Poderia Jackson conquistar Harpers Ferry antes que Lee fosse vencido nos desfiladeiros de South Mountains?

McClellan desperdiçou muitas dessas horas preciosas. Mas, considerando que os membros do governo que estava por trás dele poderiam ficar apenas bocejando e tartamudeando, enquanto seus inimigos políticos estavam ávidos por uma chance para arruiná-lo, não constitui surpresa ter agido com dose dupla de sua habitual prudência. No dia 14, Lee foi rechaçado nas duas passagens em South Mountains por forças muito superiores. Agora, tinha que tomar importante decisão. Inicialmente, pensou em reunir seus ganhos e lauréis e cruzar de volta o Potomac, voltando à Virginia. Depois, porém, sentindo que apenas a vitória lhe interessava, resolveu retomar a batalha por trás do arroio Antietam, com a retaguarda escorada no Potomac, na crença que, nesse intervalo, Jackson tomasse Harpers Ferry e viesse a tempo.

Harpers Ferry logo se rendeu, no dia 15. Setenta e três canhões, 13 mil rifles e 12.500 prisioneiros foram reunidos pelos oficiais de Jackson, que novamente se pôs em movimento, marchando durante a tarde e a noite, para juntar-se a Lee, que se mantinha com apenas 20 mil homens diante da gigantesca aproximação de McClellan. Esse valoroso general não conseguia se libertar da obsessão de Washington. Se fosse um soldado e homem tão notável quanto Lee, teria apostado tudo na batalha. Para não correr riscos desnecessários, perdeu um dia e fracassou no propósito de vencer a batalha.

Só atacou no dia 17. A essa altura, Jackson já chegara e se postara à esquerda de Lee e o resto das divisões confederadas, tendo completado a limpeza de Harpers Ferry, estava a caminho para o novo embate. Lee combateu com a retaguarda protegida pelo Potomac e, se fosse derrotado, mal poderia escapar por uma única ponte junto a Sharpsburg. Essa terrível batalha foi o auge da má condução da guerra pela União. McClellan, depois de percorrer a linha de frente a cavalo, lutou de seu quartel-general, na atitude que ficou conhecida como "a concepção do comandante em chefe." Significava que expediu suas disposições e deixou a batalha entregue à sua própria sorte. Mas Jackson permaneceu na frente, e Lee cavalgou pelo campo de batalha acompanhando o combate, tal como Marlborough, Frederico, o Grande, e Napoleão costumavam fazer. O flanco esquerdo confederado, sob o comando de Jackson, foi praticamente destruído, mas apenas depois de arruinar o dobro de seu efetivo, ou seja, dois corpos de exército das forças da União. Esse trecho da frente ficou indefinido até Jackson ser reforçado por Lee no centro e na direita de seu dispositivo, que estavam violentamente pressionados. Em seguida, o centro da União atacou parceladamente e sua divisão na vanguarda foi destroçada, metade tombando com ferimentos. Burnside, que com o flanco esquerdo da União devia transpor o Antietam e cortar a via de retirada de Lee, teria conseguido, não fosse a chegada da última divisão de Lee, proveniente de Harpers Ferry. Investindo, de uma direção inesperada, sobre o flanco direito dos atacantes, ela liquidou aquela ameaça. A noite caiu sobre a batalha sem definição, na qual os federais tinham perdido 13 mil homens, um quarto da tropa engajada no combate e um sexto da que estava na área de operações, e a Confederação, nove mil, mais ou menos um quarto de seu efetivo.

Quando caiu a noite, Lee se reuniu com seus magníficos comandantes. Sem exceção, todos opinaram pelo imediato retraimento atravessando o Potomac. Mesmo Jackson, inexcedível em combate, achou que seria a decisão sensata. Mas Lee, que ainda almejava vencer sua controvertida e decisiva batalha, depois de ouvir todas as opiniões, anunciou a decisão de manter suas posições no terreno. Assim, os abalados confederados viram a luz da manhã e o gigantesco dispositivo de bravos soldados que pareciam estar a ponto de esmagá-los. Mas McClellan estava satisfeito. Não houve combate no dia 18. Lee pressionou firmemente Jackson para assumir a ofensiva, mas este, depois de pessoalmente fazer um reconhecimento acompanhado pelo comandante da artilharia, afirmou que era impossível, Lee aceitou seu parecer criterioso e assim chegou ao fim a primeira invasão de Maryland.

A guerra nunca alcançou tal intensidade de forças morais e físicas orientadas para pontos decisivos como nessa campanha de 1862. O número de batalhas travadas e a feição desesperada e sangrenta que as caracterizou ultrapassaram de longe quaisquer episódios em que Napoleão jamais se envolveu. A partir de 1º de junho, quando Lee assumiu o comando, o Exército da Virginia do Norte travou sete ferozes batalhas – a dos Sete Dias, Cedar Run, a segunda de Manassas, South Mountain, Harpers Ferry, Antietam e, mais tarde, Fredericksburg – em igual número de meses. Raramente Lee contou com três quartos e várias vezes apenas com metade da força de seus oponentes. Os bravos nortistas certamente tiveram sua tarefa dificultada por uma calamitosa direção política, mas, por outro lado, aos confederados faltaram armas, munição, comida, equipamento, roupa e calçados. Chegavam a dizer que seu itinerário de marcha podia ser identificado pelas pegadas salpicadas de sangue de seus homens descalços. Mas o Exército da Virginia do Norte "levou a Confederação nas baionetas" e protagonizou espírito de luta sem precedentes na história.

❋

Lincoln ficara esperançoso de uma vitória marcante. Em Antietam, McClellan o presenteara com um triunfo parcial, embora importante. Mas a fé do Presidente na causa da União nunca foi ofuscada por decepções. Era muito mais assaltado por ansiedades que o levavam a inquirir seus comandantes como se fosse um advogado de acusação. Os generais não o apreciavam. Mas a popularidade de Lincoln na tropa permanecia alta. Confiavam nele. Sentiam sua natural firmeza e generosidade de caráter. Ele tinha de se valer constantemente dessas qualidades, em seu trabalho na Casa Branca. Passava por seu gabinete uma torrente de políticos, editores de jornais e outros homens influentes. A maioria clamava por uma rápida vitória, sem a mínima ideia dos caprichos de uma guerra. Muitos valorizavam seus próprios planos de operações que, como amadores, elaboravam e confiantemente recomendavam com insistência a seu chefe. Muitos também tinham suas preferências por generais, em favor dos quais interferiam. Lincoln tratava todos seus visitantes com paciência e firmeza. Seu temperamento simples o mantinha sempre inabalável. Um senso de ironia o ajudava a amenizar os aborrecimentos. Em momentos de tensão, uma piada mordaz aliviava seus sentimentos. Ao mesmo tempo, mantinha o espírito elevado por profunda crença na providência divina. Quando o preço da guerra ficou muito alto e os planos davam errado, em seus pensamentos mais íntimos buscava forças junto a um poder mais alto que o dos homens comuns. Certamente as conseguiu. Quando se exerce a autoridade suprema, às vezes é preciso lidar com as intrigas de colegas desleais, a fim de conservar a calma quando os outros entram em pânico e de resistir ao clamor popular mal-orientado. Tudo isto Lincoln fez.

Antietam e a retirada de Lee para a Virginia deram ao Presidente a oportunidade para importante passo. Proclamou a emancipação de todos os escravos nos estados insurgentes. O impacto produzido na França e na Inglaterra pelas corajosas e decididas manobras de Lee, com as sucessivas grandes batalhas que travou, triunfando ou levando ao impasse, fez com que o ministério em Washington temesse a mediação, que seria acompanhada, caso fosse rejeitada, pelo reconhecimento da Confederação. O norte estava desanimado pelas desastrosas e inúteis perdas e pela sensação de inferioridade na qualidade dos generais. O recrutamento declinou e a deserção se tornou frequente. Muitos pediam a paz e outros indagavam se preservar a União compensava a matança, e se devia ser mantida a escravidão. Superando esse último desafio e elevando a guerra ao nível de cruzada moral, Lincoln esperava estimular o apoio da opinião pública inglesa à causa da União e despertar o entusiasmo entre seus próprios compatriotas.

Foi uma iniciativa sobre a qual refletira longamente. Desde o início da guerra, os radicais o pressionavam para a total abolição da escravatura. Lincoln alimentava receios sobre as consequências para os estados escravagistas junto à fronteira, que tinham permanecido leais à União. Insistia em que o único objetivo da guerra era preservar a União. Enquanto isso, refletia sobre a oportunidade para fazer sua proclamação e as dificuldades constitucionais que encontraria pelo caminho. Pensava não ter competência legal para interferir na escravidão nos estados junto à linha de separação. Sentia que a declaração poderia se justificar legalmente apenas como medida de ordem militar, respaldada por seu cargo de comandante supremo do exército e da marinha. Sua intenção era privar a Confederação de uma fonte de seu poder. Quando a proclamação foi publicada, com vigência a partir de 1º de janeiro de 1863, foi aplicável apenas aos estados rebeldes. No restante da União, a escravidão só foi abolida com a Terceira Emenda à constituição, em dezembro de 1865. No Sul, a proclamação só entrou em vigor com o avanço das tropas federais. As repercussões mais amplas não foram inteiramente como Lincoln desejara. Na Inglaterra, não se entendeu por que não declarou a abolição total. Suspeitou-se de uma manobra política de Lincoln. Na América, a guerra assumira feição irreversível, oferecendo ao Sul uma só possibilidade, a submissão.

O Partido Democrata no Norte se opunha totalmente ao decreto da emancipação, e o general McClellan, que poderia vir a ser o candidato democrata à presidência, dois meses antes enviara a Lincoln uma advertência formal contra tal iniciativa. Nas eleições para o Congresso no outono de 1862, os republicanos perderam terreno. Muitos nortistas acharam que o presidente tinha ido longe demais, e outros acharam que não fora longe o suficiente. Iniciativas grandiosas, criteriosas e bem-pensadas, logo que adotadas são muitas vezes recebidas com incompreensão pública.

Lee se retirou deslocando-se sem maiores preocupações, subindo o vale do Shenandoah. Não hesitou em dividir seu exército diante do numeroso efetivo de McClellan. Deixou Jackson no vale para manter Washington ao alcance de seus tentáculos e foi se recompor ao lado de Longstreet, perto de Culpeper Court House. Se pressionado, poderia recuar para Gordonsville, onde, achou, Jackson poderia chegar a tempo. Mas dessa vez McClellan havia preparado cuidadosamente seu golpe. Planejou atacar Lee com força esmagadora antes do regresso de Jackson. Até aquele instante, considerava-se apoiado pelo presidente Lincoln. Na noite de 7 de novembro de 1862, recebeu ordem para passar o comando para o general Burnside e, simultaneamente, Porter, seu subordinado mais competente, foi preso.

Quase houve um motim no exército da União quando se soube da demissão de McClellan. O general agiu com absoluta retidão e usou toda a sua influência para pôr o sucessor na sela. Nunca mais recebeu comissão. Restou para McClellan uma ativa luta política onde os números, que são o que vale nessa situação, favoreceram o outro lado. O general Porter, embora tendo prestado bons serviços na fase intermediária das operações em Maryland, foi submetido a corte marcial por sua conduta na segunda batalha de Manassas, condenado e demitido do exército dos Estados Unidos. Essa injustiça foi reparada depois de alguns anos.

Nesta guerra pertinaz, por diversas vezes já vimos o presidente Lincoln exigindo um ataque frontal e uma batalha decisiva. "Rumo a Richmond" era a sua disposição. Finalmente, encontrou em Burnside um general capaz de bater com a cabeça na parede. Burnside seguiu um plano simples. Escolheu o caminho mais curto que, no mapa, conduzia a Richmond, e concentrou seu exército ao longo desse itinerário, atravessando o Rappahannock em Fredericksburg.

Levou duas semanas para executar este plano da melhor maneira possível. Entrementes, Lee trouxe Jackson e outros reforços. Até então, Lee sempre combatera em campo aberto. Mesmo na situação desfavorável de Antietam, não recorrera à luta em trincheiras. Desta vez, aproveitou as duas semanas para fortificar suas posições acima de Fredericksburg, usando todos os artifícios então conhecidos. Foram preparados parapeitos revestidos de toras de madeira e barreiras de pedra e terra compactada. Quase cento e cinquenta canhões foram assentados em posições adequadas. Abrigos individuais para os atiradores surgiram por toda parte e bons caminhos transversais cortaram a raquítica mata por trás das linhas. Em 11 de dezembro, Burnside ocupou Fredericksburg, transpôs o rio com grande parte de seu exército e desdobrou para a batalha. Contava com 118 mil homens, contra os 80 mil de Lee. No dia 13, lançou o ataque. Investiu por partes nos dois flancos, esquerdo e direito, da Confederação e, em seguida, pelo centro. Os soldados nortistas demonstraram intenso espírito de sacrifício. Brigada após brigada, divisão após divisão, arremeteram encosta acima sob fogo mortífero. Quando anoiteceu, o exército da União recuou com quase 13 mil baixas. As perdas confederadas, a maior parte nas tropas de Jackson, ficaram aquém de seis mil. Burnside, que agora pensava acima de tudo em morrer à frente de suas tropas, queria retomar a batalha no dia seguinte. Foi contido pela generalizada opinião contrária, na frente de combate e na capital. Logo depois foi substituído no comando geral por um de seus subordinados, o general Joseph Hooker.

Lee de modo algum desejara combater em Fredericksburg. O exército federal estava tão próximo de sua base de água salgada do arroio Aquia que não havia condições para contra-atacar. Aconselhara o presidente Davis a lhe autorizar enfrentar Burnside 50km atrás, ao norte do rio North Anna, onde havia espaço para empregar Jackson e Stuart em violenta incursão contra as comunicações de um exército rechaçado. Mas, embora o relacionamento de Davis com os generais confederados se mantivesse em alto nível, o presidente lamentavelmente obstruiu a ação de seu comandante, plantando-o numa rigorosa defensiva e, dessa forma, o golpe arrasador de Fredericksburg não teve consequências duradouras. Se os dois presidentes permitissem a McClellan e Lee combaterem entre si como achassem melhor, o desfecho poderia ser o mesmo, mas a guerra teria sido menos confusa, mais curta e menos sangrenta.

❄

No oeste, nada de decisivo aconteceu até o fim de 1862. Em novembro, o general Joseph E. Johnston, recuperado dos ferimentos recebidos em Seven Pines, foi designado comandante geral confederado no teatro de operações oeste, mas com autoridade parcial sobre os diversos exércitos subordinados. Quando ficou evidente que Grant se preparava para invadir o Mississippi e atacar Vicksburg, Johnston insistiu para que o exército de Arkansas atravessasse o Mississippi e se juntasse a Pemberton, assegurando a superioridade confederada. Jefferson Davis vetou esta medida desejável e até mesmo imperativa. Em contrapartida, o presidente insistiu para que o general Braxton Bragg mandasse dez mil homens de Chattanooga para reforçar Pemberton na defesa de Vicksburg, providência que foi adotada.

No início de dezembro, Grant fez uma nova tentativa contra Vicksburg, enviando o general Sherman de Memphis, com cerca de 30 mil homens, e o esquadrão naval do almirante Porter para entrar pelo rio Yazoo e ocupar as elevações ao norte da cidade. Sherman atacou as defesas confederadas em Chickasaw Bluff em 29 de dezembro e, em menos de uma hora, foi repelido com quase duas mil baixas, tendo os confederados perdido apenas 150 homens. Enquanto isso, o enfraquecimento do exército de Bragg no Tennessee ocasionou, no último dia do ano, uma renhida batalha em Murfreesboro, quando ambos os lados demonstraram inexcedível bravura. Os federais, sob o comando de Rosecrans, perderam mais de nove mil homens entre mortos e feridos, bem como quase quatro mil prisioneiros e vinte e oito canhões. Mas custou mais de dez mil homens a Bragg. Os federais mantiveram a posse do Tennessee e sua capital Nashville não foi ameaçada. Bragg retirou suas decepcionadas tropas para instalações de inverno protegendo Chattanooga.

Os exércitos nos diferentes estados ainda se confrontavam em situação de razoável equilíbrio e, embora a marinha da União afirmasse sua capacidade para ultrapassar as baterias confederadas, a grande via fluvial continuou bloqueada para o transporte e o trânsito federais. Mas agora estava para acontecer profunda alteração no equilíbrio de forças.

Chancellorsville e Gettysburg

Na primavera de 1863 os exércitos do Potomac e da Virginia Setentrional ainda se defrontavam através do Rappahannock. No fim de janeiro, quando foi designado, Joseph Hooker, que se destacara em Antietam, encontrou o exército da União em tristes condições. Mais de três mil oficiais e 80 mil soldados tinham desertado ou estavam ausentes, com ou sem autorização. Golpes, como o sofrido em Fredericksburg, são difíceis de assimilar. Somente em abril a reorganização se pôde completar. Chegaram reforços e os dispensados regressaram de seus períodos de Natal junto às famílias. Agora, Hooker era o chefe de mais de 130 mil homens descansados e entusiasmados, esplendidamente equipados e organizados em seis corpos de exército. Além disso, formou um corpo de cavalaria com 10 mil homens e sentiu-se em condições de afirmar que comandava "o melhor exército do planeta."

Preparando-se para enfrentar a fase ofensiva que inevitavelmente viria, Lee enfrentou sérias dificuldades provocadas pela política de defensiva rígida adotada pelo presidente Davis e pela dispersão das tropas confederadas comprometidas com a defesa de várias frentes. Dessa forma, por uma razão ou outra, na primavera de 1863 as nove divisões de Lee ficaram reduzidas a três, e duas de suas quatro brigadas de cavalaria estavam ao sul do rio James colhendo forragem. Sua infantaria era menos da metade, e a cavalaria, um quarto das forças que teriam de enfrentar. Portanto, abandonou a ideia que tinha em mente de uma ofensiva sobre a Pennsylvania através do vale do Shenandoah e preferiu aguardar os acontecimentos.

A superioridade de Hooker lhe permitiu atuar com dois exércitos. Seu plano consistiu, inicialmente, em contornar com sua cavalaria o flanco esquerdo de Lee pelos vaus do curso superior do Rappahannock; em seguida, desbordar o flanco esquerdo de Lee com três corpos, enquanto os dois outros, sob o comando do general John Sedgwick, atravessariam o rio abaixo do flanco direito de Lee, em Fredericksburg. Mesmo assim, conservava um corpo em reserva. Esperava que Lee se visse forçado a abandonar suas posições e retrair, situação em que pretendia persegui-lo pela estrada que conduzia diretamente a Richmond. Os movimentos se iniciaram em meados de abril.

A princípio, tudo correu bem para Hooker. Seus três corpos de exército, cerca de 70 mil homens, fizeram a travessia do Rappahannock e, na noite de 30 de abril, um exército da União com 90 mil homens estava concentrado em Chancelorsville. A cavalaria federal, com enorme efetivo, embora, como ficou provado, não fosse irresistível, já se encontrava em movimento para a ferrovia central da Virginia, uma das principais linhas de suprimento de Lee, cerca de 70km à retaguarda de seu exército. Sua missão era não só cortar, mas destruir a linha. Ao mesmo tempo, o general Sedgwick, comandando os dois corpos que se defrontavam com Fredericksburg, atravessou o rio e suas tropas se desdobraram para atacar três divisões de Jackson, sob o comando do general Jubal A. Early, que ocupava posições nas antigas trincheiras da batalha precedente.

Desse modo, Lee foi envolvido por um movimento de pinça dos dois exércitos, cada um deles capaz de travar uma grande batalha, enquanto, ao mesmo tempo, sua retaguarda era devastada e suas comunicações, atacadas. O avanço de qualquer dos exércitos federais tornaria sua posição insustentável, e a junção ou uma ação simultânea de ambos na mesma batalha poderia destruí-lo. Na noite de 30, não se podia imaginar, olhando o mapa, situação mais desesperadora, e é esse fato que eleva o que estava para acontecer de simples expressão militar a uma expressão histórica.

O grande comandante e seu leal tenente permaneceram encolhidos mas confiantes, sofrendo terrível cerco. Atacado em ambos os flancos pelas tropas inimigas que, por enquanto, não coordenavam suas ações, e incapaz de retrair sem ceder posições vitais, Lee coerentemente decidiu conter um atacante enquanto golpeava o outro. Qual escolher? Jackson estava pronto para se lançar sobre Sedgwick e empurrá-lo para o rio, mas Lee sabia que apenas a derrota do exército principal o salvaria. Hooker assumira pessoalmente o comando do poderoso dispositivo e Lee, tão logo soube onde ele se encontrava, deixou apenas uma divisão para retardar Sedgwick e partiu imediatamente para atacá-lo. Enquanto isso, "Jeb" Stuart manobrava diante da cavalaria da União do general Stoneman, com o objetivo de impedir que Stoneman influísse na batalha.

❄

Chancerllorsville fica na orla de uma região de florestas ermas e com vegetação densa, que ainda merece a denominação de Wilderness. Somente as estradas e caminhos que cortam a região permitiam o movimento. Em 1º de maio, Hooker, tendo aproximado todas as suas tropas, ordenou o avanço geral na direção leste, ao longo das estradas Turnpike e Plank. À medida que avançou no interior de Wilderness, defrontou-se com grandes forças inimigas que logo começaram a atacá-lo. Pertenciam ao corpo de exército de Stonewall, liderado com a habitual energia do general. Dessa vez, "fighting Joe," como Hooker era conhecido, tão famoso como subordinado, curvou--se sob a tensão do comando supremo. Alimentara a expectativa de que sua bem-executada estratégia obrigaria Lee a recuar. Agora, via-se na iminência de ser atacado por todo o exército confederado. De imediato fez meia-volta e recuou para a linha de trincheiras que previdentemente preparara à frente de Chancellorsville. Já era fim de tarde do dia 1º quando os atacantes confederados, emergindo dos bosques, ficaram à vista da formidável posição, com sua maciça tropa. E assim caiu a noite.

Lee e Jackson se encontraram, sabendo bem o dia que tinham diante de si. A menos que pudessem vencer Hooker em inferioridade de dois para um durante o dia 2 de maio, seriam atacados pela frente e pela retaguarda por forças esmagadoras. O ataque frontal era impossível. A única chance consistia em dividir seu pequeno exército e desbordar o flanco direito de Hooker.

Valia dizer que Jackson, com 26 mil homens, desbordaria o flanco direito de Hooker para atacá-lo, enquanto Lee enfrentaria quase 80 mil federais com seus 17 mil homens. Às quatro da madrugada, Jackson já estava em marcha. Era vital que esse movimento não fosse percebido, mas uma inesperada abertura na floresta permitiu que, às oito horas, as forças federais em Hazel Grove observassem uma longa coluna se deslocando para a direita de sua larga frente. Hooker, convencido de que estava seguro em suas fortificações e de que sua estratégia era vitoriosa, não se mexeu, enquanto as horas passavam. Só depois das seis horas da tarde Jackson completou sua marcha. Não só desbordara o flanco de Hooker, mas, na verdade, estava na retaguarda do corpo de exército que guarnecia a direita de seu dispositivo. Desdobrou-se para o combate, de frente para Lee a uns seis quilômetros de distância, no outro lado do exército da União. A surpresa foi completa. Os soldados do 11º Corpo de Exército federal estavam jantando e jogando cartas em suas trincheiras quando subitamente a linha avançada confederada surgiu dos bosques, irrompendo em sua retaguarda. Em uma hora, esse corpo de exército, atacado por forças naquele local superiores, embora o exército como um todo dispusesse da superioridade de dois para um, foi completamente derrotado e destruído.

A noite já estava caindo, mas Jackson pressentiu diante de si uma oportunidade única. Estava a menos de um quilômetro da estrada para o vau "United States" no rio Rappahannock, única via de retirada para todo o exército de Hooker, sem qualquer força organizada para se interpor a esse golpe fatal. Selecionou o ponto que deveria conquistar durante a noite e defender até a morte ao amanhecer. A recompensa seria nada menos que a destruição do principal exército da União, que deveria sobrepujá-lo no dia seguinte ou morrer de fome entre Wilderness e os seus canhões. Previu tudo isto. Adiantou-se com alguns de seus oficiais ao longo da estrada Plank até a linha de frente, para examinar o que fosse possível do terreno. Muitas vezes já arriscara sua vida da mesma forma e, desta vez, pagou o preço. Ao regressar, seus próprios homens, naturais da Carolina e prontos para morrer sob seu comando, tomando, na escuridão, o pequeno grupo por cavalaria inimiga, dispararam uma rajada. Três balas penetraram no braço e ombro direitos do general. Caiu do cavalo e quando, depois de angustiantes instantes, chegou ao hospital de campanha, estava muito debilitado pela perda de sangue para coordenar suas ideias. O oficial de seu estado-maior, que deveria conduzir a divisão de A.P. Hill até o ponto decisivo, fora morto pela mesma rajada. Hill, que deveria assumir o comando, ao avançar apressadamente para a frente, depois de tentar inutilmente obter orientação de seu desfalecido chefe a ponto de desfalecer, foi, ele próprio, ferido. Levou algumas horas até que Stuart, da cavalaria, pudesse comparecer. Ninguém conhecia o plano de Jackson, que agora estava inconsciente. Portanto, o mundo gira em torno de pequenos cristais de ágata.

Stuart combateu valentemente durante a noite e, em 3 de maio, aos brados de "*remember Jackson*," os enfurecidos confederados assaltaram as linhas federais, obrigando-as a recuar. Conquistaram Hazel Grove. Novamente se juntaram a Lee. Mas a oportunidade daquela noite estava perdida para sempre. Hooker agora estava com massas de homens cobrindo sua via de retraimento para o vau e só pensava em se retirar. Nem mesmo se preocupou em manter Lee ocupado em sua frente. No dia 2, já estava moralmente derrotado e, na batalha do dia 3, um canhoneio que atingiu o pilar de uma casa junto à qual ele estava o atordoou, talvez como um golpe de misericórdia.

Lee voltou-se, então, para Sedgwick, cuja posição, ao sul do rio, era extremamente perigosa. Sedgwick combatera arduamente durante todo o dia 3 e, no dia 4, com o rio à retaguarda e apenas 20 mil homens aptos, viu-se atacado por Lee com pelo menos 25 mil. Mas os soldados confederados estavam exauridos pelo esforço sobre-humano. Sedgwick, embora batido e maltratado, conseguiu escapar por suas pontes flutuantes, em Fredericksgurg. Logo se juntou ao seu comandante em chefe e o resto do magnífico exército que, nove dias antes, parecia convicto de sucesso em sua empreitada, mas agora voltava perplexo e humilhado ao ponto de partida. Ainda era duas vezes mais numeroso do que seu oponente. Perdera 17 mil de seus 130 mil homens, e os confederados, 12.500 de seus 60 mil.

Chancellorsville foi a mais notável batalha que Lee e Jackson travaram lado a lado. A coordenação entre eles se tornara perfeita. "O sol nunca brilhou sobre melhor subcomandante," disse Lee. E acrescentou: "Direto como a agulha da bússola para o polo, ele avança para conquistar o meu objetivo." "Eu seguiria o general Lee até vendado" é uma observação atribuída a Jackson. Agora, estava tudo acabado. "Se tivesse sido possível conduzir os acontecimentos," escreveu Lee, exaltando seu camarada ferido, "para o bem da nação eu teria escolhido ficar incapacitado em seu lugar." Jackson resistiu uma semana. Seu braço foi amputado. Sobreveio uma pneumonia. No dia 10, lhe foi dito que se preparasse para morrer, notícia que ele acolheu com surpresa e fortitude. "Muito bem, muito bem; está tudo bem." Finalmente, depois de algumas horas, tranquila e claramente: "Vamos cruzar o rio e descansar à sombra das árvores." Sua perda foi um golpe mortal para Lee e a causa do Sul.

❄

Mas naqueles meses o fiel da balança parecia pender contra a União. Uma onda de desânimo tomou conta do Norte. A deserção proliferou nas fileiras federais. A conscrição, chamada o "draft," enfrentou violenta resistência em vários estados. Muitas tropas foram retiradas da frente de combate para manter a lei. Muitas centenas de vidas foram sacrificadas nos distúrbios contra o "draft" na cidade de Nova York. Clement L. Vallandigham, líder do grupo pacifista que congregava os assim chamados "copperheads," nome de cobra particularmente venenosa, declarou no Congresso: "Vocês não venceram o Sul nem nunca vão vencer. Gastaram dinheiro sem limites, correu sangue como água. (...) Derrota, morte, impostos e túmulos (...) são os seus troféus." Os legislativos de Indiana e Illinois ameaçaram reconhecer a Confederação.

A iniciativa das operações agora estava com Lee, que decidiu levar adiante a invasão da Pennsylvania tão planejada. Mas a guarnição de Vicksburg, no Mississippi, estava em tremenda dificuldade e, a menos que Joseph E. Johnston pudesse ser reforçado, sua queda era iminente. Houve a proposta para assumir atitude defensiva na Virginia, para permitir que o próprio Lee, com duas divisões de Longstreet e outras tropas do médio Tennessee, se deslocasse para o Mississippi, a fim de derrotar as forças de cobertura sob o comando de Rosecrans, ao sul de Nashville, e ameaçar as cidades comerciais de Louisville e Cincinnati, talvez forçando Grant a desistir de sua campanha contra Vicksburg. Lee se recusou terminantemente a ir. Apresentou a questão com toda clareza ao conselho de guerra: era preciso assumir o risco de perder ou o Mississippi ou a Virginia. Seu ponto de vista prevaleceu e, em 26 de maio, três semanas depois de Chancellorsville, foi aprovada a invasão da Pennsylvania. O objetivo de Lee em 1863, como já fora no ano anterior, era forçar o exército do Potomac a combater em condições em que a derrota levasse à sua destruição. Vislumbrava nessa possibilidade a única esperança de assegurar a independência do Sul.

No início, as operações ocorreram a contento para Lee. Ewell deixou Culpeper no dia 10 rumo ao vale e, marchando em ritmo digno de "Stonewall" Jackson, subjugou as guarnições federais de Winchester e Martinsburg, capturando quatro mil prisioneiros e vinte e oito canhões e, no dia 15, já transpunha o Potomac. No dia 22, recebeu ordem para penetrar ainda mais na Pennsylvania e se apossar de Harrisburg, 160km ao norte de Washington, "se estiver dentro de suas possibilidades."

No dia 27, Ewell chegou a Carlisle e no dia seguinte seus elementos mais avançados estavam a seis quilômetros de Harrisburg. Os outros dois corpos de exército confederados estavam em Chambersburg. Até essa região, Lee seguira o vale do Cumberland, com seu flanco direito protegido pelas South Mountains e, até aquele momento, nada sabia sobre a movimentação de Hooker. Stuart marchava a cavalo despreocupadamente contornando a retaguarda federal, e só conseguiu fazer ligação com Lee na tarde de 2 de julho, com seus homens e cavalos completamente estafados. Desse modo, Lee se viu privado, por uma semana inteira, dos "olhos" de seu exército. E muita coisa acontecera entrementes.

Tão logo Lee iniciou seu movimento para o norte, Hooker propôs marchar sobre Richmond. Mas Lincoln o impediu e muito apropriadamente ressaltou que o objetivo correto não era Richmond, mas o exército de Lee. Assim decidindo, o Presidente fez exatamente o que Lee almejara. Depois de Chancellorsville, Halleck e Stanton tinham concordado que Hooker não devia permanecer no comando do exército na próxima batalha. Portanto, quando o general pediu exoneração, foi imediatamente atendido. Logo na manhã de 28 de junho, o general George G. Meade, designado comandante em chefe, decidiu deslocar todo seu exército para o norte, em marcha forçada, rumo a Susquehanna, para impedir a travessia do rio por Lee e, ao mesmo tempo, proteger Baltimore e Washington. Meade era um comandante seguro, tenaz, sem filiação política. Dava a certeza de que não cometeria tolices, mas também nada faria de brilhante.

Lee determinou uma concentração em Cashtown, junto à base leste de South Mountains. Não se apressou e a "marcha foi realizada visando o conforto da tropa." No início da operação, acertara com Longstreet que a estratégia seria ofensiva e a tática defensiva, e que não tinha a menor intenção de travar uma batalha, a não ser em condições extremamente favoráveis. Mas a sorte determinou de outra maneira.

Em 30 de junho, uma brigada do corpo de exército de Hill avançou 13km, de Cashtown a Gettysburg, em parte na procura de calçados e, em parte, para reconhecer um local por onde o corpo de exército de Ewell pudesse se deslocar no dia seguinte. Descobriu Gettysburg ocupada por um contingente da cavalaria da União recém-chegado. Imediatamente, a brigada confederada fez meia-volta sem verificar dimensão da força inimiga. Buford, comandante da cavalaria federal, cujo nome de batismo era Napoleon, parece ter sido o primeiro nos dois exércitos a perceber a importância estratégica de Gettysburg, entroncamento de uma dúzia de estradas provenientes de todas as direções. Deslocou sua divisão para o oeste da vila, onde encontrou uma posição sólida por trás de um córrego e solicitou ao 1º e ao 2º Corpos que viessem em seu auxílio o mais rápido possível.

Em 1º de julho começou um renhido combate com a vanguarda da tropa confederada, e logo Ewell, vindo de nordeste, investiu contra o flanco da União, empurrando o 11º Corpo na direção de Gettysburg em busca de abrigo nas elevações cinco quilômetros ao sul, apropriadamente denominadas Cemetery Ridge. No primeiro dia da batalha, 50 mil homens se engajaram em combate, e quatro divisões confederadas derrotaram ou infligiram severos danos a dois corpos de exército da União. Tratava-se, agora, de uma corrida entre Lee e Meade para ver quem concentraria primeiro suas forças. Naquele momento ou naquele terreno, nem um nem outro desejava se engajar em luta decisiva, mas ambos se viram tragados pela maior e mais sangrenta batalha da Guerra de Secessão. Lee não conseguia desvencilhar sua tropa e seus trens de suprimento sem lutar por um empate com o exército de Meade, e este estava igualmente aferrado a um terreno que considerava péssimo.

Lee pretendia começar o segundo dia da batalha com um ataque de Ewell e Hill sobre Cemetery Ridge, que, com razão, julgava o ponto-chave da defesa da União. Foi contido pelas objeções de ambos. Longstreet, quando chegou, defendeu detalhadamente uma manobra em torno do flanco esquerdo de Meade, a fim de enfiar o exército de Lee entre Meade e Washington. Tal movimento, sem a cavalaria de Stuart, certamente seria temerário e não era fácil prever como Lee poderia suprir seu exército em tal situação. Por fim, Lee ordenou formalmente a Longstreet que atacasse o flanco esquerdo do dispositivo federal ao amanhecer. Longstreet, que desaprovava inteiramente a missão que lhe fora atribuída, só entrou em ação às quatro da tarde. Enquanto aguardava o reforço de mais uma brigada, dois corpos de exército se juntaram ao exército da União. Lee, que imaginava que o flanco esquerdo federal se apoiava na estrada para Emmetsburg, esperava que o avanço de Longstreet por essa estrada levasse a linha de frente da União a rebater da esquerda para a direita. Mas a essa altura o comandante do corpo de exército da União, Sickles, ocupara uma posição avançada por conta própria, e seu flanco não significava o final da linha da União. Quando isso foi descoberto, Longstreet se recusou obstinadamente a seguir as ordens ao pé da letra, embora soubesse que Lee não conhecia sua real posição. Tudo que conseguiu depois de horas de renhido combate foi forçar o recuo de Sickles para a linha principal de defesa de Meade. Ao longo do dia, a maior parte do corpo de exército de Hill não participou da luta. Ewell, que deveria ter atacado a extremidade norte das elevações tão logo ouvisse os disparos dos canhões de Longstreet, só entrou em ação às seis da tarde. Não se percebia qualquer coordenação entre os ataques confederados em 2 de julho. Embora Lee falhando em fazer prevalecer sua vontade e as manobras confederadas fossem descoordenadas, as baixas foram terríveis no exército federal. À noite, na reunião do conselho de guerra, a muito custo Meade foi dissuadido de ordenar uma retirada geral.

O terceiro dia começou. Lee ainda apostava alto na vitória. Resolveu lançar 15 mil homens, apoiados pelo fogo de 125 canhões, contra o centro e a esquerda de Meade, no ponto em que uma das brigadas de Hill penetrara na véspera. Ao mesmo tempo, o corpo de exército de Ewell atacaria do norte. Se o assalto sob o comando do general George E. Pickett rompesse a linha federal, todo o exército confederado se lançaria pela brecha. Uma vez mais o ataque foi marcado para a hora mais cedo possível. Todavia, foram os federais que tomaram a iniciativa no terceiro dia, retomando, no cinzento da madrugada, as posições perdidas na noite anterior e, depois de violento combate, antes do meio-dia expulsaram os confederados de Culp's Hill. Exaurido por esse embate, Ewell não tomou qualquer outra iniciativa. Longstreet ainda insistia veementemente em favor de um amplo desbordamento da esquerda de Meade. As pesadas perdas que seu corpo de exército sofrera no dia 2 tornaram sua ideia mais que nunca inviável.

A manhã se esgotou em absoluto silêncio. Só à uma da tarde os confederados desencadearam o mais pesado bombardeio de que já se tivera notícia. Longstreet, incapaz de se manter fiel a um plano que considerava desastroso, deixou para o comandante da artilharia, Alexander, o encargo de dar o sinal a Pickett. Às duas e meia, a munição dos confederados, trazida de Richmond em carroções cobertos, estava se esgotando. "Venha rápido," disse Alexander para Pickett, "ou minha munição não será suficiente para apoiá-lo." "General," disse Pickett para Longstreet, que permaneceu calado e melancólico, "devo avançar?" Fazendo grande esforço, Longstreet baixou a cabeça assentindo. Pickett fez a continência e lançou 42 regimentos contra o centro da União. Hoje em dia, nesse campo de batalha tão cuidadosamente conservado pelo Norte e pelo Sul, onde muitos dos canhões permanecem em suas posições de tiro, vemos as encostas nuas e suaves de encontro às quais foi dirigido esse gigantesco ataque de infantaria. Em magnífica formação, estandartes tremulando, o infeliz assalto foi em frente. Mas, tal como a Velha Guarda ao entardecer em Waterloo, enfrentou uma disparidade e uma chuva de ferro além da possibilidade dos mortais. Os canhões raiados da União suspenderam o fogo até os atacantes chegarem a pouco mais de seiscentos metros. Então, voltou a abrir fogo em verdadeiro estrondo, abrindo brechas nas imperturbáveis fileiras mais avançadas, que continuaram em frente sem hesitação ou desordem. Em seguida, o som mortal, como se cortasse papel, tal como Lee o descreveu, cresceu, inicialmente dominado pelo canhoneio, mas, em breve, se sobrepondo a ele. Apesar disso, a divisão de Pickett continuou investindo e em trincheiras, muros de pedra ou cercas combateram corpo a corpo contra efetivos muito maiores de homens que, se não eram tão vigorosos quanto eles, pelo menos estavam dispostos a dar a vida pela causa que defendiam. Os três generais de brigada da divisão de Pickett tombaram mortos ou fatalmente feridos. O general L.A. Armistead, com algumas centenas de homens, chegou a penetrar no centro do dispositivo da União, e o local onde morreu com sua mão sobre um canhão capturado é hoje reverenciado pelos cidadãos americanos.

Mas onde estavam as reservas que deveriam tirar proveito deste soberbo esforço? Onde estavam os ataques simultâneos que deveriam fixar e abalar toda a frente? Em Gettysburg, Lee não pôde conquistar o domínio da situação mais do que pudera Napoleão em Waterloo. Os atacantes vitoriosos foram mortos ou aprisionados. O restante voltou para as próprias linhas passando pelos corpos que obstruíam o terreno plano, em meio a implacável fogo de artilharia. Menos de um terço regressou. Lee os recebeu montado em seu cavalo Traveller com uma única explicação, que não aceitaram: "Foi tudo minha culpa." Longstreet, em memórias escritas muito depois, deixou registrada uma frase que é sua melhor defesa: "Quando retornei para a linha de nossas baterias, pensando em um contra-ataque imediato, tiros e granadas rasgaram a terra em torno de meu cavalo e surgiu um involuntário desejo de que um deles me tirasse do cenário de tão terrível responsabilidade."

Mas não houve contra-ataque. A batalha de Gettysburg estava terminando. 23 mil federais e mais de 20 mil confederados tinham sido gravemente feridos por chumbo ou aço. Como após Antietam, Lee confrontou novamente seu inimigo no dia seguinte, desafiando-o a lutar. Porém, ninguém sabia melhor que ele que aquilo fora decisivo. Com todo o empenho pessoal reuniu seu exército. Um imenso comboio de carroças levando feridos sacolejou sem molas por mais de 25km de estrada danificada. Na noite do dia 4, Lee iniciou sua retirada. Meade o deixou partir. A energia para empreender uma perseguição se esgotara na batalha. O Potomac foi encontrado na cheia e a ponte de pontões de Lee estava parcialmente destruída por incursão partida da cidade de Frederick. Por uma semana os confederados permaneceram encurralados atrás de trincheiras, com a retaguarda escorada em um rio que não podiam transpor. Longstreet poderia ter ficado para prevenir um ataque, mas Lee tinha avaliado bem essa eventualidade. Meade não deu sinal até o dia 12 e seu ataque foi marcado para 14. Quando chegou a manhã desse dia, Lee, depois de terrível deslocamento noturno, estava a salvo no outro lado do rio. Levou consigo os feridos e os prisioneiros. Perdera apenas dois canhões, e a guerra.

O governo de Washington ficou extremamente irritado com a falta de iniciativa de Meade e não sem razão. Napoleão poderia ter realizado o ataque final de Lee, mas com certeza não seria o protagonista da débil perseguição de Meade. Lincoln apenas promoveu Meade ao posto de major-general pelos bons serviços prestados em Gettysburg. Lee retomou pelo vale do Shenandoah o caminho de volta para as antigas posições por trás do Rappahannock e do Rapidan. O Sul tinha queimado seus cartuchos.

Até certo ponto, Lee conduziu admiravelmente as operações em Gettysburg e alguns de seus objetivos chegaram a ser atingidos. Porém, a derrota que se seguiu supera de longe aqueles ganhos. A irreparável perda, em toda a operação, de 28 mil homens em um exército de 75 mil, impediu novas tentativas de conquistar a independência do Sul por meio de uma vitória em solo nortista. Lee acreditava que seu exército era invencível e, depois de Chancellorsville, começara a encarar o exército do Potomac quase com desprezo. Errou ao confundir tropas ruins com tropas malcomandadas. Não foi o exército, mas seu comando, que foi vencido no Rappahannock. É bem provável que, se tivessem permitido que Hooker permanecesse no comando, Lee o teria derrotado uma segunda vez. A sorte, que estivera a seu lado em Chancellorsville, agora se voltara contra ele. O prolongado afastamento de Stuart o deixara cego em relação à movimentação do inimigo no momento mais crítico da campanha e foi durante essa ausência que cometeu o erro fatal de se deslocar para a vertente leste das montanhas. O gênio militar de Lee não brilhou. Inquietou-se com o silêncio de Stuart, ficou perturbado, e seus subordinados perceberam seu estado de espírito. Sobretudo, não tinha Jackson a seu lado. A recalcitrância de Longstreet destruíra toda a chance de sucesso em Gettysburg. O Sul atribuiu a Longstreet a maior parcela de culpa.

Não se travou outra batalha no leste em 1863 e os exércitos permaneceram, durante todo o inverno, frente um ao outro no rio Rapidan.

❄

É o momento de voltarmos a atenção para o oeste, onde foram travadas grandes batalhas e muitos tombaram. É verdade que no oeste, o empurrão final veio com a cisão que arrasou o Sul. Mas a importância desse teatro em 1862 e 1863 repousa principalmente na ascensão de Grant ao comando geral e unificado dos exércitos da União. Os objetivos eram liberar ou bloquear o Mississippi. Em abril de 1862, o almirante Farragut, um sulista que aderira à União, se tornara respeitado comandando a marinha federal. Com uma esquadra de navios de todos os tipos, com blindagem parcial ou sem ela, ultrapassou os fortes que protegiam os acessos a Nova Orleans, a maior cidade e capital comercial da Confederação, que logo caiu no dia seguinte. Em seguida, prosseguiu subindo o rio, chegando a Vicksburg em 18 de maio. Sem encontrar tropas federais para apoiá-lo, não foi adiante, mas voltou e passou as baterias, fazendo ligação com a flotilha federal em Memphis. Assim, no final de 1862, ficou patente que as baterias confederadas não eram capazes de deter os navios da União. Com relação a torpedos, palavra nova e muito comentada na ocasião, Farragut viria a dizer "danem-se os torpedos," e os fatos mostrariam que tinha razão. A partir de então, as flotilhas da União puderam se deslocar para cima e para baixo no grande rio, ao longo de todo o seu curso, pagando um preço. Foi um auxílio considerável para o exército federal nas duas margens. No vale do Mississippi, desenrolou-se uma guerra quase isolada. Os estados ocidentais da confederação reclamavam um alto grau de autonomia de Jefferson Davis e de seu governo em Richmond, ao mesmo tempo que pediam sua ajuda. Em Washington, o teatro oeste de operações era visto da mesma forma que os aliados e as potências associadas viram a Frente Oriental na Primeira Guerra Mundial. Era secundário, mas igualmente indispensável. Não era o caminho da vitória, porém, se não fosse trilhado, a vitória demoraria muito.

Em dezembro de 1862, Grant reuniu novamente seu exército na margem direita do Mississippi. Seu objetivo principal ainda era Vicksburg, mas a cheia na bacia do Yazoo durante a estação impediu as operações, salvo as da via fluvial. Tendo ludibriado Pemberton, o general confederado que defendia Vicksburg com um exército de campanha, por meio de inúmeros estratagemas, Grant, com seus 45 mil homens, conseguiu transpor com sucesso o Mississippi abaixo das baterias de Grand Gulf, 60km a jusante de Vicksburg. Conseguiu a surpresa e repeliu as tropas de Pemberton. Em 3 de maio se estabeleceu em Grand Gulf, em posições seguras na região mais elevada, com o flanco esquerdo protegido pelo largo rio Black e mantendo ligação com as flotilhas federais. Seu terceiro corpo de exército, sob o comando de Sherman, juntou-se a ele naquela posição quatro dias após. Em seguida, iniciou cauteloso movimento na direção de Vicksburg e da ferrovia que a ligava à cidade de Jackson. O general Joseph E. Johnston foi às pressas para a região. Seu único pensamento foi livrar o exército de Pemberton. Ordenou que o general se deslocasse imediatamente para juntar-se a ele antes que Grant interpusesse seus três corpos de exército entre eles. Pemberton resolveu desobedecer essa ordem. Não apenas desobedeceu, mas avaliou mal. Abandonando suas ligações com Grand Gulf, Grant pressionou Johnston com a mão direita e, em seguida, voltou-se para Pemberton com grande superioridade. Depois de importante batalha em Champion's Hill, na qual mais de seis mil homens tombaram, Pemberton foi obrigado a se retirar para Vicksburg. Com o apoio da flotilha, o general da União instalou nova base ao norte da cidade e, depois de duas tentativas para romper a defesa, uma das quais lhe custou quatro mil homens, deu início a um cerco convencional. Grandes reforços tinham elevado o efetivo de seu exército para mais de 70 mil homens. Johnston, com 24 mil, nada pôde fazer para libertar Pemberton. Vicksburg sofreu a fome até se render, e a guarnição confederada e mais um exército de campanha com um efetivo superior a 30 mil homens capitularam em 4 de julho, no exato momento em que Lee era derrotado em Gettysburg. Cinco dias mais tarde, Port Hudson, na Louisiana, também pressionado pela fome, rendeu-se com sete mil homens ao general Banks, ficando todo o curso do Mississippi finalmente em mãos da União. "O pai das águas," disse Lincoln, "novamente corre tranquilo para o oceano." Foram golpes atordoantes para o Sul.

❋

A violência maior da guerra agora se fazia sentir no oeste. Até que a queda de Vicksburg ficasse evidente, o altamente competente Rosecrans, com cerca de 60 mil homens que formavam o exército de Cumberland, da União, deslocou-se com satisfação do setor em que obtivera sucesso, em Murfreesboro, para vigiar Bragg, que estava sobre a ferrovia entre ele e Chattanooga. Essa cidade, nó ferroviário, protegida pelo profundo e largo rio Tennessee, ao norte, e pela alta cordilheira dos Appalaches, uma ramificação ocidental dos montes Alleghanies, ao sul, era o ponto-chave não só para o domínio do vale do Mississippi, mas também para a invasão da próspera, poderosa e até então inviolável Georgia.

Quando Rosecrans, no fim de junho, avançou ao longo da via férrea para Chattanooga, e Burnside, com outro exército de 40 mil homens, 160km a leste, atacou em Knoxville, operações importantes e de ampla repercussão estavam em andamento. Burnside tomou Knoxville, cortando uma das ferrovias vitais para a Confederação. Rosecrans desalojou Bragg de toda a sua linha defensiva a cavaleiro da ferrovia Nashville-Chattanooga e, em 4 de setembro, tomou Chattanooga sem combater.

Rosecrans cometeu, então, o desastroso erro de supor que o exército decidido e flexível à sua frente estava intimidado. Bragg, um dos piores generais, odiado pelos comandantes subordinados e quase sempre decidindo equivocadamente, era, entretanto, um grande guerreiro. Ao sul de Chattanooga, a cadeia de montanhas se divide na forma dos dedos da mão. Bragg permaneceu quieto em Lafayette, com um exército que, agora reforçado, chegava a 60 mil homens. Em 12 de setembro, Rosecrans constatou com espanto que seus três corpos de exército estavam espalhados em uma frente de quase 100km, e que Bragg estava postado em seu centro, três vezes mais forte que qualquer deles. Bragg, arrogante e mal-assessorado, perdeu a oportunidade que Lee ou Jackson teriam tornado decisiva para toda a frente ocidental. Rosecrans recuou e se concentrou sobre Chattanooga, mas, mesmo em se tratando de

Bragg, já era tarde para evitar uma batalha em terreno e condições longe do desejado.

Em 18 de setembro, Bragg lançou-se sobre o inimigo em Chattanooga, através da fronteira da Georgia. Longstreet, vindo da Virginia com duas divisões e artilharia, juntou-se a ele e, com outros pesados reforços recebidos, pela primeira vez um general confederado tinha a rara sorte de contar com superioridade de meios: 70 mil confederados atacaram 55 mil federais. Renhida batalha de dois dias foi travada com inexcedível bravura em ambos os lados. Bragg tentou insistentemente contornar a ala esquerda federal e isolar Rosecrans de Chattanooga, mas, quando o flanco do exército da União, comandado pelo general George H. Thomas, recorreu à ajuda de tropas do centro e da direita, Longstreet, com vinte mil veteranos da Virginia, assaltou a parte desguarnecida da frente da União e varreu do campo de batalha dois terços do exército de Rosecrans, inclusive o próprio e os comandantes de corpos de exército, com exceção de Thomas. Longstreet implorou a Bragg para empregar todas as suas reservas em uma investida com a ala esquerda de suas linhas, mas o comandante em chefe permaneceu firme em sua ideia original. Continuou investindo contra Thomas, que, durante a noite, construíra parapeitos com toros de madeira e trilhos de estrada de ferro em meio à vegetação. A noite caiu sobre um cenário de mortandade superado apenas por Gettysburg. Thomas, "o rochedo de Chickamauga," escapou com seu corpo de exército e se juntou ao restante do exército federal em Chattanooga.

As baixas nessa batalha foram assustadoras; 16 mil federais e mais de 20 mil confederados foram mortos, feridos ou dados como desaparecidos. Os confederados, que tinham capturado quarenta canhões, dominado o campo de batalha e, naquele instante, abalado o poder do inimigo, foram os vencedores. Poderia ter sido Ramillies, ou Waterloo. Mas foi Malplaquet.

Agora, Bragg bloqueava e quase envolvia Rosecrans e o exército do Cumberland em Chattanooga. Ocupava as duas elevações que dominavam Lookout Mountain e Missionary Ridge. Por certo tempo, impediu a passagem de todos os suprimentos via rio Tennessee. No início de outubro, tudo indicava que o exército do Cumberland seria levado à rendição pela fome. Nessas circunstâncias, o governo de Washington passou a depender do general Ulysses Grant. Seus defeitos e fraquezas eram evidentes, mas, do mesmo modo, sua reputação. Nas fileiras da União, perplexas, desnorteadas, decepcionadas, fartas de derramamento de sangue e sacrifícios, Grant agora começava a despontar, imenso e firme através da neblina rubra. O triunfo o acompanhara desde Fort Donelson até Vicksburg, onde ocorreram grandes perdas dos rebeldes – tropas, canhões, territórios. Quem poderia se orgulhar de uma façanha como essa? Em 16 de outubro, Grant recebeu o comando das regiões dos rios Ohio, Cumberland e Tennessee, com seu subcomandante Sherman no comando do exército do Tennessee, subordinado a ele.

Por meio de uma série de manobras, Grant libertou o rio Tennessee, atacou tanto Missionary Ridge quanto Lookout Mountain e expulsou de Chattanooga Bragg o exército confederado, o qual se retirou em completa desordem. As fronteiras da confederação sofreram outro longo recuo para o sul. Vicksburg a reduzira à metade ao longo do Mississippi. Chattanooga reduzira outra vez a leste, ao longo dos Alleghanies. Em dezembro de 1863, os confederados tinham sido empurrados de volta para a Georgia, e todo o vale do Mississippi fora recuperado pela União. Esses acontecimentos violentos poderiam ter tomado outra feição se o presidente Davis, depois de Chancellorsville, tivesse designado Lee comandante em chefe do exército confederado ou, melhor ainda, se, em 1862, houvesse dedicado totalmente a autoridade de que dispunha, e suas grandes virtudes, à tarefa de pôr à disposição de seu principal general toda a fiel, indomável, embora infelizmente egoísta, energia sulista. No final de 1863, todas as ilusões se desvaneceram. O Sul sabia ter perdido a guerra.

A vitória da União

A Confederação foi derrotada, e a longa etapa final da guerra foi de conquista e submissão. Houve uma pausa no inverno do ano de Chancellorsville, Gettysburg, Vicksburg, Chattanooga e Chickamauga. O Norte concentrou seu poder esmagador em uma triste tarefa. Foi seriamente questionada no Sul a direção da guerra do presidente Davis, que mantivera nas mãos não apenas a enorme responsabilidade de preservar a integridade da Confederação, administrar a política e a economia, mas também de exercer total controle das operações militares. Contra as probabilidades, seguira teimosamente uma política e uma estratégia defensivas na guerra que só uma vitória poderia encurtar. Essa postura levara lógica e seguramente ao fracasso.

Em 9 de março, o presidente Lincoln designou Ulysses Grant para o comando geral dos exércitos dos Estados Unidos, promovido a tenente-general.

Finalmente havia unidade de comando no Norte, além de um general capacitado para exercê-la. O plano de Grant era brutal e simples. Foi sintetizado na palavra "desgaste." No combate intenso e na troca de vidas, o peso dos números acabaria prevalecendo. Grant ordenou a Meade, que formalmente conservou o comando do exército do Potomac, "onde Lee for, vá também." A Sherman, amigo e irmão, confiou o comando no oeste, com diretriz similar, mas com um complemento: "Invista contra o exército de Johnston para rompê-lo, e penetre no interior o mais que possa, infligindo o máximo dano possível aos recursos de guerra deles." Se Johnston ou Lee, aproveitando as linhas interiores, dessem mostras de tentar juntar-se ao outro, não poupasse esforço para segui-lo.

Com a aproximação da primavera, Grant, uma vez empregado o exército da União, voltou a combater contra Lee nos velhos campos de batalha do Rappahannock e do Rapidan, onde restavam vestígios de Chancellorsville e pairava a lembrança de "Stonewall" Jackson. Partiu para o campo de batalha no princípio de maio com 120 mil homens, contra Lee com 60 mil. Transpôs o Rapidan pelos vaus que "Fighting Joe" Hooker utilizara no ano anterior. No território selvagem de Wilderness, travou-se um combate que faz jus ao nome da área, *Wilderness*. Em dois dias de luta complexa e feroz, 5 e 6 de maio, Grant foi repelido com 18 mil baixas, enquanto Lee sofria cerca de 10 mil, a maior parte em violento contra-ataque. Grant, então, lançou-se pela esquerda e, em uma série de choques confusos entre os dias 8 e 19, procurou cortar a linha de retraimento dos confederados para Richmond. Ficou conhecida como a batalha de Spotsylvania Court House, na qual as tropas federais sofreram novas baixas que atingiram mais de 18 mil homens, o dobro da perda de seus oponentes. Sem se deter diante desta mortandade, Grant insistiu em seu movimento pela esquerda e prolongou os pesados combates que ocorreram nas regiões agrestes do córrego South Anna e, mais adiante, no rio Pamunkey. Apesar de toda a coragem de seus soldados, Grant nunca conseguiu desbordar o flanco direito de Lee, enquanto este, com seus dedicados homens, jamais pôde superar a desvantagem de dois para um. Ambos podiam apenas infligir morte e ferimentos na proporção dos próprios efetivos. De acordo com a concepção de guerra de Grant, esse método, embora pagando alto preço, tinha apenas de ser mantido o tempo suficiente para alcançar o resultado. "Proponho lutar até o fim segundo este pensamento," escreveu para Halleck em Washington, "mesmo que tome o verão inteiro."

Mas outros fatores, de aspecto menos aritmético, se impuseram.

Em Cold Harbor, palco da Batalha dos Sete Dias em 1862, o comandante em chefe federal lançou seu exército pela mata castigada e tortuosa contra as desfiguradas e semifamintas linhas confederadas, que, entretanto, mantinham o moral elevado. Foi nessa batalha que Lee conversou com o diretor-geral dos correios da confederação, que aparecera para ver a luta e perguntara: "Se ele romper sua frente, que reserva possui?" "Nem um só regimento" – respondeu Lee – "e assim tem sido desde que começou o combate. Se diminuo a extensão da minha linha de frente para constituir reserva, ele a contorna, se a enfraqueço para formar a reserva, ele a rompe."

Mas, ao fim do dia, o desfecho acabou com a inflexível tática de carnificina de Grant. Depois que sete mil bravos soldados de uniforme azul tombaram em pouco mais de uma hora, a tropa se recusou a retomar o ataque. Esperava-se mais do que determinação do alto comando ao enviar subordinados para a morte. Mortos e feridos da União jaziam entre as linhas. Os cadáveres logo começaram a exalar mau cheiro sob o sol escaldante e os vivos clamavam por água. Porém, Grant não conseguiu uma trégua para sepultamento e compaixão. Somente no terceiro dia depois da batalha, diante de uma carta de Lee afirmando que concordaria de bom grado se solicitado, é que foi feito um pedido formal e, por algumas horas, cessou o tiroteio. Durante as Guerras Mundiais de que participei, não houve concessões desse tipo, e o número dos que pereceram na "terra de ninguém" em longa e desamparada agonia no ponto onde tombaram na Guerra de Secessão é incomparavelmente menor do que naquelas guerras. Mesmo assim, naquela época comparativamente mais civilizada e refinada na América, Cold Harbour foi considerada um horror além de qualquer descrição.

O exército da Virginia Setentrional, em trinta dias, infligira a Grant perdas iguais a seu próprio efetivo total. Em tais circunstâncias, ele se viu compelido a apelar para a manobra. Sabia exatamente o que McClellan fizera nesse mesmo terreno dois anos antes. Realizando habilidosa e audaciosa marcha, que Lee não tinha força suficiente para interromper, atravessou a península e, com todo o seu exército, novamente fazendo uso do poder naval, transpôs o rio James e estabeleceu nova base na margem sul. Preparou-se para atacar Richmond pela "porta dos fundos," tal como McClellan desejara fazer. Repelido em Petersburg, estabeleceu um cerco em volta da linha de trincheiras que protegiam o ponto-forte e as defesas a leste de Richmond, com um exército que, recentemente reforçado, atingia 140 mil homens. Fracassou novamente na tentativa de desbordar o flanco direito de Lee por meio de manobras ao sul do James. Ao final de junho, se conformou com uma guerra de trincheiras com pás, minas e canhões. Não houve qualquer investida, apesar de o flanco oeste de Lee continuar exposto. Essa situação estática perdurou até abril de 1865. Tais performances, embora eventualmente alcançassem seus objetivos, devem ser encaradas como a negação do comando de general. Mesmo assim, não deixaram de ser uma forma mortal de guerrear.

❄

Entrementes, no oeste, Sherman, que desfrutava superioridade de quase dois para um, começara, em maio, a abrir caminho para o Sul, a cavaleiro da ferrovia de Chattanooga para Atlanta, penetrando fundo na Georgia. Foi enfrentado por Joseph E. Johnston, com três poderosos corpos de exército confederados. Seguiu-se notável duelo entre dois adversários competentes. Sherman evitou ataques frontais e, realizando manobras de flanco, desalojou Johnston de uma posição após outra. Renhidos combates foram travados continuamente pelos elementos mais avançados e, em um choque de menor expressão, um dos comandantes de corpo de Johnston, o general Leonidas Polk, foi morto por um tiro de canhão. Somente em Kenesaw Mountain, Sherman realmente atacou. Foi rechaçado com 2.500 baixas. Porém, no meio-tempo, a constatação desse avanço implacável, e de sua falta de vontade de forçar uma batalha, custou a Johnston a confiança de Jefferson Davis. No instante em que decidira resistir em Peach Tree Creek, foi substituído por John B. Hood. O exército confederado, insatisfeito com as longas retiradas, aplaudiu a mudança, mas a opinião militar considera a remoção de Johnston como um dos maiores erros do presidente Davis no exercício de seu preocupante cargo.

Em Peach Tree Creek, Decatur e East Point, Hood liberou a paixão pela ofensiva que sensibilizava o governo ao qual servia e o exército que comandava. Os confederados, defendendo o solo natal, lançaram-se sobre os invasores e sofreram perdas irreparáveis. Só em Decatur perderam 10 mil homens, sem infligir sequer um terço dessas baixas ao inimigo. Depois de East Point, onde tombaram cinco mil confederados, tanto o Exército do Oeste quanto o governo de Richmond se convenceram de que provavelmente Johnston estava certo. Hood foi orientado a retomar a defensiva e, após algumas semanas de cerco, foi expulso de Atlanta. Em quatro meses de combate, Sherman conduzira a bandeira da União 240km no interior da Confederação, sofrendo trinta e duas mil baixas. As da Confederação ultrapassaram 35 mil. Assim, Sherman podia reivindicar a realização de notável façanha.

Essa vitória preparou terreno para outra. Na verdade, o conflito mais importante de 1864 foi disputado com votos. É espantoso como, no auge da cruel guerra civil, todo o processo eleitoral pôde ser rigidamente observado. O primeiro mandato de Lincoln expirava, e ele devia se submeter ao voto popular nos estados da União americana que estivessem sob seu controle. Nada demonstra melhor a força das instituições que ele defendia do que esse estranho episódio. O general McClellan, que ele empregara tão frequentemente, era o candidato democrata. Sua plataforma, apresentada em Chicago, era "que depois de quatro anos de fracasso em restaurar a União por meio da guerra (...) esforços imediatos deveriam ser feitos para conseguir o término das hostilidades (...) e restaurar a paz com base em uma união federativa de estados." A proposta ficou conhecida como "Peace Plank" (plataforma da paz). Os republicanos não tiveram dificuldade em denunciá-la como desleal. Em realidade, representava o ponto de vista de somente uma parcela dos democratas. O pior que se pode dizer a respeito é que era absurda. Todos sabiam que o Sul jamais concordaria com a restauração da união federativa enquanto lhe restassem vida e força. No próprio gabinete de Lincoln, Salmon P. Chase, secretário do Tesouro, homem de comprovada capacidade, virou seu rival pela indicação republicana. Foi uma das inúmeras iniciativas de republicanos insatisfeitos e dispostos a substituir seu chefe por alguém que considerassem ser um presidente mais vigoroso. Os adversários políticos de Lincoln, ao observá-lo, não notavam o necessário vigor. Era uma condição desaconselhável para quem devia conduzir uma guerra até o fim. Os terríveis massacres aos quais Grant levara o exército do Potomac e o prolongado impasse nas vizinhanças de Richmond provocaram péssima impressão no Norte. Mas a conquista de Atlanta e a incursão do almirante Farragut chegando ao porto de Mobile, último porto ainda em uso pela Confederação, deram margem a um entusiasmo que homens de partido sabem como explorar. Quatro milhões de cidadãos votaram em novembro de 1864, e Lincoln foi eleito por uma margem de apenas 400 mil votos. Realmente estreita foi a margem de apoio popular à forma como foi conduzida sua política de implacável coação dos estados sulistas para se reincorporarem à União. Não é dizer que todos os democratas quisessem a paz a qualquer preço. McClellan deixara claro, quando aceitou a indicação, que o Sul deveria retornar à União antes de ser negociado um armistício. Mas os pais da Constituição Americana, que se baseava no voto masculino universal, haviam idealizado o processo em que a escolha do presidente deveria ser indireta. No colégio eleitoral, Lincoln, que vencera em todos os estados da União, exceto Nova Jersey, Delaware e Kentucky, teve 212 votos contra apenas 21 para McClellan.

A fim de acalmar ou confundir o voto pacifista, Lincoln tinha encorajado negociações não oficiais de paz com o Sul. Horace Greeley, do *New York Tribune*, foi o representante do Presidente. Encontrou-se com emissários do Sul no Canadá, em Niagara Falls. Greeley logo descobriu que não estavam autorizados a negociar a paz. A iniciativa teria fracassado de qualquer modo, uma vez que as condições impostas por Lincoln incluíam a abolição da escravatura, assim como a volta à União. Chegou o quarto inverno dessa incansável porfia física e moral entre comunidades que agora se respeitavam e exércitos que havia muito se admiravam mutuamente.

Embora Atlanta houvesse sido tomada, o exército de Hood, com 44 mil homens amargurados, ainda estava ativo no campo e pronto para atacar as vias de comunicação de Sherman. A seu lado também estavam 10 mil cavalarianos sob o comando de Nathan B. Forrest, novo personagem que se projetou no ocaso da Confederação. Forrest mal podia ler ou escrever, mas, segundo a opinião geral, possuía qualidades militares no mais alto grau. Sua observação de que a arte da guerra consiste em ser "o mais primeiro e o mais melhor" é clássica. Todas essas forças estavam espalhadas em torno e à retaguarda de Sherman. Em 12 de novembro, esse general, tendo persuadido um naturalmente ansioso ministério em Washington, jogou para o espaço suas comunicações e começou uma implacável jornada pelo interior da Georgia, rumo às praias do Atlântico.

Quando o bloqueio imposto pelo Norte praticamente acabou com a exportação de algodão da Confederação, as mulheres, com os escravos que as obedeciam e respeitavam, haviam semeado milho nos campos. Naquele triste inverno, a Georgia estava abarrotada de alimentos. Sherman se dispôs a avançar em larga frente, vivendo do que o campo lhe oferecesse, devastando e destruindo todas as fazendas, vilas, cidades, ferrovias e serviços públicos dentro de seu amplo alcance. Deixou atrás de si um rastro negro e ódios que perseguem sua memória até hoje. "A guerra é um inferno," disse e certamente a fez dessa forma. Mas ninguém deve supor que essa devastação e a pilhagem sejam comparáveis às atrocidades cometidas durante as guerras mundiais do século XX ou às barbaridades da Idade Média. As investigações realizadas mal conseguem apontar um só caso de assassinato ou violação. Ainda assim, uma tenebrosa sombra paira sobre esta parte do mapa dos Estados Unidos.

Enquanto isso, Hood, com o exército confederado do oeste, não apenas cortou as comunicações de Sherman com os Estados Unidos, de tal modo que não se ouviu falar dele por um mês, mas também, com um exército de quase 60 mil homens, atacou a fundo as conquistas do Norte. Invadiu o Tennessee, obrigando Thomas, que fora deixado por Sherman para vigiá-lo, a se retirar. Parecia que novamente os confederados irromperiam pelo Ohio. Porém, pressionados, foram derrotados e postos em fuga por Thomas em 15 de dezembro, na batalha de Nashville. Hood debandou para o sul. Sherman, depois de tantas dificuldades, chegou à costa, em Savannah, a tempo de informar a novidade da conquista da cidade como "presente de Natal" para o reeleito presidente Lincoln.

❄

O fim estava à vista. Sherman planejou para 1865 um castigo mais severo para Carolina do Sul do que o infligido à Georgia. Tratava-se de um estado que, com sua arrogância, assistira à passagem daqueles anos de infortúnio do povo americano. Lá estavam os homens que dispararam contra a "estrelas e listras" em Fort Sumter. No ministério de Lincoln, ministros falaram em destruir Charleston e espalhar sal nas ruínas. Consequentemente, Sherman agiu com extremo rigor. Porém, enquanto isso, o poder de resistência de Lee em torno de Richmond estava esgotado. A chegada de Grant na margem sul do James não o impedira de empregar o general Early, com poderoso destacamento, para atuar no vale do Shenandoah. Em julho de 1864, Early derrotou os comandantes federais ao estilo de Jackson, e mais uma vez, Washington ouviu o troar dos canhões do inimigo que avançava. Mas, depois disso, o Shenandoah fora liberado e devastado por Sheridan, com forças muito superiores. As defesas em Petersburg, à frente de Richmond, havia muito repeliam ataques da União. A explosão de uma mina gigantesca sob as fortificações apenas deu origem a combates na enorme cratera, onde quatro mil nortistas tombaram. Mas a pressão sobre Lee não poderia ser suportada por muito mais tempo.

Somente no início de fevereiro de 1865, em meio à situação desesperadora, o presidente Davis o designou comandante em chefe. No mesmo mês, teve lugar nova tentativa de negociação. O vice-presidente da Confederação, A.H. Stephens, recebeu delegação para se encontrar com o presidente dos Estados Unidos a bordo de um vapor em Hampton Roads, na foz do rio James. O episódio proporcionou um espetáculo estranho, que desde então não mais se repetiu, o de dois chefes de facções beligerantes negociarem em pleno palco da guerra. Além disso, o representante do Sul, não muito tempo antes, tivera boas relações com Lincoln. Mas nenhum lado tinha a menor intenção de ceder na questão principal. Jefferson Davis, em suas instruções, se referiu a um tratado "pelo qual nossos dois países possam viver juntos em paz." Lincoln ofereceu ampla generosidade, mas desde que os Estados Unidos voltassem a ser um único país. Ocorreu o que já tinha predito. O Sul não podia reaceitar voluntariamente a União. O Norte não podia voluntariamente ceder nesse ponto.

Entrementes, Lee imediatamente refizera Joseph E. Johnston comandante do Exército Ocidental. Nenhuma regra pode ser imposta ao alto comando de estados e exércitos em guerra. Tudo depende dos acontecimentos e dos homens envolvidos. Porém, surgindo um grande general, o governo civil, se for inteligente, imediatamente lhe dá carta branca na esfera militar. Depois da segunda Manassas, ou depois de Chancellorsville no máximo, Lee era claramente reconhecido como o grande comandante do Sul. Mas isto foi na primavera de 62. Agora, estávamos na primavera de 65. Todas as contraofensivas confederadas tinham sido esmagadas. As forças do Norte arrasavam a Confederação condenada e, finalmente, Grant cerrou sobre sua obstinada capital.

No domingo, 2 de abril, depois da batalha de Five Forks e do desbordamento das defesas de Petersburg, o presidente Davis sentou-se em seu banco na igreja em Richmond. Um mensageiro entrou pelo corredor. "O general Lee solicita imediata evacuação." Assim, então, o governo confederado deveria procurar nova sede mais para o sul. Ainda havia algumas centenas de quilômetros em que exercia sua autoridade. Lee ainda tinha um plano. Marcharia rapidamente para o sul de Richmond, se juntaria a Johnston, derrotariam Sherman e, em seguida, se voltariam para enfrentar Grant e o poderoso exército do Potomac. Mas tudo em nome da honra e, felizmente, a agonia final foi evitada. Lee, desengajando-se das defesas de Richmond, foi perseguido por tropas com efetivos três vezes maiores que os seus, e Sheridan, com um corpo de exército de cavalaria, contornou sua via de retirada e irrompeu em cima de seus trens de suprimentos.

Quando já não mais havia meias rações de espigas de milho e raízes para os soldados, que eram atacados por três lados, Grant se atreveu a pedir a Lee que reconhecesse sua situação desesperadora. Lee curvou-se à exigência material. No dorso de Traveller, dirigiu-se para Appomattox Court House a fim de tomar conhecimento dos termos que lhe seriam propostos. Grant os escreveu em poucas frases. Os oficiais e soldados do exército da Virginia Setentrional entregariam suas armas e regressariam para seus lares sob palavra de honra e não seriam molestados enquanto obedecessem as leis dos Estados Unidos. Os oficiais de Lee conservariam suas espadas. A União providenciaria alimentos. Grant acrescentou: "Seus homens devem conservar os cavalos e mulas. Precisarão deles para cultivar a terra na primavera." Foi o dia mais grandioso da carreira do general Grant e ocupa lugar de destaque na história dos Estados Unidos. O exército da Virginia Setentrional, que por tanto tempo "conduzira a Confederação na ponta das baionetas," rendeu-se com 27 mil homens e, quinze dias mais tarde, apesar dos protestos do presidente Davis, Johnston aceitou, de Sherman, termos de rendição semelhantes aos oferecidos a Lee. Davis foi capturado por um esquadrão de cavalaria. A resistência armada dos estados sulistas foi, dessa forma, totalmente subjugada.

Lincoln entrara em Richmond com Grant e, em seu regresso a Washington, soube da rendição de Lee. Vencedor e dono, pontificou entre todos. Quatro anos assegurados de poder pareciam estar à sua espera. Por sua perseverança diante de tão variadas pressões e problemas, para os quais seus conhecimentos não lhe tinham fornecido solução, salvara a União com aço e fogo. Seus pensamentos estavam voltados para cicatrizar as feridas do país. Para tanto, possuía todas as virtudes de espírito e sabedoria, além de exercer incomparável autoridade. Aos que falavam em enforcar Jefferson Davis, respondia, "Não julgueis para não serdes julgados." Em 11 de abril, proclamou a necessidade de espírito aberto e generoso, pedindo a conciliação com os vencidos. No ministério, dia 14, referiu-se com benevolência a Lee e outros líderes confederados, indicando o caminho do perdão e da boa vontade. Mas, naquela mesma noite, sentado em seu camarote no Teatro Ford, um ator fanático, integrante de um grupo assassino, entrou por trás e alvejou-o na cabeça. O canalha saltou para o palco exclamando "*Sic semper tyrannis*" e, mesmo com o tornozelo quebrado pela espora, agarrando uma bandeira americana conseguiu escapar para a Virginia, onde foi caçado e morto a tiros em um celeiro. Seward, secretário de Estado, foi esfaqueado em sua casa, embora não fosse de modo fatal, como parte da mesma conspiração.

Lincoln morreu no dia seguinte, sem recobrar a consciência, e com ele desapareceu o único protetor do prostrado Sul. Outros poderiam tentar emular sua magnanimidade; ninguém senão ele poderia controlar os amargos ódios políticos que proliferavam. A bala do assassino causara maior mal aos Estados Unidos do que todo o canhoneio confederado. A morte de Lincoln privou a União da mão guia que, só ela, poderia ter resolvido os problemas de reconstrução e somado à vitória de exércitos aqueles triunfos duradouros que se conquistam sobre os corações humanos.

Quem domina pela força
só dominou meio inimigo.

Assim terminou a grande guerra civil americana, a Guerra de Secessão, que, vista em seu todo, deve ser considerada o mais nobre e menos evitável de todos os conflitos de massa de que havia registro até então. Três quartos de milhão de homens tombaram nos campos de batalha. O Norte ficou mergulhado em débito. O Sul estava arruinado. O progresso material dos Estados Unidos foi jogado para trás por certo tempo. O gênio da América empobreceu pela alienação de muitos dos elementos formadores da vida e da história da república. Mas, "afinal, quando se dissipou a fumaça sobre o campo de batalha, o terrível espectro que lançara sua sombra sobre todo o continente desapareceu e se foi para sempre."

12
A Era Victoriana

A ascensão da Alemanha

Enquanto a república americana começava a passar por sua provação, e o inquieto Napoleão III consolidava seu poder na França, um acontecimento de grande significado teve lugar além-Reno. Em 1861, Wilhelm I da Prússia subiu ao trono de Frederico, o Grande, e marcou os primeiros anos de seu reinado com três nomeações cujo impacto na história europeia e nos acontecimentos recentes é incalculável. O conde von Moltke se tornou chefe do Estado-Maior, o conde von Roon, ministro da Guerra, e – mais importante de todos – o conde Otto von Bismarck foi chamado da embaixada em Paris para ser ministro-presidente da Prússia. Como chanceler da Federação da Alemanha do Norte e, depois, do Império Alemão, este gênio singular conduziu, com fria paixão, a unificação e prussianização da Alemanha, a eliminação dos rivais europeus mais próximos e a acessão de Wilhelm ao trono de Imperador alemão, em 1871.

As três marteladas que forjaram a Alemanha foram deliberadamente preparadas e desferidas: a guerra com a Dinamarca, em 1864, pela qual os ducados de Schleswig e Holstein foram anexados à Prússia; a guerra das Sete Semanas, em 1866, pela qual a Áustria foi esmagada e seus aliados na Alemanha eliminados; e, culminando, a Guerra Franco-Prussiana, em 1870.

O desfecho da guerra com a Dinamarca logo deu pretexto e oportunidade para o próximo e muito mais importante passo de eliminar a Áustria da Confederação Germânica, assumindo a Prússia sua direção. A amizade da Itália tinha igual importância, pois também caminhava para a unificação. Cavour e Garibaldi trouxeram quase toda a península para o domínio da casa de Savoia. Mas Veneza, Trieste e o Tirol do Sul continuavam em mãos austríacas. A Itália ansiava por estes territórios. Em abril de 1866, o Rei Vittorio Emanuele assinou um tratado secreto com a Prússia, concordando em atacar a Áustria se eclodisse uma guerra dentro de três meses.

O cenário estava montado, a França, neutralizada, a Rússia, benevolente. A Itália, aliada. A Inglaterra pouco importava na questão, mas, em qualquer caso, sua simpatia estava voltada para o movimento de libertação da Itália e suas relações com a Áustria desde alguns anos não eram das melhores. Os anos de esforço de Moltke e seus generais deram frutos. O exército austríaco foi batido, Viena estava ao alcance dos prussianos. Por veemente insistência de Bismarck, a capital foi poupada da humilhação da ocupação, e os termos de paz foram, uma vez mais, lenientes. A mente de Bismarck já estava em seu próximo movimento e nas bases para contar com a amizade austríaca no futuro. "Fixar um limite na vitória," disse ele, "não é apenas um ato generoso, é também uma política das mais inteligentes. Porém, para que o vencedor possa tirar proveito, é preciso o beneficiado merecer." A única perda territorial da Áustria foi Veneza, cedida à Itália, mas, afinal, ela foi excluída da Alemanha e suas futuras ambições tinham, inevitavelmente, de se voltar para o sudeste, entre os eslavos. Desta forma terminou a Guerra das Sete Semanas. O equilíbrio de poder no Continente se alterara radicalmente. Um temor premonitório percorreu a França.

Napoleão III tentou em vão extrair da Prússia alguma compensação por sua neutralidade – política de pedir gorjeta, foi desdenhosamente chamada. Bismarck respondeu à exigência francesa de territórios no sul da Alemanha com uma recusa firme, e publicou as anotações suas e de Napoleão; assim, fez a França suspeita e consolidou sua própria posição na Alemanha não prussiana. A França demorou a perceber onde estava o verdadeiro perigo. Na lógica do metódico planejamento de Bismarck uma guerra franco-prussiana despontava no horizonte. Às pressas e em desespero, o marechal Niel, ministro da Guerra francês, se empenhou para pôr em curso a reforma do exército, e Napoleão lançou-se na busca de aliados para a confrontação que se avizinhava. Tudo em vão.

Perturbada pela saúde cada vez mais combalida e pelo declinante poder de decisão de Napoleão, e ainda empurrada pela arrogância petulante de seu parlamento e de sua imprensa, a França precipitou-se em seu destino. A situação estava perfeitamente clara para os estadistas da Inglaterra, que fizeram o possível para mediar. Uma vez mais, o chanceler alemão teve sucesso em privar de aliados seu adversário. A despeito dos agrados franceses, a Áustria permaneceu indiferente. A Itália não tinha qualquer motivo para se voltar contra seu aliado prussiano de 1866. Tropas francesas ainda guardavam Roma para o Papa, e uma derrota francesa as obrigaria a se retirarem. Bismarck não estava muito preocupado com a Inglaterra. Dissera algum tempo antes: "Que significa a Inglaterra para mim? A importância de um estado se mede pelo número de soldados que pode pôr no campo de batalha." Em 1870, enviou para *The Times* o texto de um esboço de tratado aparentemente proposto pelos franceses quatro anos antes, pelo qual eles procuravam conquistar a Bélgica em troca de apoio à Prússia. Para a Inglaterra, garante da inviolabilidade da Bélgica, este fato tornou ainda menos atraente uma intervenção em favor da França.

Naquele verão, Bismarck deu o bote. Uma revolução na Espanha afastara a dinastia Bourbon e o trono espanhol permanecia vago há quase dois anos. O governo espanhol interino saiu à procura de um candidato real conveniente, oriundo de uma das grandes famílias da Europa, e a escolha finalmente recaiu sobre o Príncipe Leopold de Hohenzollern-Sigmaringen, membro do ramo mais antigo da família do Rei Wilhelm da Prússia. A reação francesa foi violenta. Para dar força aos inflamados discursos no parlamento, o embaixador francês na Prússia foi orientado no sentido de exigir a revogação da aceitação do convite pelo Príncipe Leopold, que o ministro francês das relações exteriores descreveu como "uma perturbação no equilíbrio de forças vigente na Europa, em detrimento da França, além do risco que acarretava para os interesses e a honra da França." O Rei Wilhelm recebeu estes protestos com toda paciência. Particularmente, aconselhou o Príncipe Leopold a recuar e, em quarenta e oito horas, o príncipe concordou. A imprensa francesa exultou. Com desastrosa falta de senso de oportunidade, o embaixador francês foi instruído a exigir garantias de que a indicação jamais seria novamente cogitada. Foi demais para o Rei Wilhelm. Livrou-se do embaixador polidamente, mas com firmeza, e tão logo foi informado oficialmente da desistência do Príncipe Leopold, mandou uma mensagem para o embaixador afirmando que considerava o assunto encerrado.

Bismarck via os frutos de seu trabalho escorregando pelos dedos, e seu país a caminho da humilhação. Abatido, jantando com Moltke e Roon em Berlim, recebeu do rei o famoso "telegrama de Ems," onde se encontrava o Rei, descrevendo os acontecimentos mais recentes. Deixava a critério de Bismarck dar publicidade à história, se julgasse conveniente. Bismarck aproveitou a oportunidade e, sem falsear a verdade, abreviou tanto o relato que deixou a impressão de que as exigências francesas haviam sido rejeitadas de forma áspera, e que seu embaixador fora repelido. Plenamente consciente de que o comunicado – agora, na versão Bismarck, "uma capa vermelha para o touro gaulês" – tornaria a guerra inevitável, o grupo que jantava se despediu satisfeito. A inteligência militar falha levou alguns líderes franceses a acreditar que seu aparato militar superava o da Prússia. Os quarenta dias que se seguiram demonstrariam, de forma terrível, justamente o contrário.

❄

Depois de desesperada luta, Napoleão se viu forçado a capitular em Sedan com 130 mil homens, apenas seis semanas depois da eclosão da guerra; rendeu-se, entregando sua espada ao rei da Prússia. Bismarck estava presente. O último encontro deles fora de colegas diplomatas, cinco anos antes em Biarritz.

A guerra parecia terminada. O imperador francês era prisioneiro. A imperatriz fugiu para a Inglaterra. Paris estava firmemente sob controle das forças sitiantes. Um "Governo de Defesa Nacional" se sustentava na capital, mas, a despeito dos corajosos esforços de um de seus membros, Gambetta, que escapara da cidade em um balão, para estimular a resistência nas províncias, os exércitos franceses restantes, no Loire e na fronteira suíça, não foram capazes de nada eficaz. Em janeiro de 1871, terminou o cerco de Paris.

Em Versalhes, começaram as negociações para um armistício. Desta vez, Bismarck comandou uma barganha relativamente dura, exigindo pesadas compensações para cada concessão. O exército vitorioso desfilou pelas ruas de Paris. A Alsácia e a Lorena oriental foram cedidas à Alemanha. Deste modo, as sementes plantadas foram realmente amargas.

O tratado ficou vários meses sem ser assinado. Entrementes, a França sofreu uma das terríveis consequências de uma derrota militar importante e desintegradora. Em março, revolucionários assumiram o controle de Paris, onde a guarnição francesa ficara muito desfalcada em observância aos termos do armistício. No começo, o movimento, denominado "A Comuna," se inspirou em motivações patrióticas e convocou o povo de Paris, humilhado pela visão do triunfante exército prussiano, a se revoltar e continuar a luta. Uma tíbia tentativa de subjugar a insurreição fracassou, e o governo provisório francês se retirou para Versalhes, deixando Paris sob a bandeira vermelha. Bismarck libertou prisioneiros de guerra franceses para que ajudassem na retomada do controle da capital, já uma operação militar em larga escala.

À medida que as forças do governo, sob o comando do marechal MacMahon, avançaram, o perfil da Comuna mudou. Seus partidários perderam interesse em repelir os invasores prussianos e se transformaram em revolucionários socialistas cada vez mais odiosos e sedentos de sangue. Reféns, como o arcebispo de Paris e muitos padres, foram fuzilados e importantes prédios públicos queimados até caírem. Aproximando-se do centro de Paris, as tropas de MacMahon tiveram de abrir caminho derrubando barricada após barricada, em meio a todos os horrores de uma guerra civil. Represálias impiedosas foram aplicadas aos "communards." Quando a ordem se restabeleceu, depois de umas seis semanas de luta, os mortos foram contados em dezenas de milhares. Destes, estimava-se que 25 mil tinham sido executados enquanto a luta progredia. O movimento não teve qualquer ramificação em outras cidades da França. Fora festejado pelos comunistas do exterior, e Karl Marx, morando na Inglaterra, viu nele uma confirmação das teorias da luta de classes que vinha pregando em metade de sua vida. Como descendente direta das revoluções de 1789 e 1848, a Comuna de Paris deixou cicatrizes nos quadros políticos franceses visíveis ainda hoje.

❄

No mês do armistício, fizeram-se os acertos finais no tremendo edifício da unidade alemã. Desde o outono, o corpo diplomático alemão vinha trabalhando ativamente em Versalhes e, em 18 de janeiro de 1871, no salão dos espelhos, Wilhelm I da Prússia recebeu dos demais soberanos o título de "Imperador Alemão." Houvera alguma discussão sobre o exato enunciado do título. Bismarck, sempre pronto para ceder na forma em favor do conteúdo, decidira-se pela versão mais adequada a mitigar suscetibilidades dos estados menores. Deixando o salão, Wilhelm ignorou intencionalmente o titânico arquiteto de seu sucesso. Queria ser chamado "Imperador da Alemanha."

No dia da batalha de Sadowa, Disraeli tinha falado aos eleitores de seu distrito sobre as vantagens de se afastar com serenidade dos problemas europeus. Mas tinha a perfeita compreensão do quadro, como os fatos iriam mostrar. Cinco anos mais tarde, ainda era possível uma Inglaterra espectadora distante do conflito, esplendidamente isolada. Ao longo da década que se encerrou em 1870, a Royal Navy fora poderosamente reequipada com navios a vapor encouraçados, com torres de canhões de alma raiada que disparavam granadas explosivas em vez de projéteis compactos. No mar, a era da madeira e da vela havia muito estava superada. As lições navais colhidas na Guerra de Secessão americana foram aprendidas. Mas, em terra, o exército profissional inglês continuava, para os padrões continentais, com efetivo desprezível. As guerras do século XIX não tinham durado o suficiente para demonstrar o desdobramento militar de que uma nação industrializada era realmente capaz.

Em Versalhes, o trabalho de toda uma vida de Bismarck atingiu seu clímax. A despeito de todas as dificuldades internas e ao custo de deliberada provocação de três guerras, a Prússia presidia a Alemanha, e este país se transformara em uma das duas mais poderosas nações no Continente. O preço foi alto. A França vivia amargurada, determinada a ter revanche e ansiosa por angariar aliados. O Concerto da Europa criado em Viena estava fatalmente fragmentado e invalidado. Gradualmente, as potências europeias se agruparam em dois campos distintos, com a Inglaterra espectadora inquieta. Dessa divisão, que se transformou em abismo intransponível, brotaram as erupções do século XX. A Inglaterra demorou a identificar a mudança de cena, e Disraeli – embora exagerasse – estava à frente de seu tempo quando declarou que as vitórias das armas prussianas significavam uma Revolução Alemã, "evento político maior do que a Revolução Francesa do século passado." Começava a era da paz armada. A Inglaterra do tempo de Gladstone e Disraeli concentrou-se nos assuntos internos e nas questões da Irlanda e do Império. Mas os dias de aparente desconexão entre negócios europeus e coloniais chegavam rapidamente ao fim. Mesmo assim, enquanto dirigiu a Alemanha, Bismarck teve o cuidado de nada fazer que despertasse a hostilidade inglesa. Entrementes, brigas coloniais turvaram cada vez mais as relações da Ilha com a França. Somente depois que o Kaiser Wilhelm II demitiu o grande Chanceler e mergulhou em políticas provocadoras, a Inglaterra acordou completamente para a ameaça teutônica.

Gladstone e Disraeli

Entramos agora em longo, ininterrupto e progressivo período da história da Inglaterra – a gestão de Gladstone e Disraeli como primeiros-ministros. Estes dois grandes parlamentares governaram o país alternadamente entre

1868 e 1885. Por quase vinte anos ninguém disputou realmente sua liderança e, até a morte de Disraeli, em 1881, a cena política foi dominada por um duelo pessoal em grande escala.

Quando Gladstone se tornou primeiro-ministro, em 1868, era considerado um administrador prudente e parcimonioso, que se transformou num verdadeiro reformador liberal. Mas essa era apenas uma das facetas de seu gênio. O que, aos poucos, o transformou na personalidade mais controvertida do século foi seu dom de despertar indignação moral, tanto em si mesmo, quanto no eleitorado. Em duas grandes cruzadas, sobre os Bálcãs e sobre a Irlanda, seu tema dominante foi que a consciência e o princípio moral devem presidir as decisões políticas. Tal exigência, ardorosamente proclamada, ficava vulnerável à acusação de hipocrisia quando, como tantas vezes aconteceu, a política de Gladstone coincidia com o bem-estar do Partido Liberal. Mas a acusação era falsa. O verdadeiro espírito do pregador brotava nos discursos de Gladstone. Preferia romper com seu partido a negar sua consciência. Logo depois de ficar favorável à adoção do autogoverno, a Home Rule, para a Irlanda, disse a seu colaborador Sir William Harcourt: "Estou disposto a ir em frente sem ninguém." Era uma personalidade que o levaria a lidar equivocadamente com as pessoas e a cindir os liberais, mas que lhe assegurou um lugar no coração de seus seguidores, como nunca a Inglaterra vira igual.

Para enfrentar Gladstone, Disraeli precisou de toda a coragem e presença de espírito com as quais fora tão generosamente dotado. Muitos tories não gostavam e desconfiavam de seus pontos de vista de reforma, mas ele conduzia seus colegas com rara habilidade. Jamais foi superado na arte de liderar o partido. Em todas as suas atitudes havia certa dose de cinismo. Em sua caracterização, não havia um só traço de fervor moral. Grandes segmentos das classes trabalhadoras eram ligados à Igreja, à Coroa, ao império e à aristocracia por interesses práticos que podiam ser voltados a favor do partido. Ou era assim que ele via as coisas. Nunca foi inteiramente assimilado ao modo inglês de vida e, até a morte, conservou a distância que o levou, ainda moço, a fazer sua própria análise da sociedade inglesa. Provavelmente, foi isso que lhe permitiu diagnosticar e avaliar as mais profundas correntes políticas de seu tempo. Por muito tempo discriminado em seu próprio partido, conduziu-o, no fim, a um triunfo eleitoral e alcançou por um período o poder que sempre almejara.

❄

Gladstone sempre disse que seu gabinete de 1868 a 1874 foi "um dos melhores instrumentos de governo já construídos." Impulsionado por inesgotável energia, pôs em execução uma avalanche de reformas havia muito desejadas. Foi o período de ouro, quando o liberalismo ainda era uma força agressiva e inabalável, e a doutrina do individualismo e a filosofia do *laissez-faire* localizavam e destruíam os últimos vestígios de governo do século XVIII. O serviço público, o exército, as universidades e a legislação foram todos atingidos, e a força do velho interesse fundiário começou a se desintegrar. O poder que James Mill denominara "interesses sinistros" pouco a pouco secou, à medida que o serviço público ficou progressiva e implacavelmente acessível ao talento e à capacidade. Liberdade foi o princípio básico, *laissez-faire* foi o método. Não foi preciso adotar qualquer ampliação imprópria da autoridade governamental, e a classe média finalmente conquistou uma participação na esfera política equivalente a seu poder econômico. Gladstone veio na correnteza. Uma vitória eleitoral decisiva e um país pronto para as reformas lhe ofereceram a oportunidade. O Partido Liberal, em raro momento de equilíbrio, uniu-se em torno dele. A dimensão e o alcance de sua política, voltada para uma série de evidentes violações, foram de tal ordem que radicais, liberais moderados e até mesmo whigs juntaram-se. Começou com a Irlanda. "Minha missão," dissera quando a convocação pela rainha o encontrou em sua casa de campo em Hawarden, "é pacificar a Irlanda." Apesar de ferrenha oposição e desafiando suas próprias convicções iniciais, que consistiam em defender a propriedade e a fé anglicana, realizou, em 1869, a separação entre a igreja protestante da Irlanda e o estado. Essa iniciativa foi seguida, no ano seguinte, pela Lei da Terra, que tentou proteger os arrendatários contra despejos injustos. Mas a Irlanda não era assim tão fácil de pacificar.

Na Inglaterra, não faltava trabalho para o governo. Depois da Reforma Eleitoral de 1867, Robert Lowe, agora ministro das Finanças, dissera: "Temos que educar nossos donos." Os eleitores deviam, pelo menos, saber ler e escrever, além de achar abertas as vias para maior conhecimento. Desse modo, a extensão do direito de voto e a crença liberal generalizada no valor da instrução levaram à criação de um sistema nacional de escolas primárias efetivado pela lei da educação de 1870, ainda que confusa, como foram todas as iniciativas ligadas à educação nas décadas que se seguiram, em vista de paixões e controvérsias sectárias. Ao mesmo tempo, a influência pessoal foi finalmente destruída no serviço público do país. O acesso à nova classe de funcionários civis a partir de então só se efetivava por meio de concurso que valorizava a capacidade intelectual. Qualificação e não riqueza ou ligações familiares passou a ser o instrumento de progresso na carreira. Nos anos seguintes, todas as provas de religião em Oxford e Cambridge foram abolidas. As universidades foram abertas ao acesso de católicos romanos, judeus, não conformistas e moços sem qualquer crença. As antigas complexidades do sistema judicial, que constituíam verdadeiro pesadelo para os litigantes e fonte de lucro para advogados, foram simplificadas e modernizadas pela fusão de tribunais e pela equidade. Tudo isso acompanhado por uma administração geral eficaz e, talvez o que mais agradasse ao coração de Gladstone, por uma política de redução de impostos e contenção de gastos.

Os sofrimentos e as desgraças da Crimeia haviam tornado óbvio que as práticas do Duque de Wellington, na mão de homens menos capazes, não funcionavam. As vitórias prussianas na França causaram um choque na opinião de civis e de militares. Desde muito se fazia necessária uma reforma no Ministério da Guerra. Foi abolido o açoite. Uma lei de recrutamento criou o serviço de curta duração, permitindo formar uma reserva eficiente. Em 1871, foi proibida a compra de postos. A infantaria foi rearmada com o fuzil Martini-Henry, e o sistema de regimentos completamente refeito com base nos condados. O Ministério da Guerra foi todo revisto, embora ainda não fosse criado um Estado-Maior Geral.

Tudo isso em seis brilhantes anos cheios de realizações, depois, como acontece frequentemente na história inglesa, o pêndulo balançou para o outro lado. Grandes reformas contrariam grandes interesses. Os anglicanos foram atingidos por inúmeras medidas. Os não conformistas viram na lei da educação pouca coisa que agradasse. Muito pouco foi oferecido como atração às classes trabalhadoras, a não ser a lei de votação, que lhes assegurou exercer o novo direito de voto em segredo e sem intimidação. O acordo com os Estados Unidos sobre a questão de um navio detido durante a Guerra de Secessão, concedendo uma indenização de quinze milhões de dólares, embora sensato desagradou ao povo tanto tempo submetido a um regime palmerstoniano. Começaram a suspeitar que Gladstone estava indiferente à defesa dos interesses ingleses. A derrota de uma lei sobre liberação de bebidas proposta pela ala moderada do Partido Liberal contrariou o interesse dos fabricantes e originou uma aliança entre eles e o Partido Conservador. Gladstone logo viria a se queixar de ter sido despejado do poder "em uma torrente de gim e cerveja."

O parlamento foi dissolvido em 1874. Gladstone disputou a eleição com uma proposta de abolição do imposto sobre a renda, que, então, era de três pences por libra. Até o fim de sua vida, Gladstone se culpou por ter falhado nesse objetivo. Porém, agora a nação estava contra ele e perdeu a eleição. Passou a uma semiaposentadoria, acreditando que a grande tarefa reformadora do liberalismo estava feita. Muitos de seus amigos whigs concordavam. Os radicais pensavam de forma diferente. Todos estavam errados. O "Grande Velho" logo voltaria à política, e voltaria numa conjuntura e atravessando uma tormenta que iriam lacerar e romper as lealdades e tradições da vida pública inglesa de forma muito mais drástica do que qualquer deles imaginaria.

❄

Enquanto seu grande rival se dedicava ao lazer abatendo árvores em Hawarden e escrevendo artigos sobre Homero, Disraeli aproveitou sua chance. Esperou muito tempo pelo poder supremo. Viu claramente que, embora muitos dos novos eleitores fossem atraídos pelas ideias de tradição, continuidade e progresso social com ordem, tais sentimentos nunca seriam capazes de propiciar vantagem eleitoral sob o conservadorismo passivo de seus companheiros de bancada. Tinha não só de conquistar o eleitorado, mas também de converter seu próprio partido.

A campanha de Disraeli começou muito antes da queda de Gladstone. Concentrou-se na reforma social e em nova concepção do Império. Em ambos os temas, as setas de seu ataque atingiram Gladstone em seus pontos fracos. O império nunca fora de seu interesse e, embora veemente na defesa dos direitos políticos da classe trabalhadora, Gladstone pouco ligou para suas reivindicações materiais. Disraeli, por outro lado, afirmava que "a primeira preocupação de um ministro deve ser a saúde do povo." Os liberais procuravam depreciar esta crítica, alegando tratar-se de uma "política de esgoto." Na primeira sessão plenária depois de assumir o cargo, Disraeli agiu para cumprir sua promessa. Uma lei sobre Sindicatos deu-lhes liberdade de ação quase completa, uma lei sobre Moradia para Operários foi a primeira destinada a resolver o problema da habitação, uma lei sobre Venda de Alimentos e

Remédios e outra sobre Saúde Pública finalmente puseram a questão sanitária em bases sólidas. O todo-poderoso Alexander Macdonald, líder da minoria, afirmou com propriedade que "o Partido Conservador fez mais pelas classes trabalhadoras em cinco anos do que os liberais em cinquenta."

A segunda parte do inovador programa conservador, o Império, também havia sido lançada antes que Disraeli chegasse ao poder. A paixão de Gladstone por economia em todas as atividades das forças armadas, sua cautela na Europa e sua indiferença para com o Império espantavam um público cada vez mais consciente da glória do Império Britânico. A posição de Disraeli sintonizava com esse novo espírito e inicialmente ele teve um retumbante sucesso. O Canal de Suez já estava aberto havia seis anos e transformara a posição estratégica da Inglaterra. O cabo da Boa Esperança já não era a chave da rota para a Índia e o Extremo Oriente. O Foreign Office fora estranhamente lento em apreciar esse fato óbvio e perdera mais de uma chance para controlar aquela via marítima. Em 1875, Disraeli, no interesse do governo inglês, comprou, por quatro milhões de libras, as ações do canal pertencentes ao governador do Egito, o quediva Ismail do Egito. O sátrapa turco estava falido e ficou satisfeito por vendê-las. Sua participação correspondia quase à metade do valor total do negócio. A rota para a Índia ficou segura, uma possível ameaça à supremacia naval da Inglaterra se afastou e – de importância decisiva no futuro – a Inglaterra ficou inexoravelmente envolvida na política egípcia. No ano seguinte, a Rainha Victoria, para seu grande prazer, foi proclamada Imperatriz da Índia. Tal proeza jamais teria ocorrido a Gladstone, ou, na verdade, à geração seguinte de imperialistas. Mas a abordagem oriental e quase mística de Disraeli sobre o Império, sua ênfase nos símbolos imperiais e sua crença na importância de demonstrações exteriores emprestaram à sua política um colorido atraente nunca conseguido por seus sucessores. Seu propósito era fazer aquelas colônias, às quais uma vez se referira como "peso em nossos ombros," faiscarem como diamantes. Novas tormentas na Europa desviaram a atenção dessa brilhante perspectiva.

❄

Em 1876, ressurgiu a Questão Oriental. A maior parte dos Bálcãs ainda permanecia sob dominação turca, e todas as tentativas para aperfeiçoar a administração otomana nas províncias cristãs haviam esbarrado na teimosia do

Sultão e na magnitude da tarefa. Eslavos, romenos e gregos estavam unidos no ódio aos turcos. Uma revolta oferecia pouca esperança de êxito permanente e desde muito eles viam o czar da Rússia como potencial libertador.

A revolta explodiu na Bósnia-Herzegovina. Alemanha, Áustria e Rússia propuseram que a Turquia fosse coagida a fazer amplas reformas. Disraeli resistiu a essa proposta, argumentando que "logo levaria à desintegração da Turquia" e, para caracterizar o apoio inglês à Turquia, uma esquadra foi despachada para os Dardanelos. A Europa ficou à espera da guerra entre a Rússia e a Turquia. Quando esta eclodiu, no verão de 1877, o ânimo do país mudou rapidamente. Gladstone, cuja condenação dos turcos inicialmente a todos conquistara, agora era acusado de ser pró-Rússia. O sentimento cresceu à medida que, mês após mês, a despeito da heroica resistência turca, especialmente em Plevna, na Bulgária, a massa de soldados russos avançava com todo seu peso na direção dos Dardanelos. Por fim, em janeiro de 1878, eles estavam diante das muralhas de Constantinopla. A opinião pública atingiu o ponto de ebulição. A canção da moda no teatro musicado cunhou a expressão jingoísmo para patriotismo exaltado:

We don't want to figh but by jingo! if we do
We've got the ships, we've got the men
and we've got the money too

Não queremos guerra, mas by jingo! se quisermos
Temos navios, temos gente
e temos dinheiro também

Em fevereiro, depois de muita tergiversação, uma esquadra de navios *ironclad* ingleses navegou para o Chifre de Ouro. Ficou postada no mar de Mármara, em oposição ao exército russo, durante seis constrangedores meses de trégua. Como disse Bismarck, a baleia olhando para o elefante.

Em março, Turquia e Rússia assinaram o Tratado de San Stefano. Andrassy, ministro do Exterior da Áustria, aborrecido o chamou de "sermão eslavo ortodoxo." Deu à Rússia efetivo controle dos Bálcãs, tornando-se obviamente inaceitável pelas outras grandes potências. A guerra pareceu provável de novo. As grandes potências reuniram-se no Congresso de Berlim, em junho e julho. As negociações foram dominadas por Andrassy, Lord Beaconsfield (Disraeli), Bismarck e o ministro russo Gortchakov, um quarteto cujo conjunto de talentos diplomáticos dificilmente poderia ser igualado. Resultou que a Rússia desistiu do que momentaneamente conquistara em San Stefano. Conservou a Bessarábia romena, que estendeu seu território até a foz do Danúbio, mas a grande Bulgária, que ela planejara dominar, foi dividida em três partes, e só a uma delas foi concedida, na prática, independência. O restante retornou ao Sultão. A Áustria-Hungria, tal como agora devemos chamar o império Habsburgo, recebeu como compensação o direito de ocupar e administrar a Bósnia-Herzegovina. Por um acordo anglo-turco em separado, a Inglaterra recebeu Chipre; e assegurou a integridade territorial da Turquia na Ásia, em troca de nova promessa do Sultão no sentido de promover as reformas necessárias. Beaconsfield regressou de Berlim proclamando que trouxera "paz com honra." Na verdade, evitara a guerra naquele momento. A Rússia, contida nos Bálcãs, mudou sua atenção da Europa para o extremo oriente. Os acordos celebrados em Berlim deram margem a muitas críticas por abrirem o caminho que conduziu à guerra de 1914, mas a Questão Oriental, como então se apresentou às nações, era praticamente insolúvel. Nenhum acordo poderia ser mais que uma solução temporária, e o Congresso de Berlim assegurou de fato trinta e seis anos de paz na Europa.

As semanas seguintes foram o apogeu da carreira de Beaconsfield. A sorte logo deixaria de sorrir para ele. Quando Beaconsfield desmoronou, em março de 1880, o resultado eleitoral foi decisivo. A Rainha viu-se forçada a aceitar como primeiro-ministro, pela segunda vez, o homem que, em carta a seu secretário particular, Sir Henry Ponsonby, definira como "aquele *incendiário meio maluco* que logo vai estragar tudo."

❄

Enquanto o duelo entre Disraeli e Gladstone ocupou o centro do palco, acontecimentos de ampla repercussão tomavam forma sob a superfície da política parlamentar. A Reforma de 1867, dando direito de voto praticamente a todos os homens residentes num bairro de cidade, matou o regime modificado do século XVIII, que persistira desde 1832. O surgimento de nova massa de eleitores exigia nova forma de fazer política. Os simples números deixaram as velhas técnicas ineficazes nas grandes cidades. Duas coisas se faziam necessárias: uma política partidária que persuadisse os eleitores a votarem, e uma organização eficiente que realmente assegurasse o comparecimento ao voto. Dos dois líderes, Gladstone foi o que mais demorou a perceber as implicações da nova era. O grande demagogo estava enfadado dos assuntos de rotina do partido. Disraeli, em contrapartida, apresentou uma política e uma organização. O Partido Conservador foi inteiramente reformado. Criaram-se um escritório central e uma rede de associações locais, organizados numa União Nacional. A transição foi suave e, embora viessem a ocorrer perturbações no início dos anos 80, o sistema criado por Disraeli, em suas linhas gerais, subsiste até a presente data.

No lado liberal, foi muito diferente. A distância de Gladstone e a hostilidade whig impediram uma organização centralizada do partido. O estímulo e o ímpeto vieram não do centro, mas das províncias. Em 1873, Joseph Chamberlain se tornara prefeito de Birmingham. A Federação Liberal Nacional nascia. O objetivo de seus criadores era fazer da federação um parlamento do movimento liberal, que implantaria um programa radical e que, ao final, levaria à substituição dos whigs por um novo elenco de líderes selecionados em suas próprias fileiras. Era algo inédito. Diferentemente do cartismo e da Liga Contra a Lei dos Cereais, os movimentos de reforma não mais precisariam operar à margem do partido. O radicalismo agora era forte o bastante para fazer o seu lance no sentido de assumir o controle. A mudança foi em grande parte favorecida pela concentração dos partidos em torno de polos sociais opostos, processo em pleno curso em torno de 1880, que Gladstone reconheceu no curso de sua campanha eleitoral. "Lamento dizer," declarou, "que não podemos contar com a aristocracia. Não podemos contar com o que se chama interesse fundiário. Não podemos contar com o clero da Igreja Anglicana, seja na Inglaterra, seja na Escócia. (...) Não podemos contar com a riqueza e tampouco com a alta classe da nação. (...) Em sua maior parte, essas forças são contra nós. (...) Devemos listá-los entre nossos mais firmes adversários."

Na eleição, Chamberlain e seus seguidores apresentaram um programa de reforma inaceitável para os whigs e até mesmo para Gladstone. O sucesso que tiveram mostrou e proclamou as profundas transformações que o novo direito de voto introduzira na estrutura do sistema partidário.

❄

Gladstone e Disraeli fizeram muito no sentido de estabelecer uma ponte entre o regime aristocrata e a democracia. Ambos acreditavam que governos deviam ser ativos e o rol de legislação que produziram nos anos entre 1868 e 1876 contém fartas iniciativas reformistas. As eleições aos poucos se transformaram em julgamento a respeito do que o governo de então realizara e uma avaliação das promessas dos dois partidos para o futuro. Por volta de 1880, já eram disputadas com métodos que diferem muito pouco dos de hoje em dia. A campanha que Gladstone fez no Midlothian, primeiro amplo apelo direto ao povo por um potencial primeiro-ministro, caracterizou a mudança. A Rainha ficou horrorizada ao saber que ele discursava da janela de um vagão de trem tratando de política exterior, mas seu protesto ecoava uma época que se fora. Esse foi o caminho para se transformar no "William do povo."

Beaconsfield morreu um ano mais tarde. Sua grande obra, que realizou quase sozinho, fora liderar o Partido Conservador retirando-o do desespero do período seguinte a 1846, persuadindo-o a enfrentar o inevitável da democracia e dotando-o de políticas ajustadas às novas condições. O sucesso alcançado constitui notável indicação de sua competência em todos os assuntos relacionados com o partidarismo. Fez dos conservadores importante força na política democrática. O sistema bipartidário amplo, caracterizado pela "oscilação do pêndulo," começou com ele. A democracia tory – centenas de milhares de trabalhadores que votaram com os conservadores – tornou-se o fator dominante. A extensão do direito de voto, que até então ameaçava engolfar o passado, o impeliu orgulhosamente para o futuro. Enquanto os whigs saíam de cena, os tories, embora demorassem a perceber, deslancharam para vida e poder renovados, com um futuro risonho à frente. Essa foi a obra de Disraeli, pela qual seu nome será merecidamente reverenciado.

A "reconstrução" americana

No outro lado do Atlântico, a vitória do Norte mantivera a unidade americana. Mas graves problemas foram enfrentados. O mais urgente foi restaurar ordem e prosperidade na derrotada Confederação. Extensas áreas no sul, ao longo do trajeto da marcha de Sherman e no vale da Virginia, haviam sido devastadas. Atlanta, Columbia, Charleston, Richmond e outras cidades foram seriamente danificadas pelos bombardeios e pelo fogo. A vida no Sul estava paralisada. A agricultura, sem mercado, que lhe fora negado pelo bloqueio imposto pelo Norte, mergulhara na estagnação, a despeito dos heroicos esforços das mulheres sulistas e de seus fiéis escravos procurando manter a terra cultivada. O bloqueio também causara grande carência de muitos bens de uso comum, e o colapso dos transportes dentro da Confederação fez de todos vítimas da fome. Todo o inflado sistema bancário do sul desmoronara. A moeda e os certificados de valores da Confederação agora não tinham valor algum. A região inteira viu-se reduzida à penúria. À medida que os soldados da Confederação, esfarrapados e famintos, voltavam para casa depois de Appomattox, deparavam, por toda parte, com cenas de desolação e ruína.

Reconstrução era a palavra do momento. Mas, a principal dificuldade no caminho da reconstrução do Sul era o futuro do negro. A proclamação de Lincoln em 1863 nominalmente libertou os escravos dos estados rebeldes, mas faltavam medidas complementares, especialmente porque em diversas partes houve dúvidas sobre o amparo constitucional à proclamação de Lincoln e à lei aprovada pelo Congresso em 1862, abolindo a escravidão nos territórios. Em consequência, foi proposta a Décima Terceira Emenda Constitucional, proibindo a escravidão em todas as áreas sob jurisdição dos Estados Unidos.

Mas houve uma complicação. A Constituição Americana dispunha que nenhuma emenda entraria em vigor enquanto não fosse ratificada por três quartos dos estados. Como agora a União consistia em trinta e seis estados, alguns dos onze antigos estados confederados teriam de ratificá-la para que valesse. A posição dos estados que se haviam separado da União deveria ser definida. Se realmente tinham abandonado a União, deveriam voltar como iguais dos vencedores? Se assim fosse, em que condições?

Enquanto a guerra seguia seu curso, Lincoln pôs de lado a questão do status legal dos Estados Confederados, como "abstração perniciosa." Mantivera-se preocupado unicamente em recompor uma "relação adequada entre eles e a União." Em dezembro de 1863, Lincoln havia preparado um plano visando à readmissão daqueles estados. Com poucas exceções, seria oferecido perdão a todos os que tinham aderido à Confederação, desde que jurassem lealdade à União. Quando esse compromisso fosse assumido por 10% do eleitorado de qualquer estado, só faltaria criar os governos estaduais dispostos a abolir a escravidão. Então seriam readmitidos. O "plano dos 10%" de Lincoln nunca foi implantado. Em 1864, governos reconstruídos se criaram em três dos estados confederados que haviam sido submetidos ao controle de exércitos da União, mas o Congresso se recusou a aceitar os senadores e deputados que enviaram para Washington.

❄

O Congresso julgava que a reconstrução era assunto de sua alçada e não do presidente. Os republicanos radicais que dominavam o Congresso não desejavam suavizar o caminho para o retorno do Sul no rumo da submissão à União. Queriam uma política cruel e vingativa e desejavam, em especial, a imediata emancipação dos negros. O desejo de vingança dos radicais tinha diversas causas. A mais digna era a preocupação humanitária pelo bem-estar do negro. Esses sentimentos eram compartilhados apenas por uma minoria. Havia outra razão mais imediata. Os radicais viam que, se fosse concedido o direito de voto aos negros, poderiam quebrar o poder dos fazendeiros do Sul e preservar a ascendência sobre o governo federal que os interesses dos negócios do norte exerciam desde 1861. Permitir que os estados do Sul, aliados aos democratas do Norte, recuperassem seu prestígio anterior no trato dos negócios nacionais seria, no entendimento dos radicais, incoerente e absurdo. Também poria em risco o aparato legal sobre tarifas, sistema bancário e propriedade de terras, que os capitalistas do norte conservaram em suas mãos durante a guerra. Para preservar essas leis, os radicais abraçaram a bandeira do voto do negro, esperando usá-lo para conservar seu próprio partido no poder.

Mesmo se Lincoln tivesse vivido para completar seu segundo mandato, enfrentaria cerrada oposição de seu próprio partido. A política magnânima que esboçara em abril de 1865, no famoso discurso que proferiu na Casa Branca, foi destruída pela bala que o matou poucos dias depois. O novo presidente, Andrew Johnson, do Tennessee, embora concordasse com a opinião de Lincoln sobre a reconstrução, era reconhecidamente desprovido de talento político. Apesar disso, entre a morte de Lincoln e o final do ano, enquanto o Congresso estava em recesso, Johnson pôde pôr em execução um plano de reconstrução muito semelhante ao de Lincoln. Cada estado do Sul, em convenções escolhidas por eleitores leais, podia se habilitar à readmissão na União, revogando as Declarações de Secessão, repudiando a dívida de guerra da confederação e abolindo a escravidão. O Sul, nas palavras do general Grant, ansioso por "recuperar o mais cedo possível um governo autônomo dentro da União," rapidamente concordou. Sulistas, então, elegeram deputados e funcionários estaduais, escolheram senadores e deputados para mandar para

Washington e ratificaram a Décima Terceira Emenda, que entrou em vigor em dezembro de 1865.

Quando o Congresso voltou a se reunir no mesmo mês, negou-se a aceitar os representantes eleitos do Sul. Ignorando o trabalho de Johnson, dispôs-se a pôr em prática suas próprias ideias. O primeiro passo foi criar uma Comissão Conjunta de Reconstrução, encarregada de colher informações sobre a situação do Sul. Logo no início do novo ano, esse órgão, sob controle dos radicais, relatou que eram necessárias drásticas medidas para proteger a emancipação dos negros. O Congresso rapidamente entrou em ação. Primeiro, foi a Freedmen's Bureau Bill, lei que prolongava a vigência e estendia grandemente o poder de uma agência criada anteriormente para apoiar os negros em sua transição para a liberdade. Seguiu-se uma lei sobre direitos civis, concedendo a cidadania aos negros e assegurando-lhes igualdade de tratamento perante a lei. Os radicais procuravam duplicar a garantia de alcançar seus objetivos incorporando os dispositivos da lei na Décima Quarta Emenda.

A guerra entre Johnson e os radicais agora era declarada e amarga, e as eleições para o Congresso em 1866 foram uma renhida disputa entre eles. Os líderes dos radicais transmitiam maior convicção junto aos eleitores do Norte do que Johnson, cujas impróprias explosões ao longo de viagem em campanha o fizeram perder muito apoio. O resultado foi uma retumbante vitória dos radicais, que conquistaram maioria de dois terços, em ambas as casas do Congresso. Agora, o caminho estava livre para executar seu próprio plano de reconstrução, pois se sentiam suficientemente fortes para rejeitar os vetos do Presidente. Uma série de leis severas e vingativas foi aprovada em 1867. O Sul foi dividido em cinco regiões militares, cada uma sob o comando de um general da União. A ex-Confederação ficou submetida ao governo militar do tipo que Cromwell impusera na Inglaterra. Para serem readmitidos na União, os estados do Sul agora tinham de ratificar a Décima Quarta Emenda e adaptar a respectiva constituição de forma a dar o direito de voto aos negros, apesar de poucos estados nortistas terem, até então, feito tal concessão.

Não satisfeitos com esses êxitos, os líderes radicais tentaram, em seguida, afastar o Presidente por "impeachment." Seria ótimo para eles, pois, pela lei vigente, Johnson seria substituído pelo presidente do Senado, também dirigente radical. Segundo a Constituição, o presidente podia ser afastado por aquele instrumento em caso de condenação por traição, suborno ou outros crimes e desvios de conduta graves. Mas a oposição de Johnson às políticas dos radicais nunca ultrapassou os limites constitucionais, e seus inimigos tiveram dificuldade em justificar acusações contra ele. Após inúmeros esforços vãos para encontrar alguma evidência de traição ou corrupção, os radicais alegaram, como pretexto para pedir seu "impeachment," o esforço de Johnson, em agosto de 1867, para se livrar de seu secretário da Guerra, Edwin M. Stanton. Esse político inescrupuloso havia muito merecia ser demitido. Mas, quando Johnson exigiu sua renúncia, Stanton se negou a pedi-la. Por alguns meses continuou no Departamento da Guerra, no qual se entrincheirou. Stanton justificava sua conduta com base na lei que dispunha sobre o tempo de permanência no cargo, aprovada recentemente, a despeito do veto de Johnson, como parte do empenho dos radicais para diminuir o poder do executivo. Nenhum membro do gabinete, dispunha a lei, podia ser demitido sem a concordância do Senado. Não ter essa concordância era crime grave.

Assim, em março de 1868 os líderes radicais conseguiram induzir a Casa a encaminhar ao Senado o pedido de "impeachment" de Andrew Johnson, com base em onze artigos. No processo, fracassaram por apenas um voto na busca da maioria de dois terços no Senado, onde precisavam conseguir a condenação do presidente. Sete senadores republicanos, suportando imensa e constante pressão, se recusaram a permitir que o processo de "impeachment" fosse aviltado para servir a interesses partidários. Votaram pela absolvição.

Pela mais estreita margem possível, um princípio fundamental da constituição americana, o que assegura a separação dos poderes, foi preservado. Caso o "impeachment" tivesse sido aprovado, toda a evolução constitucional americana teria sido alterada. Em tais circunstâncias, o poder, a partir de então, ficaria concentrado no ramo legislativo do governo, e nenhum presidente poderia estar seguro de se conservar no cargo diante de uma maioria contra si no Congresso. Entretanto, os radicais se mantiveram suficientemente fortes durante o restante do mandato de Johnson para contrariar seus desejos. Mais adiante, a vitória republicana nas eleições de 1868 conduziu o General Ulysses S. Grant à Casa Branca. O triunfo dos radicais foi, pois, completo, já que a inaptidão do vitorioso comandante da União para o cargo o transformou em seu instrumento.

A reconstrução política do Sul se baseou estritamente na severa legislação de 1867. Sob a direção dos comandantes militares federais, foram realizadas eleições das quais pela primeira vez os negros participaram. Quase um milhão de homens de cor integraram as listas de votação. Ao mesmo tempo, mais de cem mil brancos sulistas perderam o direito de voto por terem participado da rebelião. Os eleitores negros foram maioria em cinco estados. Porém, simplesmente se deixavam enganar por seus líderes brancos mal-intencionados. Eram ou aventureiros nortistas, conhecidos como "carpetbaggers" [elementos vindos do Norte sem recursos e que usavam malas de pano semelhantes a tapetes], cujo objetivo principal era fazer a própria fortuna no Sul e conseguir o voto negro para o Partido Republicano, ou eram os "scalawags" [sulistas geralmente de baixo extrato, que por vantagens aderiram à causa nortista], que, a fim de conservar suas posições, estavam prontos para cooperar com o regime que a maioria branca do Sul detestava. Entre 1868 e 1871, governos de "carpetbaggers" e "scalawags,"apoiados pelo voto dos negros e pelas baionetas federais, tomaram conta de todos os estados do sul. Quando se constatava que esses estados tinham satisfeito as exigências dos radicais, permitia-se que retornassem à União.

Para amparar os governos carpetbags, o Congresso fez a Décima Quinta Emenda, estabelecendo que o direito de voto não podia ser negado a qualquer cidadão com base em "raça, cor ou situação anterior de escravo." Uma série de leis pôs as eleições para representantes no Congresso sob direção federal, bem como foi autorizado o emprego de força federal para coibir a violência nos estados do Sul. Estas medidas foram provocadas pelos vigorosos esforços de sulistas brancos, tanto por métodos legais, quanto por ameaças aos eleitores negros feitas por sociedades secretas como a Ku Klux Klan, que visavam a derrubar os governos carpetbags e recuperar a supremacia branca. Por certo tempo, a repressão atingiu seu objetivo, mas, aos poucos, estado após estado foi reconquistado pelos eleitores brancos. Esse sucesso se deveu, em parte, à obstinação da resistência sulista e, por outro lado, a uma mudança de espírito no Norte. No início da década de 1870, os empresários do norte queriam pôr um fim no clima de incerteza que prejudicava os negócios. Os nortistas se cansaram de amparar pela força governos de minorias corruptas. Começaram a retirar seu apoio ao programa dos radicais.

Em 1875, os radicais republicanos perderam tanto controle, que apenas Carolina do Sul, Florida e Louisiana ainda estavam nas mãos de carpetbaggers. No ano seguinte, foi aberta a possibilidade de esses estados recuperarem o controle de seus próprios negócios. Depois da eleição presidencial de 1876, surgiram discussões nesses três estados sobre a validade do resultado da votação. O assunto era extremamente importante, pois estavam em disputa dezenove votos eleitorais, suficientes para decidir a presidência. O candidato democrata, Samuel J. Tilden, obtivera 184 votos eleitorais, um aquém da maioria. O republicano, Rutherford B. Hayes, precisava, portanto, de todos os dezenove votos em disputa. Para acalmar a opinião democrata em geral e a dos sulistas em particular, os partidários de Hayes prometeram retirar as tropas federais do sul tão logo ele tomasse posse. Apaziguado por essa concessão, o sul abandonou a oposição ao candidato republicano. Em abril de 1877, um mês depois de Hayes assumir a presidência e doze anos depois da rendição de Lee em Appomattox, as últimas tropas federais deixaram o sul. Os governos carpetbags remanescentes logo caíram, a supremacia branca foi restaurada em toda parte e encerrou-se o período de reconstrução dos radicais.

A Reconstrução deixou, no sul, uma herança de amargura e ódio muito maiores do que os produzidos por quatro anos de guerra. Lembrando-se dos republicanos como o partido de governos de negros, o sul branco, pelos cinquenta anos seguintes, votaria quase unanimemente no Partido Democrata. O negro em si pouco se beneficiou com a Reconstrução. A melhoria de suas condições de vida fora um joguete na mão de homens egoístas e cínicos, e sofreu um recuo que durou longo período.

❄

Do fim da Reconstrução até a última década do século, a política americana perdeu interesse. Os assuntos ligados diretamente à guerra estavam mortos e sem substitutos. Nenhum tema de maior importância dividia os partidos, nenhuma nova política foi adotada e poucas iniciativas introduzidas na legislação merecem atenção do historiador. Tampouco as personalidades políticas da época eram mais notáveis do que os acontecimentos de que participavam. Uma sucessão de homens dignos e medíocres ocupou a presidência, sendo a principal virtude de seus governos a ausência da corrupção que desgraçara os dois mandatos do infeliz general Grant.

Embora a política do período fosse inexpressiva, o desenvolvimento econômico foi da maior importância. Ao longo de toda a geração que se seguiu à guerra civil, o ritmo da transformação econômica acelerou e surgiram os principais contornos da América moderna. Entre 1860 e 1900, a população da União se elevou de 31 para 76 milhões, devido em parte ao intenso fluxo de imigrantes europeus, que, em quarenta anos, totalizaram 15 milhões. As cidades cresceram rapidamente. Grandes jazidas minerais foram descobertas e exploradas, dando origem a inúmeras novas indústrias. "Nenhuma geração na história americana," já se disse, "testemunhou mudanças tão velozes ou revolucionárias como as que transformaram a república rural de Lincoln e Lee no império industrial urbano de Mc Kinley e Theodore Roosevelt."

Mesmo no Sul uma revolução estava em marcha. Brancos do Sul em número ainda maior pela primeira vez se tornaram proprietários de terras. As velhas plantações extensivas desapareceram, substituídas por pequenas fazendas, voltadas, na maior parte, para o cultivo das mesmas plantações de antes da guerra. Mas os negros continuaram, tal como nos tempos da escravidão, a prover a maior parte da mão de obra para o plantio do algodão. Por lhes faltar capital, poucos dos negros libertos foram capazes de comprar granjas ou de arrendar terras. Surgiu, em consequência, uma nova forma de arrendamento, conhecida como "share-cropping," meação. Recebendo terra e equipamento do proprietário, o negro – e mais tarde brancos sem terra – oferecia seu trabalho em troca de um terço da colheita produzida. Por meio desse instrumento, a agricultura do sul renasceu lentamente.

Esse período também viu o começo da produção industrial em larga escala no sul. A indústria têxtil sulista, muito pequena antes de 1860, recuperou-se a tempo e, em seguida, expandiu-se. A indústria do fumo florescia na Carolina do Norte e na Virginia, e a descoberta de jazidas de carvão e ferro no Tennessee e no Alabama levaram ao crescimento da indústria siderúrgica no sul. Ainda assim, a região permaneceu predominantemente agrícola e o desenvolvimento da indústria sulista era insignificante comparado ao do norte.

A guerra civil dera grande impulso à produção do norte. Os exércitos da União haviam necessitado de enormes quantidades de armas, equipamentos, roupa e calçados. Alimentados pelos contratos do governo, os fabricantes nortistas embarcaram na produção em larga escala. Mais que isso, na ausência de representantes sulistas no Congresso, foram transformadas em lei medidas protecionistas requeridas por industriais e financistas do norte. Mas o apoio então concedido não fez mais que apressar o surgimento da Revolução Industrial Americana.

Cada década viu novos níveis de produção das usinas de ferro e aço na área de Pittsburgh, das refinarias de petróleo de Ohio, Pennsylvania e de outras partes, dos moinhos de Minneapolis e St Paul, das fábricas de carne enlatada de Chicago e Cincinnati, das manufaturas de roupas e calçados da Nova Inglaterra e das cervejarias de Milwaukee e St Louis, para mencionar apenas as maiores empresas industriais americanas. Em cada uma dessas áreas de atividade surgiram grandes capitães da indústria, dos quais os mais poderosos foram Rockefeller no petróleo e Carnegie no aço. Com inesgotáveis energia e competência, e implacável desprezo pelos concorrentes, esses homens construíram impérios econômicos que lhes proporcionaram grande riqueza e formidável poder sobre a vida da sociedade. Carnegie e Rockefeller, juntos com Morgan nas finanças e Vanderbilt e Harriman nas ferrovias, foram verdadeiramente figuras representativas do período, em flagrante contraste com os inexpressivos atores da cena política.

Em torno de 1900, graças a seus enérgicos esforços, a indústria americana estava concentrada em um punhado de gigantescas corporações, cada uma exercendo praticamente o monopólio na esfera de atividade escolhida. Mas, enquanto isso, os Estados Unidos deixaram de depender das fábricas europeias. Na verdade, estavam até mesmo invadindo a Europa com as suas. Assim, a América desfrutou um período de ouro do qual, ao menos aos olhos dos europeus, o milionário era a típica figura representativa. Todavia, foi, ao mesmo tempo, um período de intranquilidade, atormentado por cruéis e crescentes aflições. Havia muita pobreza nas grandes cidades, especialmente entre os imigrantes recém-chegados. Aconteceram agudos e súbitos pânicos financeiros, causando perdas e ruína, e ocorreram muitas greves, que às vezes desaguaram na violência. O setor trabalhista começou a se organizar em sindicatos e a enfrentar os industriais com inflexível poder de barganha. Esses desdobramentos conduziriam a um período de protestos e reformas no começo do século XX. As vantagens conferidas pela indústria em larga escala foram amplas e duradouras, mas as injustiças que as acompanharam só com o tempo foram sendo corrigidas. Tudo com um futuro promissor, impetuoso e controverso.

Os Estados Unidos Grande Potência

Enquanto os Estados Unidos cresciam para se transformarem na principal potência industrial do mundo, seu povo estava atarefado completando a colonização do continente. No começo da Guerra Civil, depois de dois séculos e meio de avanço para o Oeste partindo da costa atlântica, a fronteira da colonização alcançara, em linhas gerais, o meridiano de 97°W, que atravessa Nebraska, Kansas, Oklahoma e Texas. Entre essa fronteira e as cidades e vilas do litoral do Pacífico se estendiam seiscentos quilômetros de regiões ermas. Eram as grandes planícies, cerca de 2,6 milhões de quilômetros quadrados, onde vagavam muitas tribos de índios e pouca coisa mais que imensas manadas de búfalos, das quais eles viviam. A insuficiência de chuvas e a ausência de vegetação tornavam aquelas terras imprestáveis para o plantio, e quase todas inadequadas ao povoamento. Ainda assim, em menos de uma geração grande parte dessa imensa área foi colonizada pelos brancos e a fronteira natural desapareceu. A população a oeste do Mississippi aumentou, em trinta anos, a partir de 1860, de cerca de cinco milhões para quase dezoito milhões, enquanto o número de estados da União cresceu de trinta e três para quarenta e quatro. Em 1890, restavam apenas quatro estados a serem definidos no Oeste: Utah, Oklahoma, Novo México e Arizona, todos admitidos na União em torno de 1912, quando se completou a forma política do país.

A colonização das Great Plains pelos brancos foi impulsionada, no início, pela descoberta de metais preciosos. Em 1859, foi encontrado ouro em Pikes Peak, na encosta leste das montanhas Rochosas, e os mineiros começaram a afluir ao Colorado. Quando novas jazidas de ouro, prata e cobre ficaram conhecidas, houve uma corrida para Nevada, Arizona, Idaho e Montana, e, finalmente, para Black Hills, em Dakota do Sul. Essas inesperadas migrações, motivadas pela busca de riqueza, nem sempre originaram assentamentos duradouros, já que muitas vezes o período áureo da mineração tinha vida curta. Quando se esgotavam as jazidas, toda a população das vilas mineiras se deslocava para outra região, deixando para trás cidades fantasmas marcando o local de suas escavações. Mesmo assim, apressando a organização política do oeste e encorajando a construção de ferrovias, a descoberta de ouro e prata contribuiu muito para a exploração das grandes planícies.

Foram realmente as ferrovias, mais do que qualquer outro fator, que abriram as portas das planícies aos colonizadores. Foi a época áurea da construção de estradas de ferro na América. No fim da Guerra Civil, os Estados Unidos possuíam cerca de 56 mil quilômetros de linhas férreas, mas em menos de dez anos esse número havia dobrado e, por volta de 1890, dobrado mais uma vez. A façanha mais prodigiosa foi a construção de várias ferrovias transcontinentais. A primeira a cruzar o continente se completou em maio de 1869 com uma ligação em Utah entre as linhas da Union Pacific, estendendo-se de Iowa para oeste, e da Central Pacific, partindo da Califórnia no rumo leste. Esse projeto foi financiado com a doação, pelo Congresso, de milhões de hectares de terras do governo às duas companhias, método igualmente utilizado em outras regiões. Chegando ao fim do século, três novas linhas transcontinentais foram acrescentadas, e outras grandes ferrovias abriram o acesso a todo país. Muitas das empresas ferroviárias tiveram participação direta no povoamento do oeste, pois constataram que suas linhas mal se poderiam pagar enquanto não houvesse população assentada nos dois lados das linhas. Uma ampla campanha no sentido de tornar o oeste conhecido foi empreendida tanto nos estados do leste quanto na Europa. Como o transporte era barato e a terra podia ser adquirida a crédito, milhares de colonos foram persuadidos a estabelecer seus lares nas grandes planícies.

A colonização do Oeste só podia ser empreendida se a barreira dos índios fosse removida. Durante a Guerra Civil, os índios já tinham sido obrigados a recuar por metade do continente, diante do avanço dos brancos. Agora, quando os peles-vermelhas eram expulsos de seu último refúgio, novo e trágico capítulo foi acrescentado a sua história. A ameaça às terras em que caçavam e, na verdade, à sua própria sobrevivência, provocada pela investida da civilização, compeliu as tribos nômades das Great Plains a resistirem aos invasores com determinação e selvageria. Dos Sioux e Crows do norte, aos Comanches e Apaches do sul, essas tribos belicosas eram compostas por magníficos cavaleiros e intrépidos guerreiros. Seus arcos e flechas eram muito mais eficazes do que os rifles de carregamento pelo cano, que inicialmente equipavam as tropas federais. Mesmo assim, a derrota final dos índios foi inevitável. A adoção do rifle de repetição Winchester e do revólver Colt deu aos brancos, que já eram superiores em organização, efetivo e tática, também a supremacia em armas. Mas o golpe final foi a matança indiscriminada de búfalos, principalmente pelos caçadores profissionais empregados pelos curtidores de pele do leste. No início da década de 1870, entre dois e três milhões de búfalos eram mortos por ano pela importância de seu couro e, dez anos mais tarde, uma expedição de um museu em busca de espécimes só conseguiu encontrar duzentos em todo oeste. Os índios das Great Plains necessitavam dos búfalos não só como alimento, mas também para uma série de outras utilizações, como roupa e combustível. Quando os búfalos foram praticamente exterminados, a vida nômade ficou impossível. Os índios tiveram que ceder aos planos do governo, sendo confinados em reservas.

Ainda faltava encontrar formas de agricultura no oeste semiárido. No começo, o mineiro foi sucedido não pelo plantador, mas pelo criador de gado, que, por vinte anos após a guerra civil, usou as Great Plains como pasto para seu gado na longa jornada do Texas para o Meio-Oeste. Embora essa jornada implicasse a passagem por território habitado por índios hostis, que frequentemente provocavam o estouro das boiadas, enormes manadas eram conduzidas todos os anos dos ranchos do sudoeste para os mercados de gado no Kansas e em Nebraska. Em seguida, depois de ser engordado para satisfazer o mercado, o gado era embarcado para os currais e fábricas de conservas de Kansas City ou Chicago. Mas o plantador continuava a evitar as Great Plains. Nessa extensa região de pastos, havia muito poucas árvores e falta de madeira para a construção de casas, celeiros e cercas. Ainda mais grave, a chuva anual entre o meridiano 98º e as Montanhas Rochosas normalmente ficava abaixo de 500mm, mínimo exigido para a agricultura.

Nesse instante, a ciência entrou em cena. Foi criada uma técnica conhecida como *dry farming*, cultivo de terra seca. Novas variedades de trigo foram trazidas da Rússia, mais resistentes à seca e à praga da ferrugem do trigo, então comum nas Great Plains. Mas foi a industrialização em larga escala que realmente tornou possível a agricultura. Ampla diversidade de implementos agrícolas – ceifadeiras, colheitadeiras, debulhadoras e tipos aperfeiçoados de arados – capacitaram o agricultor a cultivar grandes lotes de terra, que compensavam o baixo rendimento por hectare. Ademais, a invenção do arame farpado, embora acabando com os grandes deslocamentos do gado, resolveu o problema de cercas.

Durante o último quarto do século, grande número de agricultores emigrantes estavam se dirigindo para as Great Plains. Em torno de 1890, "a fronteira" – oficialmente, região habitada por mais de duas e menos de seis pessoas por milha quadrada – desaparecera. Conforme explicação do responsável pelo censo, a área anteriormente despovoada agora "tinha sido tão fragmentada em núcleos isolados de colonização que mal se podia afirmar ser uma linha de fronteira." A colonização, iniciada em Jamestown, Virginia, quase três séculos antes, agora estava completa. A partir de então, a fronteira passou a ser a válvula de segurança da América. Por ela passaram ambições ardentes e espíritos irrequietos e corajosos. Agora, a válvula de segurança foi fechada e os problemas e pressões do crescimento dinâmico se intensificaram notavelmente no interior dos Estados Unidos.

❄

Desde a queda de Napoleão, o povo americano ficara tão absorvido na colonização do continente e na exploração dos recursos naturais que os assuntos internacionais pouco lhe interessavam. Agora, encerrado o processo colonizador e com o desenvolvimento econômico em marcha, procurava novos campos em que trabalhar. Nos anos 1890, o conceito de império se apossara de todas as grandes potências industriais. Inglaterra, França e Alemanha estavam particularmente ativas na busca de novas colônias e novos mercados. Esse exemplo europeu não deixou de influir na América. Por essa e outras razões surgiu um forte espírito de autoafirmação, manifestado pela primeira vez na disputa entre a Venezuela e a Inglaterra sobre limites, em 1895.

Após o fim da guerra civil, as relações anglo-americanas ficaram claramente frias. Apesar da indenização pelo governo de Gladstone que pôs fim à questão do navio *Alabama*, a simpatia da Inglaterra pelo Sul durante o grande conflito deixara sequelas na União. Frequentes contendas agitavam os dois países, abrangendo assuntos como a caça de focas no mar de Bering, os direitos dos pescadores americanos em águas canadenses e as interpretações do Tratado de Clayton-Bulwer, de 1850, sobre o pretendido canal do Panamá. Porém, todas essas disputas ficaram ofuscadas diante da questão da fronteira venezuelana. Os limites entre essa república sul-americana e a Guiana Inglesa estavam em desacordo por longo tempo e, embora os Estados Unidos tivessem oferecido diversas vezes sua mediação, as propostas sempre foram recusadas pela Inglaterra. No verão de 1895, o Departamento de Estado do governo americano mandou uma nota que o Presidente Cleveland descreveu como "nota de um canhão de vinte polegadas." A Inglaterra foi acusada de violar a doutrina de Monroe e pressionada a dar uma resposta definitiva se aceitaria a arbitragem. Lord Salisbury rejeitou a arbitragem e declarou ao governo americano que sua interpretação da doutrina de Monroe era falha. Diante disto, Cleveland enviou ao Congresso uma mensagem informando que os EUA fixariam a linha da fronteira independentemente e obrigariam os litigantes a aceitarem a decisão.

Por alguns dias houve a possibilidade, até mesmo a iminência, de uma guerra com a Inglaterra. Mas a explosão patriótica inicial na América logo cedeu lugar a sentimentos mais moderados. Na Inglaterra, a opinião pública reagira menos violentamente. No auge da crise, chegou a notícia do telegrama do Kaiser ao Presidente Kruger, na África do Sul, cumprimentando pela reação à incursão de Jameson. Estas perplexidades imperiais, que são apreciadas em capítulo posterior, distraíram as atenções em Londres. A indignação da Inglaterra voltou-se para a Alemanha em lugar dos Estados Unidos. Muito envolvido na Europa e na África do Sul para pensar em discutir com a América, o governo inglês concordou com a arbitragem. Suas reivindicações na Guiana foram, em grande parte, reconhecidas pela arbitragem. Houve uma melhora constante das relações anglo-americanas, principalmente porque a Inglaterra despertava para o perigo de seu isolamento. A crescente preocupação com a expansão naval alemã levou-a a fazer aberturas amistosas às quais os Estados Unidos foram prontos em responder.

O transbordante orgulho americano não se poderia conter por muito tempo. Na revolta cubana contra o governo espanhol, achou um escape. Desde que a revolta começara, em 1895, o sentimento popular americano simpatizara com a luta dos rebeldes pela independência. As atrocidades, descritas com sensacionalismo e romanceadas por dois jornais rivais de Nova York, levaram a que se reclamasse a intervenção americana. Em 1898, o clamor popular pela guerra contra a Espanha chegou ao auge. Em fevereiro, o encouraçado americano *Maine*, enviado a Cuba para proteger cidadãos e propriedades dos Estados Unidos, explodiu numa mina no porto de Havana, com a perda da maior parte de sua tripulação. Diante do fato, o governo espanhol rapidamente fez concessões aos Estados Unidos que o presidente McKinley inicialmente se dispôs a aceitar. Mas a indignação popular foi muito forte para ele e, em 11 de abril, declarou-se guerra.

O conflito durou apenas dez semanas, marcado por uma sucessão de esmagadoras vitórias americanas. Em Cuba, uma força expedicionária americana, apesar de reclamações de má condução da guerra pelo Departamento da Guerra e de comando incompetente nas operações, venceu uma série de rápidas batalhas, levando à rendição de todas as forças espanholas na ilha. No mar, o comodoro Dewey imobilizou a principal esquadra espanhola em combate na baía de Manila, nas distantes Filipinas, em 1º de maio. A esquadra espanhola do Caribe foi afundada ao largo do porto cubano de Santiago. Em agosto, a Espanha pediu paz e, em dezembro, foi assinado um tratado em Paris, pelo qual Cuba conquistou sua independência. Os Estados Unidos ganharam Puerto Rico, Guam e as Filipinas.

Todos estes fatos contribuíram bastante para cicatrizar as feridas herdadas da guerra civil. O episódio também serviu para mostrar o quanto o povo americano agora estava consciente de seu próprio poder como potência mundial. Esse novo papel colonial foi mais tarde sublinhado, entre 1898 e 1900, pela aquisição não apenas do território arrancado da Espanha, mas também do Havaí, parte de Samoa e a ilha vaga de Wake, no Pacífico. Os Estados Unidos, embora sem ainda abandonar o isolamento, desde então se mostraram menos voltados aos assuntos internos. Começaram a desempenhar importante papel no cenário internacional. A guerra com a Espanha ajudou a promover nova e mais calorosa amizade com a Inglaterra, único país europeu a apoiar os Estados Unidos na guerra. Os americanos ficaram sensibilizados com essa posição e, à medida que o século XIX chegava ao fim, foram lançados os alicerces para maior proximidade entre os dois povos diante dos problemas mundiais.

Home Rule para a Irlanda

Quando Gladstone se tornou primeiro-ministro pela segunda vez, em 1880, sua posição não era tão confortável quanto fora doze anos antes. Tão logo a Câmara se reuniu, seu presidente ressaltou que Gladstone tinha "uma equipe difícil para dirigir." E assim foi. Poucos mandatos de primeiro-ministro começaram com expectativas maiores. Nenhum decepcionou mais em seus resultados.

O maior defeito estava na composição do Partido Liberal. Havia muito ele se jactava do poder que a diversidade lhe conferia, mas logo chegou à conclusão que as divisões entre whigs e radicais, entre direita e esquerda, eram irreconciliáveis. Gladstone também viria a entrar em choque e conflito diretos com seus próprios colegas do Gabinete sobre as principais questões do momento, políticas, imperiais e exteriores, principalmente a Irlanda. Um gabinete com tão graves rachaduras dificilmente seria um instrumento eficiente de governo. Sobre ele governava o Grande Velho, como já era considerado aos setenta e um anos, com sua energia e força incólumes, as emoções e o entusiasmo cada vez mais intensos à medida que os anos passavam. Pontificava entre os colegas. Quando se afastava do gabinete, escreveu um deles, era como se "nós os ratos ficássemos sem o gato."

Mas os liberais, ou melhor, os whigs, não estavam sós em suas dificuldades e ansiedades. Espantados com a ameaça que o despertar da democracia trazia para os velhos e arraigados interesses, os líderes tories passaram a esquecer as lições que por tanto tempo Disraeli lhes tentara ensinar.

Foram anos estranhos para a luta partidária. O surgimento das novas forças, o radicalismo e a democracia tory devastavam o velho sistema parlamentar. A confusão não se acertou enquanto Gladstone, usando como um machado a questão da *Home Rule*, o autogoverno para a Irlanda, dividiu nitidamente o mundo político, ao forçar os homens a uma decisão clara e bem-definida sobre uma só grande proposta.

❄

Os liberais reclamavam muito que sempre, ao sucederem os tories no governo, herdavam uma série de complicações imperiais que os envolvia em iniciativas odiosas para suas convicções anti-imperialistas. Assim foi em 1880. Um de seus primeiros problemas veio da África do Sul. A república bôer do Transvaal havia muito estava em dificuldades. Para salvá-la da ruína e possível extinção, o governo de Disraeli a anexara. Disraeli visava uma união de todas as comunidades brancas da África do Sul em uma única confederação com governo autônomo, segundo o modelo canadense, mas os tempos ainda não eram propícios. Violento desejo de independência começou a agitar os bôeres do Transvaal, que buscavam livrar-se da tutela inglesa. No fim de 1880, os bôeres se revoltaram e um pequeno contingente militar inglês foi exterminado em Majuba Hill. Gladstone se negou a ceder aos reclamos de retaliação e continuou com as negociações que já vinham em curso. A consequência foi praticamente a independência do Transvaal. Essa aplicação de princípios liberais deu as bases para o poder bôer na África do Sul.

Enquanto isso, na Cidade do Cabo, Cecil Rhodes entrara na política resolvido a criar um vasto domínio sul-africano e dotado pela natureza da energia que muitas vezes torna sonhos realidade. Desses acontecimentos fluíram consequências ainda em curso.

❄

Tal como Gladstone previra na época, a compra de ações do canal de Suez por Disraeli, brilhante cartada que foi, logo trouxe em sua esteira todos os problemas do Egito. No fim de 1881, o controle anglo-francês foi abalado por uma revolta nacionalista chefiada pelo coronel Arabi Pasha. Uma reviravolta súbita na política interna obrigou a França a não se envolver, e as outras potências europeias permaneceram indiferentes. O Gabinete decidiu enviar um exército sob o comando de Sir Garnet Wolseley para o Egito. A decisão foi coroada de sucesso militar e as tropas de Arabi foram derrotadas de uma vez por todas em Tel-el-Kebir. Gladstone deliciou-se com a vitória, mas ficou de consciência pesada. O instinto liberal foi retirar-se logo, mas não se podia deixar um vácuo no Egito. Anexá-lo repugnava demais a consciência liberal. Em consequência, Gladstone optou então pelo pior de dois mundos. O ódio da ocupação ficou para os ingleses, mas a autoridade continuou exercida pela Comissão do Débito, o que permitia aos grandes países europeus interferirem.

A intervenção no Egito levou a um embrulho ainda mais complexo no Sudão. Esse vasto território, com quase dois mil quilômetros de profundidade, se estendia ao longo das tórridas margens do Nilo, das fronteiras do Egito para o sul, quase até o equador. Malgrado o esforço dos conselheiros ingleses, era tristemente desgovernado por paxás do Cairo. No mesmo ano em que os egípcios se revoltaram, rebelaram-se os sudaneses contra os egípcios. Eram chefiados pelo Mahdi, um fanático muçulmano que rapidamente liquidou um exército egípcio e logo controlou a maior parte do Sudão. Gladstone se referiu aos sudaneses como "um povo, com todo o direito, lutando para ser livre." Forma muito lisonjeira de descrever as forças do Mahdi, cuja sede de sangue espalhou o terror por toda parte ao longo de seu avanço. O Sudão devia ser retomado ou evacuado, e o governo de Londres escolheu a evacuação.

Em 14 de janeiro de 1884, o general Charles Gordon, que ganhara fama nas guerras da China, deixou Londres encarregado pelo Gabinete da missão de evacuação. Gordon já servira no Sudão e desempenhara notável papel no trabalho de acabar com o tráfico de escravos. Também era homem escrupuloso, o que viria a lhe custar a vida. Chegou em Khartum e, uma vez lá, achou que seria um erro retirar as guarnições e abandonar o país à mercê dos dervixes do Mahdi. O governo deveria ter previsto que um comandante celebrado como herói não se daria, de um momento para outro, a uma retirada. Recuar nunca fora do agrado de Gordon. Estava decidido a permanecer no Sudão até que a missão que se autoimpunha estivesse cumprida. O socorro a Gordon iria demorar muito, a despeito de seus apelos urgentes. Em maio, Gordon estava isolado em Khartum. Durante a primavera e o verão, a opinião pública inglesa se inflamou, e houve grandes comícios exigindo que Gordon fosse salvo. Sua firme fé religiosa, seu fervor na leitura da Bíblia, seu ataque à escravidão, sua obra de caridade pelos filhos de pais pobres, tanto quanto seu valor militar, haviam feito de Gordon uma figura popular, valente e nobre como um Cavaleiro do Rei Arthur.

Finalmente, o governo foi persuadido a resgatar Gordon. Em setembro, o general Wolseley se dirigiu apressadamente para o Cairo. Rapidez era indispensável, mas não podia correr o risco de um desastre. Wolseley estava ciente que o tempo era fatalmente curto. Sentiu os olhos e as expectativas da Inglaterra voltados para Gordon e para si mesmo, bem como para a distância que os separava.

No dia 28 de janeiro, chegaram a Khartum. Já era tarde. A bandeira de Gordon já não tremulava no mastro da residência. Ele estava morto. A cidade caíra dois dias antes, depois de prodigiosa demonstração de bravura de seu defensor. Tombara só, sem socorro e sem auxílio de nenhum de seus compatriotas. Aos olhos de, talvez, metade da nação, Gladstone era um assassino. Gordon se transformou em mártir nacional. Treze anos se passaram antes que Gordon fosse vingado.

❄

Especulações sobre o futuro da política inglesa foram abruptamente interrompidas pelo anúncio da conversão de Gladstone à política da Home Rule. Para compreender o significado e o impacto dessa notícia, devemos nos remeter à triste história da Irlanda. Nos anos posteriores à Grande Fome de 1840, a Irlanda continuara na miséria. Seus camponeses, especialmente no oeste, viviam em estado de extrema pobreza e degradação. A Irlanda era uma região pobre e, a despeito da fome e da emigração, superpovoada. Mas essas desgraças eram agravadas pelas políticas adotadas pelo governo inglês. O agricultor irlandês era esmagado por um sistema fundiário que ele odiava. Não se tratava só de pobreza material, de viver numa cabana de um cômodo e numa dieta de batatas. Ele sentia que fora espoliado de sua herança. Ao longo de grande parte do século XIX, a resposta inglesa foi ignorar o ódio e punir os crimes que a omissão provocava.

Não se deve supor que o retrato da Irlanda possa ser visto pela Inglaterra em branco e preto. Os proprietários de terras eram, em sua maioria, colonizadores vindos da Inglaterra, estabelecidos havia muito. Julgavam ser, e de certa forma eram, uma influência civilizadora em terra primitiva. Muitas vezes tiveram de lutar para defender sua vida e suas propriedades. O firme domínio da igreja católica romana sobre os supersticiosos camponeses tendia, tanto no campo político quanto no religioso, a ser hostil à Inglaterra. Por mais de uma vez, desde os tempos da Rainha Elizabeth, a Irlanda havia ameaçado se tornar um trampolim para a invasão da Inglaterra pelo Continente. Incêndio de medas de feno, assassínio de donos de terra, e outros atos de terrorismo haviam contribuído para uma aceitação geral na Inglaterra da causa dos proprietários. Era difícil compreender que o círculo vicioso de inquietação, repressão cruel e rebelião só poderia ser rompido resolvendo-se as principais injustiças.

Desde o instante em que assumiu o cargo de primeiro-ministro, Gladstone fez da questão irlandesa sua principal preocupação, até que, afinal, ela dominou seu pensamento, afastando qualquer outro assunto.

Em 1873, os irlandeses fundaram a Liga da Home Rule, que visava a conseguir o autogoverno pela via pacífica e constitucional. A liderança efetiva do movimento logo passou para as mãos de Charles Stewart Parnell, um recém-chegado ao parlamento. Adquirira de sua mãe, filha de um almirante americano que se distinguira na luta contra os ingleses, ódio e desprezo pelas maneiras e pelas instituições inglesas. Aristocrata no partido irlandês, era um líder nato, com um poder disciplinador e uma habilidade tática que logo transformaram a Home Rule de mero tópico de debate na mais importante questão do momento.

Uma séria queda dos preços agrícolas no mercado mundial, no fim dos anos setenta, e uma série de más colheitas aumentaram o número de despejos, pois os camponeses empobrecidos não tinham como pagar os arrendamentos. No último trimestre de 1880, foram cometidos quase dois mil excessos. Nova arma surgiu quando Parnell orientou seus seguidores a tornarem insuportável a vida de quem violasse os costumes e a lei dos camponeses, "isolando-o de sua gente como se fosse um leproso dos tempos antigos." Uma das primeiras vítimas foi um capataz de terras, o capitão Boycott, cujo nome seria incorporado ao idioma inglês.

O governo decidiu, então, reprimir o terrorismo e reformar a legislação sobre terras. Em março de 1881, uma lei radical sobre repressão foi imediatamente seguida por uma lei da terra que concedeu quase tudo que os irlandeses exigiam, baseada nos três Fs: "fair rents," aluguéis razoáveis, "fixity of tenure," garantia de aluguel para todos que pagassem, e "free sale," venda livre pelo arrendatário. Foi muito mais generosa do que os irlandeses podiam esperar, mas Parnell, estimulado por extremistas americano-irlandeses e por sua crença de que concessões ainda maiores poderiam ser arrancadas de Gladstone, pôs-se a obstruir o trabalho dos novos tribunais de assuntos fundiários. O governo não teve alternativa, de acordo com a lei da repressão, se não prendê-lo. Isso aconteceu em outubro. Perguntaram a Parnell quem o substituiria. Sua resposta foi "Captain Moonlight." Sua profecia se cumpriu. Crimes se multiplicaram, assassinatos aumentaram.

A nação inglesa ficou abismada, a mão do grupo da repressão se reforçou, e qualquer esperança de conciliação imediata morreu. Parnell, por seu lado, conformou-se em ganhar tempo, e, por três anos, a Irlanda esteve relativamente quieta e em paz.

❄

Então, voltamos ao ano de 1885. Em 8 de junho, o governo foi derrotado em uma emenda ao orçamento e Gladstone imediatamente renunciou. Quando chegou o momento da eleição, em novembro, Parnell, sem conseguir obter de Gladstone uma promessa de apoio, recomendou aos irlandeses da Inglaterra votarem com os conservadores. A Irlanda não era tema importante para palanques eleitorais. O resultado não poderia ter sido mais infeliz. A situação foi exatamente o que Salisbury descreveu como "o nível da vazante, isto é, tories + parnellistas = liberais." Para Parnell, o desfecho foi um desastre. Seu apoio presenteara os conservadores com trinta lugares. Mostrou-se um presente para o inimigo.

Por volta do Natal de 1885, os dados estavam lançados e, em 26 de janeiro de 1886, o governo de Salisbury anunciou que apresentaria uma Lei de Coerção extremamente rigorosa. Sem hesitação e praticamente sem consultar seus colegas, Gladstone provocou sua derrota por meio de uma emenda à Fala do Trono. Não houve dúvida de que o novo governo seria o governo da Home Rule.

Um Projeto de Home Rule foi apresentado por Gladstone à Câmara dos

Comuns, em 8 de abril de 1886, com um discurso que durou três horas e meia. Apresentou o argumento a favor da Home Rule como sendo de justiça para a Irlanda e liberdade para seu povo. Foi um desempenho impressionante, memorável, mesmo considerando toda sua brilhante carreira parlamentar. Porém, seu apelo aos princípios liberais de liberdade e governo autônomo colidiu com profundos sentimentos. Sua repentina conversão à nova política, sua dependência do voto irlandês para permanecer no cargo e as amargas memórias dos crimes cometidos pelos irlandeses se juntaram para aprofundar os temores e preconceitos de seus adversários. Os sentimentos de raça, religião, classe e interesse econômico turvaram os argumentos liberais usados por Gladstone. Fogo provocou fogo.

O projeto de lei foi rejeitado na second reading, o segundo estágio da tramitação, dois meses depois de sua apresentação. Gladstone optou por dissolver o parlamento e disputou a eleição em cima de uma única plataforma, a Home Rule. Seu ardor, entusiasmo e energia não foram suficientes para superar as poderosas forças arregimentadas contra ele. A nova Câmara dos Comuns passou a abrigar 316 conservadores e 78 liberais unionistas contra 191 gladstonianos e 85 parnelistas. Gladstone renunciou imediatamente e Salisbury assumiu novamente.

A não ser por um pequeno período, os conservadores manter-se-iam no poder por vinte anos. O longo período de predomínio liberal-whig, que começara em 1830, estava encerrado. Findara devido ao desagrado whig pela reforma social, e à precipitada conversão de Gladstone à Home Rule. O giro da roda trouxera a fortuna para os conservadores, cujas perspectivas eram tão sombrias em 1880. Os oponentes que eles haviam temido como os instrumentos irresistíveis da democracia tinham-se entregue em suas mãos.

Os governos de Lord Salisbury

No verão de 1886, não se percebeu de imediato que a controvérsia a propósito da Home Rule para a Irlanda causara profunda mudança na fidelidade dos partidos políticos ingleses. Depois do fracasso da Conferência da Mesa Redonda entre os líderes dos dois lados no começo de 1887, foi tacitamente aceito que a brecha existente era muito larga para transpor. Essa cisão irredutível produziu estranhos enlaces. Aos trinta e sete anos, Lord Randolph Churchill ascendeu à liderança da Câmara e assumiu o cargo de

Chanceler do Exchequer, ministro das Finanças. Sua carreira atingira o auge. Ao longo de seis anos, sua habilidade no debate e nas manobras políticas o deixara bem acima de seus rivais. As ideias de Lord Randolph sobre democracia tory não entusiasmavam o conservadorismo tradicional de Salisbury. O primeiro-ministro não acreditava ser possível o aperfeiçoamento de legislação. Considerava que a principal missão de um governo era administrar a ordem vigente, e que o dever fundamental dos conservadores perante as classes que neles confiavam era defender seus interesses. As diferenças entre os dois, tanto em personalidade quanto em orientação política, eram de fundo. O conflito final aconteceu num assunto relativamente trivial, a proposta de Lord Randolph para redução das previsões orçamentárias do exército e da marinha. Ele renunciou na véspera do Natal de 1886, na hora errada, por motivo errado, e não procurou reunir apoio. Viveu mais nove anos, com saúde precária, mas sua carreira já estava em ruínas.

❄

A atenção de Salisbury e de grande parte da opinião pública voltava-se para o mundo do além-mar, onde o movimento imperialista chegava a seu clímax em exploração, conquista e colonização. Livingstone, Stanley e outros exploradores abriram o interior da África menos conhecida. Suas façanhas como exploradores pavimentaram o caminho para a conquista de novas colônias pelas potências europeias. A mais importante realização deste período foi a partição pacífica da África. O crédito deve ser atribuído a Salisbury, que, em 1887, acumulou o cargo de ministro do Exterior com o de primeiro-ministro e nunca perdeu de vista a necessidade de preservar a paz enquanto se desenhava o mapa da África colonial. A tarefa de promover os interesses ingleses foi cumprida em grande parte por homens como Cecil Rhodes, que, apesar da indiferença do governo em casa, criaram um novo grande império.

Quando assumiu o cargo, Salisbury em si não promoveu nenhum grande plano de expansão colonial, mas se dispôs a apoiar os homens envolvidos na questão. A tarefa de consolidação e de controle político foi confiada, seguindo o modelo elizabetiano, a companhias com carta de concessão. A Royal Niger Company operou na Nigéria, a British East Africa Company controlava o que hoje é o Quênia e Uganda, e a British South Africa Company obteve a concessão do território da Rodésia. Todas foram criadas entre 1886 e

1889. A Rodésia é o único membro da Comunidade Britânica com governo autônomo que leva o nome do homem que a fundou e previu seu futuro. Sua capital, Salisbury, homenageia o primeiro-ministro. Surgiram muitos choques de fronteira com as outras potências colonizadoras, mas Salisbury seguiu uma constante política de solução pela negociação. Culminou, em 1890, com a assinatura de acordos com a Alemanha, a França e Portugal. O acordo com a Alemanha, o mais importante dos três, definiu as fronteiras entre as possessões dos dois países na África central e na meridional. Como parte da negociação, Heligoland foi cedida à Alemanha, em compensação ao reconhecimento do protetorado inglês de Zanzibar. Uma futura base naval alemã foi trocada por uma ilha no Caribe. Por volta de 1892, Salisbury alcançara amplamente seus objetivos. A afirmação do controle inglês sobre o vale do Nilo e o acerto das fronteiras das colônias na África ocidental eram os únicos problemas pendentes.

A política exterior de Salisbury foi, em grande parte, dominada pelos assuntos coloniais. Atrelado, em princípio, à ideia do Concerto da Europa, ele se aproximou inevitavelmente da Tríplice Aliança engendrada por Bismarck de Alemanha, Áustria-Hungria e Itália. A Inglaterra esteve, de certa forma, em permanente conflito com a França na África ocidental e com a Rússia no Oriente Próximo e no Extremo Oriente. A chave do sucesso de Salisbury foi sua habilidade para conduzir as inumeráveis complicações que surgiam entre as potências numa época de intensa rivalidade entre nações. Certa ocasião, disse ele: "A política inglesa é deslizar suavemente a favor da corrente, de vez em quando usando o *boat-hook*, um pau de gancho, para afastar outros barcos e evitar colisões." Nenhum ministro do Exterior inglês manejou o "pau de gancho" diplomático com maior destreza.

❄

A implacável questão de uma Irlanda obstinada e amargurada sombreava a política interna. Salisbury encontrou em seu sobrinho, A.J. Balfour, que se tornou ministro para a Irlanda em 1887, um homem capaz de pôr em prática o conceito de que tudo poderia ser resolvido por "vinte anos de governo determinado." A situação que Balfour enfrentou era muito difícil. Os preços agrícolas estavam em franco declínio, mas o governo rejeitara o argumento de Parnell, segundo o qual o único meio de evitar expulsão em massa das terras era a revisão dos arrendamentos. Os agricultores irlandeses haviam tomado a questão nas mãos lançando o "Plano de Campanha." A base do plano consistiu em os arrendatários, agindo em concerto, pedirem uma redução dos pagamentos. Se o proprietário recusasse, cada um reteria o pagamento, e esses recursos comporiam um fundo de campanha. O plano foi posto em execução por meio de terrorismo, que, então, tinha se transformado na indelével marca registrada das disputas de terras irlandesas. Balfour usou ao máximo sua autoridade e agiu com determinação que correspondeu inteiramente à brutalidade de seus adversários irlandeses. Defendendo suas medidas na Câmara dos Comuns, ele demonstrou tamanha habilidade e desembaraço que imediatamente ascendeu à linha de frente dos parlamentares.

As perspectivas para os liberais, que eram tão brilhantes em 1889, agora eram sombrias. Quando chegou a eleição no verão de 1892, o resultado foi uma maioria a favor da Home Rule de apenas quarenta votos, dependendo dos membros irlandeses. Na Câmara dos Comuns, havia 275 liberais e 82 nacionalistas irlandeses, contra 269 conservadores e 46 liberais unionistas. A maioria era muito estreita para os objetivos de Gladstone, mas ele formou um gabinete que incluía homens talentosos como Harcourt, Rosebery, Morley e Campbell-Bannerman. A estrela mais brilhante de todas era H.H. Asquith, o mais capaz ministro do Interior do século.

Gladstone foi resoluto. Começou imediatamente o trabalho de elaboração de um segundo Projeto de Home Rule e, em fevereiro de 1893, ele mesmo o apresentou. Com oitenta e quatro anos de idade, conduziu a tramitação do projeto por oitenta e cinco sessões, enfrentando uma oposição liderada por debatedores formidáveis como Chamberlain e Balfour. Em toda a história do parlamento, estão registrados poucos feitos tão sensacionais quanto esse. Foi tudo em vão. Aprovado nos Comuns por escassa maioria, o projeto foi rejeitado na Câmara dos Lordes, por 419 votos a 41. Morreu assim qualquer esperança de uma Irlanda unida, com autogoverno e leal à Coroa britânica. Uma geração mais tarde, guerra civil, partição e a separação do Sul em relação ao fluxo principal de acontecimentos mundiais foram o destino da Irlanda.

A primeira reação da Inglaterra foi de indiferença. Gladstone decaiu progressivamente na simpatia de seus colegas. Estes recusaram-se a apoiar seu plano de dissolver o Parlamento e atacar a Câmara dos Lordes. Gladstone renunciou em 3 de março de 1894, cinquenta e dois anos e meio depois de prestar juramento como Conselheiro Privado. A despedida de Gladstone de seus ministros foi comovente. Ele permaneceu impassível, mais tarde se referiu a essa reunião como “aquele gabinete de chorões.” Morreu em 1898. Sua carreira fora a mais notável do século, deixando atrás de si inúmeros registros nas páginas da história. Foi o maior líder popular de sua época e é difícil se encontrar quem tivesse igualado seu poder de sensibilizar o povo em torno de grandes temas morais. Está, também, na primeira fila das personalidades da Câmara dos Comuns. Poucas de suas ideias foram sem valor. As vitórias de Gladstone, tanto quanto seus erros, sempre foram em grande escala.

❄

Em janeiro de 1893, fundara-se o Partido Trabalhista Independente, por uma convenção realizada em Bradford. Os objetivos do Trabalhista, como ficou conhecido, eram a popularização da doutrina socialista e a apresentação de candidatos independentes, vindos das classes trabalhadoras, nas eleições parlamentares. Foi um sinal, não muito perceptível no grande mundo da política, da vinda à superfície de novas forças nas áreas industriais da Grã-Bretanha. A calmaria já fora rompida alguns anos antes pela eclosão da propaganda socialista e por uma onda de atividade sindical. A primeira manifestação foi em 1881, com a criação da Federação Democrática, convertida ao marxismo pela energia e pelo dinheiro do rico defensor da luta de classes e da revolução, H.M. Hyndman. Mas a classe operária não viu atrativos no marxismo, e o movimento pouco prosperou. De importância muito maior na Inglaterra foi o aparecimento, mais ou menos na mesma época, da Fabian Society, conduzida por um grupo de moços ainda sem projeção, mas muito talentosos, Sidney Webb e George Bernard Shaw entre eles. Rejeitavam toda a teoria revolucionária e preconizavam uma doutrina socialista de caráter prático. O fluxo de publicações escritas pelos fabianos contribuiu muito para traçar o rumo da política trabalhista. De modo geral, a visão era empírica, pouco devendo aos dogmas teóricos e nada a Marx.

A maior parte dos trabalhadores pouco sabia dessas atividades mais intelectuais. Estava absorvida nos esforços no sentido de melhorar seu padrão de vida. A maior dificuldade para esses grupos socialistas era que sua fervorosa crença não encontrava ressonância na massa de trabalhadores ou entre os líderes sindicais. Em 27 de fevereiro de 1900, ficou decidido criar um comitê de representação trabalhista, tendo Ramsay MacDonald como secretário. O

Partido Trabalhista foi, então, fundado. MacDonald, no século XX, viria a ser o primeiro primeiro-ministro trabalhista. Dividiria o partido em um momento de crise nacional, e morreu sob a execração dos socialistas por cujos destinos na política ele tanto fizera.

❄

Gladstone fora sucedido como primeiro-ministro por Lord Rosebery, que teve a ventura de vencer duas vezes o Derby durante seus dezesseis meses no cargo. Mas não contou com muita sorte além desta. O gabinete foi tomado pelo choque de personalidades e discussões entre imperialistas e "little englanders" (partidários de uma Inglaterra sem império). Como disse Rosebery posteriormente: "Nunca tive realmente poder." Sua herança foi desanimadora, instável e desgastante, e os anos seguintes foram sombrios para o Partido Liberal. Na eleição geral de 1895, a aliança entre conservadores e liberais unionistas conquistou uma vitória decisiva. Sua maioria sobre a oposição, inclusive os nacionalistas irlandeses, foi de 152 cadeiras.

Logo após, Lord Salisbury formou um poderoso governo. Novamente acumulou as funções de primeiro-ministro e ministro do Exterior, e sua posição, em seu próprio partido e em todo o país, ficou sem rival. Seus métodos de conduzir os negócios agora eram inortodoxos. Falava-se que às vezes não conseguia reconhecer membros de seu Gabinete, quando os encontrava em raras ocasiões sociais. Gostava de se refugiar na grande casa dos Cecils, em Hatfield, quando punha em dia suas imensas obrigações com uma torrente de cartas escritas de próprio punho. Suas horas de lazer eram gastas em experiências científicas no seu laboratório particular. Gostava de andar em volta do parque em um imponente triciclo. Sua autoridade e seu prestígio em parte derivavam do ar de aristocrática autoconfiança que caracterizava seu discurso público e seus atos. Seu perfil representava o melhor da tradição aristocrata na política. Pouco se lhe dava o reconhecimento popular e tal desinteresse, mesmo em tempos de democracia, era aceito e até aprovado. O lugar-tenente e conselheiro mais íntimo era seu sobrinho, Arthur Balfour, que se tornou primeiro-ministro, também chamado "Primeiro Lord do Tesouro." Mas o homem que, aos olhos do povo, dominava o governo era o líder liberal unionista Joseph Chamberlain, agora no auge de seu poder e ansioso por ocupar o cargo que lhe fora negado por tanto tempo. Por sua própria escolha,

Chamberlain foi designado ministro para as Colônias. A agitação na política agora se concentrava nos choques das forças imperiais nos continentes da África e Ásia e foi nesses locais que Chamberlain resolveu deixar sua marca. A partir do instante em que assumiu o cargo, os projetos de reforma foram relegados a segundo plano pela constante eclosão de problemas consequentes de uma política expansionista.

A situação na Nigéria era difícil. Os franceses, deslocando-se por terra para o sul do deserto do Saara, tentavam isolar os ingleses das regiões litorâneas por meio de sua superioridade militar. Chamberlain, que, como dizia Salisbury, detestava desistir de qualquer coisa, revidou. Habilidade diplomática respaldada por ação resoluta e a convenção anglo-francesa de junho de 1898 permitiram a fixação de linhas de fronteira na África Ocidental que foram inteiramente satisfatórias para os ingleses.

Em 1898, irrompeu uma disputa muito mais perigosa entre a Inglaterra e a França, envolvendo o controle do curso superior do Nilo. Desde a morte de Gordon, os dervixes exerciam inquestionável domínio sobre o Sudão. Seu profeta, o Mahdi, morrera, mas seu sucessor, o Califa, como era chamado, preservou o controle sobre seu indefinido império militar. A movimentação dos franceses na direção das nascentes do Nilo já estava em curso e devia ser evitada; os assentamentos italianos no mar Vermelho precisavam de apoio; o comércio de escravos, revivido pelos dervixes, exigia repressão; e na Inglaterra, o governo de Lord Salisbury não era contra um avanço imperial. Em março, Sir Herbert Kitchener, *sirdar* do Exército Egípcio, começou sua campanha para vingar Gordon e reconquistar o Sudão. Essa imensa extensão de território africano não podia mais ser deixada como presa de um governo bárbaro, ou permanecer como catalisador de rivalidades europeias.

O deserto e o desgastante clima tropical foram um formidável desafio para a expedição de Kitchener, que não deixou nada ao acaso. Sua grande virtude, que agora teria que ser exercida, era a capacidade de organização. A Guerra do Rio, ao longo das margens do Nilo, foi uma operação meticulosa, planejada e bem-executada. Suprimentos constituíam o principal problema e, a fim de abastecer as colunas de Kitchener se aprofundando no interior do continente africano, foi construída uma ferrovia com mais de quinhentas milhas, através de regiões áridas e desconhecidas. Foi essencialmente uma guerra de engenheiros, sacudida por muitas ações curtas, renhidas e valentes. As forças do Califa eram pelo menos três vezes mais numerosas, dedicadas à sua causa, combatendo com feroz valentia e com pleno domínio do deserto. Depois de dois anos e meio, finalmente o exército dervixe foi enfrentado e destruído nas redondezas de Khartum, na batalha de Ondurman, em 2 de setembro de 1898. O Califa e seus comandantes que sobreviveram foram gradualmente perseguidos até serem capturados ou mortos, e o Sudão ingressou em período de governo construtivo.

Cinco dias após a batalha de Omdurman, chegou em Khartum a notícia de que havia europeus em Fashoda, uma localidade rio acima, no Nilo branco. Tratava-se do major Marchand e seus oficiais, com um pelotão de soldados da África Ocidental Francesa, que tinham marchado por dois anos, desde a costa do Atlântico, por 2.500 milhas de selva, na esperança de afirmar a presença da França nas nascentes do Nilo, entre o Congo e a Abissínia. O próprio Kitchener navegou rio acima para encontrar Marchand pessoalmente. Os dois soldados trocaram cortesias, mas ficou evidente quem contava com força mais poderosa no local. Por algum tempo a bandeira francesa tremulou lado a lado com a inglesa e a egípcia no forte de Fashoda, enquanto a questão era discutida em Londres e Paris. Em ambas as capitais muito se falou em guerra. Mas as reivindicações francesas sobre as províncias do sul do Sudão não se sustentaram, em face da vitória inglesa na Guerra do Rio. A França cedeu, e o divisor de águas do Congo e do Nilo foi adotado como limite entre os interesses ingleses e franceses. Praticamente, foi a última das disputas coloniais que, por algumas décadas, haviam envenenado as relações entre a Inglaterra e a França. A partir de então, os dois países entraram em período de sempre crescente harmonia, sob a crescente ameaça da Alemanha.

Ao longo desses anos, a Alemanha trabalhou arduamente para concretizar sua pretensão de penetrar na Ásia Menor, tendo havido muita negociação a propósito de uma ferrovia Berlim-Bagdad. Salisbury não se opôs a essa pretensão. Preferia ver os alemães em vez dos russos ativos na Turquia. Chamberlain, que exercia grande influência nos negócios externos, foi tentado a assumir o mal-avaliado risco de uma aliança com a Alemanha. Salisbury ficou distante e conteve seu ardente colega, percebendo mais perigos em uma aliança europeia do que em uma política isolacionista. Sua confiança no poder inglês para se manter em esplêndido isolamento agora seria posta à prova, pois os importantes acontecimentos ligados à conjuntura mundial e as manobras diplomáticas para lhes fazer frente foram, no que diz respeito à Inglaterra, eclipsados pelo conflito na África do Sul.

O fim da era victoriana

A Inglaterra ingressou no século XX em guerra. O conflito na África do Sul, que começou como pequena campanha colonial, logo exigiu um esforço nacional em grande escala. Seu decorrer foi acompanhado na Inglaterra com grande interesse e viva emoção. Os anos da Guerra dos Bôeres foram de uma explosão de patriotismo na imensa maioria do povo inglês e generalizado entusiasmo pela causa do Império.

Claro que surgiram críticos veementes e dissidentes, os pró-bôeres, como eram chamados com desprezo. Incluíam alguns líderes liberais influentes e, a reboque deles, um jovem advogado galês em ascensão chamado Lloyd George, que pela primeira vez se viu conhecido no país pelo vigor de seus ataques à guerra e ao governo. Mas o sentimento geral do país era francamente imperialista. Sentia-se orgulho ao ver os amplos trechos grenás que assinalavam no mapa a amplitude do Império Britânico, bem como havia confiança no domínio que a Royal Navy exercia nos sete mares. A Europa estava invejosa. A maioria das potências deixou clara sua simpatia pelos bôeres, e surgiram indícios de uma combinação contra o reino da Ilha. Não se deveria permitir que ele saísse de sua guerra colonial com uma vitória fácil, mas seu domínio dos mares as obrigava a pensar duas vezes. Ao irromper a guerra, um esquadrão de pronto emprego da Royal Navy foi mobilizado em Portsmouth, iniciativa que, vista sob vários ângulos, foi útil para assombrar a Europa. A lição não foi esquecida pelo Kaiser alemão. O espetáculo do poder naval inglês exercendo inquestionável supremacia o fez redobrar esforços no sentido de criar uma poderosa esquadra de batalha alemã capaz de se aventurar pelos oceanos. Tremendas consequências adviriam de seu espírito de emulação.

❄

As causas da guerra na África do Sul tinham raízes profundas no passado. Duas repúblicas bôeres, prestando uma vaga suserania à Inglaterra, estavam cercadas por todos os lados de colônias, protetorados e territórios ingleses, com exceção de pequena fronteira com a portuguesa Moçambique. Mesmo assim, o conflito não era inevitável no início. A grande população holandesa na Colônia do Cabo parecia acomodada à administração inglesa e apoiava

Cecil Rhodes como seu primeiro-ministro. O Estado Livre de Orange era amistoso, e mesmo no Transvaal, lar dos obstinados fazendeiros da fronteira, um expressivo partido bôer era favorável à cooperação com a Inglaterra. De modo algum estavam mortas as esperanças de uma federação anglo-bôer na África do Sul. Mas tudo mudou drasticamente nos últimos cinco anos do século XIX.

Quando Joseph Chamberlain se tornou ministro para as Colônias, em 1895, viu-se diante de uma situação extremamente complexa. O Transvaal se transformara com a exploração de riquíssimas minas de ouro em Witwaterstrand. Era resultado do capital e do trabalho estrangeiros, em sua maior parte ingleses. Em poucos anos, Johannesburg se desenvolvera e já era uma grande cidade. O número de "uitlanders" – ou *outlanders*, forasteiros, como eram chamados os estrangeiros – equivalia ao de bôeres nativos, mas o governo do Transvaal se recusava a lhes conceder direitos políticos, muito embora eles participassem praticamente com um vigésimo da receita da nação com impostos. Paul Kruger, presidente da república, que fizera parte da "Great Trek," a Grande Marcha, agora, já com setenta anos de idade, estava decidido a preservar a individualidade e a independência de seu país. Chefiava os recalcitrantes holandeses contrários a fazer causa comum com a Inglaterra e ao avanço da indústria, embora prontos a desfrutar de seus benefícios. Para ele, era óbvia a ameaça que a exploração de uma mina de ouro sob influência internacional significava para uma comunidade vizinha, constituída por agricultores fervorosos ledores da Bíblia. Mas seus temores se intensificaram com as manobras envolventes da British South Africa Company de Rhodes, que já controlava os territórios ao norte, que viriam a constituir a Rodésia, e agora tentava adquirir a Bechuanaland, a oeste. Rhodes, que tinha grandes interesses financeiros nos montes Rand, sonhava com uma África do Sul Unida e uma ferrovia Cidade do Cabo-Cairo correndo todo o território inglês.

As queixas políticas e econômicas dos *uitlanders* tornaram inevitável uma explosão. Rhodes preparara um esquema para uma rebelião dos ingleses em Johannesburg, que seria reforçada pela invasão do Transvaal por uma força da companhia, a ser comandada pelo administrador da Rodésia, Dr Leander Starr Jameson. No derradeiro instante, o levante em Johannesburg não chegou a irromper, mas Jameson, sem receber contraordens de Rhodes, invadiu o Transvaal com quinhentos homens, em 29 de dezembro. O raid terminou com merecido fracasso. Em 2 de janeiro, Jameson e sua força renderam-se aos bôeres em Doornkop. O raid foi um ponto de inflexão. Todo o curso da história da África do Sul, a partir de então, desviou-se violentamente dos canais pacíficos. O clima no país ficou envenenado pelo preconceito nacional e racial. Os holandeses do Cabo, com natural simpatia pelos bôeres do Transvaal, começaram a rosnar para os ingleses. Rhodes foi forçado a renunciar ao cargo de primeiro-ministro, mas sua grande popularidade na Inglaterra serviu apenas para aguçar a suspeita bôer de um plano cuidadosamente elaborado contra a vida de suas repúblicas.

Em março de 1897, Sir Alfred Milner, notável servidor público, assumiu o cargo de representante oficial do governo inglês na África do Sul. Em poucos meses resolveu escrever para Chamberlain: "Não há outro recurso para solucionar os problemas da África do Sul, a não ser uma reorganização do Transvaal ou a guerra. No momento, a probabilidade de reorganizar o Transvaal está pior que nunca." Mas Chamberlain estava ansioso por evitar a guerra, a não ser em última instância, e, mesmo assim, esperava que a responsabilidade por sua eclosão coubesse aos bôeres. Acreditava, como Rhodes, que Kruger cedesse sob pressão. Subestimaram os pioneiros do *veldt*.

Em junho, um encontro de Kruger e Milner, em Bloemfontein, não produziu resultado. Milner estava convicto que os bôeres, então armados até os dentes, visavam ao estabelecimento dos Estados Unidos Holandeses da África do Sul. Kruger, de forma análoga, estava convencido que os ingleses desejavam tirar a liberdade e a independência dos bôeres. "É o nosso país que vocês querem," disse, lágrimas rolando pela face. Chamberlain fez diversas outras tentativas para chegar a um acordo, mas, a essa altura, ambos os lados aceleravam seus preparativos militares. Em 9 de outubro, os bôeres emitiram um ultimato, enquanto as forças inglesas na África do Sul ainda eram fracas. Três dias depois, suas tropas cruzaram a fronteira.

❄

Quando irrompeu a guerra, os bôeres dispunham de 35 mil combatentes, duas vezes o efetivo inglês, e grande superioridade de artilharia provinda de fontes alemãs. Cruzaram a fronteira em várias direções. Seu exército era quase totalmente a cavalo. Estavam armados de fuzis Männlicher e Mauser, com os quais eram excelentes atiradores. Em poucas semanas tinham investido para leste, sobre Ladysmith, e para oeste, sobre Mafeking e Kimberley. Em

Mafeking, um pequeno contingente comandado pelo Coronel Baden-Powell foi cercado por efetivos muito superiores, comandados por Peter Cronje. Em Kimberley, o próprio Cecil Rhodes e numerosa população civil foram sitiados. Os moradores do campo simpatizavam com a causa bôer. A opinião pública mundial era unanimemente hostil à Inglaterra. Entrementes, um corpo de exército inglês, com três divisões, sob o comando de Sir Redvers Buller, estava a caminho como reforço.

O corpo inglês, ao chegar, foi desdobrado de forma a se fazer presente em toda a frente, por ordem de Buller. Uma divisão foi enviada para defender Natal, outra, para socorrer Kimberley e a terceira, para o distrito nordeste da Colônia do Cabo. Em apenas uma semana de dezembro cada uma delas avançou contra o fogo dos fuzis e da artilharia dos bôeres, sendo decisivamente derrotada, com perdas muito severas para os parâmetros da época, em homens e armas. Embora as baixas inferiores a mil homens em cada frente possam, hoje em dia, parecer pequenas, produziram surpreendente e pesado espanto na população na Inglaterra e em todo o Império e, sem dúvida, nas tropas envolvidas. Mas a Rainha Victoria motivou a nação com palavras que se tornaram merecidamente famosas. "Compreenda, por favor," replicou a Balfour quando ele tentou explicar a "semana negra," como foi chamada, "que não há ninguém deprimido *nesta* casa. Não estamos interessados na possibilidade de derrota. Ela não existe." Lord Roberts de Kandahar, que conquistara fama na guerra no Afganistão, foi designado novo comandante em chefe. Lord Kitchener de Khartum foi nomeado seu chefe de estado-maior e, em poucos meses, esses dois notáveis generais, com um exército cada vez maior, transformaram o panorama.

O novo comando inglês viu claramente que as forças deveriam ser empregadas coordenadamente e em larga escala. Bloemfontein, capital bôer, e, em seguida, Pretoria, passaram a ser seus indiscutíveis objetivos. Em 13 de março, Roberts chegou a Bloemfontein, em 31 de maio, a Johannesburg e, em 5 de junho, Pretoria caiu. Mafeking foi liberada depois de um cerco que durou duzentos e dezessete dias e sua libertação provocou celebrações impróprias em Londres. Kruger escapou. O Estado Livre de Orange e o Transvaal foram anexados e, no outono de 1900, Roberts retornou à Inglaterra. Depois de quase exatamente um ano de renhida luta e com ambas as capitais rebeldes ocupadas, pareceu aos ingleses que a guerra dos bôeres estava encerrada e vencida.

Diante disso, Lord Salisbury, aconselhado por Chamberlain, disputou uma eleição geral e ganhou novo período no poder com uma larga maioria. Mas a guerra ainda se arrastaria por mais dezoito meses. Só em março de 1902, os bôeres, finalmente, pediram paz.

As cláusulas da paz assinada em Vereeniging, em 31 de maio de 1902, podem ser consideradas magnânimas ao extremo. Trinta e dois grupos de *commandos* permaneciam intocados no campo. Dois representantes de cada um se reuniram com enviados ingleses e, depois de muita discussão, concordaram em entregar armas e munição. Ninguém seria punido, a não ser por certas violações específicas na condução da guerra. Governo autônomo seria negociado o mais breve possível, e a Inglaterra pagaria três milhões de libras de compensação. Esses, em resumo, foram os principais termos, dos quais o último pode ser reconhecido como generoso, e sem dúvida, não encontra precedente na história da guerra moderna. Com a celebração da paz, Lord Salisbury renunciou. Último primeiro-ministro a ter assento na Câmara dos Lordes, dirigira o Império Britânico por um período de expansão sem paralelo. Morreu no ano seguinte e, com ele, um certo desinteresse de espírito, agora considerado anacrônico, acabou na política inglesa. Todos os termos do acordo de paz foram cumpridos, e Milner fez muito pela reconstrução da África do Sul. Quase meio milhão de soldados ingleses e dos domínios tinham sido empregados, dos quais um décimo foi de baixa. O custo total em dinheiro para o Reino Unido tem sido estimado em mais de duzentos e vinte milhões de libras.

*

Em 22 de janeiro de 1901, morreu a Rainha Victoria. Ela repousa em Osborne, sua residência campestre na ilha de Wight, que, com o Príncipe Albert, tinha projetado e mobiliado cinquenta anos antes. Nada na casa fora modificado durante a longa viuvez da rainha. Ela se impusera conduzir sua vida de acordo com os padrões estabelecidos pelo príncipe e não se afastou de sua resolução. Entretanto, profunda transformação aos poucos envolvera a monarquia. A soberana se tornara o símbolo do Império. Por ocasião dos Jubileus da Rainha, em 1887 e 1897, a Índia e as colônias tinham enviado representações para as celebrações oficiais. A Coroa era o elo na crescente família de nações e raças que o primeiro-ministro anterior, Lord Rosebery, com presciência, denominara "Commonwealth." A visão de Disraeli e o entusiasmo de Chamberlain haviam contribuído igualmente para que se ampliasse a discussão dos temas imperiais. A própria Rainha foi tomada pela grandeza de seu papel. Enviou filhos e netos em viagens oficiais aos seus cada vez mais extensos domínios, onde eles foram calorosamente recebidos. Na Inglaterra, ela recebeu uma sucessão de homenagens de dignitários das colônias. Pôs empregados hindus nos serviços domésticos e com eles aprendeu hindustani. Buscou assim, de todas as formas a seu alcance, unir os diversos povos na lealdade à Coroa, e suas realizações se harmonizavam com o espírito de Império da era. Um de seus derradeiros atos públicos, quando já passara dos oitenta anos, foi visitar a Irlanda. Nunca acreditara na Home Rule irlandesa, que lhe parecia um risco para a unidade do Império. Levada pelo desejo de manifestar o reconhecimento pela valentia dos soldados irlandeses na África do Sul, viajou para Dublin em abril de 1900, usando o trevo, emblema nacional da Irlanda, em seu chapéu e seu casaco. Os súditos irlandeses, inclusive os nacionalistas, lhe proporcionaram entusiástica recepção. Na Irlanda, ainda se sentia um quinhão de boa vontade para com o Trono, que infelizmente governos ingleses não souberam aproveitar.

Durante os anos em que a Rainha se afastou de atividades públicas, houve, na Inglaterra, certa relutância contra a Coroa e republicanos declarados haviam levantado a voz. No fim do século, tudo isto desaparecera. Grande dedicação à sua missão real, virtudes domésticas, evidente sinceridade de sua natureza, aguda autenticidade, algumas vezes desconcertante – todas essas qualidades da Rainha desde muito estavam gravadas na mente de seus súditos. A massa do povo podia não ter conhecimento de quão perspicaz ela era no trato de assuntos políticos, ou da sabedoria que acumulara no curso de seus contatos com muitos ministros e ao longo de inúmeras crises, mas todos sentiam perfeitamente a presença de uma grande e dominante personagem. Mesmo ministros que, em particular, muitas vezes achavam suas opiniões impulsivas e sectárias, acabaram respeitando o vigilante senso de dever que sempre a caracterizava. Ela representou a sustentação e continuidade das tradições inglesas e, à medida que envelheceu, granjeou profundo respeito entre os que a rodeavam. Quando morreu, reinara quase sessenta e quatro anos. Poucos de seus súditos se lembrariam do tempo em que não fora sua soberana. Mas todos os homens e mulheres sensatos podiam apreciar o crescimento do poder inglês e o progresso alcançado pelos ingleses durante o período ao qual emprestou seu nome. A era victoriana encerrou-se em 1901, mas a determinação e a confiança que havia inspirado resistiram às provações que o futuro traria.

❊

Esta narrativa chega ao fim do século XIX, quando o mundo moderno poderia, com certa dose de razão, alimentar a expectativa de longo período de paz e prosperidade. As perspectivas eram brilhantes, e ninguém podia imaginar que ingressaríamos em um período de luta, em que o comando e a ascendência por uma única potência mundial seriam o objetivo supremo. Duas terríveis guerras, cada uma com cerca de cinco anos de duração, ilustrariam a magnitude a que os desenvolvimentos chegaram no auge da era victoriana. A ascensão da Alemanha ao patamar de potência mundial vinha sendo, desde muito tempo, acompanhada pela afirmação nacional e por ininterrupta escalada armamentista.

Ninguém seria capaz de avaliar o caráter e as consequências das lutas iminentes. Lutar até a vitória tornou-se o objetivo único e, nesse esforço, o poder das nações envolvidas iria se revelar espantoso. Assim, era cômodo, ao longo dos últimos anos do século que se encerrava, admitir como fato consumado o quase universal sistema de exércitos nacionais criados pela conscrição geral e alimentados pelos recursos incomensuráveis proporcionados pelo progresso industrial. Ordem e organização foram as principais características da vida moderna e, quando a Alemanha dedicou toda a sua capacidade à tarefa, as consequências ficaram óbvias e mesmo inevitáveis. Mais ainda, pode ser alegado e talvez comprovado que o método inteligente e lógico do progresso moderno que todo o Continente da Europa adotou de uma forma ou de outra foi o princípio do rearmamento em larga escala. A vitalidade da raça humana foi tamanha que, apesar de tudo, ela prosperou sem se desacorçoar.

Isolada entre grandes potências europeias, determinadas a que cada homem fosse preparado como soldado e servisse por dois ou até três anos, a Inglaterra valeu-se de sua posição de ilha e de seu domínio dos mares para se conservar fora do hábito universal – pois isso se tornara. E mesmo essa abstenção de forma alguma diminuiria o crescimento da ameaça. Ao contrário, na África do Sul, a Inglaterra desempenhou, inconscientemente, sem dúvida, papel preponderante em causar a crise. Mostrou-se a todas as nações como superior. Por três longos anos, o processo de vencer os bôeres prosseguiu, deixando à meditação do restante da Europa e da América os fatos do Império e muitas coisas mais. Todas as potências começaram a pensar em marinhas de forma diferente. A Alemanha constatou que não conseguiria afirmar sua preponderância no mundo sem navios de guerra com o mais elevado poder e qualidade, e a França e outros países seguiram seu exemplo. Foi, realmente, uma nova válvula de escape para o orgulho e o entusiasmo nacionais, dos quais o Japão, no outro extremo do globo, ansiosamente tirou vantagem. Aos grandes estados-maiores militares foram acrescentados núcleos navais que salientavam a propriedade e a importância de suas ações. A conquista do ar também estava a caminho. A Inglaterra ficaria satisfeita em comandar sozinha com moderação.

Quase cem anos de paz e progresso haviam levado a Inglaterra à liderança do mundo. Ela se esforçara continuamente por manter a paz, pelo menos para si, a qualquer custo, e o progresso e a prosperidade contemplaram sem cessar todas as classes. O direito de voto fora estendido quase ao limite atuarial e, mesmo assim, reinavam a ordem e a tranquilidade. As forças conservadoras se haviam provado capazes de dominar a tormenta e, na verdade, não ocorriam grandes disputas entre os partidos nacionais. A grande massa do povo podia continuar voltada para suas tarefas diárias, deixando sem medo a política para aqueles que por ela se interessavam como partidários.

O cavalo nacional mostrara que se podiam soltar as rédeas sobre seu pescoço sem que ele disparasse em furioso galope nesta ou naquela direção. Ninguém se sentia deixado de fora pela Constituição. Um excesso de autoafirmação seria injurioso. Sem dúvida, o alvorecer do século XX parecia brilhante e sereno para os que viviam dentro dos inigualáveis limites do Império Britânico, ou para quem nele buscava abrigo. Havia muito trabalho a ser feito. Não importava o partido no governo: um achava defeitos no outro e tinham todo o direito de achar. Nenhuma das antigas inibições criava dificuldades para os audaciosos. Se havia enganos, os houvera antes, e tudo os ingleses podiam corrigir sem graves consequências. Uma política ativa e vigorosa podia continuar. Parecia plenamente justificado avançar gradual mas corajosamente.

Os Estados Unidos permaneceram, exceto em assuntos navais, em grande parte indiferentes a essas manifestações. Seus pensamentos se voltavam para si mesmos, focalizando seus ilimitados recursos naturais, ainda malconhecidos e ainda menos explorados. Sua população ainda devia boa parte de seu espantoso crescimento aos imigrantes vindos da Europa e esses, desgostosos com seu continente de origem e, talvez, com seus infortúnios, não queriam ver seu novo lar envolvido nas querelas do antigo.

As imensas potencialidades dos Estados Unidos se apresentavam como um prodígio em todo o globo, embora ainda vagamente reconhecidas, a não ser pela imaginação. Mas num mundo que se encolhia, com os benefícios de melhores comunicações, manter-se alheio às preocupações dos outros estava rapidamente ficando impossível. O status de potência mundial é inseparável da respectiva responsabilidade. O auge da convulsão provocada pela primeira Grande Guerra veio, afinal, ligar inseparavelmente a América com o destino do velho mundo e da Inglaterra.

❄

Eis aqui uma longa história dos povos de língua inglesa. Desse ponto em diante, tornar-se-ão aliados em guerras terríveis, mas vitoriosas. E isto não é o fim. Outra fase se apresenta diante de nós, na qual essa aliança será testada mais uma vez e na qual suas formidáveis virtudes poderão preservar a Paz e a Liberdade. O futuro é incognoscível, mas o passado nos deveria dar esperança. Também não cabe procurar, hoje, definir precisamente os termos exatos da derradeira união.

Finis

A BRITÂNIA ROMANA
MILHAS TERRESTRES
0 20 40 60 80 100
MURO ANTONINO
MÆATÆ
MURO DE ADRIANO
BRIGANTES
Eburacum
Abus
Mona
Deva
Lindum
ORDOVICES
Ratæ
CATUVELLAUNI
ICENI
Venta Icenorum
SILURES
Camulodunum
Glevum
Verulamium
Isca Silurum
Londinium
SABRINA
Aquæ Sulis
P. Lemanis
Venta Belgarum
Regnum
Isca Dummoniorum
Vectis
Ictis

INGLATERRA SAXÔNICA
NO SÉCULO VIII
MILHAS
0 25 50 75 100
LOTHIAN
NORTHUMBRIA
Lindisfarne
STRATHCLYDE
GALLOWAY
CUMBRIA
DEIRA
York
MERCIA
EAST
ANGLIA
NORTH
WALES
ESSEX
Londres
WESSEX
Winchester
Glastonbury
KENT
Canterbury
SUSSEX
WEST WALES

INGLATERRA DURANTE
AS INVASÕES
DINAMARQUESAS
MILHAS
0 25 50 75 100
STRATHCLYDE
NORTHUMBRIA
INGLESA
Durham
GALLOWAY
CUMBRIA
DANELAW
NORTHUMBRIA DINAMARQUESA
York
Lincoln
Nottingham
Derby
Brunanburh
Stamford
Leicester
EAST
ANGLIA
IMPÉRIO DE
GUTHRUM
Maldon
GWYNEDD
POWYS
MERCIA DINAMARQUESA
WALES
MERCIA
INGLESA
Londres
Ashdown
Chippenham
Ethandun
Glastonbury
WESSEX
Canterbury
Wareham
CORNWALL

BAÍA DE HUDSON
TERRAS DE RUPERT
COMPANHIA DA BAÍA DE HUDSON
(Francesa)
(Inglesa)
NEWFOUNDLAND
CANADÁ
(Francesa)
ACADIA
(Francesa)
L Huron
L Ontario
L Erie
MAINE 1622
(de Mass.)
NEW HAMPSHIRE 1622
MASSACHUSETTS 1628
Plymouth 1620
NOVA YORK 1664
RHODE ISLAND 1647
CONNECTICUT 1633
CORDILHEIRA DOS APPALACHES
NOVA JERSEY 1664
DELAWARE 1664
MARYLAND 1634
OCEANO ATLÂNTICO
VIRGINIA 1607
ILHA DE ROANOKE 1587
CAROLINA DO NORTE 1663
CAROLINA DO SUL c. 1670
BERMUDA 1609
FLORIDA
(Espanhola)
AS COLÔNIAS AMERICANAS NO SÉCULO XVII
BAHAMAS

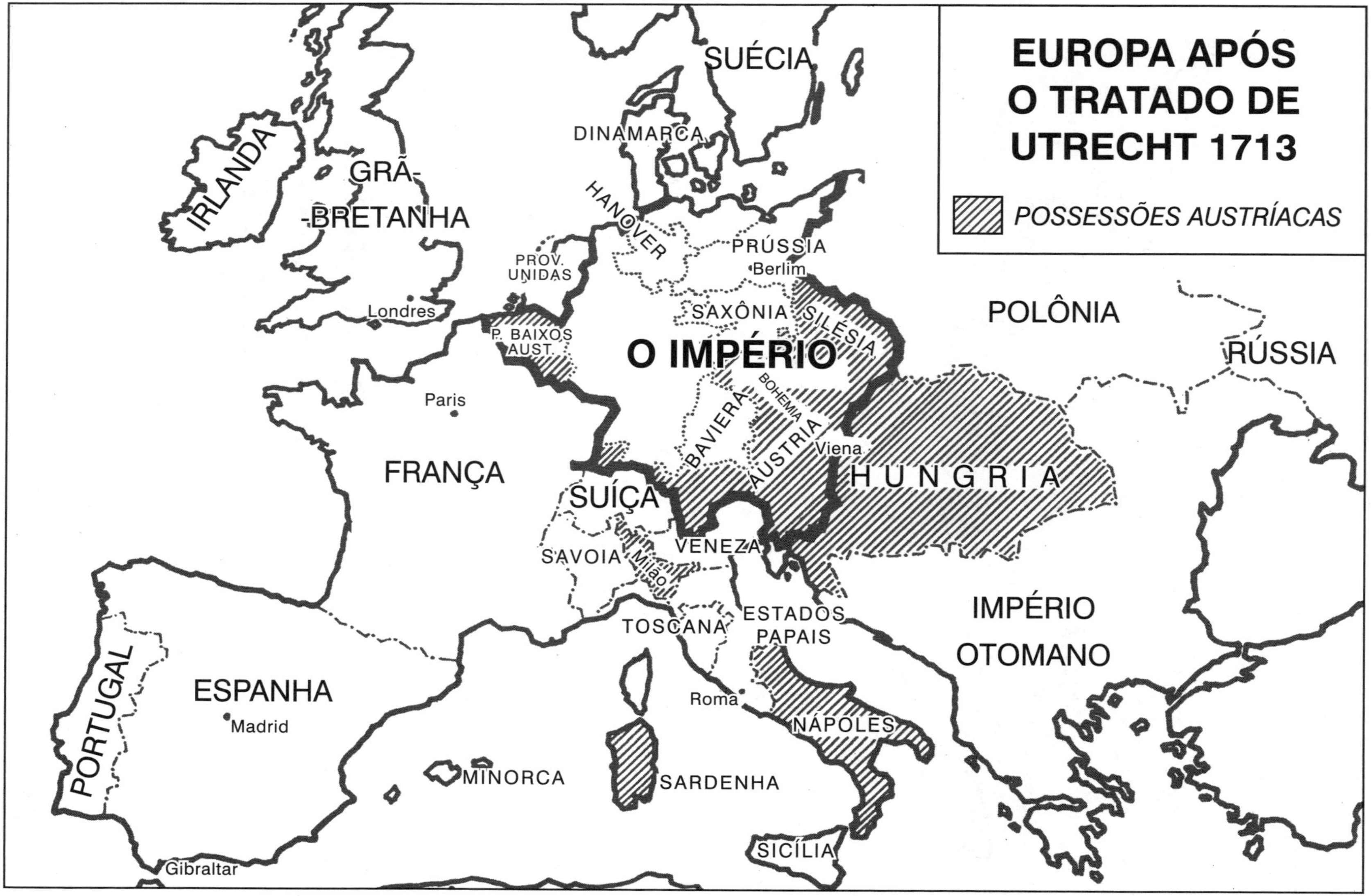
EUROPA APÓS O TRATADO DE UTRECHT 1713
POSSESSÕES AUSTRÍACAS
IRLANDA
GRÃ-
-BRETANHA
Londres
SUÉCIA
DINAMARCA
HANOVER
PROV. UNIDAS
PRÚSSIA
Berlim
SAXÔNIA
SILÉSIA
P. BAIXOS AUST.
O IMPÉRIO
BOHEMIA
BAVIERA
ÁUSTRIA
Viena
HUNGRIA
POLÔNIA
RÚSSIA
Paris
FRANÇA
SUÍÇA
SAVOIA
Milão
VENEZA
TOSCANA
ESTADOS PAPAIS
Roma
NÁPOLES
SARDENHA
SICÍLIA
MINORCA
IMPÉRIO OTOMANO
PORTUGAL
ESPANHA
Madrid
Gibraltar

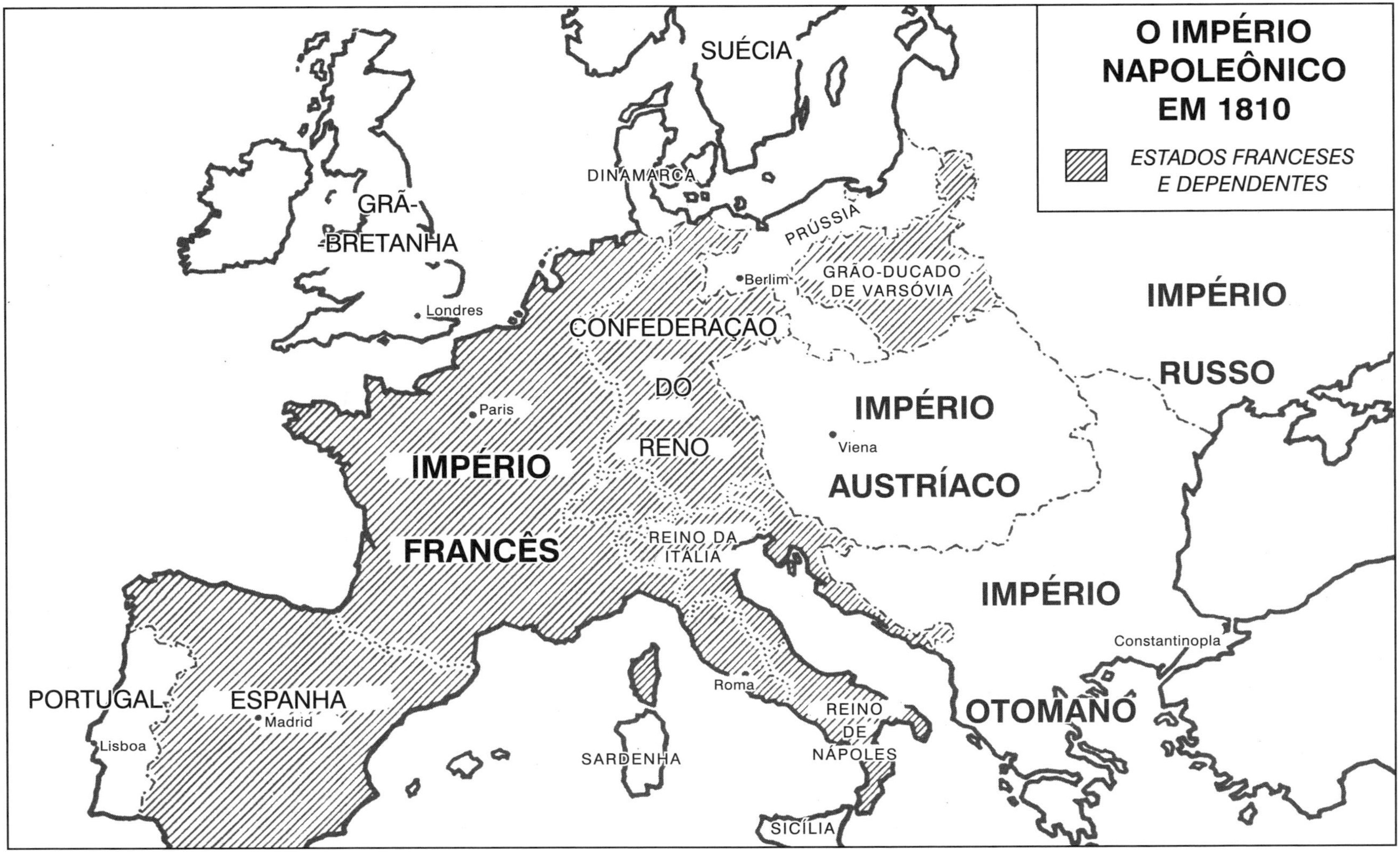
O IMPÉRIO NAPOLEÔNICO EM 1810
ESTADOS FRANCESES E DEPENDENTES
SUÉCIA
DINAMARCA
GRÃ-BRETANHA
Londres
PRÚSSIA
Berlim
GRÃO-DUCADO DE VARSÓVIA
IMPÉRIO RUSSO
CONFEDERAÇÃO DO RENO
Paris
IMPÉRIO FRANCÊS
IMPÉRIO AUSTRÍACO
Viena
REINO DA ITÁLIA
IMPÉRIO OTOMANO
Constantinopla
PORTUGAL
Lisboa
ESPANHA
Madrid
Roma
SARDENHA
REINO DE NÁPOLES
SICÍLIA

ESPANHA DURANTE A GUERRA PENINSULAR

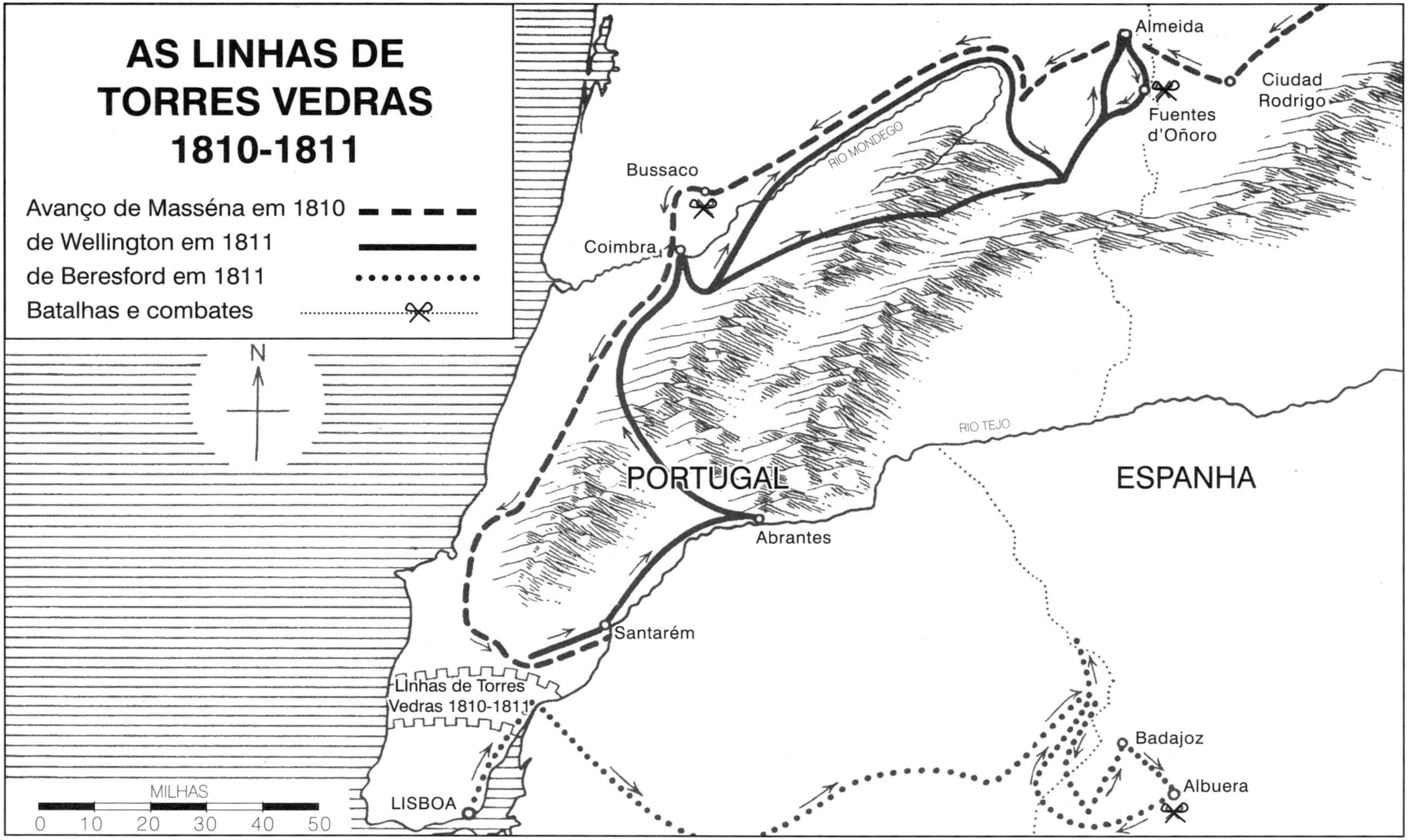
AS LINHAS DE
TORRES VEDRAS
1810-1811
Avanço de Masséna em 1810
de Wellington em 1811
de Beresford em 1811
Batalhas e combates
N
MILHAS
0 10 20 30 40 50
Almeida
Ciudad Rodrigo
Fuentes d'Oñoro
Bussaco
RIO MONDEGO
Coimbra
RIO TEJO
PORTUGAL
ESPANHA
Abrantes
Santarém
Linhas de Torres Vedras 1810-1811
LISBOA
Badajoz
Albuera

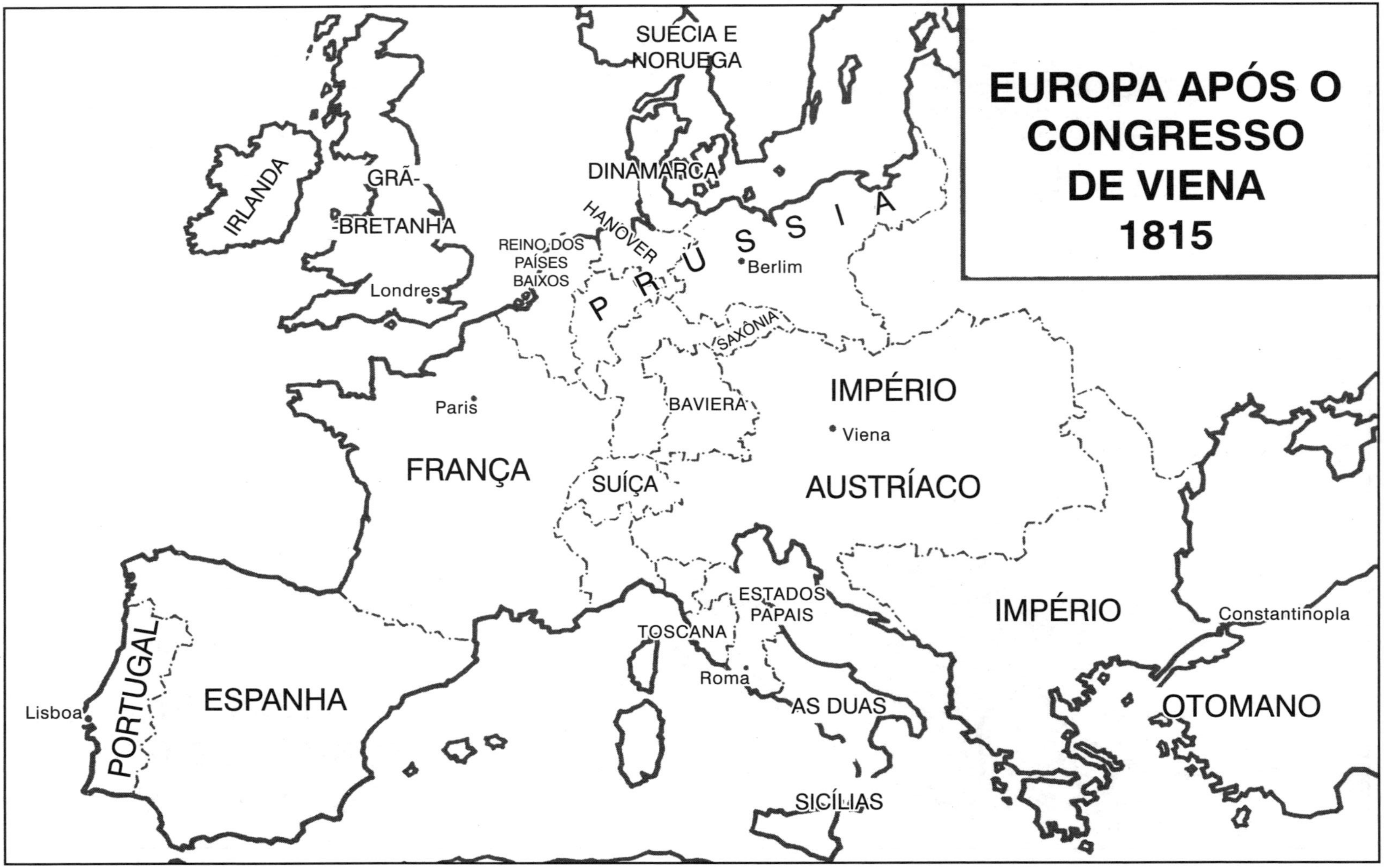
EUROPA APÓS O
CONGRESSO
DE VIENA
1815
SUÉCIA E
NORUEGA
IRLANDA
GRÃ-
-BRETANHA
Londres
DINAMARCA
HANOVER
REINO DOS
PAÍSES
BAIXOS
PRÚSSIA
Berlim
SAXÔNIA
BAVIERA
Paris
FRANÇA
SUÍÇA
IMPÉRIO
AUSTRÍACO
Viena
IMPÉRIO
OTOMANO
Constantinopla
ESTADOS
PAPAIS
TOSCANA
Roma
AS DUAS
SICÍLIAS
PORTUGAL
Lisboa
ESPANHA

A ÍNDIA EM 1857

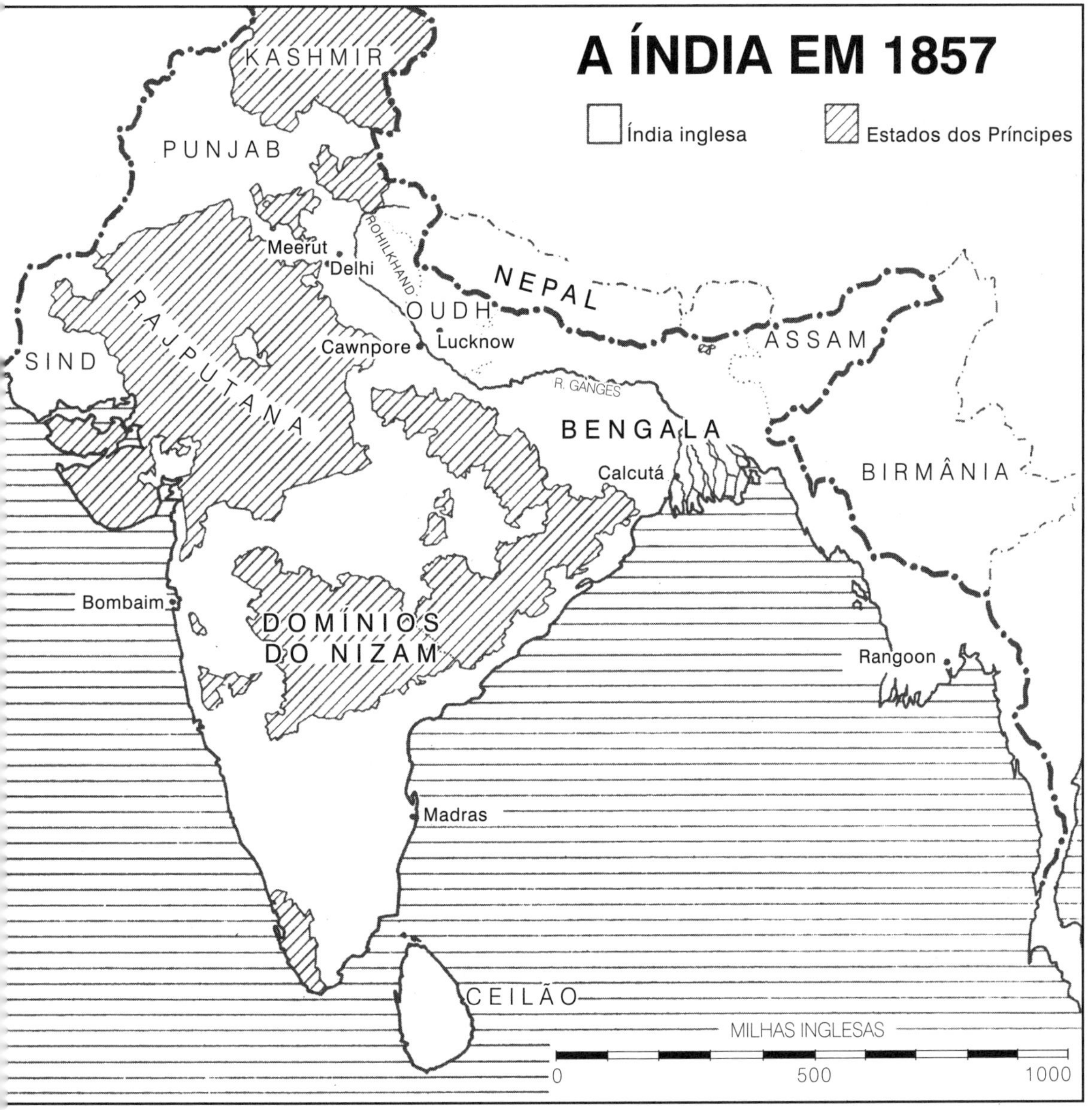

OS ESTADOS UNIDOS EM 1861
LIMITE DOS ESTADOS CONFEDERADOS
CANADÁ
OREGON
TERRITÓRIOS
CALIFÓRNIA
MINNESOTA
WISCONSIN
MICHIGAN
MAINE
VERMONT
NEW HAMPSHIRE
MASS.
R.I.
CONN.
NOVA YORK
PENNSYLVANIA
NOVA JERSEY
MARYLAND
DEL.
IOWA
ILLINOIS
INDIANA
OHIO
WEST VIRGINIA
VIRGINIA
KANSAS
MISSOURI
KENTUCKY
TERRITÓRIO DOS ÍNDIOS
ARKANSAS
TENNESSEE
CAROLINA DO NORTE
CAROLINA DO SUL
TEXAS
MISSISSIPPI
ALABAMA
GEORGIA
LOUISIANA
FLORIDA
MÉXICO
MILHAS INGLESAS
0
500
1000

DINAMARCA
0 50 100 150 200
MILHAS
SCHLESWIG
HOLSTEIN
Mecklenburg
Hanover
PRÚSSIA
RÚSSIA
Províncias do Reno
FRANÇA
Hesse
SAXÔNIA
ÁUSTRIA
Alsácia
Baden
Wurttem-
-burg
BAVIERA
Lorena
ASCENSÃO DA ALEMANHA
Prússia 1864
Tomados da
França 1871
Anexados
1866
Outros estados
alemães unidos
ao Império 1871

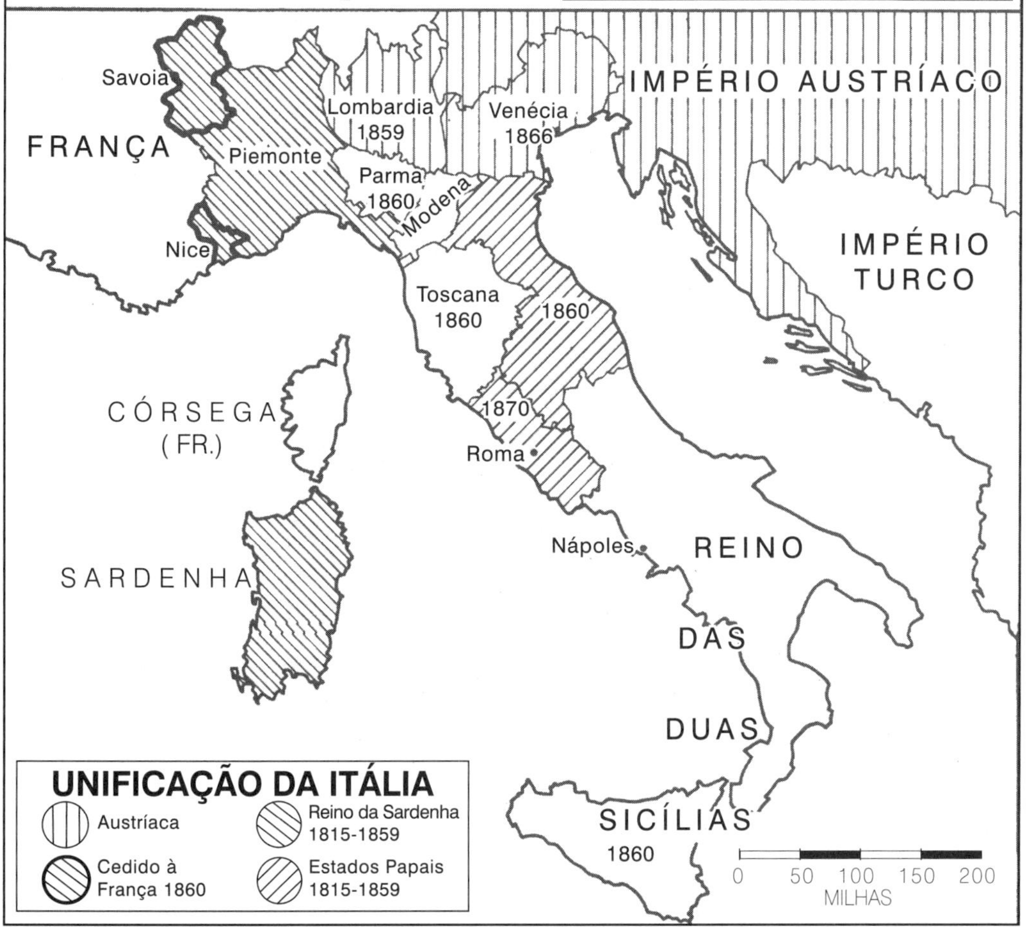
Savoia
IMPÉRIO AUSTRÍACO
Lombardia
1859
Venécia
1866
FRANÇA
Piemonte
Parma
1860
Modena
Nice
IMPÉRIO
TURCO
Toscana
1860
1860
CÓRSEGA
(FR.)
1870
Roma
Nápoles
REINO
SARDENHA
DAS
DUAS
SICÍLIAS
1860
UNIFICAÇÃO DA ITÁLIA
Austríaca
Reino da Sardenha
1815-1859
Cedido à
França 1860
Estados Papais
1815-1859
0 50 100 150 200
MILHAS

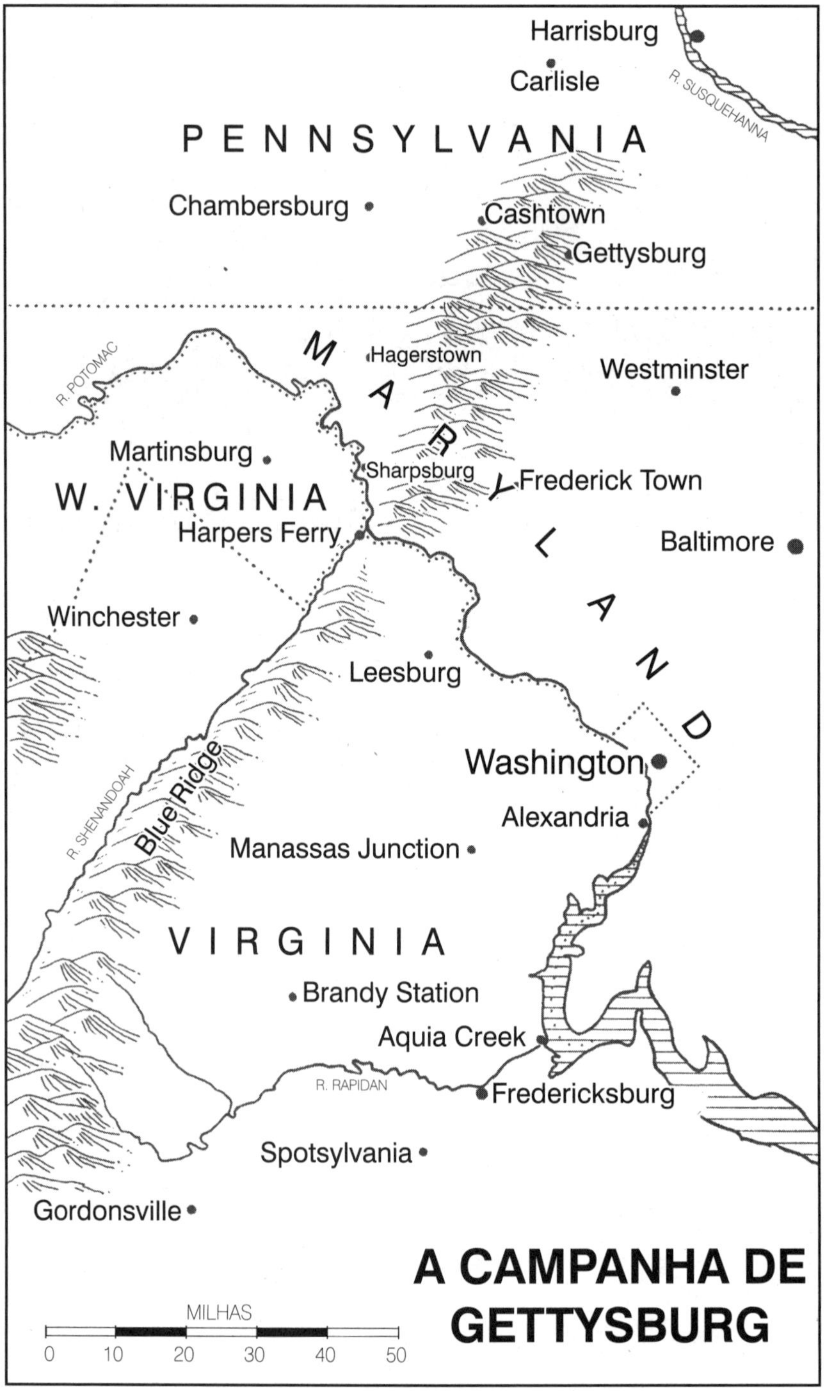

A CAMPANHA DE GETTYSBURG

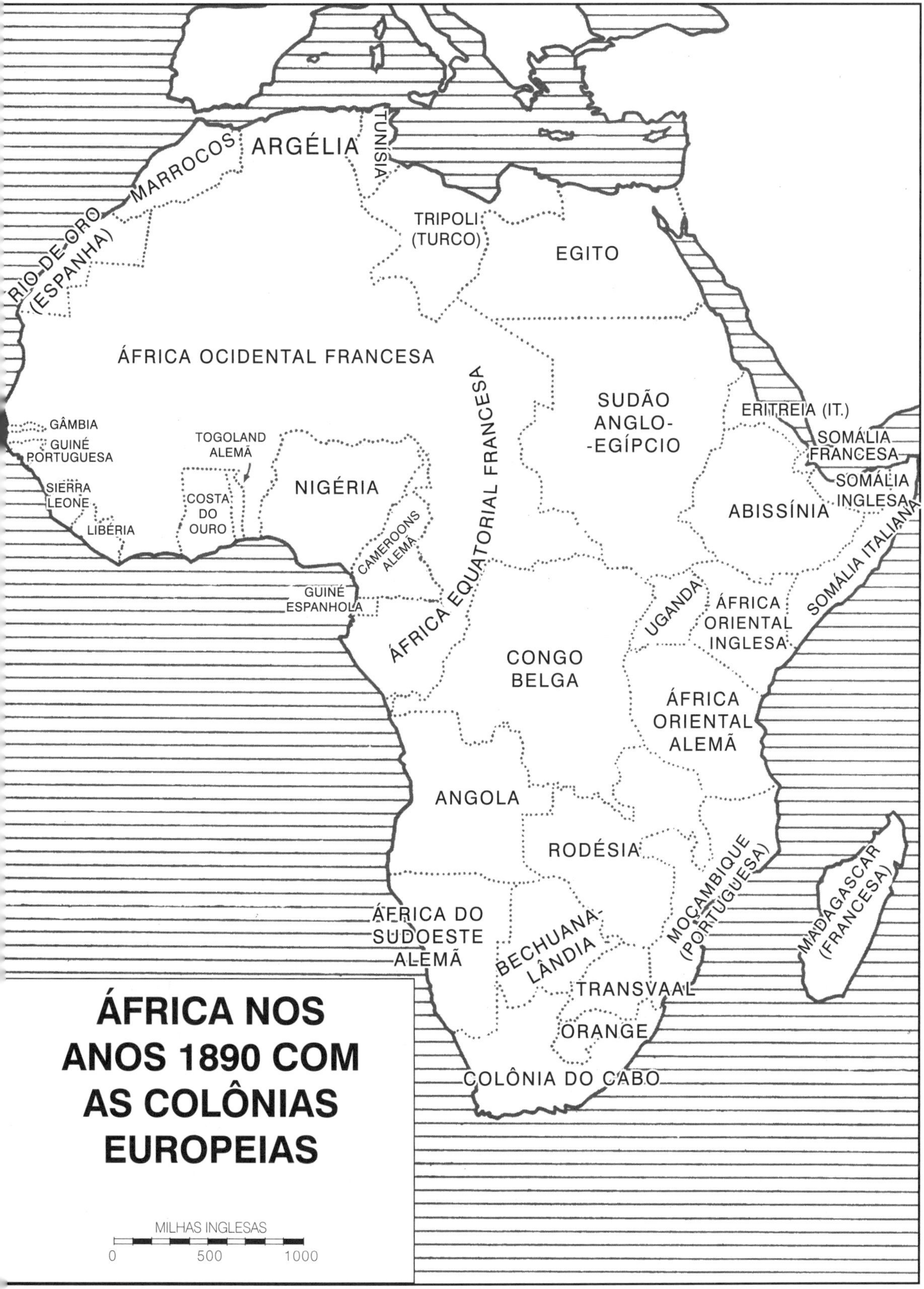

ÁFRICA NOS ANOS 1890 COM AS COLÔNIAS EUROPEIAS

A GUERRA DOS BÔERES
RODÉSIA
BECHUANALÂNDIA
ÁFRICA DO SUDOESTE ALEMÃ
MOÇAMBIQUE PORTUGUESA
TRANSVAAL
Mafeking
Pretoria
Johannesburg
BAÍA DA LAGOA
SWAZILAND
RIO VAAL
Majuba Hill
ESTADO LIVRE DE OORANGE
Kimberley
Magersfontein
RIO MODDER
Bloemfontein
Ladysmith
NATAL
BASUTOLAND
Durban
RIO ORANGE
Stormberg
COLÔNIA DO CABO
Cidade do Cabo
MILHAS INGLESAS
0
100
200
300
400

Índice

PRODUÇÃO EDITORIAL
Daniele Cajueiro
Phellipe Marcel

REVISÃO
André Marinho
Luana Luz
Maria Clara Jerônimo

Este livro foi impresso no Rio de Janeiro, em maio de 2010,
pela Ediouro Gráfica, para a Editora Nova Fronteira.
A fonte usada no miolo é Adobe Garamond, corpo 13,5/15,5.
O papel do miolo é offset 75g/m^2, e o da capa é cartão 250g/m^2.

Visite nosso site: www.novafronteira.com.br